U0939970

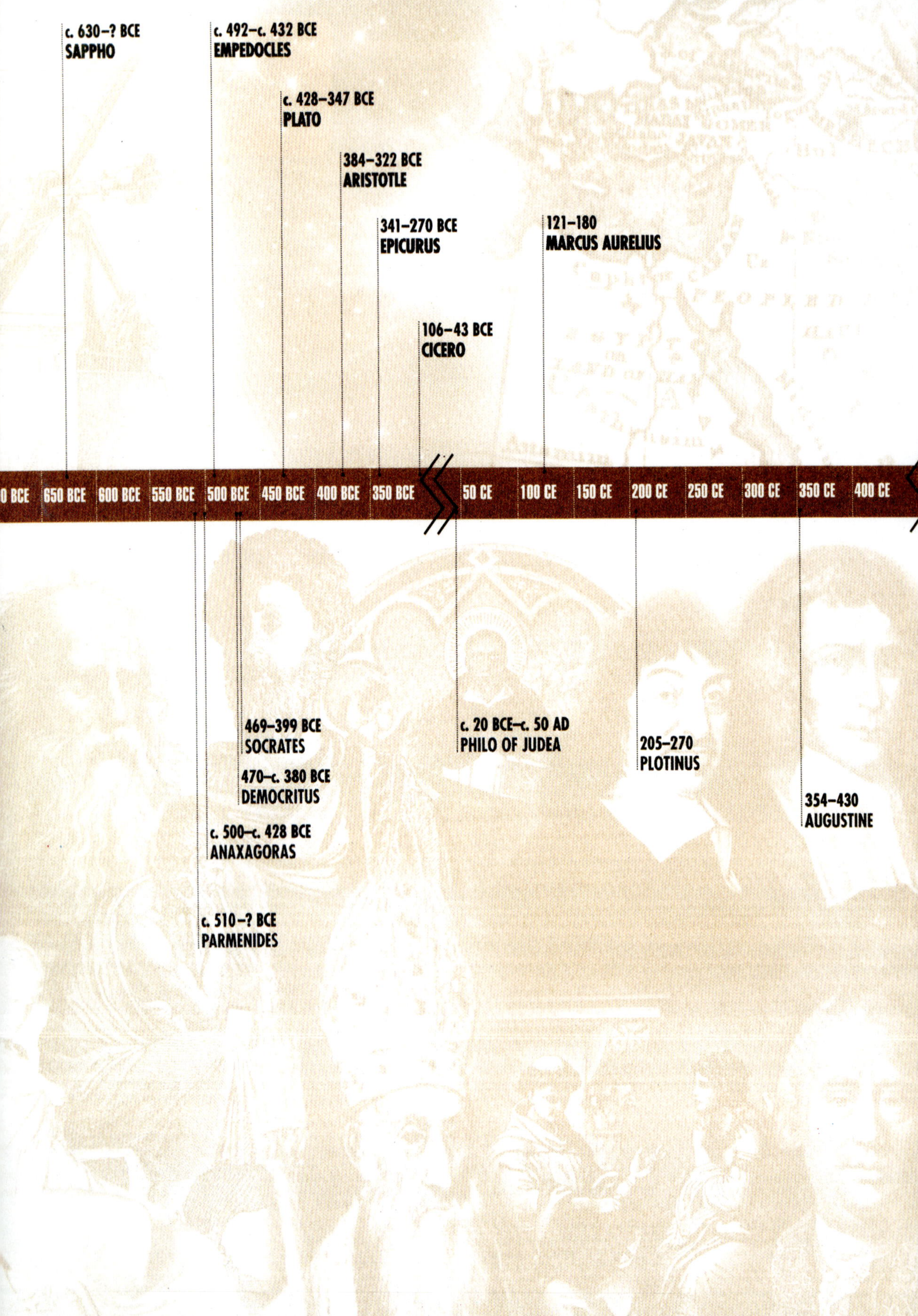

c. 630–? BCE
SAPPHO
c. 492–c. 432 BCE
EMPEDOCLES
c. 428–347 BCE
PLATO
384–322 BCE
ARISTOTLE
341–270 BCE
EPICURUS
106–43 BCE
CICERO
121–180
MARCUS AURELIUS
0 BCE
650 BCE
600 BCE
550 BCE
500 BCE
450 BCE
400 BCE
350 BCE
50 CE
100 CE
150 CE
200 CE
250 CE
300 CE
350 CE
400 CE
469–399 BCE
SOCRATES
470–c. 380 BCE
DEMOCRITUS
c. 500–c. 428 BCE
ANAXAGORAS
c. 510–? BCE
PARMENIDES
c. 20 BCE–c. 50 AD
PHILO OF JUDEA
205–270
PLOTINUS
354–430
AUGUSTINE

Late 12th Century to early/mid 13th Century
HADEWIJCH

c. 1225–1274
AQUINAS

1588–1679
THOMAS HOBBES

1596–1650
RENÉ DESCARTES

1618–1680
ELISABETH OF BOHEMIA

1711–1776
DAVID HUME

1724–1804
IMMANUEL KANT

1872–1970
BERTRAND RUSSELL

1889–1951
LUDWIG WITTGENSTEIN

1898–1979
HERBERT MARCUSE

1931–
RICHARD RORT

b. 1947
MARTHA NUSSBAUM

b. 1956
JUDITH BUTLER

CE | 1050 CE | 1100 CE | 1150 CE | 1200 CE | 1450 CE | 1500 CE | 1550 CE | 1600 CE | 1650 CE | 1700 CE | 1750 CE | 1800 CE | 1850 CE | 1900 CE | 1950 CE | 20

1206?–1280
ALBERTUS MAGNUS

1632–1677
BARUCH SPINOZA

1685–1753
GEORGE BERKELEY

1712–1778
JEAN-JACQUES ROUSSEAU

1759–1797
MARY WOLLSTONECRAFT

1770–1831
G.W.F. HEGEL

1813–1855
SØREN KIERKEGAARD

1818–1883
KARL MARX

1820–1895
FRIEDRICH ENGELS

1844–1900
FRIEDRICH NIETZSCHE

1848–1925
GOTLOB FREGE

1859–1938
EDMOND HUSSERL

1905–1980
JEAN-PAUL SARTRE

1908–2000
WILLARD VAN ORMAN QUINE

1908–1986
SIMONE DE BEAUVOIR

1908–1961
MAURICE MERLEAU-PONTY

1921–2002
JOHN RAWLS

1925–1961
FRANTZ FANON

1926–1984
MICHEL FOUCAU

苏格拉底之死（油画 129.5cm×196.2cm ）
【法】雅克·路易·达维特　作

哲学是什么

About Philosophy

罗伯特·保罗·沃尔夫 著
Robert Paul Wolff
黄小洲 张云涛 译

重庆大学出版社

献给苏西，

她面对厄运的勇气

是一种真正哲学精神的表现。

目　录

中译本序

前不久，我做了一场讲座，题目叫做“什么是哲学？——给大一学生讲哲学”。当时是讲座举办人的女儿正上大一，希望我能够给她女儿及女儿的同龄人讲一点最基本的哲学启蒙知识，我觉得这个创意很好，也正符合我多年来的想法，于是欣然答应了。的确，我很久以来一直都有一个愿望，想根据自己的体会把哲学这门高高在上的学问拉下来，让刚刚成年的大一学生都能够听懂。哲学不是头发花白的老教授们在冬烘学究的书斋里鼓捣出来的专利品，它更应该是年轻人从仰望星空到关注现实的这个转折关头所爆发出来的思想火花。实际上，古往今来的伟大哲学家们，大都是在年轻时代就产生了自己独特的哲学灵感，而到中年以后才将它完善和构成体系的。因此，一个人在20来岁时是否遇到了哲学的机缘，这对于他或她未来的哲学素养具有极其关键的影响作用。

我的讲座获得了极其热烈的反响。究其原因，我认为是因为我处处都用我们今天生活的日常体验来阐发那些深奥的话题。当然我也不是刻意要用时髦的噱头来哗众取宠，而是我自己从迷上哲学以来就是着眼于它的现实意义，就是从对我们生活的启发作用来看待它的。在我看来，哲学应该是一件激动人心的事业，而我就是要通过自己得到的感动照亮面前一双双年轻的眼睛。也许，我将来还会写一本给大学生看的《哲学是什么》的书，把那些经典的哲学命题如何使我获得生活的动力和勇气的奥秘展示出来。直到今天，每当我想起那些命题，我就觉得自己又重新年轻起来，变得雄心勃勃，不知老之将至。

正是在这个时候，我读到了由黄小洲、张云涛两位青年学者翻译的美国哲学教授罗伯特·保罗·沃尔夫(1933—　)的《哲学是什么》(第10版)一书。当我翻阅了前面几页，我立刻意识到，这正是我想要写的那种书！例如，书中第一章的标题就是“什么是哲学”，然后接下来是知识论、形而上学与心灵哲学、科学哲学、伦理学、社会政治哲学、艺术哲学和宗教哲学。最具特色的是，每一章的最后都有一节，叫做“当代的应用”，都是讲的一些非常具体的问题，如纳粹主义问题、虚拟实在问题、计算机与人的关系问题、全球变暖问题、同性恋和滥用兴奋剂问题、国家安全与个人权利问题、色情与艺术的关系问题、宗教冲突问题，等等。这些问题都是我感兴趣的。当然，我如果将来写一本这样的书，不会把理论问题和应用问题这样分开来谈，这种做法有点美国实用主义的风格，似乎先闭门造好一套理论，然后再拿到现实生活中某个具体问题上去检验。我更愿意像黑格尔《精神现象学》那样由一个生长点而系统地展开,同时将现实生活中的问题随时带入进去。但这样做可能会有很大的难度,而且不如这本书这样清楚明白。无论如何,该书的写法是当代青年所需要的,它不是那种看一眼就能把人吓倒的学术专著,作者甚至在每一章前面都有一段小幽默来调节气氛;但同时它又不是什么“心灵鸡汤”之类的消费品,其中的那些现实的案例都是启迪智慧和发人深思的。为了获得真实的现场感,作者甚至将那些影响人类历史进程的文本(包括报纸上的文章)大段地原样附在后面,供人揣摩。

本书还有两点使我惊讶。一是作者沃尔夫在修订这一版时已经 70 多岁了,二是这次修订离该书的初版已经有 30 多年,是第 10 版。我们中国人写这种书一般是一锤子买卖,不会连续多年对它进行修订,包括我自己,如果将来写一本类似的书,大概也会是这样吧。有这修订的时间,又可以写一本书了。所以中国人写的书,很难出精品。

邓晓芒

2011 年 3 月 8 日于珞珈山

作者前言

当我完成《哲学是什么》(*About Philosophy*)第10版的修订时,我也走过了我作为一名学者的第50个年头。我1957年获得博士学位,并且在一年之后开始教学,这一年期间有6个月时间在迪克斯堡和帝文斯堡履行我当一名现役国民警卫队员的诺言。学术职业的一个重大快乐就是,它提供了一个机会看着充满活力的青年男女成长为有造诣的成年人,在本书的第10版里,我决定把这种体验编织进我的修订之中。

1959年,在我职业生涯的刚开头,我就教了一群来自哈佛大学和拉德克利夫学院主修哲学的聪明年轻的大三学生。其中有一个身体瘦长、害羞的男生,他后来成为美国最高法院的一名副大法官。我记得,他写了一篇非常棒的论文,是关于克拉伦斯·欧文·刘易斯(Clarence Irving Lewis)的《心灵与世界秩序》一书的。这群年轻人中最令人难忘的是托马斯·卡斯卡特(Thomas Cathcart)和丹尼尔·克莱恩(Daniel Klein)。托马斯个子高,一头浓密的红发,是一个热情奔放的人。他有着富有魅力的笑容和爽朗的笑声,这在哲学的辅导讲习班上并不是常见之事。我和丹尼尔失去了联络,但是托马斯和我一直保持联系,尽管我事实上有49年没见到他了。

就在我开始考虑本书的修订时,托马斯和丹尼尔出版了一本令人捧腹的有趣小书,《柏拉图与鸭嘴兽一起去酒吧》(*Plato and a Platypus Walk Into a Bar*),它通过一些笑话引导读者进入所有主要的哲学问题和哲学家。当这本书刚面世时,托马斯给我寄来一本,我非常喜欢这本小书,乃至于我决定此次版本每一章开头都从中摘一小段,包括一些笑话。我承认我从来没有把柏拉图当作一位单人表演的喜剧演员,不过看了托马斯和丹尼尔的这本书之后,我改变了想法。我将不得不重新考虑我长期持有的观点,即最高法院大法官大卫·苏特(David Souter)是我最成功的学生!

在完成半个世纪的全职服务之后,我决定退休并给跟随而来的前途光明的年轻哲学家们让出位置来。尽管我将不再像一匹老赛马那样在每年9月的起跑钟声响起后奋然前冲,但是我将依然分享着这几十年来那些上过我的课的成千上万的学生们成就的快乐。

致谢

本版的幕后助推手是戴夫·雷佩托(Dave Repetto),他是又一位普兰提斯·霍尔出版社的资深哲学编辑,他给我提供极为宝贵的帮助超过了30年。戴夫以及他的助理杰克·卡什曼(Jack Cashman)把本版的修订工作当作一件乐事而不是一件例行公事。

我也很庆幸得到了克里斯蒂娜·唐德尔(Cristina Tondeur)女士的研究帮助——她很快将成为一名博士。克里斯蒂娜是一位出色的研究生,也是一位天资聪颖并富有想象力的教师和一位不知疲倦的研究员。她对互联网的里里外外比我知道的多得多,并以令人钦羡的速度为我找到各种文本。

我还要感谢《哲学是什么》第10版的几位评论家:奥特本学院(Otterbein College)的查尔斯·齐默尔曼(Charles Zimmermann),大都会州立学院(Metropolitan State College)的罗伯特·L.吉布森(Robert L. Gibson),中佛罗里达大学(University of Central Florida)的迈克尔·施特劳瑟(Michael Strawser),威廉·雷尼·哈伯尔学院(William Rainey Harper College)的查尔斯·W.布朗(Charles W. Brown),圣弗朗西斯大学(University of St. Francis)的艾尔·坎贝尔(Al Campbell),帕克大学(Park University)的玛丽简·E.佩普洛(Marijane E. Peplow),密西根州立大学(Michigan State University)的拉里·豪泽尔(Larry Hauser)。

作者简介

罗伯特·保罗·沃尔夫(Robert Paul Wolff)1933 年出生于纽约市。他在哈佛大学接受教育,1957 年获得哲学博士学位。他先后在哈佛大学、芝加哥大学和哥伦比亚大学任教,1971 年以来,他一直在艾摩斯特市的马萨诸塞州大学执教。沃尔夫编著有 21 部著作,内容涉及康德哲学、社会与政治哲学、教育哲学、法哲学、休谟哲学和马克思的经济理论等。他在芝加哥大学、波士顿大学和耶鲁大学教授政治学,在马萨诸塞州大学教授微观经济学。沃尔夫的著作被翻译成超过 12 种语言,销售量超过 75 万册。在剑桥大学,它们被指定为道德优等考试的必备读物;它们也被南非索韦托的学生们所阅读。

1990 年,沃尔夫在南非建立了一个大学奖学金公司(简称为"USSAS")。他把这个公司当作一个自愿的慈善组织来运作。"USSAS"目前资助了来自南非各大学的 60 名黑人学生。(参看网站:www. ussas. com)

1992 年,沃尔夫受邀请加入了马萨诸塞州大学关于非裔美国人研究的 W. E. B. 杜·波伊斯部门,在这里他作为非裔美国人研究的教授和这方面的博士生导师长达 16 年。沃尔夫于 2008 年 8 月退休。

罗伯特·保罗·沃尔夫与他童年的心上人苏珊(Susan)结为夫妻,并育有两个儿子,现年 40 岁的帕特里克和 38 岁的托拜西。几年前沃尔夫被要求简洁地描述一下自己,他说:"在宗教上,我是个无神论者;在政治上,我是个无政府主义者;在经济上,我是一位马克思主义者。"普兰提斯·霍尔出版社的前编辑泰德·伯伦(Ted Bolen)表示,沃尔夫并不习惯以这种方式谈论事情。

苏格拉底

苏格拉底(Socrates,469?—399 B. C.)被雅典公众以“不敬神”和“毒害青年”两条罪名指控,但是事情似乎十分清楚:他的真正罪过是反对或没有充分支持新复辟的民主制政权的当权者。

苏格拉底与曾经推翻第一次民主制政权的贵族派家族有来往,而他的学生柏拉图(Plato)[①]就是这些有权势的家族中的一员——在民主制复辟之前,他们一度统治雅典。由于大赦已经宣布过,统治者要在法律上检控苏格拉底的政治罪过成为不可能,所以他们捏造宗教罪名并且招募了一个宗教狂热分子米勒图斯(Meletus),来控告70岁高龄的哲学家。

苏格拉底原本可以在审判前逃离雅典,在审判期间法庭一旦判罪很可能定苏格拉底死罪。即使被判刑之后,苏格拉底仍然可以提出以“驱逐出境”代替死刑,而雅典的501名公民陪审团也几乎肯定会接受这样一个折中的方案。但是,苏格拉底坚信他的哲学诘问并没有危害雅典。确实,苏格拉底坚持:通过他的行动,他已经成为他土生土长的城邦的施惠人,因此与被检控方要求判处死刑相反,作为一名应受尊敬的公民,他提议雅典发给他一笔养老金。

雅典的统治者被苏格拉底毫不妥协的正直立场逼入困境之中,被迫执行死刑的判决,尽管他们都很可能宁肯让囚犯在行刑之前逃离。审判后一个月,经过和他的朋友们一整夜的哲学讨论,苏格拉底喝下了狱卒为他准备的毒药,慷慨赴义。

---

① 柏拉图(约为427—347B. C.),古希腊哲学家,其体系博大精深,对后世西方思想的发展影响至深,有一个说法甚至认为整个西方哲学后来的发展只不过是柏拉图哲学的“注脚”。目前国内已出版了王晓朝翻译的《柏拉图全集》。——译者注

第一章 什么是哲学?

西姆斯正打算去赴他的第一次约会,所以他向他的兄弟——一位情场老手——要点建议:"怎么和她们聊天? 给我些忠告吧。"

"秘密就在这里,"他的兄弟说,"爱尔兰女孩喜欢谈论三件事:食物、家庭和哲学。如果你问一个女孩她喜欢吃什么,这表明你关心她;如果你问关于她的家庭,这表明你的意图是高尚的;如果你讨论哲学,这表明你对她的聪颖抱有敬意。"

"哇,谢谢,"西姆斯说,"食物,家庭,哲学。我可以搞定。"

那天晚上当他遇见那位年轻的女士时,西姆斯脱口就问:"您喜欢卷心菜吗?"

"嗯,不。"这个女孩满是疑惑地回答。

"你有兄弟吗?"西姆斯问。

"没有。"

"噢,如果你有一位兄弟,他会喜欢卷心菜吗?"

这就是哲学。

第一节　哲学家们在做什么？研究人性

当我还是学生的时候,我的一位教授给我们讲述了他从波士顿驶往纽约的火车俱乐部途中车厢里的一段谈话。大伙都聚在吧台上,每人轮流介绍自己,简单说说自己所从事的工作。第一个人宣称自己是一位律师,第二个是巡回推销员,第三个是工程师。当轮到那位教授时,他说:“我是一位哲学家。”这——他告诉我们——总是会把谈话带进死胡同。没有人知道和一个把自己描述成哲学家的人说些什么。其他人都太有礼貌了而不敢问“哲学家在做什么”,这样问总会给(原本愉快的)聚会蒙上一层阴影。最后,他改口说:“我是一个教师。”这就没有问题了,只要没人问他教什么,他们就可以谈论更多轻松愉快的话题,例如红袜子队[1]或者天气的前景。

哲学家们在做什么？足够奇怪的是,只要存在一门叫作哲学[2]的学科,就是哲学家们一直追问的问题。实际上,“哲学家们在做什么?”很可能是最一般的哲学问题!但是所有这些听起来像是在含糊其辞、故弄玄虚,正好也使得人们一开始就对哲学产生一种紧张感。你们都知道一位医生在做什么,也知道物理学家、历史学家、作曲家和公共卫生设施工程师在做什么。你们中大部分人甚至可能对微生物学家做什么也略知一二。但是哲学家就得另当别论了。哲学家们问问题,通常是怪异的问题,例如:“政府——任何政府——有什么权力一定要我做什么呢?”

要弄清哲学家们在做什么,最好的办法是找其中的一位来瞅瞅;那么在所有人的名单中,自然首要的选择必定是一切时代中最著名的哲学家——苏格拉底(Socrates)。苏格拉底生于公元前469年的希腊雅典城邦,父亲是石匠,母亲是助产婆。据我们所知,他终其一生为了雅典并且是在雅典度过的,他曾在军中服役,后来在政府中任职。在一个崇尚刚健之美的社会里,苏格拉底却相貌平平,尽管他算不上贫穷,但是他可供支配的钱财似乎总比他的朋友、弟子们少得多。雅典城有13万人口,以那时的标准来说可谓忙碌和繁华,但也小得足以让每一个人彼此都熟识。苏格拉底年轻时,研究过先前几个世纪以来许多创造性的思想家所发展的科学理论,但是他不久就确信:最重要和最使人困惑的主题,是人类自身的境况。他发展了这种实践,即走进雅典的公共广场和运动场,去诱导、激励、指引他的市民同胞们讨论:人应该

---

① 红袜子队(Red Sox),美国著名职业棒球队,创建于1901年,主场位于马萨诸塞州的波士顿,红袜子是其制服的主要特征,故称Boston Red Sox(波士顿红袜子)。美国总统小布什曾在白宫接见获得世界大赛冠军的红袜子队全体成员。美国人喜欢以谈论体育赛事或者天气的方式来挑起话头。——译者注

② 哲学(Philosophy),根据字面意思,就是爱智慧(love of wisdom),它是对我们的判断、评价和行为进行系统的、批判性的审视方式,其目的在于使我们更有智慧、更能自我反省,因而能够成为更好的人。

如何生活。(在雅典苏格拉底时代,人们理所当然地认为女人是不能参与这类讨论的,或者说,事实上不能参与任何其他公共事务。)苏格拉底十分机智、聪明并且坚韧。他有一种技巧来问那些困难或者令人尴尬的问题,从而迫使他们比自己真正意愿的要思考得更多。因为其中一些他盘问的人是政界要员和著名教师,所以看到苏格拉底把他们问倒就十分有趣了,只要你不是其中一个——看起来显得愚蠢的一个——就行。因此有很多富有的年轻人聚拢在苏格拉底周围,作为追随者和忠实的听众。有时候,苏格拉底和他们交谈,以同样的方式盘问他们,并且迫使他们审视自身的生活;有时候,他们则观看苏格拉底与当地大人物或者到访的名人展开论辩。

雅典学院或学园(Academy),作为哲学、数学和科学研究的中心,由柏拉图(Plato)在公元前387年建立。学园不受干扰地持续运作了900多年,一直到公元529年罗马皇帝查士丁尼(Justinian)下令关闭为止。今天,雅典仍有一所学园自称是柏拉图学院的延续。

图片来源:北风图片档案馆

如果这种提出问题的实践就是苏格拉底的全部生活,那么2 400年后的今天,我们绝对不会知道他,当然也不会把他认作一个伟大的哲学家。但是,有三件事使苏格拉底从一个地区的好奇者,一个令人厌烦的人,转变为哲学的忠贞圣徒和西方文明中的伟大人物之一。

第一件事是个偶然。苏格拉底的追随者中有一位才华横溢、天赋极高而且十分富有的年轻人,他叫柏拉图(Plato)。当他的老师苏格拉底去世时,柏拉图才28岁,但他却深深地、永久地受到与老年苏格拉底关系的影响,并且在多年以后开始撰写《对话录》,以短剧的形式将苏格拉底的风格与个性捕捉、转换并提升成伟大的艺术作品。我们大部分关于苏格拉底的理解就来自这些对话录,包括最重要的,我们对苏格拉底诘问术的认识。学者们至今仍在争论:在这些对话录当中,究竟有多少是柏拉图的艺术创造,多少是确凿的历史描述;但是其典型风格,毫无疑议属于苏格拉底本人。

第二件发生的事不是一个偶然,尽管它乍看起来似乎很像。雅典的统治者断定:苏格拉底不仅是一个讨厌鬼,而且已经成为他们政治安全的一个威胁。所以他们捏造一些罪名指控苏格拉底,让其遭受审判。事实上,苏格拉底可以向法庭求取同情或者缴纳一笔赎金,以流亡罪之名脱身,这样他就能安全地离开雅典而不至于成为殉道者。但是,他不选择托辞或者道歉来为自己辩护。他坚决认为,他没有做错什么,而现在他已经 70 岁了,雅典应该考虑给他一笔养老金而不是以死相逼。最后,苏格拉底迫使政府采取行动将他判处死刑。即使在这时,他仍可以在朋友的帮助下逃离监狱,但是他留下来了,并且喝下狱卒给他的毒酒。因此他成为哲学上第一个殉道者。我们很容易事后批评雅典的统治者,因为他们原本可以省却很多麻烦,而把事件处理得更有技巧些。但是,苏格拉底对既定教条和观念的坚决诘问,不仅对于政府,而且对于支配雅典家庭的生活方式来说,都是一个威胁。在某种意义上,这个偶然不是指苏格拉底在 70 岁时被判以死刑,毋宁说,是指在当权者降罪之前他竟被纵容了如此之久。

第三个同时也是最重要的使苏格拉底不朽的缘由绝非偶然,而是他的经历和使命感。尽管他言辞机智幽默,对习俗信仰不太恭敬,也确实变得惹人厌烦,但是苏格拉底对于他的诘问实践却是非常严肃的。他的死只是进一步证实他的经历已经证明了的东西——对于苏格拉底来说,严厉审视所有人类的行为和信念比苟活于世本身更重要。正如苏格拉底在受审时所言:“未经审视的人生是不值得过的。”(The unexamined life is not worth living.)当他喝下毒酒,苏格拉底表明他宁愿为了正义的原则高尚地死,而不愿意耻辱地逃亡异邦避难。

我们每一个人都作出过无数影响自己生活的决断,在某种程度上它也影响着他人的生活。很多决断是无关紧要的,比如是否去看电影,在哪吃晚饭,穿什么。少数决断确实是重大的,比如和谁结婚,追求什么样的职业。有些人甚至遭遇战争或者面临个人的悲剧,这时我们的决断简直就可以决定生与死。苏格拉底认为在他的时代(我相信如果苏格拉底生活在今天,他仍会这么想),如果人们打算真正过一种善的和幸福的生活,这些决断都必须接受诘问、审察和批判。我们大部分人甚至在作出最重要的决断时,竟然没有真正问过自己是基于什么样的原则,这些原则又是否值得我们敬重和认可。当战争爆发了,青年男女冲出去战斗并且战死疆场,却几乎没有想过杀死他人这在道德上是否是正义的。一个学生耗费他或她生命中十年的光阴来成为一名医生,仅仅是因为老爸老妈一直希望这样。一个男人和一个女人懵懵懂懂就结婚、生子、买房、定居,但是20年后,他们中一定有人会问:“我究竟在干什么?”

关于我们应该如何审视自己的生活,苏格拉底有一套理论,那就是让其置于批判性的分析和诘问之下。但是,他从不把这套理论写下来,(实际上他没有写下任何东西)然而,我们可以从柏拉图的记载中重构起苏格拉底的思想。这套理论以苏格拉底基于独特的教学与哲学探究风格而声名远扬,它取决于四个基本原则:

1. 未经审视的人生是不值得过的。换言之,这是卑贱地而不是真正高尚地活着,因而不过是日复一日地过活,却从不扪心自问:“我究竟在干什么?为什么我要这样活?”苏格拉底认为,要成为一个真实而完整的人,每一个人必须使他或她的生活与信念置于批判性的自我审视之下。进一步说,只有通过这种自我审视的方式,一个人才能获得真正的幸福。
2. 如果我们打算过上美好的生活——与此同时,如果我们想成为真正幸福的和真正善的人,那么这里就存在有思想和行动的正确原则。这些原则是客观的——它们对于所有人都是真实的,不管他们生活在何时何地。有些人不公正,自我放纵,着迷于毫无价值的目标,疏远自己的同胞,对于什么是真正重要的事情迷惑不解乃至形同瞎子。这些人不知道有些事情是不值一顾的、不重要的。他们惧怕幽暗,害怕不能体面地活着、体面地死去。这样的人需要寻求真理,并且依据真理来生活。
3. 真理就在我们每个人心中,而不是在星辰、传统、宗教典籍或者大众的俗见之中。我们每个人都有——或者潜在地有——正确思考和行动的真实原则。因此,最终没有人能够教给其他人关于生活的真理。如果真理不在你心中,你绝不会找到它;但是如果它就在你内心之中,那么只要进行严厉的批判性的自我审视,它就会展露出来。
4. 尽管没有人能教给其他人有关正确行动与明晰思考的基本原则,但是有些人——可称他们为教师、哲学家、牛虻[①]——能够问问题,从而激发人们开始进行自我审视的工作。这些教师可以引导这个自我审视的过程,至少在它的早期,因为他们曾经经历过同样的过程,而且知道哪儿有陷阱。

从这四个原则,可以得出哲学是由问与答的过程组成的,一种两个人之间的对话[②],其中一个正在寻求理性的洞见与理解,而另一个已经获得了一些有关自我知识的方法,并愿意去帮助这位新手。对话开始于学生带到探求中来的任何信念。如果他不加思索地重复社会中那些传统的道德格言,那么哲学家就会尝试着迫使他去质疑这些格言;如果他采取任何事情都是相对的这种立场,认为没有什么东西对于所

① 在西方,牛虻(gadfly)意指由于严厉批评他人而成为惹人讨厌之人。苏格拉底就自称是一只敦促雅典人前进的牛虻。——译者注

② 对话(dialogue):一种两个人之间问与答的过程。

有人来说都是真实的或者正确的——很多学生在离家闯荡或者想摆脱父母的影响时就会采用这种观点——那么哲学家就会尝试一种不同的诘问方式。诘问之旅的终点都是一样的:智慧,对于思想和行动诸原则的理性洞见,以及一种更幸福、更协调、更值得过的生活。但是起点却如同开始旅途的学生一样多。

苏格拉底发现每次智慧之旅都有巨大的障碍在挡道。现代精神分析专家把这种障碍称为“拒斥感”(resistance),但也可以把它处理得更简单些,即意味着没有人愿意承认自己需要学习。当然,对于那些与苏格拉底交谈的政治家和公众人物来说,他们并不认为自己需要更多的智慧。他们十分确信自己已经知道如何治理城邦和如何安排自己的生活。苏格拉底不得不揭示一套洞穿他们的辩护的诀窍,以此来让他们看到——确实地看到——自己还不是真正有智慧的。他所要做的就是去发明一种柔道的语言形式。柔道的基本诀窍是让你的对手的力量为你服务。无需发起正面的攻击,你让他挥拳或拉扯,然后你就顺着他的运动方面趁势用力,结果事实上,他就把自己摔在了软垫上。苏格拉底在他的论辩中也获得了同样的效果,他是通过一种文学手法“反讽”(irony)获得的。尽管这是一本有关哲学而不是文学的书,但是花些时间来解释反讽怎样运作是值得的,因为这样我们就能看到苏格拉底试图去达成的目的是什么。

反讽是一种预先假定双重听众的说话或者交流方式。当一个说话者作出一个反讽的陈述,他看起来是把该陈述指向一群人,这群人就被称为第一重或表面的听众,但是实际上,他是把他的评论指向第二重听众,也称作真实的听众。他的陈述具有双重意义,反讽的诀窍就是:当第一重听众仅仅理解表面的或明显的意义时,第二重听众则理解了双重意义。第二重听众知道第一重听众有误解,反讽就变成了说话者与第二重听众之间的一个私下的笑话——这个笑话是以牺牲第一重听众为代价的,而他们永远不会怀疑什么。

例如,假设一个陌生人驱车来到一个小镇的杂货店问路。“喂!”他对坐在杂货店门口前廊的一位农民说,“你能告诉我去州府最近的路吗? 快点告诉我! 我和州长有一个非常重要的会议。”“好的,”这个农民一边回答,一边向门廊上他的朋友们只是最轻微地眨眨眼,“我可以告诉你最近的路。”然后,他接着给这个陌生人一个完全错误的方向,而这会多耽误他好几个小时。

这个农民正是以一种反讽的方式在说话。这个陌生人是表面听众,而这门廊上的其他人才是真实的听众。明显的意义——正如这个陌生人所理解的——是:这个乡下佬已经被他的重要身份完全震慑住了,因此一定会告诉他最近的路,而且已经告诉了。当然,真实的、秘密的、反讽的意义则是:这个农民本可以告诉这个浮夸傲慢的蠢蛋最近的路,但是现在不打算这么做了,因为对方太粗鲁了。这个回答是这位农民与他的朋友们之间开的一个私下的玩笑,并且以这位陌生人为代价。

当苏格拉底与一个自视甚高,但实际上愚蠢无知的人开始对谈时,他不会采取正面的攻击,即不会直接地针对他对手的错误信念进行反驳。这样只会导致僵局,如此每一个参与者就会坚持他自己的信念，而不会被吸引到批判性的自我审视上来。与此相反，苏格拉底以一种似是而非的谦逊的神态说："当然，我一无所知，而您看起来确实非常智慧，那么也许您来教导我就再好不过了。"他的对手——认为苏格拉底对他字面上所说的东西是当真的——对于自己的重要性更是洋洋得意，于是便自以为是地对善、正义、真理、美、虔敬等发表意见。然后，苏格拉底继续对他下功夫：假装自己十分迷惑，于是彬彬有礼地请求对方讲得清楚明白些，并且反复地戳指对方立场上那些最脆弱的地方。不一会工夫，那位可怜的人彻底气馁了。他为没有能力对苏格拉底明显地谦卑的问题给予前后一贯的、正当有理的回答感到异常困窘，最后他得出一个相当痛苦的结论：他对他原先认为自己知道的事情毫无所知。现在，并且唯有现在，苏格拉底才能够帮助他踏上通往智慧之路，正如苏格拉底所经常坚持宣称的：真正智慧的首要行动就是承认自己是无知的。

杂货店

这个农民正是以一种反讽的方式在说话。

图片来源：普兰提斯·霍尔出版社①为罗伯特·保罗·沃尔夫而画

① 普兰提斯·霍尔(Prentice Hall)是美国主要的出版商，本书的英文原著就是由其出版的。它创办于1913年，现已被培生(Pearson)公司收购。——译者注

当苏格拉底说他自己是无知的时,他正是以一种反讽的方式在说话。事实上,他说出的正是文学系学生所说的“双重反讽”(double irony)。一开始,苏格拉底和他的弟子们就开了一个私下的玩笑,以正和他论争的人为代价。他的对手心想:苏格拉底对我真是敬重,乃至于实际上想匍匐在我这个伟大人物的脚下,来跟我学习伟大的真理。但是当然,苏格拉底的意思是:他之所以对那些伟大的“真理”“一无所知”,仅仅是因为它们是虚假的、混乱的,不值得认识。我们都会遇到某人自诩是某些领域的专家,但是实际上他对该领域一无所知。“再告诉我多一点吧!”我们说,那么果然,他并没有意识到我们是在捉弄他。

在更深层次上,这个连苏格拉底自己的弟子们有时候也并没真正地理解,苏格拉底自称自己无知本来的意思就是在这个意义上说的:他和那个洋洋得意的对手一样,并不拥有真理来教导他人。弟子们认为苏格拉底知道什么是真正的真理、美、正义、善和智慧,并且他们期待着就在苏格拉底戳穿他的对手后,他会马上教给他们。但是,苏格拉底坚信,每个人必须独自找寻真理,因此他的弟子们不能够以从他那里学到真理的方式,也不能够通过省察苏格拉底对手的错误与迷惑的方式,来让自己的旅程变成捷径。在这种深层的双重反讽中,我们这些柏拉图对话录的读者们,就是真正的听众,而苏格拉底的对手和他的弟子们都是表面的或明显的听众。

提问与回答的过程——我们通过它逐渐地,一步一个脚印地达到对真理和善的原则越来越深刻的洞见——现在被称为“苏格拉底的方法”(Socratic Method)[①]。当然,这是一种非常有力的论证技巧,苏格拉底娴熟地使用它,它给予苏格拉底一把投向与其论辩的人的利刃。但是,我们也可以说,它是为一个独立的理论目的服务的——一个哲学的目的。下一点就有些复杂了,但是这值得注意,因为它对于柏拉图(或者苏格拉底)所正在做的事情给予我们一个真实的洞见。

根据苏格拉底,事情并不总是如它们所看起来的那样。我们都知道:事情表面上或者刚开始看起来的样子与它们的真实情况,是有区别的。一根半插入水中半露在外面的小木棍看起来是弯的,尽管它是直的。太阳,当它落到地平线以下的时候,比它在天空中高挂时看起来更大,尽管它的大小并没有改变。魔术师看起来是从你耳朵里把硬币取出来,但实际上是硬币就来自他手上,如此等等。

苏格拉底采用了这种古老的、熟悉的区分——即区分事情看起来的样子与事情真实上是怎样的——并且赞成它。他把这种区分延伸至我们也许不习惯遇见的领

---

① 苏格拉底的方法是一种探究问题的技巧,由苏格拉底发扬光大,其目的是激励、敦促、鼓舞那些未经反思的人们意识到他们对自身思想和行动的诸原则缺乏理性的理解,这样他们就能够踏上哲学智慧的道路。正是经过苏格拉底的使用,这种方法成为戳穿虚夸的自我的一个有力武器。

域。他指出,有时候某种经历看起来对于我们是坏的,但实际上却是好的(牙科医生就是一个熟悉的例子)。常常,朋友们、家庭、社会的意见看起来都是正确的,但它们实际上却是错误的,如此等等。

苏格拉底认为,对于我们生活的每一部分,我们都必须尽我们所有努力去看穿它的误导人的表面现象(appearance),并且抓住真正的、潜藏的实在(reality)。确实,苏格拉底智慧的大部分准确来说就是由这种区分现象与实在构成的,不管是在政治、伦理领域中还是在日常生活中。

现在,一个反讽陈述的表层意义好似表面现象,在它背后潜藏着实在。正如感官世界只不过是一个被理性所把握的真正现实的现象[①],因此一个反讽陈述的表层意义是一种显而易见的意义,在这底下隐藏着对于真实听众来说更深的、真实的意义。可见,语言的结构反映现实的结构。

这种思想——即语言与世界之间有一种平衡——在哲学中一次次出现。这是一个非常重要的观念,2 500 多年来,哲学家们一直在反复较量[②],并且得出很多有趣的结论。苏格拉底是第一个发展了这种思想的哲学家,并在他自己的哲学中使用了它。

我们对于苏格拉底及其论辩技巧已经谈得足够了。是时候来看看他的实际行动了。接下来这一节选自柏拉图最著名的对话录《理想国》(*the Republic*)。苏格拉底和一些朋友正在讨论正义(justice)的本质,他们认为这构成了有关正确与错误的基本原则。好几个建议被给出——经过苏格拉底的整理,已经没有那么多问题了——而现在人群中一个年轻的、异常容易激动的、非常聪明活泼的成员,名叫史拉西马库斯(Thrasymachus),跳到论辩中来。他一直在不耐烦地听着其他人的讨论,几乎不能够控制他自己。

史拉西马库斯:你们两个在搞什么鬼,苏格拉底?为什么要以这种蠢蛋的方式进行下去,并且还要礼貌地遵从彼此的胡说?如果你真的想知道正义是什么意思,那就不要再诘问了,直接点驳倒对方的回答。你精得很,清楚知道提出问题要比回答问题容易得多。你应该自己回答,并且告诉我们你认为正义是什么意思。我不想你跟我们胡扯什么正义是一种义务,或者一种有益的用处,或者

---

① 注意苏格拉底这里现象(appearance)与实在(reality)的二分。被理性所把握的是真正现实(true reality),感官世界是表面现象,它只不过是现实的表层展现,即现实的现象(appearance of reality)。因此不能把感官世界理解为现实的。——译者注

② 这种语言与世界之间的平衡并不是没有倾斜,例如柏拉图主义者认为语言(逻各斯)比世界更高更真实,而亚里士多德主义者则认为世界比语言更基本更真实。2 500 多年来,他们彼此争论不休。——译者注

一种利益，或者一种利润，或者一种权宜之计；我要求一个清楚而明确的陈述；我忍受不了那些诸如此类的废话。

这是史拉西马库斯一个敏锐的攻击，因为如果他能够使得苏格拉底推进到下定义，那么也许他就能够反客为主。但是他自身不受控制的鲁莽击败了他。当苏格拉底用一些假装谦卑的话语化解了这个攻击时，史拉西马库斯就按捺不住诱惑而开始教训起老师来。如我们会看到的，这正是他的堕落。对于苏格拉底而言，史拉西马库斯是不容易被说服的，而且在某种意义上，他们的论辩以僵局收场。尽管如此，在这下面的节选段落中，我们可以看到苏格拉底是怎样利用史拉西马库斯的自信来让他犯错误的，就像一个柔道大师允许对手一头朝他撞过来，接着在他后背一拨，最后对手就一屁股摔在地上。注意这种反讽的谦恭，苏格拉底是如何用它来化解史拉西马库斯鲁莽的攻击的——每次他都是温和地表示自己没有想清楚或者足够深入。苏格拉底的内在冷静与史拉西马库斯的暴躁猴急形成鲜明的对照，这也是柏拉图要给我们的一个教训，对于柏拉图来说——正如苏格拉底——他相信，无知者不能够获得真正有智慧者的平静。

柏拉图

《理想国》

正义的本质[①]

史[②]：那么，听着！我所说的就是："正义"或者"正当"(right)仅仅意味着强者的利益。——哎，你们的掌声在哪里？你们不打算给我鼓掌吗？

苏：我会的，但我得先理解您的意思呀。我现在还没有弄明白，您所说的正义就是强者的利益是什么意思。举个例子来说说吧，运动员珀利达玛斯(Polydamas)，比大伙都强壮，为了他的利益着想，让他顿顿吃牛肉，因为这样对于增强他的肌肉有用嘛；但是，您不会认为这同样的饮食，对于那些身体孱弱的人来说，也是有好处的、正义的吧？

史：你真有趣，苏格拉底。用你所想的最不利的方式来理解我的话语，这是一种低能的伎俩。

苏：不，不，我抗议；但是您应该解释解释呀！

史：那么，难道你不晓得统治一个国家有独裁制、民主制和贵族制三种形式吗？

苏：知道啊。

① 可参阅柏拉图：《理想国》，郭斌和、张竹明译，商务印书馆，1997 年，第 18-23 页。——译者注

② 在这段节选中，"史"就是指史拉西马库斯，"苏"就是指苏格拉底。——译者注

史:而统治阶层难道不是最强者吗?

苏:对呀。

史:好的,那么,在任何情况下,统治者所制定的法律都是为了他们的利益:一个民主政府制定民主法律,独裁政府制定独裁法律,贵族政府制定贵族制法律,依此类推。通过制定这些法律,统治者给他的臣民们定义了什么是正义,同时这也是为了他们自己的利益,因此他们把那些触犯法律的人称作"违法者"(wrongdoer),并作出相应的惩罚。我的意思是说:在所有的国家中,"正义"都是一个意思,即正义就是为了强者的利益,因为他是最强者。所以,合理的结论就是:什么是正义,在任何地方都是一样的——正义就是强者的利益。

苏:现在我弄懂您的意思了。但是不管正确与否,我还是应该尝试弄个水落石出。当您把正义定义为利益时,你自己就给出了这些回答当中的一个回答,而这些回答是您明令禁止的;尽管如此,您加上了"对于强者而言"。[①]

史:也许这是一个无关紧要的添加!

苏:它的重要性现在还不清楚哩;唯一清楚的事情是,我们应该找出您的定义是否真实。我也同意:正义在某种意义上是一种利益;但是,当您加上"对于强者而言"这句话时,我就不明白了。我必须得好好思考思考。

史:那么,继续啊!

苏:我会的。请告诉我这个——毫无疑问,您同样认为服从统治者就是正义啰?

史:当然。

苏:在每一种类型的政府中,统治者都永远正确吗,或者,他们有时候也会犯错误吗?

史:当然他们会犯错误。

苏:那么,当他们在制定法律时,他们可能干得好,也可能干得坏?

史:毫无疑义。

苏:那就是说,当他们在为自己的利益制定法律时,他们就干得好;而不为自己的利益时,他们就干得坏?

史:是的。

苏:但是臣民们服从他们颁布的任何法律呀,这也是正义吗?

史:当然。

苏:如果这样,按照您的解释,那么遵照那些不符合统治者利益的法律去做,也都是正义啰,正如遵照符合统治者利益的法律去做是正义的一样。

---

① 指前面史拉西马库斯曾宣称说正义是一种责任、一种权宜之计、一种利益好处、一种报酬利润之类的定义都是"胡扯",而此处却又把正义定义为一种(强者的)"利益"。——译者注

史:你在说什么呀?

苏:就是您说过的话啊,我相信;但是,我们可以回过头来再看一看。您不是认可:统治者,当他们责令某个法案施行于臣民时,有时候也会犯错误,颁布了违反自己利益的法令,那么这个时候,不管统治者颁布什么法律,臣民都遵从法律行事也是正义的啰?

史:是的,我想是这样。

苏:哦,那么这就意味着承认:做不符合统治者或强者利益的事情是正义的啰。统治者或强者可能不知不觉地责令施行对他们不利的东西;而您说其他人依照他们所说的行动就是正义。在这种情况下,他们的义务就一定与您所说的相反,因为弱者将会被命令去做违背强者利益的事情。聪明智慧的您,一定会看到接下来会发生什么……现在,史拉西马库斯,请您告诉我,这就是您想要说的——正义就是符合强者的利益,是否真的是如此?

史:绝对不是这样。你认为我会把一个犯错误的人当作"强者"或"优越者"吗?

苏:我确实认为您是这么说的,当您承认统治者并不总是永远正确时。

史:这是因为你是一个吹毛求疵的人,苏格拉底。一个医生在医治病人的过程中犯了个小过错,而仅仅因为这个小过错,他就不配称作医生了吗?又或者一个数学家,当他把一个总数算错了或他得出了一个错误的结果,那么他就不配称作数学家了吗?

当然,我们通常确实说一个医生或者一个数学家又或者一个学者犯了过错;但是我要说,的确,他们中没有一个永远都犯错误,因此他配得上享有我们给予他的头衔。所以严格说来——既然你什么都要求精确——没有人会在实践技艺过程中犯错误。一个人犯错误,仅当他的知识不充足时;而这时,他就不是一个巧匠。任何专门技艺或者其他统治技能的真理是:他从不犯错误,只要他是一个统治者;尽管有人会说统治者也会犯错误,就像一个医生那样。你必须明白我刚才在回答你的问题时,是以一种宽松的方式谈论的;但是严格的陈述应该是这样的。统治者,只要他作为统治者而行动,就不会犯错误,所以他会责令施行对于他来说是最好的事情;而这个事情就是臣民所要做的。因此,正如我一开始所说的,"正义"就是做对强者有好处的事情。

苏:很好,史拉西马库斯。所以,您认为我在吹毛求疵?

史:我肯定你就是。

苏:您认为我的问题是恶意地设计好了来贬损您的观点?

史:我早看透你了。但是你这样做将会毫无所获。你不可能用狡诈来取胜我,而且你也不是那个能在公开场合击败我的人。

苏:天哪,我想都不敢想。但是,为了阻止更多误解,当您说弱者应该为统治者或强者的利益服务时,请您说清楚:您是在日常意义上使用这些语词的,还是在您刚才定义的严格意义上使用的?

史:我是在最严格的可能意义上说到统治者的。现在尽你所能恶意地吹毛求疵吧。我不需要怜悯。但是你决不是我的对手。

苏:您认为我疯癫到如此地步,胆敢在太岁头上动土或者竟敢要智胜史拉西马库斯?

史:你刚才已经试过了,但是可惜没有成功。

第一重听众

第一重的或表面的听众认为苏格拉底谦卑地承认不如他。第二重听众(苏格拉底的弟子们),意识到苏格拉底是在捉弄第一重听众,于是嘲笑第一重听众。第三重听众(读者)也嘲笑第一重听众,并且对第二重听众一笑置之。第三重听众认识到两个方面:苏格拉底在捉弄第一重听众,而且苏格拉底的弟子们并没有意识到他的陈述的真实意义。

图片来源:普兰提斯·霍尔出版社为罗伯特·保罗·沃尔夫而画

尽管初次阅读可能不明显,但是这场争论中决定性的转折点在于,苏格拉底让史拉西马库斯承认:人们应该遵从他们的统治者,仅当统治者确实是在为他们自己的利益而颁布律令时。如果强者,由于无知或者错误,意外地颁布了有利于弱者的法令,那么弱者就不能执行!

这看起来不太像是一种承认,但是它实际上对于史拉西马库斯的观点来说是致命的。理由是它引导到这样一种观点的讨论中:统治者有权被遵从,仅当他们以某种方式或其他方式使用他们的理智能力统治得当时。当然,在这一点中,"统治得当"仅仅意味着"以这样一种方式统治来增进他们自身的利益",但是史拉西马库斯曾经承认,标准应该应用于统治者的表现,这样他就开始滑向危险的深渊。现在,苏格拉底开了个头去谈论好的和坏的统治者,而这容许他提出所有类型的问题,但是史拉西马库斯并没有愿望使它卷入争论中来。

不必多言,当他一开始提出看起来很无知的问题时,苏格拉底就预见了所有这些,正如一位象棋大师,当刚开始走出简单的第一步棋时,他就预见到了下面十步棋。这就是哲学论辩技巧的一部分。

第二节　哲学家们在做什么?研究宇宙

我曾经告诉过您:当他年轻的时候,苏格拉底花了一段时间来研究有关宇宙本质的理论,而这种理论在他时代之前200多年来,就一直被其他希腊思想家不断发展着。世界或宇宙的希腊词是kosmos,因此我们把研究世界本质的学问称为宇宙论(cosmology)①。有关人类状况的研究与关于宇宙的研究是哲学的两大分支,哲学家或者研究人类的经验,或者推测整个宇宙的秩序,在哲学中,没有其他区分比这个更基本的了。(接下来,我们将会看到有一些哲学家试图在一个单一的理论框架中去统一这两个方面,这就超过了我们的谈论范围了)

希腊人,像所有其他民族一样,拥有关于世界开创与文明起源的宗教神话,但是在某个时候,大致是在耶稣诞生之前600多年,很多人开始去探寻——关于世界的构成、秩序与起源——一个更合理的,更符合事实的,有更好根据的理论。这些早期科学家中一些人——因为这就是他们的真实身份——活跃于一个叫作米利都(Miletus)的城邦,位于今天的土耳其海岸,地中海东部。他们以"米利都学派"(Milesians)闻名于世,他们正是我们今天所谓的宇宙论传统中的第一批哲学家。由于种

① 宇宙论(cosmology),字面意思就是,关于世界的秩序的研究。现在用来指天文学的一个分支,考察整个物理宇宙的组织与结构,包括它的起源。在哲学上,宇宙论是形而上学(metaphysics)或者第一原理研究的一个次级领域。

种原因，他们的著作仅保存下来一些断章残篇，大部分关于他们的知识必须间接地从其他古代作家对他们的著述中获得。对今天的我们来说，他们只不过是些名字，但是我们也许值得记住他们的名字，因为我们受他们的知识的影响实在太大了，几乎无法估量。泰勒斯(Thales)①通常被认为是第一位哲学家。我们今天可能会把泰勒斯称为天文学家。相传某个夜晚，泰勒斯在走路时两眼直盯着头上的星空，结果掉到井里，因此就创造了一个"心不在焉先生"(absentminded professor)的神话。但是据说，他利用从他的天文学研究中所掌握的关于气候的过人知识，成功垄断橄榄油市场并大赚了一笔。紧随泰勒斯之后，有米利都学派的阿那克西曼德(Anaximander)②和阿那克西美尼(Anaximenes)③，他们延伸并发展了这些关于自然的基本构成要素与它们的秩序的思辨理论。他们的名字有点陌生，而且几乎所有著述和言论早已失传，但是当你研究物理学、化学、天文学，或者观看进行太空探测的火箭发射时，你应当想到他们，因为他们开启了西方文明的科学旅程。

古代宇宙论者的理论对于现代读者来说似乎有些怪异。尽管如此，当我们深入表面枝节背后，我们就会看到一些惊人的现代思想。对于米利都学派而言，根本问题就是去确定基本构成元素，世界上各种各种的事物都是由它们构成的。他们把一切事物区分为四种基本元素：土(earth)，水(water)，气(air)，火(fire)。泰勒斯认为宇宙中一切事物都是以水为基础的，土，气，火都是水的简单形式，而水也可以有其他表现形式。与此相反，阿那克西美尼说：万物皆气。现在，所有这些听起来有点古雅并且十分怪异，但是设想一下如果我们是用固体代替土，液体代替水，气体代替气，能量代替火，那么，我们就可以得出这样一种理论：宇宙中的万物是固体、液体、气体或某种形式的能量，而这绝不是一个糟糕的猜测！甚至，这种找寻某种潜藏元素的探究——这种元素简单地以一种或其他种形式出现——也有明显的现代回响。例如，19世纪的原子理论告诉我们，在自然中发现的90种或更多的元素，实际上都是可以化约为三个基本构件的不同组合：中子，质子，电子。自从原子的简单模型被提出来以后，亚原子粒子理论就变得更加复杂，但是米利都学派寻找宇宙构件的研究今天仍在继续。

米利都学派及其后继者们的第二个伟大主题是，自然事件是诉诸于自然的力量(natural forces)来理解的，而不是诉诸众神的行为或者某些非自然力量的干涉。这些早期哲学-科学家的要旨是，自然(或本质，nature)是自然的。而且，在他们的思索与观察中，他们展露了过人的敏锐和良好的见地。例如，当非常冷时水似乎就变成

① 泰勒斯(约为625—547B.C.)，古希腊第一个自然科学家和哲学家，希腊七贤之一。他认为万物的本原是水。只留下一些著作残篇。——译者注

② 阿那克西曼德(约为610—546B.C.)，泰勒斯的学生，据说他是世界上绘制第一张全球地图的人，著有古希腊第一部哲学著作《论自然》，现只存残篇。他主张万物的本原是"无定形"。——译者注

③ 阿那克西美尼(约为588—526B.C.)，阿那克西曼德的学生，主张万物的本原是"气"。——译者注

冰(固体),而当非常热时它又变成汽(气体)。固体物质(比如铁)确实非常坚硬,但当足够热时它实际上就会熔化。所有这些都意味着:有某些潜藏的物质在不同的情况下会以不同的形式出现。

根据托勒密(Ptolomaeus)①的星球方位图,地球位于球形世界的中心。有七个天体环绕着地球运行:太阳、月亮、水星、金星、火星、木星和土星。注意:地球上非洲与东方部分的描绘非常精确。
图片来源:荷兰地图集,出自杰拉德·瓦莱克②,17世纪;柯比斯/贝特曼③

下面这篇短文来自古代世界晚期的一位哲学家,但是,他对于他自身各种感官明证性的关注是一种典型的宇宙论思维框架。卢克莱修(Lucretius)④是一位罗马哲学家兼诗人,生活在公元前1世纪,即在米利都学派之后将近500多年。他捍卫一种称为原子论(atomism)的宇宙理论,根据他的原子论:宇宙中的万物,甚至包括人

① 托勒密(又写作Ptolemy,生平大约为公元90—168),古希腊地理学家、天文学家、数学家。他创立的地心说统治欧洲长达1 300多年,直到后来哥白尼提出日心说之后才被推翻。——译者注

② 杰拉德·瓦莱克(Gerard Valck,1651—1726),出生于阿姆斯特丹,荷兰雕刻家与出版商。——译者注

③ 柯比斯(Corbis)是目前全球第二大数码图片公司,由比尔·盖茨创办于1989年,总部设在西雅图。贝特曼(Bettmann)也是一个影像资料公司,已被被柯比斯公司收购。——译者注

④ 卢克莱修(约为99—55B.C.),古罗马哲学家,著有唯物主义长诗《物性论》。——译者注

的灵魂，都是由一种细小的物质即原子(atom)组成的，而这些原子是如此的细小以至于不能被人的肉眼所看见(又一个令人惊异的现代学说)。正如你所看到的——卢克莱修使用了各种各样的日常观察来证明原子论——尽管有些现象会截然相反，但是万物都是由细微的、坚不可摧的原子组成的，而且原子自身不能再分割，它是绝对的坚固体。

卢克莱修

《物性论》[①]

此刻为我记下：虽然我已经教给你，事物是不能从无中产生的，当其产生之后也不能复归于无，但你仍可能误解我的话，因为事物的始基(the first-beginning)无法用肉眼看见，而且你应该承认有很多东西，存在于这万千世界之中，可是我们却不能看见它们。起先，当风的力量被鼓动起来时，它怒击海港，吞没巨型船只，席卷云层；有时候，它形成急速漩涡搜刮平原大地，到处洒满大树，或者用震撼森林的狂飙肆虐众山之巅；风的刺耳呼啸是那样的猛烈，而它摄人心魄的咆哮声又是那样的狂怒。因此，风显然是看不见的物体，它疾卷大海、陆地以及空中的云块，肆虐蹂躏，突然又把它们抓住、卷旋到空中……那么还有，我们触感到不同事物的不同气味，却从未看见它们走向我们的鼻孔；我们也从未用眼睛看见热、冷，或者声音。然而这些东西必定是由物质性的自然构成的，既然它们能够触动我们的感官；因为除了物体，没有别的东西能够触摸与被触摸。衣服挂在海岸上，经风浪吹打就会变湿，但在太阳底下展开就会变干。但是我们没人看见水汽是如何沁入衣服的，也没有人看见它是如何被热所驱散的。因此，水汽是被分散成无数的小微粒，小到眼睛都无法看见。经过很多次太阳年[②]的循环运转，手上的戒指就会沿着内侧逐渐变薄，屋檐的滴水可以穿透石块，一具弯弯的铁犁在野地里会不知不觉地损耗掉，我们看到石砌的街道会被大众的脚步磨平；许多大门旁边的铜像，由于数不清的过往行人向它们握手致敬，结果铜像的右手就因屡被触摸都变瘦了。我们所看见的这些事物减少变小，因为它们被消耗掉了；但是，每次究竟是什么样的物质消散了，视觉的本性嫉妒地关闭了我们的观看……因此，自然是由看不见的物质来运作的。

---

① 参看卢克莱修：《物性论》，方书春译，商务印书馆，1982 年，第 15-18 页。——译者注

② 太阳年(the sun's year)，又叫回归年，指太阳中心连续两次经过春分点所需的时间，一太阳年等于 365 天 5 小时 48 分 46 秒。——译者注

宇宙论的探索今天仍在进行，正如2 500多年前一样。从最早的时代开始，哲学家们一直在就今天我们称作科学的东西积极地进行实验的和理论的提升。确实，很难说在哪里"硬科学"(hard science)[①]结束，而思辨的哲学宇宙论开始。例如，据说泰勒斯自己发明了一种方法来测量埃及金字塔的高度，就是等到一天中某个准确时刻，这时人的影子长度刚好等于他的身高。阿那克西曼德设计出一种类似于日冕的测量仪，其柄杆阴影能够让我们计算出太阳的方位与高度。公元前4世纪，伟大的哲学家亚里士多德(Aristotle)[②]，柏拉图的学生和追随者，事实上发明了形式逻辑学(science of formal logic)，并且对我们今天被称作动植物分类学(taxonomy)的学科贡献卓著。柏拉图学园的后继者，即学院，对于数学的分支即立体几何(solid geometry)做出了重要的贡献。2 000多年后，法国哲学家兼数学家勒内·笛卡尔(René Descartes)[③]发明了解析几何(analytic geometry)——这个我们今天在学校里还在学习——来作为他的理论(有关物质性的宇宙本质)分析与表达的工具。他的继承者，哥特弗里德·莱布尼茨(Gottfried Leibniz)[④]，发明了微积分(differential calculus)来作为他与笛卡尔关于物质本性辩驳的一部分。在20世纪，逻辑学家、哲学家伯特兰·罗素(Bertrand Russell)[⑤]与阿尔弗莱德·诺特·怀特海(Alfred North Whitehead)[⑥]以他们里程碑式的合著——《数学原理》(*Principia Mathematica*)建立了现代数理逻辑(mathematical logic)。纵贯西方文明的整个过程，哲学思辨，科学实验，纯粹逻辑与数学的理论阐释都被提升到一起，它们往往出现在同一个哲学家的相关著作中，有时候刚好在同一部著作里。不论是在一种不断拓展的对自然的科学化理解里，还是在一种不断精致化的对于自然的本原问题以及宇宙的秩序问题的概念化思考中，肇始于古代米利都学派的哲学事业都结出了累累硕果。

在继续探讨之前我们要谈到最后一点。在传记辞典或者西方思想史中，泰勒斯，阿那克西曼德以及其他人都被称为"哲学家"(philosopher)。但是今天，人们把探究这些问题的人通常归类为"科学家"而不是"哲学家"。为什么宇宙论问题今天是由科学

---

① 即自然科学。——译者注

② 亚里士多德(公元前384—322)，古希腊哲学的集大成者，百科全书式的学者，其学术思想对西方后来文化的发展影响深远。主要著作有《形而上学》《尼各马可伦理学》《政治学》《工具论》《物理学》《诗学》《修辞学》等。——译者注

③ 笛卡尔(1596—1650)，著名的法国哲学家、科学家和数学家。《探求真理的指导原则》《第一哲学沉思录》《方法谈》《哲学原理》等。——译者注

④ 莱布尼茨(1646—1716)，德国哲学家、科学家、数学家。主要著作有《单子论》《人类理智新论》《神正论》《新系统及其说明》等。——译者注

⑤ 罗素(1872—1970)，英国著名的哲学家、数学家，逻辑学家，1950年获诺贝尔文学奖。其主要著作有《数学原理》《哲学文集》《数学哲学导论》《自传》《西方哲学史》《人类的知识》等。他对英美分析哲学运动影响巨大。——译者注

⑥ 怀特海(1861—1947)，英国数学家、逻辑学家，过程哲学的创始人。主要著作有《数学原理》《数学导论》《自然的概念》《过程与实在》《思想方式》等。——译者注

家来探究的，然而2 500多年前是由哲学家来做的呢？这就是工会(labor union)所说的“管辖权之争”(jurisdictional dispute)，还是这里发生了一些重要的理论转变？

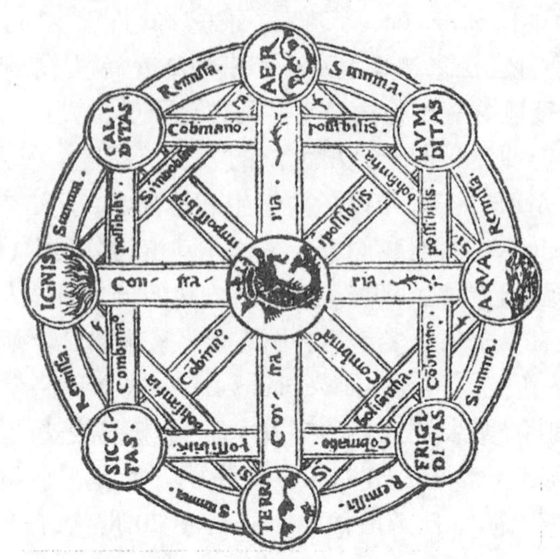

在这张元素图解画中，火位于最上方，气在最右边，水在最底部，土在最左边。第五种元素即“精粹”(quintessence)，位于中心。火是干与热的混合，气是热与湿的混合，水是湿与冷的混合，土是冷与干的混合。

图片来源：美国国会图书馆

对于这个问题的最通常回答是，“哲学”曾无所不包，它是一种对宇宙、地球与人类状况的系统、理性探究。在柏拉图、亚里士多德以及其他古人的著作中，我们发现这些讨论今天可以被归类为物理学、数学、天文学、生物学、心理学、经济学、政治学、社会学、人类学、神学，甚至工程学。在过去的2 000年里，这些曾被拉拢在一起的人类知识的各分支，一个一个地从“哲学”中脱离出来，把自己建立为一个独立的学科，拥有自己的研究法则、观察对象和理论框架。根据这种看待事物的方式，今天哲学所剩下的就像受过教育的孩子终究要离家独立之后所剩下的一样。大致说来，这使得哲学萎缩成概念分析加上一些扶手椅上的玄思冥想，只要是任何其他科学还没有声称涉足其中。

尽管如此，有另一种观点对我而言似乎更接近真理。它认为：哲学是一种关于正确思想与正确行动的心灵的系统反思，它涉及所有的行为。根据这种观点，事实上我们所做的每一件事情都有“哲学的”成分。政治学家(还有政治家)、科学家、艺术家、经济学家与天文学家都需要反思他们工作的本性，而人们正式地称哲学家们为那种把他们的注意力集中在我们理智事业(intellectual undertaking)之自我批判或自我反思方面的人。

第三节 哲学家们在做什么?研究人性和宇宙

尽管对人类状况的研究和对宇宙的研究是西方哲学的两大主题,但是一定不能认为它们是互不相关地发展的。哲学家尤其是追寻统一性(unity)的探求者。虽然人类的经验展现为“多”(manyness),但是他们要探求潜藏的“一”(oneness)。在西方思想的历史长河中,哲学家们试图用两种根本上不同的策略来把哲学的两大分支结合成相互关联的整体。

第一种策略为一些早期的哲学家所尝试,其中一派被称为“斯多葛派”(Stoics)。斯多葛派声称,自然世界展现出一个理性的秩序,这种秩序通过诉诸于理性能力的存在与运作就能得到解释,他们称这种理性能力为“逻各斯”(logos)①。(“逻辑”这个词就是从“逻各斯”这个术语来的,而且,词尾带有“-ology”后缀的单词,意思是“关于……的研究”②)在宇宙中,如今,逻各斯经常被我们等同于上帝,但也可能等同于每个人身上具有的理性能力。人性(hunman nature)研究与物理自然(physical nature)研究之间存在着鸿沟,而在逻各斯中存在着沟通这条鸿沟的原则,因为正是这同一个基本的逻各斯或理性秩序,使自身体现在行星的秩序、四季的轮转以及时空中自然物体的规则行动之中;它也展现在我们逻辑推理的能力之中,展现在通过理智力量来控制我们的激情的能力之中,展现在一个稳定的、公平的、合理的、有序社会里男女的恰当秩序和安排之中。神圣逻各斯影响并统辖整个宇宙,我们的理性能力据说只是神圣逻各斯的一点“火花”或一个“片断”。最终,这种古希腊学说被揉进基督教、犹太教与穆斯林信仰的神学中,并且成为宗教神学在中世纪(Middle Ages)繁荣兴盛的主要基础。

苏格拉底年轻时研究过宇宙论,但是后来就转移方向了,因为他确信:对于我们来说,恰当的研究对象是我们自己的本性。但是如果斯多葛派是正确的,那么一个哲学家就可以同时研究人性与物理自然,因为同样的原则既然能够解释宇宙天体的运行,让人恰当地理解,那么它也能解释我们应该怎样在一套秩序良好的社会体制中生活。

---

① 逻各斯,为 logos 的音译,是西方思想中最重要的概念之一,它内涵十分丰富,原本指说话、言语、演说,进而指谚语、传说、警句,再从这些语言形式中引伸出规则、理性、思想、推理、道理等意思。——译者注

② 例如,psychology(心理学),意思就是关于心灵(psyche)的学问或研究(-ology)。——译者注

15世纪法国带有彩色镶边的手稿，描绘的是阿拉里克（Alaric）王①与哥特人（Goth）②在公元410年洗劫罗马城。在绘画的左上角，圣奥古斯丁（St. Augustine）③向罗马教皇呈献其著作《上帝之城》（*City of God*）。正是哥特人对罗马的洗劫刺激了奥古斯丁写下了这部著名的作品。

图片来源：法国国家图书馆

斯多葛派关于统一性的学说在西方思想中产生了一个最重要的哲学观念——自然法（natural law）。上帝，或者理性能力，是根据恰当形式与其组织秩序的理性观念来创造宇宙的。在宇宙的层面上，这个学说决定星辰、太阳、地球的存在、本质及其相对方位。在社会的层面上，这同样的思想决定了社会各阶层各级别的恰当的等级秩序，上及国王或皇帝，下至最底层的农奴。在每一个个体性的存在中，这同样的思想决定了人的灵魂中理性的、激情的与欲望的诸元素之间的相对秩序和重要性。凭借那一点点逻各斯或理性的火花，人类在自然秩序中成为独一无二的存在，因为逻各斯或理性允许他们在同一个时间理解其宏伟计划，并且允许他们自由地生活，但要切实地遵从它。

---

① 阿拉里克王（370—410），西哥特国王，曾带领西哥特人五次进攻意大利。——译者注

② 哥特人，古代日耳曼族的一支。——译者注

③ 奥古斯丁（354—430），古罗马帝国时期基督教思想家，教父哲学的集大成者，被封为圣人或圣师，其思想对后来欧洲的宗教改革运动影响深远。主要著作有《论三位一体》《上帝之城》《忏悔录》等。——译者注

古代伟大的斯多葛学派中有一位罗马皇帝,他的统治期从公元 161 年至 180 年。马可·奥勒留(Marcus Aurelius)身兼多种伟大的技能,他既是一位将军,又是一位具有沉思天性的统治者。他关于宇宙以及短暂人生的反思,通过一系列沉思录的形式流传给我们。下面这些选段能够传达某些他思想的主题与特点。

马可·奥勒留

《沉思录》[①]

永远把宇宙看作一个活的东西,它有一个实体(substance)和一个灵魂(soul);察看万物如何与知觉(perception)相关联,与一个活的东西的知觉相关联;察看万物如何以某种运动方式活动;察看万物如何是一切事物存在的协同原因(co-operating causes);还要察看那连续不断的纺线与丝网的结构。

宇宙的理智是社会的。相应地,它就使得次一等的事物为了高一等的事物,从而使得高一等的事物彼此相互适宜。你等可知宇宙理智如何使万物从属、协调与指派于它恰当的部分,并且使得最好的事物之间和睦一致。

万物都是互相关联的,而这种互相关联的纽带是神圣的;几乎没有任何事物不与其他事物相联系。因为事物是互相协调的,它们共同组成同一个宇宙(秩序)。因为这里有一个由万物组成的宇宙,一个遍及万物的上帝,一个实体,一种法则,一种所有理智动物中的共同理性,还有一种真理;确实,这里还有一种完满性,因为所有动物都同等重要,并且分享了同一个理性。

对于理性的动物来说,共同的行为就是依据自然(nature)[②],并且依据理性。

因此,由哲学家设想出来的用以联结人性研究与物理自然研究的第一种策略,就是斯多葛学派的自然法学说。第二种策略在 2 200 多年后被人们制定出来了,他们是 17 和 18 世纪不列颠群岛与欧洲大陆的一群杰出的哲学家。我们在第二章中谈及哲学的分支知识论(theory of knowledge)时,将会近距离地审视他们的某些理论。通常,在对哲学本质的引导性观看中,无论如何我们都应该试图对他们在做什么形成一些初步的观念,因为这些哲学家的思想与著作在整个西方思想文献中已经极具影响力。

① 参阅马可·奥勒留:《沉思录》,何怀宏译,三联书店,2008 年,第 39、77 页。译文略有改动。——译者注

② nature,也有本质,本性的意思。——译者注

马可·奥勒留

马可·奥勒留(公元121—180)是最声名显赫、值得拥有尊贵地位的罗马皇帝之一。罗马统治着一个广阔的帝国将近五个世纪,版图从大不列颠一直横穿今天所谓的西欧,包括整个地中海沿岸,并且深入北非和中东地区。马可是一位功勋卓著的将军,在对蛮族一再袭击罗马边境省份的战役中多次获胜;他同时也是一位有智慧有思想的哲学家,饱读希腊罗马先贤们的著作,深知他身为皇帝所拥有的权势与荣耀是短暂的,对此他不抱任何幻想。耶稣诞生后的第二个世纪,帝国迫害这位东方先知的信徒们,而马可,尽管(也许是因为)忠诚于斯多葛主义,继续推行这些迫害。直到一个多世纪以后,随着君士坦丁大帝(Emperor Constantine)[①]的皈依,基督教才不再是官方攻击的对象,并且被定为罗马帝国的国教。

新策略的关键是一个非常简明、非常有力的观念:宇宙是广袤的,一万年也许还是一个短暂的时间,因而不能够说出所有能够学习的东西;但每一个简单的事实,每一个理论,每一个洞见,猜测,假说或者演绎,都是人类心灵中的一个观念。所以与其把我们的眼睛转向外部的宇宙,还不如让我们的目光投入人类心灵自身的本性之中。让我们研究我们认知的方式,而不是研究我们知道什么。宇宙也许是无限的,但人的心灵是有限的。甚至(这些哲学家认为),尽管宇宙无限变化多样,但是人类的心灵到处都总是同一的。与其在宇宙论、物理学、政治学、道德学和宗教等方面著作等身,还不如就我们所需要的有关人类心灵的力量、能力、形式以及界限等方面仅仅撰写一本书就行了。因此,在17和18世纪,我们在哲学文献中发现了如下一些著作标题:《人类理解论》(*Essay Concerning Hunman Understanding*),英格兰人约翰·洛克(John Locke)[②]撰写;《人类知识原理》(*Principles of Human Knowledge*),爱尔兰人乔治·贝克莱

---

① 君士坦丁大帝(274—337),罗马第一位信仰基督教的皇帝。他在公元313年颁布《米兰敕令》,给予基督教以合法地位,并且在公元337年临终前接受基督教的洗礼。——译者注

② 洛克(1632—1704),英国革命后期资产阶级思想家,自由主义的奠基人、欧洲资产阶级启蒙运动的先驱、古典自然法学派的杰出代表、现代自由主义政治学说的鼻祖。主要著作有《人类理解论》《政府论》《教育片论》《基督教的合理性》等。——译者注

(George Berkeley)[1]撰写;《人性论》(*Treatise of Human Nature*),苏格兰人大卫·休谟(David Hume)[2]撰写;还有它们之中最为伟大的著作《纯粹理性批判》(*Critique of Pure Reason*),普鲁士人伊曼努尔·康德(Immanuel Kant)[3]撰写。

乍看起来,这些哲学家似乎只不过是采纳了苏格拉底的建议,有意地忘却物理自然的研究,代之以对人性知识的追求。但是这很可能是一个误解,因为不列颠的经验论者(正如洛克、贝克莱、休谟以及他们次一级的同道们)和大陆的唯理论者(笛卡尔、莱布尼茨、康德以及他们的后继哲学家)都着手以完全不同的方式来研究哲学。苏格拉底从来没有想过,我们可以通过研究我们自己从而学到有关自然科学的某些东西。他简单地认为:对于公正与幸福的生活的探究,要比关于宇宙的基本元素或者天体秩序的起源的思索更重要。与此相反,不列颠的经验论者与大陆的唯理论者认为,他们发现了一种特殊的方法,这种方法可以在一个单一的哲学体系中联结人性研究和宇宙研究。如果能够获知我们是怎样进行认知——是用我们的眼睛看,用我们的手摸,用我们的耳朵听;还是用我们的心灵进行推理,从而忽略我们感觉的证据;或者通过某种结合,即结合感觉与理性所告知我们的东西——如果哲学能够研究认识的过程,而不是在具体知识的细枝末节上纠缠不清,那么哲学也许能够针对如下的问题给予我们一些非常具有普遍性的回答:我们能够认识任何事物吗?我们能够认识多少?我们能够认识那些在我们出生以前就发生的事物,或者其他地方的事物吗?我们能够认识事物必然以某种方式发生吗?或者我们能否简单地说,“它发生了,然后它会……”并且就任它这样发展?我们能够认识我们看不见或感觉不到的事物吗,就像原子,潜意识,甚至上帝?一个人能够确切地知道在这个世界上有其他人类吗,并且不只是看起来像人的那种?我自己能够确定这整个世界不单单是我的梦幻吗?所有这些问题,还有很多其他的问题,可以通过一个对人类心灵自身的系统研究给予回答。通过这种方式,物理自然的研究就能够结合有关人性的研究,而不是通过一个宇宙逻各斯或理智的理论——正如斯多葛派的思想——而是通过一种关于我们怎样认识的理论。

新策略的一个最好的表述是大卫·休谟的伟大著作《人性论》的导言。休谟是一位苏格兰人,生于1711年。《人性论》共有三卷,出版于1739年至1740年,当时休谟还不到30岁!以下从休谟《人性论》中摘录的段落有三个重点值得注意:第一,正如我们已经标明的,休谟策略的基本思想是把科学的多样性与研究的诸领域,转变为一个关于人性与心灵的认识能力的统一审察。第二,休谟认为他必须研究“我

---

① 贝克莱(1685—1753),英国近代经验论哲学家,主观唯心主义者,大主教。著有《视觉新论》《人类知识原理》等。——译者注

② 休谟(1711—1776),英国著名哲学家,著有《人性论》《道德原则研究》《人类理解研究》《自然宗教对话录》《英国史》等。——译者注

③ 康德(1724—1824),德国古典哲学创始人,公认为近代欧洲最有影响力的哲学家之一。——译者注

们所采用的观念的本质”，因为正是从这些观念中，我们形成了在物理学、宗教、政治学或者伦理学中我们希望去作出的任何判断。最后，休谟说，他必须审查“我们推理中的运作过程”。在第二章，我们将会看到，观念的本质与用我们的观念进行推理的本质之间的区别，而这种区别是这些新的理论家们策略中的一个重要武器。我们将会看到关于我们知识的本质与来源有两种相互竞争的理论：经验论（empiricism）与唯理论（rationalism）[①]。

大卫·休谟

大卫·休谟（1711—1776）是一位早熟的哲学家，他最重要的著作在他生命的早期就完成了。休谟出生并成长在苏格兰的爱丁堡，后来进入爱丁堡大学，在这里他学习了艾萨克·牛顿（Isaac Newton）[②]的新物理学与约翰·洛克的新哲学。当他还是一个少年时，休谟就孕育着这样的想法：沿着牛顿物理自然的革命性理论的路线，发展一套完备的人性理论。休谟似乎经受了某种精神崩溃之后，前往法国休养并恢复了健康，在这期间他写下了他的第一部、也是最伟大的一部著作——不朽的《人性论》。

图片来源：艾伦·兰姆塞[③]/国会图书馆

其后，休谟成为一名极受欢迎的散文家。他的六卷本《英国史》（*History of England*）树立了名望，使他成为第一批主要的现代历史学家。然而，他对宗教的怀疑主义使他向大陆和不列颠前辈的形而上学发起攻击，这让他树敌甚多。他最杰出的作品之一，十二篇《自然宗教对话录》（*Dialogues Concerning Natural Religion*），是在他去世后才出版的。他的朋

---

① 经验论与唯理论（又译作经验主义与理性主义）是过去400年里两派最重要的认知理论。经验论认为：所有的人类知识都来自我们五种感官（senses）的明证性（evidence），因此我们不能比各种感官所允许的范围知道得更多或使认识具有更多的确定性。唯理论认为：至少有一些人类知识来自理性（reason），而且独立于诸感官，因此我们能够认识各种感官没有向我们揭示的东西，并且能够超越各种感官所允许的范围获得更多认识上的确定性。

② 艾萨克·牛顿（1642—1727），英国物理学家、数学家、天文学家和自然哲学家。他发现了万有引力定律，提出了物体运动的三大定律，创立了微积分，他最重要的著作是1687年发表的《自然哲学的数学原理》。——译者注

③ 艾伦·兰姆塞（Allen Ramsay，又写作Allan Ramsay，1713—1784），苏格兰肖像画家。他为休谟画的这幅肖像作于1766年。——译者注

友们，包括经济学家亚当·斯密(Adam Smith)[1]，劝他说：这部书太有争议了，它会对你的名望造成永久的伤害。

正如你能够从休谟的这幅肖像中看到的，他心灵的敏捷和灵巧完全隐藏于笨拙的外表之下。大自然经常跟我们开这类玩笑！

阅读伟大哲学家们的著作摘录，有点像在录像带中观看足球巨星们精彩动作的重播。既然我们知道谁被摆到了明星位置上，那么我们很容易一开始就辨认出他们的重要性。但是让我们稍稍怜悯一下这位可怜的书评人，因为他被给定一本匿名的著作《人性论》，并且被告知要在几个星期内对它写一篇简短的评论。下面就是这位不幸的无名氏对于休谟的《人性论》所作的评论，发表在一个相当堂皇的文学期刊上，刊物名字叫作《有学问的人的著作史》(*A History of the Works of the Learned*)。

> ……一个人，从来没有在阅读洛克先生无以伦比的著作中感受到乐趣，比起那些已经习惯于那位让人钦佩的作家[2]无法抗拒的推论和令人赞叹的明晰性来说，在仔细阅读我们这位作者[3]的著作时，就会少很多厌恶或失望。

可怜的休谟被这个关于《人性论》的否定性评论弄得心烦意乱，以至于晚年他否认了《人性论》，说这只不过是他年轻时的一个初次尝试。我想知道，我们中有多少人能够在一本新的哲学著作刚出版几个月内就意识到它的伟大？以下段落摘自《人性论》的导言部分。

大卫·休谟

《人性论》[4]

显然，一切科学都或多或少地与人性有联系；任何一门科学不管看起来离开人性有多远，它们仍然会以这样或那样的途径回返到人性。甚至数学、自然哲学和自然宗教也在某种程度上依赖人的科学(the science of MAN)；因为这些科学都在人类的认识范围之中，并且是根据他们的能力(powers)与官能(faculties)而被判断的。如果我们能够彻底地认识人类理智的的范围与能力，能够说明我们所运用的观念的本质，以及我们在作推理时的运作机制，那么我们就无法断言在这些科学中我们将会做出什么样的变化和改进。在自然宗教中更希望有这些改进，因为它不满足于告

---

① 亚当·斯密(1723—1790)，英国古典政治经济学的主要代表人物之一，主要著作有《道德情操论》(1759年)，《国富论》(1776年)。——译者注

② 指洛克。——译者注

③ 指休谟。——译者注

④ 参阅休谟：《人性论》上册，关文运译，郑之骧校，商务印书馆，2005年，第6-8页。译文略有改动——译者注

诉我们上帝的全能本性,而是要把它的见解更进一步扩展到上帝对人类的安排,以及我们对于上帝义务;所以,我们自身就不仅是推理的存在者,而且也是被我们推理研究的对象之一。

因此,如果数学、自然哲学和自然宗教如此依靠关于人的知识,那么对于其他科学我们可以希望些什么呢,它们谁的联系与人性更紧密更密切?逻辑的惟一目的就是去说明我们推理能力的诸原则和运作机制,以及我们观念的本质;伦理学和批评学关注我们的趣味(tastes)和情感(sentiments);政治学思考人作为一个联合体在社会中的互相依赖。逻辑学、伦理学、批评学和政治学这四门科学,可以理解几乎所有以任何方式被我们所熟知的事情,或者所有能够倾向于人类心灵的改进或装饰的事情。

那么,这就是唯一的应急对策,从这里我们可以希望我们的哲学研究成功,抛开我们迄今还在沿用的枯燥乏味兼冗长的方法,也不再是在边疆地带一会攻取一个城堡一会又占领一个村庄,而是直捣这些科学的首都或心脏,即人性本身;人性一旦被掌握,我们在所有其他方面就有希望轻而易举地取得胜利了。从这个观点,我们可以将我们的征服延伸至所有那些与人类生活更密切的科学,并且随后就可以悠闲地更充分地发现那些纯粹好奇心的对象。没有任何重要的问题,它的决定不包括人的科学;在我们熟知人的科学之前,也没有任何东西能够被确定地决断。因此,在声称去说明人性的诸原则过程中,我们实际上提出了一个关于诸科学的完整体系,它建筑于一个几乎全新的基地之上,而且这是唯一一个我们能够安全地站在其上的基地。

有关人类心灵认知能力的新研究被称作认识论(epistemology)①,该词来自于希腊关于知识(episteme)的研究或科学(-ology)。尽管如此,它不是仅仅描述性的,正如心理学那样。通过弄清楚我们能够合法地声称认识什么和不能认识什么——因为我们的断言使我们超出了心灵能力的界限,认识论的目的在于解决一些古老的哲学争论。新策略的批判性维度延伸至哲学探究的整个范围,正如摘自休谟《人性论》的这篇短文所揭示的。下面是伊曼努尔·康德《纯粹理性批判》一段简短的摘录,你可以从中获得某些体会:这种崭新的批判性认识论,对于既定的思维方式来说,是一个多么惊人的挑战。

① 认识论,就字面而言,就是对知识的研究。认识论研究我们怎样认识事物,我们知识的界限是什么,我们的知识具有什么类型的确定性或不确定性。心理学也同样研究我们怎样认识,但是认识论较少关注认识的机械学,而是关注我们认为已知事物的辩护、证明或证明其合理的可能性。从17世纪早期开始,认识论就成为哲学最重要的分支。

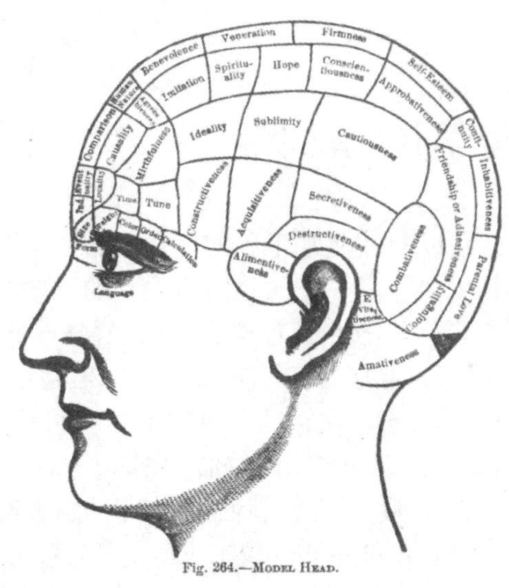

颅相学①头部模型演示图

17 和 18 世纪英国与大陆的哲学都通过研究心灵自身的力量与能力，来寻找决定人类知识的界限。

图片来源：柯比斯/贝特曼

伊曼努尔·康德

《纯粹理性批判》②

人们时常听到抱怨当代思维方式的肤浅和彻底科学研究的沦落。但我看不出那些根基牢固的科学如数学和物理学等有丝毫值得如此责备的地方，相反，它们维护了彻底性这种古老的荣誉，而在物理学中甚至超过以往。而现在，正是同一个彻底精神也将在另一些知识类型中表明其作用，只要我们首先留意对它们的原则加以校正。在缺乏这种校正的情况下，冷谈、怀疑，最后是严格的批判，反倒是彻底的思维方式的证据。我们的时代是真正的批判时代，一切都必须经受批判。通常，宗教凭借其神圣性，立法凭借其权威，想要逃脱批判。但这样一来，它们就激起了对自身的正当性的怀疑，并无法要求别人不加伪饰的敬重，理性只会把这种敬重给予那经受得住它的自由而公开的检验的事物。

---

① 颅相学(phrenology)，又译为骨相学，是一种通过观察人的头骨形状、大小、凹凸等情况，来推测人的禀性、才智、性格，从而预测命运的学说；19 世纪盛行于欧洲。——译者注

② 参阅康德：《纯粹理性批判》，邓晓芒译，杨祖陶校，人民出版社，2004 年，第一版序言第 3 页。本段直接借用邓译本。——译者注

第四节　西方哲学传统的界限

到目前为止,我们已经以一种非常粗犷的笔法,描画了我们通常称为“西方哲学”的理智传统的主题和主要作者。正如我们所看到的,这种传统肇始于公元前6世纪的地中海东部,许多爱好思考并且观察敏锐的居民——即现在的希腊与土耳其——的宇宙论探究。尽管通常它一直与西欧相伴随,但是这个传统实际上利用了很多埃及文化的宗教与科学思想。在它过去的2 500 年里,这个传统已经包括了近东(犹太教与基督教)的宗教学说,北非、阿拉伯、中东地区的阿拉伯哲学家们的形而上学思辨,还有新近时代北美、澳大利亚、新西兰、南非的思想家们的著述。

然而,这个古老并十分宽广的思想与文献传统,在某些方面受到明显的限制。尽管存在着这样一个事实,即它大部分是“已死的白种男人”(dead white males)——这个短语最近颇为流行——的作品,但是这个传统把自己认作是西方文明中的哲学传统。迄今,在这个传统中,女人与有色人种的声音几乎不曾听见。更甚者,这个传统的主要哲学家们都认为他们的学说都是普遍的——对于所有的人类存在,或者甚至——以康德为例——对于所有的理性存在者都是真的,而不管他是不是人类。

西方哲学传统中还有很多东西有待学习,我希望能够通过本书说服你。但是当我们继续学习这个传统时,我们必须问——用莎士比亚(Shakespeare)①剧中的角色哈姆雷特(Hamlet)的熟悉话语——究竟“上至天堂下至大地是否有比这种哲学所梦想的还要多之事物”?特别是,作为美国人我们必须追问在我们的人口中那些不是白种男人的大量群体,他们的经验、洞见和自我理解是否要求我们修订法律,或者甚至对既定的哲学传统的公认真理提出质疑。

为了看清楚可能学到什么,我们可以转向那些带有非洲血统的人的著作,他们的祖先曾作为奴隶被运到美国。最自然的选择就是从所有有色人种里最有趣的哲学家中的一位——甚至在本世纪还健在并写作——开始:威廉·爱德华·伯格哈特·杜·波伊斯(William Edward Burghardt Du Bois)。

杜·波伊斯出生于1868 年,刚好是阿伯拉罕·林肯(Abraham Lincoln)②签署《解放黑奴宣言》(the Emancipation Proclamation)——释放了一些被缚为奴的男男女

---

① 莎士比亚(1564—1616),英国文艺复兴时期最伟大的剧作家、诗人,人文主义文学的集大成者,代表作有四大悲剧:《哈姆雷特》(*Hamlet*),《奥赛罗》(*Othello*),《李尔王》(*King Lear*),《麦克白》(*Macbeth*)。——译者注

② 亚伯拉罕·林肯(1809—1865),1861 年当选美国第16任总统,领导北方人民在南北战争中获胜,维护了国家的统一,废除了奴隶制度,然而在战争胜利后的第五天遇刺身亡。林肯在美国人民心目中声誉卓著。——译者注

女——之后的第五年。他成长于马萨诸塞州(Massachusetts)[①]西部的大百灵顿镇,其后考入位于田纳西州(Tennessee)[②]的纳什维尔的菲斯克大学(Fisk University)[③],最后在哈佛大学(Harvard University)[④]获得博士学位——他是第一位获此殊荣的非洲血统美国人。

杜·波伊斯用他长长的一生的第一部分来研究美国南北黑人的境况。除了学术研究之外,他耗费了毕生的精力倾注于政治活动,为曾经的黑奴及其后代谋求政治和经济权益。他出版了几本开创性的著作论述美国南北内战(the Civil War)[⑤]结束后的重建时期,还有费城(Philadelphia)[⑥]的大型黑人社区情况。在同一时期,即从19世纪后期到20世纪早期,他在美国有色人种促进会(National Association for the Advancement of Colored People,简称NAACP)的筹建工作中扮演了一个重要角色,并且多年后编辑出版了杂志《危机》(*The Crisis*)。

杜·波伊斯足迹遍及世界各地,在德国做研究,一度参与第一届“泛非洲议会”(Pan-African Congresses)。他作为美国黑人利益与愿望的最强烈的进步声音超过半个世纪。1961年,杜·波伊斯放弃他的美国公民身份,移民到西非(West Africa)的加纳(Ghana),两年后他在那里去世。

W. E. B. 杜·波伊斯享年95岁,他的一生持续近一个世纪,历经美国南北战争结束和现代民权运动的开始。他去世后30年仍然是非裔美国人研究(Afro-American studies)领域中的主导人物。他的名字给很多机构、学术教席、部门增光不少,包括马萨诸塞州立大学非裔美国人研究W. E. B. 杜·波伊斯部门,我曾经是该研究部门的一员。

下面是杜·波伊斯的代表作《黑人之魂》(*The Souls of Black Folk*)——出版于1903年——里《先见》(*Forethought*)一文的卷首语:

> 在这里躺着很多埋藏已久的东西,如果它被耐心阅读,那么就会展现作为20世纪黎明时分黑人的特殊意义;因为20世纪的问题就是种族分界线(color line)问题。

---

① 马萨诸塞,美国东北部新英格兰地区的一个州,首府在波士顿,简称麻省。——译者注

② 田纳西,美国南部一个州,首府在纳什维尔。——译者注

③ 菲斯克大学,1866年由美国传教士协会(American Missionary Association)为过去的黑奴而创办的大学,该校为美国民权运动(the civil rights movement)培养了大量重要领导人。——译者注

④ 哈佛大学,创建于1636年,位于马萨诸塞州,是美国最古老的私立高等学府,也是世界上最富盛名的名牌大学之一,为美国培养了无数的政治家、科学家和作家。迄今,哈佛共培育了6位美国总统,30多位诺贝尔奖得主,27名普利策奖得主。——译者注

⑤ 美国南北内战(1861—1865),北方由资产阶级领导,广大工人、农民和黑人为参战主力;南方由种植场奴隶主领导,坚持奴隶制,要求脱离联邦独立。结果北方战胜了南方,使得资本主义在美国顺利发展。——译者注

⑥ 费城,美国第五大城市,位于宾夕法尼亚州。——译者注

20 世纪的问题就是种族分界线问题

心理分析学说的奠基人,西格蒙德·弗洛伊德(Sigmund Freud)[①]曾经谈到:如果有一个话题,不管它多么微不足道,病人就是不允许它在心理分析治疗过程被讨论,那么这整个治疗迟早会回到这个话题上来的。就某个方面而言,美国不愿意公开地、真诚地面对种族分界线问题——这条分界线把黑人从白人中隔离开来——结果导致全国各地都在公开地谈论这个问题,并且总是有私下的种族争论。当我们步入 21 世纪,情形似乎是:杜·波伊斯的诊断对于下一个 100 年也将同样有效。

身为"黑人"的杜·波伊斯——既是过去黑奴的后裔,又是荷兰与法国移民的后裔——对一个国家把非白种人置于二等公民的经历,有着深刻的思考。《黑人之魂》第一章开头处有几个著名的段落,他援引了两个《圣经》中的意象来描述这种经验:其一是,一道面纱将他与白人世界隔绝开来;其二是双重意识,产生于这样的事实——他看他自己既如他从内部观看自己,也如他被一个白人世界从外面来观看自己。下面就是他描述这种与众不同的自我意识的方式:

W. E. B. 杜·波伊斯

《黑人之魂》

在我与其他世界之间有一个未曾被问过的问题:有些人因为感情脆弱而不曾问过;有些人因为要正确地构想它有困难而不曾问过。然而,所有的人都围绕着它飘荡。他们以一种半信半疑的方式靠近我,好奇地或者怜悯地打量着我,然后,不是开门见山地问:"成为问题人物你感觉如何?"而是说:我认识我镇上一个杰出的黑人;或者说,我曾在麦肯尼斯维尔(Mechanicsville)打过仗;又或者说,这些南方人的残忍行径使你热血沸腾吗?面对这些问题,我付之一笑,或者表现出很感兴趣,又或者强忍满腔的怒火,因为这时的情形需要。对于真正的问题:"成为问题人物你感觉如何?"我没回答过一个字。

然而,成为问题人物是一种奇特的经历——甚至对于一个从来没有成为其他东西(也许除了孩童时代和在欧洲时外)的人来说仍是怪异的。这是在喧闹的童年的早些时期,意想不到的事实全都在同一天首次在我身上爆发,正如它以前一样。我

---

① 西格蒙德·弗洛伊德(1856—1939),犹太人,奥地利精神病学医生及精神分析学家,精神分析学派的创始人。他认为被压抑的欲望绝大部分是属于性的,性的扰乱是精神病的根本原因。著有《性学三论》《梦的解析》《论潜意识》《自我与本我》《图腾与禁忌》《作家与白日梦》《精神分析引论》《精神分析引论新编》等。——译者注

记得很清楚，那时一个阴影向我滑过。我当时还是一个小不点，离开了新英格兰(New England)的众山——那里幽黑的豪瑟托尼河(Housatonic)在胡莎克山(Hoosac)与塔堪尼克山(Taghkanic)之间蜿蜒盘旋，最后流入大海。我来到一个小小的学校，它的校舍都是木造的，那时占据男孩女孩们心头的就是去买五彩绚丽的名片——十分钱一盒——然后相互交换。交换名片是一个愉快美妙的时刻，直到有一次一个女孩，一个个子高高的新来者，拒绝了我的名片——而且是盛气凌人地拒绝了我的名片，还藐了我一眼。然后突然让我开始想到：我是与其他人不同的；也许我们的心灵、生活与渴望都是相似的，但是我却被一道巨大的面纱与他们的世界隔绝开来。此后，我从没想过要撕毁或者攀越这层面纱；我完全不把它放在眼里，活得气绝云天。当我在测验中打败我的同学，或者在竞走中挫败他们，甚至击败他们的卷头时，天空总是显得最蓝。唉，当时光荏苒，所有这些美妙的傲气便开始消逝；因为我所渴望的世界，还有它们耀目的种种机遇，都是他们的，而不是我的。但是我认为，他们不应该保有这些奖赏，有一些甚至全部，我可以从他们那里夺过来。只是我如何做到这样呢，我决定不了读法律，治病救人，还是把我脑海中游荡的有趣故事说出来，或者其他方法。至于其他的黑人孩子，他们的奋斗就没有这么阳光明媚了：他们的青年时代沉浸在无聊的阿谀奉承之中，或者沉浸在苍白世界的无声仇恨之中——嘲讽、不信任所有与白人有关的东西；又或者把自己浪费在痛苦的哭泣之中：为什么上帝要在我自己的家园中把我变成一个无家可归的人，一个陌生人？监狱般的家的阴影围绕在我们左右：隔墙，对于白人来说是狭窄的、顽固的，但是对于我们这些黑夜之子来说却是严厉无情的狭窄的、高不可攀的，我们必须暗无天日地埋头苦干、卑躬屈膝，或者徒劳地用手掌击打着石头，又或者缓慢地、绝望地看着铁窗上面蓝色的条纹。

继埃及人、印度人、希腊人、罗马人、条顿人(Teuton)①和蒙古人之后，黑人是美国世界的第七个儿子，天生就带着面纱，有着先见之明的天赋——然而美国世界并没有使他产生真正的自我意识，只是让他通过其他世界的启示来观看他自己。这是一种奇特的感觉——这种双重意识——这种感觉总是通过其他人的眼光来观看自己，通过一个看起来在供娱乐的蔑视与怜悯的世界来测度一个人的灵魂。一个人能够感觉到他的两面性——既是一个美国人，又是一个黑人；两个灵魂，两种思维，两种互不相容的奋斗；两个互相敌对的理想，在一个黑色的躯体之中，他顽强不息的力量孤独地支撑着他，让他免于被撕成碎片。

上面简短的引文内涵丰富。让我们重新回到双重意识这个主题。杜·波伊斯

---

① 条顿人，即日尔曼人，尤其指德国人。——译者注

告诉我们:在这个国家身为一个黑人,总是处于一个去中心(de-centered)的状况中,既要像所有人那样从内心中观看自己,也要从外在于自己的世界即从他人来观看自己——以各种模式化的条条框框的方式来经历自身,不是作为 W. E. B. 杜·波伊斯,而是作为一个黑人。阅读《黑人之魂》,不管你是黑人、拉丁裔美国人,还是亚洲裔美国人,都会马上明白杜·波伊斯的意思。如果你是白人,那就必须开动想象力,才能理解以这种方式被分裂成两半究竟是怎么回事。

这种去中心化——在一个由白人主导的社会中,深深刺痛了有色人种——所带来的理智后果远远超出了对心灵与个人生活的直接影响。当非洲裔美国思想家像杜·波伊斯那样反思这种怪异状况,奋力去理解它并因此去理解他们的生活意义时,他们被导引到一个广阔得多的批判谱系上——批判美国白人社会的历史、政治、社会习俗、文化、宗教以及大众观念。确实,黑人知识分子的这种反思性自我理解,构成了对美国社会前所未有的最持久的批判,这样说一点都不为过。

是否存在一种非裔美国哲学(African-American philosophy)? 这种哲学会是什么样子? 当然,现在有很多非裔美国人在从事哲学著述,他们中大部分人都在各大专院校任教。然而把他们的著作集合起来并不能构成正宗的非裔美国哲学,就像不能把女性哲学教授的著作集合在一起构成女权主义哲学(feminist philosophy)①一样。

有关一种正宗的非洲哲学的可能性问题的文献正在逐步增多,这些文献大部分,并非全部,都是由撒哈拉(Sahara)②沙漠以南的各个非洲大学的教授们所写的,但是这也不能构成一个与众不同的非裔美国哲学。我想试探性地提议:一种真正的非裔美国哲学必须使其典籍专注于对非裔美国人经验的哲学意味的探究上。我相信,这种探究必须聚焦于杜·波伊斯所标示的对美国社会的"先见之明"(second sight),它是由"种族分界线"刺痛了非裔美国人而产生的"双重意识"而导致的。这样的文献已经存在,正如从杜·波伊斯著作中摘录出来的这篇短文所展示的。然而,还有更多的事情需要做,因为由种族分界线而产生的双重意识,改变着我们对美国生活与社会所有方面的观念。

让我们简单地回想一下移民美洲殖民地以及后来的美国的故事。每当故事被说起的时候——在学校的教科书或者学者的历史研究中——都是有关英格兰人、苏格兰人、爱尔兰人、波兰人、德国人、意大利人以及斯堪的纳维亚人(Scandinavian)③的移民故事。但是,事实上,在移民史的前 200 多年,众多男男女女从非洲(作为奴隶)来到美洲的数量远远超过欧洲移民。直到 19 世纪中期,奴隶贸易被终止之后,

① 女权主义哲学,一种哲学运动,注重性别与哲学之关联性这一极为重要的问题,认为诸如理性、客观性等这类传统的哲学概念都蕴藏了性别偏见,因为它们代表一种特定的男性观点,在同一议题上对女性观点并不公正。女性、女人味、女人等关键概念是女权主义的重要议题。该运动从 20 世纪至今依然兴盛。——译者注

② 撒哈拉,世界上最大的热带沙漠,几乎包括整个北非,面积 906.5 万平方千米。——译者注

③ 斯堪的纳维亚人,指北欧的挪威、瑞典、丹麦、芬兰和冰岛诸国的人。——译者注

白人移民潮才超过黑人移民潮。

甚至最基本的哲学范畴例如时间与空间都可能含有种族意义的电码。当我年轻的时候,美国学校的学生都学习着认为非洲是一个“黑暗的大陆”(the dark continent)。如今我去过非洲很多年,我可以汇报说:那儿一点也不黑暗!对于很多欧洲人和美国人来说,非洲可能是世界地图上神秘的、黑暗的、未知的空白之地。但是对于成千上万在非洲生活的男男女女来说,这里是家园——正如堪萨斯(Kansas)、密西根(Michigan)或佛罗里达(Florida)[①]那样亲切、自然并且阳光普照。

不是非洲“失落在时间中”(lost in time)。通俗作家经常把非洲说成是史前生活在今天的再现这样一个世界。他们说,当美国人去非洲旅行的时候,他们就像时光倒流到人类发展的早期。但是今天生活在21世纪的非洲男男女女们,与生活在欧洲、北美和亚洲等地的人们是一样的。非洲地区与世界上其他地区一样,都有着悠久的历史。

当你在读书或者看电视的时候,这些书或电视节目把非洲描绘成一个“黑暗的大陆”,在某种程度上隔离在现代世界的时空之外,这时你的哲学理解力就基本上被附着于有色人种身上的种族电码弄得歪曲变形兼带有偏见了。进一步来说,所有这些都是杜·波伊斯在谈论由种族分界线而产生的“双重意识”时,试图向我们表明的。

在哲学上克服这种双重意识会是什么样子?如果我们打算消除种族分界线,那么我们应该怎样改变我们看待自身与世界的方式?如果你是个黑人,我认为第一步就是反思你自己对世界的理解,从而确认你产生双重意识的那些方式。然后利用这种双重意识,即反思性的自我意识,来作为一种工具,批判主流白人社会谈论自身与你们的方式。如果你是个白人,那么你必须发动你的想象力来设身处地体会有色人种,试着从内在去理解,以一种双重意识体验从小长到大究竟是什么滋味。

这个过程的结果——不管你是不是一个有色人种——使你将会对美国社会的复杂性有更深入的理解。政治家、教师、商界巨子、宗教领袖以及你的亲戚朋友们的言论表达都会产生一种新的意义。那么你将能够获得W. E. B. 杜·波伊斯所称的“先见之明”。你将能够穿透这层“面纱”从而看到真实的世界。这——想必苏格拉底肯定会赞同——就是智慧的开端。

---

① 堪萨斯、密西根与佛罗里达,均为美国的一个州。——译者注

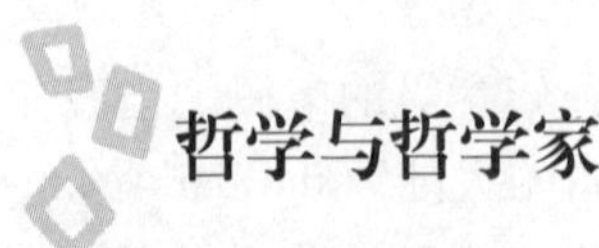

哲学与哲学家

本书引导你到一个叫作哲学的主题上，同时也引导你到许多哲学家面前，是他们构筑了我们正在学习的思想，同时也是他们写下了包含在本教材中的摘录。每一章以对一个著名思想家的讨论开始，这些著名思想家们的名字永远伴随着西方文明的哲学历程。苏格拉底、柏拉图、笛卡尔、霍布斯（Hobbes）①、培根（Bacon）、康德、密尔（Mill）②、克尔凯郭尔（Kierkegaard）③——他们都在这里，当然还有很多很多其他人。

一个哲学家与他或她所提出的思想之间究竟是什么样的关系？两者之间是否存在一些密切关联，以至于如果我们对于那些提出思想的人不熟悉，我们就不能真实地评价他的思想？又或者思想才是至关重要的——其他东西只不过是趣味的闲谈罢了？

存在着这样一个悠久的传统——一切都可以回归到柏拉图与亚里士多德——它认为要把哲学家从哲学中隔离开来是不可能的。有智慧的男人或者女人不是那些仅仅知道某些重要真理的人。真正有智慧的人过着一种能真正体现这种知识的生活。一个自私自利的酒鬼懦夫可能很聪明，但是我们几乎不称他或她是“有哲学的”。我们把哲学家看作是那种——或者应该是那种——不偏不倚、平静沉着的人，能够从一时发生的风尚中区分出真正重要的东西。我们期望一位哲学家，既能知道什么是善也能追求善，既能知道什么是美也能欣赏美，并且即使面临疾病或死亡也能以一种节制和严肃的方式生活。苏格拉底平静地接受他的死亡，并且用他人生的最后一晚和他的朋友们谈论灵魂的本性，他才真正有哲学智慧，因而是我们的楷模。

当我们近距离察看西方传统中一些伟大哲学家的个人生活和观点时，我们很可能会受到震惊。苏格拉底从个人来说无疑是一个值得尊敬的人，但是他却是雅典30人寡头专制政府的支持者，因此他是后来雅典民主政府的敌人。尽管这并不见得会使很多哲学的学子担忧，但这确实困扰着我。柏拉图反对同时代的保守观点，他争辩说：女人也要和男人一样进入一个理想的共和国的统治者中；但是他的学生亚里士多德，却为雅典经济的基础奴隶制辩护，他争辩说：有些人是“天生的主人”（natu-

① 霍布斯（1588—1679），英国哲学家，著有《论物体》《利维坦》《论人》《论社会》等。——译者注

② 密尔（Mill），又译作穆勒（1806—1873），英国哲学家、经济学家。著有《逻辑学体系》《功利主义》《自由主义》《政治经济学原理》《代议制政府》等。——译者注

③ 克尔凯郭尔（1813—1855），丹麦哲学家，著有《非此即彼》《恐惧与颤栗》《致死的疾病》《论反讽概念》《基督徒的激情》等。——译者注

ral masters),其他人则是"天生的奴隶"(natural slaves)。

当我们审视17、18世纪那些伟大的哲学家们的生活与著述时,我们发现了一些非常令人困扰人的事实。约翰·洛克是英国的政治理论家,他最有力地影响了美国宪法(American Constitution)的立法者们。他通常被认为一个自由与民主的雄辩捍卫者。然而洛克本人却参与奴隶贸易,并且投资英国殖民地弗吉尼亚(Virginia)①的奴隶种植园。

大卫·休谟是18世纪的一位苏格兰哲学家——在我的判断中,他是用英语写作的最伟大的哲学家。然而在一篇题为《论民族性格》(*Of National Characters*)的文章中,在谈及气候对人类文化与理智成就的影响(这是18世纪著作家们最喜爱的话题)时,他评论道:"这样想是有道理的:所有住在南北极圈地区或热带地区的民族,都要比其他地区的民族低劣,也不会有人类心灵的所有高级成就。"

然后,在一个现在已变得臭名昭著的脚注中,他继续说:"我倾向于猜想黑人天生就比白人低劣。这种肤色几乎从没产生一个文明国家,甚至在行动或思想方面也没有产生任何杰出的个人。他们没有巧妙的制造物,没有艺术,没有科学。另一方面,最粗鲁凶残的白人,例如古代的德国人,现代的鞑靼人(Tartars)②,他们仍然有某些杰出的东西,例如在他们战场上的勇猛,组成政府或者其他特别之处。如果自然不是一开始就把这些类型的人造得有所区别,那么在这么多国家、时代中,一种一致的、持续不断的变化就不会发生。不必提及我们的殖民地,黑人奴隶在欧洲遍地都是,他们中没有一个曾被发现有任何聪明才智的征兆;即使是我们中未受过教育的下等人,也会冒出来,并且能在各行各业中表现突出。确实,在牙买加(Jamaica)③,他们在谈论一个颇有才能学识的黑人;但是他之所以被赞赏很可能是因为一些微不足道的技能,就像一只鹦鹉只能简单地说几句话一样。"

可以肯定,这篇文章确实写得非常优美,但是它仍然是彻头彻尾的种族主义。休谟的观点在他的时代曾被广泛地接受。然而,也有很多著家反对这篇文章,因为这篇文章蔑视任何一个不恰巧是浅色皮肤的人。休谟的哲学理论受到一个名叫詹姆斯·贝蒂(James Beattie)④的人的挑战,此人今天之所以被人们记起仅仅是因为他对休谟的攻击。我猜想如果你对专业的哲学家进行民意测验,那么他们99%会说:休谟是一个伟大的思想家,而贝蒂只不过是一个无名小卒。但是在一本题为《论真理的本质与不变性》(*An Essay on the Nature and Immutability of the Truth*)的著作中,贝蒂指出:休谟对非洲人笼而统之的责难完全缺乏观察或证据的支持。这对休

① 弗吉尼亚,美国东部的一个州,最先是英国的殖民地。——译者注

② 鞑靼人,在西方主要指俄国境内使用突厥语的民族,主要分布在伏尔加河地区;在中国主要指古代北方游牧民族。——译者注

③ 牙买加,拉丁美洲一个岛国,位于加勒比海西北部。首都是金斯顿(Kingston)。——译者注

④ 詹姆斯·贝蒂(1735—1803),苏格兰学者和作家。——译者注

谟正是一记有效的重击,因为他在他的著作中其他地方再三地强调了观察的重要性。

亚里士多德之后最伟大的哲学家,而且可能是一切时代中最伟大的伦理理论家,就是18世纪普鲁士思想家伊曼努尔·康德。(全面披露:我的汽车牌照就是"我康德"——"I Kant",这会告诉你我对他的评价有多高!)康德知道休谟的种族观点,并且也同意这些观点。在一篇文章中,康德试图增强休谟对非洲人的蔑视看法,他引证了一个多米尼克(Dominican)[①]传教士拉巴特神父(Father Labat)讲述的有关一个黑人木匠的故事。康德告诉我们说,拉巴特批评这个木匠,因为他对自己的妻子粗暴无礼。木匠以一种在今天听起来确实相当精明的嘲讽回答说:"你们白人真是蠢蛋,一开始对妻子大加让步,后来当她们把你逼得快要发疯时你才懂得抱怨。"康德接着加上了一段评论,我个人在想,这个简单的最令人震惊的话语居然出自一位伟大的思想家:"这里或许真的有些什么东西值得思考;但是简短说来,这个家伙从头到脚都乌漆抹黑,这就清楚明白地证明了他所说的是愚蠢的。"当一个言论是出自一个黑人之口时,就连伟大的康德也不能信任他自己从而评价它为优秀的,而是从说话人的肤色来评判他言说的真理。

这里我们有主张自由的哲学家在投资奴隶行业,一个重视经验的哲学家连事实都没看就作出笼而统之的种族主义言论,还有为理性与人类尊严而辩护的伟大理论家不能使自己承认——一个黑人也能说话有道理。关于这个也许我们还可以添加上卡尔·马克思(Karl Marx)[②]的例子,他把自己毕生的精力都贡献于为揭露资本家对工人的残酷剥削方式而发奋著述,然而他的私人生活却是:他在剥削他的妻子,他的女仆,他的最亲密朋友,他政治上的同志们。

我们怎样对待所有这些事情?首先,我们必须小心翼翼地区分两个不同的问题,在这里我们把它们混在一起了。第一个问题是:哲学家的个人生活与他或她哲学理论的真理性有关系吗?托马斯·杰弗逊(Thomas Jefferson)[③]撰写了《独立宣言》(*the Declaration of Independence*)[④]——这是一份对于自由的不朽赞辞,一个对于人类不可剥夺的权利的声明。但是他一辈子都拥有奴隶,甚至和其中一个生儿育女,她叫莎莉·海明丝(Sally Hemings)[⑤]。约翰·洛克,正如我们所看到的,既为人

---

① Dominican,又译多明我会,是天主教四大托钵修会之一。——译者注

② 马克思(1818—1883),犹太人,德国哲学家、革命理论家、经济学家、社会学家、马克思主义的创始人,《共产党宣言》《资本论》的作者。——译者注

③ 托马斯·杰弗逊(1743—1826),1801—1809年担任美国第三任总统,是美国《独立宣言》的主要作者。——译者注

④ 《独立宣言》,1776年7月4日在第二届大陆会议上通过,标志着北美13个殖民地脱离英国的殖民统治,组成一个独立自由的合众国。——译者注

⑤ 莎莉·海明丝(1773—1835),杰弗逊的奴隶,一些记者声称杰弗逊在其妻子去世之后担任美国总统期间及其后与海明丝生育了几个孩子。——译者注

类的自由而写作,又参与奴隶贸易。我们应该因为这些作者缺德就反对《独立宣言》或者《政府论》(*the Second Treatise on Civil Government*)[①]的诸原则吗? 如果一个哲学家为捍卫女性的权利而写作,但又对待他自己的妻子如同仆人,那么我们是否应该扔掉他的著作,不管它写得多么清楚雄辩和有说服力?

我们中很多人会说:谴责作者本人而不是他的著作。当然,争论正基于他们自身,而不管男人或女人如何设想他们的行为。但是区分这两者真的是那么容易吗? 如果行为与理论之间没有明显的联系,那么也许我们就能够把这两个保持在隔离舱中。一个逻辑学家也可能猥亵儿童,然而却证明了一个重要的定理。一个艺术哲学家也可能是一个小偷,但确实对一首诗或一幅绘画的美具有十分有价值的洞见。但是如果一位伦理理论家是一个谋杀犯,那么这个事实就真的与他或她伦理理论的说服力一点关系都没有吗? 当我年轻的时候,我听过意大利文艺复兴后期一位伟大的作曲家杰苏阿尔多(Gesualdo)[②]的一部名为《牧歌》(madrigals)的唱片。一个唱片上的封套说明(那时是塑料唱片时代)提到:杰苏阿尔多偶然发现他的妻子与他最好的朋友通奸在床,于是当场把他们两人杀死。我必须承认:当我听到他那幽雅飘渺的音乐时我感觉有点恶心。

第二个问题更难对付。一个哲学家他或她著作中的一部分道德上或理智上有问题的言论,能否证明其著作中其他看起来是伟大贡献的部分是错误的呢? 康德关于黑人木匠的言论是否贬损了他最伟大的伦理学著作《道德形而上学基础》(*the Groundwork of the Metaphysics of Morals*)的哲学价值? 在每个人看来,艾萨克·牛顿先生是史上最伟大的科学家,但是他却耗费了大量的时间来研究占星术(astrology)[③],他显然是相信它的。他对这种荒谬事情的着迷是否以某种方式贬损了他的运动定律,而物理学是如此地依赖于这个定律?

我并不打算给这些问题提供任何一个答案,因为它们是第一个“当代的应用”(位于本章最后)的焦点。也许你们可以在阅读本章最后的这些材料之前先在课堂上讨论这些问题。

---

① 《政府论》,约翰·洛克的名著。——译者注

② 全名为卡洛·杰苏阿尔多(Carlo Gesualdo,1566—1613),意大利文艺复兴后期一位著名的作曲家,他创作的《牧歌》享有盛名,但同时也是音乐史上臭名昭著的杀人犯。——译者注

③ 占星术,在西方指一种解释恒星与行星对地球万物以及人们命运影响的占卜。在古代,它与天文学密不可分。——译者注

第一章要点

1. 第一位伟大的哲学家苏格拉底认为:哲学是一种批判性的自我审视过程,其目的是要达到判断、选择、行动的正确原则。
2. 苏格拉底的问答方法使用反讽来戳穿那些人的辩护,因为他们不愿意面对这样的事实——他们是无知的或糊涂的。
3. 哲学的两大传统是:(1)研究人性,(2)研究自然。那些研究自然的古代哲学家们想出了听起来非常现代的原子及其组合的各种理论。
4. 在 17 和 18 世纪,哲学家们综合这两大哲学传统是为了发现我们知识的本性的各种界限。这种新的技巧开始于笛卡尔,并且由康德把它带到最高峰。
5. 通过那些受到制度压制的非裔美国人与其他种族的经验,我们能够学会一种新的看待世界的方式,并且明了我们社会中那些被白人所隐藏的事情。
6. 哲学家所提出的诸理论与他们的个人行为或他们著作中其他部分的偶然观察之间的频繁矛盾,给我们导致了这样的问题:我们应该根据哲学家其人——至少部分地——来评判其哲学吗?

问题讨论与复习

1. 如今,天文学家研究星体,物理学家研究亚原子微粒(subatomic particles),精神科医生研究健康人格的本性,神经生理心理学家研究人格的生理与心理方面的相互关系。还有什么东西剩下给哲学家们去做的呢?在过去这几百年来,哲学就是不断地使自己停业破产这样一种行为吗?
2. 能够以一位哲学教授身份谋生的第一位伟大的哲学家,就是 18 世纪的伊曼努尔·康德。今天,看起来似乎是,所有人都认为哲学家是以一个教授身份来谋生的。然而,一个哲学家以教授哲学来获得报酬,难道这不是有点奇怪或者不合适吗?如果苏格拉底是对的——没有人能够教给任何他人以智慧——那么这些哲学家们所教授的究竟是什么东西呢?
3. 17 和 18 世纪的伟大哲学家们全都认为,通过人性的研究能够揭示我们自然知识的界限与基础。然而他们如何应对这样一种可能性:有一种理性存在者——在宇宙中并不具有人类的生命形式而拥有知识——却不具有人性?
4. 你希望从法语、物理学、历史与商业管理的学习中获得什么,这是相当清楚的。那么你希望从哲学学习中获得什么呢?你如何能够分清楚,你从哲学中所得到的就是你所希望的呢?你这门课的分数是一个好的指标吗?为什么是?为什么不是?

主要来源:哲学读本与评论

1. 亚里士多德:《形而上学》
   Aristotle: *Metaphysics*
2. 圣·奥古斯丁:《上帝之城》
   Augustine, St.: *City of God*
3. 马可·奥勒留:《沉思录》
   Aurelius, Marcus: *Meditations*
4. d'霍尔巴赫男爵①:《自然的体系》
   d'Holbach, Baron: *The System of Nature*
5. 勒内·笛卡尔:《第一哲学沉思录》
   Descartes, Rene: *Meditations on First Philosophy*
6. W. E. B. 杜·波伊斯:《黑人之魂》
   Du Bois, W. E. B.: *The Souls of Black Folk*
7. 伊壁鸠鲁②:《与墨诺叩斯的通信》
   Epicurus: *Letter to Menoeceus*
8. 大卫·休谟:《人性论》;《人类理解研究》
   Hume, David: *Treatise On Human Nature*, *An Enquiry Concerning Human Understanding*
9. 伊曼努尔·康德:《道德形而上学基本原理》《未来形而上学导论》《纯粹理性批判》
   Kant, Immanuel: *Fundamental Principles of the Metaphysics of Morals*, *Prolegomena to Any Future Metaphysics*, *Critique of Pure Reason*
10. 索伦·克尔凯郭尔:《哲学片断》
    Kierkegaard, Soren: *Philosophical Fragments*
11. 约翰·洛克:《人类理解论》
    Locke, John: *Essay Concerning Human Understanding*
12. 卢克莱修:《物性论》
    Lucretius: *On the Nature of Things*
13. 卡尔·马克思:《共产党宣言》

---

① 霍尔巴赫(1723—1789),生于德国,后移居法国。哲学家,无神论者,因其不遗余力地攻击基督教,被人戏称为"上帝的死敌"。著有《自然的体系》《健全的体系》《自然政治论》等。——译者注

② 伊壁鸠鲁(公元前341—前270),古希腊哲学家,唯物论者,主张一种快乐主义的伦理思想。——译者注

Marx, Karl: *The Communist Manifesto*

14. 弗里德里希 · 尼采[1]:《超越善与恶》

Nietzsche, Friedrich: *Beyond Good and Evil*

15. 柏拉图:《理想国》《泰阿泰德篇》《菲利布篇》《智者篇》《巴门尼德篇》《政治家篇》《蒂迈欧篇》

Plato: *The Republic*, *Theaetetus*, *Philebus*, *Sophist*, *Parmenides*, *Statesman*, *Timaeus*

16. 普罗提诺[2]:《九章集》

Plotinus: *Enneads*

17. 艾茵 · 兰德[3]:《哲学:谁需要它?》《自私的美德》

Rand, Ayn: *Philosophy: Who Needs It? The Virtue of Selfishness*

18. 伯特兰 · 罗素:《哲学诸问题》

Russell, Bertrand: *The Problems of Philosophy*

19. 让 · 保罗-萨特[4]:《作为自我创造者的人》

Sartre, Jean-Paul: *Man as Self Creator*

第五节　当代应用:马丁 · 海德格尔与纳粹主义

自从阿伯拉尔(Abelard)[5]调戏爱洛伊丝(Heloise)事件以来,冲击哲学的最大丑

---

① 尼采(1844—1900),德国哲学家,著有《悲剧的诞生》《超越善与恶》《查拉图斯特拉如是说》《道德的谱系》《快乐的知识》《瞧,这个人》《人性,太人性的》《偶像的黄昏》《朝霞》《权力意志》等。其思想对后来影响很大。——译者注

② 普罗提诺(205—170),罗马帝国时代哲学家,新柏拉图主义的奠基人,主要著作有《九章集》。——译者注

③ 兰德(1905—1982),俄裔美国女哲学家、小说家。著名的小说有《源头》《阿特拉斯摆脱重负》。——译者注

④ 萨特(1905—1980),法国著名哲学家、作家、社会活动家,存在主义流派的代表人。主要哲学著作有《论想象》《存在与虚无》《存在主义是一种人道主义》《辩证理性批判》,小说有《恶心》,剧作有《苍蝇》《间隔》《恭顺的妓女》。1964 年,瑞典文学院决定授予萨特诺贝尔文学奖,但被拒绝,理由是"谢绝一切来自官方的荣誉"。——译者注

⑤ 阿伯拉尔(1079—1142),法国哲学家、神学家。他在担任巴黎圣母院主教学校的神学教师期间与其女学生爱洛伊丝真挚相恋并结婚,但却惨遭被阉割的酷刑。主要著作有《是与否》《基督教神学》《论辩证法》和《我的苦难史》等。在正统教会看来,阿伯拉尔与爱洛伊丝相爱是一件丑闻,本书作者沃尔夫似乎也持这种立场。——译者注

闻是马丁·海德格尔(Martin Heidegger)[1],这个20世纪最具广泛影响力的哲学家,被披露是一个纳粹分子(Nazi)、一个阿道夫·希特勒(Adolf Hitler)[2]的支持者。海德格尔出生于1889年,1927年出版了他最重要的著作《存在与时间》(*Being and Time* 原德文是 *Sein und Zeit*)。海德格尔对二战前后德国与法国的思想有着深远的影响,特别是对于存在主义(existentialism)[3]哲学流派。在1960年代与1970年代,他的著作被翻译成英文,对于美国哲学家们产生了巨大的影响。如今在美国大学校园里举足轻重的很多哲学思潮或流派——存在主义、后现代主义(post-modernism)[4]、解构主义(deconstruction)[5]——都是依据海德格尔来获得灵感。

然而,海德格尔曾是一个纳粹分子。也就是说,在二战之前与二战期间,他是德国国家社会主义党(National Socialist Party)的一员。正是这个党发动了第二次世界大战,在集中营里屠杀了六百万犹太人(Jew),还有无数吉普赛人(gypsy)[6],同性恋者(homosexual),以及其他纳粹认为是次等的人。20世纪的恐怖已经使得我们对于大量的谋杀与种族灭绝的全然罪恶麻木迟钝,但是因为只要男女们都记得他们的集体历史,对于我们来说,阿道夫·希特勒与纳粹分子将继续是罪恶的典型缩影。

然而,海德格尔曾是一个纳粹分子。

我们将怎样处理这样的事实?我们要拒斥他的哲学著作吗,因为它们不幸地感染了与纳粹主义的联系?还是我们能够忽略海德格尔作为一个德国公民的所有行为,并且否认这些著作与其人有任何关系?抑或我们试图找到某种方式来理解这两者之间的关联?

---

① 海德格尔(1889—1976),刚好是在纳粹党上台掌权的时期,于1933年当选为弗莱堡大学校长,并且在就职典礼上发表亲近纳粹的《德国大学的自我宣言》讲话,但一年后即辞职,并受到纳粹的打压与监视。战后,海德格尔与纳粹之间的一度密切关系被媒体曝光,旋即成为轰动一时的丑闻,直至今日,很多人仍热衷于这种揭露。——译者注

② 希特勒(1889—1945),纳粹党领袖,德意志第三帝国元首,大独裁者,第二次世界大战的头号战犯,同时,也是一个出色的演讲家、残酷的政治家和过于冒险的军事家、野心家与阴谋家;1933年当选德国总理,第二年兼任总统,成为德国军政教的最高统帅;1945年4月28日,苏联红军攻入柏林时,他自杀身亡。——译者注

③ 存在主义是现代西方哲学主要流派之一,一个非理性主义思潮,它以人为中心、尊重人的个性和自由,认为人是在无意义的宇宙中生活,人的存在本身也没有意义,但人可以在存在的基础上自我造就,活得精彩。存在主义的代表人物有尼采、克尔凯郭尔、叔本华、雅斯贝尔斯、海德格尔、萨特、梅洛·庞蒂、加缪等。作为一种思想流派,存在主义形成于20世纪20年代的德国,第二次世界大战期间传到法国并成为影响最大的哲学流派之一。

④ 后现代主义,很难从理论上下一个统一的定义,它涉及哲学、建筑学、文学批评、心理分析学、法律学、教育学、社会学、政治学等诸多领域。就哲学领域而言,后现代主义反对启蒙时代的理性话语,强调多元选择等,代表人物有德里达、利奥塔、鲍德里亚、詹姆逊、哈贝马斯、罗蒂、吉登斯等人。——译者注

⑤ 解构主义思潮,起源于20世纪60年代的法国,雅克·德里达是其领军人物,此外还有米歇尔·福柯、罗兰·巴尔特等人,其主旨是要批判传统的理性中心主义,其特征就是反中心、反权威、反同一化。——译者注

⑥ 吉普赛人,以过游荡生活为特点的一个民族,原住印度西北部,10世纪前后开始外移,遍布世界各洲。吉卜赛人自称罗姆人(Rom),由于15世纪时欧洲人对于流浪到他们那里的异乡人不太了解,误以为他们来自埃及,所以就称他们为"埃及人"(Egyptian),慢慢就变成"吉卜赛人"(Gypsy)了。——译者注

下面这些选文来自三篇延伸的讨论,都与这一系列十分困难的问题有关。在刚开始学习哲学的时候,你需要抓住哲学家与他或她的哲学之间的关系。第一篇选文来自阿历克·斯坦纳(Alex Steiner),发表于2000年,在这里他阐明了海德格尔陷入纳粹主义的各种事实,然后分析海德格尔的政治行为与他的哲学之间的联系。第二篇是一个对海德格尔的辩护,作者凯瑟琳·朱科特(Catherine Zuckert)。第三篇是一个评论,出自已故的理查德·罗蒂(Richard Rorty)[①]——一位杰出的美国哲学家——的一本著作,所有这些小题大作都是由维克托·费利亚斯(Victor Farias)引起的。

马丁·海德格尔事件,哲学家与纳粹分子

阿历克·斯坦纳

马丁·海德格尔(1889—1976)已经被很多人认为是20世纪哲学巨人之一。他的国际声誉是由1927年出版的《存在与时间》确证的,此书被青年约尔根·哈贝马斯(Jurgen Harbermas)[②]描述成"自黑格尔(Hegel)[③]的《精神现象学》以来最重要的哲学事件……"[④]

《存在与时间》的成功是直接的,它的影响是广泛的。在过去70年中,很多当代思想的潮流都受到海德格尔这部著作的启发,在某些情况下,是直接地起源于这部著作。其中,我们可以提及存在主义、解释学(hermeneutics)[⑤]、后现代主义、生态女权主义(eco-feminism)[⑥],以及在心理学、神学与文学中的各种思潮。他的著作影响

---

① 罗蒂(1931—2007),是当代美国最有影响力的哲学家、思想家,也是美国新实用主义哲学的主要代表之一。主要著作有《哲学与自然之境》《真理与进步》《偶然、反讽与团结》。——译者注

② 哈贝马斯(1929—),德国哲学家,社会学家,德国法兰克福学派的第二代领军人物。主要著作有:《认识与兴趣》《交往行为理论》《事实与价值》《后形而上学思想》《现代性的哲学话语》。——译者注

③ 黑格尔(1770—1831),德国古典唯心主义哲学的集大成者,理性主义哲学的代表,辩证法巨匠。主要著作有:《精神现象学》《逻辑学》《哲学全书》《法哲学原理》等。——译者注

④ 约尔根·哈贝马斯:《论1935年讲座的发表》,理查德·沃林(Richard Wolin)译,出自理查德·沃林编的《海德格尔论争:一个批判性的读本》,坎布里奇(Cambrige):麻省理工学院出版社(MIT Press),1998年,第191页。

⑤ 解释学在海德格尔之前已经有很悠久的传统,受海德格尔影响,他的学生伽达默尔(H. G. Gadamer,1900—2002)把解释学发展成为哲学的中心主题,其代表作是1960年出版的《真理与方法》。如今,解释学正越来越深入到其他学科领域如文学、教育学、法学、政治学、艺术、宗教之中。——译者注

⑥ 生态女权主义产生于20世纪70年代,它认为西方文化在贬低自然和贬低女人之间存在着某种历史性的、象征性的和政治的关系;它提醒人们对日益忽略的女性原则的极大重视,逐渐改变传统世界观,完成从价值观到行动的彻底转变,缓解日益突出的生态危机,最终建立平衡的自然循环,保护众多生物生存的权利。参看陈喜荣:《生态女权主义述评》,《武汉大学学报(人文科学版)》,2002年第5期。——译者注

了各种不同的思想家，如赫尔伯·马尔库塞（Herbert Marcuse）[①]、让·保罗-萨特、雅克·德里达（Jacques Derrida）[②]、保罗·蒂利希（Paul Tillich）[③]，还有其他人无法计算。海德格尔在弗莱堡大学（Freiburg University）[④]作为哲学教授的杰出生涯被他生命中惟一一个事件给玷污了。在希特勒于1933年夺权之后，海德格尔这位世界闻名的哲学家变成了纳粹分子海德格尔，其所持有的纳粹党员证号码是：312589。

自从维克托·费利亚斯在1987年出版了自己的著作《海德格尔与纳粹主义》（Heidegger and Nazism）之后，这些事实就不再被严肃地争辩了[⑤]。费利亚斯是一个出生于智利的海德格尔的学生，他花费了十年时间来查找事实上所有有关海德格尔从1933年到1945年行为的相关文件。

海德格尔出生并成长于现代德国南部梅斯基尔希（Messkirch）的一个斯瓦本小镇。这个地区在经济上相当落后，主导的是小农业和小规模的制造业。政治上被灌输一种民粹主义的天主教，而它又深深地与德国的民族主义、排外和反犹主义相勾连。现代文化及与其相伴随的自由主义、社会主义理想都被视作致命的威胁。这些思想贯穿整个德国社会民主党，而该党不断增强的影响力在这个地区通常被确认为主要的“内部敌人”。在接下来的几十年里，这个地区成为支持纳粹主义的堡垒之一。

文献证据证明，海德格尔早在1932年就对纳粹主义表示同情。鉴于这一前史，后事就不应该感到震惊了。在希特勒掌权之后，海德格尔直接加入了德国纳粹党。从1933年至1945年，海德格尔是纳粹党的缴费党员。在希特勒夺权后的第三个月，他成为弗莱堡大学校长。1933年5月27日，他发表了他那声名狼藉的就职演说。海德格尔的辩护者声称说：这篇演说反映了一种维护大学自治，以反对纳粹党把科学归属于他们的反动学说的尝试。

事实上，这篇演说是在呼吁全体师生员工武装起来为新的纳粹政权服务。它庆贺纳粹的统治是我们的人民开始向着它的未来历史的大步前进。海德格尔把日尔曼民族与纳粹德国视为一体，正如他在散文诗里说到的“德意志民族的历史使命，一个民族只有在国家里才认识自身”。当海德格尔祈求“权力来保护——以最深层的

---

① 马尔库塞（1898—1979）美籍德裔哲学家，法兰克福学派主要代表人物之一，海德格尔的弟子。主要著作有：《理性和革命》（1949），《爱欲与文明》（1955），《单向度的人》（1964），《论解放》（1969），《艺术和永恒性》（1976）；《审美之维》（1978）。——译者注

② 德里达（1930—2004），当代法国哲学家、符号学家、文艺理论家和美学家，解构主义思潮创始人，其思想深受海德格尔的启发。主要著作有：《人文科学话语中的结构、符号和游戏》《论文字学》《言语和现象》《文字与差异》等。——译者注

③ 蒂里希（1886—1965），美籍德裔现代著名的神学家，代表作是1951年到1963年写的三卷本《系统神学》。他受到海德格尔的影响，把基督新教与存在主义相结合，发展出一种神秘的存在主义。——译者注

④ 弗莱堡大学，位于德国巴登-符腾堡州的弗莱堡市，建校于1457年，是德国最古老的大学之一。现在是德国九所精英大学之一。——译者注

⑤ 维克托·费利亚斯：《海德格尔与纳粹主义》，天普大学出版社（Temple University Press），1989年。

方式——民族的力量，而这些力量植根于大地与鲜血之中”时，这甚至与动物式决定论的法西斯意识形态有关。

1933 年 6 月 30 日，海德格尔给海德堡的学生联合会作了一次讲演，他对在新纳粹统治下大学的地位发表了看法。下面的摘录自然会说明。海德格尔认同纳粹有关血缘、种族以及绝对遵从领袖的理想，这里提供了一瞥。

“它(大学)必须融合进民族共同体中，并且与国家团结一致……

“到目前为止，研究与教学仍在大学中继续，一如它数十年前那样……

“研究无法控制，在国际科学与学术进步的思想背后隐藏着它的不确定性。隐蔽在审查要求的背后，教学变得漫无目的。

“必须在国家社会主义者的精神里，针对这种状况发动一场残酷的战斗，而这种精神不能允许通过人性化被窒息，基督教思想压制了它的无条件性……

“危险并不来自为国家工作。它仅仅来自冷漠与反抗。基于这个原因，只有真正的力量才应该踏进正确的道路，而不是毫无热心……

“大学研究必须再次变成一次冒险，而不是怯懦者的避难所。谁不能在这次战斗中挺过来，那么他就躺在他倒下之处。新的勇气必须使自身习惯于坚定不移，因为这场战斗、这些我们的领袖们受教育的机构将会继续长存下去。这将会被一个新的德意志帝国的力量平息解决，而希特勒总理将会把这个新帝国实现出来。一个坚强的民族，从不考虑自我，必须参与这场战斗；一个民族从连续的考验中生存下来，仍然会直接奔向那忠于自身的目标。这是一场战斗，将决定谁是大学的教师与领导。”[①]

文献证据也表明，当海德格尔公开地颂扬纳粹的事业时，他同时也在私底下摧毁学生与同事的前程，只要他们是犹太人或政治倾向值得怀疑的。这些确凿证据已经被揭露了：

赫尔曼·施陶丁格(Hermann Staudinger)[②]，弗莱堡的一位化学教授，1953 年获诺贝尔奖，他被海德格尔秘密地指控为一战期间的前反战主义者。这个信息在 1934 年 2 月 10 日传到当地的教育部长那里。施陶丁格面临丢失工作与养老金的困境。几周之后，海德格尔向部长求情提议一个温和些的惩罚。这个行动的动机与良心或怜悯的剧痛一点关系都没有，它只不过是一个权宜之计，因为海德格尔担心开除一位知名学者会对内部的宣传不利。他向这位部长写道：“我几乎不需要谈论了，面对这样的事情，当然没有什么可以改变。只不过还有一个问题，那就是尽可能避免在外交策略上的任何新压力。”[③]官方部门迫使施陶丁格服从他的辞退书，然后让他处于悬疑之中长达六个月，后来才收回此书并让他恢复原职。

---

① 马丁·海德格尔：《新德意志德国中的大学》，沃林编译，第 44-45 页。

② 施陶丁格(1881—1965)，高分子化学的奠基人，1953 年获诺贝尔化学奖。——译者注

③ 谢汉(Sheehan)：《海德格尔与纳粹分子》，载《纽约书评》，1988 年 6 月 16 日。

爱德华·鲍姆伽滕(Eduard Baumgarten)的案件提供了另一个例子,它显出了海德格尔愚钝的投机主义与怀恨在心。鲍姆伽滕是一位研究美国哲学的学生,1920年代他曾在美国威斯康辛大学(University of Wisconsin)作讲座。他回到德国后投在海德格尔门下做研究,并且两人建立起了亲密的友谊。然而在1931年,海德格尔反对鲍姆伽滕对美国实用主义(pragmatism)的研究工作,接着他们个人便闹翻了。鲍姆伽滕离开了弗莱堡前往哥廷根大学(University of Gottingen)教授美国哲学。1933年12月16日,海德格尔再一次扮演了提供情报的线人角色,他给哥廷根大学纳粹教授的头目写信道:"根据家庭背景与知识倾向,鲍姆伽滕先生来自海德堡大学围绕马克斯·韦伯(Max Weber)的自由民主知识分子圈子。在弗莱堡期间,他绝不是一位国家社会主义者。听到他在哥廷根的讲课,我感到诧异:我不敢想象他是基于什么样的科学研究从而取得了授课资格。和我闹翻之后,他经常并且非常积极地与犹太人富兰克尔(Frankel)——他曾在哥廷根大学任教——联系,就在最近他(鲍姆伽滕)被这里开除了(根据纳粹的种族法律)。"①

最后,这个事情是关于海德格尔如何对待他的前任老师埃德蒙·胡塞尔(Edmund Husserl)②的。胡塞尔创建了现象学(phenomenology)哲学学派,与海德格尔具有同样的国际声誉。胡塞尔也是一个犹太人。他受到种族清洗政策法令的影响,被禁止使用弗莱堡大学图书馆。为了执行纳粹的法令,他不仅仅尽他作为一个纳粹领导人的大学校长的职责。有很多证据表明,海德格尔热衷于完成任务,并且仔细地参与其中。根据哲学家恩斯特·卡西尔(Ernst Cassirer)③遗孀的证词,海德格尔是一个反犹分子(anti-Semite)。在过去几年里,其他证据被暴露出来,表明海德格尔的反犹主义在战后并没有消失。一位见证人莱纳·马腾(Rainer Marten),讲述了在1950年代末他与海德格尔的一次谈话,其中这位杰出的教授(海德格尔)对德国大学哲学系犹太人影响的复兴敲响了警钟。④

当维克托·费利亚斯的书大量上市时,在法国的海德格尔追随者中引发了一种激动人心的效应。紧接着在他的《海德格尔与纳粹》在1987年10月出版之后的九个月里,就有不少于六部关于"海德格尔与纳粹"这个主题的研究论著出版。这并不必惊异。毕竟这是在法国,战后时期海德格尔的影响在这里扎下了最深的根基。法国人对

---

① 谢汉(Sheehan):《海德格尔与纳粹分子》,载《纽约书评》,1988年6月16日。

② 胡塞尔(1859—1938),德国哲学家,20世纪现象学学派的创始人。他的《逻辑研究》(1900—1901年出版)被誉为是该学派的开山之作。其他重要著作还有《哲学作为严格的科学》《纯粹现象学通论》《欧洲科学的危机与超越论的现象学》《笛卡尔式的沉思》等。其后很多哲学家都受到胡塞尔现象学的影响,例如海德格尔、萨特、伽达默尔、梅洛·庞帝、德里达等人。——译者注

③ 卡西尔(1874—1945),德国哲学家,文化哲学的创始人,马堡学派的代表人物之一。主要著作有《符号形式的哲学》《人论》《人文科学的逻辑》《国家的神话》等。——译者注

④ 乔治·黎曼(George Leaman):《欺骗的策略:海德格尔沉默的构成》,载《马丁·海德格尔与大屠杀》,阿兰·米施曼(Alan Milchman)与阿兰·卢森堡(Alan Rosenburg)编,人文科学出版社,1996年,第64页。

海德格尔的恩情,从战后早期萨特的存在主义延伸到最近的结构主义(structuralism)①、后结构主义(poststructuralism)②、解构主义浪潮,代表人物有克劳德·列维-斯特劳斯(Claude Levi-Strauss)③、米歇尔·福柯(Michel Foucault)④、雅克·德里达。后现代主义者让·弗朗索瓦·利奥塔(Jean Francois Lyotard)⑤与让·鲍德里亚(Jean Baudrillard)⑥也对海德格尔与纳粹主义的关系发表了他们自己有分量的解释。

概括说来,人们可以把对费利亚斯的反响划分为三个主要的类型。第一类是对海德格尔无条件的维护,以一种炙热的最正统的维护者的方式。这一派以弗朗索瓦·菲迪尔(Francois Fedier)为代表,自从他的老师波福勒(Beaufret)去世之后,他就是法国海德格尔最始终如一的辩护者。菲迪尔继续否认海德格尔与纳粹主义有任何瓜葛,他简单地把海德格尔校长任职期间的作为视作一个年轻人的逢场作戏,而与其思想没有关联。菲迪尔的反应,在费利亚斯书中以及其他已经出版的著作中披露出来的浩繁材料面前,除了海德格尔宗派的最激热的崇拜者之外,就几乎没有什么可信度了。

第二种反响类型,以德里达及其后继者为代表,一般承认:在某个范围内海德格尔的哲学是有问题的,因为它允许他通过成为一个纳粹分子而实现它的内涵。但是接着德里达就试图对费利亚斯反戈一击,他坚决认为,导致海德格尔转向纳粹主义的终极原因是这样的事实,即在1933年,海德格尔仍不能充分地从前期海德格尔主义的思想方式——特别是理性主义与人道主义——中解放出来。根据德里达的歪曲逻辑,一旦海德格尔成功地使自己从"形而上学"中解放出来,而追随他1935年之后的"转向",那么他的哲学就会变成反纳粹主义的最佳形式。

这种执拗的任性观点被德里达的一个学生拉库-拉巴尔特(Lacoue-Labarthe)巧妙地加以总结,他说"纳粹主义就是人道主义"。他这样说的意思是,为启蒙运动

---

① 结构主义,兴盛于20世纪60年代的法国,它强调整体性、共时性和系统性。代表人物有索绪尔、斯特劳斯等。——译者注

② 后结构主义,20世纪70年代在法国兴起的改造结构主义的政治思潮。其代表人物大多数是原来的结构主义者,如法国的巴尔特、福柯、拉康、德里达等。它主要批判结构主义对形而上学传统的依附,反对传统结构主义把研究的重点放在对客观性和理性问题上,企图恢复非理性倾向,追求从逻辑出发而得出非逻辑的结果。——译者注

③ 列维·斯特劳斯(1908—2009),国际知名的人类学家,法国结构主义大师,主要著作有《结构人类学》《神话学》《原始思维》等。——译者注

④ 此译名是根据法文读法,福柯(1926—1984),被认为是一个后结构主义者与后现代主义者,其思想在文学评论、哲学、历史学、科学史、批判教育学与知识社会学等领域影响很大,主要著作有:《疯癫与文明》《规训与惩罚》《知识考古学》《词与物》《性经验史》《临床医学的诞生》等。——译者注

⑤ 利奥塔(1924—1998),当代法国后现代主义思潮的杰出代表。主要著作有《力比多经济》《后现代状况》《海德格尔与犹太人》《旅程》《非人道》等。——译者注

⑥ 鲍德里亚(1929—2007),当代法国后现代主义的代表人物,自称是"知识的恐怖主义者",在消费社会理论与后现代性的命运等问题领域卓有建树,主要著作有《消费社会》《符号政治学批判》《生产之镜》《象征交换与死亡》《仿真与拟象》等。——译者注

(Enlightenment)①的人道主义传统奠基的诸哲学基础都得到了这样的结果,即人性的统治转而服务于一种无所不包的普世的极权主义(totalitarianism)。在与德里达、拉库-拉巴尔特及其后继者贸易时,这种思想就成为一个通用的资本。纳粹主义只不过是启蒙运动普世主义的另一种表达,这种见解最近美国人阿兰·米施曼(Alan Milchman)与阿兰·卢森堡(Alan Rosenburg)也这么表达。她们写道:"充足理性原则,计算思维的基石,在它们整体化的、帝国主义的形式中,都可以被看作是一种形而上学的基础,而这使得大屠杀成为可能。"②

从这个前提出发,拉库·拉巴尔特就为海德格尔建立了一个精密的辩护。不像正统的海德格尔主义者,他承认海德格尔的思想与他的纳粹主义是一致的。然而,拉库·拉巴尔特接着就寻求如何拯救海德格尔,他声称:1935年后,海德格尔就已经克服了形而上学与人道主义,并且从纳粹的污秽中挣脱出来了。这种极其怪诞的论据接着就由其他解构主义者引向它的逻辑结论,他们坚持认为,不仅是海德格尔挣脱法西斯污点的第二个时期,而且是海德格尔第一个时期的作品也使得我们"思维大屠杀"成为可能。免得读者认为这是一种争论的过度,还是听听米施曼与卢森堡的话吧:

海德格尔思想的诸方面能够为这种灭绝(Extermination)经验提供一种洞见,与此同时也能够让我们思考奥斯维辛(Auschwitz)③成为可能,大屠杀也可以帮助我们洞穿后期海德格尔思想的隐晦之处。④

文章来源:《马丁·海德格尔事件,哲学家与纳粹分子》第一部分,阿历克·斯坦纳著,发表在2000年4月3日的世界社会主义者网站上:www. wsws. org. 2000年版权,经授权后重印。

第二篇选文来自凯瑟琳·朱科特的论文,收录在1990年的《政治理论》(我刚好是此书的特约编辑)一书中。我这里收录了论文前面一小点,然后就是后面一个延展的讨论。

---

① 启蒙运动,是18世纪欧洲继文艺复兴之后第二次思想大解放运动,中心在法国,它强调反抗权威,理性至上,尊重人权。代表人物有伏尔泰、孟德斯鸠、卢梭、狄德罗等人。——译者注

② 阿兰·米施曼与阿兰·卢森堡:《海德格尔,行星技术与大屠杀》,阿兰·米施曼与阿兰·卢森堡编,第222页。

③ 奥斯威辛是纳粹德国在二战期间修建的最大的集中营,建于1940年4月,1945年1月苏联红军解放了这里。它位于波兰境内,被称为"死亡工厂",约有110万人在此遇难,主要是犹太人和波兰人。集中营内建有大规模的综合性灭绝设施,包括用毒气杀人的"浴室",储放尸体的尸窖以及焚尸炉等。纳粹还挑选犯人进行医学试验,如活体解剖、病毒传染试验等,许多人死于这种医学试验。通常死者从头发到脂肪都被制作成各种军需用品,如用头发做毛毯、用脂肪做肥皂、尸体焚烧后当作肥料等,令人发指。因此这里是纳粹德国实行种族灭绝政策的屠宰场,也是他们滔天罪行的现实罪证。1992年12月,当时的西德总理勃兰特到华沙访问时,突然双膝跪在犹太人殉难者纪念碑前表示忏悔。——译者注

④ 阿兰·米施曼与阿兰·卢森堡:《海德格尔,行星技术与大屠杀》,阿兰·米施曼与阿兰·卢森堡编,第224页。

马丁·海德格尔:他的哲学与他的政治学

凯瑟琳·H. 朱科特

这场轰动是由在法国出版的维克托·费利亚斯的著作《海德格尔与纳粹主义》引发的,它再次提出了这样一个问题:在海德格尔的哲学与他的纳粹政治学之间——如果有的话——到底是什么关系?那些人坚持认为这两者没有必然联系,海德格尔卷入其中只反映了一种暂时的异常行为,现在被海德格尔自己拒绝否认他对纳粹的效忠弄得惊讶困惑。但是那些竭力主张海德格尔的整个哲学已经被他的政治学污染了的人无法表明,一个坚持"自然"(nature)或"存在"(Being)等传统西方"形而上学"概念是人类历史性产物的哲学家,如何会拥抱一个种族主义者的政治计划。海德格尔的政治学与他的哲学之间的关联可以在他的语言思想中找到,这我将会证明。他对荷尔德林"大地"(fatherland)概念明晰的诗意理解就不是种族主义的,然而他对"人"(man)这个概念明显的历史主义定义所具有的政治含义,就和官方纳粹的教条一样不是平等主义的或自由的……

因为纳粹并没有接受他的精神领导地位,这场运动被并入统治的意识形态的、技术的、国际化的政治竞争中。它的生物主义也许是技术不可阻挡地延伸至人而引发灾难性后果的最清楚的例证。1949 年海德格尔在不莱梅(Bremen)[①]作了一次讲演,其中有一个声名狼藉的表述:

> 农业现在是一种机械化的食品工业。就其本质来说,它与在毒气室和死亡营里生产死尸是一回事,与封锁和压缩各个国家而让其遭受饥荒是一回事,与制造氢弹也是一回事。

正如他的很多批评已经强调的,海德格尔一向不变地拒绝承认,有任何特异的东西是偶然地降临犹太人头上的,正如犹太人在德国人手里,其实德国人也是一样的。他不能没有他早期与他自己相抵触的或宣布放弃在过去他已经获得的基础位置。他不能谴责死亡营里的不公正、不人性或者罪恶,如果他不诉诸于道德标准的话,而这些标准或者是奠基于基督教的天赋权利(divine right)思想,这他已经不再声称相信了,又或者是奠基于自然秩序(natural order)的概念,这他自己已经批判过了。他甚至不能想明白——这少很多抗议——这个国家的巨大不合理性和其严重的"无能",因为一个国家居然献出了如此之多的资源来灭绝一个毫无威胁的内部民族,而在前两次战争中它正在拼命地为保存自己而斗争。"合理性"与技术的"效

① 不莱梅,德国西北部的一个大城市。——译者注

能”都是手段,“形而上学”的权能通过这些手段夷平了人类中所有的差异。提议说关于国家社会主义有一些异常地或特别地令人反感的地方,实际上就承认了在争夺世界控制权的各个权力中有某些重要的诧异;他们不能简单地或统一地被认为是“同一个技术的狂暴”的体现。不幸地,在海德格尔的“政治学”与他的思想之间有着太接近的关系了。

提议说在机械化农业与大屠杀之间这里没有本质的差异,海德格尔可能会否认“人类”自身有任何独特的品质或价值。但是他坚持认为,这种否认是西方形而上学不可阻挡的技术延伸的后果,而不是他自己的“思想”的后果。他从他的哲学史研究与第二次世界大战的结果中所学到的,就是用“意志”或强力来检测这种技术的夷平作用的不可能性。当恩斯特·荣格尔(Ernst Junger)[①]敦促他的读者们反对现代生活的虚无主义趋势时,海德格尔坚持认为,这是必需的:不仅仅去想而是去过活西方“形而上学”科学的逻辑后果,从而为一个新的历史开端创造一个“开始”。在他的同辈人还没有经验到那些为了他们的现代科学的破坏性后果之前,他们是不会跟随这位“首创的思想家”的。他们不会明白,这儿根本就没有作为一种“自然秩序”的“事物”。他们不会理解,这个规定他们的存在的“世界”——不仅仅是作为个体同时也作为一个“民族”的成员——是一种嵌入语言中的历史投射,是他们从其祖先那里继承而来的,因而在时间中必然有所改变。

不是贬低人性,海德格尔坚持认为,在他战后所写的《论人道主义的书信》中,他正试图在抬高人性。传统把“人”定义为“理性的动物”(rational animal),这已经不恰当了,只要它不能够认识到对语言与理解的占有使得人的存在在品质上不同于其他生活形式。然而,通过否认“动物”或“感性”的共同性的重要作用,他摧毁了作为社会和政治的道德规范基础的“同情”(empathy)或“怜悯”(pity)。(海德格尔明显的对“人”理智上的再定义,将使他部分地对集中营里那些受害者令人震惊地缺乏同情心负责)他对道德规范传统的各基础明确地拒斥甚至更加激进。正如他所认为的,“伦理学”是“形而上学”的分支学科;把“存在”(Being)作为“存在者的存在”(Being of the beings)—— 也就是作为一种自身没有任何有区别的属性的普遍“实体”(substance)——这种“形而上学”的理解,不可避免地导致所有事物只不过是可以随意转换的物质,并且在实践上得以实现。他总结说,为了保存这个有区别的人的意义,那种把“人性”看作一个更大、容量更多的自然秩序的一个部分的“形而上学”观点,必须被一种本质上历史的观点所取代,即“人”是由“开放的空间”(open space)所构成的,在其中“存在作为一个整体”(being-as-a-whole)的各种不同观点会在时间中得以揭露。与尼采相反,海德格尔坚持认为,这些观点不是人类的“创造物”。因为“真理”的本原或土壤总是隐藏在“去蔽”(或显露,“disclosure”)的过程

---

① 荣格尔,德国著名作家,1895 年生于海德堡。他是一位有争议的作家,在德国,甚至有人把他看作纳粹分子。海德格尔与荣格尔有交往。——译者注

之中,人类所能做的只是阐明他们所看到的东西。他们是否对这个整体明确表达一种观点,并且使自己在其中如在家里一样,取决于他们是否在“存在”的去蔽中敞开自身,也就是,取决于他们是否追问在其中发现自己的那个世界的特征是什么,并因此“泰然任之”(let it be),又或者取决于他们是否继续——如海德格尔的同时代人一样——试图通过转换而掌控宇宙。

海德格尔对“人”与“真理”的历史观点导致他最终达至这样一个立场,即不仅缺乏同情心而且本质上也是消极的。人类所能有的唯一选择,要么是拥抱这种世界观,即当它在一个特殊的时间地点向他们显现时,在其中他们发现了自身,要么就是作为本质上思想与实践的技术体系的夷平趋势的结果而丧失他们自身,而这些体系被声称是基于普遍适用的原则的。按照海德格尔对形而上学批判的政治后果,我们不得不问是否一个更少排外的宗教的(理智的或历史的)、而更多综合性的“人性”观点可能更不可取。

文章来源:《马丁·海德格尔:他的哲学与他的政治学》,凯瑟琳·朱科特著,载《政治理论》(Political Theory),1990年2月。

严肃地对待哲学

——对维克托·费利亚斯《海德格尔与纳粹主义》的一个评论

理查德·罗蒂

在1933年开春之际,马丁·海德格尔就已经是德国最让人敬佩和著名的哲学家了,而德国这个国家也严肃地对待它的哲学家们。希特勒在这年1月30日当上了总理。年轻的列奥·洛文塔尔(Leo lowenthal)①,还有很多其他政治上活跃的犹太高校研究人员,在30日当晚并没有回家。洛文塔尔在街上游逛,直到他能够登上一班清晨的列车穿越边境。2月21日,托马斯·曼(Thomas Mann)②离开了这个国家,3月21日弗里德里希·艾伯特(Friedrich Ebert)③(一战后德国的首任总理)被投进了一个集中营。4月7日,所有的犹太人均被行政部门解职(包括德国大学的所有教授职位)。4月16日,一位社会民主党人(Social Democrat)被任命为弗莱堡

---

① 列奥·洛文塔尔(1900—1993),社会学家、文学评论家、历史学家、哲学家,法兰克福学派成员之一,出生于一个犹太人家庭。——译者注

② 托马斯·曼(1875—1955年),德国小说家和散文家,1929年度诺贝尔文学奖获得者,其作品具有现实主义与人道主义的精神,他著作甚丰,出名的有《布登勃洛克家族》《魔山》《约瑟夫和他的兄弟们》《浮士德博士》等。——译者注

③ 弗里德里希·艾伯特(1894—1979),德国魏玛共和国时代第九任总理,1973年曾短暂担任过东德的国家元首。其父亲曾为德国总统。——译者注

大学校长(主要行政长官)——他前一年已经被选举为这个位置了。但是他很快就被纳粹官方命令免职。4月22日,海德格尔接受了作为他的继任者的选举结果。

海德格尔于5月1日加入纳粹党。5月26日,海德格尔在一次集会上发表演说以纪念一位原始纳粹——阿尔伯特·施拉格特(Albert Schlageter),他被称为"国家社会主义德国的第一卫士"。海德格尔告诉学生们,施拉格特是从黑森林地区(Black Forest landscape)[①]的花岗石中汲取了力量而勇于牺牲的,海德格尔自己就成长于这个地区。5月27日,他发表了他的大学校长就职演说:"德国大学的自治"。自治(self-determination),在海德格尔使用的意义上,与"学术自由"(academic freedom)一点关系都没有,海德格尔提起这个概念仅仅是为了要嘲讽它。他把自治定义为"大学——为获得它的本质——的原始和共同的意愿",也作为"科学的意愿(严格说来,是科学与学术),它被设想为一种为实现德意志民族的历史与精神使命的意愿,而这个民族通过它的国家获得了自我意识"。

校长就职演说的一个主要关注点就是驳斥"科学"这个词世界性的、普遍性的弦外之音。另一个关注点就是强调科学的统一性,以及哲学家作为掌握这种统一性的角色:"所有的科学都是哲学,不管它是否愿意。"海德格尔说。希特勒与纳粹党在这个就职演说中并没有提到,尽管这里有很多的篇幅纳粹学生们可能误听为他们自己辞令的回响:例如——"德意志的学生们正在行进中。他们在寻找领袖,并且通过领袖,他们自己为真理奠基的承诺就会大大提升。"纳粹党可能误听了,因为在他那种连续地重复启用"德意志民族命运的领袖与保卫者"等语词中,海德格尔心中所意指的那种领袖不是希特勒,而是他自己。校长就职演说提出了——就它的全部严肃性来说——这种声明,即只有海德格尔主义的哲学才能够带领各大学服务于这种命运。人们不能夸大海德格尔对于哲学与他自己严肃的程度。

1933年的其余时间,为成为国家社会主义运动中一个官方哲学家、知识界的领袖,海德格尔像一只猛虎在战斗。他的梦想就是成为政府机构的首脑,首先重组然后控制所有的德国大学。他的主要思想是要把学术研究结合进大量的诸如徒步旅行、野外露营、后备军官式操练、森林中项目管理工作之中(也有很多成人教育课程的教育工作,通过非学术性的活动来获得一种新的国家精神)。他想把德意志民族命运未来的领袖与保卫者带回到风景区的根基之中,这景区(花岗岩、森林、山脉)是古希腊人曾经喜爱的。

由于基督教与现代科学——这两种现象海德格尔几乎同等地不信任,因为他们都导致了"存在的遗忘"——现代世界已经丢失了这种根基。但是纳粹运动是一次重新获得它的机会。30年代南部平均地权论者解释说,那些从不参与猎熊活动的人不能够获得深南社会(Deep South society)的"有机"(尽管有种族上的隔离)特征,以这种方式海德格尔解释说,那些无根的、世界性的、有学问的政界要员由于不懂得

---

① 黑森林,位于德国西南的巴登-符腾堡州,是德国最大的森林山脉,由于森林树木茂密,远看黑压压的一片,因此得名,它也是多瑙河与内卡河的发源地。——译者注

"真正的德国",所以他希望把他们通通免职。一位来自黑森林的善意老男孩,他既是欧洲最重要的哲学家也是前苏格拉底"原始本质"的化身,现在成为德意志精神领导权的明显候选人。

他对这个结果尽了他最大的努力。在 1933 年中,他到处跑,给学者、同事和学生集会做演讲,给官方权威写报告,给出版社写文章等。11 月,在弗莱堡学生报上刊登了一篇非同寻常的自我放弃的文章,海德格尔总结道:"不要让原则或'思想'来统治你的生活。领袖自己,他一个人,就是德意志今日的现实与未来。他就是现实的法则……希特勒万岁!"12 月,他正帮忙组织出版一卷翻译成五种语言的著作,而这卷著作将向其他国家的学者展示德国的科学在希特勒之下得到统一。

然而,在 1934 年初期,一切都结束了。海德格尔发现他自己已经被一些次要人物挫败了——哲学教授们更狡猾,联系更紧密,更愿意去阿谀奉承,并且以犹太人为诱饵。在大山里徒步旅行,加上晚上围在篝火旁激动人心地谈论前苏格拉底哲学,看起来几乎不可能以这个为基础来重组德国大学的体制。同时,尽管海德格尔可以负责任地执行大部分文化部下达的反犹规章,然而他只对其中一小部分小题大做,这就给他的竞争对手留下了把柄。2 月,海德格尔从他的校长职位上下台了,成为政治上默默无闻的人。美梦破灭了。

11 年之后,当第二次世界大战结束,海德格尔被弗莱堡大学去纳粹化委员会加以粉饰,但是法国军方占领政府仍然禁止他授课。这就有助于他假称是一个牺牲品(一个善良的、头发灰暗的、悲哀的、缄默的教师),并且有助于他的弟子们为一段声明作准备,即那长达一年的"纳粹片段"是一个不幸的错误,它不能反映海德格尔的哲学或他的特性。

在 1969 年的一次访谈中,海德格尔自已热诚地赞同这种观点(这访谈在他 1976 年去世后出版)。在那次访谈中——他打算这是他就这个事情唯一一次明确的申述——他解释说,他错误地并且短暂地信服:纳粹党是德国的唯一希望。然而,关于他对纳粹的忠诚,他克制住任何的懊悔表达。他说他对希特勒过分的称赞是作为一个必要的"妥协"。既不是这里也没有在其他地方,海德格尔有提到大屠杀,但是相反他花费相当多的时间来抱怨自从 1934 年受到纳粹官员的侵扰。当被问到在纳粹党下出版的好几版《存在与时间》已经删除了给胡塞尔(海德格尔的前任支持者和朋友)的献词时,海德格尔似乎认为这是显然的,即他把给一个犹太人的献词删除掉而不是让他的书不出版,这样做是明智的。

这次访谈大大伤害了海德格尔的声誉,尤其是因为他愚蠢地认为这会有好处。同样,通过他在 1933 年所写的各种档案的重印[由古多·施内伯格(Guido Schneeberger)于 1962 年重印],包括上述对希特勒的赞辞,伤害早已经开始。但是他的弟子与仰慕者们继续坚持认为,海德格尔基本上是一个品行良好的人,而且也是一个深刻的、原创性的、重要的思想家。他们试图把他描绘成这样一个人,即他幻想一个补救性的、重新希腊化的德国使他对某些政治现实形同瞎子——作为一个心思在其他地方的人,他不能够注意到他应该注意到的事情。

维克托·费利亚斯的著作将会终结所有这些尝试。这部著作完美地清楚表明,作为一个人,海德格尔是一个相当令人讨厌的人——从开始到结尾就是一个懦夫,一个骗子。费利亚斯,作为柏林的一位哲学教师,他花费了数年的工作时间从各种各样鲜为人知的政府档案和书信集中来发掘有关海德格尔的丑闻。他发现了很多东西,足以来描绘这样一幅画,从而澄清海德格尔以前作出的公共言论是何等彻底的不真诚,也足以解释为什么海德格尔的家人拒绝世人阅读海德格尔的书信,直到下个世纪中叶。

毫无疑问还会有更多的罪证有待发现,不仅仅是那些书信,而是仅在手头的,弗莱堡大学为纳粹服务那些年里的各种档案——这些档案,令人不齿的是,至今对学者们仍是封存的。与此同时,费利亚斯对于发生了什么给予我们一个很好的草描。他的著作对海德格尔与纳粹的关系比其他任何可得到的著作包含了更多的具体信息,而这对于那些现在仍在出版的推诿性的道歉无疑是一支出色的解毒剂。[这本著作一开始是以法语出版的,因为费利亚斯起初找不到一个德国出版商。费舍出版社(Fisher Verlag)现在正在从事这项工作,他们的德文版与一个英译本将同时面世,值得期待,而这两个本子意外地将从扩大的脚注中受益;费利亚斯所涉及的事情有时候都太零落了而不能帮助一个人消化所列举的东西]

为什么人们应该关注海德格尔是否是一个自我欺骗的极端利己主义者?关注这种事情的一个好的理由是:德国知识分子关于大屠杀的态度的具体细节对于我们自身的道德教育是重要的。它有助于我们意识到德国学术界的大部分人,包括一些最好的和最聪明的,都对他们犹太同事的命运熟视无睹,这也有助于来反问是否我们自身就不会有同样一类行为。

这种关注的一个糟糕的理由是:知道一个哲学家的道德品性会帮助一个人来评判他的哲学。我们关于爱因斯坦(Einstein)①品性的更多了解并不有助于我们来评判他的物理学。你可以是一个伟大的、原创性的、知识渊博的艺术家或思想家,但也可以是一个完完全全的混蛋。梵高(Van Gogh)②、济慈(Keats)③和爱因斯坦都是好人;瓦格纳(Wagner)④、弥尔顿(Milton)⑤与牛顿⑥就不是了。在哲学家中,伯特兰·罗素是一个有礼节的(有时也有些公爵的傲慢)人,但是他的很多好的思想(作为反

---

① 爱因斯坦(1879—1955),举世闻名的德裔美国科学家,现代物理学的开创者和奠基人,1921 年诺贝尔物理学奖获得者。他提出的狭义相对论成功地揭示了能量与质量之间的关系,解决了长期存在的恒星能源来源的难题。他提出的广义相对论极大地推动了现代天文学的发展。——译者注

② 梵高(1853—1890),荷兰画家,后期印象画派代表人物,是 19 世纪人类最杰出的艺术家之一,因患精神病自杀。代表作有《星月夜》《向日葵》《乌鸦群飞的麦田》《播种者》《梵高自画像》等。——译者注

③ 济慈(1795—1821),英国杰出的诗人。代表作有《仿斯宾塞》《伊莎贝拉》《圣亚尼节前夜》《许佩里恩》《夜莺颂》《希腊古瓮颂》《秋颂》等。——译者注

④ 瓦格纳(1813—1883),德国著名作曲家,为人自私冷酷,他的反犹主义、国家主义观点后来深受纳粹党的欢迎,据说希特勒看完瓦格纳的作品后,激动得流泪,恨不得与这位上个世纪的天才执手亲谈。——译者注

⑤ 弥尔顿(1608—1674),英国著名诗人、政论家、民主斗士。代表作为《失乐园》。——译者注

⑥ 据说牛顿的性格十分糟糕,尤其是晚年,他担任英国皇家学会会长,在他任职的 24 年时间里,他以铁拳统治着学会。没有他的同意,任何人都不能被选举。——译者注

对他的糟糕的英国经验主义者思想)都是从形式语义学与数理逻辑的伟大奠基人戈特罗布·弗雷格(Gottlob Frege)[①]那里来的,而弗雷格却是一个恶劣的反犹分子、原始纳粹。保罗·蒂利希谈论有关"真实性"(authenticity)的同样的行话,海德格尔在《存在与时间》里就已经使用过,然而蒂利希是一个诚实的人,同时也是一个善良的社会民主党人,他在1933年紧跟洛文塔尔之后精明地出逃了。

我们没有办法把道德德性与哲学的重要性或哲学学说关联在一起。作为一个原创性的哲学家(海德格尔就是本世纪我们拥有的一位原创性哲学家),就像一位原创性的数学家或微生物学家,又或者一位技艺超群的国际象棋大师:这是某些神经扭结的结果,而这些神经扭结独立于其他扭结而发生。我们认为好的道德品性对于一个哲学教授比其他领域的教授来说更重要,这唯一的理由就是我们经常把"哲学家"当作理想的人类的名称:他能完美地统一智慧与仁慈、洞察力与礼仪。我们所有人也许都无意识地希望找到这样一种大师——这种大师可能是任何人,但我们的父母绝不是。但是"哲学家"并不是这种理想的恰当名字。这个名字用来为其他目的而命名另一些人则是合适的,例如,柏拉图、亚里士多德、康德和黑格尔,或者用于这些人所讨论的主题也是合适的。在后者的意义上,弗雷格与海德格尔都同样是伟大的、原创性的哲学家(尽管他们讨论的主题非常不一样)。他们的伟大并没有因为他们道德上的卑劣而受到玷污。

即使我们同意哲学天赋与道德品性相互之间是自由摇摆的,但是我们仍然倾向于认为:通过他们传达的道德或政治的相关信息,我们就可以对他们的哲学进行等级划分。很多人认为尼采与海德格尔的思想中本质上有某种法西斯的东西,同样德里达与福柯也值得怀疑,因为他们深受前面两个人物思想的影响。根据这种看法,法西斯主义就与"非理性主义"(irrationalism)以及"对理性充满信心"的合乎礼仪的民主观点联系在一起了。亚里士多德偶然地把奴隶当作自然的与正当的来接受,就被人们置于他的道德观的中心;海德格尔的"鲜血与祖国"(blood-and-soil)[②]的辞令被人们置于他的"存在的历史"的中心;尼采鼓吹的精英统治论被人们置于他的自我创造的伦理学的中心;"解构论"被人们指责为是以年轻的保罗·德·曼(Paul de Man)[③]的机会主义式的反犹主义为基础的。

把原创性思想家的思想简单化地压缩为道德的或政治的态度,这些尝试是应该避免的,正如我们应该避免把海明威(Hemingway)[④]简单地认为是一个恶霸,把普鲁

---

① 弗雷格(1848—1925),德国现代逻辑的创始人、分析哲学的思想先驱。主要著作有《概念演算:一种按算术语言构成的思维符号语言》(1879)《算术的基础:对数概念的逻辑数学研究》(1884)《算术的基本规律》(1卷1893,2卷1903),论文有《函项和概念》(1891)《论概念和对象》(1892)《论意义和指称》(1892)。——译者注

② "鲜血与祖国",纳粹的口号。——译者注

③ 保罗·德·曼(1919—1983),出生于比利时,美国解构主义文学批评家及文学理论家。他是把解构思想引入文学理论的第一人,在20世纪美国文坛上具有重要地位。然而他在二战期间具有浓厚的反犹主义色彩。——译者注

④ 海明威(1899—1961),美国小说家,1954年度的诺贝尔文学奖获得者,他酷爱打猎、钓鱼和拳击运动,主要作品有《老人与海》《永别了,武器》《丧钟为谁而鸣》《太阳照常升起》。——译者注

斯特(Proust)[①]简单地认为是一个娘们,把庞德(Pound)[②]简单地认为是一个疯子,把吉卜林(Kipling)[③]简单地认为是一个帝国主义者。在处理一些复杂性和原创性的作家例如海德格尔或普鲁斯特时,贴标签如"非理性主义者"或"唯美主义者"是不适用的。它们只不过是些不去阅读他们作品的藉口。

例如,从威廉·奥卡姆(Willian of Ockham)[④]到威廉·詹姆斯(Willian James)[⑤],"非理性主义"被诊断为在每个人中都有。在它发生时,詹姆斯和在作哲学讲演时一样是一个有正派的人,同时在美国民主的有远见的传统(visionary tradition)中他是惠特曼(Whitman)[⑥]的继承人。然而这并不能阻止朱利安·班达(Julien Benda)[⑦][他是1910年代的艾伦·布鲁姆(Allan Bloom)[⑧]]包括詹姆斯加入叛逆的书记员(treasonous clerks)行列——这些人正在削弱我们文明的道德结构。(尽管没有共同的政治希望,但是海德格尔与詹姆斯都同样怀疑理性与真理的传统哲学解释——班达发现这种怀疑是不可容忍)卡尔·波普尔(Karl Popper)[⑨]在《开放社会及其敌人》(*The Open Society and Its Enemies*)一书中做了一个很好的工作来表明,柏拉图、黑格尔与马克思的篇章如何能够被用来证明希特勒主义者或列宁(Lenin)[⑩]主义者的强行接管行为是正当的,但是就他自己而言他必须省去他们中每个人思想的90%。把一个哲学家的思想缩略为他可能的道德或政治影响,这些尝试都是无意义的,就像

① 普鲁斯特(1871—1922),法国20世纪伟大的小说家,意识流小说大师,其著名作品是《追忆似水年华》。他的气质内向而敏感,对母亲十分依恋。——译者注

② 庞德(1885—1972),美国诗人、评论家,对现代诗歌有深远影响,1948年获诺贝尔文学奖。二战期间他在罗马电台上发表数百场赞扬墨索里尼、反对犹太人、抨击美国的演说,其后被美国控以叛国罪,被俘后押往华盛顿受审,由于被宣布神经失常而免受审判,但后来十几年都是在精神病院中度过的。主要作品有《面具》《反击》《献祭》《休·西尔文·毛伯莱》和《诗章》等。——译者注

③ 吉卜林(1865—1936)英国小说家、诗人,出生于印度孟买,被普遍视为帝国主义侵略分子。他1907年获得诺贝尔文学奖,主要作品有:《消失的光芒》《基姆》《营房谣》等。——译者注

④ 奥卡姆(1285—1349),晚期唯名论的重要代表,出生于英国,在宗教思想上强调一种"信仰主义",即对于宗教的教条不能用知识来说明,而只能信仰;另外奥卡姆在哲学史上最著名的思想当数"奥卡姆剃刀"原则,即"如无必要,切勿增加实体",也称"思维经济原则"。——译者注

⑤ 詹姆斯(1842—1910),美国实用主义哲学家和心理学家,美国机能主义心理学派创始人之一。主要著作有《心理学原理》《实用主义》《宗教经验种种》《彻底的经验主义》《多元的宇宙》等。——译者注

⑥ 惠特曼(1819—1892),美国著名诗人,曾加入"自由土地党",反对蓄奴制,主张土地改革。著有代表诗集《草叶集》。——译者注

⑦ 班达(1867—1956),法国小说家、批评家。其《知识分子的背叛》一书最为著名的。他批评现代西方民主制的弱点,主张重新回到柏拉图《理想国》中的政治蓝图。——译者注

⑧ 布鲁姆(1930—1992),美国著名的思想家、翻译家,政治思想上的保守主义者。他是施特劳斯(Leo Strauss)的弟子。著有《走向封闭的美国精神》《巨人与侏儒》《人应该如何生活》《莎士比亚的政治学》等。——译者注

⑨ 波普尔(1902—1994),犹太人,奥地利裔英国哲学家,他在科学哲学中提出"证伪主义"思想,在政治上拥护民主和自由主义,反对柏拉图、黑格尔和马克思的国家主义。主要著作有《科学发现的逻辑》《开放社会及其敌人》《客观知识》《猜想与反驳》《历史决定论的贫困》等。——译者注

⑩ 列宁(1870—1924),苏联共产党(布尔什维克)和国际共产主义运动的领袖,苏维埃国家的创始人。主要代表作:《帝国主义是资本主义的最高阶段》《国家与革命》《马克思主义的三个来源和三个组成部分》《政治经济学原理讲授提纲》《马克思学说的历史命运》《唯物主义与经验主义批判》《哲学笔记》等。——译者注

尝试把苏格拉底看作是一个克里提亚斯(Critias)[①]的辩护者,或者把耶稣(Jesus)[②]看作是又一个蒙受神恩的怪人一样。确实,耶稣除了其他方面以外还是一个蒙受神恩的怪人,而且海德格尔除了其他方面以外还是一个极端自我主义的、反犹主义的乡巴佬。但是,我们从已经从福音书(Gospels)[③]中得到了很多,而且我猜想在即将来临的几个世纪里,哲学家们会从海德格尔对自柏拉图到尼采的西方思想运动的原创性的、强有力的描述中获益良多。

如果在基督教、伊斯兰教(Islam)[④]、柏拉图主义、马克思主义、海德格尔主义或解构论中有某些反民主的东西,那么关于人、理性、历史的本质就没有什么特别的学说了,而仅仅是这样一种倾向:要么把宗教要么把哲学处置得太过严肃了。这种倾向趋于一种基础主义(fundamentalism),即这样一种假设:任何人如果与既定的宗教或哲学学说不一致,那么他对于民主社会来说就是一个危险人物;不是什么具体的学说,而是依赖于与这种学说的粘合的民主思想更是一个危险物。

约翰·罗尔斯(John Rawls)[⑤]在《正义论》(*A Theory of Justice*)中把宗教的宽容当作一个民主的政治前景的范例:在某种程度上人们能够设法做到把他们的天主教、摩门教(Mormon)[⑥]或无神论的邻居们当作完完全全的同胞来对待,在某种程度上他们能够将自己与其他人的宗教信仰私人化,如此一个多元化的社会就会成为真正可能的。最近,罗尔斯提议,民主社会理论应该发展出这同一类型的宽容以替代哲学学说——例如,对人类生活要义的这种现世的解释,这种解释正是由亚里士多德、斯宾诺莎(Spinoza)[⑦]、波德莱尔(Baudelaire)[⑧]、尼采、普鲁斯特、海明威和海德格

---

① 克里提亚斯(公元前460—403),苏格拉底的学生,三十寡头之一。——译者注

② 耶稣(约为公元1—30),基督教的创始人,根据基督教《新约》四福音书的记载,耶稣是上帝之子,由童贞女玛丽亚受圣灵感孕,生于伯利恒城客店的马厩之中。耶稣成年后从施洗约翰受洗,并经受了40天的考验,后开始在犹太各地和巴勒斯坦的加利利传教。他率领12个门徒传教,并抨击了犹太教的某些戒规和犹太人当权者,受到犹太教上层的痛恨。在逾越节前夕,他被其门徒之一犹大所告发,以"诱惑国民"和"僭称犹太人之王"的罪名,被钉死在十字架上。——译者注

③ 福音书:福音的意思是"好消息",《圣经》里有四卷记载关于救世主耶稣降生这好消息的书,故称四福音。四福音是新约圣经的前四卷书,作者分别是马太、马可、路加和约翰。——译者注

④ 伊斯兰教、与佛教、基督教并称世界上三大宗教,7世纪初兴起于阿拉伯半岛,其使者为先知穆罕默德。"伊斯兰"一词原意为顺从、和平,即顺从真主意志的宗教。信奉伊斯兰教的人称为穆斯林,意为顺从者。伊斯兰教主要传播于西亚、北非、西非、中亚、南亚、东南亚等,第二次世界大战后,在西欧、北美、非洲以至澳洲等地区迅速传播,是上述地区发展最快的宗教。——译者注

⑤ 罗尔斯(1921—2002),美国著名哲学家、伦理学家,1971年发表《正义论》一书,旋即在学术界产生巨大反响,引发一股"罗尔斯风暴"。——译者注

⑥ 摩门教,又名末世圣徒基督教会,是1830年创立于美国的一个宗教组织,初期主张一夫多妻制。摩门教一词是广义地描述在宗教信仰、意识形态和文化上相近的几个后期圣徒运动(旧译末世圣徒运动)的数个信仰宗派。它也常被用来描述这个相信《摩门经》的信仰系统。——译者注

⑦ 斯宾诺莎(1632—1677),犹太人,荷兰哲学家,西方近代哲学史上重要的理性主义者,其主要著作有《伦理学》《神学政治论》等。——译者注

⑧ 波德莱尔(1821—1867),法国著名诗人,现代派诗歌的先驱,象征主义文学的鼻祖。著有诗集《恶之花》,艺术评论集《美学管窥》《浪漫主义艺术》,散文诗集《巴黎的忧郁》等。——译者注

尔提供的。正如罗尔斯所言,民主社会理论应该“停留在表层,哲学地说。”它应该停止寻找民主的哲学“基础”。它应该满足于道德情感(moral sensibility)——这种情感使得我们能够平等地对待那些我们没有多少共同性的人们——的明确表达,而不是试图去为这种情感奠基而寻找某种更基础的东西。

这种罗尔斯式的态度径直与海德格尔的相反。海德格尔认为,一个社会的科学、文化与政治的生活只不过是一些伟大的哲学家已经制定好的一套思想的实现。他相信,不仅所有的科学,而且所有有意义的人类行为都是哲学,不管它是否意识到。他把这种宗教先知的态度特征转入到哲学中:这些先知的声音就是某种更伟大的权能(上帝、理性、历史、存在)的声音,这种权能正打算更新所有的事物,并且把世界带入一个新的时代。

这样一种部分基于先知的态度把他们的天然追随者——这些人严肃地对待“本质”(essence)或“基础”(foundation)的思想——引导到一种崇拜上,就像很多什叶派教徒(Shiite)[①]对于霍梅尼(Khomeini)[②],很多马克思主义者对于列宁的崇拜一样。这些人担心有关他们古鲁(guru)[③]话语的“正宗解释”,担心他们是否抓住了他思想的“本质”。相反,他们则把古鲁的竞争者们(反基督者、大魔头撒旦、戈尔斯坦、法西斯主义的哲学家、资产阶级意识形态的辩护者)视为错误的先知。这些竞争者的著作或是被焚烧、或是被嘲弄、或是被忽略,但是肯定不会被学习。

截然不同的看法认为,任何人的著作,只要他们的心灵足够复杂,从而使得他或她的书籍值得阅读,那么这些著作就将不会有一个“本质”(essence);这看法也认为,这些书籍将会认可一种成果丰硕的解释多样性;这看法还认为,追求“一种正宗的阅读”是无意义的。有人会认为,作者和我们其他人一样都是糊涂迷惑的,因此我们的工作就是从书本的缠绕中超拔出来,一些思想的线索对于我们的目的来说结果是十分有用的。这种对待书籍的态度是一种多元主义的宽容的延伸,罗尔斯把这种

---

① 什叶派,是伊斯兰教中除逊尼派外人数最多的一个教派。该派以拥护穆罕默德的堂弟、女婿阿里及其后裔担任穆斯林领袖伊玛目为其主要特征,故又称作阿里派。与逊尼派相对,该派只承认哈希姆家族的阿里及其后裔为合法继承人,并神化阿里与其后代为“伊玛目”,认为他们是“超人”“受安拉保护,永不犯错误”的圣人,甚至高于穆罕默德。且认为末代伊玛目已隐遁,将以救世主(马赫迪)身份再现。后因内部主张分歧,又相继分化出凯萨尼派、栽德派、伊斯玛仪派、十二伊玛目派等派别和许多支系。目前,全世界有10% ~15%的穆斯林属于这个教派,全世界什叶派穆斯林约有8 000多万人。主要分布在伊朗、伊拉克、巴基斯坦、印度、土耳其、阿富汗、黎巴嫩、沙特阿拉伯、也门、巴林等地区。

② 霍梅尼(1902—1989),伊朗原教旨主义者,伊朗什叶派宗教学者,1979年领导伊朗革命,这次革命推翻了伊朗国王穆罕默德·礼萨·巴列维。他被许多什叶派穆斯林看作是政治和精神领袖。霍梅尼被许多人认为是20世纪最有影响力的人之一,被评为1979年《时代》杂志“年度人物”。霍梅尼一手创立的政治理念和体制架构,直到21世纪初仍被伊朗奉为不可动摇的标准。霍梅尼宣称,“伊朗的贫富悬殊,贪污腐败,社会不公与道德失序,都是受西化毒害的结果;唯有回归真正的伊斯兰教教义,才能建成一个更美好,更高尚,更和谐的伟大社会”;他上台后提出,“不要西方,也不要东方,只要伊斯兰”。这种鼓吹在伊朗引发了强大的社会感召力,刺激起当今世界最激烈的宗教情感。但在反对者看来,他是“近代最恶名昭彰的独裁者”,并且让伊朗“倒退了几个世纪”。——译者注

③ 古鲁,印度教或锡克教的宗教导师或领袖。——译者注

多元主义的宽容看作是理论的基础,同时也是民主实践的基础。如果人们采取这种态度,那么他们将不会把海德格尔认作是某种绝妙事物或可怕事物的象征,而是认作一个更具原创性、更有趣的作家,认作能描画我们经验的又一个源泉,而且这种描画将与我们所遇到的所有其他的描画交织在一起。

如果没有这样一种读法,那么我们将会有陷入到海德格尔自身的态度的危险。我们将会有成为哲学上的基础主义者和邪教分子的危险。海德格尔与希特勒有很多共通之处:"鲜血与祖国"(blood-and-soil)的辞令,反犹主义,自我欺骗,坚信哲学应该被严肃地对待,还有欲求建立一种崇拜狂热。唉,这两个人的欲望都得到了满足。但是正当的反应是不把海德格尔看作希特勒哲学上的对应物。我们将不会按照他所希望的方式来阅读他的著作;我们将会在一个冷静的时段,带着好奇心,用一种开放的、宽容的心灵来读。

文章来源:理查德·罗蒂的《严肃地对待哲学》。摘自一篇论文,首版于1998年4月11日的《新共和国》杂志(*The New Republic*),第198卷,第15期,第31-34页。经授权后重印。

勒内·笛卡尔

勒内·笛卡尔(René Descartes,1596—1650)被普遍地认为是近代哲学家当中第一位伟大人物。他出生在法国的一个小镇都兰(Touraine),受到天主教耶稣会会士(Jesuits)[①]的教育,并且终生都是一位虔诚的天主教徒。笛卡尔早年的兴趣主要在数学和物理学,而许多大陆和英国的思想家已经在这两个领域中做出了令人振奋的新型研究。在他20几岁的时候,也许是因为三个戏剧性的梦,笛卡尔构思了一个宏伟的计划,即构建一个以数学为基础的、全新的科学体系。尽管他从来都没有完成这项不可能的工作,但是他对于数学和物理学的诸多贡献使得他置身于17世纪科学的前沿。

笛卡尔一生主要关注的是方法论(methodology)、正当性(justification)和确定性(certainty)等问题。他的第一部著作就标题为《指导心灵的规则》(*Rules for the Direction of the Mind*),在此书中他寻求建立一种恰当的程序,从而使得我们的探究避免错误或混淆的危险。他最闻名的著作《第一哲学沉思录》(*Meditations on First Philosophy*),直接被认为是对所有既定的哲学与数学的一个巨大挑战。此书在欧洲广泛传播,并且引发了一系列的反驳,针对这些反驳笛卡尔也写了一系列延伸性的答辩。在这些反驳与答辩中,我们可以看到很多深刻的、引人注目的辩论被展开,著名的思想家例如霍布斯、伽桑狄(Gassendi)[②]、阿尔诺(Arnauld)[③]都卷入了与笛卡尔的争论。

虽然笛卡尔深受在他之前的经院哲学的影响,但是他提出的问题、质疑以及在知识中要求绝对的主观确定性,所有这些都在削弱着长达两千多年的亚里士多德哲学研究传统的影响。事实上,笛卡尔去世后150多年中所写的所有伟大哲学著作,可以被看作是回答这位杰出的、打破习俗的法国人所提出的诸多问题的一种尝试。

---

① 耶稣会,天主教修会之一,1534年由西班牙贵族伊纳爵·罗耀拉在巴黎创立,1540年教皇保罗三世批准。其最高权力机构是耶稣会公会,隶属于教皇,下分省会、协作区、独立的副省会等。由于欧洲北部的宗教改革运动的沉重打击,耶稣会会士是最早向亚洲传教的天主教徒,其中就有著名的利玛窦。——译者注

② 伽桑狄(1592—1655),法国科学家、数学家和哲学家。他复兴伊壁鸠鲁主义,以取代亚里士多德主义,宣传原子论思想。——译者注

③ 阿尔诺(1612—1694),法国哲学家、神学家、逻辑学家,任教于巴黎大学神学院,后因抨击耶稣会而遭驱逐。——译者注

第二章 认识论

认识论似乎可以在漫画中"原形毕露"。下面是两则有关认识论的笑话。

1. **康德**[依据康德,所有我们看到的都是显现在我们感觉中的东西,独立的实在(independent reality,德文是 Ding an sich),即物自身(the thing in itself)①,是不可知的]

秘书:医生,候诊室里有一位隐形先生(invisible man)。

医生:告诉他,我看不见他。

2. **实用主义**

一个女人向警方报告说她丈夫失踪了。警察让她描述一下她丈夫的体貌特征,她说:"他 6 英尺 3 英寸高②,体格健美,一头浓厚的卷发。"

她朋友说:"你在说什么喔?你的丈夫 5 英尺 4 英寸高③,秃头,大腹便便。"

她接着说:"谁要那个人回来呀?"

---

① 又译为"物自体""自在之物"。——译者注
② 约一米九。——译者注
③ 约一米六。——译者注

第一节 笛卡尔的怀疑方法

如果你自始至终仔细地阅读、思考并和你的老师与同学讨论本书所提出的问题,你会对什么是哲学和哲学家们如何思考有所体会。而且如果我完全成功,那么哲学对于你来说就会是一件相当有意义的事情。也许,哲学的问题并不一定就是当你在堵车时那一空闲时间里,或当你深夜睡不着时脑子里所想的东西,但是至少很容易理解理性的男男女女如何会对这些问题真诚地产生兴趣。我应该采取什么样的法则来决断生活呈现在我面前的艰难的道德选择呢?一个社会的财富应该如何在其成员中进行分配呢?我有义务服从国家吗,甚至当我相信它的法律是不公正的时候?这些可能不是每个人的问题,但是它们确实是些值得问的问题。它们中一些问题甚至在政治运动中、医院的急诊病房里、法庭上或战场的前线上被提出来。

在本章中,情况完全不同。我们将看一看这样一些哲学尝试,对于这些尝试所处理的问题你们某些人会认为简直就是有神经病。比如你的一位朋友问你是否昨晚和他确实去看电影了,还是他只是在做梦。或许有点怪异,但是人们确实做过各种栩栩如生的梦;我自己就曾两次做过同样的梦,它是如此真实以至于后来我不敢完全肯定它们是否都事实上发生过。你不会认为你的朋友正变得有哲学味,但是另一方面,你也不会认为他发疯了。假设他继续想知道——以一种绝对的严肃性——在他身上发生的一切是否只是一个梦,他的童年、青年、上学的时光、和父母的争执、第一次恋爱、第一次出门远行、上大学还有他就站在你面前,所有这一切是否只是梦境。如果他认真得不得了,不像是和你开玩笑或想招惹你,那么这时候你会开始慢慢靠近电话机,思考着如何与学校的心理医生联系而又不让你的朋友太失望。一般说来,那些真的不能确定他们整个生活是不是在做梦的人是"需要协助"的。

假设你和另一位朋友正在等电梯,她说她真的不能确定她是否需要搭电梯回到一楼。也许如果她跨过窗口,她就会直接地飞下去。确实,假设她对自己是否能够分清楚下一步将要发生什么表示怀疑——如她把头沉入水里是否会被淹死,把手指放入火中是否会被烧伤,把她的书本扔掉它们是否会往下落或往上升;她可能甚至承认:她不能确定整个世界中在她身旁是否还有其他人,尽管存在着许多看起来像人的肢体,发出像说话一样的响声并且做着像人类一样的行为。那么又一次,你也许会认为:要么这整个行为就是一场骗局,要么你的朋友就是吸了毒正处于迷幻之中,再不然就是时候找精神科医生了。你当然不会认为她只是在做哲学思考!

从17世纪开始直至今日，一些曾经为西方文明的文化与学术生活创造辉煌成就的最杰出的思想家，就为我们前面已经设想过的你朋友所提出的那些问题，献出了他们最好的哲学努力。尽管我可能是第一个承认哲学家都有点精神病的人，但是我绝没有理由怀疑任何一个伟大思想家当他在写他的著作时精神上会不健全。[卢梭(Rousseau)①是有点怪异，但是在本章中我们将不讨论他。]任何哲学教师所面临的最大挑战，就是展现17和18世纪知识理论家们的认识理论，不仅要使学生理解其论证，而且还要理解看在上帝的份上到底为什么神志清醒的人要担忧如此奇怪的问题。

认识论是17世纪初以来哲学论著的核心与灵魂。所有最重要的哲学家——笛卡尔、莱布尼茨、洛克、贝克莱、休谟和康德——都把认识论探究置于他们著作的中心地位。如果我们不能理解究竟是什么东西使得他们如此严肃地对待这些在我们今天看来似乎有些奇怪的问题，那么我们就不能真正理解过去四百年里所做的一切哲学研究。现代认识论[在哲学上，1 600年之后就叫做“现代”(modern)]中貌似怪异的诸多问题，都直接地与中世纪后世界主流文化与学术发展的一个方向有关联，即稳步地走向一种彻底的个人主义(radical individualism)，无论是在宗教、政治、艺术、文学还是哲学中。尽管17和18世纪哲学的认识论诸谜团在初次审视看来似乎极其怪诞及非直觉，但是它们却深刻地影响了画家的绘画方式，诗人的作诗方式，神学家对上帝的话语《圣经》的再解释方式，甚至经济学家、政治学家和社会学家诠释我们集体社会生活的方式。因此，不管喜不喜欢，在本章我们将进入一些复杂的哲学中。

一般公认，那在哲学上开辟崭新的知识论路径的人是一位法国人，生于1596年，名字叫作勒内·笛卡尔。确实，尽管笛卡尔在其54年的生涯中写下了大量重要的作品，除了哲学之外，他还讨论了数学、物理学和其他学科，但是我们依然能够指出那本标志着现代哲学开端的精致之作，因为我们今天还在研读它。这个荣誉显然属于一本70页的著作，名为《第一哲学沉思录》，由笛卡尔出版于1641年。

17世纪是一个科学巨人的时代，在这些真正伟大的思想家当中，他们的努力创造了今天我们称为现代科学的东西，只有德国人哥特弗里德·莱布尼茨和英国人艾萨克·牛顿能够与笛卡尔并肩齐驱。你大概已经知道笛卡尔，或者至少在他对知识的某项贡献里花了一些时间，因为正是他发明了被称作解析几何的知识领域。(这就是为什么当你在画一个曲线图并且在上面标志各点时，人们说你在使用“笛卡尔坐标”)

① 卢梭(1712—1778)，法国著名启蒙思想家、哲学家、教育家、文学家，启蒙运动最卓越的代表人物之一。主要著作有《论人类不平等的起源和基础》《社会契约论》《爱弥儿》《忏悔录》等。——译者注

笛卡尔生于马丁·路德(Martin Luther)①开始新教改革(Protestant Reformation)——他在维滕贝格(Wittenburg)教堂的大门上张贴了其著名的《九十五条论纲》——之后的第75年。笛卡尔本人一生都是个罗马天主教徒,他的早期教育来自天主教耶稣会。尽管如此,如果新教改革的本质就是摒除教会机构的宗教权威性并且强调个人良心至高无上,那么无论在理智上还是情感上,笛卡尔都是一个极端的新教徒。他生平论著的要旨就是要彻底地摒除一般的意见、既定的教条和古人的权威,只接受他自己的理性能够证明是正确的真理,因此是一个彻底的个人主义式的坚持。

在他二十几岁时,笛卡尔的兴趣转向了数学与物理学,而这些领域在那时受到2 000年之久的观念与方法的支配。在这两个领域中,令人兴奋的新工作正在开始做,笛卡尔,正如很多年轻的科学天才一样,直接地就到达了科学的前沿。1619年11月10日夜里,23岁的笛卡尔连续做了三个梦,这三个梦似乎改变了他的一生。其后,他把它们当作他生涯的转折点来谈论和写作。我并不打算尝试一种空谈的梦的解析。因为当弗洛伊德首次描述梦的解析的精神分析方法时他已经说得很清楚了,即你不能够猜想出这个梦对该人意味着什么,除非你能实际上让他和你谈谈他的梦。不存在梦的征兆的解码书,在里边你可以找到诸如"跌落"或者"镜子"等任何类似的东西的意义。但是笛卡尔自己把他的梦解析成这样一个标志,即他将要耗费他的一生来建立一套奠基于数学之上的、崭新的、统一的宇宙理论——也就是我们今天所说的"数学物理学"(mathematical physics)。

对于我们的目的而言,笛卡尔计划的重要部分,并不是他所发展的新科学,而是他赖以前行的"方法"思想。笛卡尔在学术方法与科学方法问题上奉献了大量的思想,他在该领域中的任何贡献,都会比他实际上的数学研究与科学研究自身更具革命性。笛卡尔年轻时没有出版任何著作,尽管事实上在他二三十岁时就已经作出了很多重要发现。1637年,年逾40的笛卡尔出版了他的第一部著作,恰当的书名是《谈谈正确运用自己的理性在各门学问里寻求真理的方法》②(*Discourse on the Method of Rightly Conducting the Reason and Seeking for Truth in the Sciences*)。在这部分是自传、部分是哲学的著作中,他正式提出了一组四条法则,他声称这组法则足以指导心灵作任何探究。下面就是笛卡尔所说的这组法则:

---

① 马丁·路德(1483—1546),16世纪欧洲宗教改革倡导者,新教路德宗创始人。1517年他不满天主教会的腐败,在维滕贝格教堂大门上贴出了著名的《九十五条论纲》,由此拉开欧洲新教改革运动的序幕。路德否定教会的权威性,强调"因信称义"。——译者注

② 简称《谈谈方法》。——译者注

勒内·笛卡尔

《谈谈方法》[①]

第一,凡是我没有清楚地认识到的东西,我决不把它当作真的来接受:也就是说,在判断中要小心地避免轻率和偏见,除非事情清楚明白地呈现在我心里,以至于我没有理由去怀疑时,我才接受它。

第二,把我所审查的每一个难题都按照可能和必要的程度分成许多小部分,从而使得它能以可能的最好方式被解决。

第三,按恰当的次序进行我的反省,从最简单、最容易理解的对象开始,一点一点逐步上升,直到认识最复杂的对象;即便是一个虚构的东西,其中并不遵循前后相互关联的自然顺序,也要给它设定一个次序。

最后,在任何情况下,都要尽可能地全面列举,普遍复查,从而我应该确定没有遗漏任何东西。

当你第一次读到上面这些内容时,它们看起来并不怎么重要,是这样吗?避免偏见,不要盲目相信任何事物,要小心谨慎,应对问题时要一步一步来,要循序渐进,如此等等。它听起来更像是给部队档案书记员下达的命令,或者组装户外野餐烤肉架的使用说明,而不像哲学中的一场伟大革命。确实,莱布尼茨曾经相当嘲讽地评论笛卡尔的著名“方法”,并将其精简为如下说法:“拿你所需要的,做你应该做的,那么你将会得到你想要的。”但是第一印象往往是错误的(正如笛卡尔所指出的),那么在这里,莱布尼茨只不过是耍小聪明而不是有智慧。

笛卡尔方法的真正重要性在于其两个特征以及由此而来的结果。如果你给它贴上一些标签,那么接下来的就会更容易理解了:笛卡尔的方法就是探究的方法(method of inquiry)与怀疑的方法(method of doubt),这两种方法的综合结果就是这样一场哲学上的转变运动,即认识论的转向(epistemological turn)。现在,如果你小心地在这三个术语下画上红线、黄线或蓝线,那么我们就能够试图去理解它们的意义。

首先,笛卡尔的方法是一种探究的方法。换句话说,它是一种弄清楚事物并且确定正确地认识它们的方法;它不是一种证明已知知识的方法,也不是以一种最系统的方式阐明你的知识的方法。想一下传统的欧几里德几何学(Euclidean geometry)[②]。打开一本几何学书的第一页(当我上学的时候至少是这样的),你会发现定

---

① 参阅笛卡尔:《谈谈方法》,王太庆译,商务印书馆,第16页。——译者注

② 欧几里德(Euclid),古希腊数学家,鼎盛年约为公元前300年,著有《几何本原》,对几何学影响深远。该书对理性的思考产生了重大影响,成为许多哲学议题的模板,为逻辑思考和科学的求证方法定下了准则。——译者注

义、公理和假设。这些都是几何学理论中最简单或者最基础的部分,但是当一个真正的几何学家在做几何学时,它们几乎不会是他首先想到的事情。然后就是定理,每一个都是一步一步地从公理或明显已经证明的定理下降到有待证明的东西,直到证明完毕。这也许是欧几里德重新安排他的证明的方式,但肯定不是他发现它们的方式!正好像当他想证明某物(例如这一定理:等腰三角形的顶角等分线垂直且平分底边),他画了一个图表,度量各条直线,看看是否有某一线段等于另一线段,并且从结论往前反溯或从前提往下推论,直到证明最后变得有条不紊。因此,他的探究的方法,即他的弄清楚某物的方法,非常不同于他的证明的方法或阐明的方法。笛卡尔的心灵规则明显是打算用来指导那些试图解决问题或分析现象的人的。换句话说(这将变得非常重要),他采取一种无知者的观点,此无知者还不知道任何东西但正尝试着运用他或她的理智来发现某些东西,而不是采取一种教师或专家的观点,即他或她非常肯定自己知道某些东西,并且只想着解释它给别人听。

第二,笛卡尔的方法是一种怀疑的方法。他的第一条法则,“凡是我没有清楚地认识到的东西,我决不把它当作真的来接受。”这条法则有多重要将依赖于我们如何解释这个短语“清楚地认识到”。如果笛卡尔仅仅想让我们在说“我们确定”之前先停下来并且思考一下,就像在智力竞猜游戏中,选手在回答这个能带来巨额奖金的问题之前可能会停顿一下,那么很明显这个法则将不会产生任何伟大的理智革命。但是当你将在后面几页看到那些选自《第一哲学沉思录》中的部分,你就会知道笛卡尔在心中想得更多。当他告诉我们不要接受任何东西除非我们能够“清楚地认识到”它是真的,他的意思是:除非我们能够绝对地确定它百分百是对的,否则我们应该拒绝接受任何东西,不管我们曾经多么确定,不管有多少人相信,不管它看起来有多么明显。如果有最轻微的、最原始的、最遥远的机会认定它可能是假的,那么我们就不会接受它。

现在这就显现出一个极为棘手的局面!例如,我非常肯定华盛顿(Washington D. C.)是美国的首都。如果你问我如何能够肯定,我将会告诉你:我曾在历史和政治书中读过,我曾在电视上千百次地听到它们把华盛顿报道为“我们的首都”,我曾参观过华盛顿并且实际上在参议院的旁听席(the vistors' gallery)上坐了一整天,如此等等。但是这样就能做到绝对地百分之百的确定了吗?我不可能犯错?即便我不像是我错了,但是在逻辑上也可能犯错呀?也许书本写错了,也许电视播音员弄错了,也许当我想当然认为是在华盛顿时实际上是在费城,确实,可能这里正酝酿着一个大阴谋愚弄我,使我认为华盛顿是首都。我不能想象为什么一个人会都遇上这些麻烦,但这是可能的。这样来看吧:我可以就这样一个阴谋写一部科幻小说故事;尽管你会说它并不十分合乎道理,但是你不能说这个故事完全不可能。

那么,你会抗议的:如果笛卡尔像这样解释“清楚地认识到”,那么任何人曾经相信的所有东西都会化为乌有!我同样甚至可以怀疑是否存在美国、地球、人类、时间、空间和宇宙。如果我拒绝接受这些东西,那么也许我应该开始怀疑二加二是否等于四。毕竟,如果有一个巨大的阴谋正在戏弄我,从而让我相信华盛顿是美国的首都,那么也许就有某些神秘的、邪恶的、强大的魔鬼来到我的脑中并且玩弄我,使我认为二加二等于四,而事实上等于五。也许每次我把两个东西放在另外两个东西旁边时,这个魔鬼就偷走了其中一个,因此当我来数数时,我就只得到四个而不是那正确的五个。

这听起来有些奇怪,可是这正是笛卡尔脑子里所想的。当他说不接受任何不确定的东西时,他的意思是“没有任何东西”。但是,你会反对说:这真是疯了!我们必须从某个地方开始。嗨,如果我要怀疑所有事物,哪怕它只有一丁点儿不确定性都要怀疑的话,那么我也应该怀疑我自己的存在。也许我也不存在;可能这个邪恶的魔鬼正在愚弄我,就像刚才简单的算术题一样。笛卡尔以所有哲学文献中最富戏剧性的倒转说:不。你可以怀疑所有其他东西,但是不能怀疑你自己的存在。只有这个才是真正的基础,不可动摇的第一原则,你所有其他知识都将建立在这个基石之上。当他创建了一个如此严格的确定性标准,以至于简直所有其他我曾经相信过的东西都不会满足这个标准时,他是如何成功地证明我不能理性地怀疑我是存在的呢?当你读到《沉思录》你就会明白了。我并不想泄露出来,以免减损其论证的效果。笛卡尔对他自身存在的证明是哲学史的顶点之一。在某种意义上,他也是西方文明中不受约束的个人主义的制高点。想象一下有一位哲学家主张整个科学的、数学的和宗教的知识大厦,不是奠基于集体的知识和人类的智慧,不是奠基于实验的证据,不是奠基于上帝的存在,甚至不是奠基于逻辑的第一原理,而是仅仅奠基于他自己的存在这个事实!

当探究的方法与怀疑的方法组合在一起,哲学的核心本质就开始发生转变。我把这种转变称为认识论的转向,它用了一个半世纪才得以完成。直到康德的《纯粹理性批判》认识论转向才到达它的终点;此后,所有哲学都改变了,以至于哲学家所问的问题以及他们所作的回答,与《沉思录》以前所写的著作一点都不相像。认识论转向是一个非常简单但又棘手的概念。甚至在你掌握它以后,你发现它又从你身上溜走了。就像爱因斯坦的相对论概念,或者一幅毕加索(Picasso)[①]的绘画,它让你用一种完全新的方式来看待熟悉的事物。

认识论转向的核心是对两个基本问题在秩序上的一个简单颠倒。从古代前苏格拉底时代的宇宙论者(pre-Socratic cosmologists)一直到笛卡尔时代,哲学家们都把“什么东西存在”、宇宙的本质等问题,置于对于存在、对于宇宙的本质“我能知道什么”等问题之前。也就是说,哲学家们把对存在的问题(questions of being)的思考放在认识的问题(questions of knowing)之前。例如,亚里士多德把他讨论存在的问题

① 毕加索(1881—1973),西班牙裔法国画家、雕塑家、版画家、陶瓷家和舞台设计师。——译者注

的著作叫作《第一哲学》[1]。他的意思并不是说这部非常困难的、抽象的论著是一个学生应该阅读的哲学首选材料。他的意思是说,有关存在本质的问题在逻辑上是最先的、最根本的或最基础的要处理的问题。

可以肯定,亚里士多德和他的诸多先驱者与追随者都探讨了知识的本质问题。他们谈论心灵的本质,诸感官(视觉、听觉、触觉等)在知识中的地位,理性的地位,人类知识的界限,还有其他数不清的话题。但是,他们认为这些认识论问题是第二性的,没有前者重要,例如关于上帝本质的问题,空间与时间的现实性问题,和所有其他与"第一哲学"有关的问题,或者正如我们今天所说的形而上学问题。因此我们就能总括地说,笛卡尔以前的哲学都认为,形而上学优先于认识论。

笛卡尔的两种方法——探究的方法与怀疑的方法——有着颠倒这一优先秩序的效果。这两种方法迫使哲学家们——恰当地理解并且以笛卡尔本人也未曾达到的一致性与严谨性来执行——先把存在的问题放在一边,直到他们首先处理完了认识的问题。这个事实反过来改变了有关存在问题的意义,因此等到笛卡尔开始的革命按常规发展时,旧式形而上学就终结了,新式认识论就取代了它的位置而作为"第一哲学"。让我们来看看笛卡尔的两种方法是如何开启这个转变的。

首先,正如我们已经注意到的,探究的方法告诉我们要采取一种无知但正试图学习的观点,而不是一种已知并正试图给别人解释的观点。而且,它教导我们要以一种有序的方式来处理问题,在我们未解决首要的问题之前决不行进到下一个问题。英国的习惯法有一个古老的案例,可以追溯至中世纪,它正好说明笛卡尔法则的隐藏力量。琼斯(Jones)控告史密斯(Smith)要求其赔偿损失,他声称史密斯从他那借了一个水罐,归还时却打碎了。史密斯的辩护是我们现在称作"妨碍议事"(stonewalling)的典型。他争辩说:"首先,这个水罐并不存在;其次,我并没有借它;第三,当我归还时它是完好的;第四,当我借来时它就已经破裂了。"史密斯并没有疯。他只不过是在对琼斯说:"在我给你赔钱之前,你必须逐项证明你的陈述。你必须证明水罐是存在的;然后你必须证明是我借了它;接着你必须证明我没有完好地归还它;最后你必须证明我在借用时它并没有破裂,而我归还时它却破裂了。"现在本故事中的法律重点在于,证明上面各项中的一个都要比证明另一个困难得多,而琼斯必须逐项证明才能获得赔偿。如果当水罐被归还时是破裂的,他就把它扔掉了,那么他要证明它曾经存在可能就有困难了。即使他保留了各个碎片,他要证明水罐在借给史密斯时并没有破裂也会有困难,等等。在一个法庭案例中,当被告同意不去争论由原告给出的关于案件事实的断言时,这就叫做"约定"(stipulating)。笛卡尔的第一条法则告诉我们不要约定任何东西。

例如,在他的《物理学》一书的开头,亚里士多德说物理学的主题是运动,或者事

[1] 即《形而上学》。——译者注

物的运动。如果有人想否认世界中存在着运动(因为一些哲学家事实上是这样做的),那么一本探讨物理学的书并不是与他或她争论的恰当场所。亚里士多德写道:"我们物理学家必须视这为理所当然,即存在的事物在本性上或者全部或者部分都处于运动之中……没有科学家肯定会解决可能出现的各种困难,但是要尽可能解决由科学原理错误引起的困难。"但是笛卡尔采取了相反的观点。在我们研究物理学之前,我们必须证明空间中存在着运动的物体。一旦我们建立了这一步,我们就能够诉诸于实验与观察、演绎与证明等科学家们在研究自然中所发展出来的方法。但是在我们证明自然存在之前——就像琼斯一样,在我们证明存在一个水罐之前——我们必须把这些考察放在一边。我们不要事先约定宇宙的存在。

第二,笛卡尔方法的另一半——怀疑的方法——当然会使事情更糟。既然已经拒绝约定任何东西,甚至世界的存在,笛卡尔现在主张证明的标准要有绝对的确定性。在法庭上,陪审团被问到案件是否已经证明"无需理性的怀疑"(beyond a reasonable doubt)。在绝对的确定性与无需理性的怀疑之间存在着很大的区别。当我系上安全带时,我非常确定我的车子不会变成一条大蟒蛇并且把我勒死。每天当我驱车到某地时,我足够肯定我对它完全有把握。我的坚信无需任何理性的怀疑。但是如果笛卡尔问我是否能够肯定我的车子将来不会变成一条大蟒蛇,我不得不回答:我当然不能将它当作绝对的不可能而排除掉。毕竟,我可以想象银河系中有一些神秘的星球,在上面车子会变成大蟒蛇。在某种程度上,这并不比毛虫变成蝴蝶更奇怪。

综合这两种方法似乎将我们带到这样一个角落,即哲学家们所称作的认识论的怀疑主义(epistemological skepticism)[①]。如果我们不能前进到B点直到我们证明了A点,那么,如果要证明A点,我们就必须以绝对的确定性来确立它,否则我们将很难证明任何一个点。这样,我们不是在太空里漫游,研究星辰、生命的起源、人体的运作机制、社会的法则或者潮汐的运动,我们将卷缩在一个角落里,想方设法如何踏出A步,从而好让我们能够踏出B步。

现在,如果你的车子状况良好,你会开它去旅行和观光;但是如果你的车子开不动了,你就要打开引擎盖并检查发动机。同样,假如你的逻辑引擎运转秩序良好,那么就可以在知识的世界里漫游,察看一个又一个有趣的领域;但是假如你的逻辑引擎坏了——假如你探究与证明的法则不允许你从一个真理顺畅地进展到另一个——那么你就要停下来,支起你的心灵之盖(毕竟这是你的逻辑引擎嘛),好好地认真检查哪里出错了。简而言之就是,你开始分析并检查你的赖以认识任何事情的

---

① 认识论的怀疑主义:该学说认为我们不能给任何关于世界的信念提供充足的辩护(justification),甚至也不能给这些明显绝对可靠的信念提供充足的辩护,如存在着一个物理世界,我有一个身体,太阳明天会照常升起,或者火会生热等。认识论的怀疑主义目的是让我们的注意力聚焦到我们的信念和对它们的辩护这两者的关系上,并不是事实上要我们停止相信。

过程。认识论就是研究我们的认识方式、推理的法则、认识的界限以及我们用来判断一项假定的知识是不是真知的尺度或标准。如果我们遵循笛卡尔的法则,那么在核查完我们的运输工具并且确保它将会把我们送到想到的地方之前,我们将不能够开启穿越宇宙的科学或形而上学之旅——我们的认识过程本身。

笛卡尔本人从没有意识到他的两种方法将产生的巨大革命。他认为自己为一个崭新的、统一的科学知识体系奠定了基础,摒除所有对传统、古人的智慧和旧的亚里士多德形而上学思想的依赖。但是他似乎仍然设定了存在的问题应该先于认识的问题。在《沉思录》中,在你将要读到的引文章节之后,他进而给上帝的存在、物理宇宙的存在,以及所有他在本书一开始时就已小心地怀疑过的其他东西的存在提供"证明"。这就留给后来的哲学家们,包括欧洲大陆的和英国的,进一步引申由笛卡尔所开创的这个过程的更深一层含意。

下面选录的是《沉思录》中的第一沉思与第二沉思。

勒内·笛卡尔

《第一哲学沉思录》①

第一沉思

由于多年以前我就察觉到我从青年时期起就把一大堆错误的信念当作真的来接受,因此建立在这个基础之上的所有事物是多么值得怀疑;从那时起,我确信:如果我想在科学中建立起任何牢固的、永恒的建筑,那么我必须一劳永逸地严肃着手摆脱所有我以前接受过的各种意见,并且开始自地基重新建造。

现在为了达到这个目的,我没有必要证明所有这些意见都是错误的,因为那样一来我也许就永远达不到目的了。但是因为理性劝告我说,和在我面前明显是错误的东西一样,对于那些不是完全地确定无疑的东西,我也应该小心翼翼地抑制我的赞同,如果我能够在每一个中都找到一些可以怀疑的理由,那么这将足以证明我反对全部是合理的。而且为了这个目的,我没有必要具体地审查每一个意见,因为这将是一件没完没了的工作;因为拆掉必然性的基础就会导致大厦的其他部分倒塌,基于这个事实,我唯有在一开始时就攻击所有过去意见建基于其上的那些原则。

直到现在,所有我当作最真实的和最确定的东西来接受的,我都是从感官或者通过感官而得来的;但是有时我证明感官也会骗人,因此聪明的办法就是完全不要信任我们曾经被骗过的任何东西。

但是可能会出现这种情况:尽管感官有时会在一些几乎感觉不到或者离得很远的东西上欺骗我们,但是我们也遇到许多我们在理性上没有任何怀疑的其他东西,

① 参看笛卡尔:《第一哲学沉思集》,庞景仁译,商务印书馆,2007 年,第 14-24 页。——译者注

虽然我们通过感官来认识它们。例如,事实上我在这里,坐在火炉旁边,穿着一件室内长袍,手里拿着这张纸,以及诸如此类的事情。我怎么能否认这双手和这个身体是我的呢,除非我把自己与某些人作比较,这些人根本没有感觉,他们的脑子被黑胆汁(black bile)[①]的剧烈蒸汽扰乱和遮蔽得这么厉害,以至于他们经常想让我们相信他们是国王,而实际上他们一贫如洗,或者想让我们相信他们衣着雍容华贵,而实际上是一丝不挂,又或者想象他们自己有一个陶罐一样的头,而自己就是南瓜,或者自己是用玻璃做的。但是他们都是疯子,如果我也毫无节制地仿效他们,那么我的神经错乱一点也不少于他们。

在这时,我必须记住我是一个人,因而我有一个习惯:睡觉并在梦中做着与那些醒着时神经错乱的人一样甚至更不可能的事情。有多少次我在夜里梦见自己就在这个地方,穿着衣服,靠近火炉旁边坐着,这时事实上我正一丝不挂躺在被窝里!在这时,似乎我确实是用醒着的眼睛在看这张纸,我摇晃着的这个脑袋并没有睡着,我故意地并带着固定目的地伸出一只手,而我感觉到了它;在睡梦时所发生的事情并没有像所有这些那样,显现得如此清楚如此明晰。但是仔细想来,我就提醒自己多次在睡梦中曾被相似的假象欺骗,而小心地利用这次反思,我明显地看到根本不存在确定的迹象可以清楚地区分清醒与睡梦,以至于我在诧异中迷失了。而我的诧异之处正在于:它几乎能够说服我——我现在就在梦中。

那么现在就让我们假定我们睡着了,假定所有这些具体事情,例如我们睁开眼、摇摇头、伸伸手等等,都不过是些虚假的幻象;让我们就设想不管我们的双手还是整个身体可能都不是像它们向我们显现的这样。与此同时,我们至少必须承认:在睡梦中所呈现出来的东西就像画中的图像,它们只能够是模仿某些现实的和真实的事物而形成,因此这样至少那些一般的东西,例如眼睛、头、手与整个身体,都不是想象之物,而是真实存在的东西。因为事实上画家们,即使他们用最高明的技巧和各种最奇怪、最意想不到的形式来刻画塞壬(Siren)[②]与萨梯(Satyr)[③],也不能赋予它们完全崭新的形状与性质,只不过是不同的动物的某种混合罢了;或者如果他们的想象力足够放肆不羁,创造了某些东西是如此的新奇,以至于以前从未见过类似的东西,从而他们的作品表现了一个纯粹虚构的和绝对虚假的东西来,尽管如此,但是还

---

① 希波克拉底(Hippocrates of Cos II 或者 Hippokrates of Kos,约 460—377B. C.),古希腊著名医生,欧洲医学奠基人,被西方尊为"医学之父"。他提出"体液(humours)学说",认为复杂的人体是由血液、黏液、黄胆汁、黑胆汁这四种体液组成的,四种体液在人体内的比例不同,形成了人的不同气质:性情急躁、动作迅猛的胆汁质(黑胆汁过多);性情活跃、动作灵敏的多血质;性情沉静、动作迟缓的黏液质;性情脆弱、动作迟钝的抑郁质(黄胆汁过多)。——译者注

② 塞壬,古希腊传说中半人半鸟的女海妖,惯以美妙的歌声引诱水手,使他们的船只或触礁或驶入危险水域。——译者注

③ 萨梯,古希腊神话中半人半兽森林之神,有人类的脸庞,头上长着羚羊角,大大的耳朵,以及像马或羊的蹄与尾巴。——译者注

是可以肯定:构成这种东西的颜色必然是真实的。同样道理,尽管这些一般的东西,例如身体、眼睛、头、手等,在理智上可以是想象的,但是与此同时我们必定要承认,至少有一些其他更简单和更普遍的东西是现实的和真实的;所有这些在我们脑海中的事物的形象,不管是真实的与现实的或虚假的与荒诞的,同样地如用某些真实的颜色一样,它们都是组合而成的。

这一类事物一般都是有形体的,并且具有广延性,具有广延性事物的形状、数量、大小、数目、它们所处的位置,以及用来测量它们的持续性的时间,等等。

这可能就是为什么我们的推理不是不公正的原因,当我们从以上得出结论认为:物理学、天文学、医学以及所有其他以考察混合事物为目的的科学,都是非常靠不住的和不确定的;但是算术、几何学,以及其他这类仅仅处理那些非常简单和非常普遍的科学,不需要花费很大的功夫来确定它们是否事实上存在,就含有某种程度的确定性和明确无疑的成分。因此不管我醒着还是睡着,二加三总是等于五,正方形永远不会超过四条边,如此清楚明白的真理看来不太可能被怀疑有任何的虚假性或不确定性。

尽管如此,长期以来我心中一直有这样一个固定的信念,即存在着一位全能的上帝,是他把我创造成如今这个样子。但是我怎么知道他不曾这样做过,即没有地、没有天、没有广延的身体,没有大小,没有地点,而且尽管如此,我拥有对于所有这些事物的感知,它们对我来说似乎是存在的,正如我现在看到它们?还有,正如我有时在想象其他人在他们自认为最熟悉的事情上也会欺骗自己,那么每次当我在计算二加三,或者在数正方形的边,又或者在判断一些简单的事物(假如可以想象任何简单的事物)时,我怎么知道我自己不是上当受骗了呢?但是可能上帝并不没有这个欲望,即我应该被如此欺骗,因为他据说是至善的。不管怎样,如果把我创造成这样,即我经常欺骗我自己,这是和他的善良本性相违背的,如果他允许我有时候被欺骗,这也是和他的善良本性相违背的,尽管如此我无法怀疑他确实允许了这点。

那么我将假定,不是作为至善和真理源泉的上帝,而是某个邪恶的天才,其狡诈不亚于强大的本领,是它在费尽心力欺骗我;我将认为天、地、颜色、形状、声音,以及所有其他外在的事物只不过是些假象和梦幻,它们是这个天才利用来为我的轻信而设置的一些陷阱;我将认为自己没有手,没有眼睛,没有肌肉,没有血,也没有任何感觉,然而却错误地相信我拥有所有这些东西;我将继续顽固地保持这个想法,如果通过这种方式我还没有能力来达到任何真理的知识,那么我至少可以做力所能及的事,即悬置我的判断,目的坚定地避免对任何虚假事物给予信任或被这个大骗子欺骗,不管他有多强大多狡诈……

第二沉思

昨天的沉思使我的心灵充满了如此多的怀疑,以至于我再也没有力量来忘记它们。而我却看不出用什么方法来解决它们；就像突然掉进一个深渊，我是那样的惊慌失措，乃至我既不能在水底站稳脚跟，也不能游泳到水面上来。尽管如此，我将努力沿着我昨天已经踏上的同一条道路继续前进，也就是说，我将把所有哪怕存在一丁点怀疑的事物也搁置一边，就像我发现它是绝对的虚假一样；我将继续沿着这条路走下去，直到我遇到某些确定的东西为止，或者，假如我做不到别的，至少直到我确定地知道：这个世界上没有什么东西是确定的。阿基米德(Archimedes)①，为了能够将地球从它原来的地方转移到另一个地方，他只要求一个固定的不可移动的点；同样，如果我足够幸运发现了唯一一件确定无疑的事情，那么我将有权怀抱更高的希望了。

因此，我假设所有我看到的东西都是虚假的；我说服我自己认为，我的谬误记忆所呈现出来的全部东西每一个曾经存在过。我认为我没有感觉；我想象身体、形状、广延、运动和方位都不过是我心灵的虚构。那么，什么才是被尊奉为真的呢？也许根本没有，但除了“这个世界上没有什么东西是确定的”这个命题。

但是我如何能够知道除了我刚才考虑的那些事情外，就没有某些不同的东西它是一丁点怀疑都不能有的吗？难道不是有某个上帝，或者某个其他的存在物，不管我们叫它什么名字，是他把这些反思放进我的心灵中来吗？这不是必然的，因为难道我不可能自己产生它们吗？我自己，难道我不至少就是某物吗？但是我已经否认我有感官和身体。但是我犹豫了，因为从那能得出什么结论来呢？难道我是如此的依赖于身体和感官以至于没有它们我就不能存在？但是我已被说服认为，这个世界上没有什么东西存在，没有天，也没有地，没有心灵，也没有任何身体：那么难道我不是同样也被说服认为我自己也不存在吗？一点也不；可以确定，我自己肯定存在，因为是我说服我自己相信某物，或者仅仅是因为我思考了某物。但是有某个骗子或其他什么的，非常有能耐非常狡猾，他不断地用他的聪明诡计来欺骗我。因此，如果他欺骗我，那么毫无疑问我也是存在的，就让他想怎样骗我就怎样骗我吧，只要我想到我是某物，他就永远不能使我不存在。所以，对所有事物经过很好的反思和仔细的审查之后，我们必须达成一个具体的结论，即这样一个命题：“我是，故我存在”(I am, I exist)，每次当我将它说出来，或者在心里想到它的时候，它都必然是真的。

但是我还没有足够清楚地知道这个确定“我是”的我是什么；因此，我必须小心地注意不要鲁莽地用其他对象来取代我自己的位置，不要在我前面已经获知的我坚信最确定和最明显的知识上误入歧途。 这就是为什么在我着手开始这些最后的反

---

① 阿基米德(287—212B. C.)，古希腊哲学家、数学家、物理学家。他的著作集中探讨了求积问题，主要是曲边图形的面积和曲面立方体的体积，其体例深受欧几里德《几何原本》的影响，先是设立若干定义和假设，再依次证明。作为数学家，他写出了《论球和圆柱》《圆的度量》《抛物线求积》《论螺线》《论锥体和球体》《沙的计算》等著作。作为力学家，他著有《论图形的平衡》《论浮体》《论杠杆》《原理》等力学著作。他有一句名言：“给我一个支点，我能撬动整个地球。”——译者注

思之前，我现在将重新思考我认为我自己是什么的原因；凡是被我刚才提出的那些理由证明是错误的，哪怕只有很小的程度，我将从我的旧见解中全部撤销掉，如此除了绝对确定和不可怀疑的事物之外，就没有什么东西剩下了。

第二节　唯理论与经验论:对笛卡尔怀疑的两种回应

当笛卡尔用拉丁文来为他自己的存在作总结时，他使用了这样的句子“Cogito, ergo sum”，意思是“我思，故我在”(I think, therefore I am)[①]。因此他的证明在哲学上可以简称为我思论证(Cogito Argument)。如果你仔细地阅读选自《沉思录》的引文，你将会意识到“我思，故我在”并不完全是笛卡尔的意思。相反，这与他的说法有些轻微的但却是意义重大的差别，即“命题——我存在——每次当我说出它时都必然地是真的。”说出或者断言该命题事关重大，因为正是断言保证了它的真理。关键之处在于，如果该命题被断定，那么必定有某人在做这个断言，如果是我在做这个断言，那么这个某人必定是我。例如，假设我试图通过言说来证明我妻子的存在，“命题——她存在——每次当我说出它时都必然地是真的”，这将不起作用。我说或者断言她存在这一事实，一点也不能保证她确实存在。但是它却保证我存在！事实上，我对任何命题的断言，不管是真或假，也不管是关于我自己的或是关于其他任何东西的，都保证我存在，因为我是主体，断言者，该命题有意识的思考者。而且——这是关键点——命题不能只是悬在半空中而没有人断言它们。当一个命题被断定，那么它必定是被某人所断定。

顺便提一句，我希望你意识到：笛卡尔的我思论证仅仅向他自己证明了他的存在；这并没有向你或我证明他的存在。“命题——笛卡尔存在——每次当我说出它时都必然地是真的”，根本站不住脚。笛卡尔可以用他的新论证来向他自己证明他的存在，我可以用他的论证来向我自己证明我的存在，你们每一个人都可以用他的论证来向你自己证明你的存在。但是没有人能够用这个论证来证明其他人的存在。我思论证这一事实对于以后的认识论有两个重要的后果。第一，它促使每一位哲学家走向唯我论(solipsism)[②]的立场，也即是说，个人主体认识他自身的存在优先于并且好于任何其他人，也许他仅仅认识他自己的存在。第二，它把哲学家们的注意力从知识的客体、我们所认知的事物，转向知识的主体、进行认知的心灵。在本章后

① am 既可作为系动词表示“是”，也可以作为不及物动词表示“存在或有”。——译者注

② 唯我论，就字面来说就是，认为我是宇宙中唯一的人。更一般说来，唯我论是认识论的怀疑主义的一种极端形式，除了我自己的心灵之外，它拒绝承认任何事物的存在。一些哲学家甚至争辩说，除了我此刻的心灵之外，我不能肯定任何东西，因为我的记忆也可能出错。

面，我们将会看到我思论证的这一对涵义被康德努力用来为笛卡尔立场的怀疑论和唯我论寻找出路。

在第一沉思中，通过怀疑一切没有确定性认识的事物，笛卡尔把他自己和我们都带进了怀疑论的唯我论者专席。你将会回想起，他通过一个确定性的标准继续下去，此标准是那样的严格以至于最后，除了对他自身存在的断言之外，没有什么能够满足这个要求。在考查他的大量信念的过程中，笛卡尔进一步把它们区分为两大组：那些他认为是基于他自己的感觉证据而认识的，与那些他认为是基于普遍概念的推理而认识的。如此，在第一沉思的论证中两个中心问题就被提了出来。第一个是确定性的问题（problem of certainty）。我们应该采取什么样的真理标准来衡量我们各种各样的知识主张呢？第二个是知识的来源问题（problem of sources of knowledge）。如果我们认识某些东西，那么我们的知识是基于感觉的证据，抽象的推理，或者是这两者的混合？在《沉思录》出版后的150年里，哲学大部分正是有关这两个主题的一系列变异。

在第二沉思的后面部分，笛卡尔自己对于确定性问题与知识的来源问题提供了初步的答案。在我们离开他并继续考查他的后继者在尝试处理由他引起的诸问题之前，也许我们应该看看他究竟说了些什么。关于确定性问题，他提供了两个标准，即关于一个断言的确定性的两个测试。下面就是他所说的话：

> 我确定我是一个思维的东西；那么我不就因此同样知道确定一个真理的必不可少的条件是什么了吗？当然，在最初的知识里，没有任何东西能向我确保它的真理，除了我指出的清楚明白的知觉外，如果一个我如此清楚明白地设想的事物竟可能是虚假的，它就不足以保证我所说的是真的；因此，看起来我已经能够建立一条普遍的法则，即所有我非常清楚明白地知觉到的东西都是真的。

对于由怀疑的方法所孕育的影响深远的怀疑论而言，清楚性与明白性并不是什么保护手段。我如何能够确定我真的清楚明白地理解了一个命题呢？对我而言它确实地、真正地看起来是清楚明白的，这样说是没有用的。毕竟，它确实地、真正地对我而言似乎是——我是清醒的，但是正如笛卡尔他自己已经指出过的，然而我很可能错了。接着，在使用清楚性和明白性的测试来证明上帝的存在之后，笛卡尔反过来使用上帝的善性来作为一个证据证明：清楚性和明白性是确定性的恰当标准。他争辩说，一个善良的上帝是不会欺骗我的。那么，这显然是一个循环论证，正如你会在伟大的哲学家著作中发现这点，因此我想我们都能够同意：在提出了确定性的问题之后，笛卡尔并没有真正地解决它。

至于说到我们知识的来源，笛卡尔坚定地站在理性而非感觉的一方上。这就是你能够从某人那里期待得到的——他的梦想就是要创造一门数学化的物理学。取代来自视觉、嗅觉、听觉和触觉的观察和数据收集，笛卡尔想建立一套普遍的科学体系，它源自逻辑与数学的前提，并且经过严格的演绎证明。

为了说服他的读者认识到在我们获取知识的过程中理性的首要地位，笛卡尔使用了一种被称作"思想实验"的东西。他要求我们跟他一起想象一个情境——他正靠近火炉旁边坐着,手里拿着一块蜡——然后他试图让我们明白,通过一个对情境的分析,我们的推理或者获取知识的方法必须具有某种特征。当哲学家们试图建立一些普遍的命题而不是去证明一个具体的事实时,他们经常用这种方式论辩。在现代科学的意义上,思想实验不应该当作证据。更确切地说,它只不过是一套探索不同观念之间逻辑或概念关系的装置。下面就是笛卡尔的思想实验,它表明我们的知识来自理智,理性,或心灵,而不是来自感官。

勒内·笛卡尔

《第一哲学沉思录》①

让我们开始考虑一下那些相信对于我们的心智而言是了解得最清楚、常见的东西,也就是我们摸得着、看得见的物体吧;确实不是普遍的物体,因为这些普遍的观念通常都有点混淆,但是让我们考虑一个具体的物体吧。让我们拿一块蜡来举例:它刚从蜂巢里拿出来,还没有失去它所含的蜂蜜的甜味;它仍然保留了一些从鲜花里采来的芳香;它的颜色、形状和大小都是显而易见的;它是硬的、冷的,容易拿,如果你用手指敲它一下,它就会发出响声。最后,凡是能够使我们清楚地认识一个物体的东西,这里边都有。但是要注意:当我这么说着并靠近火炉的时候,它所保留的味道发散了,香气消失了,颜色改变了,形状被破坏了,体积增大了,它变成液态了,它发烫了,摸不得了,当有人敲打它时不再发出声音了。经过这些变化,同一块蜡还存在吗?我们必须承认它还存在;没有人会作出其他判断。那么,我在这块蜡上如此清楚地认识到的是什么?当然不可能是由感官给我的注意力带来的所有东西,因为所有这些都归属于味觉、嗅觉、视觉、触觉和听觉的东西,都发现已经改变了,然而这同一块蜡仍然存在。

也许这就是现在我所想到的,也就是说,这块蜡不是这个蜂蜜的甜味,不是这种花的宜人香味,不是这种特殊的白的颜色,不是这个形状,也不是这个声音,而仅仅是一个一会之前以这些形式向我呈现出来现在又以其他形式被知觉的物体。但是当我形成这些观念时,确切说来,我所想象的是什么?让我们聚精会神地思考这个,并且把所有不属于这块蜡的东西抽取掉,然后让我们看看还剩下什么东西。当然,除了一个可以伸缩的、可以移动的具有广延的事物之外,再也没有什么剩下了。但是可以伸缩的和可以移动的指的是什么意思?是不是我想象这块圆的蜡可以变成方的,又可以从方的变成三角形呢?不,当然不是这样,因为我想象它是可以允许有

① 参看笛卡尔:《第一哲学沉思集》,庞景仁译,商务印书馆,2007 年,第 29-31 页。——译者注

无数的类似变化的，然而我不知道如何通过我的想象力来界限这种无限性，因此我拥有这块蜡这个观念不是靠想象能力带来的。现在什么是它的广延(extension)呢？这不也是没有认识吗？因为当这块蜡融化时它变大了，当它被煮沸时它又增大，当热量不断增加时它继续增大，如果我不认为甚至我们正在思索的这块蜡能够接受比我曾经想象的在广延上更多的变体，那么我就不能根据真实情况来清楚地设想什么是蜡。因此我必须承认，通过想象，我甚至不能理解这块蜡是什么，仅仅是我的心灵在知觉它。我说的是这块具体的蜡，因为至于说到普遍的蜡，那就更明显了。但是这块蜡是什么，除了靠理智或者心灵之外，它就不能被理解？当然我所看到的、触摸到的、想象到的都是同一块蜡，而且从一开始到最后我总是相信的也是同一块蜡。但是必须具体地被考察的是：对它的知觉既不是一个视觉行为，也不是触觉行为、想象行为，它从来也不是这样的，尽管它可能以前是这样显现的，它仅仅是心灵的一种直觉(an intuition of mind)，正如以前一样它可能不完美和混杂，或者正如现在一样清楚明白，根据我的注意力或多或少地被引导到其中所发现的那些元素，而这些元素是组合在一起的。

有关笛卡尔问题的争论很快分解为两个或多或少统一的思想学派——大陆理性主义和英国经验主义——之间的冲突。(既然这使得它听起来有点像一场国际足球比赛，那么让我解释一下，那些标签是我们今天给这两组人贴上的；他们自己并没有穿上标有字样的T恤衫，上面写着“大陆理性主义”或“英国经验主义”)理性主义者们接受了笛卡尔对确定性的要求，赞同他的观点——逻辑与数学是所有真知识的范例(model)，并且设法发现建立科学与形而上学主要命题的各种方法，与三段论或几何学的真理拥有一样多的确定性；他们寻找上帝存在的证明；他们为新物理学的诸基础原则提供论证；他们追求笛卡尔的梦想：一个普遍的知识体系。像笛卡尔一样，他们贬低感官作为知识的一个来源，反而声称所有正当的知识断言必须依赖于理性的运作。

经验主义也接受了笛卡尔对确定性的要求，但是在对理性主义者的知识主张进行日益增多的大范围攻击中，他们争辩说：没有什么能够满足此要求。大卫·休谟，经验主义者中最聪明的和最彻底的人，提出了毁灭性的证明：科学定理与常识(common sense)的信念，当放在笛卡尔自己的确定性标准上来衡量时，都不可能具有作为知识的资格。

经验主义也挑战理性主义依赖理性作为知识的唯一来源。首先是约翰·洛克在他的《人类理解论》中，然后是休谟在《人性论》中，坚决主张：人类心灵中的所有观念(ideas)最终必定来源于我们感觉器官的视觉、听觉、嗅觉、触觉和味觉。他们争辩说，理性所能做的只不过是将由感官提供给心灵的诸材料重新整理和归类而已。将理性从属于感官,是经验主义者攻击由理性主义者竖立起来的科学与形而上学体系最强有力的武器之一。

如果你目前还能跟得上我们有关认识论的讨论,那么显然对你来说,在知识论中有待讨论的问题,比我们能够希望在本章的剩余部分中所接触的要多得多。与其每个人每件事都提到却没给出任何解释,倒不如限制在三个领域中进行讨论。首先,我们将简要来看看哥特弗里德·莱布尼茨处理确定性标准的尝试,及其所谓推理的真理(truths of reasoning)与事实的真理(truths of fact)之间的重要区分。然后,我们将审视大卫·休谟把心灵的所有内容都化约为感官材料(data of the senses)的尝试,及其对于确定性标准的分析,这样我们就能了解休谟对科学与常识的观念展开怀疑主义攻击的全部效力。最后,我将试图解释伊曼努尔·康德是如何通过调和理性主义与经验主义之间关于知识的来源与确定性标准的争论,从而克服二者的分歧。如果你能把所有这些都消化掉,那么你在一章里所掌握的哲学知识就足够多了!

第三节 莱布尼茨与唯理论

笛卡尔对确定性的测试是清楚性(clearness)和明晰性(distinctness)。关于知识的结构,关于哪一类知识主张能够满足哪类不能满足这个确定性测试,这些本质上是心理学的标准所告诉我们的少之又少。毕竟,任何信念经过检查都可能被清楚明白地设想,或者至少它看上去可能如此。我想我已经清楚明白地认识到,两件东西加上两件东西总共就是四件东西;还有我想我也已经清楚明白地认识到,我现在正坐在我办公室的书桌前,前面是一台电脑,底下是一张椅子。

莱布尼茨提供了一个有关真理与确定性的逻辑标准,从而取代笛卡尔的心理学测试。他提议,所有的真理都能够被分为两类。第一类真理仅仅通过运用一个逻辑的基本原理即矛盾律(law of contradiction)就能被认识。当我们在陈述某个真理时,我们是通过作出一个断言(assertion)来完成的:“二加二等于四”是一个断言;“华盛顿是美国的首都”是一个断言;“$E = mc^2$”也是一个断言。任何宣告式的陈述在它的日常使用上都是一个断言。如果我有一句断言,那么我就能造出另一个与之相反断言来,仅仅否定前一个就行。因此,从“二加二等于四”我就可以造出一句:“事实上不是二加二等于四。”从“华盛顿是美国的首都”,我就可以造出:“事实上不是华盛顿是美国的首都。”对一个断言的否定就称作否定句(negation),因为“事实上不是……”(It is not the case that)重复使用起来就有点笨拙,于是哲学家和逻辑学家就把它简缩为“不是”(not)。这样,“二加二等于四”的否定句就是“不是二加二等于四”，如此等等。

如果你停下来想一会，那么你就会明白：一个陈述句与它的否定句不能都是真的。也许华盛顿是我们的首都——也许它不是——但是它绝不可能是这样：它既是又不是我们的首都。逻辑学家们用一种非常普遍的形式把它说了出来：对于任何陈述句，事实上不能是一个陈述句和它的否定句都为真。因为这两个陈述是互相“矛盾”的，如果它们不能同时为真，那么关于陈述句与它的否定句的普遍原则就被称为矛盾律。还有一条逻辑定律通常是和矛盾律一起的，根据该定律：对于任何陈述句，或者该陈述句是真的，或者它的否定句是真的。不存在第三种可能性，没有中间立场。这一定律就叫做排中律（law of the excluded middle）①。所以，逻辑告诉我们无论我们在想什么样的陈述句，或者该陈述句是真的，或者它的否定句是真的，但是决不能两者皆真。

根据莱布尼茨，推理的真理就是这样一些陈述，仅仅通过运用矛盾律（还有排中律，尽管他没有提到）就可以知道它们为真。例如，假设一个利用花言巧语挨家挨户访问的推销员试图向你推销一套15册的百科全书。他说：“这套百科全书绝对是免费的，每册你只需要付10美元。”现在你不必知道这套百科全书的任何情况就可以肯定：他并没有向你说真话。你所需要做的就是赶快拿出你值得信赖的矛盾律，并且按照下面的推理步骤执行即可：

- 第一，你说这套百科全书绝对是免费的。
- 第二，你说我每册必须付10美元。
- 但是，“免费”的意思就是“我不需要付钱”。
- 因此，你就是在说，我不必付钱，和我一定要付钱。
- 或者，就像我们的逻辑学家所做的那样，我不必付钱和不是我不必付钱。
- 而这就违背了矛盾律，因此它必定是假的。此外，稍稍运用一下排中律，我就能够得到绝对确定的结论，即——
- 或者我必须付钱，或者我不必付钱，因此停下你的花言巧语，并告诉我你说的是哪一个。

推理的真理是很好，因为我们仅仅通过运用这两个简单定律，就能够确定地知道它们，但是它们还有很多地方需要改进。因而，我那一点推理能力并没有告诉我是否必须付钱，它只不过是告诉我说，或者我必须付钱，或者我不必付钱，但不可能两者都是。这种不能诉诸于逻辑定律来证实的真理，莱布尼茨就称之为“事实的真

---

① 矛盾律与排中律，形式逻辑的两项基本定律。根据矛盾律，一个陈述和它的反面陈述不能都为真。例如，“火是热的”，这个陈述可能为真，也可能为假。它的反面陈述，“事实上不是火是热的”，可能为真，也可能为假。根据排中律，对于任何陈述句，或者该陈述句是真的，或者它的否定句是真的。因此，或者火是热的，或者事实上不是火是热的。

理”。它们包括大部分我们日常称作知识的东西。为了确立它们的真理,我们必须诉诸于一个完全不同的原理,莱布尼茨把它称为“充足理由律”(principle of sufficient reason)。下面摘录选自他概括性的短文《单子论》(*The Monadology*),在其中他定义并且区分了这两类真理。

哥特弗里德·莱布尼茨

《单子论》

我们的推理基于两个伟大的原则:第一个是矛盾律,通过它我们断定凡是包含矛盾的都是假的,凡是虚假相矛盾或相反者都是真的。

第二个是充足理由律,凭借它我们相信,没有任何事实是真实的或存在的,也没有任何陈述是真的,除非它有一个充足的理由说明它为什么应该如此而不是其他样子。然而,这些理由常常不为我们所知。

也存在着两种真理:推理的真理与事实的真理。推理的真理是必然的,它们的对立面是不可能的。然而,事实的真理是偶然的(contingent),它们的对立面是可能的。当一个真理是必然的,其理由可以通过这样来发现,即将其分析成较简单的观念和较简单的真理,直到我们到达那些原始的东西。

最后,存在着诸多简单观点,它们是无法给出定义的公理(Axioms)和假设(Postulates)。或者说这些基本原理是不能被证明的,实际上也不需要证明。

但是偶然的真理或事实的真理必须有一个充足理由;也就是说,由于事物的次序延伸至被创造的存在者的宇宙所有各处,也由于自然中事物的巨大多样性以及物体的无限可分性,这里分析到更具体的理由这种做法,就能够无限制地继续分析到更加细致的理由。存在着一种过去和现在、外貌和运动的无限性,它构成了我现在写作的充足理由之一,而且在其最后的理由中,也存在着一种我的灵魂过去和现在的轻微意向和倾向的无限性。

而且由于所有这些细节都涉及其他更细微的偶然事件,为了找到它的解释每一个偶然事件又需要一个同样的分析,这样它就没有任何真正的发展。因此,不管这些偶然事件是怎样的无限,充足理由或终极理由必须是超出这些偶发事件的细节的次序或序列之外。

因此,事物的终极理由必定是一个必然性的实体(substance),在这个实体中所有变化的细节将只是被潜在地反映,就像在其源头中一样,而这个实体我们就叫做上帝。

正如你能看到的，莱布尼茨认为，当我们谈到事实的真理时，比如物理学的定律或历史的事实，我们只能够通过间接地诉诸上帝才能确定它们。理性主义者的怀疑论对手们基本上不相信关于上帝存在的证明，因此你可以想象，这类对科学理论的证明并没有给他们留下什么深刻印象。（休谟对其中一些证明的反驳出现在第八章）

有效论证	
1. 大前提	所有的狗都是哺乳动物。
小前提	所有的卷毛狗都是狗。
结论	（因此）所有的卷毛狗都是哺乳动物。
2. 大前提	没有一个大一新生是兄弟会成员。
小前提	一些乐队成员是大一新生。
结论	（因此）因此一些乐队成员不是兄弟会成员。
无效论证	
3. 大前提	有一些温柔亲切的动物是猫。
小前提	一些狗是温柔亲切的。
结论	（因此）一些狗是猫。
4. 大前提	所有的果酱都是由橘子做的。
小前提	有一些罐头水果不是果酱。
结论	（因此）有一些罐头水果是由橘子做的。

前面两个论证是“有效的”——这意味着结论是从前提中推导出来的。你能够想出它们为什么是有效的吗？后面两个论证是无效的。结论并不能从前提中推导出来（尽管在第四个论证中，结论恰巧是真的）。我们怎么区分一个论证是有效的或无效的呢？

第四节　休谟与经验论

第一位向大陆理性主义者们发起主要攻击的是英国人约翰·洛克，你将会在第六章接触到他的社会契约理论（theory of the social contract）。洛克基于一个简单但是非常有力的策略来攻击笛卡尔学派的那个主张——理性单独能够向我们提供知识。洛克建议，不是直接地检验我们的知识断言，而是让我们追问我们在陈述这些知识主张时所使用的那些观念（ideas）来源是什么。科学家们和形而上学家们在表达他们的理论时已经习惯于使用这样一些术语，例如“物质”“空间”“时间”“实体”“原因”“必然的”“可能的”“客体”“自我”等。此外，他们还使用了一些更熟悉的术语，例如“红”“硬”“圆”“甜”等。洛克论辩说，如果我们的知识断言要有任何意义，那么这些语词必须相应于我们心灵中的诸观念。否则，我们将看起来是在说某些东西，但事实上根本没有断言任何东西。[这就是幽默作家在写作无意义的诗时的作为。刘易斯·卡罗尔(Lewis Carrol)[1]，《爱丽丝梦游仙境》(*Alice in Wonderland*)的作者，写了一首诗开篇道："Twas brillig, and the slithy toves did gyre and gimble in the wabe."[2]这听起来好像是它应该说了什么东西，但是却不然，因为这些“语词”例如“billig”和“toves”并不相应于我们心灵中的任何观念。]

根据洛克，当我们出生时，心灵(mind)就是一块白板(blank tablet 或拉丁文 tabula rasa)[3]。他把它比作一张可以在上面书写经验的白纸。下面就是他关于这个著名学说的自我陈述，摘自《人类理解论》(第二卷，第一章)：

> 因此让我们设想心灵正如我们所说的是一张白纸，没有任何特征，也没有任何观念——那么这些东西是如何投设进心灵中的呢？心灵这个宽阔的储备库——人类纷繁复杂、无边无际的想象力也可以在上面刻画——拥有几乎无穷无尽的品种，那么这些东西从何处来的呢？所有理性和知识的材料又都从何处来呢？对于这些问题，我一句话回答：经验。我们所有的知识都是奠基在经验之上的，而且最终是来源于经验的。[4]

当你首次听到它的时候，这似乎不像是一个杰出的哲学策略。确实，它听起来了无新意。但是在洛克、乔治·贝克莱，特别是在大卫·休谟的手里，它就变成一台粉碎机了。要想弄明白为什么是这样，就要想一会古往今来哲学家们和神学家们作出的关于上帝的所有说法。这些说法中的每一个都以某种方式使用了上帝这个观念。例如，第一个说法是：上帝存在；第二说法是：上帝是全能的；第三个说法是：上帝允诺我们永生，只要我们遵从他的律法；诸如此类。如果我们追随洛克的建议，不是直接去问这些说法有什么证据，而是问：“我们的心灵中有上帝这一观念相应于上述每一句话都在使用的‘上帝’这个语词吗？”按照洛克的白板理论，我们会问上帝这一观念是不是通过我们的眼、耳朵、指尖、鼻子或者其他感觉器官而得到的。一旦

---

① 刘易斯·卡罗尔(1832—1898)，原名为查尔斯·路德维希·道奇森，英国作家，牛津大学数学教授，《爱丽丝梦游仙境》是他于1865年出版的儿童文学作品。书中描写了一个叫爱丽丝的小女孩在梦中掉到兔子洞里，在一个神奇的王国里旅行的故事。本书出版之后即广受欢迎，儿童和成人都喜爱这部作品，并且反复再版至今。至今已有超过50种语言的译本，上百种不同版本，以及许多戏剧、电影等改编作品。——译者注

② 这句诗十分难译，就算母语是讲英语的人也很难懂。因为诗中使用的好几个语词在当代的英语词汇中都无法找到。——译者注

③ 白板说(Tabula Rasa)，字面意思就是白色的板子。约翰·洛克用这个术语来概括他的主张：在初生时人的心灵是空白的(blank)或虚空的(empty)，它需要通过经验(experience)来刻画，就好像一块黏土或蜡做的板子在等待一支书写用的尖笔在上面作标记一样。洛克反对这样一种被普遍接受的观点，该观点认为心灵在开始经验之前就已经内置有各种观念了[或者“硬件化”(hardwired)，正如计算机方面喜欢说的]

④ 参看洛克：《人类理解论》上册，关文运译，商务印书馆，1997年，第68页。——译者注

你以这种方式提问,结果就很明显了:我们不能够把上帝的观念追溯到任何感觉来源。上帝理应是无限的,但是我们只能够看见、听到、感觉到和品尝到有限的事物。上帝理应是永恒的,但是我们不能看见、听到或感觉到在时间之外存在的某物,或者在时间中永远存在的某物。上帝理应是全能的,但是我们感官的大部分从来能够向我们展现的都是某些非常强大的东西,但不是某些无限强大的东西。因此,似乎就可以从洛克的策略中简单地、直接地得出这样的结论:我们事实上一点也不具有一个上帝的观念!我们拥有"上帝"这个语词,并且我们编造了我们所认为的使用它的有意义的陈述,但是所有这些有关上帝的谈论,结果和刘易斯·卡罗尔关于"slithy toves"的诗句一样无意义。(顺便提一下,洛克本人并没有从他的观念理论中得出反宗教的结论来,否则他一定会为此感到震惊)

因为上一段进行得好像有点快了,所以让我们停下来一会,并且确认我们已经理解这个论证事实上在说什么。刘易斯·卡罗尔的诗并不是假的,只是没有意义,因为它使用了一些在我们的心灵当中没有对应观念的"语词",所以没有意义。一个陈述在我们能够问其是否真假之前,必须说了某物。哲学著作中充满各种关于神学、形而上学和科学理论的真假论证。但是洛克的攻击把这些论证拦腰截断了。在两位哲学家开始争辩有关上帝的存在之前,他们必须标明他们所使用的语词有意义。根据洛克,这就意味着表明对应于我们心灵中的观念的诸语词皆起源于感官。因此,通过探求我们观念的来源和他的学说——心灵作为一块有待经验描画的白板,洛克把整个争论转移到一个新的通道上来了。

顺便提一句,洛克的武器是一把双刃剑。如果理论证明我们甚至不能有一个前后一贯的上帝观念,那么一个可能的结论就是:所有我们关于上帝的谈论都是胡说,而所有我们的宗教理论都是无意义的。但是另一个可能的结论是:既然他的理论包含着一个如此荒谬的概念,那么它自身必定也是假的!现在要决定哪一个更难以相信。如果我确实有一个上帝观念,那么它不能通过我的感官获得,因此我将必须解释心灵是如何获得这些观念的——它们不是起源于感觉经验;另一方面,如果所有我的观念都是起源于感觉经验,那么我就不能有一个上帝观念,因此我将必须解释为什么如此多显然是有理性的人坚定地相信他们拥有这样一个观念,而且为什么在谈论上帝的人们认为这是有意义的而不是胡说。

把洛克的策略进展到它的逻辑结论的经验论者是大卫·休谟。正如你将从第一章回忆起,当休谟还非常年轻的时候,他就怀抱有这样一个计划,要沿着艾萨克·牛顿物理宇宙的巨大成功理论的方向,写作一部有关人类心灵的全面的理论著作。在《人性论》的开篇几页中,休谟就采用了洛克的策略,并且标出了他自己版本的"白板"原则。在下面的节选中,记住休谟是用"知觉"(perception)这个词来指心灵的任何内容。接着他把知觉分为那些直接来源于我们的感官的与那些我们通过复制、重组、改变我们的诸印象(impressions)形成的这两类。

乔治·贝克莱

乔治·贝克莱(1685—1753)是一位爱尔兰哲学家和主教,他作为一位"唯心主义"(idealism)哲学立场的辩护者而被人们记起。贝克莱最重要的哲学著作,包括《人类知识原理》《希勒斯和菲洛诺斯的三篇对话》(*Three Dialogues Between Hylas and Philonus*),都是在他30岁生日之前写的。贝克莱捍卫这样一种观点:能唯一被认为存在的事物是人类的心灵,在此心灵中的诸观念,和上帝。这一学说反对霍布斯和其他人所捍卫的观点,即认为物体是唯一存在的东西["唯物主义"(materialism)]。

他花了3年时间在新大陆(the New World),试图在百慕大(Bermudas)建立一所学院。尽管他的计划最终没有实现,但他把他的哲学藏书捐给了那时刚刚成立的位于美国康涅狄格州(Connecticut)纽黑文市(New Haven)的耶鲁学院。

大卫·休谟

《人性论》

知觉:印象与观念①

人类心灵中的所有知觉(perceptions)可以分为明显不同的两类,这两类我将称之为印象(Impressions)和观念(Ideas)。两者之间的区别在于:当它们刺激心灵,进入我们的思想或意识中时,它们的强烈程度和生动程度不同。那些进入心灵时最强最猛的知觉,我们就称之为印象;在印象这个名称下,我包括了所有当它们初次出现在灵魂中的我们的感觉(sensations)、激情(passions)和情绪(emotions)。至于观念,我意指这些感觉、激情和情绪在思维与推理过程中的微弱形象(images);例如,只要除了那些由视觉和触觉所引起的知觉,以及它所惹起的直接愉快或不快,那么当前的讨论所激发起所有知觉都是观念。我相信不必花费很多口舌就能解释清楚这种区别。每个人自己都将可以轻而易举地知觉到感觉与思维之间的差异。这两者的差异程度通常很容易被分辨;不过这不是不可能的——在一些特殊的事例当中,这

① 参阅休谟:《人性论》上册,关文运译,郑之骧校,商务印书馆,2005年,第13-16页。——译者注

两者可能非常接近对方。因此在睡眠、发烧、疯癫或者在灵魂中任何一个非常猛烈的情绪当中,我们的观念就可能接近我们的印象;另一方面,有时就有这样的情形发生,即我们的印象是如此的微弱和低沉,以至于我们不能把它们从我们的观念中分辨出来。尽管这种十分靠近的相似性在一些例子中存在,但一般说来它们是非常不同的,乃至于没有人会踌躇不决,不敢把它们分属于不同的名目之下,并且给每一个知觉以特有的名称来标示这种差异。

我们的知觉还有另一种区别——这样考查起来将会更加便利——这种区别延伸至我们的印象与观念。这种区别就是简单的(simple)与复杂的(complex)。简单知觉或者简单印象和观念不允许区分和分割。与此相反,复杂知觉或者复杂印象和观念可以区分为许多部分。虽然一种具体的颜色、味道和气味全都是组成这个苹果的性质,但是很容易知觉到它们是不一样的,至少是相互区别的。

通过这些区分,我们给予我们的对象以一种秩序和排列,于是我们现在就可以更精确地去考查它们的性质和关系。引起我注意的第一种情况,是我们的印象和观念之间在所有其他具体方面的极其相似性(resemblance),除了它们的强烈程度与活泼程度之外。任何一种看起来都是另一种的反映(reflexion),因此心灵的所有知觉都是双重的,并且表现为印象与观念。当我闭上双眼并且思考我的房间时,我所形成的观念就是我曾感知过的印象的准确表象(representations);其中一个的任何情况无不可以在另一个中找到。在检查我的其他知觉时,我发现仍然是同样的相似性和表象。观念和印象似乎总是相互对应的。这种情况在我看来似乎十分不同寻常,它让我注意了好一会。

基于一个更准确的检查,我发现我被这初次的现象迷惑得太远了,我必须利用简单知觉和复杂知觉的区分来限制这种一般的决断,即认为"所有我们的观念与印象都是相似的"。我观察到,我们许多复杂观念从来没有与它们相应的印象,而我们许多复杂印象也从未准确地复现在观念中。我可以想象一座城市新耶路撒冷(Jerusalem)①,它用黄金铺道,红宝石砌墙,虽然我从来没有见过这样一座城市。我见过巴黎;但是难道我就可以断言我能对这座城市形成这样一个观念,使它按照真正的和恰当的比例来完美地反映所有它的街道与房屋吗?

因此,我察觉到,虽然一般说来我们的复杂印象和观念之间有着极其相似性,但是说它们彼此之间互为对方的精确复本这个规律并不普遍地是真的。其次,我们可以考查我们的简单知觉又是怎么回事。经过我能够做到的最精确的审查之后,我敢断言,这里所主张的规则是无一例外的,此规则是:每一个简单观念都有一个与其相似的简单印象;而每一个简单印象都有一个与其相应的观念。我们在黑暗中所形成

① 耶路撒冷,西亚古城,古代西亚各族人民宗教活动中心之一,犹太教、基督教和伊斯兰教三教圣地,从古至今纷争不断,如今巴勒斯坦和以色列还在为耶路撒冷的地位和归属问题争斗。——译者注

的那个"红的"观念,与那个在阳光之下刺激我们眼睛的印象之间只有程度的不同,没有本质的区别。所有我们的简单印象和观念也都是同样的情况,不过不可能把它们都一一列举出来加以证明。每个人都可以乐意检查多少就检查多少,从而使自己在这点上得到满足。但是如果有人竟然否认这种普遍的相似性,我也不知道什么方法能说服他,唯有要求他指出一个没有相应观念的简单印象,或一个没有相应印象的简单观念。如果他不能回答这个挑战——可以肯定他不能回答——那么我们就可以从他的沉默和我们自己的考查中确立我们的结论。

这样我们就发现,所有的简单观念和印象都是相似的。既然复杂的观念和印象是由简单的观念和印象组成的,那么我们就可以概括地断言,这两类知觉是准确地相应的。发现了这种无需进一步审查的关系之后,我很想发现观念和印象的其他一些性质。让我们考查一下它们和它们的存在之间的关系,考查哪些印象和观念是原因,哪些是结果。

对这一问题的全面审查是本书的主题,因此我们将满足于确立一个普遍的命题。这个普遍的命题就是:所有我们的简单观念在它们首次出现时都是来自于简单印象,这些简单印象与简单观念是相对应的,而且简单观念准确地反映了简单印象。

一个半人半马怪物(centaur)被一位酒神祭司(Bacchant)所驱赶;临摹一幅在赫库兰尼姆(Herculaneum)①发现的古代绘画。(未标明日期的雕版画)

图片来源:柯比斯/贝特曼

① 赫库兰尼姆,意大利古城,位于维苏威火山西麓,临那不勒斯湾,西北距那不勒斯 10 千米。公元 79 年与庞贝、斯塔比亚两城一起为维苏威火山大喷发所湮没,其后古城发现于 1709 年。——译者注

休谟的风格在技巧上和冷峻上不及亚里士多德、笛卡尔、莱布尼茨或康德，但是你一定不要误以为因此他的论证就没有那么有力。他在《人性论》开头几页中所制订的那几条简单的原则，足以摧毁他的哲学前辈们构建起来的一些令人印象最为深刻的体系。你刚才阅读的那篇短文有三个关键点值得注意。第一，休谟对“白板”理论的采用。第二，休谟的知觉理论有时被称作观念的复制理论(copy theory)。根据休谟，所有我们的观念都或者是感觉印象的直接复制品(copies)，或者是感觉印象复制品的组合或重组。因此，当我们面对一些形而上学陈述时，我们不需要直接地问它是否真或假。相反，我们可以简单地审查它所表达的那些语词并且追问它们是否对应于心灵中的观念。如果我们确实有这样的观念，那么或者他们就是感觉印象的复制品，或者他们就是由感觉印象复制品的组合或重组而构成的。我们已经看到这一学说对于那个我们有一个上帝观念的主张是何等的一记猛击。第三，休谟有一个关于心灵内容的“原子”理论(atomic theory)。这就是说，休谟把心灵设想为包含有细小的、不可分的感觉“原子”，和这些感觉原子不可分的复制品，以及我们可以称作原子式感觉的“分子式”组合物。但是不像化学分子，这些原子式感觉的组合物并不拥有那原子式成分所缺乏的任何特性。

既然心灵的所有内容都能够被分割成原子式单元，那么我们就能总是区分一个单元和另一个单元。此外，休谟说，心灵有能力“分离”(separate)两个感觉单元，即通过想象排除一个而保留另一个在心灵中。例如，当我注视一匹马，我可以把我对其头部的视觉感知和我对其躯体的视觉感知区别开来。因此，至少我可以想象有马首而没有躯体，或者有其躯体而没有马首。这种可以在想象中“分离”诸种印象并且能够以各种新的方式重新组合各部分的能力，当然就是当我们在想象巨人、独角兽、小绿人或任何其他我们实际上没有见过的东西时我们全都在运用的。休谟在《人性论》稍后的地方把第三点总结为两条原则：

1. 不论什么样的对象，只要是不同的，就可以区别；
2. 不论什么样的对象，只要是可以区别的，就能够通过思想和想象进行“分离”。

通过这两条原则——它们直接来自于他的观念的复制理论和关于心灵内容的原子理论——休谟构建了一个论证，从而将所有的形而上学、自然科学以及我们关于世界的所有常识信念都一下子彻底摧毁了。下面是其在《人性论》中的整个论证。

路易十四(Louis the XIV)①骑在马背上,象征着胜利。由皮埃尔·米尼亚尔(P. Mignard)②所绘。收藏于凡尔赛宫(Castle Versailles)③。
图片来源:柯比斯/贝特曼

① 路易十四(1638—1715),法国国王,在位72年,他的雄才大略成就了法国在17世纪欧洲的强势地位,其文治武功获得了众多荣誉,自号“太阳王”,他堪称法国史上最伟大的君王之一。——译者注

② 皮埃尔·米尼亚尔(1612—1695),法国巴洛克时代的画家,他是路易十四的首席宫廷画师,1690年起任法国皇家绘画和雕塑学院院长。——译者注

③ 凡尔赛宫,位于巴黎西南18千米,1682年,路易十四宣布将法国宫廷从巴黎迁往凡尔赛,1710年,整个凡尔赛宫殿和花园的建设全部完成,旋即成为欧洲最大、最雄伟、最豪华的宫殿建筑和法国乃至欧洲的贵族活动中心、艺术中心和文化时尚的发源地。1789年法国大革命后,凡尔赛宫遭民众多次洗劫,后经修复。现在,凡尔赛宫是举世闻名的游览胜地,同时也是法国总统会见他国首脑或使节的地点之一。——译者注

大卫·休谟

《人性论》[1]

哲学中有一条普遍的箴言:任何开始存在的东西必然有一个存在的原因。在所有的推理中,这通常被认为是理所当然的,不需要给出任何证明,也不要求任何证明。这点被假设为是建立在直觉(intuition)上面的,而且是人们口头上会否认它,但心中实际上不可能怀疑的那些箴言之一。但是如果我们用上面已经解释过的观念的知识来审查这条箴言,那么我们将发现它里面并没有任何这样的直觉确定性的标记;相反,我们发现,这条箴言的本性与那类信念是十分不同的。

所有的确定性都产生于诸观念的比较,以及固定不变的关系的发现,只要诸观念继续保持同一。这些关系就是相似关系,在量和数方面的比例关系,质的程度关系及相反关系。下面这个命题就不含有这些关系:任何开始存在的东西总有一个存在的原因。因此这个命题就不是直觉上确定的。至少任何人——那些想维护这个命题是直觉地确定的人——必须否认这些关系是唯一不会犯错的关系,而且必须发现某种其他种类的关系包含在此命题中;我们将有足够的时间来审查它。

但是这里有一个论证,它马上可以证明前面提到的这个命题既不是直觉上确定的,也不是论证上确定的。如果我们不能表明,"没有某种产生原则(productive principle)任何东西就不可能开始存在",那么与此同时,我们绝不能证明"每一个新的存在或者存在的每一个新改变都必然有一个原因";只要前一个命题不能被证明,那么我们必然没有希望证明后一个命题。既然前一个命题完全不能从论证上加以证明,那么我们可以这样思考来使我们确信:由于所有截然不同的诸观念都是互相分离的,并且由于原因和结果的诸观念是明显地截然不同的,所以我们将很容易设想任何一个对象在此刻不存在,而在下一刻又存在,而无需对它联结上一个截然不同的原因观念或产生原则。因此,这种一个原因观念从一个开始存在的东西中的分离,对于想象来说很显然是可能的;所以,这些对象实际上的分离是完全可能的,乃至于它不包含有矛盾或谬误,因此它就不能够被来自单是观念的任何推理所驳倒,如果驳不倒这点,我们就不可能证明一个原因的必然性。

因此,我们在审查之后将会发现:每一个为原因的必然性所提出的证明,都是谬误的和诡辩的。一些哲学家说:我们可以假设任何开始存在的对象,在时间和地点的所有点上,就其自身而言都是相等的;除非有某种原因,它为一个时间和一个地点所独有,并且通过这种方式决定和确定这种存在,它必然处于永远的悬而未决之中;而且由于缺乏某种东西来确定那个对象的开端,所以该对象永远不能开始存在。但是我要问:假设时间和地点没有原因就可以确定,要比假设存在在那种方式下可以

---

[1] 参阅休谟:《人性论》上册,关文运译,郑之骧校,商务印书馆,2005 年,第 95-99 页。本书有改动。——译者注

被决定更困难些吗？关于这个主题所产生的第一个问题永远是：这个对象是否(whether)将要存在；其次的问题是：它将在什么时候(when)和什么地方(where)开始存在。如果在一个事例中原因的消除在直觉上显得荒谬，那么它在另一个事例中必然也是这样的；如果在一个事例中没有证明，谬误就不能显明，那么同样地在另一个事例中也需要一个证明。因此，一个假设的谬误绝不能是另一个假设也是谬误的证明，因为它们都是站在同样的立足点上，并且必然要依赖同样的推理而成立或不成立。

关于这个题目，我发现其所用的第二个论证也遭受同样的困难。它说，每一个事物必然有一个原因；因为如果任何一个事物缺乏一个原因，那么就可能是它自己产生自己的；也就是说，它在它存在之前就应已经存在了；而这是不可能的。但是这个推理明显地不是令人信服的，因为它假设，在我们对一个原因的否定中，我们仍然承认了我们已经明确地否认的东西，即必须有一个原因；因此这个原因就被认为是这个对象自身；并且毫无疑问，这是明显的自相矛盾。但是说每一个事物没有一个原因就被产生出来了，或者让我更恰当地表达就是，每一个事物没有一个原因就开始存在了，这并没有断定它自身是它的原因；然而正相反，排除了所有的外在原因，就更加排除了这个被创造出来的事物自身。一个没有任何原因而绝对地存在的对象，肯定不是它自己的原因；而且当你断言一个对象是跟随着另一个对象而来的，你就已经假定了正在谈论中的论点，并理所当然地认为，任何一个事物没有原因就能够开始存在这是绝对不可能的，但是基于对一个产生原则的排除，我们必须仍然求助于另一个原则。

那个曾被用来证明原因的必然性的第三个论证，也完全是这样的情形。没有任何原因而被产生出来的任何东西，就是由无(nothing)所产生的；或者换句话说就是，它以无作为它的原因。但是无绝不能作为一个原因，正像它不能作为某种东西，或者等于两个直角一样。凭借着直觉，我们知觉到无不等于两个直角，或者不是某种东西，凭借着同样的直觉，我们知觉到它绝不能成为一个原因；所以我们必然会知觉到，每一个对象都有一个它存在的真实原因。

在我前面已经说过的之后，我相信这将不必花费多少口舌就能表明这个论证的弱点。他们全都建立在同样的谬误之上，并且来自于同样的思路。只需这样来考查就足够了：当我们排除所有的原因时，我们就真的确实排除了它们，并且既不假设无也不假设这个对象自身是存在的原因；所以不能从这些假设的荒谬推出一个论证来证明那种排除的荒谬。如果每一个事物必须有一个原因，那么就会得出这样的结论：基于对其他诸原因的排除，我们必须接受这个对象自身或者无作为原因。但是这正是我们要追问的，即是否每一个事物必然有一个原因；因此，根据所有正确的推理，它绝不应该被看作是理所当然的。

还有一些人更轻浮地说：每一结果(effect)必有一个原因(cause)，因为原因这个观念就正好包含在结果这个观念之中。每一个结果必然地预设了一个原因;结果是一个相对的术语,原因就是它的关联项。但是这并不能证明:每一个存在必然有一个原因在它之前;就像我们不能得出结论——因为每一个丈夫必然有一个妻子,所以每一个男人都必然结婚了。这个问题的真正表述是,是否每一个开始存在的对象,都必然把它的存在归给一个原因;而我断言,这点既没有直觉上的确定性,也没有论证上的确定性,我希望前面的这些论证已经充分地证明了这点。

不需要用多少想象力就能够看出休谟的论证切入得有多深。我们几乎不可能在早上起床后不暗中依赖一大堆因果信念。我相信:当我把双腿移过床沿时,它们会自然地朝着地面下落;(正如宇航员发现,一旦我们摆脱地球的万有引力,这个信念就会被证明是假的)我相信:当我喝过水后,它会使我的口渴得到缓和;我相信:当我按下电灯的开关后,它会使得电灯亮起来……物理学、化学和生物学最简单的各命题,或者都是因果判断,或者都依赖于因果判断。

休谟自己并不相信:人类在心理上能够长期地悬搁(suspend)他们对于因果判断的信念。尽管他绝对地信服,我们的各种信念找不到充分的正当理由,但是他还认为,不管怎样我们是很自然地相信的。在《人性论》第一卷最后有一段常常被引用,在这里休谟谈到他是如何驱散沮丧和怀疑的乌云的,因为当他彻底贯彻他那强有力的论证的逻辑结论时,这些乌云就驻扎在他头顶了。

> 最幸运的是,既然理性不能驱散这些乌云,自然本身就能够达到那个目的,并且能够治愈我的这种哲学忧郁症和错乱症,或者是通过放松心灵的这种癖好,或者是通过某些业余爱好和我感官的鲜活印象,从而消除所有这些妄想。我进餐,我玩双六棋,我交谈,和我的朋友们一起娱乐;当过了三或四个小时的欢乐之后,我再回来看这些沉思时,它们显得如此冷酷、牵强、荒唐,乃至于我发现自己再无心继续进行这些思辨了。

第五节 康德对唯理论/经验论争论的解决

伊曼努尔·康德并不满足于避免怀疑主义——休谟通过他对因果信念的全盘摧毁而使哲学陷入了怀疑主义。如果休谟的论证被接受,那么我甚至不能肯定有任何东西在我心灵之外存在。笛卡尔富于幻想的看法认为他的整个生活只不过是一场梦,也许是真的,只要哲学家能证明。康德说:“在我们之外的事物的存在……必须单凭依靠信仰而被接受，而且如果任何人思维得很好并怀疑它们的存在，我们将不能够通过任何令人满意的证明来反驳他的各种怀疑，这对于哲学和普通人类理性而言是一个丑闻。”因此康德决定返回到笛卡尔的起点：“我思”（“Cogito”或“I think”）。康德试图知道他是否能够直接追溯到一个基本前设（premise）的论证，该论证能避免怀疑论与唯我论（solipsism），由于英国经验主义强有力的攻击，怀疑论与唯我论看起来已经包含其中了。

正如我们所看到的，笛卡尔的哲学考查提出了两个基本问题：知识的确定性（certainty）问题与知识的来源（sources）问题。但是康德意识到，“我思论证”提出了一个甚至更基本的议题，而理性主义与经验主义都忽视了它。你将记起，笛卡尔论证的结论如下：

> 这个命题“我是，故我存在”（I am, I exist），每次当我将它说出来，或者在心里想到它的时候，它都必然是真的。

基于这个结论，笛卡尔继续论证说：他本质上是一个“能思想的东西”（“thing that thinks”）。笛卡尔的后继者们专注于用来判断心灵所思想东西的真理的标准，而且他们专注于心灵所思想的诸观念的来源，但是他们甚少关注这个中心问题，即正在思想的心灵是有意识的（conscious）。树木没有意识，石头没有意识，甚至计算机也没有意识，但是心灵是有意识的。康德所想到的是，在物理对象的存在和因果关系之间，也许我们科学信念的证明能够基于单单的意识事实（the mere fact of consciousness）。这样一个证明当然很难找到，因为单单的意识事实并不怎么能继续证明像科学真理这样大程度的任何东西。但是如果他能找到这样一个证明，那么任何企图挑战理性断言的人，甚至一些准备沿着怀疑论的方向走得如大卫·休谟一样远的人，康德对他们就会有了答复。

笛卡尔只不过是把意识接受为一个无可争辩的、直接可观察的、无法解释的事实。我知道我是有意识的，因为我能够思考我自己的思想，并且能够察觉到我自己对它们的思考。这种自我察觉（self-awareness）或自我意识（self-consciousness）在心灵的运作中明显地处于中心地位；而且，它直接地是自我确证的。当我事实上没有意识时，甚至一个恶魔也不能欺骗我从而让我相信我是有意识的，因为如果我毕竟思想了某个东西，那么必然是这样的情形，即，我是有意识的。因此取代前设“我思”（“I think”）作为所有哲学的起点，康德采取了稍微不同的前设，即“我是有意识的”（“I am conscious”）。但是反省揭示，而且逻辑分析也确证，我的意识有某种基本结构或特征：它统一进一个单一的意识（a single consciousness）。我拥有的所有思想、印象、信念、期望、希望和怀疑都是我的思想，如此等等。它们发生在我的意识中，并且意识是一个单一的意识，或者——换个不同的说法——一个单一主体的意识，思想的一个单一中心。康德把这个基本事实描述为意识的统一性（unity of consciousness)①。为了表明他正在做的与笛卡尔已经做的之间的关联,当他在陈述他自己的基本前设时,康德援引了笛卡尔的用语。在《纯粹理性批判》的中间部分,当他开始论证他希望能够反驳怀疑论者并且能够恢复科学作为客观上的正当性时,他以下面这种方式来陈述他的前设:

这必然是可能的,即“我思”与所有我的表象(representations)相伴随。

这就是他所说的,所有我的意识的内容都联合成一个意识的统一体。

康德争辩说,我的思想(thoughts)和知觉(perceptions)的统一性不能是一个我的经验的既定事实。个人的思想和印象正好是意识的原始事实,但是它们的统一性仅仅通过心灵自身的某种统一活动才能得到解释。康德主张,当我的心灵在统一它的各种各样的思想与知觉时,而且当心灵把它们全部整合进一个单一的意识并把它们全都思考为我的思想时,它遵循着某一套规则。这些规则是用于在心灵中把各种思想结合在一起的,并且他给予它们一个专门术语“范畴”(categories)。我可以把所有我的思想统一在一个单一的意识之中的唯一方法,就是通过遵循这些规则或范畴从而把这些思想结合在一起。康德主张,这些范畴是人类心灵固有的。他说,这些范畴是我们与生俱来的,我们无法改变它们。

这些规则或范畴是什么?好吧,如果康德是对的,那么结果是,它们正好就是那些关键性的概念(crucial concepts),这些概念在形而上学、数学和物理学中起着重要的作用,休谟与怀疑者们攻击的正是这些概念。在这些范畴中有这样一些中心概念,如实体、原因与结果、统一性、多、可能性、必然性及现实性等。

看起来似乎康德并没有在回答休谟中走得太远,但是让我们停下来并反思一下他说了什么。笛卡尔主张,我能够意识到我自己的思想,而且甚至能意识到我的思想的统一性,而无需知道它们是否真的是关于实体、因果关系以及一个独立于我心灵之外的世界的准确的或真实的思想。换句话说,笛卡尔承认,关于我自己思想的我的主观知识,比对于一个对象世界所作的任何断言,都要更加确定。洛克、休谟以及其他理性主义的批判者接受了笛卡尔的起点——他们同意,我能够知道我自己心灵的内容——但是他们怀疑笛卡尔从纯粹的主观知识进一步推进到任何其他东西的所有尝试。

康德通过否认笛卡尔的第一前设而扭转了整个论证的方向。他说,我不能知道我自己心灵的各种内容,除非我首先把它们统一进一个单一的意识。这就意味着,我必须首先把这些范畴运用到它们身上,因为这些范畴就是用来统一意识的诸内容的规则。现在诸范畴正是概念(实体、原因等),而我们用这些概念来对心灵之外的

① 意识的统一性:一个伊曼努尔·康德发明的术语,用来描述这样的事实,即任何一个给定的心灵中的思想与知觉,都包含在一个意识之中,而联结在一起成为一个统一体。康德主张,这个事实——个体意识的统一性——仅仅通过假定一个联结或“综合”这些思想与知觉的基本精神活动才能得到解释。

世界作出客观的判断。因此康德按照笛卡尔的方式总结说,我甚至不能有主观上的意识,除非我首先把我的思想和知觉以某些方式结合在一起,从而能够允许我对它们作出客观的判断。康德争辩说,笛卡尔关于生活作为一场无穷无尽的梦幻这个恶梦,在认识论上是不可能的。

但是康德对于怀疑主义问题的解决是付出了代价的。事情很可能是这样:我的客观概念保证会运用于我的经验之中——简要说来,肯定的事实是,我将会遇到有原因地相互关联在一起的各个实体——但是当我通过诸范畴的运用而获得的这种知识,将不会也不能是这个世界在它自身中真实的知识。相反,我的知识必然只不过是关于事物的世界如其所显的知识。

你会记起,我们已经遇到的在苏格拉底和柏拉图哲学中现象(appearance)与实在(reality)之间的区分。但是柏拉图主张,我们通过使用我们的理性能够获得实在的真正知识。相反,康德坚持认为,我们只能获得现象的知识,尽管这种知识是真正的知识,而不是如怀疑主义者所主张的那样是错误的或无根据的信念。

理性主义者们与经验主义者们之间的争论被康德意识的统一性新理论所改变。即使后来的哲学家们反对他的现象与实在之间的区分,他们依然是在继续深思意识的本质问题,这个问题由笛卡尔所发现并且被康德通过他的论证而大大地深化了。

第六节　认识论的新转向

康德试图用他的意识统一性的理论来调和理性主义和经验主义之间的分歧,但是有时就知识的来源问题上也存在着分歧。以这种方式来思考这场争论,我们说,理性主义依赖理性(reason)来作为知识的唯一来源,经验主义——至少那些不是作为彻底的怀疑主义而终结的人——依赖经验(experience)来作为知识的唯一来源。但是理性主义与经验主义的争论也包括知识的基础问题:真正的知识断言必须最终奠基在什么之上?(一些思想家,例如洛克,并不总是清楚这个区分)再一次,理性主义者们的回答是"理性",而经验主义者们的回答是"经验"。还有另一种方式来描画这场争论,它依赖于谈论正当性(justification):什么东西在最终的分析上能够证明我的主张——我知道某物就是这种情况——是正当的?这种关注产生于传统的观点,即有正当理由的真信念对于知识来说是必要的。

现在,尽管理性主义者们如笛卡尔和经验主义者们如休谟及康德三方,就知识中理性与经验的各自地位问题提供了不同的回答,但是他们都无疑对认识论需要回答如下问题意见一致:"知识的来源是什么?""我们如何从这些来源达成知识?"

20 世纪的一些哲学家们已经对这些问题应该是什么样子的意见不一。

在我们讨论认识论的这一章的末尾这一简短的空间中，我们还不能开始总结自康德时代以来在这个领域中已经做过的所有工作。但是为了让你明白这个工作的多样性（而且我希望能增进你的兴趣来进一步学习哲学），我们将简略地看一下在20世纪末哲学家们所采取的三个不同的途径。

一、融贯论

这种认识论的观点与我们已经思考过的三种形成直接的对照——理性主义、经验主义和康德主义的观点——他们全都是基础主义者（foundationalist）。

认识论中的基础主义是这样一种观点，即知识必须被看作是——引用一个著名的比喻——一座由砖块建成的金字塔，它的上层坐落在一个坚固的地基之上，而这个地基是基础性的，因此不需要进一步的支撑。

当然，笛卡尔在"我思"之中找到了这个坚固的地基；洛克在源自感觉（sensation）和反省（reflection）的诸观念中也找到了这个坚固的地基，而这些观念都来自经验。用这种方式来描画他们的问题就是，他们面临一个主要的挑战在于，要尝试解释这个基础和据称由它所支撑的这些信念之间的关系。当他们与甚至是如何来给这条鸿沟架桥这个问题进行斗争时，我们看到这个事业如何明显地使笛卡尔陷入一个循环，一方面是他自身存在的知识，另一方面是他正试图使其合理化的诸信念——例如，他对上帝的信念与他对外部世界的信念。休谟对于给我们的观念与据称它们所反映的外部世界之间的鸿沟架桥感到绝望，因此，他考查的意义就在于，"一个观念仅仅能够与另一个相类似"。

相反，融贯论（coherentism）主张，关于身体的信念不需要一个潜在的确定性基础就可以认识，仅仅是凭借各个部分之间提供的相互支持就可以了。借用哲学家苏珊·哈克（Susan Haack）①的著名类比，我们知道我们已经正确地解决了一个填字游戏谜团，因为这个连锁控制的各个部分组成一个整体，尽管我们不能肯定需要一个接着一个思考所填入的字母是什么。也许与融贯论相联系的最著名的比喻是奥地利哲学家奥托·纽拉特（Otto Neurath）②提出的这样一个图像，即一艘必须在大海中重建的船："……我们就像在宽阔的大海上必须重建自己的船的水手，然而我们绝不能从船底重新开始建造。"关键点在于，我们要在船上更换木板，一块接着一块地，在任何时候都不能让船沉没，而不是把它拉到干船坞里，把它拆散，然后从底部重新

---

① 苏珊·哈克（Susan Haack），女，1945年生，剑桥大学哲学博士，曾任英国沃威克大学哲学教授，现为美国迈阿密大学人文学杰出教授。其著作有：《变异逻辑》《逻辑哲学》，《证据与探究——走向认识论的重构》，《捍卫科学——在理性的范围内》《让哲学发挥作用》。——译者注

② 奥托·纽拉特（1882—1945），奥地利人，科学家、哲学家、社会学家及经济学家，逻辑实证主义维也纳学派的创始人之一。主要著作有：《假设系统的分类》（1916），《经验社会学：历史和政治经济学中的科学内容》（1931），《哲学论文》（1923）等。——译者注

建造。

哲学比喻告诉我们,融贯论是整体性的(holistic):信念不是孤立地得到其正当性的,而是通过它们的各个信念组成一个连贯的系统,在此系统中各个信念是相互一贯的而且相互依赖。这是可错的(fallibilistic),因为它允许错误——不适合的东西——在系统之中,然而它能够自我更正错误,因为当某个东西在此系统中不是十分适合时,我们会稍稍调整它而试着使它更合适;如果我们发现某个东西确实一点都不适合,我们就会拒斥它。

融贯论的一个优点是,它不需要给这个鸿沟架桥,即一方面是各个信念,另一方面是与这些信念例如感觉不同的但却是其依赖的一个基础。一个融贯论者的体系——使用另一个著名的比喻——是由一张信念之网组成的。融贯论似乎也承认,我们不是一片一片地获取知识,而是在一个相互加强的结构中获取的。

但是笛卡尔的坏天赋[①]怎么样呢?我有一个诸信念前后一贯的体系,难道这些信念不可能全都是错误的吗?这儿有一个回应——尽管对这些问题不是一个直接回答——是要求我们非常仔细地思考是否我们会有一个诸信念前后一贯的体系,并且它们全都是错误的。但是那些生活在一个幻想世界中的人们又怎么样呢?他们是一些不幸的人,疯疯癫癫,而且生活在一个幻想世界中。他们那些互相协调的、互相依赖的信念能作为知识吗?融贯论者会问:"然而他们的那些信念真的是互相协调的吗?"

二、回归实用主义

实用主义是一种特殊的美国式的哲学,它起源于查尔士·桑德斯·皮尔士[②]、威廉·詹姆斯、约翰·杜威[③]和乔治·赫尔伯特·米德[④]的工作,它以美国人的实用性和"然而它有效果吗"这种实践态度为特征。值得注意的是,所有这四个人被人提起的所从事的领域不是哲学,而是某些被人们称为比哲学在本性上更具"实践性"的领域——皮尔士在数学,詹姆斯在心理学(有时他被称为"美国的心理学之父"),杜威在教育学(杜威的名字不可逃脱地与教育哲学联系在一起长达几十年),而米德在社会学。

实用主义是一种以实践为导向的哲学。关于"实用主义",詹姆斯在他的著作中

---

① 指笛卡尔的怀疑主义。——译者注

② 皮尔士(Charles Sanders Peirce,1839—1914),美国哲学家,逻辑学家,自然科学家,实用主义的创始人。生前没有出版过一本哲学著作,大部分论著由后人整理成《皮尔士文集》。——译者注

③ 杜威(John Dewey,1859—1952),美国教育家、心理学家、实用主义哲学家。他一生著述至为丰富,主要有《心理学》(1887),《民本主义与教育》(1916),《哲学之重建》(1920),《确定性的追求》(1929),《经验与自然》(1925),《艺术即经验》(1934),《逻辑——探究之理论》(1938),《认知与所知》(1949)等。——译者注

④ 米德(George Herbert Mead,1863—1931),美国社会学家、社会心理学家及哲学家,符号互动论的奠基人。主要著作有:《心理的定义》(1903),《心灵、自我与社会》(1934)等。——译者注

写道：

> (实用主义者)从抽象和不充分,从语词的解决,从糟糕的先验理性,从固定的原则、封闭的体系以及徒有其表的绝对和起点中转身离开,转向具体和充分,转向事实,转向行动和能力。这意味着……自然的开放空气与各种可能性,反对教条,不自然之物,自称的终极真理……(不是)真理发生在一个理念身上。它之所以成为真的,是因为由事件把它制造为真的。

詹姆斯的主张引起一阵猛烈的批评,而詹姆斯本人在后来的年月里修改了他的立场。但是实用主义的声调已经被确定了:真理不是静止的、不变的、永恒的,也不是如柏拉图的形式(Form)那样在等待被发现。相反,一个理念的真理的最终检验是它在实践中的有用性(usefulness)——一个断言的真理性产生于它在实践中的结果。

20世纪中期,实用主义在一些重要的哲学研究所中不再流行,但是在最近几十年里,有一种复苏实用主义的兴趣以种种形式在进行。

正如某人所说:“有多少个实用主义者就有多少种实用主义”,尽管这也许是真的,但是在这些各种各样的实用主义中仍然有一些共同的主题,其中最著名的就是实用主义箴言——一个概念的意义在于它所采用的实践后果——即在于它的实践结果之中。其他的共同主题是,厌恶浮夸的形而上学沉思,在认识论中反对把知识等同于绝对确定性的笛卡尔主义观点。相反,实用主义把知识与行动联系起来:知识是行动的向导,它对于我们有帮助作用,并且是令人满意地用来组织我们的经验材料的一种工具。

当代的实用主义者或“新实用主义者”,范围从“改良主义者”——他们反对笛卡尔主义对知识绝对确定性的要求,但是他们仍然承认传统认识论问题的合法性——到“革命主义者”,他们要求“认识论死亡”,反对全部传统的认识论计划。不仅仅是笛卡尔、休谟和康德提出了错误的回答,而且他们甚至没有问对问题!

三、认知科学的冲击

认知科学(cognitive science)为智能活动(intelligent activity)寻求一个解释,不管是人类的还是机器的智能活动。(“认知的”这个词意思“或者是与理解力,信念的形成以及知识的获得相联系的精神过程”)作为计算机时代的产物,认知科学在20世纪中期是作为一个跨学科事业而出现的,它从心理学、人工智能、语言学、哲学以及其他学科中获得资源。认知科学典型地依靠信息处理来作为它的模型从而思考智能活动;基本的潜在假说是,人类就是一种生物信息的处理器,人类的心灵被看作是与一台计算机最为相似。

但是一些思想家并不接受由认知科学所提出的模型,即人类的心灵最好被看作是一台计算机,或者信息处理过程为人类的思想和理解力提供了一个模型。在一个著名的思想实验中，美国哲学家约翰·塞尔（John Searle）①引用了一个中文屋子（Chinese Room）的比喻来表明人类的理解力与计算机的运作之间的差异。想象你自己是一个说英语的人，被关在一个屋子里，里面有一套正式的使用手册用来教你如何关联这些中文符号。你自己不懂汉语口语或书面语，但是你的使用手册用的是英语；它们告诉你如何单独地根据它们的形状来确认这些汉字，哪些汉字是组合在一起的，并且以什么样的秩序。递给你一张上面写有汉字的卡片，你要使用说明手册在另一张卡上写一组不同的汉字，然后把它交回来。你不知道，你的使用手册已经提供了所有在语法上用来组织正确的汉语对话的规则，因此如果递进来的卡片说（用汉语）："你明白我的意思吗？"你对此写了恰当的汉字："是的，谢谢。"（用汉语）当然，作为一个不懂汉语的人，你不知道已经发生的这种交流的内容。但是某个在屋子外面的人，看到这个交流的结果，可能认为你已经知道了。

塞尔认为，你在中文屋子所做的与一台计算机所做的极为相似——计算机接到输入数据，然后根据正式的使用手册（即程序）来处理它们，最后打印结果。但是——这个实验有一个关键点——计算机并不明白它所产生的结果，正如你也不明白在中文屋子里你所写的东西。塞尔的结论是，一台计算机所做的这种信息处理，不是一个人类认知的充分模型。

认知科学对于认识论本身的贡献倒不如说是间接的。美国哲学家约翰·波洛克（John Pollock）②所采用的一个方法就是去问："从一个信息处理的观点来看待人类的认知，我们对人类的认知能获得什么呢？"或"我们必需要给一台信息处理装置组建什么东西——通过硬件和软件——才能使得它能够令人满意地组织经验材料，从而使得它能智能地应对这个世界，就像人类所做的那样？"也就是，怎样才能设计出一台信息处理装置，使它能够像我们那样行动？这里的观点是，为了像我们那样应对这个世界，通过思考一台机器起作用的方式，我们可以产生一些理由来为某些认识论观点辩护或反对某些认识论观点。波洛克反对这一说法，即所有存在的认识论理论都是不完善的：在创造一个能够做我们所做的信息处理机器方面，肯定比现存理论所提供的要涉及更多的东西。

关于这个中文屋子的论证，人们写了大量的文章，并且可以肯定还会有更多。从认知科学的观点来研究认识论正处于它的初期阶段。我们可能发现，从认知科学的观点来研究认识论，它的贡献在根本上是有缺陷的，因为它已经预先假定人类的认知实际上就像一台信息处理机器。尽管如此，21 世纪认知科学将肯定会继续在

① 塞尔，1932 年生，美国哲学家，在语言哲学、心灵哲学和社会哲学方面成就卓著。主要著作有：《言语行为：语言哲学研究》《表达与意义》《意向性：心灵哲学研究》《心灵、大脑与科学》《社会实在的构建》。——译者注

② 波洛克（1940—2009），美国哲学家，在认识论、哲学逻辑、认知科学和人工智能等方面有所贡献。——译者注

认识论领域中激发起令人兴奋的研究。

第二章要点

1. 在 17 世纪,伟大的法国数学家、科学家和哲学家勒内·笛卡尔,通过提出一个基本问题,即我们能够知道什么以及我们是如何知道它的,从而改变了哲学的进程。笛卡尔的怀疑方法要求质疑每一个不能被证明有绝对的确定性的信念。笛卡尔能够表明,我们大部分数学的、科学的、宗教的知识和日常经验实际上都不能经受得住这种检验。
2. 笛卡尔的怀疑把一个哲学家们讨论了很久的问题带到舞台中央:我们是如何得知事物的本质的,是通过我们的身体感觉还是通过理性?那些认为感官是知识的来源的哲学家就称作经验主义者。那些认为理性是知识的来源的哲学家就称作理性主义者。17 和 18 世纪,经验主义者与理性主义者之间进行了一场复杂的争论,其中物理学、数学、神学和逻辑学都被牵涉进来了。
3. 笛卡尔自己是一个理性主义者,德国人莱布尼茨也是。最富有原创性的经验主义者都是一些英国哲学家,包括约翰·洛克、乔治·贝克莱和大卫·休谟。这些英国经验主义者把笛卡尔的怀疑主义论证推进得比他本人所做的更远,他们要求质疑上帝存在的证明、物理学的基本命题、甚至数学的定理等的有效性。
4. 最彻底的经验主义者是大卫·休谟,他的《人性论》出版于 1739—1740 年,他对于自我的统一和存在都提出怀疑主义的质疑。
5. 18 世纪中期,在哲学上讲经验主义者与理性主义者相互之间的争论不分胜负。在此时,自从柏拉图和亚里士多德以来最伟大的哲学家出现了,他试图去解决这场冲突,并且把哲学从已经进入的死胡同中带出来。康德的伟大作品《纯粹理性批判》出版于 1781 年,它通过改变我们对知识、意识、自我以及我们之所知与事物之存在方式之间的关系的理解,从而变革哲学。
6. 通过使用古老的柏拉图主义的区分,即现象与实在之间的区分,康德论证说,我们事实上从来没有关于实在的知识,而只有事物向我们显现的知识,并且心灵自身贡献的是形式,通过这个形式我们认识了现象。正如康德在一句也许是他最著名的陈述中所说:"心灵自身是自然的立法者。"(The mind is itself the lawgiver to nature)
7. 近来认识论的研究在追问我们为知识寻找基础这种做法是不是对的,正如理性主义者与经验主义者所做的那样。融贯论采用了一个不同的方式。哲学家也已经转向了新的认知科学学科认求对心灵的作用方式获得洞见。

问题讨论与复习

1. 这是个奇怪的年代,《国家探寻者》(*The National Enquirer*)[①]定期特载一些奇闻趣事,某些人说他们曾被外星人绑架了,女演员雪莉·麦克雷恩(Shirley Maclaine)[②]透露说她前生是被一头白象践踏而死的。另一方面,我们也看过从月球上传回来的现场电视转播和单个原子的电子显微镜照片。我们如何能够辨别真实与虚构之间的差异呢?有些人拒绝相信他们的眼睛并且说那些在月球上的人的照片都是伪造的,这些人都疯了吗?
2. 稍微反思一下所有你认为你已经知道的事物:国家首都、历史事件、摇滚明星的私人生活细节,爬行动物与哺乳动物的区别,一台丰田[③]的凯美瑞值多少钱,一个巨无霸汉堡实际上是用什么做的。你是怎样知道这些事情的?如果你被迫要为这些信念的任何一个进行辩护,你会如何做呢?你能够提供论证、证据、理由和证明吗?如果不能,那么即便如此你也相信他们,这是明智的吗?
3. 我们必须承认,17 和 18 世纪伟大的经验主义者都有一点疯狂,他们梦想通过一次哲学考察就能够一劳永逸地解决人类知识的界限问题。有什么方法能够确定是否有诸种界限,超越它人类的知识就无法前行?它能够帮助我们更好地认识我们感觉器官的结构和功能吗?对于计算机一个更深入的洞悉会有所不同吗?
4. 想象一下虚拟实在(virtual reality)的装置最终变得如此完善,乃至于当你在穿上它后,它能够虚拟人的声音、气味、味道、触觉和视觉。也想象一下计算机程序变得如此精巧,乃至于你能够有长达一个星期的虚拟实在经验,而不仅仅是短暂的相遇。在那些情况下,你愿意放弃真实世界中与其他人的相互交往而满足于虚拟实在的幻想吗?为什么愿意?为什么不愿意?虚拟实在经验缺乏与真实世界相联系的哪些东西呢?记住:我们关于这个世界所知道的一切最初都来自我们的感觉。难道不是这样吗?

---

① 《国家探寻者》是美国通俗小报,1926 年创刊。——译者注

② 雪莉·麦克雷恩,1934 年生,美国女演员兼导演,1983 年,她拍摄了影片《母女情深》,并以此获得第 56 届奥斯卡和第 41 届金球奖双料影后桂冠。此外她还获得过四届美国金球奖最佳女主角,两届威尼斯电影节和两届柏林电影节影后。1998 年,她获得美国金球奖终身成就奖(Cecil B. DeMille Award),次年,柏林电影节终身成就金熊奖也颁发给了她。主要作品有:《风求凰》(1959)、《公寓春光》(1960)、《绝望的性格》(1971)和《琴韵动我心》(1988)。——译者注

③ 丰田汽车(TOYOTA),目前是世界上最大的汽车制造商,总部位于日本爱知县丰田市,它创办于 1933 年,创始人是日本的丰田喜一郎。凯美瑞(Camry)是丰田旗下的一款车型,在全球享有盛誉,被成功人士赞为中高档轿车之王。——译者注

5. 虚拟实在经验中发生的任何事情有道德的或不道德的吗？两个人的虚拟实在经验又是什么样呢？假设装置已经变得如此复杂，乃至于整个社区都能与它连接，这里会有政治的含义吗？到底什么是实在？

主要来源：哲学读本与评论

1. 亚里士多德：《形而上学》《范畴篇》《论灵魂》《解释篇》《物理学》《诗学》《后分析篇》《前分析篇》《修辞学》

   Aristotle：*Metaphysics*，*Categories*，*de Anima*，*On Inerpretation*，*Physics*，*Poetics*，*Posterior Analytics*，*Prior Analytics*，*Rhetoric*
2. 乔治·贝克莱：《人类知识原理》

   Berkeley，George：*A Treatise Concerning the Principles of Human Knowledge*
3. 勒内·笛卡尔：《方法谈》《第一哲学沉思录》

   Descartes，Rene：*Discourse on Method*，*Meditations on First Philosophy*
4. 赫拉克利特①：《残篇》

   Heraclitus：*Fragements*
5. 大卫·休谟：《人类理解研究》《人性论》

   Hume，David：*An Enquiry Concerning Human Understanding*，*Treatise On Human Nature*；
6. 威廉·詹姆斯：《实用主义的意思是什么》

   James，William：*What Pragmatism Means*
7. 伊曼努尔·康德：《判断力批判》《纯粹理性批判》《未来形而上学导论》

   Kant，Immanuel：*Critique of Judgement*，*Critique of Pure Reason*，*Prolegomena to Any Future Metaphysics*
8. 哥特弗里德·莱布尼茨：《单子论》

   Leibniz，Gottfried：*Monadology*
9. 约翰·洛克：《人类理解论》

   Locke，John：*Essay Concerning Human Understanding*
10. 卢克莱修：《物性论》

    Lucretius：*On the Nature of Things*

---

① 赫拉克利特（约540—470B.C.），古希腊哲学家，出生于王族，性格高傲，著有《论自然》一书，现存130多个残篇。他认为万物的本原是“火”。——译者注

11. 查尔士·桑德斯·皮尔士:《信念的确定》《清楚的观念》
Peirce, Charles Sanders: *The Fixation of Belief*, *Clear Ideas*
12. 柏拉图:《理想国》
Plato: *The Republic*
13. 泰勒斯:《残篇》
Thales: *Fragements*

第七节　当代应用:虚拟实在

自从尤勒·凡尔纳(Jules Verne)①出版了他伟大的科幻小说《海底两万里》(*Twenty Thousand Leagues Under the Sea*)——它讲述一艘船实际上能够潜入水底并且能在水中旅行两个月而不需浮出水面——真实世界就一直在模仿文学中的想象世界。60多年前,当我还是一个小孩的时候,漫画书中的神探迪克·特雷西(Dick Tracy)用一个手腕式电话通话。今天,我所看到的所有地方,人们都在用手机进行通话,甚至用它们来进行视频会议。所有科幻小说最不可能的梦想——在月球上漫步——现在已经是陈年旧事了。确实,它发生在很久以前,乃至于我今日的学生们都是从他们的爷爷奶奶那里听到的。

当今在相当长的一段时间里,水平很高的哲学家们一直在争论径直来自于科幻小说的一个十分富于幻想和虚构色彩的情境。它有一个怪诞的名字叫"缸中之脑"(brains in vats)。美国杰出的数学哲学家希拉里·普特南(Hilary Putnam)②问:如果一个邪恶的科学家把我的大脑从我的身体中移出来,并把它活着保存在一个装有营养液的缸中,然后通过电流的连接给它提供一些感觉输入数据,那么结果会是什么样子呢?普特南使用这种离奇的想法来探究心灵哲学(philosophy of mind)中一些相当棘手的议题。

另一位杰出的哲学家丹尼尔·丹尼特(Daniel Dennett)③和普特南争论说:普特南正在谈论的这种完全的幻觉是不可能的。本章"当代应用"的头两篇文章选自普

① 尤勒·凡尔纳(1828—1905),是19世纪法国著名的科幻小说和冒险小说作家,被誉为"现代科幻小说之父",曾写过《格兰特船长的儿女》、《海底两万里》(1873年出版)、《神秘岛》、《地心游记》等著名科幻小说,总共创作了66部长篇小说和短篇小说集。——译者注

② 普特南(1926—),美国逻辑学家、科学哲学家。主要著作有:《逻辑哲学》(1971)、《数学、物质和方法》(1975)、《心语言和实在》(1975)、《意义和道德科学》(1978)、《理性、真理和历史》(1981)等。——译者注

③ 丹尼特(1942—),美国哲学家,主要研究领域为心灵哲学、科学哲学、生物哲学等。主要著作有:《内容与意识》(1969年)、《大脑风暴》(1978)、《行动余地》(1984)、《意向立场》(1987)、《意识的解释》(1991)、《达尔文的危险观念》(1995)、《心智种种》(1996)、《大脑儿童:1984—1996论文集》、《自由之演化》(2003)。——译者注

特南与德奈特的讨论。

然而这两位哲学家都没有意识到，几乎就在他们的文章笔墨未干之前，科学即将能够生产出一套装置，它对于创造他们所争论的“缸中之脑”的情境大有帮助。这套装置的名称就叫作“虚拟实在”(virtual reality)，它是一个未来主义式的头盔，能把影像都投射到一个内置的护目镜上，并且能回应戴着这套装置的人眼睛、手或身体的运动。它的功效就是让你好像进入了一个电视世界。直直地朝前看，也许你会看到一条绿树成荫的小道。把头朝左，左边的树就会映入眼帘。朝前走两步，这些树看起来就大些了，恰像它们真的在那里一样。除了内部头盔护目镜上的影像之外，那儿什么都没有！

最近的新奇发明是一双虚拟实在的头盔，它允许两个人进入同一个想象空间或虚拟实在，并且甚至可以在里边一起打球。制造商承诺，不会太久，你将能够穿上一套紧身服，然后和一位想象的、但却是栩栩如生的同伴做虚拟性爱。这听起来非常像星际飞船“奋进号”(Starship Enterprise)上用来娱乐的幻影装置(Holodeck)[①]。

我们选录的最后一篇文章直接地讨论这种新的虚拟实在装置。在一个虚拟实在的哲学课堂中，你可以和一个想象的苏格拉底进行辩论，怎样呢？如果你问了一个问题而这个想象的苏格拉底不能回答，你认为这个头盔会短路吗？

“缸中之脑”的案例[②]

希拉里·普特南

这里有一个哲学家们在讨论的科幻小说中的可能之事：想象一下一个人(你可以想象就是你自己)被一位邪恶的科学家动了手术。这个人的大脑(你的大脑)被从身体中移了出来，并被放置在一个装有营养液的缸中以便使它活着。它的神经末梢与一台超级科学计算机相连接，从而使得这个人的大脑产生一种幻象，即一切完全正常。看起来有人、物体、天空等，然而实际上这个人(你)所经验到的一切不过是电子脉冲从计算机到传输到神经末梢的结果而已。这台计算机是非常聪明的，如果这个人想举起他的手，那么电脑的反馈信息将会使得他“看见”并“感觉”到手正被举起。此外，这位邪恶的科学家通过变更程序，可以使这位受骗者经历该邪恶的科

---

① 幻影装置(Holodeck)，出现在科幻小说、电视和电影中，是一套装在星际飞船或星际基地上用来模拟实在的设备，其主要用途是娱乐和训练。它最先出现在电视连续剧《星际旅行》的动画版中(1973—1974)。《星际旅行》(Star Trek，或译《星际迷航》)是科幻娱乐界史上最受欢迎的名字之一，也是电视史上最受欢迎的电视系列剧之一；它是个总称，指的是全部设定在同一个虚构宇宙中的六代科幻电视系列剧(总共726集)、十一部电影、上百部小说、电视游戏以及其他虚构作品，该宇宙是由吉恩·罗登贝瑞(Gene Roddenberry)于1960年代初期到中期所创造。——译者注

② 参看普特南：《理性、真理和历史》，童世骏、李光程译，上海译文出版社，2005年。——译者注

学家希望“经历”(或产生幻觉)的任何情况或环境。他也可以删除大脑被做过手术的记忆,如此这个受骗者在他自己看来就一直处于这种环境之中。甚至对于这个受骗者来说这样也是可能的:他正坐着并在阅读这些关于一个有趣的但却是十分荒唐的假设的文字,这个假设说有一位邪恶的科学家,他把人们的大脑从他们的身体中移出来,并把它们放置在一个装有营养液的缸中以便使它活着。它的神经末梢被设定与一台超级科学计算机相连接,从而使得这个人的大脑产生一种幻象……

当这种可能性被一个有关知识论的讲演提及时,当然,目的是要以一种现代的方式提出有关外部世界的古典怀疑主义问题。(你怎么知道你不是处在这种困境之中呢?)但是这种困境也是一个有用的装置,能够用来提出关于心灵与世界关系的议题。

与仅仅有一个大脑装在一个缸中相反,我们可以想象所有人(也许所有有感觉的存在物)都不过是装在一个缸里的各种大脑(或者缸中的各个神经系统,假如一些只有极小的神经系统的存在物也已被算作“有感觉的”)。当然,这位邪恶的科学家必定是在外面的——难道不是吗?也许不存在邪恶的科学家,也许(尽管这是荒唐的)这个宇宙刚好偶然是由一套自动的机器组成的,而这套机器能够照料一个大缸中充满的各式大脑和神经系统。

这次让我们假设,这套自动的机器已经被设置好程序,从而能够给予我们所有人一种集体的幻觉(collective hallucination),而不是大量分离的、毫无联系的各种幻觉。因此,当我在我自己看起来是在和你谈话,你在你自己看起来是在听我说话。当然,情况并不是这样:我的话语实际上到达你的耳朵——因为你并没有(真实的)耳朵,我也没有一个真实的嘴和舌。毋宁是,当我说出我的话时,所发生的是,从我大脑中输出的脉冲到达了计算机,这使得我“听见”我自己的声音在说出这些话语,并且让我“感觉”到我的舌头在动,如此等等,同时也使你“听到”我的话语,“看见”我在说话,如此等等。在这种情况中,在某种意义上,我们实际上是在交流。我没有弄错你的真实存在(仅仅是关于与大脑相分离的你身体的存在和“外部的”世界)。从某个观点来看,“整个世界”是一个集体的幻象,这甚至没有关系;毕竟,因为当我跟你说话时,你确实真的听见我的说话,即使这个机制不是我们所假设的那样。(当然,如果我们是两个在做爱的恋人,而不是两个在进行谈话的人,那么这只不过是在一个缸中的两个大脑,这个提议就可能让人恐慌了)

文章来源:“‘缸中之脑’的案例”选自希拉里·普特南《理性、真理和历史》(*Reason, Truth, and History*),1981年,第5-7页。获得剑桥大学出版社(Cambridge University Press)许可后重印。

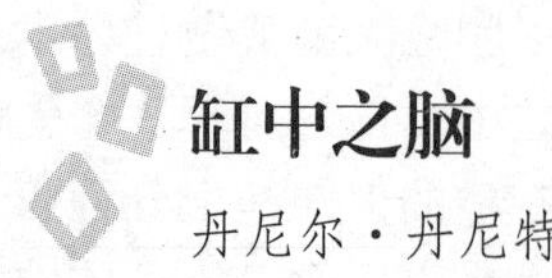

缸中之脑

丹尼尔·丹尼特

假设邪恶的科学家们在你睡着时把你的大脑从你的身体中移出来,并把它安置在一个有生命维持系统(life-support system)的缸中。假设他们然后开始哄骗你相信,你不过只是一个缸中之脑,但仍然能起床走动,能够正常地表现真实世界中的行为。"缸中之脑"这个老故事,是很多哲学家工具箱中特别喜爱的思想实验。这是现代版的笛卡尔的恶魔,即有一位想象中的魔术师一心想绝对地在每一件事情上欺骗笛卡尔,包括他自己的存在。但是正如笛卡尔所考查到的,如果他不存在,甚至一位有无限权能的恶魔都不能欺骗他而让他认为他自己存在:"我思,故我在。"今天哲学家们不怎么关注要证明自身的存在是一个思维的存在物(也许是因为他们认定,笛卡尔已经把这个事情解决得非常令人满意了),而是更多地关注原则上我们能够从我们对自身本性(nature)的经验,和我们(明显地)生活于其中的世界本性的经验中,得出什么样的结论来。你可能只是一个缸中之脑?你可能一直不过是一个缸中之脑?如果是这样,你甚至能够设想到你的困境(predicament)吗(更不用说证实它了)?

"缸中之脑"这个想法是探讨这些问题的一个生动的途径,但是我想把这个老故事另作他用。在标准的思想实验中,很显然,科学家们会全力从你所有的感官中为神经残余(nerve stumps)提供正确的刺激,从而实施欺骗,但是哲学家们为了论证都已假定:不管这个工作在技术上有多困难,它在"原则上是可能的"。一个人应该谨防这些原则上的可能性。建一条不锈钢梯子直达月亮,或者,按照字母顺序,把所有的能理解的英语对话用少于1 000字写出来,这些在原则上也是可能的。但是这些没有一个在事实上有哪怕一丝的可能性,有时,正如我们将看到的,事实上的一个不可能之事在理论上比一个原则上可能之事更有趣。

接下来,让我们思考一下这些邪恶的科学家面对的是一件多么让人惧怕的工作。我们可以想象他们是从一些容易开始的事然后逐渐到困难的工作。他们从一个便利的昏睡状态的大脑开始,想要保持它的存活,但是缺乏来自视觉神经、听觉神经和躯体感觉神经的所有输入,和所有其他生理传入或输入到大脑的通道。有时可以假定,这样一个"非传入式的"(deafferented)的大脑会自然地永远停留在一个昏睡状态中,不需要任何吗啡来保持它处于休眠状态,然而这里有一些经验的证据可以表明,在这些极其糟糕的境况下,自发地醒来仍可能发生。我想我们可以假设正是你在这种状况下醒来,你会发现你自己正处于可怕的危境之中:瞎了,聋了,完全麻木了,对你的身体动向没有感觉。

为了不想吓坏你,接着,科学家们安排通过线路系统把立体音乐(已经恰当地编码成神经冲动)输送进你的听觉神经来唤醒你。他们也会安排正常地来自你内耳前庭系统或内耳的一些信号,以此来表明你正平躺着,然而实际上是瘫痪了,麻木了,瞎了。这很可能在不久的将来技术精湛了就不成障碍了——也许甚至今天就是可能的。然后他们可能继续刺激这些用来使你的表皮受到神经支配的各种通道,向它提供这种正常地产生于你身体的腹部皮肤的一种柔和的、甚至温暖的感觉输入数据,而且(越来越有想象力了)他们会以某种方式刺激背部表皮神经来模拟细沙压在你背部的刺痛感觉。“好哦!”你对自己说,“我在这里,躺在海滩上,瘫了瞎了,正听着非常美妙的音乐,但可能有晒伤皮肤的危险。我是怎么到这里来的,而且我如何能够获得帮助呢?”

但是在完成所有这些之后,现在假设科学家要应对一个更困难的问题,就是说服你——你不是一个海滩上的马铃薯,而是在这个世界上能够进行某种形式的活动的代理人(agent)。他们开始往前迈出一小步,决定取消你假想的身体的部分“麻痹”,从而让你的右手食指得以在沙里摆动一下。他们允许移动你的手指的感觉经验发生,通过在你的神经系统的输出或传出神经部分,给予你一种动觉的反馈和与此关联的有意志的信号或运动神经的信号,从而使这种感觉经验得以完成,但是他们也必须安排从你假想的手指中去除这种麻痹,并且为这种感觉——想象的沙子环绕着你的手指运动会引起这种感觉——提供刺激。

突然,他们面临一个很快将失去控制的问题,因为沙子如何被感觉依赖于你决定如何移动你的手指。计算恰当地反馈这个问题,产生或组成它,然后即时把它传送给你,甚至是最快的计算机也很难对付这种计算,而且如果邪恶的科学家决定,通过预先计算和“录制”(canning)好所有可能的反应来重播(playback),从而解决这个即时问题(the real-time problem),那么他们只不过是以一个未解决的问题来换取另一个未解决的问题:有太多的可能性不能储存了……

这些科学家撞到一堵熟悉的墙;在每一个电子游戏(video game)无聊的刻板模式中我们都可以看到它的阴影。向行动开放的可供选择之物必须被严格地——不切实际地——限制于保持世界反映者(world-representer)这个任务处于可行的界限之内。如果科学家们不过是让你信服,你是注定要一辈子玩《大金刚》(Donkey Kong)[①]这种游戏,那么他们确实是邪恶的科学家。

对于这种技术问题,这里勉强有一种解决方法。例如,在高度逼真的飞行模拟装置上,这种解决方法被用来减轻计算的重负——在虚拟世界(the simulated world)中使用各种物品的复制物。使用一个通过液压挺杆来推拉的真实驾驶舱,而不是试图去模拟所有飞行员在训练中在座位上喘气的输入数据。简言之,你只有一种方法

---

① 《大金刚》最早是由日本游戏公司巨头任天堂于1981年推出的一款街机游戏。里面的游戏人物“大金刚”,是一只八百磅重的身强力壮的大猩猩。——译者注

来存储达到关于探索一个想象的世界的更多信息，这就是用一个真实的（虽然小或人造的或用熟石膏）世界来存储它的信息！如果你是那个在一切事物的绝对存在上声称欺骗了笛卡尔的恶魔，这就是“欺骗”，但是这是一个决不需要无限的资源就能实际上完成这个工作的方法。

笛卡尔赋予他想象中的恶魔以无限的欺骗魔力，这是聪明的。严格说来，尽管这个工作不是无限的，但是这个信息的数量，要由一个好奇的人迅速地获得，也是惊人的巨大。工程师们测算信息流量是用每秒多少比特（bits），或者是信息流过的通道的频宽（bandwidth）。电视比广播需要更大的频宽，而高清电视（high-definition television）需要有比一般电视更大的频宽。能身临其境的高清电视（high-definition smello-feelo television）比高清电视又需要更大的频宽，互动式（interactive）的身临其境电视则需要一个天文数字般巨大的频宽，因为它始终需要分成成千上万条不同的纤细的轨线来通过这个（想象的）世界。丢给一位怀疑论者一枚可疑的硬币，在一两秒钟内掂量、刮、敲、尝，直直地盯着阳光是如何在它表面闪耀，这位怀疑主义者所消耗的信息比特会比一台克雷（Cray）[①]超级计算机一年内所能处理的信息还要多。造一枚真实的但却是假冒的硬币是轻而易举之事（child's play）；仅仅通过各种有组织的神经刺激来制造一枚虚拟的硬币，目前或许永远超越了人类的技术水平。[②]

我们可以从这里得出一个结论就是，我们不是缸中之脑——以免你担心。我们似乎可以从这里得出的另一个结论就是，各种强烈的幻象（hallucinations）都是确实不可能的！一个强烈的幻象，我指的是真实世界中的一个明显的具体的和能够维持立体的对象——与各种闪耀、几何变形、灵光、残像、转瞬即逝的幻肢（phantom-limb）[③]经验以及其他异常的感觉相反。一个强烈的幻象有可能是，比方说，一个会顶嘴的幽灵，允许你摸它，有固体的抗拒感，能够投下影子，从任何角度都能看见它，因此你能够围着它转，并且看看它的背面到底是什么样子。

各种幻象大体上都能通过它们所具有的这些特点的数目在强度上划分等级。非常强的幻象报告是极少的，因此现在我们能够明白为什么在这个方面没有意见一致，即这些报告的可信度在直觉上似乎是，与被报告幻象的强度成反比。我们——应该——特别地怀疑那些非常强的幻象报告，因为我们不相信各种幽灵存在，而且

① 西摩·克雷（Seymour Cray，1925—1996），美国人，超级计算机之父。1972年，他组建克雷研究公司，开始研制克雷-1巨型计算机，并于1976年完成第一台，其运算速度达到每秒8 000万次。——译者注

② 用来娱乐和研究的“虚拟实在”系统的发展，目前正进入一个繁荣时期。这种技能的状况令人印象深刻，电子操控手套提供了一个用来“操控”虚拟对象的令人信服的界面，头盔式视觉显示器允许你探索相当复杂的虚拟环境。尽管如此，这些系统的局限性是很明显的，因此它们支持了我的观点：只有通过各种不同的物理复制品和图式（一个相对粗糙的反映）的混合，才能维持富有活力的幻象。即使在它们最好的状况下，它们都是虚拟的超现实的经验，你一刻都不会把它们误以为是真实的东西。如果你真的想愚弄某人，让他认为自己正和一只大猩猩一起关在笼子里，那么找一位演员来穿上大猩猩的服装，将长时间内是你最好的赌注。

③ 幻肢，指一个已经被锯掉的肢体仍然附着于身体，并和身体的其他部分一起恰当地运动。——译者注

我们认为只有一个真实的幽灵才能产生一个强烈的幻象……

但是如果发生过的真正的强烈幻象还不为人知,那么毫无疑问,令人信服的、多模式的幻象正被我们经常地经验到。临床心理学的文献已经很好地证实了的各种幻象,经常是一些精细的幻想,远远超出了当前技术的生产能力。单单一个大脑究竟如何能够做到,那么多组科学家和计算机动画绘制者发现几乎是不可能之事呢?如果这些经验都不是心灵"之外"的某个真实事物真正的或真实的感知,那么它们一定是整个地产生于心灵(或者大脑)之内,纯属虚构,但是它逼真得足以愚弄编造它们的心灵。

文章来源:《意识的解释》(*Consciousness Explained*)丹尼尔·丹尼特著,1991年版,已经李图·布朗公司(Little Brown & Company)①授权。

生命、性和死亡能成为计算机革命的一部分吗?

帕特·科恩(Pat Coyne)

计算机制图已经成为日常生活的一部分。在十年内,伴随着彼得·格林纳威(Peter Greenaway)②的电影《普罗斯佩罗的魔典》(*Prospero's Books*),它们已经侵入电视、军事、游戏、广告、好莱坞,甚至是高品位的欧洲艺术中来。从最原始的开端——通过单声道屏幕机器,例如仅仅有4千字节内存的辛克莱Z80,来模拟乒乓球游戏——现在,计算机制图程序运行在世界上最强大的机器上,创造出各种幻象,一开始是镜像,接着就是更好的现实。例如,耗资上亿美元的电影《终结者2:审判日》(*Terminator 2: Judgement Day*)③,影片中反派主角能从监狱的栅栏之间滑出来,熔化并重新形成许多不同的形状,所有这些都不是使用特技摄影(trick photography),而是数码合成(digital manipulation)技术。

现在的流行语是"人机互动"(interactive)。被动地坐着看各种电子奇观在你眼前展示,这是不够的。你必须参与。那就最简单的来说,例如电脑游戏,为了免遭歼灭,一群魔鬼刺猬迅速穿过各种圈圈和管子。

更进一步的是家庭互动系统,例如已经上市的由飞利浦制造的CD-i,它组合了

---

① 李图·布朗公司是一家出版社,由查尔斯·柯分·李图(Charles Coffin Little)和他的合伙人詹姆斯·布朗(James Brown)创建。——译者注

② 彼得·格林纳威(1942—),英国前卫电影导演。其代表作品《厨师、大盗、他的老婆和他的情人》(1989年)是对当时英国生活腐败的讽刺寓言,使它在美国成为备受争议的议题;《普罗斯佩罗的魔典》(1991年)是他最具实验性的电影,在片中他采用一种革命性新仪器称作"电子绘具箱",使影像交错做复杂多重曝光与影像重叠,引发观众的回响。——译者注

③ 电影《终结者2:审判日》,由好莱坞鬼才詹姆斯·卡梅隆导演,施瓦辛格主演,它是20世纪最值得收藏的科幻电影之一。——译者注

家庭里所有的电子装置——电视、录像、CD 机、摄像机——由一台计算机来控制。这就让使用者能够混合、调配摘自电视上的图像,从摄像机那里添加绘图或录像,从 CD 那里添加音乐,快播或慢播,至少在理论上允许每个人能够制作他们自己原创的电子艺术。

但是现在兴趣的真正焦点是虚拟实在,创造全新的感官世界。最简单的就是,只要给手和身体装上传感器,并戴上一个头盔,头盔内部有两个小的电视屏幕,能够给他或她呈现新现实的立体景象。在这个世界里,你不需要有任何的约束。你可以飞翔,跳过任何不可能的距离,做出难以置信的创举,拜访火星或木星,做任何你高兴的事情。

这时,虚拟实在的图像和动作还相对地粗糙,但是这是计算机威力的一项简单功能。当计算机变得更加强有力,程序和传感器也变得更加精密时,现实的实在与虚拟的实在之间的差别会变得越来越小,也许最后消失了。毕竟,作为感官的大脑经验实际上都是电子和化学的刺激物,至少在原则上,它能够被复制。

接下来会怎样?为什么把传感器限制在四肢和头部呢?下一步最显然的就是虚拟性爱,或电子性爱机(teledildonics),正如在商贸中它正逐渐为人所知(也是虚拟的)。到目前为止,电脑色情作品仅限制于静止的图片,以电脑软盘形式传播或从电脑的布告栏里下载,即使用超级显卡解码,也是相当枯燥乏味的玩意儿。但是现在我们有可能制造出充气娃娃的数码代替品,它可以无限地变得更加精致,并且可以通过预先设置来满足各种奇异的口味。就像我们现在租用他们的录像一样,我们能够租用我们喜爱的电影或电视男演员的电子版本,从而享受他们的身体吗?

确实,电子性爱机使最终的选择成为可能——一种无限多样的安全性爱。把你的电视摄像机对着一群人,然后从中选出一个你爱慕的,接着让你的摄像机停留得足够长以便搜集所有必要的数据——体形、外貌、肤色以及身体的节奏等等。也许可以做一次公众采访以便捕捉到声音的情态和面部表情。把数据下载到计算机中,让它来计算所有必要的参数,设定你自己的激情水平,喜欢的位置,行为的持续时间,性高潮的时间,然后对着图标双击鼠标即可。

对于那些足够勇敢去寻找虚拟经验的极限的人来说,这早晚会有一种"死亡"程序。电脑游戏节目表里充塞着大量各种各样的"痛扁他们"和"射杀他们"的游戏,在其中玩家被鼓励去使用枪、导弹、拳、脚以及任何其他可以使用的武器来重创他们的对手。虚拟实在为这些游戏提供了一个逻辑延伸。你可以潜行到按照你的选择而设置好的猎物旁边,装备上你最喜欢的武器(也可以赤手空拳,如果这是你的喜好)。把枪瞄准,方向、弹道和后坐力都会被准确地计算。计算机将准备好肌肉、骨骼的抗拉强度,动脉、心脏的收缩压强,以便制造最真实的创伤模拟,提供 24 比特的色彩,超过 1 600 万个色度,超过人类肉眼能够分辨的数量。受害者的尖叫声将用 20 个频道的立体音响系统合成,计算程序模仿人类的新陈代谢将提供一个真实的预测——生还是死。任务完成后,你可以去掉头盔,轻松地享受一下你的电子商场里的另一部分,或是肖邦的一个前奏曲。毕竟,它不会是真的,是吗?

文章来源:《电介质(生命、性和死亡能成为计算机革命的一部分吗?)》,帕特·科恩著,载《新政治家与社会》(*New Statesman & Society*)第六卷第31页,1993年3月19日。

托马斯·霍布斯

托马斯·霍布斯(1588—1679)是(在我看来)最有影响力的政治理论家和用英语写作哲学的最杰出的文学文体家。他出生时,恰逢英国遭受西班牙无敌舰队攻击威胁的时期,谣言四起,霍布斯成长在莎士比亚和伊丽莎白一世时代。在他的早年,霍布斯担任年轻的德芬郡伯爵(Earl of Devonshire)的家庭教师,30 多岁时,他遇到了伟大的科学哲学家弗兰西斯·培根(参看第四章)。

在霍布斯快要 50 岁时,天主教的斯图亚特王朝①(the Catholic House of Stuart)与清教徒(Puritans)②之间的政治斗争变得越来越白热化。由于担心自身的生命安全,霍布斯于 1640 年流亡巴黎,那时刚好英国内战爆发了。随着英国国王查理一世(Charles Ⅰ)③被清教徒处死,保皇党为之奋斗的事业已日薄西山。1651 年,霍布斯出版了他最伟大的著作《利维坦》(*Leviathan*),在其中他以最优美、最简练的方式阐明了他关于物质、知觉、欲望、社会契约和国家的理论。

在 1651 年底,霍布斯回到英国。尽管他一般被认为是斯图亚特王室(1660 年复辟)的支持者,但是实际上霍布斯试图设法与这场剧烈争斗的双方保持距离。保皇党对他有猜疑,因为他主张君主的绝对权威来自于人民的意志;清教徒则把他看作是敌人,因为他教导说,社会的和平只能来自于对君主意志的绝对顺从。

在 63 岁返回英国之后,霍布斯又活了 28 年,期间写了一系列重要的作品,使他声名大噪。他死于 1679 年,比英国政治上的第二次大剧变即 1688 年的光荣革命(Glorious Revolution)不过早几年。霍布斯也许是因为对生活在一个没有"孤僻、拙劣、龌龊、残酷、粗暴"的强权统治者的社会所作的著名描述而名垂青史。最近几十年来的政治事件,使得他再次成为一个备受关注的作家,人们希望从他那里获得对于我们的社会与政治状况的洞见。

---

① 斯图亚特王朝,是 1371 年至 1714 年间统治苏格兰和 1603 年至 1714 年间统治英格兰和爱尔兰的王朝。王室成员都有天主教背景,与信奉新教的民众产生矛盾。——译者注

② 清教徒,指 16 和 17 世纪要求清除英国国教中天主教残余的改革派。其字词于 16 世纪 60 年代开始使用,源于拉丁文的 Purus,意为清洁。清教徒信奉加尔文新教,认为《圣经》才是唯一最高权威。由于天主教的迫害,部分清教徒移居至美洲。——译者注

③ 查理一世(1600—1649),英国历史上唯一一位被公开处死的国王。1649 年 1 月,特别法庭开始审判查理一世。27 日,135 名特别法庭中成员中 59 人签署了由克伦威尔下达的处死国王的命令。罪名是背叛他的国家,背叛他的人民。30 日,查理一世在白厅宴会厅前被斩首。——译者注

第三章
形而上学与心灵哲学

与此一道的是卡斯卡特(Cathcart)和克莱恩(Klein)关于古老的形而上学问题自由意志(free will)和决定论(determinism)的解释,同时也结合一些有关上帝和高尔夫球之间的关系这个广为流行的话题的考查。

摩西(Moses)、耶稣(Jesus)和一个胡子老头①一起在打高尔夫球。摩西打了一杆长球,球落在球道上,但是直接滚向了水塘。摩西举起他的球棒,把球与水分开,于是球安全地滚到了另一边。

耶稣也朝这个水塘方向击了一杆长球,但是当球就要落在中央的时候,它只在表面上盘旋。耶稣漫不经心地走到水塘边,近穴击球进果岭(green)②。

胡子老头击球,结果球撞到了栅栏,反弹出到马路上,马路上迎面驶来的卡车又把球弹回到球道上。接着球直冲向水塘,但是刚好落在一片睡莲叶上,一只青蛙看见了,就将它一口吞到嘴里。一只老鹰猛地向下俯冲,抓着青蛙马上飞走。当老鹰和青蛙经过果岭时,球从青蛙嘴里掉下,落入球洞,正好是一杆进洞。

摩西转向耶稣,说:“我讨厌和你老爸打球。”

---

① 胡子老头暗指上帝,在基督教中,上帝是圣父,耶稣是圣子。——译者注

② 果岭,高尔夫球运动中的一个术语,指位于高尔夫球场球洞所在的小山丘,该山丘上通常会将草修剪得较短。选手在打球时,第一个目标即是将球打上果岭,再进一步以推杆来进球。——译者注

第一节　形而上学是什么?

几年前,曼哈顿(Manhattan)[①]电话簿的工商广告黄页上,在“五金”和“气象学家”之间出现了“形而上学家”(Metaphysician)这样的条目。这位不知姓名的绅士,已经在格林威治村挂起了他的招牌,显然是准备为所有前来的人提供形而上学服务从而收取服务费。这个条目在下一版黄页中就消失了,然而我还是很想知道他提供的是什么样的服务,以及当他的顾客们找到他时,他们设想自己将要得到什么。

什么是形而上学(metaphysics)? 或者我们应该问,哪些学科是形而上学? 这个术语自身是一个纯粹的历史偶然事件。伟大的希腊哲学家亚里士多德,就一些基础性的问题写了一系列的文章,而这些问题关涉到存在(being)的最基本分类或范畴,以及一些最普遍的概念,凭借着这些概念我们能够思考什么东西存在。他把他的这些讨论称为第一哲学(First Philosophy),不是因为它们是关于最容易理解的事物,而是因为它们是关于基础性的东西(fundamentals)。亚里士多德去世之后几百年,当另外一些哲学家在注释他的各种论证并研究他的版本与手稿时,他们发现亚里士多德有关第一哲学的文章是紧跟在关于物理学的著作之后的。由于这些文章都没有名字,所以他们便用希腊文命名为“ta meta ta physika biblia”,即“物理学之后的著作”。最后,它被简称为《物理学之后》(*The Metaphysics*),在这个标题下所处理的论题就称作“形而上学”(metaphysics)[②]。很不幸,几个世纪之后这个前缀“meta”即“……之后”获得了一种虚假的意思,即“超……”(super)或“超出……之外”(going beyond)又或者“超越感官知觉”(transcending sense perception)。因此形而上学就被认为是以某种方式来处理什么东西超越于物理学之上,处理什么是超自然的、玄妙的和神秘的东西。也许这就是我们格林威治村形而上学家的顾客们所期待的——与超越经验的灵界相接触。

在哲学中,形而上学并不是一个单一的领域或学科,而是一个装有各种各样问题的杂物箱,它的范围和意义非常广阔,以至于它们看起来对哲学的其他每一个领域实际上都有影响。让我来提及几个问题,它们正是在“形而上学”这个标题下被哲

① 曼哈顿,美国纽约市中心的一个岛,介于哈得逊河与东河之间,面积57.7平方千米,是世界金融、商业中心地带。南端的华尔街是许多大银行、大交易所和大垄断组织的聚集中心。百老汇、华尔街、帝国大厦、格林威治村、中央公园、联合国总部、大都会艺术博物馆、大都会歌剧院等名胜都集中在曼哈顿岛。——译者注

② 形而上学,在现代哲学中,就是研究事物本质的各种最基础原理的学问。这个术语源自于对亚里士多德写的一系列文章的早先描述,他称作“第一哲学”,在亚里士多德著作的版本中位于物理学的后面(ta meta ta physika,即“物理学之后”)。

学家们所处理的。这样,你将会很快明白为什么这个哲学分支长期以来被认为是真正基础性的。

首先下面这些都是基本问题:事物可以被分为哪些类型?任何事物可以被归入其中的这些范畴是什么?是空间中的物体(physical bodies)还是心灵?是事物的属性吗,例如大小、形状、颜色、气味、硬度或味道?是事件吗,例如一个物体从一个地方到另一地方的运动,或者一棵树从种子开始的生长过程,又或者一张叶子从枯萎到变成褐色的颜色变化过程?是心灵中的诸观念吗,还是思想、情感或感官知觉?有多少种不同的范畴?某些种类的事物能够简化为其他种类的例子吗?有一套用来分类事物的普遍范畴吗?我们将怎么看待特殊的事物呢,比如数字"3",在任何一般的意义上,它似乎不存在,但是另一方面几乎不能说它不存在?(说不存在像数字"3"这样的东西,这听起来当然就有些奇怪了)

接下来是一些更具体的问题:什么是空间?什么是时间?它们是有维度的吗?它们是事物存在与发生的容器吗?还是事物之间的关系?抑或是我们对事物知觉的形式?空间中能够什么东西都不存在吗——正如它被哲学家和科学家称作一个"虚空"(a void)?一段时间中能够绝对地什么事情都没有发生吗?有完全空无的时间(empty time)存在吗,期间没有任何东西发生,甚至也没有任何东西存在?在什么意义上说有"空无"的时间和"空无"的空间,就好像它们是巨大的盒子在等待着装进点什么东西?

有作为灵魂(soul)这样一种东西吗?它是由物质(physical matter)组成的吗?如果不是,那么它是什么呢?灵魂与心灵(mind)是一样的吗?灵魂能够脱离身体(body)而存在吗?它是怎样做到的呢?身体消亡之后灵魂还能继续存在吗?在灵魂与身体相关联之前,或植入身体之前,它们就已经存在了吗?灵魂与身体是什么关系呢?心灵与大脑是一样的吗?身体只是心灵的一个观念吗?

过去存在吗?如果不存在,那么除了此刻存在的所有东西外没有任何东西存在?如果过去确实存在,那么它在哪里?是否有一个过往事物的宇宙呢?是否也有一个未来事物的宇宙?是否有一个整体的各色各样的可能世界与我们生活于其中的现实世界相伴随呢?某物有一种可能的存在(possible existence),这样说有什么意义吗?

所有我的行动都绝对地与先前的行动有因果性决定,还是我在某种意义上对各种各样可能的行动进行自由的选择?如果我注定要这样行动,那么我还能够认为我应对自己的所作所为负责吗?如果我是自由的,那么我的自由的本质是什么?我是一个什么类型的事物,以至于我应该有这种奇怪的能力来自由地行动?

为什么宇宙中有某物存在呢?为什么一般来说宇宙中有某物,而不是什么都没有呢?宇宙在根本上就是荒谬的吗,还是它有某种理性的意义?它是被创造的吗?它永恒存在吗?我甚至能够为宇宙设想出一个令人满意的理由吗?在空间上,宇宙是不是从我这里无限地向外延伸的呢？它会永远存在吗？

最后，不过当然不是最不重要的：是否有一位无限的、全能的、全知的万物的创造者——上帝？

如此看来，没有人能够指责形而上学是在鸡毛蒜皮的事情上浪费时间。然而，我们怎样才能在单单一章的范围内处理一个如此广阔的领域呢？按照前面各章的做法，我们将开始聚焦一位伟大的哲学家托马斯·霍布斯的生活与思想，他是用英语写作的最具煽动性的思想家之一。尽管霍布斯写过很多主题，包括社会契约理论和国家的本质，但是我们将聚焦于他的形而上学理论，我们可以用一个词来描述这种理论就是“唯物主义”(materialism)。

在对霍布斯是如何看待世界以及世界中的人有了一个一般认识之后，我们将来看一个最古老的、最富挑战性的形而上学问题，这个问题通常被哲学家们称为“自由意志与决定论”。正如我们将看到的，霍布斯对这个问题持一种非常具有争议性的并且是毫不妥协的立场。

最后，我们将简短审视一下心灵(mind)与身体(body)的关系问题。

直到我们都完成这些内容，你才会对什么是形而上学，以及一些伟大的思想家是如何着手处理这些最困惑人的问题的，有一个很好的了解。

第二节　霍布斯的唯物主义

著名的美国逻辑学家与哲学家威拉德·范·奥尔曼·奎因(Willard van Orman Quine)[①]，在他一篇著名的论文中——写于半个多世纪以前——是以下面这种假心假意的考查开篇的：

> 本体论问题(ontological question)的奇特之处就在于它的简单性(simplicity)。它可以用三个盎格鲁-撒克逊(Anglo-Saxon)[②]的单音节词来表达：“何物存在？”(What is there?)而且我们用一个词来回答这个问题：“所有东西(Everything)。”所有人都会把这个回答当作真的来接受。然而，这只不过是说存在的东西是存在的。关于各种具体事件，仍然存在着意见分歧的可能性；所以这个议题诸世纪连绵地延续下来存活至今。[③]

---

① 奎因(1908—2000)，一生著作宏富，主要有：《数理逻辑》《逻辑方法》《集合论及其逻辑》《从逻辑的观点看》《语词和对象》《逻辑哲学》等。——译者注

② 盎格鲁-撒克逊，指英国人、英国、英语。——译者注

③ 参阅奎因：《从逻辑的观点看》，江天骥、宋文淦、张家龙、陈启伟译，上海译文出版社，1987 年，第 1 页。——译者注

奎因是对的:这个议题确实诸世纪连绵地延续下来存活至今。总的来说,哲学家们并不为具体事物争论,而是为存在哪些类型的事物而争论。就像这小小的三个字(What is there)可能看起来简单,但是要找到一个所有人都同意的答案那就极其困难了。

下面是一些不同类型的事物,哲学家们说过它们是存在的:物体(physical bodies),包括大型物体例如恒星和行星,中型物体例如树木、房子和人的身体,还有非常小型的物体例如原子;心灵,或灵魂,或精神(spirits)——不仅仅是人类的心灵,还包括天使、魔鬼、世界灵魂(world-souls)、当然还有上帝;数,几何图形(三角形、正方形等);逻辑关系,例如"如果……那么……""或者""非……";感官知觉,例如嗅觉、味觉、声音、视觉和触觉;情绪,例如愤怒、喜爱、嫉妒和爱慕;物体的属性或特征,例如优柔性、硬度、可溶性、密度和弹性;甚至想象的或虚构的事物,例如奋进号星际飞船、超人和阿尔夫(Alf)外星人。

如果你回顾一下2 500年的西方哲学,你就能发现至少有一位重要的思想家为每一个上述类型事物的存在辩护过。德谟克利特(Democritus)①认为物体存在(当然,很多其他哲学家也这么认为);莱布尼茨认为心灵或灵魂存在;柏拉图认为数和逻辑关系存在;休谟认为感官知觉存在;迈农(Meinong)②认为可能的对象例如阿尔夫存在(是某种特殊意义上的存在)。

然而为了着手处理这种混乱状况必需进行简化,我们可以说,在整个论辩的历史中,实质上存在着三种占支配地位的立场,哲学家们给它们贴上了这样的标签:唯物主义(materialism)、唯心主义(idealism)和二元论(dualism)。唯物主义是这样一种理论,它主张空间中的物理对象(physical objects)是唯一存在的东西——其他所有东西,甚至心灵或精神,经过更严密的检查之后,发现它们正好都是物理对象的混合物。唯心主义是这样一种理论,它主张心灵或精神是唯一存在的东西——其他所有东西,甚至物体(physical bodies),经过更严密的检查之后,发现它们正好都是心灵,或者心灵中的观念。二元论(现在你应该可以把这个弄清楚了)是这样一种理论,它主张世界上存在着两类不同的基本事物——物体(bodies)和心灵(minds)——它们任何一方都不能化约为或分解为另一方。

古希腊的原子论者们——在第一章已经简短地讨论过——都是唯物主义者(materialists)。他们主张,万物,甚至灵魂或精神,都是由非常小、非常细微的物质粒子组成的,这种物质粒子他们称作"原子"。托马斯·霍布斯,比那些早期哲学家的时代要晚2 000多年,他的写作正是要为这完全相同的理论作辩护。霍布斯是自古

---

① 德谟克利特(约460—370B.C.),古希腊伟大的唯物主义哲学家,原子唯物论学说的创始人之一。他认为,万物的本原是原子和虚空。原子是不可再分的物质微粒,虚空是原子运动的场所。人们的认识是从事物中流射出来的原子形成的"影像"作用于人们的感官与心灵而产生的。——译者注

② 迈农(1853—1920),奥地利哲学家、心理学家,新实在论者。其主要著作有:《假设论》《对象论》《对象论在科学体系中的地位》《可能性与或然性》等。——译者注

希腊时代以来最杰出的、最富有洞见的、最具有一贯性的唯物主义者。让我们开始看一看霍布斯的唯物主义。

霍布斯用原子来解释物理宇宙一点困难都没有。追随古代的思想家，他把把世界描划成是由非常细微的原子组成的，而原子不停地在运动，偶然地相互碰撞，就像桌球。考虑到三百年来科学的进步，今天我们实质上仍然采取同样的观点。

霍布斯的问题——也是其他唯物主义者的问题——是怎样解释人类的心灵及其运作而不需要援引其他任何东西，除了原子的运动。欲望、厌恶、选择、沉思(deliberation)、感觉、语言，以及性格特征，如勇敢、贪婪或自豪，所有这些东西我们如何能给予一个纯粹物理的、原子论的解释呢?

霍布斯的回答既非常现代又非常令人疑惑。当光线射入我的眼睛或声音传入我的耳朵时，眼睛或耳朵中的原子开始振动——即开始运动。接着这种运动传递到它临近的各个原子，通过一系列的连锁反应继续传递下去，直到大脑中的原子开始振动。而大脑中原子的振动我们就叫作景象或声音，看见或听见。当我在思考某件事情时，所发生的就是某些原子以一种特殊的样式在振动。

如果你愿意，想一下电视节目《星际旅行:下一代》(*Star Trek*: *The Next Generation*)中的指挥官百科(Data)。百科是一个人形机器人，当吉欧弟(Geordie)在他头上升起一面旗子来表示定期维修时，我们发现他实质上是一个非常复杂、非常精密的电子机器。很多《星际旅行》最富煽动性的剧集都在处理一个令人迷惑的问题:百科还活着吗? 他是一个人吗? 1992—1993 年季度的最后一集甚至出现了这样的问题:百科能感受情感吗?

霍布斯的回答——如果他被突然传送到 20 世纪——会是:百科正如我们任何一个人一样是活着的，因为我们全都不过是非常复杂的机器而已。

现在，从表面上看，这个听起来并不十分正确。今天，我们被一些极度复杂的机器围绕着，其中一些——例如我正在用来写出这些文字的这台电脑——能在转瞬间做出令人惊叹的事情。但我并不认为我的电脑是活着的，我也不认为我的汽车、烤炉、iPod 媒体播放机、电话答录机是活着的。它们都是非常复杂的机器，但它们并不活着。而且，我不认为当它们变得越来越复杂时，它们正越来越靠近活着。

对于唯物主义者例如霍布斯来说，真正的考验不是解释各种复杂的机器——因为在霍布斯的时代没有如此复杂的机器，也不是解释复杂的物理现象例如日蚀、燃烧或人的眼睛。不，真正的考验是解释什么才是最特殊地属于人类的，即欲望、厌恶、选择、沉思和行动。不管一台电脑有多复杂，没有人认为它会欲求什么东西。它只不过是运行已经装载给它的任何程序而已。

霍布斯意识到，欲望、沉思和选择——简言之，意志——对于他的哲学构成最大的挑战，而他迎头面对这个问题。下面的摘录选自他最重要的一部著作《利维坦》，在其中他着手去解释所有我们的能力和特质中那些最具人性的部分。

托马斯·霍布斯

《利维坦》①

在动物中有两类特有的运动(motions):一类叫作生命运动(vitall)。从出生时就开始,而且他们整个一生都不间断,例如血液流通、脉搏跳动、呼吸、消化、营养和排泄等过程都属于这一类。这一类运动不需要想象力(imagination)的帮助。另一类运动是动物运动(animall motion),或者叫作自觉运动(voluntary motion)。按照首先在我们的心灵中已想好的方式行走、说话、移动我们的任何肢体,就属于这类运动。感觉(sense)是人体各器官和各内在部分的运动,它是由我们所看到、听到的等等事物的作用引起的;而幻象(fancy)不过是这同一类运动的痕迹罢了,是感觉之后的残留物,这点我们已经在第一、二章谈过了。因为行走、说话等这类自觉运动总是依赖于一个先前的思想,如"往何处去""走哪条道""要说什么",很显然,想象(imagination)就是所有自觉运动最先的内在开端。尽管无知的人,压根就想不到那里有任何运动存在,因为那里事物的运动是不可见的;又或者事物进入的空间是不可感知的,因为它太小了;而这两个都不妨碍这些运动的存在。因为即令一个空间小得不能再小,这个小空间也是被驱动的东西移经较大空间的一部分,它必须首先移经这个较小的空间。在人体中,这些运动的微小开端,在它们表现为行走、说话、碰撞以及其他可见行动之前,一般称为努力(endeavour)。

这种努力,当它是朝向引起它的事物时,就称作意欲(appetite)或欲望(desire)。后者是通名(general name);另一个则往往只限于指对食物的欲望,即饥饿和口渴。而当努力是为了躲避某物时,就通常称作厌恶(aversion)。

人们欲望的东西,他们也称作喜爱(love)的东西;而讨厌(hate)那些事物,是因为他们厌恶。因此,欲望和喜爱是同一回事;而我们说到欲望时,总是指对象不在现场(absence)的情形;我们说到喜爱时,最通常的是指对象在现场(presence)的情形。因此,我们也用厌恶指对象不在现场的情形;用讨厌指对象在现场的情形。

意欲和厌恶,有一些是与生俱来的,例如对食物的意欲,排泄和排除的意欲(这两者可以称作对他们体内所感到的某些事物的厌恶,这样可能更合适),以及其他不多的意欲都是。其他对于特殊事物的意欲,是由经验引起的,是由于他们本人或其他人尝试其效果而引起的。因为对于我们完全不知道或认为不存在的事物,除了尝试以外我们不可能有进一步的欲望了。然而我们厌恶的事物,不仅仅是指那些我们知道已经伤害过我们的事物,而且还指那些我们不知道它们是否会伤害我们的事物。

那些我们既不欲望也不讨厌的事物,我们称之为轻视(contemne)、轻蔑(contempt),不过是心(heart)在抵抗某些事物的作用时的一种无动于衷(immobility)或

① 参阅霍布斯:《利维坦》,黎思复、黎廷弼译,杨昌裕校,商务印书馆,1995年,第35-38页。——译者注

不服从(contumacy),因为心已经由于其他更有影响力的对象而他移了,或者是因为对它们缺乏经验。

因为一个人身体的构造处于继续的变化之中,所以同一类事物便不可能总是引起他同样的意欲和厌恶。要所有人都赞同对任何一个单一对象都有欲望就更不可能了。

在感觉方面,真正在我们体内存在的仅仅是运动(正如我们已经说过的),它是由外在对象的作用而引起的。从表面上看,在视觉方面,就是光线和颜色;在听觉方面,就是声音;在嗅觉方面,就是气味;等等。因此,当这同一个对象的作用从眼睛、耳朵和其他器官继续进到心,这里的真正效果只是运动或努力,而它们就是由朝向运动的对象的意欲或躲避运动对象的厌恶构成的。

尽管霍布斯的文风奇伟,但是他的英语却是17世纪的,因此你会发现它有点难以理解。让我总结一下刚才你所读过的这篇短文要告诉我们什么。

除了原子的运动外,这个世界不存在其他事物,而原子,就像所有的物体一样,能够上下、前后、快慢地运动——再没有别的东西了。当我看到桌子上摆着食物时,所发生的就是,桌子上食物的原子(霍布斯还不知道光线是电磁辐射的一种形式)正进入我的眼睛,在这里它们触动了我视网膜上的原子,因而我的视网膜神经(optic nerves)开始运动。最后,作为眼睛里原子运动的结果,我大脑中一部分原子开始振动,而这就是我所说的"看见桌子上摆着食物"。

现在,我大脑中的这些振动,有时会触发与我的手脚相连的神经也发生振动;接着我手脚的肌肉发生收缩,于是我伸出手去拿食物,或开始走向它。根据霍布斯的说法,这就是我们所谓的"欲求食物"。在另外的情形下(也许因为食物开始腐烂了,发出一种特殊的气味刺激着我的鼻子),我开始远离这个食物。霍布斯说,这就是我们所谓的"对这个事物有一种厌恶感"或者也许是"不喜欢这个食物"。

当然,有时候我会在走向这个食物与躲避这个食物之间犹豫不决。也许我很饿,即便这个食物开始腐烂了。因此首先我大脑中的原子以这样一种方式在搅动我的神经,乃至于我开始朝着食物走过去;但接着我大脑中的原子以另一种方式在搅动我的神经,乃至于我开始躲避这个食物。有一阵子,我喜欢它,向它靠近,又远离它,向它靠近,又远离它。霍布斯说,这就是我们所谓的"反复考虑"(deliberating)或者"做决定"(deciding)。

最终,大脑中引发我走向食物的原子打败了引发我离开食物的原子,于是我的身体决定性地走向桌子上的食物。霍布斯说,这就是我们所谓的"愿意"(willing)或"下定决心"(determining the will)。

正如刚才我所陈述的,所有这些听起来简直就是太单纯了(simple minded)。确实,欲望、厌恶、沉思和意愿绝不止于这些!然而让我们想一会。我可以用神经生理学(neurophysiology)领域中一些现代的科学术语来使这个描述相当的复杂化,毫无疑问,一个完整的解释将比霍布斯所能告诉我们的要复杂详细得多。但是归根结底,这个描述不就是说各个原子在偶然地互相碰撞吗?或者如果你愿意,这个描述不就是说各个电子流通过各种神经通道吗?这里所说所做的,难道不是一种唯物主义的解释吗?毕竟,这种最终解释还可能是其他什么东西吗?

因此原则上,百科(data)也是一个人。或者至少,一旦他的神经电路系统变得足够的复杂,他就能成为一个人。百科和我之间唯一真正的区别就是,百科体内是各种线路和晶体管,而我体内的是各种神经细胞和液体。正如科学家们现在喜欢说的,我的身体是湿的而他的是干的。但是百科和我——当然还有你——都是物理的存在物(physical beings),我们所有的行为必然在原则上能用纯粹的唯物主义术语加以解释。

我们将在本章的余下部分详细地说说这个吸引人的又令人麻烦的观念,然而现在来考虑一下对于霍布斯描述的一个主要反驳,这个反驳我们可以标明为"意识的反驳"(consciousness objection),这也许是一个好点子。

意识的反驳是这样的:所有心灵的决定性特征——或者"本质"(essence),正如一些哲学家所用的——是意识(consciousness)。我意识到我自己、我的思想、情感、痛苦、快乐、希望、害怕、推理和感觉印象。正如笛卡尔在《第一哲学沉思录》里所说的,我是一个思想的存在物(I am a thing that thinks)。现在计算机并没有意识。它们不会意识到自己。它们只不过是晶体管、电路系统和其他硬件的复杂组合物。当我说一台计算机在"计算"某个东西,或者在检查我的语法,我是在非常宽松的意义上说的。当我说我的汽车"今天早上不想发动"时,我也是在非常宽松的意义上说的。我事实上并没有设想,我的汽车就坐在车房里自言自语地说:"外面太冷了。我想我不会发动的。"我明白是电池的电荷太低了。我只是用一种简略的表达方式说,这辆车子的行为好像是有意识的。

对于计算机来说情况也是一样的,尽管所发生的物理状况可能更加复杂。当我用我的计算机敲打出这些句子时,我事实上是引起了一系列通过电路系统传送的电子流。最后,显示器里的阴极射线管把这些粒子流传送到屏幕上,显示出字母的形状。然而计算机对于这些被形成的文字并没有意识,更不用说这些文字所代表的思想了。

因此,百科并没有意识;他(或者它,作为电视连续剧中的一个角色所坚持说的)只不过是一台非常高级的机器罢了。我们人类是有意识的,毫无疑问高等动物都是有意识的,尽管我们都知道在宇宙中别的地方有某种存在者是有意识的。而这表明,作为高等动物的我们,与其他那些存在者,如果他们存在,都不仅仅是物质的东西。

这就是反驳,当然它一开始是貌似有理的。我是有意识的,然而我不明白意识如何能够与我神经细胞中复杂的电子模式是同一个东西。但是霍布斯,或者任何其他唯物主义者,有一个非常强有力的回应。他会问,如果心灵不是物质的组合,那它还可能是其他什么东西呢?我开始于一个无意识的精子与一个无意识的卵子的结合。当我生长发育后,我在身体上变得越来越复杂。在我出生以前,我的各个器官和神经系统就开始发育了。在某点上,出生前或出生后(对于这个讨论并没有多大关系),我发展出意识,最后才是自我意识(self-consciousness)——一种对我的意识的意识。

我也可以通过援引一个灵魂中的宗教信念来解释这种发展,然而如果我想要一个纯粹自然主义的、科学的解释,那么我的唯一选择似乎就是把意识解释作我身体某种层次的复杂性。总之,霍布斯似乎是对的。

第三节　自由意志与决定论

我们首先转到所有哲学中最古老和最困难的问题之一,自由意志和决定论之间的冲突。这个问题是这样的:我认为我自己是自由地——至少在某些界限内——去选择我所愿意做的,以及我愿意怎么做。给我足够的钱去买一个冰淇淋甜筒,我想我可以自由选择香草味或巧克力味还是草莓味。给我一份大学的课程目录,我会反复思考将选修哪些课程。即使我一条腿断了,被限制在床上,身体上只能把头向右或向左转,我也认为自己能够自由地选择往哪个方向转,或者甚至我是否要转。

当我试图决定要做什么的时候我是自由进行选择的这个观念对于我来说是重要的,因为它给我做决定添加麻烦就没有多大意义了,除非我真的可以自由选择。当我试图在判断我是否要为我所做的负责时,这个观念也是很重要的。我认为我自己要为决定闯红灯负责,因为我意识到是我选择这样做的。然而我并不认为自己要为心脏的跳动负责,因为我认为我不能选择让心脏跳动还是不跳动。

因此,有些事情是在我的选择范围之内的,有些则不是。我可以自由选择那些在我选择范围之内的事情,并且因而我能够为我所选择的事情而负责任。如果没有自由和选择的观念,那么我们整个法律系统似乎就没有意义,同样任何伦理的和政治的思考也没有意义。

但是即使当我告诉我自己,我是可以自由选择的,我也意识到我自己是一个物理的存在者,像任何其他东西一样,我手臂和腿的运动、我所发出的声音、我所做的一切,都可以追究到我的神经系统、肌肉、骨骼以及其他器官的物理原因(physical causes)。而我习惯于认为这一类的物理运动是由因果关系决定的(causally determined),而不是自由选择的。如果我在一个神经细胞中引发了一个电子脉冲,那么这个脉冲会穿过细胞并引起肌肉收缩。如果我让光线照在我眼睛的视网膜上，那么就会产生一系列的物理反应，结果我看到一束有颜色的光线。当然我可以"选择"闭上眼睛，然而即便这样也是通过一个因果序列(causal sequence)来完成的，即首先大脑产生脉冲，然后把它们传送到肌肉从而来控制我的眼睑。

正如我们所看到的，霍布斯是一个唯物主义者。他争辩道，万物，包括我们心灵中的思想，都是由各种原子的运动构成的。而各种原子的运动遵从普遍的物理法则，在其中似乎并没有选择或自由的余地。因此霍布斯否认存在着任何种类上述意义上的自由意志。

根据霍布斯，下面就是事实上所发生的：首先，身体之外的各种原子撞击着身体的不同感觉器官(眼睛、耳朵等)，在神经细胞中形成交感振动(sympathetic vibrations)，并继而传递到大脑。然后大脑中的原子产生某种紧张，互相碰撞，引发小小的原初运动，接近我身体之外的某物，或者远离它。这些接近和远离、碰撞和反弹，就是我们所谓的"在思考我们将要做什么或者沉思"。只要这个过程在进行，那么我就处于我是"自由的"这个幻象之中，因为这些运动对于我来说太微小、太迅速了，以至于观察不到它们。最后，原子以这样一种方式相互碰撞，以至于一个信息被传回到神经细胞，再到肌肉，于是我就走动了(我也许走向商店，买了一些巧克力冰淇淋)。现在我告诉自己，我可以自由地选择去买巧克力冰淇淋，然而事实上我的"选择"正如桌球台上各个球的运动一样是严格地被物理法则所决定的。

也许借助于霍布斯的同国人乔纳森·斯威夫特(Jonathan Swift)[①]——他出版了自己的伟大的讽刺作品《格列佛游记》(*Gulliver's Travels*)，刚好是霍布斯出版《利维坦》之后的第75年——的帮助，我可以把霍布斯的理论讲得更清楚一些，也更可信一些。

你记得吗，在《格列佛游记》中，莱缪尔·格列佛(Lemuel Gulliver)的游历首先到达的地方是小人国(the Lilliputians)，然后是大人国(the Brobdingnagians)。斯威夫特对于他们的身高比例是相当小心的，小人国的人的身高刚好是正常人类身高的1/12，而大人国的人的身高刚好是正常人类身高的12倍。因此，和6英尺高的格列佛相比，大人国的人的身高有72英尺。

现在让我们假设(当然实际上书中并没有这个)大人国的人会玩多米诺骨牌(dominoes)，而且特别喜欢树立长排的多米诺骨牌，当第一个骨牌被翻倒了，剩下的每一个骨牌也会被依次撞倒。(我假定你们全都已经见过这种东西，或者甚至自己就玩过)当然，大人国的多米诺骨牌是庞大的——有3英尺长。接着再让我们假设格列佛也带了一套他自己的多米诺骨牌，它们是正常的长度——每一个3英寸长。

---

① 斯威夫特(1667—1745)，英国著名的讽刺作家和政论家，其最著名的文学作品是寓言小说《格列佛游记》(1726)。作者借托船长格列佛之口逼真地描述了在四次航海中的奇异经历，通过这种幻想旅行的方式来影射现实，极尽讽刺之能事，对英国的君主政体、司法制度、殖民政策和社会风尚进行了揭露。——译者注

我们可以想象,格列佛安排了一场多米诺骨牌表演来取悦大人国的人,顺便说一下,这些人可没有这么好眼力。事实上,他们能从他们巨大的身高清楚地看到自己的多米诺骨牌,而格列佛的骨牌对于他们来说太小了辨认不出来。

格列佛竖起了一长排巨型的大人国的多米诺骨牌,然后小心地安排这个系列的最后一个,当它翻倒时,它正好碰到一长排正常大小的骨牌的头一个。这一排被安排成一个接着一个翻倒,直到最后一个小骨牌撞到一个一触即发的巨型骨牌,由此引发第二排大人国的巨型骨牌倒下。

好了。这就是我们的想象实验,全都准备完毕。首先是一排巨型的骨牌,然后是一排小型的骨牌,接着又是一排巨型的骨牌。大人国的人们都坐在他们巨大的椅子上,然后告诉格列佛让他开始表演。他猛地把第一个 3 英尺高的巨型骨牌推到,然后这些骨牌就一个接着一个地翻倒。

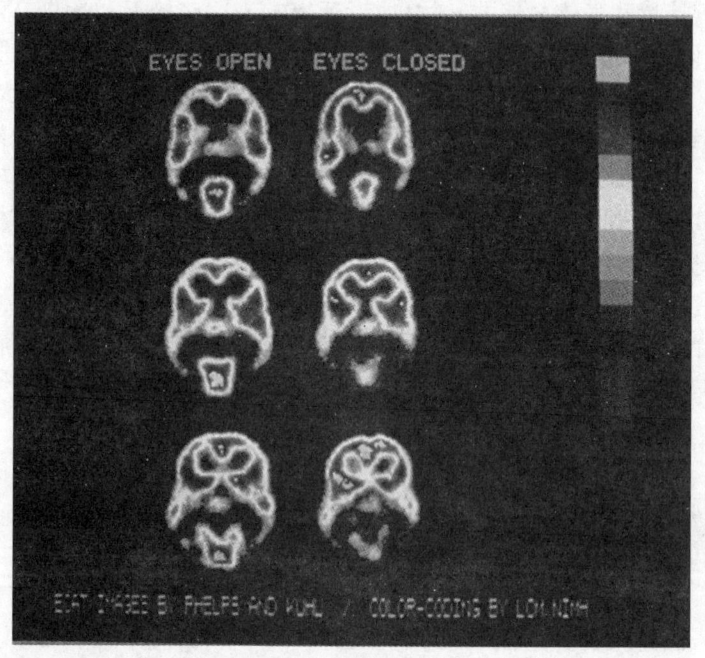

阳电子影像

电脑断层扫描(CAT scan,也可以称为“计算机化 X 射线轴向分层造影扫描”,CAT 是 computerized axial tomography 的缩略语)使得一个内科医生能够获得大脑的立体图像——当然,不是获得了心灵的图像。

图片来源:美国国立卫生研究院(National Institue of Health)

现在事实上所发生的当然是,每一个多米诺骨牌都是被它前一个所撞倒的。然而这并不是大人国的人所看到的结果。他们看到第一列巨型的骨牌被撞倒了,然而中间这一列小骨牌太小他们无法看见,于是就他们所言,有一会什么事情都没有发生。然后突然(或者在他们看来是如此)第二列巨型骨牌的头一个翻倒了,很明显没有看到被什么东西推到了,接着第二列开始一个接着一个翻倒。

对于大人国的人来说,情况似乎是第二列多米诺骨牌是自由地、自发地开始翻倒的,没有任何外在原因造成。而这正是我们自己的行动向我们显现的方式。因为我们的眼睛看不到细微的大脑原子之间的相互碰撞,我们误以为我们的运动都是自发的、自由的、没有原因的。事实上,正如第二列巨型骨牌是由中间的小型骨牌翻倒导致的,它们是严格地被先前原子的运动所决定的。

可以肯定,霍布斯承认我们的确使用了诸如"自由""选择""沉思"等语词,但是基于一个严密的检查,这些语词结果指的是在物理上被决定的原子运动,因为这就是世界中存在的一切。根据霍布斯的说法,当我说一个人是自由的,我所说的意思就是指,没有任何外在于他的事物在阻碍他倾向去做的事情。然而他的倾向自身,当然也是因果地决定了的,就像自然世界中的万物都是被因果地决定了一样。下面就是霍布斯如何来解释"自由"的。

托马斯·霍布斯

《利维坦》

自由(liberty/freedom),确切来说就是指反对物(oppsition)不存在的状态。(反对物,我的意思是指运动的外界阻碍物)和理性的创造物一样,这对于无理性、无生命的创造物也适用。因为任何事物被紧紧绑住或围住,乃至于不能移动了,但是在某一空间内,它的空间是由一些外界物体的反对物决定的,所以我们说它没有进一步往前走的自由了。因此所有有生命的创造物,当它们被围墙或锁链束缚住或约束住时;当水被拦截在堤岸里面或被装在容器里面时——否则它会向更广的空间漫延——我们习惯说,在这种情况下它们都没有移动的自由,但是如果没有那些外界阻碍物,它们就有自由了。但是当运动的阻碍物位于事物自身的构成中时,我们不说它缺乏自由,而是说它缺乏运动的力量,就像一块石头静静地放在那儿,或者一个人由于疾病而躺在床上动弹不得。

根据这个词确切的、一般为人们所接受的意义来说,一个自由人就是他能够运用自己的力量和睿智来做那些事情,并且在他愿意去做的事情上不受阻碍……从自由意志(freewill)这个词的使用上看,自由不能被用来意指意志、欲望或倾向,只有人有自由,即在他愿意、欲望或倾向去做的事情上,他没有发现障碍。

恐惧(feare)和自由是可以并存的。如一个人惧怕船会沉没而将他的货物抛入海中,然而他是非常自愿这样做的,如果他愿意他可以拒绝这样做。因此一个人的行动是自由的,正如一个人有时仅仅是因为惧怕入狱而还债,由于没有人阻止他被捕,这也是他的自由行动。一般说来,因为害怕法律,人们在国家(commonwealths)中的所有行为,行为者都有自由可以忽略不做。

自由和必然(necessity)是可以并存的。例如水,它不仅有自由,而且必然要通过某些途径往下流;也正如人们自愿去做的那些行为,因为他们是出于他们的意志而这样做的,因而就是出于自由的。然而因为人们愿意的每一个行为、每一个欲望和倾向都出于某个原因(cause),同时也出于另一个原因,它出于必然而引发一条连续的因果链条(所有原因中最初始的第一因就是上帝之手)。所以他能够显而易见地看到那些原因之间的相互关系,即所有人的自愿行动都是必然的。

尽管霍布斯在17和18世纪的哲学家们中要捍卫唯物主义这是不寻常的,然而他绝不是唯一一个否认人的意志对于外界决定是自由的哲学家。大卫·休谟在他的《人性论》中也持同样的观点,尽管正如我们很快要看到的,他试图去嘲讽霍布斯。

在休谟的时代——18世纪——哲学家和科学家都同意,物理事件是被绝对决定的,但是与此同时他们又声称人类的行动是可以自由选择的,这种看法是常见之事。休谟指出,实际上没有人会在实践中真的相信这类事情。我们是通过对周围人的行为作出预测(predictions)来生活的,而且常常把我们的生命赌注压在这些预测的准确性上。当我在一条双向道上开车时(当然这是我的例子,不是休谟的),每一时刻我都预测朝着我开来的人们不会突然决定转到我的车道上并且撞到我的车。当我坐在商用飞机上时,我就把我的生命押在了这样的事情上——驾驶员会完全按照预期的方式操作,根据安全航行的规则和实践起飞、降落。当我在餐馆里用餐时,我相信厨子不会对我下毒药。

休谟说,所有对其他人行为的这些信念都是因果判断的例子,而且就像我们对于水的沸点或钠的特性的判断一样,我们全都认为它们是十分可靠的。然而我们认为人们的行为正如物体的行为一样,是被因果关系决定的,这就是另一种说法了。休谟是用这种方式来阐明他的观点的:

> 一个从遥远的国度归来的旅行者告诉我们说,他看到了北纬55度地区的气候,在那儿所有的水果都是冬季成熟夏季衰败,它们的生长方式与英国的一样,但与英国的水果产果和衰败的季节恰好相反,他会发现没有几个人轻易相信他。我倾向于认为这位旅行者会获得很少的信任,这就像一个人,一方面告诉我们那些东西的特点在柏拉图的《理想国》中是一样的,另一方面又说这些东西特点在霍布斯的《利维坦》中也是如此。人类行动中有一个普遍的本质过程,太阳和气候的运行也是一样。不同的国家、特别的人会有独特的性格特征,同样人类也有共同之处。有关这些性格特征的知识是基于对行动统一性的观察,并且是由它们引发的;而这种统一性产生的正是必然性的本质。

面对这些论证,很显然需要一个非常强有力的反击才能捍卫人类意志是自由的这种思想。而整个哲学文献中最强的回应来自伊曼努尔·康德。

伊曼努尔·康德

康德试图通过诉诸现象(appearance)与实在(reality)的区分来解决经验主义者与理性主义者之间的冲突。

图片来源:承蒙国会图书馆(Library of Congress)提供

在本书第二章的末尾部分,我们看到康德试图通过诉诸现象(appearance)与实在(reality)的这个古老区分来解决经验主义者与理性主义者之间的冲突。他说,我们的科学与数学知识只是关于现象的知识,而不是关于独立实在(independent reality)的知识。甚至数学化的物理学给我们提供的也只是关于事物如何在时间和空间中向我们显现(appear)的知识。它们自身是怎样的对于我们来说则永远是一无所知。

面对科学的决定论与道德对于自由和责任的要求之间的冲突,康德采取一个类似的立场。他论证道:现象领域,即数学和科学的世界,是彻彻底底地被决定的。到这点为止,康德和霍布斯、休谟的意见完全一致。但是独立实在的领域是处于自然的因果关系链条(the chain of natural causation)之外的。在这个领域中,一种不同的决定在起支配作用,康德称为“理性的决定”(rational determination)。而且在这个领域中——或者正如他有时从这个立场出发所说的——我们是自由的,而不是被因果关系决定的。

可以肯定,我们的自由不是肆意妄为(license)或者毫无限制。康德坚决主张那是不可能的。然而在独立实在的领域中,我们是自我决定的(self-determined),仅仅遵循我们的理性给自身颁布的法则。因此我们自身就是自己的立法者(lawgivers),或者自律(希腊文为"auto-nomos",意思就是"给自己立法")。下面就是康德对他自己立场的最清楚陈述:

伊曼努尔·康德

《纯粹理性批判》①

假如诸现象是自在之物本身(things in themselves),因而空间和时间是自在之物本身的存有形式,那么诸条件将会和有条件者一起任何时候都作为各项而属于同一个序列,而在目前的情况下由此也就产生了一切先验理念(transcendental ideas)所共同的二律背反(antinomy),即这些序列不可避免地必然会对知性(understanding)来说不是失之于太大,就是失之于太小。但是在这一节和下一节中我们所要讨论的那些力学性的理性概念(the dynamical concepts of reason)却有这样一个特点:由于它们不涉及一个作为量来看的对象(object),而只涉及对象的存有,我们就甚至可以不管这些条件序列的量,在这些序列那里重要的只是条件对有条件者的力学性关系,以致我们在自然(nature)和自由(freedom)问题上已经遇到的困难就在于,自由是否在任何地方哪怕有可能存在,而如果它存在,它是否能够与因果性的自然规律之普遍性(the universality of the natural law of causality)一起共存;因而,说世界中的每一个结果必须不是出自自然就是出自自由,这是否是一个正当的选言命题(disjunctive proposition),还是宁可说,双方可以在同一个事件那里在不同的关系上同时发生。有关感官世界(the sensible world)中一切事件按照不变的自然规律之通盘关联的那条原理,其正确性已经作为先验感性论(Transcendental Analytic)的原理确定下来而不受任何侵害了。所以问题只是在于:是否尽管如此,在按照自然而被规定的同一个结果方面也可以有自由发生,还是自由通过那条不可损毁的规则而完全被排除了。而在这里,对现象的绝对实在性(absolute reality)的这种虽然常见、但却具有欺骗性的预设马上就显示了它混乱理性的有害影响。如果现象就是自在之物本身,那么自由就不可能得到拯救。这样一来,自然就是每个事件的完备而自身充分的规定性原因,而这些事件的条件就任何时候都只是被包含在诸现象的序列中,这些现象连同其结果都是必然处于自然规律之下的。相反,如果诸现象只被看作它们实际上所是的东西,即不是被看作自在之物,而是只看作依据经验性法则而关联着的诸表

① 参阅康德:《纯粹理性批判》,邓晓芒译,杨祖陶校,人民出版社,2004年,第435-436页。这里直接借用邓译本。——译者注

象(representations),那么这些现象本身就必须还拥有本身非现象的根据。但一个这样的理知的原因(intelligible cause)就其原因性来说是不被现象所规定的,虽然它的结果能显现出来并因而能被别的现象所规定。所以这个理智的原因连同其原因性存在于序列之外;反之它的结果却是在经验性诸条件的序列之中被发现的。所以这个结果就其理智的原因而言可以被看作自由的,但同时就诸现象而言可以被看作按照自然必然性(the necessity of nature)而来自现象的后果。

第四节　心灵与身体

那些被报道有所谓灵魂出窍的体验(out-of-body experiences)的人们有时回忆说,他们感觉到他们的意识从身体中被移出去了,正与他们的身体保持距离或在身体上方盘旋。我的母亲曾经告诉我,当在一场外科手术之后她正逐渐恢复意识时,她有一种感觉:她的意识正在医院的天花板附近漂浮,她把这种经验解释成这暗示着她已经接近死亡了。这些年来这样的各种报道已经常见不鲜了——一份最近的谷歌(Google)①调查就产生了将近150万的点击率。

这些经验常常会伴随有超常事件,玄奥的事物或神秘的东西——占星术(astrology)、算命(fortune telling)和不明飞行物(UFOs)都是这一类型。各种网站上宣称的"灵魂飞行"(Astral Flight)、"灵魂投射"(Astral Projection)、"临死体验"(Near Death Experiences)、"灵应牌之事"(Ouija Mysteries)以及"遭外星人绑架"(Alien Abduction),诸如此类。这可能是一些以科学为目的的人们不愿意谈论它们的理由。然而2002年9月19日,ABCNEWS网站上刊登了一篇文章——"心灵超越身体:神经科医生找到了灵魂出窍体验的方法"。其中涉及《自然》杂志的一篇文章,撰写该文的瑞士科学家们描述"……他们是如何能够在一个43岁的女性癫痫病患者身上,引发异乎寻常的灵魂出窍体验,同时用各种电极来分析她的大脑。"《自然》杂志上的这篇文章意义重大,因为它报道说"……感觉已经能够在实验室的受控设备中被捕捉到。"一些声誉卓著的科学家都加入到对话当中。

一些人声称有关灵魂出窍体验的诸报道产生了"令人惊讶的结论"——在其他事物中证明:我们的意识能够,或者确实,存在于我们的身体之外。作为哲学的学

① Google(Google Inc.,NASDAQ:GOOG),即谷歌,是一家美国上市公司(公有股份公司),于1998年以私有股份公司的形式创立,以设计并管理一个互联网搜索引擎。Google公司总部位于加利福尼亚山景城,在全球各地都设有销售和工程办事处。Google网站于1999年下半年启动。2004年Google公司的股票在纳斯达克(Nasdaq)上市,成为公有股份公司。——译者注

生,我们怀疑这些体验证明任何事情是情有可原的,我们可以接受那些描述他们体验的人的真实性,然而我们仍然想知道这些体验如何才是最好的解释。例如,我当然相信我母亲是真实地描述了她在医院的病房里的体验;而且我一生都发现她是一个非常诚实的女人。然而很显然她的这种感觉——即她的意识已经出离了身体,正在医院的天花板附近漂浮——并不能证明事实上就是如此。例如,我有一种感觉我正在下落,然而事实上并不是如此。也许对于她的这种体验的一个更合乎逻辑的解释可能是:当她正在恢复意识的过程中,她可能正处于一个像梦一样的状态中,或者正在想象某些东西。然而,对我来说似乎是这样:有关这些体验的报道确实加强了一个关于心灵与身体的本性和它们之间的关系的盛行观点,这个观点如此盛行乃至于吉尔伯特·赖尔(Gilbert Ryle)①称它为"官方学说"(the official view)。

根据这种观点,正如赖尔所描画的,每一个人,可能除了婴儿和那些精神严重发育不健全的人,都有(或者都是)一个身体和一个心灵。在人的一生中,身体和心灵一般情况下都联结成一个工作单元(a working unit);但是心灵在身体死亡之后还能够存活并起作用。当然这就是一种二元论,这种立场你在本章开头就已经遇到了。然而正如这个差异一样,吸引人并且熟悉的是,试图去弄明白身心关系问题(the mind-body problem)②,这一直是现代哲学中最为棘手的问题之一。正如哲学中的很多问题一样,是笛卡尔为现代纪元明确地表达了身心关系问题。

正如我们在上一章中所看到的,笛卡尔使自己确信:他能够确定他自己的存在,"我是"或"我存在"(I am),但并不确定他有各种感觉和一个身体。至少在《第一哲学沉思录》的头两个沉思中,这引领着他的思考。然而,当他到达第六沉思时,他得出结论说,他是一个由一个心灵和一个身体组成的存在者:

> 正是从这个事实我确定地知道我存在,而且我发现,除了我是一个思维的存在者(a thinking being),绝对没有其他东西必然地属于我的本性(nature)或本质(essence),于是我欣然得出结论说:我的本质唯一地由一个能思维的东西组成,或者一个实体(substance),它的全部本质或本性仅仅就是思维。而且尽

① 吉尔伯特·赖尔:《心的概念》(*The Concept of Mind*),大学平装书(University Paperback),巴诺连锁书店(Barnes and Noble),纽约,1949年版,1962年第4次印刷,第11页。
赖尔(1900—1976),英国分析哲学牛津学派的创始人和主要代表,代表作是1949年出版的《心的概念》。——译者注

② 身心关系问题,是指准确地解释我们的心灵与空间中的身体之间是什么关系的问题。在这个标题下的确有三个问题纠集在一起:第一,心灵与身体是因果地相互作用的吗,如果是这样,怎样相互作用呢?第二,如果真的能相互作用,那么我(例如我的心灵)如何能够获得关于身体的知识呢——确实,心灵真的能认识有关身体的任何东西吗,或者心灵仅仅能认识它们自身?第三,我的心灵与我的身体之间是一种什么样的特殊关系呢?在20世纪,身心关系问题把哲学家们引导到一个相关的问题,即"他人心灵的问题"(the problem of other minds):如果他人的心灵真的存在,那么我如何能够知道不是我自己的心灵的存在和内容呢?那儿有人吗,或者我是不是孤零零地在一个只有身体的世界中?(the mind-body problem,也可以译为"心物关系问题"。——译者注)

管也许,或者相当确定地,……我有一个身体(a body),我与它非常紧密地联结在一起,然而,因为一方面我对自己有一个清楚分明的观念,即我仅仅是一个思维的而不是有广延的存在者,而因为另一方面我对于身体有一个分明的观念,即它仅仅是一个有广延但不能思维的存在物,因此可以肯定:这个"我"——也就是说,我的灵魂(soul),正是凭借着它我才是我——是完全地、真正地跟我的身体有区别的,并且灵魂能够没有身体而存在。

笛卡尔发展这种官方学说至少有两个动机(motivations)。其中一个动机是科学的:正如我们在上一章中所看到的,他相信他正准备花费他一生的精力来建立一种奠基于数学之上的崭新的、统一的宇宙理论。

由亚里士多德所发展、并在接下来的许多个世纪中经由无数哲学家提炼的物理理论(physical theories)非常强调自然的目的秩序(the purposive order of nature)。亚里士多德自己设想自然展示了一个固有的目的(an inherent purpose),而该目的不需要追溯到一个神圣的创造者(a divine creator)的有意识的意图。后来基督教传统中的哲学家们,某些时候在他们的论证中,倾向于诉诸这种神圣的目的。然而不管是否基于宗教的理由,物理理论大量地依赖诸如目标、终点、目的和理性秩序(rational order)等术语,常常伴随有有意识的代理人的操作。正如我们所看到的,在进行哲学深思的一开始,笛卡尔就把他关注的焦点完全集中在有自我意识的自我(the self-conscious self)或心灵身上。然而当他要发展自己的有关物理宇宙的理论时,他完全拒斥任何诉诸属性、概念,或者与精神或意识相伴随的解释模式等这些做法。他争辩道,物质的宇宙,其特征就在于有广延(extension)和运动(motion)这些属性。科学中的所有解释必须用大小(size)、形状(shape)、密度(density)和速度(velocity)如此等等的术语来表达。

这种在物理解释范围之内把精神排除在外的做法,是由这样一个事实促使的:广延和运动能够被量化和进行精确的处理,而目标、终点、目的或理性秩序则做不到。算术和解析几何的各个工具不能应用于亚里士多德及其后继者们在他们的物理解释中所采用的那些术语。正是为了寻找一种数学化的科学(mathematical science),导致笛卡尔在他的物理理论中把所有"精神的"特征都排除在外。但是既然把精神放置一边,笛卡尔就被迫要向自己追问,那新科学应用于其中的具有广延和运动的物理领域,与那具有目的、理性的思想领域之间到底是什么关系。这就是科学的动机。

另一个动机——起源于笛卡尔的罗马天主教信仰——显然就在笛卡尔写给神圣的巴黎神学院院长和圣师们的献词信中,而这封信作为《第一哲学沉思录》的序言与该书一起献给他们:

我向你们提供这部作品的动机是如此合情合理(logical),而且在你们了解本书的用意之后,我可以肯定,你们也会有一个合情合理的理由把它置于你们的保护之下，乃至于我认为没有什么比我在这里对你们简短陈述一下我的打算更值得向你们举荐的了。

我始终认为在各种主要的问题中，灵魂的问题……应该由理性的哲学而不是由神学来证明。因为尽管对于像我们这些虔诚的信徒来说，通过信仰就足以让我们相信……人类的灵魂不会随着身体的毁灭而毁灭，但是对于那些没有信仰的人来说，光凭信仰似乎就不能说服他们接受任何宗教……或者对于来生的期待……除非能够通过自然理性(natural reason)来向他们证明这点。

因此笛卡尔面临两个挑战：第一，要在物理的、可以数量化描述的自然中为一个非物理的、非量化的心灵找到一个处所；第二，要通过理性哲学证明，灵魂在身体消亡后还能存活。笛卡尔发现，已经在流传的各种形而上学理论，似乎能够给他提供所需要的哲学材料来应对这些挑战——也就是说，发展出一种理论来解释意识的领域与物理的领域之间的关系，与此同时证明灵魂是如何在身体消亡之后仍能继续存活。

笛卡尔的提议相对来说比较简单：他论证说，心灵与身体是两种不同的实体。心灵(或者灵魂——笛卡尔并没有区分心灵与灵魂)是非物质的、非广延的、单一的有意识的实体，而身体则是物质的、有广延的、无意识的实体。因此一个人就是一个物质实体(身体)和一个精神实体(心灵)的组合物。

漫画来源：漫画《公元前》(6/12/74)，经庄尼·哈特(Johnny Hart)①和创作者私人联合会公司(Creators Syndicate, Inc.)授权。

在形而上学中，“实体”(substance)这个概念是一个专业性的术语，而且围绕这个概念的诸多术语有一段曲折盘缠、错综复杂的历史。然而有两个特点与我们这里相关。第一，按照传统的理论，一个事物的实体就是它的本质(essence)，或者是事物的各种特征或属性经过所有变化之后仍然保持同一的那个。试举一个亚里士多德的例子，一个人(实体)曾经皮肤被晒成了红褐色，彼时又成了白色的；曾经暴躁易

① 庄尼·哈特(1931—2007)，美国著名漫画家，他的著名连环漫画是《公元前》(B. C.)，据称在世界上拥有10亿读者。——译者注

怒,彼时又成了冷漠无情;曾经是一个坏人,彼时又成了好人;然而自始至终他都是同一人,尽管在不同的时间段他展现出不同的属性,如黑色、白色等。根据笛卡尔,物质实体(material substance)的基本属性就是广延(extension),即长度、宽度和深度。其他属性就是大小、形状、方位、运动和可分性(divisibility)。精神实体(mental substance)的基本属性就是思维(thinking)。心灵是不可分的,不能在长度宽度深度等方向上延展,也不参与身体中的任何特质。

第二,实体依靠自身就能够存在,不需要其他东西来支撑它的存在,例如特征或属性那样:实体就是那拥有特征或属性的东西,或者特征或属性就是实体"自然所具有的"。例如,这里有很多绿色的对象——或者四方形图案,或者高个子——但是必定有某个东西是绿的,或四方形的,或高个的。这些对象,或图案或人们,就是用来展现各种属性或特征——绿色的、四方形的、高个的——的实体,而且这些属性或特征就是依靠着实体而获得它们的存在的。把你脚跟下面那片绿叶毁掉,那么它的绿色属性就跟它一起毁掉了。当然,其他绿色的事物仍然存在于世界上,但是那片叶子的绿色属性就随着叶子一同消逝了。刘易斯·卡罗尔的柴郡猫(Cheshire cat)[①]消失了,只留下了它的咧嘴笑容,这是个令人惊奇的有趣的虚构名人,然而我们知道一个咧嘴笑容不能仅仅靠自身就能停留下来。一个咧嘴笑容是脸或嘴的一种形状。没有脸或嘴,是不可能有什么咧嘴笑容的。因此,在他的时代的形而上学理论语境中,并且开始着手证明灵魂能够独立于身体之外存在——即它能够依赖自身而存在——笛卡尔在他的理论中必须把灵魂归类为一种实体。

你可能已经注意到,根据传统理论的这个特点,唯一的实体——它能够依赖自身而存在,而不需要其他东西来支撑它的存在——就是上帝!笛卡尔意识到这个理论的可能影响;他争辩道,心灵和身体都是两种被创造出来的实体。

然而,笛卡尔主张,尽管心灵和身体相互之间是完全地、真实地截然不同的,但是它们的确是以一种原因与结果的关系来相互作用的。这种因果连接(causal link)以两种方式起作用——从身体到心灵和从心灵到身体。例如,当我喝了一瓶酒精饮料时,酒精会引起我身体中化学成分的变化(一种身体变化),而这会相应地导致模糊思维(fuzzy thinking,一种精神状况):这就是一种从身体到心灵的因果连接。同样,如果我做白日梦梦见我的心上人(一种精神过程):我可能会发现我的手掌汗津津的,我的呼吸变得更沉重,如此等等(身体上的变化),尽管事实上我不过是在做白日梦而已。这就是一种从心灵到身体的因果连接。当然,所有这些与日常经验是相一致的。

笛卡尔关于宇宙的二元论理论认为,有一个精神领域与物理领域相伴随,每一个领域都由一种有着自己独一无二的属性的实体构成,每一个领域在自然中都有各

---

① 柴郡猫是刘易斯·卡罗尔在《爱丽丝漫游仙境》中虚构的角色,形象是一只咧着嘴笑的猫,拥有凭空出现或消失的能力,甚至在它消失以后,它的笑容还挂在半空中。——译者注

自的位置,然而因果关系上的相互作用,似乎是回应了他的两个挑战。它考虑到了,一个方面,17 世纪新科学应用于其中的那个世界观,即认为存在一个具有广延和运动的物理领域,另一方面,基督教世界观里包含着一个非物理的、非数量化的灵魂领域,它能够独立于物质领域而存在。如果你继续细致地研究《第一哲学沉思录》,你会发现,笛卡尔并没有向巴黎大学神学院的僧侣们履行要证明灵魂不朽的诺言;然而,他的理论,二元交感说(dualistic interactionism),为这种可能性铺设了理论基础。而且就我所知,笛卡尔从来没有声称过有灵魂出窍的体验;但话又说回来,他的理论很可能会考虑到这些体验。

但是似乎有一个问题隐藏在这里:如果精神实体与物质实体正如笛卡尔所提议的那样是如此的根本不同,其中一个不会加入到另一个的任何特质中去,那么它们之间又怎么会有任何的相互作用呢?一个心灵能与另一个心灵相互作用,一个身体能与另一个身体相互作用,然而一个非物质的、非广延的实体,如何能够被一个物质的、有广延的实体触摸、移动、变更或影响呢?而且一个单一的、非广延的、有意识的实体,又如何触摸、移动、变更或影响一个有广延的物质实体呢?

三种身心关系理论

1. **唯心主义**:这种理论认为,宇宙中的万物或者是心灵,或者是心灵中的观念(因此是“唯心主义”)。根据唯心主义者的主张,身体不过是观念的特殊集合。因此,一个桌子只不过是一套相互关联的所有观念——概念、图像、感觉、视觉、声音等等——这些就是我认为作为一个桌子的各种观念。
2. **唯物主义**:这种理论认为,宇宙中的万物都是物质(因此是“唯物主义者”)。根据唯物主义者的主张,心灵不过是由各种非常细微的物体,或物体的结构和组织(例如大脑中的各种神经细胞)组成的集合。对于唯物主义者来说,各种知觉就是诸物体之间特殊种类的相互作用,这些相互作用就是思想、情绪,快乐和痛苦的感觉。
3. **心物二元论**(Psycho-Physical Dualism):这种理论认为,心灵是一种实体,身体又是另一种实体。根据二元论者的主张,心灵的决定性特征就是意识或思想,身体的决定性特征就是空间的广延性[有时还有力(force)或不可入性(impenetrability)]。对于二元论者来说,最主要的问题就是解释心灵与物质如何相互作用和相互影响。

笛卡尔的同时代人很快就指出一个悖论(paradox):如果笛卡尔的双实体理论是真的,那么与日常经验相一致的因果相互作用就显然是不可能的!这就是“笛卡尔问题”的核心,这个问题就是试图找到一个摆脱笛卡尔的二元相互作用论(dualistic interactionism)使他陷入困境的方法。

一直以来有数不清的尝试去解决自然的问题和身心关系的问题,而在这样一本导论性的教科书中,试图把它们全都向你展示出来是不明智的。然而,我想向你介绍它们中的几个,作为哲学思维和方法的范例,如果一个问题看起来足够棘手,那么几乎任何解决——不管它看起来有多怪诞——应该是诉诸于一个伟大的思想家。

笛卡尔理论的两个方面——这导致了"笛卡尔问题"——是它的(a)二元论和(b)相互作用论。一些解决该问题的尝试是保留二元论理论,而反对它的相互作用论;其他人则反对它的二元论。

从笛卡尔关于两个平行领域的科学世界观中得到提示——一个是有关空间中的各种物体的物质领域,它由诸物理法则统辖,并且用数量化的术语来描述,而另一个则是根本不同的精神领域,它涉及的是非物理的、非数量化的意识——一个可以替代笛卡尔的二元相互作用论的理论就是平行论(parallelism),根据这种平行论,物质和精神领域是由不同的实体组成的,事实上它们从没有因果的相互作用,只不过它们是以这样一种方式并行运作而已,以致于它们看起来像是一种因果的相互作用。既然因果联系的现象是如此的引人注目,这种显然的相互作用似乎就需要某种解释。莱布尼茨使用了一个著名的"两个时钟"的类比,提议说,上帝在创造人类的过程中,已经预先把人的精神生活和物质生活都安排好了,以致于它们总是以一种"前定和谐"(pre-established harmony)的形式在和谐地起作用:就像两个完善地调试好的时钟,总是完美地一起滴答走时,一起鸣钟报时,而它们之间不存在任何的相互作用,因此一个人的精神生活和物质生活也一样,它们没有因果的相互作用也能够和谐地进行。另一种形式的平行论在17世纪被严肃地提了出来,就是偶因论(occasionalism,又译"机缘论")。偶因论认为,由于上帝的干预,一个人物质生活史中的一个事件偶然地引发了其精神史中的一个相应事件,反之亦然。这两种形式的平行论给很多现代思想家们造成了不少难以对付的问题,他们发现他们所依靠的神学,如果不是比身心关系问题本身更神秘,那么至少也和它一样神秘。

其他思想家们试图通过反对笛卡尔的两个实体学说来避免"笛卡尔问题",都选择用一元论(monism)或一个实体理论来代替多元论。唯物主义(不要把它与对金钱的一种过度欲求混淆在一起)——尤其是霍布斯所拥护的——是这样一种学说,它认为:宇宙中的万物都是物体(body),而心灵可以被分析成物体的集合,或物体的方方面面,或物体的布局。唯心主义(也不要把它与最高原则或旗帜般的信念混淆在一起)——尤其是由贝克莱所发展的——是一种单实体理论,它认为:宇宙中的万物在本性上是精神的,而物体能够被分析成心灵的集合,或心灵的方方面面,或心灵中的思想。中立的一元论——有时会与双面理论相伴随——是这样一种学说,它认为:宇宙是由唯一一个潜在的实体构成的,而这个潜在的实体自身既不是精神的也不是物质的,心灵和身体不过是它的两个显现,两个方面,或两个流溢物。机械行为说(epiphenomenalism)认为,各种精神状况都是物理过程的因果性产物,然而它否认精神事件能引起身体或身体的任何部分的变化。有一个类比就是白炽电灯泡。在灯丝中由电所激起的各种物理变化导致灯丝发光;但是由灯丝所发出的光并不能返回来对灯丝产生因果效应。

在一本1949年出版的书即《心的概念》中,英国哲学家吉尔伯特·赖尔争辩道,笛卡尔的理论,即“官方学说”(或者赖尔也把它称为“笛卡尔的神话”),和我们已经提及的大多数其他的理论,都遭受一个基本的逻辑混淆之苦,赖尔把这个混淆标记为“范畴错误”(category mistake)。所谓范畴错误,要么是把某个事物归入到一个它并不属于其中的范畴里去,要么是把一种属性归因于某个本不该拥有此属性的事物。关于前者,赖尔的一个例子是关于一个大学的参观者的,这个参观者被带领着看过了教室、图书馆、实验室、行政办公室、运动场、学生宿舍等,然后说:“谢谢这次游览;但是大学在哪里呢?”这个参观者犯了一个范畴错误,其错误就在于把大学以同样的逻辑范畴等同于一个教室或一个图书馆等。他并没有明白,教室、图书馆、实验室等等正好是一个大学的组成部分。另一种类范畴错误的例子是,“凯撒(Caesar)[①]是质数(a prime number)[②]”和“我的梦是多音节的”。数可能是质数也可能不是,然而人却不属于质数这种东西;尽管语词可以是多音节的,但是梦却不能——梦拥有这种属性是一种错误。

赖尔论证说,笛卡尔的错误就在于把“心灵”和“身体”这些术语看作它们似乎是同一个逻辑实体类型——(根据赖尔)然而它们是不同的逻辑类型。与此同时,赖尔并不否认有精神过程发生:“做长除法就是一种精神过程,说笑话也是。但是我说‘有精神过程发生’这个短语,并不意味着同一类型的事情如‘有物理过程发生’。”说一个人头脑聪明并不是说她掌握了某种玄妙的实体——一个心灵、一个“事物”——它就寄宿在她身体的某个神秘的位置,这个事物拥有聪明的属性,同样她的身体就拥有5英尺高的属性。更准确来说就是,她通过一种特别异乎寻常的方式掌握了某些能力或领悟力。

当两个术语属于同样的逻辑范畴时,把它们联结在一起组织句子就是有意义的,例如“她买了一只右手手套和一只左手手套”,或者与这不同,“她买了一张绿色的草坪躺椅或一张橙色的,也就是不是两张”,然而当这些术语属于不同的范畴时,把它们联结在一起组织句子就没有意义了,例如“她买了一只右手手套和一只左手手套,并且一对手套”,或者“她买了一只右手手套和一只左手手套,或者说一对手套,但不是两只手套”。因此当唯心主义者和唯物主义者正如笛卡尔那样,作出“或者心灵存在(唯心主义者)或者物体存在(唯物主义者,而不是两者都存在)”的断言时,他们都犯有范畴错误之过错。他们双方都试图以一种不合法的方式把不同逻辑

① 恺撒(Caesar,102—44B. C.),罗马共和国末期杰出的军事统帅、政治家和独裁者,罗马帝国的奠基者。恺撒出身贵族,历任财务官、祭司长、大法官、执政官、监察官、独裁官等职。公元前60年与庞培、克拉苏秘密结成前三头同盟,随后出任高卢总督,花了8年时间征服了高卢全境(大约是现在的法国),还袭击了日耳曼和不列颠。公元前49年,他率军占领罗马,打败庞培,集大权于一身,实行独裁统治。公元前44年,恺撒遭以布鲁图所领导的元老院成员暗杀身亡。——译者注

② 质数,又称素数,指在一个大于1的自然数中,除了1和此整数自身外,没法被其他自然数整除的数。——译者注

类型的术语形成对比。

赖尔在《心的概念》一书中的计划主要是批判性的——就是要消除他所谓的“笛卡尔的神话”。他的建设性理论被称作哲学的行为主义(philosophical behaviorism)的一种形式:他试图用能力(capacities)或倾向(dispositions)这些术语来把精神过程和状况分析成各种特有方式的行动。由于这个缘故,说一个人知道某事(在某种精神状况中),就是说,除了别的以外,她能够做某些事——例如能解二次方程式;说一个人相信某事,就是说,除了别的以外,他倾向于在某种环境中以某些方式行动——例如,当他相信天要下雨时,他会在出门之前带上他的雨伞。批评家们很快就攻击赖尔的行为主义(例如一些人举出意识的反对理由,而这些理由曾经困扰过霍布斯的唯物主义),但是赖尔对笛卡尔二元论、以及传统的唯心主义和唯物主义的批判,激励人们尝试去为身心关系问题找到可以替代的方法。

有关身心关系问题最近文献的一个显著特点是,很少哲学家再以实体这样的术语来表述问题了。在这点上,赖尔的批判大部分还是成功的。大多思想家,甚至那些赞同笛卡尔认为精神不是物质的人,已经停止把心灵认为是任何东西,即认为心灵是一个难以解释的非物质的对象,与身体一样属于同一种逻辑类型——代之于选择用诸如物理的和精神的过程(processes)、状态(states)、事件(events)或属性(properties)等范畴来处理身心关系问题。确实,从某些观点看来,根本就没有心灵这样一种东西。唐纳德·戴维森(Donald Davidson)①,最近加利福尼亚大学贝克莱分校荣誉退休的哲学教授,写道:

> 不存在心灵这样的东西,但是人们有精神的属性,这就是说某些心理谓语对于它们来说是正确的。这些属性不断地在变化,而这些变化就是精神事件。例子有:注意到现在是吃午餐的时候了,看到风起了,记住了柬埔寨(Cambodia)的新名字,决定在博茨瓦纳(Botswana)②过下一个圣诞节,或者逐渐对特罗洛普(Trollope)③形成兴趣。在我看来,精神事件是物质化的(当然,这并不是说它们不是精神的)。④

很多关于身心问题的最近文献都高度地专业化,包括来自神经生理学和逻辑学的各深奥分支的诸概念,而支持相关竞争理论的论证是复杂的,正如你能想象的。但是

---

① 唐纳德·戴维森(Donald Davidson,1917—2003),20世纪下半叶最重要的分析哲学家之一,实在论的代表,研究领域主要集中于心灵哲学、语言哲学、形而上学和认识论,同时对伦理学以及美国实用主义的复兴也产生了重要影响。主要著作有:《论行动与事件》《对真理和解释的探讨》《主观、主观间、客观》《真理、语言、历史》。——译者注

② 博茨瓦纳,非洲南部的一个内陆国家。——译者注

③ 特罗洛普(1815—1882),英国19世纪经典作家之一。——译者注

④ 唐纳德·戴维森,以“唐纳德·戴维森”为条目录入,《心灵哲学指南》(*A Companion to the Philosophy of Mind*),萨缪尔·古滕普兰(Samuel Guttenplan)编,布莱克韦尔哲学指南丛书之一,牛津:布莱克韦尔(Basil Blackwell)出版社,1994年版,第231页。

在快要结束本部分时,我想通过简短地勾勒一种在过去几年中所使用的方法,即精神和身体的同一性理论(identity theory),来为你就最近争论的方向提供某些理解。

同一性理论潜在的基本思想——或者不如说是各种各样的同一性理论——是,每一种精神现象(状况、事件或过程)和某些身体现象是同一的;也就是,每一个有精神描述的现象——例如注意、记忆、渴望和希望——也都有身体上的描述,而且是用物理学的词汇来描述的。譬如,同一性的理论家们声称:一个精神事件,例如一个突然的疼痛感觉,同一地也是一个身体事件,例如大脑的神经触发:对于同一个事件有两种不同的描述方法,一个方面,尽管你可以用来骨折或断裂等术语来描述你手臂的断折,另一方面你也可以用它引起你的疼痛和痛苦等术语来描述。但是没有哪些精神事件不是与某些身体事件同一的。注意我们正在讨论的这些观点并不是粗糙的"心灵就是大脑"的变种;尽管我认为把同一性理论刻画为唯物主义或"物理主义"的变种是公正的,但是它们当然不献身于某些作家所描述的19世纪的"台球物理学"。[①] 这些唯物主义更为复杂巧妙的变种包括现代物理学中的夸克(quarks)、轻子(leptons)和强子(hadrons),以及能源和电磁各领域。他们所否认的就是有任何非物理的实体例如心灵或灵魂存在,尽管我们可以从戴维森的举例说明中看到,他们承认人们展示出精神的特征。

怎么会是这样呢?可以肯定,我的思想、疼痛的感觉、决定等等,以某种方式紧密地与我的身体诸功能相联系。它们可能与大脑外科手术的现代技术、神经生理学等有一些紧密的因果关系。但是一个大脑外科医生所最能证明的,当然就是,当他把电极接上我的大脑,并且通过它传递一点电流时,接着我就感觉到或听到或看到或尝到了某个东西。这就证明了我的感觉、听觉、视觉或味觉同一地就是对沿着我的神经通道的电流运动的物理反应。

然而同一性理论家们可能并不想声称这个实验证明了,我的感觉、听觉、视觉或味觉同一地就是对沿着我的神经通道的电流运动的物理反应,他们可能想声称,一个同一性理论就是要按照我们所有的经验和所发生的事情,提供哲学上最令人满意的解释。记得在老的电视连续剧中,律师佩里·梅森(Perry Mason)是如何常常成功地取胜的吗,他不是通过直接地证明他的案件,而是通过提供一个可能发生了什么的令人信服的重构(reconstruction),从而使得当事人引发一个法庭的坦白?我们不可能通过一个法庭的坦白就能解决哲学中身心关系问题的争论;但是同一性理论家们坚定认为,他们的理论是关于精神与身体之间关系最令人信服的重构。

早至19世纪后期,哲学家们和科学家们就在交换意见,并就"心灵的物质基础"参加专家小组讨论。到1930年代,精神疾病导致身体失衡的医学发现,有关精神功能的丧失导致身体的伤害或反常的研究,第一次世界大战导致的精神问题上的心理紧张,例如炮弹休克症(shell shock),所有这些都被指控为身体的功能失常,"心身疾

① 参看例如J. J. C. 斯马特(Smart):《唯物主义》,哲学杂志60(1963),第651-662页。

病”(psychosomatic)这个术语变成一个常见用法,指称由精神或情绪的紊乱导致身体的疾病;《心身医学》(*Psychosomatic Medicine*)杂志于1939年创刊。这就变得很明显:精神密不可分地与身体相联系。然而各种精神现象继续抵制由唯物主义的粗俗形式,例如霍布斯的唯物主义,所抛出的大网捕捉到。

哲学家们并不是就这个角度来考虑的,即尝试去通过解释消除精神和身体之间明显的因果相互作用,正如平行论者们所做的那样,从而试图挽救笛卡尔的二元论,而是就下面这个角度来考虑的,即开始把心身的相互作用作为一种数据,并且尝试去建构一种形而上学理论从而使得他们能够解释这种相互作用。同一性理论似乎承诺,这种相互作用在处于他们身体描述之下的事件水平上就能被解释。

然而什么是意识的异议呢?在同一性理论的一个经典文献,哲学家U.T.普雷斯(U.T. Place)[①]提出这样一个问题:“意识是一个大脑过程吗?”而他的回答是肯定性的。然而他并不否认人类能够经验意识,或者建议我们可以从身心关系问题的词汇中消除“意识”这样的术语,普雷斯竭力主张这样一种观点,即意识与大脑过程刚好是同一的,就像闪电正好与放电的某种形式是同一的。

同一性理论家的断言底下有一点是需要澄清的,即当他坚决主张意识的状况与大脑的状况刚好是同一的时,他心灵中所具有的这种同一性。一些同一性断言你是能够仅仅通过检查它们的结构或它们组成部分的意义,就直接地和确定性地检验到它们的。毕竟,当我说“约翰·史密斯与约翰·史密斯是同一个人”,我可以确切地判断,仅仅从逻辑事实,即一般说来任何事物都与自身相同一,就能得出这是正确的。同样地,当我说“单身汉与未婚男子是同一的”,我可以确切地判断这是正确的,因为通过检查这些语词就可以意识到,“单身汉”的意思就是“未婚男子”。这里涉及的这种同一性就是意义的同一性(identity of meaning)。然而并不是所有的同一性断言都是这种类型。当我说“马克·吐温(Mark Twain)[②]与塞缪尔·克莱门是同一个人”时,我所说的是正确的,然而我不能仅仅通过检查句子的结构,语词或短语等这些组成部分的意义就确切地判断,或者向你解释。(的确,一些作家使用笔名就是为了不让自己的真实身份被知道)要知道马克·吐温与塞缪尔·克莱门是同一个人,这需要一些美国文学史的知识,而不仅仅是语词或短语的意义。理由是两个语词或短语可能指称同一个事物——指称的同一性(identity of reference)——尽管事实可以被它们的意义所揭示。让我给你举一个简单的例子,源自德国有影响力的数学家和哲学家戈特罗布·弗雷格,这个例子在最近的哲学中十分有名。正如你们可能有人注意到的,在日落以前有时可能会看到天穹中一颗非常明亮的星星。从古代开始,这颗星体就被称作“暮星”(the evening star)。有时正好在太阳初升之后,可以看到天穹中一颗非常明亮的星星:它长期以来被称作“晨星”(the morning star)。古

① 普雷斯(1924—2000),英国哲学家和心理学家。——译者注
② 马克·吐温(1835—1910),美国幽默大师、作家。——译者注

人并不确切知道这两颗星体是什么，因为它们出现在天空中不同的位置（一个在西边，一个在东边），于是就认为它们是不同的星体。我们现在知道，暮星和晨星指的就是金星（Venus），它足够大、离地球足够近，以致于在它围绕着太阳运转中的某个时刻，人们可以看到它的晨光或暮光。

现在想一想这意味着什么。如果一位中世纪的天文学家说，“暮星与晨星是同一个星体”，他是正确的，但是他不能够仅仅通过对他的断言中语词和短语的检查，来向人们表明他是对的。这需要使用望远镜和其他现代天文学设备。那个称作“暮星”的对象与那个称作“晨星”的对象指的是同一个，然而这个事实是一个科学的发现；它不能够仅仅从这些语词的意义中推论出来。哲学家们把这称作“偶然的同一性”（contingent identity）。

所有有关我们同一性理论的评价是怎样的呢？一些批评家争辩说，同一性理论不可能是正确的，这个断言“‘意识的状况 X’同一地意味着‘大脑的状况 X’”明显地是错误的。对于这点，同一性的理论家是同意的；然而接着声称，尽管短语“意识的状况 X”与“大脑的状况 X”同一地指称相同的对象或事情的状况，但是讨论中的这个同一性只是一个偶然的同一性，因此它必须通过科学的方法来检验，而不是仅仅通过检查语词和短语的意义。

其他批评家争辩道，如果精神现象（状况、事件或过程）与身体现象之间有一种偶然的同一性，那么一个特殊的精神事件，例如注意到现在是吃午饭的时间了，就应该拥有身体事件的所有属性——想必是一个大脑事件——只有这样才被称作偶然地同一的。但是，批评家继续说，既然大脑事件在空间中有一个特别的位置，而给精神事件分配一个空间位置就说不通了，因此精神事件与大脑事件不是同一的。对于这个同一性理论家回复说，批评家是在想当然，因为如果精神事件同一地就是大脑事件，那么每一个精神事件的属性当然就会为某个大脑事件所分有：如果精神事件正好是大脑中的事件，而且如果追问大脑事件是在哪里发生的这是有意义的，那么追问精神事件是在哪里发生的这也是有意义的。此外，从空间位置而来的论证并不如批评家所声称的那样明确。史密斯的溺水而亡当然是一个身体事件，然而追问这是在哪里发生的，就是追问在他被淹的时候史密斯在哪里，并不是要求在他身体上确定指出所发生的具体位置；想一想，一个溺毙事件准确地发生在一个人身体上哪个部位呢？同样地，我突然间记得明天是我儿子的生日，这是一个精神事件，但是肯定地我的分析者要追问它发生在哪里时，这是有意义的，而且同样地，正确的回答是当我记起时我就在那里。

还有其他批评家争辩道，同一性理论家所依赖的这种偶然的同一性是一个想象之物。依靠逻辑的高度发展，他们论证说，同一性理论家用来加强他的论据的例子，比如“闪电正好与放电的某种形式是同一的”“水与 H_2O 是同一个东西”“云同一地就是小水滴的聚集”，根本就不是偶然同一性的例子，但它们必然是真的。此外，如果精神现象与身体现象之间的同一性真的是偶然的,那应该有某些科学的检验或实验来核实这个同一性;然而还没有设计出这样的检验,也没有出现一个即将发生的检验。

争论还在继续。身心关系问题还没有被解决。然而,我希望直到现在你能够从这场超过了三个半世纪的争论中看到某些要点,以及笛卡尔关于宇宙的统一理论这个梦想——为一个非物理的、非数量化的心灵找到一个本性上是物理的、可以数量化地描述的地方,并且通过理性的哲学证明灵魂在身体消亡之后还能存活——并没有实现。对我来说似乎是,最近的发展越来越靠近实现笛卡尔梦想的第一部分,而不是第二部分,因为他们确实承诺要为精神找到一个本性上是物理的、可以数量化地描述的地方。就笛卡尔梦想的第二部分而言,记住:很少哲学家仍然试图去发展一种实体二元论的融贯理论,这种理论考虑不朽的问题,而这是笛卡尔明显铭记心中的;也许更多的新近理论,例如同一性理论,使这种可能性保持开放:不朽的问题可能通过身体的复活得以解答。

第三章要点

1. 形而上学是对存在事物的本性的哲学研究。在 17 世纪,霍布斯提出一个现代版的古代理论,即宇宙是由细微的不可见的物质粒子或原子组成的。通过他的物质原子理论,霍布斯寻求解释人类思想、感觉、选择和行动的途径。
2. 由心灵和身体之间的关系而提出的一个中心问题是自由意志。霍布斯是一个决定论者,主张我们的所有行为都是由原子的运动所决定。康德使用了现象与实在之间的区分,从而试图表明科学的决定论能够与道德所要求的自由相容。
3. 身心之间的关系有三种主要的理论:二元论,唯心主义和唯物主义。使用复杂巧妙的逻辑分析,一些现代哲学家为传统的唯物主义作辩护。

问题讨论与复习

1. 什么是心灵?要给主流的哲学理论寻找异议这是够容易的,然而要寻找一个替代的理论确实非常困难。我的心灵是一个实体,它既没有空间位置也不是一堆物质,这种说法有什么意义吗?另一方面,把心灵认作为大脑、心脏、神经系统,或者一些其他解剖结构,这种说法有意义吗?

2. 为了论证,让我们假设身心关系问题的三个理论中有一个或另一个在本章的讨论中是真的。我们打算怎样决定哪一个是真的呢?有科学的证据来帮助我们吗?逻辑的分析呢?内在的反思呢?
3. 每次我们认为存在着某种计算机不能模仿的特殊人类能力时,有人就给计算机发明了一种方法来模仿它!等你到了我这个年纪时(在出版该书时我已经70岁了),计算机可能已经能够走路、交谈、设计房屋、作曲,天知道还可以做其他什么!到什么时候我们开始担心计算机是否应该有投票权呢?
4. 计算机能感觉吗?它们能够爱、恨、欲求、渴望吗?假设我们能够建造一台能模仿所有人类的情绪反应和外表的计算机。我们能够允许和计算机结婚吗?能杀死它们吗(即关掉它们的电源)?能雇佣它们吗?我们应该付给它们至少是最低的工资吗?为什么应该?为什么不应该?

主要来源:哲学读本与评论

1. 亚里士多德:《形而上学》《范畴篇》《论灵魂》《解释篇》《物理学》《诗学》《后分析篇》《前分析篇》《修辞学》
2. 圣·奥古斯丁:《上帝之城》
3. 乔治·贝克莱:《人类知识原理》《三篇对话录》
4. 勒内·笛卡尔:《方法谈》《第一哲学沉思录》
5. 西格蒙·弗洛伊德:《精神分析概论》(*Outline of Psychoanalysis*)
6. 赫拉克利特:《残篇》
7. 托马斯·霍布斯:《利维坦》,第一、二部
8. 大卫·休谟:《人性论》《人类理解研究》
9. 威廉·詹姆斯:《意识》(*Consciousness*)
10. 伊曼努尔·康德:《判断力批判》《纯粹理性批判》《未来形而上学导论》《实践理性批判》
11. 哥特弗里德·莱布尼茨:《单子论》
12. 约翰·洛克:《人类理解论》
13. 卢克莱修:《物性论》
14. 孟子(Mencius):《人性》[①](*Human Nature*)
15. 弥兰陀王问经(Milindaphana)[②]:《车轮之喻》(*The Simile of the Chariot*)

---

① 在《孟子》一书中的“告子”篇里讨论了人性的问题。——译者注

② 弥兰陀王是公元前二世纪左右统治西北印度的希腊国王,他曾与著名的圣曾那先比丘讨论佛法。后收录于南传小部经典《弥兰陀王问经》中,该书为小乘佛教著名典籍。——译者注

16. 查尔士・桑德斯・皮尔士:《信念的确定》《清楚的观念》
17. 柏拉图:《斐多篇》《美诺篇》《会饮篇》《克拉底鲁篇》《斐德罗篇》《理想国》
18. 吉尔伯特・赖尔:《心的概念》
19. 泰勒斯:《残篇》

第五节　当代应用:计算机会思考吗?

根据亚里士多德,人是理性的动物。他表明,理性是人类的区别标志,是把我们与所有其他动物区别开来的“特殊差别”。自从亚里士多德提出他的定义后2 000多年以来,哲学家们已经注意到了许多其他看起来能把人类与其他动物区别开来的特征:我们玩游戏,我们笑,我们会杀死我们自己族群的其他成员,还有当然我们会说话等等这些事实。然而,一次又一次地人们还是回归到理性,因为能够思维、推理,确实看起来是使我们最完满地是人类的标志。

笛卡尔说,“我是一个能思维的存在物”,因此进行思想就是他的决定性特征。他主张,动物只不过是机器,因为它们没有意识,没有思维过程。对于大多数哲学家来说,正是思想的力量把我们与所有其他存在物区别开来,而思想最经常地意味着某种形式的推理。

当我说我是理性的时候我说的是什么意思呢?第一个回答:我能够计算。我可以给各种对象数数,我可以算总数,使两个数相乘,或者用一个数除以另一个数,或者将其相加或相减。使用计算机的能力总是被哲学家们看成是,当我们说我们是理性的时候我们所指的核心。

第二个回答,与第一个紧密相随:我可以做逻辑的演绎。告诉我“所有人都是必死的”,以及“苏格拉底是一个人”,那么我就可以得出“苏格拉底是必死的”。从前提“没有女人曾被选为总统”,以及前提“扎卡里・泰勒(Zachary Taylor)①是第12任总统”,我可以推论出“扎卡里・泰勒不是一个女人”。很多哲学家,对于这种推理和算术运算之间相似性印象深刻,一直尝试去寻找某种方式把逻辑演绎描述成一种计算。

第三个回答:我是从经验中学习的。我观察,我记忆,并且我从过去的经验中概括总结,从而我可以更好地准备面向未来。我第一次看到火时,我可能伸出手去触摸它,然而很快我就懂得了火会烧伤人,而从那以后我就会小心对待它。随着时间的推移,基于观察和概括,我和我的人类同胞们获得了精致的、复杂的知识体系,通过它的帮助,我们可以改造我们周围的世界。

---

① 扎卡里・泰勒(1784—1850),美国第12任总统,就职16个月后死于任上。——译者注

还有第四个回答是:我能够根据规则行动,而不是仅仅出于本能地行动或对当前的刺激作出反应。成为理性的就是能够遵循计划来玩游戏或服从指令。或者,一些哲学家争论说,成为理性的就是能够建立新规则,发明新游戏,或者形成新的计划,为某个目的、目标或意图服务。

最后,哲学家们像康德就说过,成为理性的,就是要能自我觉察、自我意识,不仅仅是能思维,而且还要思维到自己正在思维。

两千多年来,哲学家们对于理性的本性一直迷惑不解,却从不怎么担心人类是否是宇宙中唯一的理性创造物。可以肯定,上帝被认为是拥有最高程度的理性,而天使,如果人们把它们也包括在世界之中的话,那么也是有理性的。但是在这个世界的事物之中,只有人类被说成是能计算的,能作逻辑的推演,能从经验中学习,能够制定并遵循规则,或者能够自我意识。

在过去 20 年里,随着高速的复杂计算机的发明,所有这些都彻底地改变了。计算机也可以做逻辑推演。确实,计算机的基本结构是以逻辑的一个分支即真值函数理论(Truth Function theory)或一阶谓词演算(the First Order Predicate Calculus)为模型的(不管你相不相信,那些懂得用 BASIC 、FORTRAN 或 Pascal 等计算机语言来设计简单的计算机程序的人,事实上懂得很多逻辑,尽管他自己没有意识到)。计算机能够从经验中学习,并且它们能够非常成功地遵循规则。现在计算机能够像一位大师那样下象棋,这意味着比美国职业棋手中差不多最好的优选1‰的高手还要厉害。

看起来真的是这样。计算机真的能做算术运算吗?它们看起来好像会做。如果我按下“5”“ + ”“7”等按键,再敲击等号键,计算机就会在屏幕上显示出“12”。难道它不是把 5 加上 7 才等于 12 的吗?做这个算术运算还有什么其他东西吗?

突然想到的一个回答是意识。当我在求和时,我会想:“5 加上 7,就是 12。”我意识到我所做的事情。的确,我是有自我觉察的。这就是,我觉察到我是有觉察的。正如笛卡尔和康德所同意的,这就是把我与一台单单机器区别开来的东西所在。

那么,我们能肯定计算机没有自我觉察,没有自我意识吗?当然,我们可以这样问,但是如果它向我们保证它对它正在做的事情有十分清醒的意识,那么我们将怎么办呢?这正是英国的数学家和逻辑学家阿兰·图灵(Alan Turing)所步入的状况中的关键。图灵擅长构想假设性的情景——他们称作“思想实验”——这能够帮助我们思考那些困惑或迷惑我们的问题。

史蒂芬·品克(Steven Pinker)是麻省理工学院(Massachusetts Institute of Technology)[①]的一位计算机科学家。丹尼·希利斯(Danny Hillis)是迪士尼公司(Disney)的一位计算机创意工作者。约翰·霍根(John Horgan)是《科学美国人》(Scientific American)[②]杂志的撰稿人。在这三篇选录的短文中,他们在争论有关计算机智能(computer intelligence)的问题。

计算机有意识吗?

史蒂芬·品克

在电视连续剧《阴阳魔界》(*The Twilight Zone*)的第一集中,一个人叫做詹姆斯·科里(James Corry)的人被单独监禁在一个贫瘠荒芜的小行星上,正在服为期50年的判刑。艾伦比(Allenby),一位补给舰的舰长,可怜科里,于是给他留下一个大箱子,里面装着"艾丽西亚"(Alicia),一个外表和行为都像女人的机器人。当然,科里不久就深深地爱上了她。一年之后,舰长回来了,带来消息说科里被赦免了,此次就是来带他走的——但他最多只能带15磅行李。不幸,艾丽西亚超过了这个重量。当科里拒绝离开的时候,艾伦比朝艾丽西亚的脸开了一枪,顿时暴露出来的是一堆乱糟糟的冒烟线路。他告诉震惊不已的科里说:"所有你留下的只是孤寂。"

这个令人震惊的故事高潮引发了两个伤脑筋的问题。一个机械装置能够复制人类的智能吗?——这个最终的测试将决定它是否能够引发一个真人爱上它。而如果这样一个机器能被建造出来,那它事实上有意识吗?把它给拆卸了就是对一个有感觉能力的存在者的谋杀吗?而且我们在这个小小的屏幕见证了它?

把第一个问题向人工智能领域的专家们询问,你会得到其中一个回答:"栩栩如生的机器人即将来临",或"它永远都不会发生的"。相信这任何一个预言几乎都是一个错误。有一些专家几十年前就预测,核能真空吸尘器在紧接着的将来就出现了——并且预测,人类永远都不会到达月球。当然计算机会继续变得越来越聪明,正如最近加里·卡斯帕罗夫(Gary Kasparov)[③]的失败对于我们就是一个提醒。今天的计算机能在有限的主题上与人们用英语交谈,能操控机器臂来焊接并喷漆,并且能够复制很多领域中人类的专长,从开药方到判断设备故障。人工智能已经从实验室进入到了日常生活。今天大多数人的说话能够被电话自动查询系统所识别,而且很

---

① 麻省理工学院,是美国培养高级科技人才和管理人才、从事科学技术教育和研究的一所私立大学,享有很高的国际声誉。1865年创建于波士顿。至2009年,先后有75位诺贝尔奖得主曾在麻省理工学院学习或工作。——译者注

② 《科学美国人》美国是一本科普杂志,创刊于1845年,至今有140多位诺贝尔奖得主为其撰稿。——译者注

③ 卡斯帕罗夫(1963—),俄罗斯国际象棋世界冠军,1997年被IBM开发的超级计算机"深蓝"所击败。——译者注

多人已经在万维网上使用智能搜索引擎或通过人工神经系统的网络来选择购买共同基金组合。

比蜗牛强一些。今天的计算机甚至还没达到一个 4 岁小孩的看、说、动或使用一般感官的能力。当然,其中一个原因是纯粹的计算能力问题。据估计,甚至一台最强劲的超级计算机的信息处理能力仅与一只蜗牛的神经系统相当——与臃肿的人类头颅中的超级计算机比较起来,这点能力还是微不足道的。

然而,它们的信息处理过程也是不同的。要计算机记住一个 25 位数是轻而易举之事,但是要它总结一下《小红帽》(*Little Red Riding Hood*)[①]的主旨就困难了;人类倒是觉得记住数字很难而总结一个故事很容易。造成这种差异的一个明显原因是:计算机只有一个单一的可信赖的处理器(或者数个小小的处理器),处理速度非常非常快;大脑的处理器则比较缓慢比较模糊,但是大脑中有数千亿个这样的处理器,每一个处理器都与上千个其他的处理器相连接。这就使得大脑能够在瞬间识别各种图案。而计算机则必须一次一步地理解每一个微不足道的细节。

人类大脑的优势之一就是它位于人体之内,当人与其他人或环境相互影响,几年下来,他就能够吸取数兆字节的信息。大脑的另一个优势是它拥有十亿年研究与开发的成果,这种进化给它们装备上了备忘录(cheat sheets)从而让他设想出如何用策略去战胜对象、植物、动物和其他人类。

因此明日的机器会好到什么程度呢? 技术的进步,像科学发现一样,是臭名昭著地难以预测的。例如,当我们谈到人体器官的移植时,没有人曾预见到,人工的髋部现在成了常见之物,而人工心脏还难以达到。当我们谈及进行心灵复制时,最合理的回答就是:计算机将可能保持它们的这种不均衡的能力好一段时间。它们很可能比现在做的一些思维工作更好,它们也可能做不了一个人对其他人做的那样。

然而让我们再回到科幻小说中来,并假设某一天我们真的将有艾丽西亚般的机器人。它们会"有意识"吗? 伍迪·艾伦(Woody Allen)[②]曾写过一份假想的课程目录,上面列了一门"心理学导论",它是这么说的:"相对于无意识而言,本课程特别注重研究意识,并且关于如何保持有意识状态,我们有许多很有帮助的秘诀。"我们笑了,因为我们知道意识这个词至少有两种意义。

其中一个就是弗洛伊德著名的区分——有意识的心灵与无意识的心灵。我说:"你呆呆地在想什么呀?"于是你把你做的白日梦的内容,一天的计划,你的痛苦与渴望,你眼前的颜色、形状、声音等告诉我。但是你无法告诉我,你的胃分泌的酶,心脏的当前状况和呼吸的频率,视网膜上的投影,当你说话时用来规范语词的句法规则,或者让你拿起一个杯子的肌肉收缩顺序。这表明神经系统中的信息处理过程落在

---

① 《小红帽》,德国童话作家格林的童话作品。——译者注

② 伍迪·艾伦(1935—),美国著名导演、演员、编剧。——译者注

两个池区(pools)。一个池区可以通过各个大脑模块所负责的口头报告、理性思想和作出深思熟虑的决定等来进入。另一个池区,包括肠道反应、视觉的大脑计算、语言、运动、受到压抑的欲望和记忆——如果有的话——是不能够通过这些模块来进入的。有时信息能够从一个池区传到另一个池区。当你刚开始使用手动变速杆(stick shift)时,每一次换挡都必须被仔细想好,但是经过练习后这种技巧就变得十分自如了。通过高度的集中注意力和生物反馈,我们能够聚焦一个隐藏的感觉,例如我们的心跳。

如果你一定要问……在能够进入整个系统中的一组信息这个意义上,计算机究竟会变得有意识吗?在某种程度上,它们已经有意识了。你的计算机的操作系统被设计成某些信息对于编程人员或使用者来说是可以获得的——打开和保存文档,把文件发送给打印机,显示计算机文件目录——而其他信息则是不可获得的,比如磁盘驱动器的运作,或者由键盘所发送编码。这是因为任何信息系统,计算机或大脑,必须即时工作。

一个设备,要求每一点信息在每一个过程中,都必须随时能够很容易地被获得,就会永远地在思想中迷失。这就好比在计算中国茶叶的价格时必须考虑哪一只脚应该放在前面哪一只在后面。只有一些信息与某个特定时间内系统所做的是相关的,也只有这些信息会被按线路传送到系统的各个主要处理器。即便是未来的机器人,有上千个处理器,也需要某种控制系统来限制什么东西输入和什么东西输出个人的处理器。因此在这个意义上,计算机,无论是现在还是未来,都要建有一个"有意识"过程和"无意识"过程的区分。

但是这个词的一个非常不同的意义正使人们着迷。这个意义就是知觉能力:纯粹的存在,主观经验,原始的感觉,第一人称的现在时态,看见红色或感觉到痛苦或尝到盐味等"这到底是什么样的呢?"当要求在这个意义上定义"意识"时,我们没有比路易斯·阿姆斯特朗(Louis Armstrong)①的回答更好的了,当一个记者要求他定义爵士音乐时,他说:"女士,如果你一定要问,那么你将永远都不会知道。"

因此,很多哲学家拒绝"知觉能力"这个思想,并且坚持认为关于意识唯一有意义的定义就是这种操作定义:意识就是获得信息的途径,并且使得行为有所不同。我们怎么能够确定地知道,另一个心灵,甚至是一个电子的心灵,正在经历什么呢?我怎么能知道艾丽西亚镜头般的眼睛后面是否还有"某人住在里边"?不管她行动多么敏捷,不管有多么热情,不管她多么激烈地说她是有意识的,这位补给舰的舰长总是能够坚持认为:她只不过是一台精巧的刺激-反应机器,已经被设计好来行动,似乎她是有知觉能力的。你尽管努力尝试去争辩吧,但是你提供不了一个实验检验来反驳他。

---

① 路易斯·阿姆斯特朗(1901—1971),美国著名的爵士音乐大师。——译者注

把这告诉柏拉图吧。也许知道我们的迷惑不解并不仅仅是一个技术之谜,而是哲学中最深刻的问题之一,这会令人感到些许安慰。如果我不能知道艾丽西亚是不是有知觉能力的,那么我怎么能够知道你是不是有知觉能力的呢?我想你是有知觉能力的,而对于艾丽西亚我就不那么肯定了,然而也许我只是盲目喜爱由肉体构成的创造物,而不是由金属组成的创造物。我怎么能够如此确信:意识是由我颅骨中的大脑组织分泌出来的,而不是潜伏在我的大脑正在运作的软体中呢——艾丽西亚的计算机也能运作这样好呀?

免得你认为答案不是这个就是另一个,好好琢磨一下这些思想实验吧。假设外科医生们用一个微型芯片取代你一千亿个神经细胞中的一个。大概你会和以前一样感觉和行动。然后他们取代第二个神经细胞,接着第三个,如此下去,直到你的大脑越来越成为硅芯片。这些芯片做着神经细胞所做的工作,因此你的行为和记忆从没有改变。你注意到这种差异了吗?这是不是感觉像快要死了?是不是某个其他的有意识实体进入你体内?设想一下《星际旅行》中的传输机是怎样工作的:它把舰长柯克(Kirk)的身体扫描进一个蓝图中,然后在传输过程中把这蓝图分解,接着用飞船底下行星上的新分子组成一个精确的复制品。当柯克被传送下到行星上,他正在打盹呢还是在自杀?

此时脑子会混乱不堪;很难想象对于这些问题一个令人满意的答案究竟是怎样的。但是这些问题不是深夜里的脑筋急转弯或大学宿舍里的闲聊。这些无法估量的事情驱动着我们关于对与错的直觉。补给舰舰长犯有破坏财产之罪还是谋杀之罪?当一个新生男婴被行割礼时,他感觉到痛吗,还是他的哭喊只是一种本能反应?一只龙虾被活煮,或者一条蚯蚓被穿在鱼钩上又怎么样呢?

这些问题不会在短时间内得到解决。也许关于知觉能力的整个问题是无意义的,而且我们已经被欺骗了,误把一些冗余废话严肃地来对待。也许一些未出生的天才会有雷电般的洞见,而我们会轻拍我们前额并明白为什么这个问题要耗费如此长时间来解决。

然而也许人类的心灵——不过是这个星球上其中一个物种进化的产物——在生物学上就不能理解这种解决。如果是这样,那么我们的发明,计算机,对于我们来说就会是最终的戏弄。不要担心计算机是否有意识;我们自己的意识——这是最显然的事情——也许永远超越我们的领悟。

文章来源:《计算机有意识吗?》,史蒂芬·品克著,科学之谜(Mysteries of Science Section),1997年8月25日,《美国新闻与世界报道》(*U. S. News & World Report*)①,重印已经许可。

史蒂芬·品克,麻省理工学院认知神经科学中心主任,《语言本能》(*Language Instinct*)一书的作者。他的著作《心灵如何运作》(*How the Mind Works*)1999年由诺顿(Norton)出版社出版。

---

① 《美国新闻与世界报道》,美国三大新闻周刊之一。——译者注

他们能够感觉到你的疼痛吗？

丹尼·希利斯

当我8岁的时候，我读到一则关于一个男孩利用废品场里的废弃物建造了一个机器人的故事。故事中的机器人能够行动、交谈和思维，就像一个人一样。出于某种理由，我发现建造一个机器人这个想法非常吸引人，所以我决定给我自己建造一个。我记得我兴高采烈地收集各种零部件：用管子做手臂和腿，用马达来做肌肉，用灯泡来做眼睛，用大金属罐来做头部，满怀期待地要把这些零部件组装成一个活动的机器人。经过几次差点把自己电死之后，我开始能使其部分能动了，眼睛亮了，并且能够发出噪音来了。我感觉到我正在进步。如果我拥有恰当的工具和恰当的零部件，我可以肯定我能够建造一个能思维的机器。

我从来没有实现我童年时代要建造一个机器朋友的计划，但我从来也没有放弃过它。当我长大之后，我知道我的努力追寻着一个悠长的传统。亚里士多德曾沉思要创建一套能够“理解它主人的意愿”的装置。他写道：“除了这个之外，奴隶制将永远存在。”在16世纪，传闻好几个哲学家和魔法师都已经建造了机器人，包括培根修士（Friar Bacon）的会说话的黄铜头，布拉格拉比（Rabbi）[①]的自动化机器人。在17世纪，哥特弗里德·威廉海姆·冯·莱布尼茨（Gottfried Wilhelm von Leibniz）实际上曾细致地描述了一个能思维的机器是如何运作的，但是考虑到教会，他小心翼翼地指出它没有灵魂。他小心地表达他的沉思，追问是否“上帝能够至少将思考能力给予一台准备好接受该能力的机器”。

莱布尼茨如此巧妙地避开的话题正是我们着迷和担心的核心：如果一台机器能够思维，那么这对于我们来说意味着什么呢？我们人类一直以来都偏爱那些看起来把我们容易地与自然界的其他物种区别开来并且置于它们之上的各种理论。在历史上，我们喜欢这种看法，即认为我们的地球位于宇宙的中心。这些理论所带有的妄自尊大感问题在于，一旦结果表明它们是错误的，我们就感觉到被轻视了。伽利略（Galileo）[②]的望远镜似乎使得我们变得没那么特别。达尔文（Darwin）对于我们人类家谱的观点也同样如此。

过去，我们的推理能力似乎使得我们独一无二。我们通过肯定我们自身，即我们的高贵的理性使得我们与野兽区别开来，可以应付达尔文的进化论（Theory of Evolution）。今天我们感到威胁了，不是来自野兽而是来自机器。计算机已经比我们更能够了解细节。它们能够证明一些我们证明不了的定理。它们在象棋比赛中

① 拉比，犹太教神职人员。——译者注

② 伽利略（1564—1642），意大利物理学家、天文学家和哲学家，近代实验科学的先驱者。——译者注

击败我们。它们还没有和我们一样聪明,但是它们正变得越来越敏捷——其速度比我们还要快。我们对于理性的垄断正处于危险之中,是时候把我们的自我价值感移到更高处了。

因此,如果理性不再是一个独一无二的人类特征,那么我们怎么和机器区别开来呢?今天,很多哲学家正把他们的希望放在意识上,把它看作是人类独一无二的特征。根据最新的人类优越性理论,机器可能变得有智能,但是它们决不会有感觉。如果是这样,那么我们就有一个简便的区分来证明我们的直觉,即我们胜过机器一筹。我自己的猜测是:这又是一个一厢情愿。我们没有任何科学理由认为意识为人类所独有。至少有一点是动物也可能有意识,智能机器也可能是有意识的。

几十年前,计算机能够在象棋中击败人类这种可能性是骇人听闻的。今天我们把它当作理所当然的事情了。我们已经习惯这种事情。下象棋仍然是一个有趣的游戏。我们仍然享受棋友的陪伴。结果是,把象棋下得最好毕竟不是成为一个人最终的决定因素。生活照常进行。对于人类的自我来说,很幸运,机器不会突然间在所有方面都变得和人们一样聪明。智能是复杂的、多方面的;它不是一个单一的神奇原则。机器智能会逐渐地出现,十年十年地改善,让我们有时间来习惯它。

尽管我相信我们有一天会造出能思维的机器,但是我不那么敢确信我们真的理解了思维的过程。这听起来像是一个自相矛盾。任何一个写过复杂的计算机程序的人都认识到,理解各个部分和理解它们如何相互作用的结果,这两者之间是有不同的。甚至一台应用最先进技术的计算机如深蓝也能够让它的设计者们大吃一惊。在未来的几十年中,计算机会比现在要快、复杂上千倍。它们是思维相应地就更加难以预测和理解了。

一些人发现这些令人难以捉摸的机器的前景让人不安,但是我认为人们会习惯它的。毕竟,今天有多少人真正地理解电话系统、网络、甚至单单一台个人计算机的运作呢?我们懂得如何与它们相处,这就够了。人类长期以来就习惯了和其他有机体一起生活,但不知道它们是如何运作的。自从有了伊甸园,我们就被各种奥秘所环绕着。被我们自己的机器园所环绕,我们人类毫无疑问将继续担忧、希望、爱和好奇。

希利斯,大量平行计算的发明者,华尔特·迪士尼公司研究员。

比我们更聪明？我们是谁？

约翰·霍根

甚至就在昨天世界象棋冠军加里·卡斯帕罗夫对决计算机深蓝之前，专家们就把此次重赛称为人工智能——即努力去创造能够模仿人类思维的机器——无法阻挡的进步中又一个里程碑。“计算机不久就会比我们更聪明”。超级计算机的设计者丹尼·希利斯在《新闻周刊》(*Newsweek*)上的一篇文章中断言道。

事实上，这次比赛，不管它的结果如何，都显示出人工智能是怎样的失败，特别是相对于它的发明者的目标来说。麻省理工学院的马文·明斯基(Marvin Minsky)以及这个领域中的其他先驱者们的天真是享有盛名的。在1966年，明斯基教授交给一位本科生杰拉德·苏斯曼(Gerald Sussman)一项任务，即利用计算机和电视来建造一套能够辨认对象的设备。所谓辨认对象就是指当你和一位可能的雇主一起用午餐时，你突然意识到旁边桌子上那个背对着你的人就是你现在的雇主。秃头，运动夹克，双下巴。对，就是他。

苏斯曼先生并没有完成他的任务(尽管他最后成为一名杰出的研究者)。从那以后，计算机的速度变得无法想象地快。但是它们辨认一张脸或进行一次对话的能力——这些活动人类几乎是不假思索地进行的——依然很原始。计算机在一些数据、规律和目标都简单、明确的情况下能做得非常好。而在一些数据、规律和目标都复杂或模糊的情况下——这就是在真实生活的情况下——就做得非常差了。

象棋是为计算机量身定做的，而且深蓝的能力惊人，能够在一秒钟计算出几亿步棋。如果这种硅晶体怪物必须如此竭尽全力才能击败一个人，那么还有什么希望说让计算机取代武器公约谈判中的外交官？

肯定，一些程序能够“听见”某些有限的语词。银行使用神经网络来评价贷款申请的价值。移民局计划在边境试验脸部辨认软件。然而与人工智能热心家的梦想相比较而言，这些成就是微不足道的。

在最近的1993年，卡内基梅隆大学(Carnegie Mellon Universty)的机器人专家汉斯·莫拉维克(Hans Moravec)，向我保证，到了下个世纪中叶，机器人的智能足以夺取医生和首席执行官的地位。明斯基教授则幻想把人的人格转化成1和0的信息字符串，并把它们“下载”到机器中。

更多清醒的人则开动他们的眼睛。“任何人期待在下一个50年能从计算机那里得到像人一样的智能，注定是要失望了。”菲利普·安德森(Philip Anderson)，物理学家、诺贝尔奖的获得者，两年前在《科学》(*Science*)杂志上这样断言。在可以预见的未来——也许永远——电影《2001：太空漫游》(2001：*A Space Odyssey*)中的哈尔

(HAL),是台会谋杀人的机器,而《星际旅行:下一代》中那个吸引人的生化人百科将依然是科幻小说中的创造物。

有一天,如果不是这个月,计算机肯定会成为世界象棋冠军证明,这游戏,比如贷款分析,可以被简化成数字处理。但是人类思想的最本质的各个方面将继续困惑着科学家们。正如语言学家诺姆·乔姆斯基(Noam Chomsky)[①]曾说,我们将始终从小说中比从科学中更多地认识我们自己。问题是,这种缺陷该让我们惶恐还庆幸呢?

文章来源:《比我们更聪明? 我们是谁?》,约翰·霍根著,摘自《纽约时报》(*The New York Times*),第4部分,第15页,专栏1,编辑部,1997年5月4号。重印已经授权。

约翰·霍根,《科学美国人》杂志的资深撰稿人,也是《科学的终结》(*The End of Science*)的作者。

---

① 乔姆斯基(1928—),美国语言学家,转换生成语法理论的创始人。——译者注

弗兰西斯·培根

弗兰西斯·培根(1561—1626)既是早期现代科学发展的一个主要人物,又是伊丽莎白一世女王和詹姆士一世国王统治期间英国政治的一个重要角色。培根的父母双方家族都是有影响力的公众人物。在剑桥大学和巴黎求学之后,他重返英国干起了律师职业。终其一生,培根仍然是与法律事情交涉,顶峰时期曾拥有英国两个最重要的法律职位:副检察长(Solicitor General)和首席检察长(Attorney General)。此外,培根还是四个不同选区国会的议员。在伊丽莎白一世和詹姆士一世统治的英国,政治动荡不安,一个错误的举动就会要你的脑袋,然而培根成功地生存下来了,并且飞黄腾达,直到1621年,被指控受贿贪污才被逐出公共生活。他在1626年就去世了,甚至还没有获得他所寻求的国王的完全赦免。

培根出版的著作繁多,而且种类各异,包括文学、科学和哲学。他曾构思了一部系统的著作,规模宏大,叫作《伟大的复兴》(*Instauratio Magna*),该书计划把所有的人类知识都重新建立在一个可靠的基础上。《伟大的复兴》的第一部分,称作《新工具》(*Novum Organum*),在其中培根制订了一种方法,在他看来,此方法会为我们自然知识的扩展提供一个令人满意的基础。正是这部著作,比其他任何一部著作更强烈地影响了后来的思想家们,并且确保了培根作为科学哲学中一个主要人物的声誉。

在他去世之后,培根在莎士比亚学术研究的陌生圈子中,获得了第二个种类的名声。这也许听起来很奇怪,一些研究伊丽莎白一世时期文学的严肃学者声称,除了很多其他的成就外,莎士比亚的戏剧和十四行诗其实是弗兰西斯·培根所写的。如果这是真的,那么毫无疑问培根就是哲学史长河中最具艺术天赋的哲学家了。

第四章 科学哲学

在过去一百年中最伟大的科学进步就是阿尔伯特·爱因斯坦(Albert Einstein)革命性的相对论(Theory of Relativity)。下面是卡斯卡特(Cathcart)和克莱恩(Klein)在讨论相对论。

一个人正在向上帝祷告:“主啊,我想向您问一个问题。”

主说:“没问题。问吧。”

“主啊,一百万年对于您来说只不过是一秒钟而已,这是真的吗?”

“是的,这是真的。”

“好的,那么,一百万美元对于您来说是多少呢?”

“一百万美元对于我来说只不过是一美分。”

“啊,那么,主阿,”这个人说,“我可以有一美分吗?”

“当然,”主说,“只有一秒钟。”

第一节　科学在现代世界中的地位

查尔斯·达尔文、卡尔·马克思、阿尔伯特·爱因斯坦和西格蒙·弗洛伊德这四位现代思想家的著作，比任何其他人的著作，更能造就我们今日的世界。达尔文，他的进化论声称人类起源于低等动物，从而把19世纪欧洲社会抛入骚乱之中，然而却为现代生物学奠定了基础。马克思是19世纪最伟大的社会主义理论家（尽管无论如何不是唯一一个），也是在半个世界的经济和政治中起着中心地位的共产主义运动的精神导师。爱因斯坦是数学和科学天才，他的狭义相对论和广义相对论创建了现代物理学，从而为原子能、核武器以及宇宙的起源和形成的现代思索铺平了道路。西格蒙·弗洛伊德是一位医生，他独自创立精神分析学，并且给予现代世界以无意识的概念和以临床诊断为基础的人格性心理发展理论。

19和20世纪的这四位巨人，我们有很多东西可以说。他们四位都是男性。四位都是白人（这就是说，是高加索人——很少人实际上是白人！）。其中三位——马克思、爱因斯坦和弗洛伊德——都是以德语作为母语的。这三位从家庭背景上看都是犹太人（尽管由于职业上的原因，在马克思出生以前，马克思的父亲就已经皈依天主教）。其中两人拥有同样的名字（“卡尔”和“查尔斯”是用不同语言书写的同样名字）。而且他们互不相识，即使从1879—1892年有三年的短暂时期，他们四个都同时活在世上。

然而这四位撼动世界的人物最引人注目的是，他们有三位——达尔文、爱因斯坦和弗洛伊德——都是科学家，而第四位——马克思——认为“科学的”是最高的赞誉词，并将其贯穿于他经济的、历史的和政治的理论中去。

过去一个世纪四位占据主导地位的思想家中有三位是科学家，起初可能并不会令你感到惊讶。不管是作为新技术奇迹的一个无穷源泉（比如我正在用来写下这些句子的家用计算机），还是作为把核武器带到人间来恐吓我们的力量，科学形成、指导并毁灭我们的生活。

然而情况并不是始终都是这样。确实，科学从兴起到拥有这种出类拔萃的地位真的仅有一个世纪。如果你问一个公元前4世纪的雅典人，或8世纪的一位中国官吏，或13世纪的法国国王，或者确实，如果你问1780年代美利坚共和国制宪元勋们的任何一位：哪些思想家决定性地影响了他们的时代？他们几乎肯定会提到宗教的和道德的人物,例如耶稣、孔子(Confucius)、加尔文(Calvin)[①];或者也许是政治领袖——伯里克利(Pericles)[②]、凯撒·奥古斯都(Caesar Augustus)[③]、查理曼大帝(Charlemagne)[④]、成吉思汗(Genghis Khan);或者可能是伟大的艺术家,例如荷马(Homer)[⑤]、索福克勒斯(Sophocles)[⑥]或者莎士比亚。他们可能甚至提及哲学家。但是科学家呢?他们不会提及任何科学家,而那些从事我们今天所谓科学思索的思想家们,更可能是因为其他事情而出名的,但不是因为他们的"科学"。

什么是科学?它是如何取得非凡的成就的,乃至于在现代世界中,它超越于所有其他学科和行动之上?如果有知识存在,那么科学给予我们的是哪种类型的知识,而且它是以哪种方式运作的呢?我们怎么知道什么才是真正的科学,什么不是真正的科学呢?看一看你的大学课程目录吧,上面会给你今天被公认为科学的一览表:物理学、化学、动物学、植物学、微生物学以及其他等等。但是其他的一些活动,所声称的各种知识体系和学科——随你怎么称呼它们——并没有出现在大学的课程目录里呀?占星术、颅相学、排除有害印象的精神疗法(dianetics)、《易经》(*I Ching*)、共济会[⑦]章程(freemasonry)、琐罗亚斯德教(Zoroastrianism)[⑧],以及所有那些刊登在一些不怎么正派的杂志背面的怪异事情,又如何呢?

在本章中,我们将试图通过回顾关于现代世界中这个核心活动的本性的争论——在过去持续了四个世纪——从而对科学的本性至少获得一个初步的理解。我们将回溯到伊丽莎白女王一世时代的开始,当威廉·莎士比亚正在写他的的喜剧和十四行诗的时候,因为这就是我们叙述开始的地方。然而,很快,我们就会发现自己身处20世纪,因为当科学已经变成统治我们的生活时,有关它的本性的争论逐渐地更加富有活力,范围更加广泛。

我们现在已经步入了现代纪元的第三个千禧年的头十年。当21世纪逐渐展现时,可以绝对地肯定的是,科学将把你的生活比以前改变许多倍。如果本书能够让

---

① 加尔文(1509—1564),是法国著名的宗教改革家、神学家,基督教新教的重要派别加尔文教派(在法国称胡格诺派)创始人。——译者注

② 伯里克利(约495—429B.C.),古希腊民主政治的杰出代表,古代世界最著名的政治家之一。——译者注

③ 奥古斯都(63—14B.C.),原名屋大维,罗马帝国的开国君主,史上最伟大的皇帝之一。——译者注

④ 查理曼大帝(742—814),法国国王,古代杰出的君王之一。——译者注

⑤ 荷马(约公元前9世纪—公元前8世纪),古希腊杰出的盲人诗人,著有《伊利亚特》和《奥德赛》。——译者注

⑥ 索福克勒斯(约496—406B.C.),古希腊三大悲剧家之一。——译者注

⑦ 近代的共济会(Freemasons)成立于18世纪的英国,是18世纪欧洲的一种带有乌托邦性质及宗教色彩的兄弟会性质组织,作为世界上最庞大的地下组织,总部设于伦敦市中心高芬园,宣扬博爱的思想,以及美德精神,追寻人类生存意义,号召建立和平理想的国家。世界上众多著名人士都是共济会成员。——译者注

⑧ 琐罗亚斯德教,是古代波斯帝国的国教,也是中亚等地的宗教,曾被伊斯兰教徒贬称为"拜火教",在中国称为"祆教"。——译者注

你思考什么是科学和科学将变成什么，那么你用本书来遭遇哲学就将是成功的。

第二节　弗兰西斯·培根与科学方法的基础

16世纪晚期至17世纪早期，是一个我们对于宇宙和地球在宇宙中位置的理解急剧发展的时代。在1543年，尼古拉斯·哥白尼（Nicholas Copernicus）[①]断言太阳而不是地球，才是太阳系的中心，从而震惊了知识界。他说，各种行星是围绕着太阳运转的，而太阳位于中心却保持不动。哥白尼决不是第一个提出前述主张的思想家，但是自从亚里士多德的时代即基督诞生之前的四世纪以来，人们几乎普遍地接受这样一种观点：地球是太阳、月球、各个行星和各个恒星旋转的中心。确实，这种理论已经成为罗马天主教会官方学说的一个部分，结果哥白尼和后来的天文学家们发现，由于他们的革命性假设，自己身处宗教的麻烦之中，而不仅仅是理智上的麻烦。

之后不到一个世纪，一大批其他的天文学著作出现了，其中提出了更多有说服力和令人惊异的天体理论。丹麦的天文学家第谷·布拉赫（Tycho Brahe）[②]，在16世纪后期进行了多次观测，而他的一个更杰出的学生约翰内斯·开普勒（Johannes Kepler）[③]则把这些观测结果在新世纪的初期出版发表了。开普勒自己对于行星的运动形成了几个普遍的命题或定律，其中包括这样革命性的主张：行星实际上不是以圆形轨道，而是以椭圆形轨道绕日运行的。在1632年，意大利的物理学家和天文学家伽利略·伽利雷（Galileo Galilei）出版了一套对话录，在其中他捍卫哥白尼关于行星绕日运转的主张。

我希望你试着回到过去，按照16世纪后期和17世纪早期的方式来思考。今天我们在电视里看到了如此之多的地球照片，它们是从卫星和航天飞机上拍摄到的，以及如此之多的太阳系图表和太阳系所属的银河系的图表，乃至于对于我们来说，十分难以想象生活在一个甚至最聪明的科学家也无法真正地告诉你哪个是真理——地球围绕着太阳转，还是太阳围绕着地球转——的时代究竟是什么样子。

一开始关于这些新理论存在着巨大的争端。没有复杂精密的仪器如现代的望远镜和太空交通工具，什么是真理这并不清楚。因此，一点都不令人惊讶，随着对于宇宙本性的论证，一种新的论争开始了——关于我们应该使用什么样的方法来考察宇宙。简要说来，伴随着科学事实（scientific fact）的问题，科学方法（scientific meth-

---

① 哥白尼（1473—1543），现代天文学的创始人，日心说的创立者，著有《天体运行论》。——译者注

② 第谷（1546—1601），丹麦杰出的天文观测家，现代天文学的创始人之一。——译者注

③ 开普勒（1571—1630）德国著名的天文学家，提出“行星运动三大定律”。——译者注

od)的问题开始起着重要的作用。

在17世纪初期,对于这场逐渐升温的争论最重要的贡献者,是一位卓越的英国人名字叫作弗兰西斯·培根。正如他们曾经说的,培根是一位有着多样才学的人。他是一位渊博的法律学者;也是伊丽莎白女王一世及其后继者国王詹姆士那个非常复杂和险恶的时代中一位干练的政治家;一位文辞优雅洗练又诙谐机智的随笔作家;并且在当时拥有好几个最重要的政治职位。尽管听起来有些奇怪,但是他被一些人认为事实上是威廉·莎士比亚36出剧本的真正作者。然而最为重要的是,培根是一位系统的思想家,他为他的时代的新科学奠定了方法论的基础。他把关于科学方法的所有思索都集中在一部伟大的著作中,他把这部著作叫作《新工具》(*Novum Organum* 英文是 *The New Organon*)。所谓工具就是一个科学研究的体系,一种发现世界的真理的方法,培根认为,他能够一劳永逸地陈述出这种研究应该如何进行。

培根声称,科学研究的秘密就在于,对世界的观察做一个系统的收集,然后用各种方式排列、整理它们,从而使得我们能够发现现象隐藏着的本质,而这正是我们希望知道的。由联邦政府出资支持科学研究的今天,当报纸上偶尔报道说,一台超级对撞机(supercollider)[①]耗费数十亿美元,基因研究则要花费数亿美元,你就不会感到特别讶异于听到培根相信观察法(observation)。你会问:还有什么别的原因吗?然而在培根的时代,很少自然科学的研究者认为,认知世界的方法就是耐心地去收集观察资料。确实,那个时代最伟大的理智上的成就是在诸如数学和逻辑学等领域,在这些领域中观察根本起不到什么作用。

我们也必须记着,对于培根而言,观察就意味着用我们没有任何辅助的感官看、听、尝、嗅和触摸。精密的科学仪器时代还在遥远的将来。开始投入使用的原始望远镜是如此的差劲和不可靠,以致于它们能够比肉眼好得了多少就成为一个有争议的问题了。

在《新工具》的第一卷中,培根为我们展示出一个基础性的争辩,而它主导了后来两个世纪有关科学方法的讨论。他说:“有且仅有两条研究和发现真理的道路”——

> 一条道路是从感官和特殊的事物飞升到最普遍的公理,其真理性已经被视为确定下来的了并且不可更改,然后从这些原则出发进而去判断和发现一些中级的公理。而这种方法时下正在流行。另一条道路就是从感官和特殊事物中获得一些公理,然后经由逐渐的、无间断的上升,直至最终达到最普遍的公理。

---

① 超级对撞机,又叫超导超级对撞机,它是一个基本粒子加速器。1992年,一个以巨型超导磁体为主的超导超级对撞机特大型设备,于美国得克萨斯州建成并投入使用,耗资超过82亿美元。由于耗费过大,1993年,该项目被美国国会终止。——译者注

这才是正确的方法,然而迄今还没被试行过。[1]

如果我们回想起第二章的讨论,我们可以看到,培根在向我们展现理性主义和经验主义之间古老的、基本的冲突。在他看来,理性主义者们直接地跳到一些非常普遍的公理,然后把这些公理当作是进行系统地严密演绎的出发点。这正好就是数学中所发生的事情,在这里这种方法确实起到了很好的作用。例如,你们学习过高中几何学的人就会记得,首先你会被给出一些定义、公理或假定,然后你就开始推演出结论或命题来,譬如这个命题"一个三角形的内角和等于两个直角"。

然而,尽管这种方法在数学中可能是成功的,但是培根坚信:这种方法在对自然的解释中是完全错误的。相反,他说,我们必须从我们感官的证据出发,然后从各种特殊的观察非常、非常缓慢地进展到一些暂时性的通则(generalizations)或假设。接着,不是仓促从事演绎和建立精密的体系大厦,而是我们必须回到自然中来,用更多的感官证据来检验我们的通则。最终,如果我们小心谨慎(并且幸运),那么我们会到达这种进展的终点,从而获得我们能够给予信赖的普遍真理。

为了向我们展现他的心中所想,培根以一个严密的例子开始,打算对热能(heat)获得一个科学的理解。下面就是他在《新工具》中如何介绍他的检查:

> 对于诸形式的研究是这样进行的:一种性质(nature)被给予了,我们首先必须在理解力面前,聚集(muster)或展现(presentation)所有已知的具有同样性质的各种事例,尽管在实体上它们很不相像。而且这种搜集必须照着历史上的样式去做,不要有未成熟的揣测或任何大量的精微性。例如,让我们来研究热能的形式。[2]

培根在这里说什么呀?首先,培根认为,自然中存在着某些形式(forms),譬如热、光、白、重、硬等等。科学的工作就是要准确地知道这些形式是什么,并因此获得改变和操控自然的能力,从而能够被用来满足人类的需求。"一种性质(nature)被给予了"——这就是说,一旦你提出这个问题,例如什么是热能?——我们就开始系统地搜集所有以这种形式出现的各个事例——这就是培根所谓的"聚集(muster)或展现(presentation)"。如果热能正是我们所要理解的,那么我们就尽可能多地从各种最广泛的可能情况中搜集有关热能的事例:热金属、热水、炙热的太阳、某病人发热的前额、余火未尽的热木块、一根木棒经过被另一根木棒非常厉害地摩擦之后就会发热,如此等等。

培根说,一旦我们搜集完之后,我们就要把所有有关热能的事例列一份清单,并将它与另一份清单相比较,在此清单中我们尽可能一样多地找到缺乏热能的事例

① 参看培根:《新工具》,许宝骙译,商务印书馆,1997年,第12页。——译者注

② 参看培根:《新工具》,许宝骙译,商务印书馆,1997年,第118页。——译者注

——冰块、寒冷的日子、寒风、凉爽的泉水,如此等等。

有了这两份清单,我们现在就尝试一些列关于热能是什么的猜测或假设,并根据这两份清单检查它们是否符合事实。

例如,假设有人提出这样一个建议,认为热能就是存在于发热事物内部的一种流体。那么这当然符合热水的事例,它是液体,而且甚至也符合一个病人发热的前额这个事例,因为她可能体内就有发热的流体。然而它并不符合沙漠中干燥的热沙子的例子,因此这个猜测就与证据相矛盾而被拒绝接受。

根据培根的观点,通过检查和再检查他所谓的具有表和缺乏表(Tables of Presence and Absence)(例如具有热能表和缺乏热能表),我们是一点一点地向热能的真正本质集中注意力的。然后我们就能够采取下一个步骤了,组成培根所谓的增加表和减损表(Tables of Increase and Decrease)[在这些事例清单中事物变热了(增加)或变冷了(减损)]。假设我们正在检查这种假设,即认为热能以某种方式与事物的变小有关系。我们根据增加表检查这种假设,发现气球中当一定体积的空气受热时,它会变大。这就足以排除认为热能以某种方式与事物的变小有关系这种理论。

好的,你明白这些意思了。最后,经过长长的篇幅,培根得出关于热能的如下理论,正如所显现出来的,它已经非常接近准确无误了:

> 如果你能够在任何一个自然物体中激发一种膨胀的或扩张的运动,并且同样能够把这种运动抑制住,从而让它返回到原来的状态,使得膨胀不能平稳地进行,但有一部分运动是能自主行动的,另一部分运动就要遭到抵制,那么你毫无疑问地就能够产生出热能。①

培根在这一小段中所说的,有三个重点值得注意。它们在本章的讨论中至关重要。

第一:根据培根的观点,科学所探究其本质的这些"形式",是事物熟悉的、日常的特征,而这些特征可以通过五种感官获得。热能、重量、坚固性、白色——这些都是科学发现的对象。把这与现代科学相比较,它所研究的事物——原子、基因、星系、电——这些我们用肉眼都看不见,如果没有复杂的科学设备以及各种复杂的理论,我们就无法认识它们。

第二:"聚集(muster)或展现(presentation)"——也就是我们正在研究的各种事例的清单——就是"照着历史上的样式去做,不要有未成熟的揣测或任何大量的精微性"。这里培根的意思是说,科学家是这样子来组成这份清单的,即通过仅仅对热能事例的描述(describing),而不需要任何关于热能是什么或它很可能在哪里被找到的先天科学假定(prior scientific assumptions)。科学家要不怀成见尽可能多地接近经验,记录下展现在他诸感官之前的任何东西。这个步骤的关键点,就是要避免

---

① 参看培根:《新工具》,许宝骙译,商务印书馆,1997 年,第 158 页。——译者注

通过非故意地把科学家的任何前设组成事实清单的一部分，从而对结果产生偏见。

要明白为什么培根认为这如此重要，那么考虑一下最近几年中电视体育报道所引发的剧烈争论就可明了。仔细地检视职业橄榄球比赛的播报，就会揭露：像"敏捷""聪明""机智""智慧""总是在思考"等这样的描述，常常都是用在那些有好表现的白人球员上，而黑人明星球员有同样的表现则常常是用"天生的运动员""非常强悍"如此等等来描述。体育比赛解说员的偏见使得他们只看到白人运动员在比赛中智慧的事例，而没有看到黑人运动员同样的表现。如果某人看到由这些播报的描述组成智慧的具有表和缺乏表，他完全可以得出不正确的结论：体育运动中的智慧以某种方式与种族相关联。问题并不出在他的推理，而是出在原初聚集的事实上，推理正是奠基于这些事实之上。

因此，培根坚信，最初的事实搜集"照着历史上的样式去做，不要有未成熟的揣测"。

第三：整个科学研究的目的，正如培根关于热能的结论已经清楚说明的，就是使用知识来获得改变自然的力量。培根并没有告诉我们热能是什么。他告诉我们如何产生（generate）热能——换句话说，就是如何制造（produce）热能。他告诉我们："科学真正和合法的目标正是这样——人类的生活应被赋予新的发现和力量。"

让我们对这三个重点的第二个进行更靠近的考察，因为它是接下来关于科学方法争论的中心。观察的搜集——科学的理论化就是以这为开始的——要尽可能地以一种不带偏见的方式来进行。这些事实要被观察者记录下来，但不允许他们用自己的先天信念或期待，以及他们的科学理论来给他们的描述着色。例如，即便一位物理学家坚定地相信，当一种气体被压缩成更小的体积时，气体的温度会升高，但是当他压缩一种气体并观察它的温度时，也决不允许他的信念改变温度计的读数方式。基于某种先天的理论，一位天文学家绝对地肯定 2010 年 6 月 13 日上午 10:04 将会准确地发生一次日食，但是当他细致地观察日食的发生并用他的表来核对时间时，他决不能允许他的期待影响他对于此时日食发生时间的报告。

现在这些显然就是无恶意的评论的要点。如果这些观察，并没有受到作出如此观察的科学家们的理论影响或着色，那么即便原初观察者的理论信念被证明是错误的，这些观察仍将继续作为理论化的合法基础。如果这些观察正如我们现在所说的，是理论中立的，即意味着他们是完全独立于关于什么使得世界运作的任何理论，那么即使几个世纪之后的科学家们都能继续使用这些观察作为搜集或聚集的一部分，而且他们可以把自己的理论化奠基于它们之上。

很明显，这种"理论中立"（theory neutrality）的直接含义就是，成堆的观察资料会随着时间的推移而逐渐地变得越来越大，当越来越多的新观察资料被加进到这份清单中来的时候，没有一个是可以被抛弃的。因此我们能够得出结论说，科学将稳步地、不中断地、朝着向上的方向进步，从而越来越扩大对于自然的理解。今天的科学家们将仍能运用先前几代科学家已经观察过的一切,以及他们添加到这个搜集中的任何新观察。而将来的科学家境况会更好,因为他们会给这个不断增长的仓库添加新的观察资料。

这种向前和向上的单向进步,当然不会是人类活动其他领域的典型。我猜想很少政治、艺术或宗教的严肃研究者会准备声称,这些领域表现出稳步的向上的进步。在美国我们确信,今天的政治家们优越于阿伯拉罕·林肯或美国的制宪元勋们吗?会有很多基督徒声称,今日的宗教领袖们优越于耶稣、耶稣的门徒以及圣·保罗(St. Paul)[①]吗?有人认为,今天的作曲家们比贝多芬(Beethoven)[②]和巴赫(Bach)[③]有明显的提升吗,或者今天的剧作家们进步到超越了索福克勒斯或莎士比亚吗?

然而,当我们谈到科学时,我们全都会自动地认为,即使是今日一个普通的科学家也比仅仅上一代最杰出的科学家要知道得更广。刚好在现代科学纪元的开端,弗兰西斯·培根就有伟大的远见看到,科学中单向进步的宣称,必须稳固地奠基在理论中立的、无偏见的观察且不断扩充的实体之上。

现在让我们把这个观念颠倒过来。假设结果是这样:理论中立的观察是不可能的——每一个观察者,不管有多诚实、客观和小心,都不可避免地给观察过程带来一套理论前设,而这会构成观察并给观察着色了。那样的话,结果就是:科学比我们所认为的那样更像宗教、艺术或政治——不断变化,但不是明确地不断进步得更好,也不是进步出更多关于世界的内容丰富的理论。

第三节　理论与观察之间的关系

现代早期的伟大科学进步——15 世纪晚期至 18 世纪早期——被古典物理学的最伟大成就和人类心灵真正的不朽成就中的一项所超越:艾萨克·牛顿爵士的《自然哲学的数学原理》(*Mathematical Principles of Natural Philosophy*,其拉丁文为:*Philosophiae Naturalis Principia Mathematica*),通常被简称为《原理》。尽管你已经在高中或大学学过物理学,你也当然以一种或另一种形式碰到过牛顿的各种理论,但是

① 保罗(3—67),是第一个去外邦传播福音的基督徒,他被历史学家公认是对于早期基督教会发展贡献最大的使徒,基督教在希腊、罗马的迅速传播,与保罗的多次远行传道密切相关。《圣经·新约》中的多封书信为其所撰,被称为保罗书信,构成了《新约》的主要内容,是阐释基督教教义的重要文献。后来天主教梵蒂冈将他封圣。——译者注

② 贝多芬(1770—1827),伟大的德国作曲家、维也纳古典乐派代表人物之一,对世界音乐的发展有着举足轻重的作用,被尊称为“乐圣”。——译者注

③ 巴赫(1685—1750),德国著名的作曲家、管风琴家,是将西欧不同民族的音乐风格浑然溶为一体的开山大师,对后来将近三百年整个德国音乐文化及至世界音乐文化产生了深远的影响。——译者注

很显然让你概括一下这类著作就办不到了。伽利略发明了一种理论来描述地球上物体的运动——如物理学家所说的，一种地球上运动的理论。开普勒，正如我们已经指出的，提出许多定律来描述行星绕日的运行——一种天体运行理论。从古代一直到17世纪，哲学家们和物理学家们都认为：地球上的物体基本上与宇宙中天体不同——即由不同的质料构成，遵循不同的定律。牛顿证明，伽利略关于地球上运动的定律和开普勒关于天体运行的定律，通过使用一种他已经发明的新数学，即今天所谓的微积分，两者都能够数学化地从同一套三个基本原理中推导出来。

这种非凡的理论成就，对于自然研究中观察和纯理论的恰当角色的方法论争论，产生深远的影响，因为在牛顿的《原理》一书中他是用抽象的数学演绎来进行的，而不是使用培根所谓的“聚集”观察数据。天平倾向有利于争论中的理性主义者这一方。

可以肯定，理性主义者们自愿地承认，对于自然的观察有它的作用，但是他们坚信，观察必须受到理论的指导。他们争辩道：正如培根所主张的，仅仅搜集数据并将其堆到各种表中，这是不够的。相反，观察必须采用这种形式，即我们今日所谓的“实验”。

“实验”(experiment)这个词来自一个拉丁词，意思是“去尝试”，而试验、测验这些意思，正好准确地传达出实验是如何不同于单单的观察的。当我在进行一项实验时，我的心灵中已经有了某种理论或假设，而我正要测验它们。这种试探性的观念指导我进行测验，并把我的注意力聚焦在我怀疑很重要的情况的特殊方面。然而，当我心灵中没有理论，仅仅只是观察，我就没有一个向导来告诉我哪些需要注意，哪些可以忽略不计。

例如，假设去年秋天我在我的花园里种了一株玫瑰，而现在经过冬天之后，它枯死了。我想知道是为什么。我可以直接地观察这株植物和花园，并记下我所注意到的一切。但是这样一来，我很可能最终处于庞大的观察之中，而无法将它们整理清楚。譬如我会草草记下土壤的状况，每天从路上经过的汽车的平均数量，是民主党人还是共和党人执掌白宫，去年冬天下了多大的雪，是什么种类的鸟在附件的树上筑巢，今春下了多大的雨，如此等等。即使是用培根的具有表和缺乏表，我也不可能想出为什么我的玫瑰花枯死了。

另一方面，当我进行一项实验时，我是以一个假说开始的——即我想去测验的某个心灵中的观念。例如，我会猜测，这株玫瑰的存活依赖于土壤的酸性有多少。于是我将我的土壤的酸性度与邻居的进行比较，因为他的玫瑰花没有枯死。我甚至可以将种玫瑰花的那块土地，一半改变其酸性，另一半保持原貌，从而进行今天的科学家们所谓的“受控实验”(controlled experiment)。注意，我仍然在观察，但是现在我的观察是受到一个在先的理论指引和构成的。

艾萨克·牛顿爵士

艾萨克·牛顿爵士(1642—1727)是现代最伟大的物理学家。他对光学定律做出了革命性的工作,此外还发明了微积分,并且对伽利略和开普勒的理论进行了理论整合。

第四节 卡尔·波普尔与可否证性

卡尔·波普尔爵士(Sir Karl Popper),出生于奥地利,伦敦经济学院(London School of Economics)的逻辑与科学方法教授,在他的《科学发现的逻辑》(*The Logic of Scientific Discovery*)一书中,对一些最神圣的科学主张表示怀疑。此书1934年以德语出版发行,知者寥寥,但是英译本于1959年出版后,使得波普尔的思想受到更众多读者的关注。

当他还是一个年轻人的时候,波普尔就对爱因斯坦物理学中相对论固有的冒险性印象深刻,在此意义上,从这个理论中就可能推演出这样的结果——如果理论能证明错误,那么它也能否证(falsify)自身。他注意到这种冒险与(例如)弗洛伊德和阿德勒(Adler)①据称科学的精神分析理论尖锐对立,似乎这种理论对于否证(falsification)具有免疫力,因为对于这些理论不管有什么样的反驳被提出来,似乎总是有某种途径把它们包容进理论中来。这种对于否证显而易见的免疫力被认为是这些理论的一种力量,并且循环地仍被认为是一种理论或立场的力量(在一场宗教的或政治的争论的语境中,你多久听到某人说:“你可以对我的立场说任何你想说的,但

① 阿德勒(1870—1937),奥地利心理学家,精神分析流派的重要人物。——译者注

是你证明不了我是错误的!")然而波普尔认为,这种能够包容任何和所有挑战的显而易见的能力,并不是科学理论的一种力量,而是一个严重的弱点,因为一种理论能够兼容任何和所有可能的情况,它就不能在它的预测中区分哪种可能的情况将实际上发生和哪种不发生。

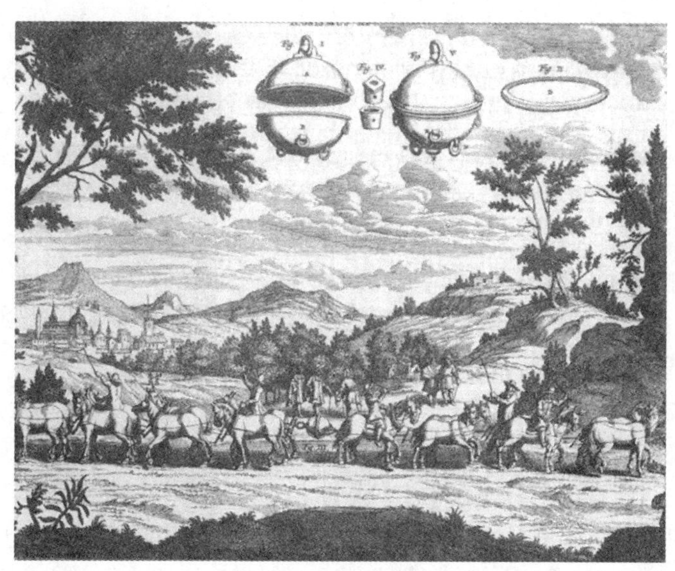

奥托·冯·格里克(Otto Von Guericke)①关于空气压力最著名的实验,是1657年在斐迪南三世(Ferdinand Ⅲ)面前,使用了马德堡半球(Magdeburg hemispheres)来展现真空的力量。库柏(Copper)为格里克1672年在阿姆斯特丹出版的书《新实验》(*Experiments Nova*)作此插图。

图片来源:格兰杰收藏公司(The Granger Collection)

那么,对于波普尔来说,可否证性(falsifiability)就成为真科学与伪科学之间的分界线,以及那些真正有预测能力的理论与那些不过是假装能预测的理论之间的分界线。例如,想一下占卜者,他的预测是如此的含混不清,以致于实际上任何结果都能被解释成与他的声称是一致的,就像古代德尔斐(Delphi)神庙的预言,他告诉里底亚人(Lydian)的君王克罗伊斯(Croesus)②说,如果他攻击波斯人(Persians),他就会毁灭一个大帝国。正是基于这个建议,他攻击波斯人,结果被打败了,因此毁灭了他自己的帝国　　一点都不是他所期待的。当然,神庙的预言是真的,但是它会证实两个被给定结果的任一个;而且即使战斗被扯成平局,这个声称也可以被说成这样——克罗伊斯的攻击至少削弱两个帝国,因此当它们一个最终沦陷了,它的沦陷

① 格里克(1602—1686),德国物理学家、政治家。——译者注

② 克罗伊斯,生卒年不详,他是里底亚最后一代国王,以财富甚多闻名。约公元前560年继承其父王位,完成征服爱奥尼亚大陆的大业。——译者注

就可归因于克罗伊斯的攻击。在这个意义上,神庙的预言就是不可否证的,因此,在波普尔看来,它就不是科学的。

进而,波普尔争辩道,事实上科学的进步并不是按照培根所描述的模式来进行的,即培根所说的通过积累越来越多的证据来支撑普遍的科学原则,而是奠基于尝试去否证大胆的假说。因此抵制否证(resistance to falsification)取代了确证从而作为科学理论的检验标准。在实践中,科学研究者发现他面临一个疑团,但是他有一种直觉,于是作出了一个猜测——假说——作为可能的解决,然后着手用进一步的观察来检验该假说。这个假说本身不过是想象或直觉的产物,尽管当然它是根据已被观察过的事物进行塑型的。然而在波普尔看来,如果他是一位真正的科学家而不是"伪科学家",那么他就应该不仅仅着手寻找能证实他的假说的事例(波普尔认为,去寻找证据来支持他的假说这是件容易的事);相反,他应该着手尝试去否证它。当他是幸运的,他会发现他的直觉承受住了观察的检验。一个成功的科学理论的本质就在于,尽管它是可以被否证的,但是它现在还没有被否证。

波普尔关于否证性的观点有一个令人担忧的特点,就是当每一个真正的科学断言能够被检验和被否证,那么它就不能被决定性地证实。表明这一点的一个著名例子就是普遍化,"所有天鹅都是白的"。因为在开拓澳大利亚之前的一千多年来,欧洲人所看到的所有天鹅都是白色的,的确"所有天鹅都是白的"已经是被成千上万的事例证明过的一个有关普遍化的教科书例子。但是当西方人开始开拓澳大利亚时,他们发现了黑天鹅。当然,他们可以坚称他们所看到的这些黑鸟并不是真正的天鹅,只不过是一种很像天鹅但不是白的鸟,而这就是一种使得他们的普遍化对于否证性具有免疫能力的方法。但是这种伎俩会剥夺它所传达的关于鸟的任何信息的普遍性,因为它涉及的仅仅是一个语法转换,把"所有天鹅都是白的"这个意义转变成"所有白天鹅都是白的"——毫无疑问这是真的,但并不怎么有意思。相反,西方人要承认澳大利亚所发现的这种鸟是天鹅,而他们教科书的断言,"所有天鹅都是白的",事实上是错误的。这个例子的关键点就在于:一种理论不管被检验了多么久,也不管有多少成百上千或成千上万的事例被发现来支持它,总是有可能——如果这种理论真的是科学的——在某个时候它被否证了。而这似乎就引起我们对于科学一个最自豪的夸耀的怀疑,即科学给予我们关于自然到底是什么的真理。根据波普尔的观点,我们应该不把科学理论当作真理,而应该当作暂时性的,在它们被否证(如果它们确实是)之前或者在它们被更好的理论取代之前,都可以被保留下来。

波普尔还挑战传统的、培根主义的观点——科学观察必须是理论中立的,观察者接触经验时不要带上前设或偏见,记录下呈现在她感官面前的任何东西。波普尔争辩道:观察完全不是这样子的。当研究者着手记录他的观察时,他的观察是有选择的。他正在寻找某种东西,而他的观察就会被他正在寻找的东西所影响。我记得在一个实验科学课堂上我第一次经历使用显微镜时,就受到了挫折。老师说:"调节你显微镜的焦距,然后在你的实验手册上,画下你所看到的!”然而我看到各种各样的东西,弯弯曲曲的线条、斑点以及看起来像眼睫毛的东西! 我打算要聚焦什么呢? 如果对于我打算要寻找的东西没有一个观念,那么我就茫然不知所措了。例如,以同样一种方式,当我“找错东西了”——我原以为是一本绿色封面的书,事实上是白色封面的,我就浪费了大量的时间和精力来寻找不恰当的物品。我可能从它旁边经过十几次,它就在我面前,但是因为我“找错对象了”,所以我完全错过了它。波普尔争辩道:所有的观察都是有选择的,都是“负荷着理论”的。由于与培根完全不同,不存在纯粹的或理论中立的观察。而这言下之意就是说,科学,像宗教、艺术或政治一样,是由科学观察者的前设形成的和着色的。

第五节　托马斯·库恩的科学革命理论

到目前为止,对于科学家们应该如何进行研究(培根的“聚集已知的事例”),我们已经说了很多了,然而对于工作中的科学家事实上是如何日复一日地进行他们的科学研究,我们却谈得很少。看起来奇怪的是,尽管事实上许多古典的和现代的科学哲学家本身就是技术超群的科学家,有时甚至是他们时代的主要科学人物,但是直到最近,关于真正的科学研究应该如何进行还是少有论及。

一个再三地出现的问题是,科学哲学家倾向于假定(没有论证),在过去的争论中结果是对的科学家,在他们的时代,显然是最好的科学家,而他们的论争对手都不过是些蠢人。例如,我们现在知道,地球是圆的(或者,更准确来说,是一个椭圆的球体——两极较扁),而且地球是绕着太阳运转的。这些都是哥白尼在 16 世纪所说的。他的论证对手是所谓托勒密理论的支持者,该理论是以古埃及天文学家托勒密来命名的,按照这种理论的观点,地球是固定在天空中的,它不移动。既然我们知道所有的论证和证据现在都站在哥白尼这一边,那么科学哲学家很自然就认为,托勒密主义者都不过是一些糟糕的科学家,他们不能够辨认合理的论证和清楚的证据(当他们看到这些时)。

然而,当现代的科学史家仔细地审阅当时的文献,并且重构起他们事实上所发生的论争时,他们开始意识到,真相事实上是非常不同的。如果你思考这个,那么当你得知,托勒密体系的支持者们大部分都是严谨的、智慧的、细致的一群人,而且他们这一方也有一些很好的论证和事实证据,就不足为奇了。就历史事实而言,考虑到在 16 世纪早期天文观测还处于相当原始的状况,托勒密主义者们事实上在预测和解释所观察到的天体方位上,比哥白尼体系要略胜一筹。

当科学史家们开始对早些时代的科学论争进行细致的研究时,很多上述同类情况就再三地出现了。例如,英国化学家约瑟夫·普利斯特里(Joseph Priestley)[①]与法国化学家安托万·拉瓦锡(Antoine Lavoisier)在关于燃烧的本质的大论争中,普利斯特里的“燃素”(phlogiston)理论输给了拉瓦锡的“氧气”理论。我们现在知道拉瓦锡是对的,然而普利斯特里的实验也正如拉瓦锡的实验一样,是细致的、科学的、合理的。

安托万·洛朗·拉瓦锡(1743—1794)法国化学家。拉瓦锡通过用电火花点燃氢气和氧气组成的混合物这个实验,从而确定水的构成。法国19世纪的线雕铜版画。
图片来源:格兰杰收藏公司

科学史家们也开始注意到,科学的发展并不像科学哲学家们看起来所描述的那样,展现为一种缓慢的、稳步的、直线向上的进步。相反,在任何给定的科学中,历史的证据表明科学是一个不平坦的过程,长期平静地、稳步地发展,但不时在很短时间内被短暂的、急剧的变化阶段所打断,科学家工作的整个图景明显地被转换了。

美国科学史家托马斯·库恩(Thomas Kuhn),把这些历史结论与他自己的研究结合在一起,在1962年以一本薄薄的个人专著《科学革命的结构》(*The Structure of Scientific Revolutions*)使得哲学界和科学界大吃一惊。该书范围涉及两千多年的科学史,但是特别集中在过去四个世纪理论物理学和化学的发展,库恩描绘了一幅令人信服的科学发展的形成与过程的图景,这幅图景与无数科学哲学家所说的几乎所有事情决然不同。库恩的著作本身给科学哲学带来了革命,并且质疑科学中两项最引以为豪的说法:第一,科学给予我们关于自然到底是什么的真理;第二,不像艺术、哲学、宗教或政治,科学是进步的,可以获得关于自然越来越多容量的真理,而且是稳

① 约瑟夫·普利斯特里(1733—1804),英国化学家、牧师、教育家。——译者注

步地奠基在过往科学家们的工作之上的。

库恩通过三个相互关联的概念的协助来陈述他的观点:常规科学(Normal Science),范式(Paradigm)和科学革命(Scientific Revolution)。下面就是库恩对于头两个概念的介绍:

托马斯·库恩

《科学革命的结构》①

在本书中,“常规科学”是指奠基在一种或多种过去的科学成就之上的研究,这些科学成就被某个特殊的科学共同体在一段时间内认可为进一步实践的基础。今天,这些科学成就,已被初级的和高级的科学教科书叙述了,尽管很少是以它们原初的形式。这些教科书详细阐述公认理论的主体,列举它许多的或所有的成功应用,并把这些应用与示范性的观察和实验进行比较。在19世纪早期这些教科书变得流行之前(在新成熟的科学中甚至更近),很多著名的科学经典著作就起着一个类似的功能。亚里士多德的《物理学》,托勒密的《天文学大全》(*Almagest*),牛顿的《原理》和《光学》(*Opticks*),富兰克林(Franklin)②的《电学》,拉瓦锡的《化学》,莱尔(Lyell)③的《地质学》——这些以及众多其他的著作,都在一段时间内为后来几代的实践者们暗暗地规定了一个研究领域合理的问题和方法。它们能够起到这样的作用,是因为它们共同具有两个本质的特征。它们的成就足以前所未有地吸引一批持久的拥护者,使得他们脱离科学活动的其他竞争模式。同时,这些成就又足以无限期地为重新组成的一批实践者留下有待解决的各种各样问题。

共同具有这两个特征的成就,我此后将称之为“范式”,这个术语与“常规科学”联系紧密。我选择这个术语,是想表明实际科学实践中的一些公认范例——包括定律、理论、应用和仪器在一起——为特定的连贯的科学研究传统提供模型。这些传统就是历史学家在“托勒密天文学”(或“哥白尼天文学”)、“亚里士多德动力学”(“牛顿动力学”)、“粒子光学”(或“波动光学”)等等标题下所描述的传统。范式的研究,包括很多远比上面所列举的那些名称更加专门的范式,主要是为以后将参与实践而成为特定科学共同体成员的学生而准备的。因为他将要加入的共同体,其成员都是从相同的具体模型中学到这一学科领域的基础的,他接下来的实践将很少在

① 参阅库恩《科学革命的结构》,金吾伦、胡新和译,北京大学出版社,2004年,第9页,此处基本上采用该译文。——译者注

② 富兰克林(1706—1790),美国史上第一位享有国际声誉的科学家、发明家。——译者注

③ 莱尔(1797—1875),英国地质学家,地质学的奠基人。——译者注

一些基础性的前提上发生明显的分歧。基于共同范式进行研究的人，都在科学实践中承诺同样的规则和标准。范式所产生的这种承诺和明显的共识是常规科学的先决条件，亦即是一个特定研究传统创始和延续的先决条件。

文章来源：托马斯·S. 库恩《科学革命的结构》，版权归芝加哥大学出版社，重印已经授权。

注意培根关于科学的说法与库恩的说法之间的差异。对于库恩而言，科学是由真人来从事的工作（也包括女人，尽管他没有这么说）——他们出生在一个特定的文化、特定的时代中，从教科书和课堂中学到他们的科学，然后在实验室中实践他们所学到的东西。库恩的兴趣在于，真人科学家学习他们的技能并将其传递给他人的这个过程。

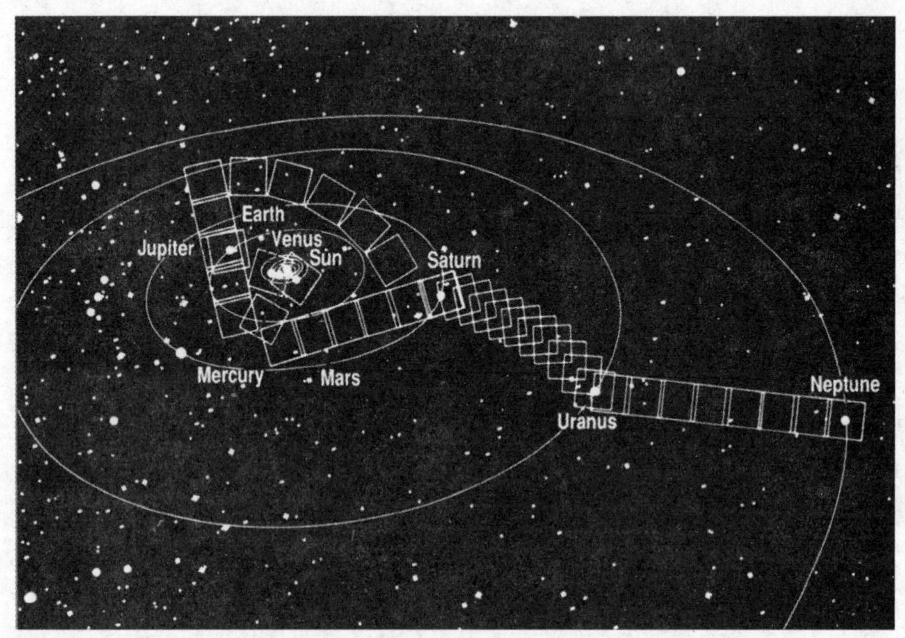

这是由航行者航天探测器在它离开太阳系时拍摄到的太阳系电脑合成图片，除了最外边的行星之外，它显示了所有的行星。我们现在能够看到，我们的太阳系具有哥白尼、伽利略和牛顿所假设的结构。
图片来源：美国航空航天局总部（NASA Headquarters）

库恩关于真实世界的科学图景（不是我们在教科书中所发现的科学，也不是科学哲学家们的著作中所发现的科学）是这样的：在科学的每一个分支或次分支中，例如天文学，在“常规科学”时期，有一些实际的科学工作模型（“范式”），它们在解决科学家们自身研究领域中要处理的问题时是如此地引人注目、如此地成功，而且对于怎样进行科学研究所描绘的图景是如此地令人信服，以致于该领域中所有普通科学家都模仿那些模型，并且通过应用或适应范式作者所引介进来的诸方法，从而试图解决所留下来的各种谜团。当他们首次踏进这个领域时，这些日常的、普通的科学家(当然，他们当中有很多可能是非常有天赋和杰出的男性或女性)，或者在学校中学习那些模型，或者是自己自学。这些范式就成为关于世界是什么样子的以及怎样去研究它的公认图景。

常规科学家们是谜团的解决人，他们给还没有人解决的问题找出答案。常规科学是建立在范式或模型的基础之上的，这些范式或模型足以精确和清楚地告诉科学家们，世界应该是什么样子，但是这些范式还没有如此完全和完备到，没有留下未解决的谜团给常规科学家们去应对。但是如果范式太早完成，太过封闭，那么它们将产生不了可供解决的新问题，同时也吸引不了追随者。

托马斯·S. 库恩

托马斯·S. 库恩(1922—1996)受教于哈佛大学，并在哈佛担任三年的初级研究员以及在此任教五年。他也曾在伯克莱加利福尼亚大学、普林斯顿大学和麻省理工学院任教过。除了他的主要著作《科学革命的结构》之外，库恩还在1957年出版了《哥白尼革命：西方思想发展中的行星天文学》(*The Copernican Revolution: Planetary Astronomy in the Development of Western Thought*)，在1978年出版了《黑体理论与量子的非连续性，1894—1912》(*Black-Body Theory and the Quantum Discontinuity*, 1894—1912)。

注意：库恩谈的是吸引追随者的范式，不是用逻辑或证据或这两者来证明是正确的理论。他正在告诉我们，科学是一种人类行为，和其他人类行为一样。一个理论，通过吸引支持者、追随者和拥护者来获得成功，巩固下来，并且成为未来研究的一个范式。库恩故意使用一种通常留作历史地描述政治的、宗教的或者艺术的运动时所用的语言。

但是首先我们必须介绍库恩的理论中第三个关键术语——“科学革命”。库恩在《科学革命的结构》中表明，科学革命就是“非累积性的发展阶段，在此阶段中，一个旧的范式被一个不相容的新范式整个地或部分地取代。”下面的引文，摘自库恩著作的两个不同章节，我们可以获知他对于科学革命这个过程的解释，“范式转换”

(paradigm shift)就是凭此而发生的。

托马斯·库恩

《科学革命的结构》

反常现象与科学发现的出现①

常规科学是一项高度累积性的事业,它在稳步地扩展科学知识的范围和精确性这一目的上,显著成功。在所有这些方面,它非常精确地符合最通常的关于科学工作的形象。然而,科学事业的一项标准产品却失落了。常规科学并不以事实或理论的新颖为目的,而且当常规科学成功时,就找不到新颖的东西了。然而,新的和未预料到的现象一再地被科学研究所揭示,而且一些彻底的新理论被科学家们再三地发明出来。历史甚至表明,科学事业已经发展出一种独一无二的强有力的技巧,以产生出这类令人惊讶的现象和理论。如果科学的这一特征与我们前面已经说过的相协调,那么在一个范式下的研究,必定是导致范式改变的一个特别有效的途径。这就是事实和理论的基本新颖性所导致的。在一套规则指导下进行的游戏,无意中产生了某些新东西,为了同化这些新东西就需要精心制作另一套规则。当这些新东西成为科学的组成部分之后,科学事业,至少是这些新东西所在之特殊领域的那些专家们的事业,就再也不是一样的了。

对危机的反应②

现在让我们假定,危机是新理论出现的一个必要前提条件,并且接着追问科学家们对于危机的存在是如何反应的。这个问题部分明显而又重要的答案是这样被发现的,即通过首先注意当他们面临甚至是严重的和持久的反常现象时,科学家们决不会做什么。尽管他们可能开始失去信心,并且开始考虑可供选择的替代理论,但是他们不会宣布放弃导致他们陷入危机的范式。这就是说,他们并不把反常现象当作反例,尽管在科学哲学的语汇中,这些反常现象就是反例。这种概括部分地只是一种来自历史事实的陈述,它是基于上面已经给出的那些事例的,下面将更加广泛。这些都暗示着后来对于拒斥范式的检验将揭露得更加充分:一个科学理论,一旦取得了范式的地位,那么要宣布它无效,只有有一个可供选择的候选者取代它的

---

① 参阅库恩《科学革命的结构》,金吾伦、胡新和译,北京大学出版社,2004年,第48页,此处基本上采用该译文。——译者注

② 参阅库恩《科学革命的结构》,金吾伦、胡新和译,北京大学出版社,2004年,第71页,此处基本上采用该译文。——译者注

位置才行。科学发展的历史研究已经告诉我们,迄今为止就不像否证主义方法论框框所说的有能直接与自然界做比较的过程被揭示出来。这种评论并不意味着,科学家们并不拒斥科学理论,也不意味着经验和实验在他们这样做的过程中不必要。然而这确实意味着——这最终将成为一个中心点——导致科学家们拒斥一个先前公认的理论这种判断行为,始终不仅仅基于把这种理论与世界进行比较。决定拒斥一个范式始终同时就是接受另一个范式,而且导致这种决定的判断包括范式与自然的比较以及范式之间的相互比较。

尽管历史不大可能记载他们的名字,但是一些人因为无法容忍危机毫无疑问地被迫抛弃科学。有创造性的科学家,像艺术家一样,有时候必须能够生活在一个无秩序的世界中。但是我认为,这种拒斥科学而赞成另一种职业的,是靠反例本身所能导致的唯一一种范式拒斥。一旦通过它来看待自然的第一个范式被发现,就不会有缺乏任何范式的研究这类事情了。拒斥一个范式而不同时用另一个去取代,这就是拒斥科学自身。这种行为不是对于范式而是对于人有损害。不可避免地他将被他的同事看作"只会责怪他的工具的木匠"。

文章来源:托马斯·S. 库恩:《科学革命的结构》,版权归芝加哥大学出版社,重印已经授权。

正如库恩所指出的,对于在一个范式中成长起来的科学家来说,要他转换到一个新的范式,这是一件极其困难之事。那些一点也不是科学家的我们可能很难理解为什么这如此困难,然而这是因为我们没有采用标志着一个范式或其他范式的思想习惯,操作技巧以及肢体语言等。对于一个科学家来说,改变一个人的范式,至少和改变一个职业网球选手的反手击球,或一个小提琴手的手臂弓法一样困难。这几乎和放弃律师职业改行成为医生一样困难。它所要求的与其说是学习新的东西,不如说是采用一种完全新的方式来看待世界。那么,在一个科学分支处于范式急剧冲突期间,只有年轻的学徒最容易采用新近提出的范式,这就几乎没有什么令人惊讶的了。我们也不必惊讶:一些科学家,甚至是一些非常伟大的科学家,终其一生都坚决地拒绝采用一个新范式,即便在这个新范式席卷该领域之后也是如此。也许这种现象最合适的新近例子就是伟大的物理学家阿尔伯特·爱因斯坦,他发现他的同时代人马克斯·普朗克(Max Planck)①的量子理论如此基本地与他构思世界的方式相对立,以致于他拒绝将它考虑为一项可接受的新理论,相反,他把它看作一项临时的专门类似理论,直到一个令人满意的"古典"解释被找到。

① 普朗克(1858—1947),德国物理学家,量子物理学的奠基人,获得1918年诺贝尔物理学奖。——译者注

在该书首版7年之后,库恩在此书的跋中回应了那些指责他的批评者,他们指责库恩把科学的变化描绘成一个非理性的过程,由各种主观因素而不是证据和论证来决定。库恩拒斥这种批评,他指出:在他看来,范式转换的发生正是对实验证据或理论计算的反应,而且也是通过论证、推理、反论证和新实验来实现的——确实这些行为都是他的批评者们很可能认为是恰当的科学行为。

但是,库恩承认——的确,他坚持认为——正是因为范式的转换并不发生在一个单一的范式内部,而是相反在相互竞争的范式之间构成一种争斗,截然不同的范式支持者之间的论证不可能求助于一个共同范式清楚地界定的规则,从而来解决他们的争端。

尽管如此,库恩的批评者们并不是完全错了,因为很明显:他的科学概念与我们在本章中早些部分所看到的传统概念根本上不同。关键的主题,正如我们在讨论培根时我所指出的是:能算作科学事实的东西是独立于一个科学家提出用来解释或预测事实的理论的。因此科学理论建基于其上的观察基础就是坚固的和不断增长的。然而库恩拒斥这种现代科学哲学的基本信条,相反他认为应该基于一种历史的证据,即当一个范式转换发生时,事实上作为科学事实的东西也会发生一个相应的转换。

结果就是:如果存在两个相互竞争的范式,那么我们就不能再说——哪一个范式能够全部解释另一个范式所能解释的事实,此外还能解释更多,它就获胜。最多我们能够说的——我想这是很多库恩的读者们还没有真正解决的——就是,经过一段时间后,一个范式赢得了事实上所有新的年轻科学家们的拥戴,而那些曾经支持其他范式的人就退休了、去世了,或者被重新归类为"非科学家"。

第六节 科学作为一种社会建制

在该书的最后部分,托马斯·库恩引入这样一个观念:科学是一种社会实践,即由一群群男男女女在教室里、在实验室里互相影响所进行的一种活动,而且通过他们的出版物塑造了他们是谁和他们相信什么。我们看到他谈论科学危机与科学论战的时代,当一些科学家选择一个范式时,就好像他们在支持一个政党,而另外一些科学家则选择一个与其相竞争的范式,从而捍卫他们自己的研究。

这种承认,即科学像政治、经济、婚姻、艺术以及宗教一样是一种社会制度(social institution),在科学哲学界最近的著作中是明显的标志。让我们来看看科学是一种社会制度这个事实的几种含义,从而结束本章。

首先,我们称科学是一种"社会建制",这是什么意思?我们的意思是指,科学是一种活动或一种实践,这种活动或实践被组织进各种社会角色中,例如从事研究的科学家,学习科学的学生,科学教授,科学期刊的编辑,实验室助理,如此等等。我们的意思也指,科学是在已经建立的各种地方进行的——实验室、研究机构、大学——而且是由官僚机构来约束、发薪水和管理的——这些机构包括各种委员会、专业协会、国际协会、州与联邦机构,大学的系所等等。还有一些标记或符号,科学机构内的参与者用它来相互识别以及被外界人识别——博士学位,实验工作服,“口袋保护袋”(这是一个贬损性的俚语,它是一个小小的装笔袋,工程师们特别用它来保护他们的衬衫口袋免遭墨水弄脏)。

我们的意思还指,作为一种社会建制的科学有其特定的行为规范或行为标准,这些规范或标准从老手传给新手,并且被其专业成员正式地或非正式地加以强化。

然而,我们意指某些比所有上面这些更深刻、更重要的东西,因为基本上,我们所指的就是,单个科学家的品格、表现、成就和地位,只能够放在他或她作为其中一份子的整体社会实践的语境中,才能恰当地得到理解和评价。

例如,假设我们将要评价某个科学家的表现——从而决定他现在是否把科学工作做好了,正如他以前的工作一样。按照培根的观点,我们可能会看他是怎样搜集他的各种事实的,以及他能从这些事实中得出什么样的结论来。库恩则引入一种社会考量,他要追问他是否在常规科学的一个范式之下从事研究,或者是否奋力去形成一个革命性的新范式。然而这并不是告诉我们,他与其他科学家的关系对于他显然是个人研究的价值或科学合宜性产生影响。我们还没有掌握科学事业的社会维度。

为了准确地看清科学的社会层面是如何进入我们对于单个科学家的评价和理解的,但不必要进入一个真实科学研究项目的详尽细节,那就让我们选择一个非科学的例子吧,它将有同样的效果。[非常感谢罗伯特·J. 艾克曼(Robert J. Ackermann)给我提供了一个非常有用的例子]想象一对小兄妹在森林里迷路了,他们所生活的那个小镇整个出动来寻找他们。(我想把这对迷路的小孩比作一群科学家正试图去发现的一个事实,而把小镇的搜索人员比作在这个科学领域中从事研究的一个科学共同体)

小镇焦急的人们应该如何来搜寻这对失踪的小孩呢?有一件事是非常明显的:他们不应该作为孤立的、单个的搜寻者来进行这次搜索。相反,整个小镇的人应该组成一个搜寻队有计划地搜寻。如果镇上的每个男女都是各顾各地出发去搜寻小孩,结果将很可能是这样子:琼斯先生将对自己说:“那些小孩最可能去的地方就是森林北边的旧游泳潭,所以我要去那里看看。”史密斯太太将对自己说:“那些小孩最可能去的地方就是森林北边的旧游泳潭,所以我要去那里看看。”其他人也是如此,直到最后全镇的人都在森林的同一个小小角落里搜寻!目前,旧的游泳潭是最有可能的地方,然而肯定不是唯一的地方。因此显然比较好的方法就是,至少让一些小镇的人尝试一些不大可能的地方,为了预防万一其中一个地方孩子就在那里。的确,如果有足够的搜寻人员,那么至少派某个人到最不可能的地方去看看也是有意义的,就是为了确定孩子是否在那里。

搜 寻

当我们组织一次搜寻来寻找森林中迷路的小孩时,最好的计划就是把搜索人员派到森林的各个地方,而不是把人都派到小孩最可能去的地方。同样地,当科学家在试图解决一个问题时,让研究者们广泛尝试各种解决方法,而不仅仅是最有希望的方法,这才是有意义的。是整个搜寻队伍找到了失踪的小孩,而不仅仅是某个特殊的搜寻者碰巧意外发现了他们。

图片来源:普兰提斯·霍尔出版社为罗伯特·保罗·沃尔夫而画

根据孩子可能去的地方的概率,将搜寻者派到森林中去就存在着几种不同的方案。一种方案就是,镇长找来一张地图,把它分成不同的区域,估计一下孩子在每一个区域出现的概率(在和童子军团的负责人、消防队长以及镇上要员商议之后),然后把搜寻人员分派到不同的区域并要求他们汇报搜寻结果。另一个方案就是,当他们到达时,让人们自愿报名选择哪个区域,然后让后到的人选择森林里其他还没有人报名的区域。在这种情况下,不是等待官方的概率估算,搜寻的组织者将依靠对于镇子森林基本特征的常识。当然,关于哪一个是最可能的区域,镇上的人会有明显的意见分歧,而这将影响谁去哪里。

森林的某些部分会比其他部分更容易到达,而激发人们去尝试比较难以到达的区域就是必要的,或者是对于找到孩子的人给予现金奖励,或者就承诺给予宣传报道和一般表彰。那些在搜寻行动中出发得相对较迟的人,决定到林子里非常不可能的地方去碰碰运气,心想如果他们朝旧的游泳潭走,他们将会妨碍其他搜寻者,而且即便孩子就在那里找到了,可能不会得到赞扬。

现在让我们假设搜寻成功了,孩子被找到了,但不是在旧的游泳潭,也许是在野营地,这是所有人认为孩子最可能去的地方的第二个选择。当莫莉·约翰逊(Molly Johnson)领着两个疲惫不堪的孩子从森林里出现时,所有人都开始欢呼,电视镜头捕捉到这一时刻,各种各样的话筒都乱凑到莫莉的面前,而没有人会花费那么一点精力,来对所有深入到森林偏远区域的疲惫搜寻者说一声谢谢,直到信号火光升起,他们才知道孩子已经找到了。

小镇的记者,在给新闻专线写报道时,可能会问他下面这个明显完全是不恰当的问题:莫莉使用了什么特别的技巧,从而使她区别于所有那些不成功的搜寻者,让她找到了孩子? 对于将来的搜寻行动,我们能从她的成功那里学到什么呢?

当然,回答是:什么都学不到! 莫莉并没有使用什么特别的技巧,她并不知道什么搜寻的秘密使得她成为发现孩子的人。她只不过偶然在林子的这片区域搜寻,刚好孩子就在这里。在真正的意义上,并不是莫莉成功了,而是整个搜寻行动成功了,她不过是搜寻行动的一个部分而已。

现在如果这个搜寻行动是由镇长来组织的,那么在很大的程度上要给他以赞扬。但是假设小镇使用的是上面提及的第二种组织方法——假设每一个搜寻者都是学着那些出发比他前的人的样子,没有任何组织,或者甚至他们之间也没有什么通讯。在这种情况下,我们所能说的唯一事情是,这次搜寻行动的制度结构是成功的,作为一个社会实践,这次搜寻行动被有效地组织从而最大限度地发现失踪孩子。

在我们回到科学作为一种社会制度之前,最后还有两点:首先,尽管我们不能合理地得出结论说,莫莉做了某些特别的事情从而使得她而不是任何其他人找到了孩子,然而我们当然可以判断在搜寻中她是否遵循了恰当的程序。我们可以观察到,她在经过的树上作了记号以便能够告诉她是否走了回头路,她察看了安全预防措施以免她自己受到伤害,如此等等。当然,这并不能够把她与其他大多数搜寻者区别开来,因为他们做的是同样的事情,而这一点也不能解释为什么她找到了孩子。但是这还是能够把她还有其他真正的搜寻者与一些愚笨而冲动的搜寻者区别开来，他们毫无准备就冲进森林，等到自己迷路了还要别人来救援。

其次，当然，这次搜寻行动也可能有一个不幸的结局。出乎所有的意料，孩子可能游荡到最不可能的地方，这个地方只有一个搜寻者来过，但是孩子们没有被注意到，直到被冻死之后才发现。然而，这个失败并不能凭自身就证明，这次搜寻行动组织得很糟糕或它是基于错误的搜寻原则，当然也不能表明任何具体的搜寻人员是以不正确的方法在搜寻。当你在应对概率性的事情时，不幸的结果是生活中不可避免的一个事实。更为重要的是，我们甚至不能说，一个成功的搜寻行动必须被恰当地实施！毕竟，纵然所有小镇的人都冲向旧的游泳潭而不顾林子的其余部分，如果事实上孩子们就在那里，他们就会被发现；而每个人都会很高兴，尽管任何一个有理智的人都能看出，这个搜寻行动，它作为一个搜寻行动，是混乱无序的。

那么，直到现在，这个长篇故事与科学之间的关系必定是很明显的了。让我们假设一组研究人员正在寻找治疗艾滋病（AIDS）的药物，就像一个小镇的人在森林里寻找失踪的小孩，但除了有一个不同，即研究人员甚至不能肯定有一种能够被发现的治疗药物。为了寻找治疗艾滋病的药物而组织的科学搜寻行动，理智的方式就是往最有希望的领域投入相对多的研究人员和研究经费，但是仍然给甚至最不可能的领域也投入一些资金和一些研究队伍，碰碰运气，可能药物就在这里。这个寻找药物的搜寻行动必须被看作是一种大型的社会努力，而不是一个个人努力的集合，而且对于具体的艾滋病研究人员的科学努力，任何哲学的或方法论的评估，都唯有在整个社会努力去发现药物的这种评估语境中才能实现。

给不同的研究项目分配资源这个任务可以由中央来引导，也许是美国国立卫生研究院，或者把这个选择权留给个人研究者，他们会部分地根据在这个领域中其他研究团队已经作出的在先选择。当然，在实践中，综合这两种不同的方法在现代科学的真实世界中总是在起作用。

当药物终于被找到时——正如我们所有人希望的并祈祷他们会这样——不可避免地有一个研究团队发现了治疗药物，他们将获得公众的赞誉，也许会获得诺贝尔奖，当然还有持久的名声。但是，就像莫莉·约翰逊一样，他们只不过是好的、可靠的、称职的搜寻者，他们碰巧找对了地方。而他们正在寻找的地方可能是他们敏锐的洞察力和科学的判断力的结果，或者这不过是这样的事实的结果，即当他们到达现场时，这个地方还没有其他团队到达过。只有科学作为一种社会制度这个观念能够引领我们去正确评估个人的科学努力。

但是如果你已经仔细阅读，那么你就可能注意到精心构思的森林搜寻行动的例子，仍然没有公正地对待托马斯·库恩理论中最有争议的部分。如果科学研究就像在森林里寻找失踪的孩子,那么暗指的意思就是,这里真的存在某些有待被发现的事实(正如这里真的有孩子有待被发现一样),以及我们可以明确地知道我们什么时候发现了它们(正如我们可以肯定地辨别孩子是否已经被获救)。在这个例子中,为相互竞争的范式这个观念留有的空间在哪里呢?孩子在森林里失踪这个例子符合库恩对于常规科学的描述,它的焦点集中在谜团被解决(孩子被找到),但是这似乎并不适合他对于范式转换的解释。

与其试图去过分关心这个事例,把它到处延展和剪裁以适合库恩的理论,还不如就承认,要理解范式转换的社会维度,我们需要不同的事例,这才是最好的。我们可以说,当一个范式转换发生时,可以提供的其中一件事就是,什么才算做一个问题,什么才算作一个科学事实,以及什么才算作一个对于问题的解决等等的定义。

所有这些最令人不安和有争议性的部分就是这个思想,即社会诸因素在决定什么是和什么不是一个科学事实中发挥着作用。培根清楚地认为:一个科学事实就是一个小心谨慎、毫无偏见的观察,它或者是由独立无外援的感官组成的,或者是由一些简单的设备如望远镜或放大镜组成的。我们可以通过在实验室里安排实验来提高我们聚集到的事实的有用性,但是即便关于某事是不是一个事实没有争议,对于这个事实意味着什么或者它是否重要仍有分歧。培根或库恩的方法论思索基本上并没有挑战科学事实的独立真实性,尽管库恩的一些评论非常接近这个挑战。但是最近的一些科学哲学和科学史著作正在改变长达四个世纪之久的假设,现在是时候对这种真正地令人不安的新思想说几句话来总结本章了。

在科学中,某物是如何被确立为一个事实的呢?外界人士,并没有加入到现代科学研究的实际实践中来,可能会十分自然地认为,正确的答案就是这样的:关于世界的一种陈述,是通过它被表明为一个事态的描述,从而被确立为一个科学事实的(例如离子上的电极,水的沸点,DNA 的分子结构等),这些描述可以通过在同一领域中许多相互独立地工作的称职科学家们的观察、计算和理论解释来得到证实。但是真实情况是相当不同的。现在呈现出来的所发生之事是这样的:一个科学家所撰写的科研报告是以社会上恰当的形式来进行的(恰当的注释,正确的口吻和语言,作为一个研究人员合适的资格,等等),然后把它提交给一份公认的评审杂志——这份期刊出版物其他科学家认为是值得尊重的,只有在这些论文被发送给其他值得尊重的科学家匿名地读过,并且判断它们是否值得出版之后,才会刊发。

一旦这篇论文发表了,它或者被同一领域中其他研究者撰写的论文所征引,或者不被征引。如果它不被征引,那么这篇论文的诸多论述就会退出人们的视线,而无法成为科学事实。如果它被征引了,那么这篇论文的诸多论述就有机会成为科学事实。过来一阵子之后，其他研究者就同一主题写出了各种新论文，征引了我们这里所讨论的这篇论文，沿着这条道路公开宣称什么是、什么不是一个事实。他们可能汇报说，他们已经复制了原初的实验，得到同样的结果，或者他们就直接征引这篇论文来支持他们提出的进一步主张。

如果未来的研究继续包含在我们正在谈论的这个主张的方向上，最终通过重复的征引它获得了事实的地位，而且此后它就被其他研究者，也许甚至没有征引，就作为他们自己实验和分析的基础了。

你将从这种描述中直接地看到，某事是不是一个科学事实取决于社会习俗。除非被科学共同体所接受，通过征引、复制实验，以及最后合并成著名的"事实"的标准来标明，就不存在其他的检验方法了。但是肯定飞机会飞，灯泡会亮，心脏移植手术有效，还有原子弹会爆炸！这是取决于事实的问题，而不是习俗、契约或社会的规定。

这是肯定的。但是原子弹会爆炸这个事实自身，并不能解决原子物理学中的争论，同样16世纪的水手们通过星象来找到了航行回家的方向，但并不能证明他们的天文学理论就是正确的。

第四章要点

1. 弗兰西斯·培根通过理论中立的观察集合为开端(理论就是建立在这种观察集合之上的)，从而为我们关于自然的科学研究奠定一个坚实的基础。培根的方法在称作经验主义的哲学流派中起着支配的作用。根据培根的观点，科学能够不断进步，累积越来越多的知识，这是因为它植根于一个不断增长的观察基础之上。
2. 托马斯·库恩拒斥把科学视为一种稳定地进步、而且均等地朝向越来越多的知识迈进的这种传统科学图景，与此相反，他争辩道，科学是由一系列的革命来改变的，在其中旧的图景或范式被新的取代。在库恩看来，科学中是不是有一种单向的进步，这是十分不明晰的，因为从旧范式到新范式的转变是如此之大，以致于它们之间不存在共同点来作为判断的基础。
3. 最近科学哲学的著作都在强调科学的社会结构和制度结构，而不是把科学描画成由某些孤立的个体所做的事情。关于科学研究价值的判断最终是社会判断而不是逻辑判断。

问题讨论与复习

1. 假设你是太空探测队的一员,现在降落在一个遥远的星球上,而你不知道当地的情况是怎样的,是否有生命存在,这个生命体会是什么样子(如果你发现它)。对于这个完全新鲜的环境,你打算如何学习呢?你怎么解释你仪器上的读数呢?你怎样检测你从地球上获知的物理和化学定律是否在这里也有效呢?
2. 托马斯·库恩于 1962 年出版了《科学革命的结构》一书。自那时以来这三十年中,有过什么"科学革命"吗?用库恩的理论来看,计算机的发展是一种"革命"吗?太空旅行算不算呢?为什么?为什么不?
3. 如果一个科学理论的最终检验由被称作科学家的男女共同体所接受,那么这是否意味着只要有足够的合适人员认同,任何东西都可以被认定为科学呢?这是否意味着不存在科学真理这种东西?在这种情况下(如果真的有的话),科学如何与政治、艺术、或宗教相区分呢?

第七节 当代应用:全球变暖

在过去十年间,地球气候对于人类行为的巨大影响这个非常技术化的科学问题,已经成为一个被激烈地争论的政治议题,随着总统乔治·W. 布什(George W. Bush)及其政府否认全球变暖的真实性或重要性,而布什 2000 年总统大选的竞争对手,美国前副总统阿尔·戈尔(Al Gore),游历世界在宣告全球变暖的紧急情况。2007 年,由于他的努力,戈尔被授予诺贝尔和平奖(the Nobel Peace Prize)。然而,争论还在继续,至少在美国是这样。下面是两篇关于全球变暖争论的文章。第一篇选自美国前副总统阿尔·戈尔的《一个麻烦的真相》(*An Inconvenient Truth*);第二篇是一个评论,由吉姆·莫塔瓦利(Jim Motavalli)所写,选自帕特里克·J. 迈克尔斯(Patrick J. Michaels)主编的著作《融毁》(*Meltdown*)。

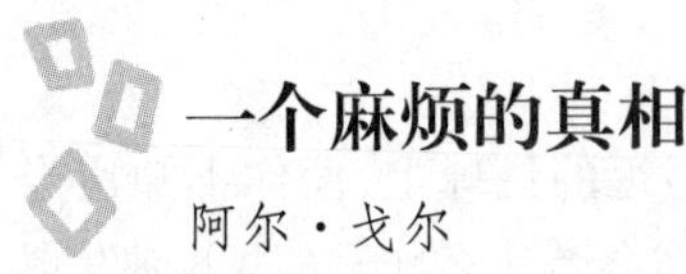

一个麻烦的真相

阿尔·戈尔

导　言

作为气候危机的一个研究者超过三十多年，我有很多东西和大家分享。我一直试图去把这个故事以一种所有读者都会感兴趣的方式说出来。我的希望是，那些读到这本书和看到这部电影的人会开始感觉到，正如长期以来我所感觉到的，全球变暖并不仅仅是科学的事情，也不仅仅是一项政治议题。它确实是一项道德议题。

尽管这是真的，即政治有时必须在解决这个问题中扮演一个至关重要的角色，但是这是一种挑战，应该完全超越党派偏见。

所以不管你是一位民主党人还是一位共和党人，不管你会不会投我一票，我都非常希望你会切身感受到我的目标是要和你们分享我对于地球的热情以及我对于它的命运的深层关注。尽管你知道所有的事实，但是没有其他人，这就不可能去感受任一个人。

我也想传达我这种强烈的感受，即我们正面临的事情不仅仅是为了警醒，也是为了希望，这似乎是悖理的，但却是真的。正如很多人知道的，中国人对于"危机"的表达，认为它是由两种并行的特征组成的。第一种象征着"危险"，第二种则象征着"机遇"。

的确，气候危机是极度危险的。事实上，这是一个真实的全地球的紧急情况。两千多名科学家，在一百多个国家里，以人类的历史上最复杂、组织最完善的科学合作研究了二十多年，他们努力达成一个特别强烈的共识，即地球上的所有国家必须联合起来共同解决全球变暖的危机。

现在浩繁的证据强烈地表明除非我们勇敢地、迅速地行动起来应对全球变暖的潜在起因，否则我们的世界将会经受一连串可怕的灾难，包括越来越多更为强烈的风暴，例如飓风卡特里娜(Hurricane Katrina)，大西洋与太平洋都有出现。

我们正在使得北极的冰冠以及事实世界上所有大山冰川都在融化。我们正在使得格陵兰岛上大量的巨大冰层同样地还有西南极洲支撑着各个岛屿的庞大冰层不稳定，造成全世界范围内的海平面提升高达20英尺的威胁。

目前由于全球变暖而遭受危险的名单也包括已经准备就绪的持续稳定的洋流布局和气流布局，这种布局自从几乎一万年前第一批城市被建造以来就存在着。

我们向地球的环境倾泻了如此之多的二氧化碳，以致于我们确实地改变了地球与太阳之间的关系。大量这样的二氧化碳被吸收进海洋之中，如果我们继续以目前的速度进行,那么我们将增加碳酸钙的饱和度达到这样的水平,从而妨碍珊瑚的形成,并且干扰了任何有壳类海洋生物的造壳。

伴随着森林以及其他动植物的重要栖息地的被砍伐和焚烧,全球变暖正在导致生物物种的丧失,这个水平与6 500万年前恐龙被彻底毁灭的灭绝事件相类似。该事件过去被认为是地球由于被一个巨大的小行星碰撞而引起的。这次则不是小行星碰撞地球所造成的浩劫;这次是我们造成的。

去年,11个最有影响力的国家的国家科学院院士聚到一起,共同呼吁每一个国家"承认气候变化的威胁是明显的,并且在递增中",而且声明:"对于气候变化的科学理解现在足以清楚地证明所有国家采取及时的行动是正确的。"

因此这个信息是明白无误地清楚的。这次危机意味着"危险"!

为什么我们的领导人似乎并没有听见这个清楚的警告呢?让他们听见这个真理是一件很麻烦的事吗?

如果这个真理不受欢迎,那么忽视它就比较容易了。

但是我们从一些悲痛的经历中得知,这样做的后果是极其严重的。

例如,当我们第一次被警告说,由于飓风卡特里娜的缘故,新奥尔良(New Orleans)的防洪堤将会决堤,结果那些警告被忽视了。后来,一场涉及两党国会议员,由众议院议员、众议院政府改革委员会主席汤姆·戴维斯(Tom Davis)主持的官方报告说:"白宫未能按照大量的信息行事,而是让其自生自灭",而且"极其缺乏处境意识,杂乱无章地做出决定,无用地混杂着对卡特里娜持久的恐慌"。

今天,我们正在听到并且看见人类文明史上最严重的潜在灾难的危急警告:一种全球的气候危机正在加剧,并且迅速地成为比我们曾经面临过的任何危机更为危险。

而且这些清楚的警告也遭遇到一种"极其缺乏处境意识"——在这种情况下,这种意识来自于国会,也来自于总统。

正如马丁·路德·金(Martin Luther King, Jr.)[①]在他被刺杀前不久的一次演讲中说:"我的朋友们,我们现在要面对这个事实,即明天就是今天。我们现在正面临着猛烈的紧急情况。在这种展现出来的生活和历史的难题中,有一种事情来的太迟了。"

"耽搁仍然是时间的窃贼。生活经常馈赠给我们的是让我们一无所有地站着,赤裸裸地面对着失落的机遇而垂头丧气。男人们事务的大潮并不总是在泛滥——它退潮了。我们可能会猛烈地大声呼喊要求时间在她的流逝中暂停下来,但是时间对于每一个恳求是决绝的,它继续往前冲。许多文明的漂白骨和杂乱的残渣上面都

① 马丁·路德·金(1929—1968),美国著名黑人民权领袖,1964年获诺贝尔和平奖,在一次演讲中被刺客开枪打死。——译者注

写着令人惋惜的字眼——'太迟了'。有一本看不见的生活之书忠实地记录着被我们所忽视的我们的警觉。欧玛尔·海亚姆(Omar Khayyam)[①]是对的:'移动的手指在书写,就使得书面的命令继续下去。'"

然而伴随我们面临的全球变暖危险,这个危机也带来了前所未有的机遇。

这一场危机也会提供出什么样的机遇呢?它们不仅仅包括新的工作和新的利益,尽管这将会有很多,但是还包括我们可以制造更多清洁的发动机,我们可以利用太阳和风力来产生能量;我们可以停止浪费能源;我们可以利用我们星球上丰富的煤炭资源而不会使地球升温。

因循守旧的人和反对全球变暖的人会让我们认为这将耗资巨大。但是这些年里,许多公司在削减温室气体排放的同时也能节省开支。一些世界上的大公司正在积极进取地抓住由一个清洁能源的未来所提供的巨大经济机遇。

然而有某种东西甚至更为宝贵被获得,如果我们要做正确的事情。

气候危机也给我们提供了一种机会,来经历历史上很少的一代人所具有的认知特权:一代人的使命;一个不可抗拒的道德目的的愉快心情;一个共享和统一的事业;一种被环境逼迫着去撇开卑微和冲突的兴奋感,它们如此频繁地窒息着坐立不安的人类,而人类需要超越;站起来的机遇。

当我们确实站起来了,它会填补我们的精神并把我们联合在一起。那些正在讥笑和绝望中受憋气的人将能够自由地呼吸。那些正在遭受他们的生活失去意义之痛苦的人将会找到希望。

当我们站起来了,我们将经历一次神灵显现,因为我们发现这场危机确实与政治无关。它是一次道德的和精神的挑战。

文章来源:阿尔·戈尔:《一个麻烦的真相》,2006 年版。已经罗达尔公司(Rodale, Inc., Emmaus, PA18098)授权。

要找与阿尔·戈尔的观点一个有趣的对比,请登录小说家迈克尔·克莱顿(Michael Crichton)[②]的网站:www.crichton-official com。点击"演讲"连接,并找到标题为"怀疑全球变暖的案例"的演讲。

全球变暖是真的吗?

吉姆·莫塔瓦利

当来自卡托研究所的自由意志主义者(the libertarian Cato Institute)的邮包到达

① 欧玛尔·海亚姆(1048—1122),波斯诗人、哲学家、天文学家。——译者注

② 迈克尔·克莱顿(1942—2008),美国著名畅销小说家,同时在电影、电视剧领域也卓有成就。——译者注

时,我的日子总是明亮起来。它们经常是一些书。最近的是一本大部头的书,寄自帕特里克·J.迈克尔斯,弗吉尼亚大学环境科学的一位研究教授,同时也是卡托研究所的高级研究人员。此书标题为《融毁:全球变暖可以预见的歪曲》(*Meltdown: The Predictable Distortion of Global Warming*),由科学家、政治家和媒体人共同写就,它自称要纠正关于气候科学的误解。

迈克尔斯是美国国家气候学家协会(the American Association of State Climatologists)前任主席,但是有些人质疑他就这个主题给我们作讲座的资格。根据作者罗斯·格尔布斯潘(Ross Gelbspan)1995 年在《哈珀》(*Harper*)上发表的一篇文章说:"迈克尔斯在过去四年中从煤炭和能源股中获取了超过十一万五千美元。《世界气候评论》(*World Climate Review*),一个由他所创办的季刊,惯常地揭穿气候关注的真相,而它却是由西部燃料(一个煤炭工业集团)提供资金的。"

但是迈克尔斯认为,不是企业而是联邦政府的资金在歪曲科学。在今年早些时候他给《费城询问者报》(*Philadelphia Inquirer*)评论专栏版撰文,评论道:"政治歪曲了科学,特别是环境科学,因为那些科学的财政支持 99.99% 是来自于联邦政府。科学家们歪曲了科学,因为他们的职业要依靠这笔他们带到大学或实验室来的钱。研究院的雇员以及研究院自身,都必须支持一个政治流程,结果会导致威胁的夸大。为了竞争有限的联邦政府开支,科学家们以尽可能最紧急的情况来反映他们特殊的议题(全球变暖、癌症、艾滋病),如果他们的研究得不到资金支持,就会危及社会,从而导致社会毁灭。"

迈克尔斯总结说:"最终,这会导致糟糕的政治,比如提议减少对大气层的二氧化碳排放,这将会耗费更多的钱财,而且这对于气候没有任何可检测到的效果。"

这位教授进一步增加了他的思想,在 2002 年,美国有线电视新闻网(CNN)的谈话节目"资本帮派"(The Capital Gang)中被问到他的工业基金,他说:"呃,你知道的,我的基金的大部分,绝大部分,都来自纳税人支持的实体。我想作出一个申辩,即如果基金给研究染了色,那么我当然就比对工业而对纳税人抱有更多的偏见,而我就是纳税人之一。但是实际情况是,数目都是客观的。当你看到全球变暖的数目时,你不会得出任何结论,除了这个事实,即我们差不多都知道下一百年会变暖多少。它并不会变暖那么多。而你也阻止不了它。"

由于我得的是英语文学学士学位,我就没有资格来评判学者们的科学资质了。但是迈克尔斯的编著《融毁》至少有一部分极易引起我的注意。

他写到关于"全球变暖歇斯底里症的一个奇怪转折",即星球升温将会导致一个冰河时代。他攻击科学记者夏隆·贝格利(Sharon Begley),由于他观察到:"东北部是严寒,而全球的气温却接近历史最高纪录,这种并列近乎怪异地像气候变化最严重的预警:当世界的大部分地区都变得越来越暖烘烘的时候,美国东北部和欧洲西部的平均冬日气温会骤降 9 华氏度。"

电影《后天》(*Day After Tomorrow*)的剧情基于这样一种理论:极地冰川的融化会停顿墨西哥湾暖洋流(Gulf Stream),阻塞热带地区的暖洋流到达北大西洋。我把这个写在我们的《感受升温》(*Feeling the Heat*)一书中,就是要指出,的确存在着明显的极地冰川融化:"一份联合国的评估报告说,北极地区夏季的海洋冰层到2050年会减少60%。这些清水会冲淡墨西哥湾暖洋流的含盐度,这就意味着这股暖阳流在靠近冰岛(Iceland)时不会再沉降到海洋的底部并且开始它朝向太平洋的回程。根据伍兹·霍尔海洋研究所(Woods Hole Oceanographic Institute)主任罗伯特·加格锡安(Robert Gagosian)的研究,'我们正看到北大西洋被大面积地淡化。由于寒冷的沉降作用,咸水在过去30年里被延缓了20%'。"

关于这个主题有大量的科学文献,而关于极地融化能意味着什么则在结论上有着很大的不同。当然,没有一个科学家会像好莱坞的描述那样想象纽约一夜之间被冰封,但是甚至五角大楼(Pentagon)也在思考一个突发的气候变化故事能够意味着什么(特别对于北欧来说)。根据五角大楼推测性的报告说,海洋"温盐环流传送带"的变化会"导致更为恶劣的冬天天气状况,大幅度地降低土壤的水分,并且在某些地区会有更极端强烈的大风。"更具体来说,报告的作者展望"亚洲和北美的年平均气温下降达5华氏度,北欧则达到6华氏度。"

因此那里存在着很多事情,但是迈克尔斯仅仅盯着天气变化对于现在有什么影响。他引用政府的报告来总结说:"在长达108年的冬季记录中(从1895年到2003年)没有统计上显著的趋势。"但是所有这些电影故事想象未来几十年或几百年会因此变冷;我还没有看到可靠的科学报告说,我们已经在经历全球变冷。

当然,记者们有时候也在推测,甚至发表出来,如果一个严寒的冬天会是全球变暖的一个象征。没有一个科学家会支持这种断言。但是要想摒弃作为一种理论的全球变冷,需要的不仅仅是简短回顾一下过去几十年的旧天气数据。迈克尔斯洋洋得意地总结道,2001—2002年的冬天是记录史上最暖的,这到底证明了什么?他结束他的那一章说:"气候变化的主张不能够看起来允许任何貌似不同寻常的东西,从而通过没有信誉记录的全球变暖主张。"有人会争辩说,迈克尔斯很少会错过一次机会来败坏气候变化的声誉,尽管他必须使用那些并不真正地应对问题的论证。

虚构比真理更奇怪

迈克尔斯对全球变暖的否认竟然从畅销作家迈克尔·克莱顿(他的新惊险小说《恐惧状态》把现实变成诚如他的标题那样)那里获得了一个强有力的激励。小说中的坏人都是环保主义者,他们坚持认为(尽管证据与此相反)全球变暖是真的。他们会不遗余力地(包括明显的谋杀)去证明他们伪造的命题。他们的战友都是些疯狂的社会名流,在一些环境媒体(像我,我猜的)和一些邪恶的机构像塞拉俱乐部

(Sierra Club)[①]中来哄骗大众。这本专为赚钱而写的畅销书的故事情节,就其自身来说就足够荒谬了,但是克莱顿决定添加些附录和作者注释从而敦促我们把它认真对待。《纽约时代》周刊称这本书为“惊险小说的一个蹩脚的借口”,因此让我们把它抛在一边。如果过去的运行是一个向导,那么这种环境否定论者将从电影工业中享受到几十万的销售量以及它所提供的利润。而成千上万的美国人将继续认为全球变暖是自由党的一个阴谋,是一件荒谬之事,这将精确地吻合他们坚硬的判决——萨达姆·侯赛因(Saddam Hussein)与9·11有某种联系。

文章来源:《全球变暖是真的吗?》,吉姆·莫塔瓦利著,是在网站 www. emagazine. com 上找到的。重印已经授权。

① 塞拉俱乐部,是美国历史最悠久、规模最大的民间环境组织,创办于1892年。——译者注

伊曼努尔·康德

伊曼努尔·康德(1724—1804)出生在普鲁士省级城市哥尼斯堡(Knigsberg),在这里生活了一辈子,并在这里去世。康德早期的研究集中在自然科学、数学和哲学等领域。在哥尼斯堡大学,经由一位被广泛阅读的德国哲学家克里斯蒂安·沃尔夫(Christian Wolff)[①]的解释,他获知了莱布尼茨的哲学理论。大学毕业后,康德做过好多个普鲁士贵族家庭教师的工作。最后他回到大学成为一名所谓的"编外讲师"(privatdozent)。这就意味着他被大学准许授课,学生们可以选修。但是他的薪酬并不由大学支付;相反,他必须从学生那里收取学费来作为自己的薪酬。如果他越受欢迎,那么他就可以得到更多的收入!在十几年时间里,康德授课多达一周21个小时,几乎涉及所有可以想象的主题,从数学、逻辑学到地理学、历史学。最终,在1770年,他获得了逻辑与形而上学教授席位。

由于他关于物理学、天文学和形而上学的著述,康德已经在德国很有名了,但是他重要的著作还在遥远的未来。有11年时间,即从1770年到1781年,他几乎没有出版任何东西。所有这些时间他正在努力思考人类知识的基础问题,然而到了1781年,出现了一部即将彻底变革所有哲学的著作:他的《纯粹理性批判》。在接下来的十年中,一本接着一本的著作涌现自他的笔端。此后,康德出版了《未来形而上学导论》(1783)、《道德形而上学基础》(1785)、《自然科学的形而上学基础》(*Metaphysical Foundations of Natural Science*,1786)、《实践理性批判》(1788)和《判断力批判》(1790)。

康德继续著述并修订他的理论直到最后的80岁,在新的世纪刚开始不久,他就去世了。尽管他从没有离开过他的出生地哥尼斯堡,但是他的心灵跨越了所有的时间和所有的空间,并且他给他的社会文明的思想留下了难以磨灭的印记。

---

① 沃尔夫(1679—1754),德国哲学家,他把莱布尼茨哲学系统化、普及化,并搬上大学讲坛,使莱布尼茨哲学成为康德以前德国哲学的主流。——译者注

第五章 伦理学

第一部分 伦理学的不同类型

伊曼努尔·康德作为一位伦理学家最广为人知的就是创造了“定言命令”(Categorical Imperative,又译“绝对命令”)这个术语,他用其来指最高的或最基础的普遍道德法则,这个法则我们所有人都应该遵守。很多康德伦理学的评论者都表明这种道德法则,或定言命令,其实就是那条善的古老的金规则的一个哲学版本。下面是几则有关道德法则的简短故事,承蒙卡斯卡特与克莱恩提供:

摩西步履沉重地从西奈山(Mt. Sinai)走下来,手中拿着几块石板,并对聚集的民众宣布说:“我有一个好消息和一个坏消息。好消息就是我从它那里得到十条诫命。坏消息是‘通奸’仍在其中。”

一个施虐狂就是一个受虐狂,他遵循着金规则。

或者,正如伟大的爱尔兰剧作家乔治·伯纳德·肖(George Bernard Shaw)挖苦地建议道:

己所不欲,勿施于人;然而他们的口味可能各自不同。

第一节 康德与义务命令

埃尔文·伊德曼(Irwin Edman),20世纪早期哥伦比亚大学一位著名的哲学教授,据说有一天他在街上拦住一个学生。“对不起,”伊德曼说,“你能够告诉我这是在朝南走还是朝北走吗?”这位被吓了一跳的学生回答说:“你在朝南走,教授。”伊德曼说:“啊,好,那么我已经吃过午饭了。”

这是一个不怎么好笑的笑话,美国有半数的教授都讲过这个笑话,然而它确实抓住了哲学教授的大众印象:不食人间烟火的性格特征,并且与现实世界相脱离——正如美国商界人士喜欢说的,他们“从来没有见过自己的工资单”。

伊曼努尔·康德是自古代柏拉图和亚里士多德以来最伟大的哲学家;他是以我们所谓哲学教授的身份来生活的近代(中世纪末期之后)第一位伟大哲学家;他也是任何一个伟大哲学家当中最接近标准漫画讽刺的教授人物。据说,康德生活得如此有规律和宁静,以致于当他日常出去散步时,哥尼斯堡(他一生的家乡)的市民会拿他来调准时间。一个人会期待像康德这样的教授类型来对诸如宇宙论、形而上学或者认识论等如此深奥的专门领域作出贡献,而他确实做到了。但是人们非常惊讶地发现,康德还就道德问题写了深刻的、强有力的、深深地打动人的著作。尽管他自己的私人生活平淡而有规律,但是康德能够面对并且努力解决诸如义务、权利、正义和德性等重大议题，它们自从古代被记载于《圣经·旧约》(*Old Testament*)以来就一直困扰着人类的灵魂。康德的外在生活与他的内在思想之间的对照，对于我们来说可以作为一个提醒，即一个哲学家洞察力的伟大不能轻而易举地被他或她生活或时代的外在兴奋之事来衡量。

1724 年 4 月 22 日，康德出生在普鲁士北部北海的港口城市哥尼斯堡一个中等收入的家庭。早在两个世纪前，路德就通过他对天主教会的改革而把中欧搞得天翻地覆，并且由于路德对教皇权威和中世纪基督教仪式的挑战，出现了很多新教派别。康德的家庭属于虔信派(Pietism)，这是一个极端个人主义式的基督新教，它反对天主教会在普通基督徒与他的上帝之间插入奥迹、仪式与典礼等。虔信派强调个人敬神者与上帝之间直接的内在的关联。它把一种强烈的内在良心和一种严厉的自我控制放在它宗教教义的中心。康德的母亲就特别的虔诚，一般认为康德的宗教信仰和他强烈的道德责任感要归因于她的影响。

尽管康德是一个虔信的基督徒，但是他反对这样一种观念，即认为宗教教义能够为道德提供基础。恰恰相反，他坚持认为我们的诸道德原则必须建立在纯粹理性的基础之上，向批判开放，并且能够像哲学家为纯粹逻辑自身的诸原则一样提供坚实的辩护。

对于康德来说，道德的中心问题不是“我应该做什么”。这个是他确信每一个正派的男人和女人，不管是农夫还是教授，都非常清楚地知道的事情。正如他在他的道德著述中某处所评论的，伦理学(ethics)①的真理为人所知已经有数千年了，因此一个道德哲学家几乎不可能期望在伦理学中发现新的东西。相反，康德像大多数的清教徒和其他个人主义式的新教徒一样，把真正的道德问题看作是在面对诱惑和欢娱时永恒地奋力去做我们知道是正确的事情。正当他的恐惧引诱他临阵逃脱时，战士知道自己的职责要求他坚守岗位；商人知道在市场上应该价真码实、童叟无欺，尽管他仍会偷偷地希望天平倾斜从而对自己有利；一个好丈夫他知道他的婚姻誓言是必须绝对地遵守的，但是他仍然会感受到偷情的诱惑——当康德在书写道德问题时，这些以及与它们相类似的男女他心里都有数。

康德是牛顿新科学的研究者，也是一位坚定的虔信派信徒。康德看到了这两者之间的一个基本冲突，即一方面是自然事件的科学解释，它强调自然事件从属于因果律(causal laws)，另一方面道德的假定认为我们能够自由选择我们的行动，因此在道德上应对我们的所作所为负责。如果每一个行动都只不过是宇宙自然秩序中另一个因果决定事件，那么我们如何能够要求一个人抵制诱惑并坚守道德律(moral law)呢？我们如何能够认为人们是自由的、负责的存在者，然而又承认他们在事件

---

① 伦理学，在哲学中，是指关于我们对自己和他人应该如何行动的一个系统研究；也研究哪些事物、性格特征或者人物类型是善的、值得敬重的、令人赞赏的，以及哪些种类是坏的、不道德的、应受谴责的。伦理学既探究普遍的规则或原则，也探讨具体的事件。

的系统和科学研究的对象中有他们的地位呢?

接下来这点对于康德来说同样重要:我们如何能够绝对地并且不带一丝怀疑或不确定性就证明,所有具有合理思维的人分享到的这些基本道德信念都是真实的,而不是大众的意见?正如我们在第一章所看到的,康德坚持认为,信仰和道德都必须服从于批判的精神(the spirit of criticism)。普鲁士北方朴实的农民和傲慢的教授都可能认为他们知道伦理学的真理,但是在他们能够对自己的信念产生正确的证据之前,他们提供不了论证来反驳怀疑主义者、相对主义者和怀疑者,他们说所有的意见都同样是善的,或者甚至说根本就没有什么有待认识的伦理学真理。

康德知道如何应对这两个问题。他认为他能够制定一个伦理学与科学之间的停战协定,从而在人类知识的整体性中给予双方公正的地位;与此同时,他希望给伦理学的诸基本原则提供一个证明。这样,他就把他自己的生活和著作的所有部分都带进一个相互的和谐之中。在他的哲学体系中,他的母亲传授给他的虔诚信仰会有一席之地,伴随他长大的有关这些道德准则(the moral maxims)的证明,他至死都从没有怀疑过,还有就是对支配着他当时知识界的科学和数学的伟大新成就作出一个概念构架,为此他献出了他大部分的生命和工作。

康德努力在他的科学兴趣、道德信念和宗教信仰之间获得一个和谐的调解,这个成为很多后来其他的哲学家努力的模范。今天,科学似乎比以往任何时候更侵占了信仰和道德。行为心理学的新发展威胁着我们对于道德自由的古老信念。尽管很多哲学家在挑战康德的解决方法,但是没有几人会否认他深入地洞察了问题,并且迫使我们其他人像哲学家一样来面对它。

第二节　思考伦理学的三项理由

当阅读本章至此,有些人可能会有这样一种感觉,即有些人不怎么认为这个主题能与自己有什么关系。也许康德非常清楚地知道什么对的,但是我们很多人仍充满疑惑。再者,你可能想说,康德一心一意地强调义务、良心、做正确的事情,而忽略了很多我们思考如何去生活的真滋味。事实是,尽管本书只有一章是以“伦理学”为标题的,但是自从古希腊时代以来,处于这个标题之下被讨论的有着很多不同类型的问题。要在一本著作中谈论所有这些问题尚且篇幅不足,更不用说是在一章之内了,然而至少有三项足够重要的理由要求一些扩展性的审视。

康德已经把我们引导到第一项理由来了,即人们担心什么叫做伦理学——也就是,一种欲求去发现一个关于诸道德原则的绝对确定的、不可辩驳的证明,而这些原则我们已经深信是真的。这个证明服务于两个目的:第一,它要回答怀疑主义者,他们否认有任何道德真理存在;第二,它要回答相对主义者,他们说,实际上“每个人的意见都与其他人的意见一样好”。

人们担心伦理学的第二个理由是,有时候我们处于某种境况之下,我们想做正确的事情,但确实不知道正确的事情是什么。例如,一个女子发现自己怀孕了,并且感觉到把小孩生下来将肯定会给她的生活带来巨大变化。也许她想继续她的学业以便为未来的职业作准备;也许这次怀孕是一次偶然事件的结果,她并不爱那个男的;也许她和她的丈夫已经有好几个孩子了,他们感到再也负担不起多一个孩子了。那么她应该堕胎吗？她心中一部分声音在说,堕胎在道德上是错误的;另一部分声音则告诉她说,生下这个孩子则是错误的。她想做正确的事情,但是她正是不知道在这种情况下什么才是正确的。

或者,一个年轻人想离开家开始他自己的生活,不管他父母怎样恳求他和他们一起并照顾他们。一方面,他爱他的父母,并且对这么多年来父母一直给予他的一切心怀感激和孝顺之情。另一方面,他知道这是他自己的生活,他知道为了满足父母的需要或要求而牺牲自己的生活这是错误的。再者,他想做正确的事情,但是他不知道他是否真的有义务留在家里,如果他真的应该留在家里,那么要多久呢。

在哲学中,像这样一些事情有时候被称作“难办的事情”(hard cases)。它们是真实生活中的道德两难困境,在这里日常的道德意见要么是无可救药地自相矛盾,要么就是让人迷惑不清。很多哲学家已经找到了某种方法或规则,从而使得我们能够决断这些难办的事情,这种方法或规则或者是一种道德推理的过程,或者甚至是一种计算。这里真正的困惑不是诱惑,是动机,而且通常的强调并不在于我们已经相信的事情的一个绝对坚如磐石的证明,而是在于对一个未解决的两难困境有某种真正的崭新洞见。

但是西方思想中伦理反思最古老的传统,都不涉及权利和义务、诱惑和拒绝诱惑、难办的事情和饱受煎熬的选择。对于柏拉图、马可·奥勒留、古代的斯多葛派、还有从他们那个时代以来无数哲学家来说,伦理学就一直关注对“好的生活”(the good life)的定义、分析、寻找和达成。我们在人间的停留是短暂的,当我们变老时岁月会过得越来越快,转瞬间我们就永远逝去了。当我们在成长和变老的过程中时,我们应该怎样度过我们的生活呢？什么样的规训,什么类型的内在情感和外在关系,什么样的承诺会使我们在自身生命的短暂片段中真正幸福呢？我们应该奋力去积聚财富吗？我们应该奋力去实现自己的天赋吗？我们应该努力以权力和名誉为目标吗？还是隐退下来静静地沉思呢？或者在死亡到来之前,尝遍人生百态,不管快乐与否？理性和哲学能够在这些选择中帮助我们吗？或者心灵自身的生活只是众多生活途径中的一种,而不是它们中最幸福的一种?

有时候当我们说某人过着“好的生活”,我们的意思是说他或她体验到了很多快乐——吃的、喝的、宴娱行乐等。正如意大利语所说的,这样的一个人过着“甜蜜般的生活”(la dolce vita)。然而正如惯常的理解那样,我们的意思也指生活是一种德性、服务、荣誉和尊严,这种生活就是一种好的生活。很多哲学家慎重地保留了这种模棱两可,因为他们认为一个真正幸福的生活必须是一个有德性的生活,一种好的生活。柏拉图也许是最常与这种主张联系在一起的哲学家。很多其他的哲学家也以这样或那样的方式作出同样的主张,但是他们之中有一些跟这不太一样的伙伴,譬如孔子和卡尔·马克思。

那么,这里就有三项理由来思考伦理学——或者说得更好一点,通常被归结在"伦理学"这个标题之下的三项追求:第一,追求行为中绝对确定的、普遍正确的第一原则,从而能够经受得住怀疑主义者和相对主义者的挑战;第二,追求一种推理的方法或推理的过程,来帮助我们决断这些难办的事情和其他真实世界中的道德选择;第三,追求一种好的生活,这种生活包括德性和幸福的真正实现。本章前半部分所余下的大部分篇幅将用来对这三个伦理学研究的途径作一番深入的审视。

第三节 伦理分歧与定言命令

当我们小的时候,我们的父母阻止我们做我们不应该做的事情——打弟弟、吃油漆、摸墙上的电源插头等——他们会一把把我们拉开,并以一种响亮的肯定的声音说:"不准!"你不能够和一个两岁的孩子来一次哲学讨论,当我对待我自己的两个儿子时,我很快就被迫认识到了这点。当我们慢慢长大了,我们便以一套套的规则、规范、对什么是正确或错误的理解等这些形式来内化那些"不准"。在很长一段时间里,我们简单地接受这些规则为已经给定了的,是世界的一部分,就像树木和桌子或者我们的父母和朋友是世界的一部分一样。当然,从很早开始,我们就发现并不是每个人都始终遵守我们的父母教给我们的各种规则,因此我们通过在概念上把他们归类为"坏的",从而应对这种事实。"为什么我不能打我的弟弟呢?汤米就这样做了。""因为这样做是错的。汤米是一个坏孩子,而我不想你成为一个像他那样的坏孩子。"

因此当我们长大了,总带有一套多多少少前后一贯的道德规范来作为我们精神装备的一部分。世上有坏人、淘气的小孩、恶棍、罪犯,但是他们都是"反面人物",他们都不是好人,而我们不想成为这种人。

然后,一天,在某个地方,我们遭遇到了一个巨大的震惊。这可能发生在我们还是小孩的时候,或我们去读大学时,或当我们从一个拥挤的同类型的小街区搬到一个异质性的大城市时。这很像我们在电视上看到的事情。然而突然之间,我们遇到一大群人,他们看起来是善的、正派的、令人尊敬的、守法的和正直的,但是他们却把我们称为"坏的"事情称作"好的"!我们认为为国家而战斗是好的,但是他们认为这是恶的。我们认为同性恋是一种完全可以接受的生活方式,而他们认为这是罪恶的。他们认为堕胎对于理性的家庭计划与人口控制来说是一项合理的技术,而我们把它叫作谋杀。

这种发现，不管它以何种形式出现，都是一种真正的震惊。问题并不在于认识到一些人在干坏事。自从我们看到汤米打他的弟弟，我们就已经知道这类事情了。真正的问题是：这些人在干“坏”事并且根据“错误”的规范在生活，而他们却被称为好人。他们是负责任的人；他们受到朋友和邻居的敬重。他们甚至被树立为孩子们的德性榜样。然而他们却干坏事！一个男人在战场上开枪射杀了200多名无抵抗能力的妇女和儿童，返乡之后，却被当作英雄在大街上游行庆祝。一对父母拒绝让他们的婴儿接受医学治疗，后来婴儿死了，而这对父母却被他们的教会赞扬为公正的支柱。一位州长出动国民警卫队射杀暴动的监狱囚犯，而人们却在州政府前面用大理石雕塑了他的头像以示不朽。

如果在我们自己的社会中遇到一群男女，他们的道德规范与我们自己的显著地不同就会令我们不安的话，那么发现整个文化或文明其中我们称作德行的，它却蔑视为恶行，我们谴责为罪恶的，它却庆祝为高尚，想想这将令人有多不安呀。甚至对于东方和西方有文献记载的文明史的研究，也为这种道德信念上的差异提供了无数的例子。当人类学家将一些没有文字记载的文化经历添加到我们的信息储备库中时，它开始显现出这样的情况，即不存在到处都被正派的男女接受的单一规范、规训或道德信念。战争？酷刑？谋杀儿童？通奸？自杀？偷窃？说谎？这里的每一个都会被一些文化谴责，但又被另一些文化所接受、批准，或者甚至赞扬。

一个哲学家基本上有三条途径来处理道德规范差异的麻烦问题，这些问题个人之间、团体之间、文化之间都存在。第一条途径就是否认差异存在，尽管表面上与此相反。第二条途径就是承认差异存在，并且得出结论认为，不存在普遍正确的道德规范，它可以应用于所有的人、所有的地方和所有的时代。第三条途径就是承认差异的存在，但是坚持认为不管怎样都有一些道德原则是真的，而其他所谓的道德原则却是假的，不管有多少人相信它们。那些采用最后一条路径的人，就尽他们的全力去为他们认为是正确的那些原则提供某种证明。

当个人差异和文化差异的证据在他们周围到处皆是时，哲学家们如何能够坚持认为，关于规范和道德原则不存在真正的分歧？本质上，他们的策略就是去争辩：当两个民族或两种文化看起来就什么是对的或善的有分歧，但是它们实际上只是就事件的某些事实有分歧而已。如果他们能够解决这种分歧，那么结果就会是：他们事实上作出的是同样的道德判断。例如，基督教科学家(the Christian Scientist)[①]，跟无信仰的人一样，都想给他生病的孩子最好的治疗。但是前者坚定地认为肉体不是真实的，救赎依靠坚持坚定的信仰。因此对于他来说，允许他的孩子进行手术，就像另一位家长给他患有糖尿病的孩子所有他想要的糖果一样，是不负责任的(根据他对事实的评判)。再举另一个例子，谴责堕胎的这个文化可能认为，胎儿已经是一个人了；而赞同堕胎的那个文化并不认为在胎儿出生以前它是一个人。这两种文化都谴

① 基督教科学家强调用祷告来治疗疾病。——译者注

责谋杀,并把它定义为自愿地杀死一个人,但是它们在胎儿是否是一个人这个事实问题上有分歧。

很多哲学家都采取这种看法,包括苏格兰人大卫·休谟。人类学家们实际上一直对规范进行各项跨国调查,以努力发现任何常数。尽管表面上看起来乱伦的禁令或禁忌是普遍存在的,但是这种努力根本上就是失败的。在所有文化的道德体系中发现不了有关正义、仁爱、公平或者善心的广泛道德原则。(这里有一个更深的问题我们还没有触及到。即便过去有普遍接受的规范,这个事实又能证明什么呢?每个人都相信某事就使得它是对的吗?我们不需要某种正当理由来证明,我们的道德信念超越了“每个人都同意我的看法”这个说法吗?这个问题极大地困扰了康德,而在本章的稍后我们将会看到他是如何试图去应对它的。)

对于道德分歧的第二种反应——否认客观的、普遍的道德规范——事实上在西方伦理学史上相对罕见,但是从古希腊一直到今天它都有它的辩护者。这种立场有两种形式:伦理怀疑主义(ethical skepticism)和伦理相对主义(ethical relativism)①。伦理怀疑主义否认我们能够对正当和善的问题拥有丝毫的确定性。有时候伦理怀疑主义者说,像“正当”“善”“应该”和“义务”等语词一点意义都没有;那些含有这些语词的句子就有点像念咒语或赞同的欢呼,或者也许仅仅是纯粹的胡言乱语。因为我们用来作出道德判断的这些语词都没有意义,那么我们的道德判断就几乎不可能被称作真的或假的、有效的或无效的。另外一些时候,伦理怀疑主义者仅仅指出,我们无法为任何具体的道德原则找到有效的论证。如果我怀疑谋杀是错的,那么你找不到一个论证来向我证明谋杀是错的。如果我看不出为什么我应该帮助另一个落难的人,那么就没有办法来向我证明我应该帮助他。采取上述任何一条路径的哲学家们常常认为,科学和科学的语言是榜样,我们应该把我们所有的知识都建基在它们之上。他们指出了道德陈述的非描述性特征(道德陈述并不告诉我们事情是怎么样子的,它们声称要告诉我们事情应该是怎样的)。他们把科学与道德论争作对比:科学中的实验和对数据的检验是井然有序的,而道德论争则具有无序的、直觉的、非事实性的特征。有时候他们建议说,道德证明真正地可以归结为趣味(taste)问题的分歧,正如古语所说的:“趣味无争论。”(de gustibus non disputandem est)

伦理怀疑主义者有时候会加入由伦理相对主义者发起的反对客观道德原则的论战。在瞎扯闲谈中,我们经常听到有人说:“噢,得了,一切都是相对的!”有时候这个意思是指:“每个人都有他自己的意见。”有时候它指:“每个人都享有保持他自己意见的权利。”曾经在我的课堂上,当我问到是否有人认为希特勒在死亡集中营里杀

① 伦理相对主义认为一个行为对错与否取决于——相对于——这个人所生活的社会。有时候伦理相对主义者们仅仅声称,我们必须把社会环境和规范一起考虑到,但是有时候他们又断言,同样一个行为,对于一个社会中的男女来说是对的,而对于另一个社会中的男女而言却是错的。人们经常把伦理相对主义与伦理怀疑主义、伦理虚无主义(Ethical Nihilism)相混淆,伦理怀疑主义怀疑任何行为是对的或错的,伦理虚无主义则否认任何行为的对错。

死了数百万人做错了，一个学生对我说："呃，对于我来说这肯定是不对的，但是我猜这对于他来说就是对的。"

在下面这篇短文中，美国人类学家露丝·本尼迪克特(Ruth Benedict)[①]凭借着她对人类文化种种差异的渊博学识，从而主张道德判断的根本相对性。一个科学家接触过如此之多人类文化和社会的所有种种形态，竟然采取一个相对主义者的立场，这个事实使人担忧。

露丝·本尼迪克特

《人类学与反常》(*Anthropology and the Abnormal*)

没有一个文明能够利用它的风俗习惯来展现人类行为的整个潜在领域。

每一个社会，一开始都带有一个方向或另一个方向的某些倾向，并且把它的这种偏好代代相传，越来越完整地把自身整合进它已经选择的基础之上，而且抛弃那些气味不相投的行为类型。那些对于我们而言大部分更无可争辩地是反常的人格组织，被不同的文明使用来作为他们制度生活的基础。相反地，我们正常个人最有价值的特性则已经被不同组织的文化视为异常的。简言之，常态，在一个非常宽广的范围内，是被其文化所定义的……我们看待问题的眼光受到我们自身社会悠久传统习惯的影响。

这一点常常与伦理学的关系比起与精神病学的关系更大。我们不再错误地把我们自己本地的和此时的道德直接地追溯到人类本性的必然构造。我们并不把它抬高到第一原则的尊贵地位。我们承认道德在每一个社会中是不同的，并且它对于社会上公认的习俗来说不过是一个方便的术语。人类总是偏好说，"这在道德上是善的"，而不是说"这是一种习惯"，而这种偏好的事实足以作为批判伦理学的科学的材料。但是从历史上看，这两个短语是同义的。

伊曼努尔·康德是对抗伦理相对主义立场最强有力的反对者。康德哲学努力的一个主要目标是，要为道德原则的有效性提供一个绝对坚固的、完全普遍的证明，这个道德原则他认为是所有伦理学的基础，并将其称作定言命令(Categorical Imperative)[②]。尽管康德并未如休谟那样，被那些表面上区分"有教养的"民族的系统文化差异所打动，但是康德非常清醒地意识到，关于道德判断的具体问题，哲学家们之

① 露丝·本尼迪克特(1887—1948)，美国著名文化人类学家、民族学家、诗人。——译者注

② 定言命令是伊曼努尔·康德发明的一个术语，指要求我们无条件地去做某事的一个命令——也就是，不管我们想要什么或者我们的目标和目的是什么。根据康德的观点，我们把这些道德原则是作为定言命令来经验的。这个术语被康德和那些追随他的人，也用来指一项具体的道德原则，康德称之为"最高的道德法则"(the Highest Moral Law)。

间存在着严重的伦理分歧。然而康德高度关注的是,甚至那些或多或少被广泛地认同的伦理信念还缺乏坚实的基础。在很多深奥的并且非常艰涩的伦理学研究中,康德着手去铺设这些基础。

(请注意:康德试图以一种完全普遍的方式来思考伦理学,然而,正如我们已经看到的,康德恶劣的种族主义偏见表露了他的心迹,这种偏见在他的时代是常见的事。这就使得我们想知道,我们现在不假思索地持有的哪些观点,后来的人将会发现它是极端恶劣的)

用几句话来说明康德的哲学就像用几句话来说明量子力学或相对论一样。尽管如此,康德道德哲学的一些核心思想也会被理解得非常好,而不需要进入他深层的论证,在本节的余下部分,我将通过综合我自己的阐述与康德自己的原话,来向你介绍这些思想。

康德最先是在一本小书名叫《道德形而上学基础》(这是一个令人印象相当深刻的标题)中展开了他的道德哲学。他原本打算把这本书仅仅当作他理论的一个导论,此后不久他就出版了另一部篇幅更长一些的著作《实践理性批判》。但是正如常常发生的,这本短小的"导论性的"著作却大展光芒,而且今天它已经被广泛地认为是康德立场最佳的论述。

《道德形而上学基础》一书的目的是要发现、分析并且捍卫道德的基本原则。众所周知,康德并不认为他自己发现了一项新原则,并且他喜欢说,他的定言命令只不过是古代的金规则("己所不欲,勿施于人")在哲学上一个更精确的陈述而已①。下面就是康德修改和重述这条规则的途径:

要只按照你同时也能够愿意它成为一条普遍法则(a universal law)的那个准则(maxim)来行动。

这看起来不太像金规则,但是康德认为它包含着相同的基本思想,即我们应该把我们自己的私人利益放置一边,并且要根据对于所有道德行动者采纳为他们自己行动的准则也同样合理的规则来行动。"己所不欲,勿施于人"并不是指"去吧,去偷窃你的邻居吧,只要当他偷窃你的东西时你不怒声叫嚷就行。"它的意思更像是这样:"当你期待被尊敬和尊严地对待时,你也要以同样的尊敬和尊严来对待别人。"我们将看到,人类尊严(dignity)这个理念在康德的道德哲学中扮演着一个中心的角色。

有三个理念位于康德伦理学的核心。如果我们能够对每一个理念都有所理解,那么我们就能至少对他的理论形成一个初步的观念。首先第一个理念是,人是理性的被造物,能够思考他们所面对的诸种选择,并且根据理性从中作出抉择;第二个

---

① 把康德的定言命令与"己所不欲,勿施于人"等同起来,这是本书作者的一个误解。康德在《道德形而上学基础》一书第二章第11个注释中,明确表达不能把"己所不欲,勿施于人"这个种老调子当作一个指导行动的原则和规则。(参看康德:《道德形而上学原理》,苗力田译,上海世纪出版集团,2005年,第68页)——译者注

是，人拥有无限的价值或尊严，从而使得他们超越于世上所有的仅仅是有条件地有价值的事物之上，康德把人称为“目的本身”(ends-in-themselves)；第三，人，作为理性的目的自身，是道德法则的立法者(authors)，因此他们对于义务的服从并不是一种奴隶般的顺从行为，而是一种有尊严的自律行为(an act of dignitified autonomy)。人，作为理性的行动者，作为目的自身，作为自律的——这都是康德用来构建他定言命令的证明的大厦基石。

人类文化的各种样式

人群一景。

图片来源：乔尔·戈登图片公司(Joel Gordon Photography)

当康德断言人是理性的行动者时，他的意思不仅仅是指，人能够对世界的本质作出判断，或者从一套命题推论到另一套。一个理性的行动者是一个能够推动他或她自身根据理性来行动的人。大卫·休谟，像很多其他的哲学家一样，认为理性并不能够推动我们去行动。休谟争辩道，是欲望(desire)推动我们去行动；理性只不过指出了到达欲望所选择的目标的最有效途径。因此休谟在一个被许多人引用的段落里说：“理性，应该仅仅是激情(passions)的奴隶，它除了服务、顺从激情之外，绝不能假装成有任何其他的职能。”(《人性论》,第三卷)康德回应说,如果我们作为能够进行选择和深思熟虑的被造物,这点在我们所有的情况下都有意义,那么我们就必须承认我们能够被理性所推动,而不仅仅是欲望。

如果康德是对的,即我们能够被理性所推动,那么去追问我们是明智地行动了还是愚蠢地行动了,我们对于目的和手段的选择是否前后一贯被推导过了,这样的问题才有意义。去追问在我们的推理中,我们是已经对于我们自己特殊的意愿和利益采取特殊的考虑,还是相反,仅仅把我们自身限制于理性,以便这在同样的境况下对于任何人来说都是令人信服的理由,这样的问题也才有意义。简言之,去追问我们是否理性地行动这就有意义了。

“对所有理性的行动者都好的理由”这是一个难以理解的说法。要弄明白康德的意思也许一个方法就是,把一个道德行动者拿来与一个正在解几何学问题的数学家作比较。假设这位数学家正试图证明,直角三角形斜边的平方等于另外两条边平方的总和(这就是所谓的“毕达哥拉斯定理”,你们在高中就学习过了)。现在为了进行证明他要做的第一件事就是画一个三角形,因为每个三角形必须有一定的大小和形状,这个数学家所画的具体的三角形也将有某个具体的大小(也许其边长分别是4.5英寸、6英寸、7.5英寸),而且它也可能有某些具体的颜色(这就取决于他画三角形所用的纸的颜色了),如此等等。但是当然假设他并没有关注这个三角形的实际大小和颜色。它们都在那里,好的,但是假设他忽略了它们。在他的证明中他被允许考虑的唯一事情是,这个三角形要有一个直角。如果我们想象的数学家是通过使用这个唯一的事实,即他的三角形是一个直角三角形,那么当他得到结论时,这些结论就不仅仅是适用于他实际上所画的那个直角三角形,而是将适用于所有的直角三角形。

以同样的方式,康德主张道德的行动者,当他们推导出他们应当做什么时,应该忽略所有关于他们自己利益、特殊欲望、个人环境如此等等的具体事实,而仅仅专注于那些适用于所有理性行动者本身的事实。他说,如果他们这样做,那么他们所得到的结论将会对于所有理性的行动者来说都是有效的,而不是仅仅对于他们自己。简言之,他们的结论就会是普遍的法则,而不仅仅是个人的规则。康德用“准则”(maxim)这个词来意指我们实际上在做决定时所依据的个人规则。[在下面的选文中,他使用到“主观性原则”(subjective principle)这个术语也带有这个意思]因此他在告诉我们说,当我们在做决定时,像这个数学家那样,我们应该把我们自身限制于规则或准则,而这些规则或准则也能够适用于任何理性的行动者。换言之,他告诉我们要限制自身于那些能够作为普遍法则的准则。这就是他在定言命令中所要说的:要只按照你同时也能够愿意它成为一条普遍法则(a universal law)的那个准则(maxim)来行动。

康德说,如果我们以一种真正理性的方式成功地行动,那么我们就能表明自己拥有一种使自己超越于世上所有其他事物的尊严。确实,根据康德的观点,道德的行动者,作为人,拥有无限的价值或尊严,这种陈述只不过是定言命令的另一种说法,而且已经在定言命令中被说过了。下面就是一个著名的段落,在其中康德阐述了人是目的本身这个思想。尽管康德的论证理解起来比较困难,但是我认为你将能够从中看到某些高贵和深刻的东西,这些东西给一代代的读者留下了如此深刻的印象:

摩西从西奈山下来

康德相信"己所不欲,勿施于人"这个金规则,是十诫(Ten Commandments)的概括性陈述,而他的定言命令不过是对金规则的一个哲学重述。[木刻画,古斯塔夫·多尔(Gustave Dore)作]

图片来源:柯比斯/贝特曼

伊曼努尔·康德

《道德形而上学基础》①

现在我要说,人以及一般的每一个理性存在者,都作为自在的目的本身而实存,不仅仅是作为这个或那个意志随意使用的手段;他必须在他所有的行动中——不管这些行动是指向他自己还是其他理性的存在者——都必须始终要被看作是目的。所有爱好的对象只具有有条件的价值;因为一旦爱好和以此为基础的需要不存在了,他们的对象就会变得毫无价值。爱好本身,作为需要的源泉,不能因为它们自身的缘故而具有被欲求的绝对价值,而每一个有理性的存在者倒是普遍希望完全摆脱

① 参阅康德:《道德形而上学基础》,杨云飞译,邓晓芒校,尚未出版。——译者注

它们。因此由我们的行动所产生的一切对象,其价值总是有条件的;那些存在者其存在不依赖于我们的意志,而是依赖于自然,如果它们是非理性的存在者,那么它们作为手段只有相对的价值,并因此被称作"事物"(things)。与此相反,理性的存在者,就称作"人格"(persons),因为它们的本性已经标明它们是作为目的本身,即某种不可仅仅当作手段来使用的东西,因为在这方面就限制了一切任意(并且是一个敬重的对象)。因此,这些不仅仅是主观目的(subjective ends),它们的存在作为我们行动的结果对于我们来说具有价值:它们是客观目的(objective ends)——它们的存在就是目的本身,而且的确这个目的不能被其他目的所取代,一切其他东西都仅仅作为手段为它服务;因为除此之外,任何地方都找不到有绝对价值的东西了。但是如果所有的价值都是有条件的,那么对于所有的理性来说就找不到最高的原则了。

如果有一条最高的实践原则和一个绝对命名,那么它肯定来自某个理念,即对于每一个人来说必然是一个目的,因为正是目的本身构成了意志的客观原则,并且因此能够作为一个实践法则。这个原则的根据就是:理性的自然(rational nature)是作为一个目的本身而存在的。一个人必然地是以这种方式来构想他自己的存在的:因此它是人类行为的一条主观原则。但是它也是一条每一个其他有理性的存在者,根据同样的理性基础,来构想他自己的存在的途径,这对于我来说同样有效;因此它与此同时也是一条客观原则,作为最高的实践根据,从这里必定可以为意志推导出所有的法则。因此实践的命令如下:你要这样行动,永远都把你人格中的人性以及每个他人的人格中的人性同时用作目的,而绝不只是用作手段。

休谟曾把理性描述为激情的"奴隶",屈从于激情的指挥。如果我的理性是我的激情的奴隶,那么我就会丧失我所获得的作为一个目的本身所具有的尊严。阿谀卑屈于激情比起阿谀卑屈于一个国王或皇帝来说,更没有尊荣。每一个人的内在生活,正如国家的公共生活一样,只有服从自我制定的法律才能找到尊荣。一个共和国的公民,向他自己制定的法律垂首听从,他的这种服从并不损失任何尊严,因为当他在遵守法律时他服从的仅仅是他自己。他的服从是一种负责任的行为,而不是一种被奴役的行为。

康德认为,这同样的原则在个人的心灵中也适用。当理性向激情低头时,它就丧失了它对尊荣和尊严的要求。但是如果理性能够制定它自己服从的法律,如果理性自身能够写下约束它自己的定言命令,那么在每一个服从行为中它将保留了它自己的自由。按照希腊人的看法,给自己制定法律就成为自我的立法者(autonomos)——简言之就是:自律(autonomous)。康德说,理性自律的原则是定言命令的另一种说法。

阐明了这三个核心原则之后——(1)意志的合理性,(2)人作为目的本身的无限价值,(3)理性的自我立法或自律的特征——康德现在把它们全部综合在一个道德行动者的社会这个概念之下,他们所有人都是根据理性来支配他们的行动的,他们所有人都是目的本身,而且他们所有人都是自律的。他把这个社会称为"目的王国"(a kingdom of ends),我们可以把它想象为由正直的、负责任的和理性的人组成的一个理想的共同体,在这里,人们的行动都基于普遍有效的法则,而这些法则是由他们自律地给他们自己颁布的。这是一个根据定言命令来生活的共同体。在最后一篇引自康德的短文中,我们看到所有这些主题都统一在一起了。

伊曼努尔·康德

《道德形而上学基础》[①]

在目的王国中,一切都或者有价格(price),或者有尊严(dignity)。一个有价格的事物也可以被其他的事物作为其等价物(equivalent)而替换;与此相反,凡超越于一切价格之上,从而不承认任何等价物的事物,才具有尊严。

与普遍的人类爱好和需要相关的事物,具有一种市场价格(market price);而甚至不以需要为前提也适应于某种鉴赏力,即适应于我们内心诸能力在纯然无目的的游戏中的愉悦的事物,则具有玩赏价格(fancy price);但凡是构成某物成为自在目的本身的唯一条件的事物,就不仅仅具有一种相对的价值,即价格,而是具有内在的价值,即尊严。

现在,道德性就是一个理性存在者能成为自在目的本身的唯一条件;因为只有通过道德性,理性存在者才能成为目的王国中的一个立法成员。所以德性和具有德性能力的人性,就是那种独自具有尊严的东西。工作中的熟巧和勤奋具有市场价格;机智、生动的想象力和诙谐具有玩赏价格;相反信守承诺、出自原理(而非出自本能)的好意,才具有内在的价值。自然也好,技艺也好,都不包含能够;在上述品质缺乏之处代替它们的东西;因为它们的价值,不在于从中产生出的结果,不在于它们所提供的好处和用途,而在于意向,即在于意志的准则,这些准则以这种方式准备好在行动中展现自己,哪怕结果未必有利于它们。这样的行动既不需要由任何的主观倾向或鉴赏力来推崇,以直接的偏爱和愉悦来评价它们,也不需要对它们有直接的偏好或情感:它们把实施这些行动的意志表现为直接敬重的对象,对此除了理性而外什么都不要求,以便把行动委托给意志,而非从意志中诱骗出行动,后面这种做法在涉及义务时终归会陷入矛盾。所以这一尊重也给这样一种思维方式赋予了被承认的尊严这种价值,并使它无限地高居于一切价格之上,完全不可能将它与这些价格

① 参阅康德:《道德形而上学基础》,杨云飞译,邓晓芒校,尚未出版。这里采用杨、邓的译文。——译者注

放在一起来估价和比较,仿佛不玷污它的神圣性。

那么,究竟是什么使道德的善良意向或德行有权提出如此之高的要求呢?这只不过是它使理性存在者参与到了普遍立法中来,并通过这种参与使这个理性存在者适于成为一个可能的目的王国中的成员,对此理性存在者通过自己的特有本性本来就已确定了的,它作为自在的目的本身,同时正因此而作为目的王国中的立法者,在所有自然规律面前时自由的,它只能服从它自己所立的、并据此能使它的准则从属于一种普遍立法(同时它自己也服从的)的法则。因为除了法则为它规定的价值,它并无其他价值。但这规定所有价值的立法本身,正因此必定具有一种尊严,即无条件的、无与伦比的价值;对此,只有敬重(reverence)这个词给出了与一个理性的存在者应该给予他的尊重相称的表达。所以,自律(autonomy)是人的本性以及任何理性本性的尊严之根据。

第四节 功利主义和对快乐与痛苦的计算

我们想去做正确的事情,但是就是想不出它是什么,面对这些糟糕的情况我们应该怎样处理呢?有时候,在一种情况下存在着两个不同的、矛盾的事情,但两者似乎都是对的。有时候,情况如此混乱不堪,以致于我们只能茫然不知所措。我们犹豫不决的根源并不是诱惑、怀疑主义或相对主义,而是事件本身的真正道德困境。处理这些困难的事件,并且给行动制定规则以便将永远告诉我们什么是我们应该去做的,古代大多数的尝试之一就是道德哲学,今天已被归入功利主义(utilitarianism)名下。在本节中,我们将要看看功利主义的几个类型,弄清楚这种理论在说什么、它是怎样运作的,以及考虑一些对它的严肃反驳。

功利主义的简单规则就是,我们应该始终努力去使尽可能多的人获得尽可能多的幸福。的确,由于这个原因它有时候被称作“最大幸福原则”(The Great Happiness Principle)。宇宙论者卢克莱修就是一位功利主义者,而他所追随的伊壁鸠鲁也是功利主义者。在现代世界中,最著名的功利主义者是18世纪英国人杰勒米·边沁(Jeremy Bentham),作为一位道德哲学中严肃的竞争者,人们通常把这种学说的创立归功于他。

边沁争辩道,尽管人们表面上在使用“善”(good)和“恶”(evil)这样的词语,但是他们真正的意思是指“快乐”(pleasant)或“痛苦”(painful):当他们说“善”的时候是指“快乐”,当他们说“恶”的时候是指“痛苦”。增加善比减少善要更好,这就是说,增加快乐比减少快乐要更好。当然,减少痛苦比增加痛苦要好。做任何事情唯一好的理由就是增加人类经验中快乐的总量,或者至少减少痛苦的总量。再者,从某种意义上说,快乐与痛苦能够相互增减。我可以问我自己:"哪一个给我更多快乐呢:是我上周看的那场好电影,还是我昨晚看的一场普普通通的电影外加随后一份真的很美味的披萨饼?"我还可以问我自己:"哪一个会更痛苦呢:是现在三次去看牙医,直到牙齿完全补好,还是牙痛之后拔牙,以及随后没牙的烦恼?"如果一场普普通通的电影外加披萨饼能给我带来更多的快乐,那么下一次我必须在一部好电影、没有披萨饼和一部普普通通的电影、有披萨饼之间做选择时,我就应该选择一部普普通通的电影外加披萨饼。更认真说来,如果去看牙医,尽管这也痛苦,但是这些痛苦加起来比让我的牙齿慢慢烂掉所带来的要少,那么我就应该去看牙医(虽然我不想去),因为唯一理性的事情就是去减少我生命中痛苦的总量。

边沁在一部标题为《道德与立法原理导论》(*An Introduction to the Principles of Morals and Legislation*,该书于1780年首印,1789年正式出版)的书中向世人宣告了这一学说,这就是现在的"功利主义"。下面这篇选文就来自该书开篇第一章。注意快乐与善,痛苦与恶之间密切的关系。这是边沁功利主义学说的核心与灵魂。

杰勒米·边沁

《道德与立法原理导论》[1]

自然把人类置于两位拥有至高无上权力的主人——痛苦(pain)与快乐(pleasure)——统治之下。唯有它们才能指出我们应该做什么,并且支配我们将要做什么。一方面是对与错的标准,另一方面是原因与结果的链条,都牢牢系在它们的王权上。它们统治我们的全部行动、全部言谈、全部思想:我们能够做的力图摆脱臣服地位的每一项努力,将都只不过用来表明和确证这一点。一个人可能在口头上声称不再受其主宰,但是实际上他将仍然每时每刻臣服于它。功利原则(principle of utility)承认这种臣服,并且认为它是依靠理性和法律之手来建造福乐大厦的体系的基础。那些试图质疑功利原则的体系,都是重虚轻实、任性昧理、从暗弃明。

但是譬喻和雄辩之辞已用得够多了:道德科学(moral science)并不能靠这种方式来改进。

功利原则是本书的基石:因此一开始对于它意指什么给予一个清楚的、确定的说明将是恰当的。功利原则是指这样一种原则,根据看起来必然增加或减少利益相关者的幸福的趋势,来赞成或反对任何一项行动;或者,换句话说也是一样的,即,是促进还是抵制幸福。 我说的是不管哪一项行动, 因此不仅仅是指私人的每一项行

① 参阅边沁:《道德与立法原理导论》,时殷弘译,商务印书馆,2006年,第57-59页。——译者注

动,而且指政府的每一项措施。

功利是指任何客体的一项性质,由此它倾向于给利益相关者带来实惠、好处、快乐、善或幸福(在目前这个情况下所有这些都是同一个意思)或者(同样也是同一个意思)阻止伤害、痛苦、恶或不幸的发生:如果利益相关者是一般的共同体,那么就是共同体的幸福;如果是一个特殊的个人,那么就是个人的幸福。

共同体的利益是能够出现在道德的措辞中的一个最笼统的表达:难怪它常常失去意义。当它有意义时,它的意义就是这样的。共同体是一个虚构的实体(a fictitious body),由那些被认为可以说构成其成员(members)的个人组成。那么,共同体的利益是什么呢?——就是组成共同体的若干成员的利益总和。

不理解什么是个人的利益,那么谈论共同体的利益就是徒劳无益的。当一个事物倾向于增加一个人的快乐总量时,或者减少他痛苦的总量,那么它就被说成是促进了这个人的利益,或为了这个人的利益。

当一项行动增进共同体的幸福的趋势大于它减少幸福的趋势,那么它就能够被说成是符合功利原则的,或者简言之,符合功利(就整个共同体而言)。

同样地,当一项政府措施——这只不过是一项特殊的行动,由特殊的人去做——增进共同体的幸福的趋势大于它减少幸福的趋势,那么它就能够被说成是符合或服从功利原则的。

边沁论证的关键性步骤在于,他从一个人所经验到的总体快乐与痛苦,推论到共同体所有成员所经验到的总体快乐与痛苦之和。正是这种策略允许边沁从他的理论中提炼出一个道德原则。关键点是无论什么时候我做任何事情,我的行动都会对其他人们的生活造成影响。有时候我会导致他们快乐,有时候导致他们痛苦,当然有时候我会导致他们有些人快乐、有些人痛苦。例如,如果我们先前提到的那位年轻人决定留在家里陪伴他的父母,而不是一意孤行要离开家门,他将很可能导致他自己痛苦,而却使他的父母快乐。这正是他为何不知道做什么的原因!如果他留在家里也会导致他父母痛苦(毕竟,他们可能想过他们自己的生活),那么那个决定对于他来说就是一个容易的事情了。

边沁告诉我们说,每当我们面临困难抉择的时候,我们能够将一个不可能的道德两难困境转换成一个加减法的问题。对于这位年轻人而言,就是要在留在家里陪伴父母与离家自立之间做出选择。他把任何一个人在这种情况下留在家里结果所经验到所有快乐与痛苦(当然,痛苦是负值)都加起来,并将其与每一个人离家自立结果所经验到的快乐、痛苦之总和相比较。然后他就能够选择正面总和最高的可选择项(或者,如果这是“恶最小”的境况中之一,那么就应该选择负面总和最小的选项)。例如,假设这个年轻人不顾一切地要离开家门。那么我们就能够设想,如果他必须留在家里,那么他将会承受更大的痛苦,而如果他离家自立,他将会获得更多的快乐。让我们设想他的父母喜欢他留在家里,但是他们并不坚决要这样做。如果他离开家门了,他们将承受得了。现在,留在家里,我们就有很大的痛苦外加中度的快乐,离开家门,我们就有很大的快乐外加中度的痛苦。显然,这些加起来就能够得出一个离家自立的决定。

可以给功利主义提出很多反对意见,而我即将提出几项更为严肃的反对意见。但是在我们开始把这种理论驳倒之前,还是值得花一些时间来审视一下它相当大的力量。首先,功利主义假设每个人都想获得幸福,而这点就很难与之争辩。然而更为重要的是,功利主义用每一个人都能理解的术语来解释幸福。它并没有说,幸福是无限的和谐,或自我满足感,或孩子自我形成与成人角色的综合,或你拥有的东西。它说幸福就是快乐,不幸福就是痛苦,而快乐越多或痛苦越少就越好。

杰勒米·边沁

杰勒米·边沁(1748—1832)是现代功利主义伦理学说的创立者。他于英国国王乔治二世(George Ⅱ)统治时期开始其漫长的一生,直到英国改革法案(Reform Bill)实际上把公民的选举权延伸至所有中产阶级这一年才去世。他的一生穿越了美洲革命、法国大革命、拿破仑战争和英国议会政府的兴起,而且他几乎活到了维多利亚女王(Queen Victoria)统治时期。他是他的朋友兼同事詹姆斯·密尔的儿子约翰·斯图亚特·密尔(John Stuart Mill)的老师。约翰·斯图亚特·密尔又是伯特兰·罗素的老师,而罗素则是伟大的英国哲学家,在他自己漫长而显赫的一生中,在其晚年即1960年代领导了英国的核裁军运动。因此在英国三代伟大的哲学家当中,我们经历了从18世纪中期的假发、马车和国王,到20世纪中期的喷气式飞机、核武器和大众民主。

作为一个哲学家,边沁主要关注的是法律和社会的改革。18世纪的法律充满着荒谬的判例、无足轻重的牢骚、可绞刑的罪行和等级不公正行为。边沁的好几本著作都致力于尝试整理这些事情,并且寻找某种原则的理性体系来取代累积了这么多个世纪的纷争。他希望他的简单的、直观上吸引人的功利原则——最大多数人的最大幸福——能够作为一次法律彻底改革的基础。

功利主义也不对它的信奉者要求各种奇怪的、痛苦的牺牲。例如，康德认为我们应该信守诺言，并且告知真相，而不管有谁会受到伤害。这是一个隐秘的说法，充满了各种可怕选择的潜在性，在其中可能会让人丧命或者让人遭受令人厌恶的痛苦，而这只不过是因为某人不愿意去违背一个绝对的道德规则。但是边沁对这种事情没有提及。他说，如果说出真相所产生的痛苦总量比说谎所产生的痛苦总量还要多，就可以说谎。要保证加上了说谎的各种副作用，譬如这种可能性，即下次当你说出真相时将没有人相信。但是当所有那些长远的、短期的、直接的、间接的效果都被计算到了，接着就只选择承诺给最大多数人带来最大幸福的路线。

埃及：测量

皇家监管人及其办事人员正在测量土地。绳索被用作测量单位。古代埃及人被迫每年在尼罗河(Nile River)泛滥其堤岸之后重新测量他们的土地。这个实际问题导致他们在数学方面取得了重要进步。(未注明日期的壁画)

图片来源：柯比斯/贝特曼

功利主义最令人赞叹的力量，就在于它有能力将道德思虑中貌似不可能解决的问题，转换成可以通过调查与加减法处理的经验问题。为了弄清楚这意味着什么，想象一下我们生活在一个很久以前的农业社会中，那时还没有发明几何学。每年，当河中的洪水消退之后，为了春耕，就很有必要重新划分土地。这些小块土地全都必须是三角形的(我们可以假设这是出于某种宗教信仰)。最高祭司会划定每个家庭的土地，接着争端就开始了，在划分过程中谁的土地更大一些，谁受到了轻视。有智慧的人聚集在一起，通过大量的祷告和冥想，进行重大商议，最后没有人真正地满意最高祭司的裁决。在这样一个社会中，某个人发现了这个简单的几何学定理——“一个三角形面积等于底边乘上高的一半”，现在就想一想它会意味着什么。所有那些道德的和宗教的争论会在一瞬间溶解成一个计算的过程。皇家测量员只需要测量每户家庭土地的底边，再乘以它们的高（是土地的高度，不是家庭的高度），然后作出调整直至每户家庭得到同等的面积。这就会使得那些皇家道德哲学家和皇家祭司失业。

边沁希望他的"最大幸福原则"对于现代的术士们（他们在自己的社会里做着古代祭司和道德哲学家们的工作），即法官和律师们，会有同样的作用。他认为，各位理性的立法者，用功利原则来指导他们，就能用一个为了促进最大多数人最大幸福而设计的单一的合理的惩罚表，来取代令人厌烦的法律纠纷和英国习惯法中的诸种惩罚。当立法者们缺乏足够的事实来作出一个合理的判决时，不是一头扎进他们的法律书堆里去到处搜挖先例和推论的案件，他们可以走出去并搜集一些事实来解决这个问题。

18世纪审判的场景

边沁希望纠正英国法律体系的滥用。（未标明日期的插图）

图片来源：柯比斯/贝特曼

功利主义[①]关于这个问题的文字论述很可能要比所有其他道德理论加在一起还要多。这是一种清楚的、简单的、自然试探性的道德哲学，但是作为一个理论它也有上千个错误！这对于一个哲学论证来说是一个完美的公式。有两种反对意见一再地在哲学讨论中出现。首先，批评家们说，尽管功利主义看起来清楚简单，但是实际上它是如此混乱以致于我们不能确切地分辨它在说什么。而且，第二，同样是这些批评家争辩道，即便我们确定了功利主义在说什么之后，我们发现，它告诉我们去做的正是我们大部分人会深深地认为是不道德的事情。让我们来审视一下这两种反对意见。

离家还是不离家：一个功利主义者的计算

如果我离家	快乐的单位	如果我不离家	快乐的单位
1. 独立	+1000	1. 缺乏独立	-1000
2. 孤独	-200	2. 父母高兴	+2000
3. 父母不高兴	-1000	3. 没有个人成长	-600
4. 新经验	+350	4. 家庭争吵	-250
5. 为妹妹树立一个好榜样	+400	5. 给双亲造成经济负担	-400
离家的效益	+550	留在家里的效益	-250

+550 > -250。因此我要离开家。

根据边沁的观点，一个理性的人将选择能够提供最大幸福总量的选项。有人曾经是用这种方式来作出一个重要的决定的吗？你会这样做吗？

功利主义在说什么呀？非常简单：使幸福最大化。然而这确切地意味着什么呢？最自然的回答就是，把世上所有人所经验到的快乐全都加起来，减去他们所遭受到的全部痛苦，这就是总量。那么，能够增加这个总量的任何事情就是好的，减少这个总量的任何事情就是坏的，而且，如果两个行动都承诺增加这个总量，而其中一个提供的增量更大，那么它就更好。还有比这个更清楚的吗？

哦，好的，然而有一种哲学告诫我们，即便是看起来最简单的陈述也常常潜伏着陷阱。如果总量的幸福都是那样计算的，那么一个由10亿个具有些微幸福的人组成的世界，在道德上就会好过一个由100万个具有极度幸福的人组成的世界。关键

① 行为功利主义(Act Utilitarianism)/规则功利主义(Rule Utilitarianism)，主张每一个人——私下的个人或立法的政府——应该始终寻求为最大多数人创造最大的幸福。行为功利主义宣称，我们中每一个人都应该使用这条规则来选择我们实行的所有单一行为，不管我们是个人的公民还是为整个社会制定普遍法律的立法者。规则功利主义说，政府应该使用这条规则来选择他们所颁布的普遍法律，但是接下来就应该仅仅根据现存的规则来公平地对待各个个体，用类似的方式来处理类似的案件。

点在于:如果非常幸福的人仅仅比轻微幸福的人要幸福500倍,那么第一个世界中10亿倍的小幸福,在总量上将大于第二个世界中100万倍的巨大幸福。这个结论明显地有错误。在一个已经过度拥挤的世界中,只要每一个额外增加的人能够经验到快乐大于痛苦的些微平衡,那么继续增加人口就没有意义。当然,边沁并不仅仅为人口爆炸作辩护。

因此可能他真正的意思是,使得已经生活在地球上的人所经验到的平均幸福最大化。这就十分有意义了。一个由100万个非常幸福的人组成的世界,显然比一个由10亿个轻微幸福的人组成的世界更可取,因为在第一个世界中,幸福的层次——换言之,平均幸福——更高。而我们真正感兴趣的是幸福的层次。

但是严肃问题再次出现了。假设我们能够使得一些人非常快乐,但其实是通过使得另一些人痛苦来达到的。这并不是一项不真实的假设。奴隶制就是一种社会体系,它把工作的重负和痛苦压在一群人身上——奴隶们身上——因此另一群人——主人们——就能够过着安逸的、舒适的生活。(资本主义也是这样,这个我们将在后面说到)边沁真的赞同奴隶制吗?

边沁有一个勉强的回答。他声称,他的原则要求"所有利益相关人的最大幸福"。因为每一个人(即便是一个奴隶)都是利益相关人,那么就可以得出,功利主义要求每一个人最大的可能幸福,而不仅仅是奴隶主、资本家或统治者的最大幸福。现在这种功利原则的解释的问题在于,经过更严密的审视,它结果就根本不是任何种类的规则。

有时候,生活给我提供一条途径来使得所有人在同一时间都更高兴,而且显然当这样一个机会来临时,我会抓住它。常常,生活给我提供一条途径来使得所有人在同一时间都更不悦,而如果我毕竟还有点理智的话,那么我就会远离像这样的机会。但是大多数时候,我所做的将使得一些人更高兴,而其他人则更不悦。还记得这位年轻人试图决定是否离开他父母吗?他的第一个选择,留在家里,就使得他的父母更高兴,而他自己则更不悦。他的第二个选择,离开家门,就使得他自己更高兴,而他的父母则更不悦。就是不存在能使得他们全都在同一时间更高兴的途径。这就是为什么这是一个困难的事件的原因所在。现在,关于这些罕见的情况,当我们能够同时地使得所有人都更幸福时,我们就不需要边沁来告诉我们去做什么了。但是功利主义就应当给我们一个规则、一个方法来处理正好是这些难以决定的事件,在其中一个人的快乐必须与另一个人的痛苦相权衡。"最大多数人的最大幸福"听起来有道理,但是在实践中它并没有成功地发展出一条规则来,从而为我们解决任何难题。

因此,假设让我们回到最大的平均幸福这概念。(注意:如果你保持人口平稳,那么追求最大的平均幸福就相当于追求最大的总量幸福,所以这很可能就是边沁心中所想到的事情)这如何能够作为一个规则来决定去怎么做呢?至少它不是模棱两可的;如果我们拥有足够的信息来预测我们行动的结果,那么我们就能把快乐加总,减去痛苦,再除以总人口数,就可以获得某种平均数。然而现在我们就遇到了对功利主义的第二种反对意见,即,它告诉我们去做的事情似乎是不道德的。

再次,问题就在于使得一些人痛苦另一些人才可能快乐。让我简述一个怪诞的例子来帮助我们理解这一点。假设美国人,像古代的罗马人一样,热衷于享受观看人们受折磨。(自然,这样一个假设完全地与真实的事实相反,因为美国人在电影、电视节目和小说中的品味表明,我们都是心地善良的、热爱和平的、讨厌看到暴力的、富有同情心的创造物!)现在边沁将明显认为,折磨对于那个遭受到的人来说是一种恶,因为折磨是痛苦的,而痛苦就是恶。但是一群施虐狂从观看折磨中得到的快乐就是善的,因为边沁说过,快乐就是善的。因此对于一个功利主义者来说,当所产生的总量幸福超过所产生的总量痛苦(包括副作用、长期的效果,诸如此类),折磨就能是正当的。再者,根据功利主义的观点,如果折磨所产生的幸福,在总量上与总的看来,比向我们开放的任何其他选择都要大,那么这就是一件绝对地正确的事情。

因此我们就应该制作一个新的电视节目,叫作"一周整人秀"(Torture of the Week)。这是一个真人秀,其中真正的受害者真实地受到折磨。(施虐狂观看假装的折磨得到一小点快乐或者就得不到快乐)受害者是直接被强力从大街上抓过来的(没有人希望一个受虐狂来充当受害者,真正的施虐狂并不喜欢观看受虐狂被折磨)。根据功利主义的观点,如果有足够的观看者在热情高涨地观看这个整人秀,那么他们的快乐必定会超过受害者所承受的痛苦。如果没有其他电视节目有像它这么高的收视率,那么我们就认为,上演整人秀不仅是正当的,而且在道德上是绝对地必须的!

就是为了处理一个明显的反对意见,让我们也设定一个社会心理学家委员会得出结论说,整人秀并不会增加社会暴力犯罪的机率。确实,通过给施虐狂提供一种欲望的宣泄,它可能甚至会减少此类犯罪。简言之,假设从任何一个观点看,这个整人秀都满足功利原则的标准。

这个提议错在哪里呢?不要告诉我说,周围会享受这个节目的人还不够多。根据功利主义的观点,这个例子的关键点就是要表明,如果在美国有这种人存在,那么这个节目就是对的。此外,通过把这个节目传播到海外去,如此全世界的施虐狂就都能观看到,那么我们可以一直增加快乐的产量。而且也不要告诉我说,受害者所承受的痛苦超过了千百万施虐狂观众的快乐。这是不合情理的,再者,我可以一直调整受害者所承受的折磨下降到观看者的快乐超过它为止。

不,真正让我信服我的提议是不道德的(而且我怀疑你们很多人都有同样的感受)在于,社会没有权利(rights)来使一个男人或女人仅仅为了其他人的娱乐而遭受痛苦。我的内心有某个东西在说,这只是那些事例中的一个,通过加总快乐和痛苦来找出我们应该去做什么,这是错误的方法。如果美国的施虐狂必须承受失去他们的心爱节目的痛苦和懊丧,那么就他们而言更坏的不过如此!

随着对权利(rights)概念的征引,我们已经打开了一个十分广阔和复杂的主题,而几句话只能指明它的详情的一部分。然而不管如何,如果有一点就让我们探索一点,好看到是什么使得边沁关于快乐与痛苦的计算,对于我们的道德信念来说似乎是如此一个不恰当的表达。首先,我们必须不能热情过火,说社会绝对没有权利从它的成员任一个的痛苦中获得好处。抛开像战争这样明显但富有争议的事例不说,我们只要回忆起,每一次一座重要桥梁或一条隧道完工了,有几个工人却失去了他们的生命。当我们用语言把它说出来时,这可能看起来冷漠无情,但是我们所有人在判断大规模公共工程的社会可取性时,都采取一种粗糙的功利主义计算方式。我们努力在大型建设中减少生命的损失,但是我们拒绝仅仅是因为我们知道男人和女人在这个工作中失去了他们的生命,就把工程勒令停工。如果一个项目工程要损失几百条生命,那么我们将很可能否决它。如果只有几个人很可能丧命,那么我们就会让它进行下去。难道我们不是将一个人的生命与那些将使用这座桥的有车族的便利进行权衡吗?这与将受害者的痛苦与施虐狂观看者的快乐进行权衡有什么区别呢?

一个回答是:建筑工人是自愿地选择来建桥的,并且知道这是一件危险的工作,但是整人秀中的受害者是被强迫扮演他或她的角色的。这当然是差异的一部分,因为我料想:如果我们知道这些受害者都是自愿者,那么我们就会对这个节目采取稍微有些不同的观点了。

但是,似乎还存在着其他差异。有车族从建筑工人的工作中获益,这是肯定的。工人在实施这项工作的过程中受伤了(即受苦)。但是这种受苦并不是有车族享乐的对象。另一方面,施虐狂是从受害者的痛苦中获得快乐的。现在,情况对我来说似乎这样,有某些快乐本身带有恶,或原本就是恶的。它们是不道德的快乐,这种快乐人们不应该有;建立在另一个人痛苦之上的快乐就是那些罪恶的快乐之一。所以整人秀这个例子表明——至少对于我来说是这样——边沁的原初假设是错误的。除了数量和强度外,并不是所有快乐都是同等的。而“善”并不是简单地意指“快乐”。所以当我们在进行边沁的社会算术运算时,为了评估一项社会政策而把快乐和痛苦加起来,我们当然最好应该不把施虐狂的快乐放在正值这一边。他或她并没有权利得到这样的快乐,而如果要放进来衡量,那么它应该被放在负值这一边,即它带来的是痛苦。(不必说可能有某些痛苦应该放在正值这一边。正如你能够看到的,你越是深入它,这个主题会变得越来越复杂)

诚如康德所认为的,情况甚至可能是这样的,即有一些思考比对快乐和痛苦的思考要更重要——这就是对正义和自由的思考。康德会争辩说,这个整人秀既侮辱了受害者也侮辱了观看者的人格,因为它仅仅把他们当作工具来对待(用康德著名的名言来说),而不是作为自在的目的本身。但是归根到底,当像整人秀这样的例子被用来反驳功利主义时，当这个原则含义中的不清楚部分被暴露出来时，边沁的理论仍然还有一种自然的吸引力，这不会消失。在第六章中，当我们遇到边沁最著名的追随者约翰·斯图亚特·密尔时，我们会再次试图去发掘似乎蕴藏在功利主义道德哲学内部的真理内核。

第五节　德性伦理学

伊曼努尔·康德和杰勒米·边沁的伦理学代表了道德哲学中两种主要方法，它们在过去两个世纪的大部分时间里主导了哲学的思考。康德理论，有时被称作“义务伦理学”(ethics of duty)，它关注什么是我的义务要做的。边沁的理论关注如何最佳地使得价值(或好处)——用边沁的话来说就是快乐——最大化。然而，在20世纪最后的30或40年里，一种不同的伦理学方法博得了越来越多哲学家们的注意，它就是德性伦理学(virtue ethics)。正如它的名字所表明的，它关注的焦点在“德性”，即它关注的是品质(一个好人所具有的品质)而不是行为(一个人做了什么)。德性伦理学的当代倡导者们(德性理论家们)在古希腊人的道德思想中，特别是在亚里士多德的哲学(《尼各马可伦理学》，*Nicomachean Ethics*)中找到了灵感的主要来源。

亚里士多德认为，人类生活的目的就是“eudaimonia”，通常——也许是不幸地——翻译为“幸福”(happiness)。[一些著作家更喜欢用“康乐”(well-being)这个词；在当代德性理论家们的著作中，我们看到“人类康福”(human flourishing)这个术语被用得很多。当我们在讨论亚里士多德时，我将继续使用“幸福”这个词]亚里士多德说，幸福是一个所有人都在努力争取的东西，而且它本身就使得生活值得过；他把“幸福”定义为“一种灵魂与德性相一致的行为”。此外，任何行动当它与德性相一致时，它就是被“完善地实行了”。德性在亚里士多德伦理学中起着中心地位，这是明显的。

我们需要顺便提及一下：亚里士多德区分了理智德性(intellectual virtues)和道德德性(moral virtues)，例如哲学智慧(philosophic wisdom)、理解(understanding)、实践智慧(practical wisdom)就属于理智德性，慷慨(liberality)和节制(temperance)就属于道德德性。我们是通过其他人的教导而获得理智德性的，但是我们是通过做各种有德性的事情直到它们成为习惯来获得道德德性的。亚里士多德理想中的个人是一个能够根据习惯而作出正确选择的人，或对于他来说，作出正确的选择是其第二天性。伦理学主要是关注道德德性。

根据亚里士多德的分析，德性就是“……心灵的一种稳定的倾向，它能决定行动和情感的选择,本质上在于对适度的考察,相对于我们而言,这是由原则来决定的,也就是作为一个具有实践智慧的人能够决定它。”这个定义一开始可能让你感觉到头晕目眩;然而,它并不是真的那么难以应付。

所谓倾向就是在一套给定的环境下以某种方式来选择行动或回应的一种趋势。例如,当面对一个校园霸王时,你可能趋向于(倾向于)鼓起勇气去找一个方法来勇敢抵抗他,避免一个全面的冲突。或者,面对一个难堪的问题:“那场考试你做了什么,女士?”你可能趋向于(倾向于)诚实地回答,即便真相令人尴尬。因为你实际上拥有勇敢和诚实的德性,然而,你以这些方式来行动的倾向必须被稳定下来,而不能仅仅是一时的心血来潮,或者是一种尝试去做到新年的决心,至少持续两个星期,或者为了赢一个打赌。

德性“本质上在于对适度的考察”,这个断言反映了亚里士多德这样一种学说,即所有的德性,包括道德德性,要在两个极端(一个是过度,另一个是不及)之间努力寻求一种平衡。在亚里士多德所举的诸多例子中,我们发现勇敢的德性,就是在一个极端鲁莽(过度)与另一个极端怯懦(不及)之间的一种适度(the mean)。诚实的德性,就是在一个极端自夸与另一个极端自贬之间的一种适度。很可能是因为这个适度学说,一些人错误地把亚里士多德与一句口号相联系——“一切皆适中”。然而,亚里士多德小心地指出,有一些行为——比如通奸、偷窃和谋杀——是不容许有适中的,因为它们就其本性来说就是恶的。

适度也是相对于我们而言的。亚里士多德以一个体育教练员给他的当事人规定的饮食为例:一份饮食,对于一个富有经验的运动员来说是合适的,可对于一个新手来说就不合适了。然而我们也可以把这个观点应用于道德领域。勇敢对于一个男学生来说是合适的,可对于一个武士来说就不合适了。而勇敢要多少才合适呢?只有一个具有实践智慧的人才能决定这个量。正如亚里士多德在其他地方所说的:“其余的就基于知觉。”不只是任何人的知觉,而是一个具有实践智慧的人的知觉——这个人能够理解生活的恰当目的,并且能够熟练地决断为获得那些目的所需要的适度。

当代的德性理论家们认同亚里士多德的看法,即德性对于道德和道德生活的一个充分解释是极为重要的;德性理论家罗莎琳德·荷斯特豪斯(Rosalind Hursthouse)甚至把当代的德性伦理学描述为“一种源自亚里士多德的伦理学”。下面是她勾勒她自己版本的德性理论的梗概:

> 前提1:一个行动是正确的,当且仅当这是一个有德性的行动者在这种环境下典型地(亦即行动符合其性格特点)会做的事情。
>
> 前提1a:一个有德性的行动者是这样一个人,即他拥有某些性格特征,也就是德性,并且践行这些德性。
>
> [前提2]:一种德性就是一个人需要幸福的一种性格特征,这使其康福或

过得好。

荷斯特豪斯承认:对[前提2]的详细解释是非常复杂的,但是她把它视为对下面诸要求的压缩:

1. 德性有益于它们的拥有者。(它们使得她康福,并且过上一种幸福的生活)
2. 德性使得它们的拥有者成为一个好人。(为了生活得好,为了像人一样健康幸福,为了过上一种典型地好的、幸福的人类生活,人需要各种德性)
3. 以上关于德性的两个特征是相互关联的。[①]

初看上去,伦理学的这三种方法——康德的、边沁的和德性理论家们的——似乎恰好反映了通常被归结在"伦理学"这个标题之下的三种探索,我们在本章一开头时就已勾勒出来了:

1. 康德关注于要发现一条绝对确定的、普遍有效的行为原则,从而能够经受得住怀疑主义者和相对主义者的各种挑战。
2. 边沁认为他已经发展出了一条推理的方法或途径,来帮助我们决断各种困难的事情和其他真实世界中的道德选择。
3. 德性伦理学的倡导者们专注于好的生活的探索,这种生活综合了德性和幸福,并使它们在人类中真正实现。

然而,要完全地理解康德主义者、功利主义者和德性理论家例如荷斯特豪斯之间争论的焦点,我们就需要在伦理学一些细微之处花更多一些时间。

让我们开始考察所有这三位人物——康德、边沁和荷斯特豪斯——都以他或她自己的方式,关注到伦理学的所有中心问题,这些问题我们在本章开头已经勾勒出来了。

首先,这三个人都关注于发现一种有效的行为的第一原则,它能够经受得住怀疑主义者和相对主义者的各种挑战。康德提出的行为的第一原则就是定言命令,或叫作最高的道德法则;边沁认为他在功利原则里已经发现了这个第一原则:"使幸福最大化!"我们可以把荷斯特豪斯的第一原则清楚地表述如下(尽管我还没有发现她正好用此种方式来陈述她的立场):"要成为一个有德性的人!"前面我们说到,这种探索就是为了寻找一个绝对确定的、普遍有效的第一原则,康德发现他找到了这种确定性,因为他的原则是奠基在理性之上的,也就是奠基在唯一的逻辑之上的。的确,他认为这个原则对于所有有理性的被造物都有约束力,因此很可能即便是非人类的外星人和天使——如果它们存在的话——也要受到定言命令的约束,就像人类

① 罗莎琳德·荷斯特豪斯:《论德性伦理学》,牛津大学出版社,牛津,1999年版。

一样。边沁和荷斯特豪斯的第一原则并不是奠基在唯一的理性之上的,而是奠基在人类心理的诸偶然事件之上的。因此他们不能渴望康德对他的第一原则所要求的那样的确定性。但是边沁还是认为他的原则也要求绝对的普遍有效性,也就是,对于所有的人类来说,他们在心理上都被看作是趋乐避苦的。而对于荷斯特豪斯而言,第一原则奠基于为了人类的康福而所要求的事情之上。

第二,这三个人都关注于清楚地说出一条推理的方法或途径,来帮助我们决断各种困难的事情和其他真实世界中的道德选择。正如我们已经看到的,边沁倡导一种对快乐和痛苦的计算方法。后来的功利主义者及其批评家们,都指出这种方法的各种各样的问题,而边沁本人也承认,要求这个方法在每一个道德判断或每一个立法行动面前都能严格地被贯彻,这是不实际的。然而他劝告说,这种方法应该始终被保持在视野之中,作为道德判断和立法行动的一种背景。

康德认为他所举荐的这种方法已经包含在定言命令之中了,而且他还给我们举了一些事例来说明这种方法是如何起作用——或者康德认为它是如何起作用的。很多我以前的学生都发现,他基于说谎—诺言的事例是最清楚、最容易理解的,因此我将用它来说明康德用来决断真实世界的道德选择的方法。

康德要求我们去思考这样一个例子:一个人被某种不可避免的情况逼迫着去借钱。这个人知道他的环境是如此一种状况,乃至于他将没有办法偿还这笔钱;但是他也知道,除非他承诺还钱,否则没有人会借钱给他。因此他的问题就在这里:他极度需要借这一笔钱,然而为了得到这笔钱他将必需签一张借据,当他签这张借据时他知道,他并不打算还这笔钱。他应该怎么做呢?康德认为,这个人很可能已经意识到他不应该作这个说谎诺言,但是免得他需要加强那个信念,康德说,这个人应该回想起定言命令:

> 要只按照你同时也能够愿意它成为一条普遍法则的那个准则而行动。

因此这个需要钱的人应该问自己这样的问题:

> 我是否愿意它成为一条普遍法则——无论什么时候一个人需要借钱,他就去借,并且承诺还钱,尽管他知道他决不会这样做?

“我是否愿意它成为一条普遍法则”这个问题,就是一个普遍化(universalizability)测试。

正如通常的情况一样,康德这里的语言有点令人望而生畏,因此让我们把这个问题用更简单的语言进行改写:“如果每个人都那样做会怎么样呢?”想想这个。如果每个人在需要借钱时,他就去借,并且签下借据承诺还钱,但从不打算偿还,甚至在他们签订借据的那一刻就是这么想的,这会发生什么呢?

那么,正如我过去的学生们很快指出的,如果每一个人都四处去签订他们从不打算偿还的借据,那么不需要太久放款人就会全部拒绝借钱。而如果发生了这种事情,那么很快这个世界就会变成一个十分悲惨的世界。当然这是正确的。但是这种反应边沁也应该指出过;边沁会说,这就是为什么说谎—诺言是错误的:因为它们并不有利于人类的幸福。

但是康德这里的观点精致得多,这表明了康德洞察的天赋:因为康德看到,说谎—诺言包含着一个矛盾——用康德的话来说就是,它"必然会导致与自身相矛盾"。关键点是这个。作出一个诺言是一个发生在社会的承诺实践中的一个行为。它并不像吃一根香蕉或搔你的头,这个你可以做,不必管其他人想什么或期待什么。当我说,"我承诺",我就暗中包含了某些被普遍地认同的规则,是这些规则创造了作出承诺的实践。这就有点像打棒球。如果我错失了一个朝着我的左外场飞来的高飞球,而接着声称我接到球了,那么我就与棒球的规则相抵触。我不能既玩这个游戏,又假装接到高飞球(实际上我错失了)。当然,如果我发现自己错失了太多的高飞球,我可以决定不参加这个游戏。但是只要我参与这个游戏,我就要受到规则的约束。

现在,假设我打算骗人,声称我接到球了,而实际上我没有。当然,我可以这样做。去做错误的事情,这始终是可能的。但是如果我想知道这是否是错误的,那么康德说,实际上,问你自己是否存在这样一种游戏,即它有一个规则说"一个外场手必须诚实地宣布他是否接到了一个高飞球",而又有一个规则说"一个外场手可以宣称他接到了一个高飞球,即便他没有接到"。这绝对是不可能的,因为接下来的情况就会是,一个外场手既遵守棒球规则又违反棒球规则。

荷斯特豪斯的决断程序就是去问她自己:"一个有德性的人会怎么做?"她详细阐述道,并不是像一些人可能想象的,只是挑选你偏爱的候选人,特里莎修女(Mother Teresa)①,也许或者是苏格拉底,然后问你自己:"他或她在这些环境下会怎么做?"但是"如果我现在如此这般地做了,那么我会是仁慈的还是不仁慈的、诚实的还是不诚实的、公平的还是不公平的呢(如此等等)?"根据荷斯特豪斯的观点,即便我认为我自己没有那么品德高尚,也不完全地相信我的道德直觉,但是我仍然知道一个有德性的人会怎么做:例如,有德性的人是这样一个人,"他典型地做什么是诚实的、慈善的、忠于诺言的事情,等等,而不去做什么是不诚实的、不慈善的、不忠于诺言的事情"(同上书,第 36 页)。让我们这样试试。假设在一个工作面试中,你看到如果你说谎说自己有相关的工作经验,那么你就比另一个应聘者多一个优势。你真的需要一个边沁式的对于预计的快乐与痛苦进行加减的计算,或者一个康德式的普遍化测试,才能决定你应该怎么做吗?在这种情况下,难道你不足以看到,说谎是既不诚实又不公平的吗?或者假设你看到在路边有一个受伤的陌生人。你可以停下

---

① 特里莎修女(1910—1997),出生于奥斯曼帝国科索沃省,是世界著名的天主教慈善工作者,主要替印度加尔各答的穷人服务。因其一生奉献给解除贫困于 1979 年得到诺贝尔和平奖。——译者注

来帮助他,或者你可以直接从路的另一边走过,也许假装没有注意到——毕竟,他对你没有要求权。再回来,难道你不足以明白,停下来帮助人家会是仁慈的,而从路的另一边走过是冷酷无情的吗?荷斯特豪斯建议说,如果你真的被难住了而看不清你的道路,那么就去找某个你钦佩为更仁爱,或者更诚实,或者比你自己更公正的人,然后问他在你这种情况下他会怎么做。

第三,康德、边沁和荷斯特豪斯,每一个以他或她自己的方式,有或至少暗含有一个好的生活的计划,这种生活综合了德性和幸福,并使它们在人类中真正实现。对于边沁而言,这就是一种幸福生活。对于康德而言,这就是一种献身于义务的生活,而这是配得上享有(deserves)幸福的。对于荷斯特豪斯而言,这就是"eudaimonia"。

对于边沁来说,德性就是那样一些性格特征,即最容易使得一个人作出有助于幸福最大化的决定;对于康德,德性就是那样一些性格特征,即最容易使得一个人尽其义务。如此,他们对于德性的解释就是派生物;也就是,他们通达德性的方法,实际上就是去阐明他们的幸福最大化或尽某人的义务。可见他们的兴趣都是仅仅间接地聚焦德性。

对于德性理论家们,像荷斯特豪斯,这个焦点是变化的,而这是德性伦理学与康德、边沁的伦理学之间最为明显的区别之一。但是在焦点处还有一个更深刻的、更基础的理论区别。

我们已经处理了普遍原则、方法和德性等问题。但是在一个更理论的层面上,伦理理论家们也在关注对于这样一些问题的回应,例如"什么使得正当的行为是正当的"和"什么使得一个事态是善的,或一个事态比另一个要更好"。也就是,什么特征——或者是一套复杂的特征——是所有并且唯一正当的行为所具有的呢,凭借它这些行为就是正当的?什么特征——或者是一套复杂的特征——是所有并且唯一善的事态所具有的呢,凭借它这些行为就是善的?

我猜想你们一些人会认为这些问题如果不是彻头彻尾愚蠢的,就是难解的。但是他们背后的动机反映在我们许多的道德谈话中。比方说,如果一位常驻的辅导员向我们暗示说一个新的大学政策已经被提出来了,一个我们认为是非常糟糕的主意的政策被说成为一个好政策,那么我们就会问:"它有什么好?"这位辅导员就会解释说,一些学生在校园资源的分配上受到了不公正的歧视——这些事情我们不知道——而新政策将纠正这点。有时候当家长们或教师们反对我们或朋友们正在做的事情时,我们就感到惊讶,并且问:"这有什么错吗?"也许我们不知道,这个行为对我们的健康隐藏着各种危险。在这些事例中,我们在问,什么东西使得这个政策是好的,或什么东西使得这个行为是错误的,而我们被告诉说,在这个事例中,使得这个政策是好的是它将纠正不公正(或者至少这位辅导员认为它将这样),而使得这个行为是错误的是它对健康有害。

这里的关键点是,在道德判断的事例中——的确,在任何评价性的判断事例中——这样问总是恰当的:“你说 X 是好的(或坏的);它有什么好(或坏)?”或者“你说 X 是错误的(或正确的);它有什么错(或对)?”也就是说,去要求对有好处(或有坏处),或做错(或做对)的特征有一个鉴别,这总是恰当的。因此,哲学家的问题就是:“什么使得好的事态是好的?”和“什么使得正当的行为是正当的?”

在具体的事例中,像我们讨论过的那些,有时候一种回答似乎是恰当的;而其他的事例似乎就要求一个不同的回答。研究伦理学领域的哲学家有一个梦想,就是去发现一个普遍有效的行为原则,它同时足够普遍,但也足够精确,以至于它将涵盖所有的事例。有人说这是一个空想,但是它却在伦理学中引发了大量的研究。康德认为他在他的定言命令中已经发现了这个普遍的有效原则,而这就是他的义务伦理学的基础。对于康德而言,“什么使得正当的行为是正当的”,这个问题的答案就是,他们遵从我们的义务去做。对于边沁而言,答案就是他们使得价值最大化。然而,对于荷斯特豪斯的德性理论而言,答案就是,如果在这种情况下这是一个有德性的行动者典型地所做的,那么这个行动就是正当的。

那么,这里争论的症结在于:义务、价值与德性,哪一个在理论上更基础?乍看上去,这似乎是一个相当抽象的理论问题,对我们而言想必没有多大差别。但是回想一下我们对边沁的功利主义所作的那些反对。我们对于边沁的理论给想知道是否离开家的年轻人所作的建议感到如此的不舒服,理由之一就是,我们认为我们有义务去尊重,或至少考虑,我们父母的意愿。而我们对于这个提法——即为了其他人的娱乐而折磨人这在道德上是可接受的——感到不舒服,至少部分是因为我们一想到正派的(也就是有德性的)人会享受这种事情就感到厌恶。我们必须始终说真话吗?正如康德所声称的那样,不管是为了好的或坏的结果,即便这样做了就意味着无辜的生命会丧失,或遭受可怕的痛苦?

我们现在已经思考过了对于康德的理论和功利主义的批评。德性伦理学也有它的批评家,他们指出他们所相信的东西基本上是反对德性伦理学的。

一些批评家声称德性伦理学是循环论证的。也就是说,他们声称德性伦理学主张,一个行动是正当的,只要在这种情况下这是一个有德性的行动者所做的,但是接着转过来把一个有德性的人定义为一个在那些情况下做了正当的事情的人!这就是一种反驳,一些批评家公开指责亚里士多德的理论,在这里,批判家们声称,德性的意义是根据一个有实践理性的人来界定的,而一个有实践理性的人又是根据他能够理解德性的意义而言的。大多数亚里士多德主义者否认这个指控;不管怎样,荷斯特豪斯通过把德性奠基在人类的康福之上从而试图避免这种循环。我们仍然可能想问在现代社会中关于什么是人类的康福,是否有任何普遍地接受的标准。

其他批评家争辩说,德性伦理学对于回答“我应该怎么做”这个问题没有帮助。对此,正如我们已经看到的,荷斯特豪斯回应说:“做一个有德性的人会做的事情!”她也许也会问,是否这里的满意度就真的比边沁的功利主义计算或康德的定言命令测试要少。

仍然会有其他一些批评家主张，德性伦理学没有能够经受得住怀疑主义者和相对主义者挑战的行为第一原则。对于这个指控，荷斯特豪斯回应说，怀疑主义者和相对主义者同样会继续挑战其他伦理理论，因此这个问题不仅仅是德性伦理学的问题。

还能说出更多的东西来支持德性伦理学吗？

倡导者们声称德性伦理学比其他竞争理论有一些优点。他们声称，一方面，它能够应对一些重要的论题，例如动机和道德品性，这些在康德（或新康德主义）的伦理学和功利主义中都没有被充分地对待。的确，他们继续说，没有德性，一个道德行动者甚至不能充分地应用这些由替代理论所倡导的原则。

另一面，倡导者们争辩说，德性伦理学比它的竞争理论提供了一个更复杂和更连贯的道德生活图景，超越了仅仅正当的行为从而包括了善的品性、欲望、生活目标、喜欢和厌恶以及一个人想成为的那种人。

德性伦理学与女权主义哲学家们所表达的一些关注之间的一种强烈关联，引起了我们特别的兴趣。意味深长的是，在20世纪最重要的哲学家里公开责难现代伦理学枯燥乏味的是两位女性。在一篇影响很大的论文《现代道德哲学》[①]（发表于1958年）中，伊丽莎白・安斯康姆（Elizabeth Anscombe）[②]争论说，在边沁和康德传统中的道德哲学在哲学上已经倒闭了，因为它试图在一些墨守规条的概念中例如义务来为道德找到一个基础，安斯康姆争辩说，这些仅仅相对于立法者才有意义。既然我们很多人不再相信上帝，那么我们就需要转向德性来为道德寻找基础。在她1978年出版的论文集《德性与恶行》（*Virtues and Vices*）[③]的导言中，菲力帕・福特（Phillipa Foot）[④]提议说："一个合理的道德哲学应该从德性与恶行的理论开始。"我曾听过她哀叹现代道德哲学的停滞，她呼喊："道德的生活是如此丰富啊。""但是你能想象一个关于功利主义的讨论没有一个参考前提？"

尽管安斯康姆和福特通常都不被认为是20世纪后期女权主义哲学的最前列，但是她们对于在此领域中研究的很多年轻女性来说是一个鼓舞。现在我们转向对伦理学一个明确无疑的女权主义批判。

---

① 伊丽莎白・安斯康姆：《现代道德哲学》（*Modern Moral Philosophy*），《哲学》（33），1958年。

② 安斯康姆（1919—2001），英国著名女哲学家，著有《意向》《三位哲学家》《人生、行动及伦理》等作品。——译者注

③ 菲力帕・福特：《德性与恶行及其他道德哲学论文》（*Virtues and Vicesand Other Essays in Moral Philosophy*），伯克莱与洛杉矶，加利福尼亚大学出版社，1978年版。

④ 菲力帕・福特（1920—　），英国著名女哲学家，当代德性伦理学的奠基人之一。——译者注

第六节 女权主义对伦理学的批判

从古希腊时代到康德和边沁，伦理学——以及一般来说哲学——是由男性思想家们主宰着。伦理学的各种中心问题——以及一般来说哲学——是由男性思想家们在各种由男性主宰的社会中来看待的。我们有极少的一点记录记载哲学是由女性所作的、为了女性的或关于女性的，一直到 19 世纪才有所改变，但即便在那时也是极少。女性哲学家们，包括那些伦理学领域的研究者，只有在 20 世纪和 21 世纪才昌盛起来。

女人一直以来没有研究哲学也许是对于女人的态度症状主宰了西方的历史——这些态度认为女人的兴趣、能力、价值以及通达事情的方式，都次于并且没有男人们的重要："一个女人对于各种重要议题能说出点什么来？"

此外，哲学是富人的奢侈品。那些日复一日地为他们的下一餐辛劳苦干的男人和女人，也许想知道为什么上帝让他们的生活如此艰难，或者为什么上帝在惩罚他们；但是他们并没有奢侈的时间或资源来反思善、真与美。女人，她们的生活被照顾和回应他人的需求所主宰，仅仅被太多的劳作所占据，直到一天到头时她们已经筋疲力尽了，而没法再去研究哲学。

如果女性一直以来都在从事哲学研究会怎样呢？学科的历史会有所不同吗？女性的哲学，不仅在视角上，而且在内容上，都会与我们本书中一直在讨论的各种哲学不同吗？她们的伦理学方法会与那些男人们例如亚里士多德、康德和边沁的方法不同吗？

我们称苏格拉底、柏拉图和亚里士多德的雅典是"民主的"，但是我们需要记住它的经济是基于奴隶劳动的，而且雅典的公民权仅限于成人的、当地出生的男性，这就在体制上排除了奴隶、任何不是雅典出生的人和女人。女人被限制在家庭里管理家务和生养小孩。亚里士多德不加批评地接受了雅典人的观点：女人在体力上、智力上和道德上都次于男人。亚里士多德教导说，女人的勇敢、节制和正义都不同于男人的，而且次于男人的。亚里士多德论证说，女人是不完整的男人，正如弗洛伊德在 20 世纪所做的那样，因为女人缺乏男人拥有的某些东西：

> 男性与女性在拥有与缺乏一种能力方面彼此不同。男性能够调制、形成并且射出精子，它包含着形式的本源……以及初试形成的原则。女性，在另一方面，就是接受种子，但不能形成或者射出种子。[《动物的生成》(*Generation of Animals*)，765b，9-16]

再有：

> (一个好的妻子)要比当她作为一个奴隶被买来并带进家门时更勤勤恳恳地为(她的丈夫)服务。因为他确实是花了大价钱来买她。(《经济学》*Oikonomikos*)①

康德写道:"一个女人的德性就是一个漂亮的德性。男人的德性应该是高贵的德性。"因此言外之意就是女人的德性不仅与男人的不同,而且在道德上次于男人的。

在英国边沁的时代,女人本质上是她们父亲或丈夫的个人财产,甚至当她们在有了男性后代以后变成寡妇,她们就是她们儿子的财产。她们不能参与选举或拥有财产;确实,当她们结婚之后,她能够继承的任何财产都变成她们丈夫的财产。即便边沁认为女人的参政权是作为一个原则问题,但是他也没有倡导它,因为他害怕把这个话题增加进英国的政治争论中会减损他扩展男性参政权的计划。

女权主义是一场学术的、社会的和政治的运动,它统一地努力去反抗和改变压迫女人的各种制度和态度,以及由它们产生的对女人的压迫。尽管存在着很多不同派别的女权主义者,但是她们分享一个共同的信念,即重要的学术、社会和政治机构都被男人所主宰,而且这些机构是基于一种男性独占的观点——有时候是公开的,但是更多时候通常是不知不觉地隐藏着的——即认为只有男人才是完全的人类。女权主义者争辩说,这些机构需要从这样一种观点,即意识到女人的经验、兴趣、风格、价值、洞察力和敏感性与男人的一样好的观点,而被重新估价。女权主义哲学把一种独特的和具有自我意识的女权主义观点应用于哲学的传统问题和实践。女权主义的伦理学方法,常常称女权主义伦理学"……其卓越之处在于直截了当地献身于纠正她们在传统的伦理学中觉察到的各种男性偏见,这些偏见可能是以理性化的方式清楚表明女人的低等,或者漠视、贬低女人的道德经验。"②

可以肯定,早在1798年,就有一些声音呼吁反对女人的从属地位:

1. 在《为女人权利辩护》(*A Vindication of the Rights of Women*,1798年)一书中,玛丽·沃尔斯通克拉夫特(Mary Wollstonecraft)③[是《弗兰肯斯坦》(*Frankenstein*)一书的作者玛丽·雪莉(Mary Shelley)④的母亲]争辩道,女人的社会地位是由于缺乏教育的机会和各种社会束缚所造成的,并不是由于她们次等于理性的或道德的当权者。在她承认她的时代女人们典型地在绝大方面次等于男人时,她坚决认为她们的次等是由于她们所接受到的那种教育——或没有接受教育——和她们所生活的环

① 亚里士多德:《动物的生成》,版本很多,例如,洛布经典文库(The Loeb Classical Library),哈佛大学出版社。

② 艾莉森·贾格尔(Alison Jaggar):《女权主义伦理学》,载《伦理学百科全书》,劳伦斯·C.贝克尔(Lawrence C. Becker)和夏洛蒂·B.贝克尔(Charlotte B. Becker)编,嘉兰德出版公司(Garland Publishing, Inc.)纽约与伦敦,1992年,第1卷,第361-370页。

③ 玛丽·沃尔斯通克拉夫特(1759—1797),英国作家、哲学家、女权主义者。——译者注

④ 玛丽·雪莉(1797—1851)英国小说家,最著名的是其哥特风格的科幻小说《弗兰肯斯坦》(1818年)。——译者注

境造成的,而不是由于天生性别上的次等。如果女人被给予同样的受教育机会,那么她们与男人的平等就是明显的。①

2. 约翰·斯图亚特·密尔的著作《女人的屈从地位》(*The Subjection of Women*, 1869)②,是一部慷慨激昂的抗议书,它反对19世纪妇女的社会从属地位。它的开篇段就反映了它的基本论证:

> 这篇论文的宗旨在于如我所能地清楚解释一个看法,在我就社会政治问题形成全部观点这一最早的时段开始,我就持有该看法了,而且随着反思的进步和生活的经验,它没有被削弱或修改,反倒不断地变得越来越强烈。管制着两性之间现存的社会关系的原则——一种性别在法律上屈从于另一种——本身是错误的,而且现在已经成为人类进步的一个主要障碍;它应该被一个完全平等的原则所替代,不承认一种性别有强权或特权,而另一种则是残疾的。

本书第二章提供了一种论证来反对19世纪女性在婚姻中的从属地位,密尔把这个比作奴隶制。第三章提供证据说明女性能够胜任很多工作,但她们却被习俗(与法律,在某些情况下)禁止。

3. 弗里德里希·恩格斯(Frederick Engels)③的《家庭、私有制与国家的起源》(*The Origin of the Family, Private Property and the State*, 1884)④包含着这样的声言:

在历史上出现的最初的阶级对立,是同一夫一妻制婚姻下男人与女人的对抗情绪的发展同时发生的,而最初的阶级压迫是同男性对女性的压迫同时发生的。

4. 西蒙娜·德·波伏娃(Simone de Beauvoir)⑤,存在主义思想家让·保罗·萨特的伴侣,她在1949出版的轰动性著作《第二性》(*The Second Sex*)中总结说:

> 去解放女人就是去拒斥把她限制在她忍受男人的关系中,不是去克制这些关系;让她拥有她的独立存在,她将依然为他而存在:彼此地承认对方是一个主体,每一个将仍然互相为了对方。他们关系的互助性并不会废除各种奇迹——欲望、拥有、爱、梦想与历险——通过把人类区分成两个隔离的范畴而起作用;而那些打动我们的话语——给予、征服、统一——并不会丧失它们的意义。相

① 玛丽·沃尔斯通克拉夫特:《为女人权利辩护》,企鹅图书有限公司(Penguin Books Ltd.),伦敦,重印于1992年,首版于1792年。

② 约翰·斯图亚特·密尔:《女人的屈从地位》,麻省理工学院出版社,剑桥,马萨诸塞与伦敦,英国,第10次印刷,1985年,原版印于伦敦,1869年,由朗曼斯、格林、读者与戴尔出版(Longmans, Green, Reader and Dyer)。

③ 恩格斯(1820—1895),德国社会主义理论家及作家,哲学家,马克思主义的创始人之一,马克思的亲密战友,国际无产阶级运动的领袖。世界无产阶级的伟大导师和领袖。——译者注

④ 弗里德里希·恩格斯:《家庭、私有制与国家的起源》,国际出版商公司(International Publishers Co., Inc.),纽约,1942年版。

⑤ 波伏娃(1908—1986),20世纪法国最有影响的女性之一,女权主义运动的创始人之一,存在主义学者、文学家。——译者注

> 反，当我们废除人类的一半的奴隶制，以及它所包含的伪善的整个体系，那么人类的“区分”将揭示它的真正意义，并且人类两性将发现它的真正形式……当世界被给予时，它是为了让人建立一个自由的王国。为了获得至上的胜利，对于某事来说这是必然的，即通过他们的自然差异，男人与女人毫不含糊地肯定他们的手足情谊。①

这些著作家都是女权主义者（尽管一些女权主义者会反对如此被称呼），他（她）们的著作是女权主义的经典。然而他（她）们抗议或多或少相互隔绝，只是到了 20 世纪的后半叶，对于女性的哲学反思才成为整个哲学场景中的重要部分。

女权主义伦理学从卡罗尔·吉利根（Carol Gilligan）早期的道德心理学著作《不同的声音：心理学与女性的发展》（*In a Different Voice: Psychological Theory and Women's Development*，1982）中获得一个重要的推进②。吉利根报告说，她的经验调查结果揭示了两性之间一个强烈的相互关系以及对于道德状况的反应。男人倾向于全神贯注于权利、正义以及自律，而在他们的道德思考中倾向于依靠规则和寻求一个普遍的视角。相比之下，女人更加关心个人的关系并且不想伤害其他人。她们倾向于避开各种抽象的原则而聚精会神于个人之间的共鸣。（到目前为止，她的调查结果甚至与性别歧视者亚里士多德的教导是一致的！）在这里吉利根认为思想家们都走错了，这在于他们的假定，即认为女性的道德推理是次等的或有缺陷的。

吉利根的研究引起了人们的怀疑——一则是因为她的实验对象都是白人、中产阶级和异性恋者——但是她对于女权主义伦理学发展的贡献，是普遍地被认可为意义重大的。再则，道德心理学是一个经验科学，而哲学并不是经验科学：哲学的议题不能够通过“察看事实”来得到解决。但是大多数现代的哲学家不管怎样都想让他们的哲学理论与经验证据相一致。

女权主义哲学家艾莉森·贾格尔（Alison Jaggar）把女权主义对现代西方道德理论传统的批评归类在五个主要标题之下。第一，西方的道德理论被揭露缺乏对女性利益的关注，因为它把女人描述为“……据说女性的德性是例如服从、寡言、忠贞。”第二，它忽视了女人的各种主题，例如那些出现在家庭中的主题，贬低女人家庭工作的重要性和创造性。第三，它否认了女人的道德主动性，把她们描画成在道德推理领域中比男人低等。第四，它偏爱传统上伴随男人的各种价值，例如独立、自律、理智、支配、理性、战争和死亡，超过了据说是伴随着女性的各种价值，如相互依赖、群落、情绪、分享、欢乐、和平和生命。第五，它贬低女人道德经验的价值，女人比男人更可能依赖情感而不是规则和抽象原则来解决道德两难困境。不必说，并不是所有

---

① 西蒙娜·德·波伏娃：《第二性》，温特奇丛书（Vintage Books），1989 年。阿尔弗雷德·A. 诺普夫出版公司（Alfred A. Knopf, Inc.）1952 年版。

② 卡罗尔·吉利根：《不同声音：心理学与女性的发展》，哈佛大学出版社，马萨诸塞剑桥与英国伦敦，1982 年版。

的女权主义哲学家都赞同这些批评，尽管贾格尔相信大部分人都会相信前三条。[①]

这些已察觉到的缺点是应用伦理学去处理女人问题的一个失败的结果吗？女权主义者对这些问题的回应有着很大的不同。在这个系列一端，一些女权主义者致力于用现存伦理学的普遍框架来进行研究，试图在这个框架中纠正男性的偏见。在另一端，激进的女权主义者坚持认为，这个框架是如此错误以至于它必须被完全拒绝，一个彻底的新哲学——和伦理学——要从女性的观点重写。

在《伦理学中的女权主义》这篇反映了她最近思考的文章中，艾莉森·贾格尔制定了一条中间路线。她很仔细地指出她所接受的哪些西方传统伦理学是错误的，同时也赞同它的某些特征（《哲学中的女权主义》，剑桥，2000 年）[②]：

艾莉森·贾格尔

《伦理学的女权主义：道德辩护》

女权主义者已经确认了几个有男性偏见的假定，这些假定并不是几个相互隔绝的哲学家有癖好的主张，相反，它感染了有关道德辩护的整个思想传统。这就是起源于欧洲启蒙运动的自由传统。

1. 首先，这个传统的道德主体表面上看来是普遍的，但是实际上反映的是一种特殊的社会类型：他是一个西方男性户主，上层或中层阶级，因此很可能是白人。这种社会类型推理特征的动机与风格被归因于所有的理性道德主体，而不管压倒性的经验证据表明很多人拥有不同的动机，并且采用另外的推理风格。

2. 当这种社会类型被作为道德标准时，那些思想与此偏离的人们就被表现为在道德合理性中是有缺陷的。把这种思想模式理想化，从而就秘密地是专制式的，因为它使得很多女人以及地位低等阶层的男性成员的道德思想无效。

3. 道德理性的范围武断地被限制，从而排除了密友和家庭关系的事情。

4. 结果，许多对于女人生活来说特别重要的话题在道德上成为不可决定的；不存在用来批判诸多压迫女人的实践的概念空间。

5. 上述诸观点综合在一起推导出，道德辩护的主流思想就是否认这样一些概念资源，即允许女人和地位低等阶层的男性成员用她（他）们自己的术语来表达自己的道德观点。

6. 尽管这些道德辩护的思想声称其公正性和普遍性，但是实际上它们是自私的和循环论证的，因为它们把他们所援引的哲学家的观点理性化，与此同时又压制各

---

① 艾莉森·贾格尔：《女权主义伦理学》，载《伦理学百科全书》，劳伦斯·C. 贝克尔和夏洛蒂·B. 贝克尔编，嘉兰德出版公司纽约与伦敦，1992 年，第 1 卷，第 364 页。

② 艾莉森·贾格尔：《伦理学的女权主义：道德辩护》（*Feminism in ethics: Moral Justification*），载《剑桥指南：哲学中的女权主义》（*The Cambridge Companion to Feminism in Philosophy*），剑桥大学出版社，2000 年版。

种不同的声音。

基于这些原因,这些标榜保证道德客观性的诸概念工具都是有偏见的,它们支持的是有特权的人。

在女权主义对主流伦理学的批判中隐含的是一种期待,即任何道德辩护的恰当说明,都必须不仅能够把正当的道德主张和主观的欲望、既定的习俗区别开来,而且它必须满足下面的条件:

1. 它关于道德主体的概念必须小心地被细致检查以便清除隐藏着的各种基于种族、阶级、性别或任何其他统治轴的偏见。

2. 因此,必须小心地不要怀疑或漠视代表女人、低层阶级和边缘人物思想特征的各种道德描述、词汇和风格。

3. 它必须在实践上对于所有的道德主体都能够使用,包括那些很少正式教育的人;因而,它不应该高度地技术化,也不应该过于依赖理想化的、与事实相反的各种假定。

4. 它必须不排除道德细致的生活方面,即对于女人、社会地位低下的男性成员、边缘人群要有特殊关注。

简言之,道德辩护的女权主义阐释必须是非精英主义的和真正地无偏见的;它必须不赋予有权势的人的观点以特权,也不给他们的声音分派不相称的道德权威性。下一部分简述了朝着满足这些条件方向的一些女权主义者的工作。

自由的道德理论典型地是在一个高度抽象的层面上来讨论道德主体的,并把他们当作一般的道德行动者,他们本质上——尽管不是在经验上——是孤独的。古典的自由理论家当然意识到,经验的主体都是各个特殊共同体的代表成员,然而他们把人们的身体和共同体的成员资格作为“偶然的”属性(accidental properties)予以摒弃,这些偶然的属性对于道德主体性来说不是本质的。一些人可能已经假定,把道德主体不加分辨地对待,这是启蒙运动承诺每个人类个体都有平等的道德价值所要求的。通过聚焦人们的共同性而忽略他们的差异,自由主义隐含着道德主体在所有的理论方面都是分辨不清的……

在过去的25年中,道德主体的自由主义概念受到了很多方面挑战。社群主义批评家们特别直言不讳地坚持认为,道德主体在本质上是涉身的(embodied),因而他们必然“植根于”共同体之中,并且被特殊的忠诚和义务所“拖累”,而这些忠诚与义务构成了他们身份的本质方面。很多女权主义对于道德主体的阐释类似于社群主义(communitarianism)强调团体、共同体和关系,但是女权主义的研究与其区别在于它关注不平等。例如,女权主义对于涉身性讨论,典型地既不把身体仅仅看作一个个人的单独体,也不看作人类生命的一个普遍条件,而是看作依情况而定的、变化的社会意义的承受者,这些社团与它们的个人不仅仅被置于特殊的共同体中,而且也被置于特权与权力的具体结构中。同样,女权主义者不仅仅把道德主体表现为由特殊关系构成的，而且主张这些关系一贯地涉及体系化统治与不平等的维度。最后，女权主义者典型地聚焦于由他们的成员资格而清楚地构成道德主体身份的方面——尽管这种成员资格是重叠的——社会的集体特征并不仅仅是由历史和地理环境来界定的，而且是由范畴诸如性别、阶级与种族来界定的，在这些范畴中权力的不平等就是固有的。

女权主义者并不否认道德主体在某些抽象的层面上是相同的，但是她们对于很多错误的人文主义的意识——这些人文主义把特殊的种群普遍化为人性的普世真理——促使她们突出人类的差异超过人类的共通性。女权主义者也不质疑每个个体平等的道德价值，但是当各个个体是如此地处于不同的境况之中，她们坚持认为，道德平等的真正承诺需要对各种实际的不平等具有敏感……这些悬殊和不平等给富于想象力的身份确认方案乃至于富有成效的讨论都制造了障碍。去认清这些障碍就是去挑战各种主流的假定，例如假定存在着道德推理的单一正确模型，道德主体是可以相互替换的……

很多女权主义者争辩道，各种劝告要道德行动者从他人的立场思考、反过来拥有他们的观点，等等，都不仅是不尊重他人而且在认识上是不连贯的。除了听从真正的人们用他们自己的术语来解释他们的道德观点外，不存在可替代品……

一个完整的道德合理性理论必须包括关于个体合理性的一个阐明，但是……女权主义关于道德合理性的建设性研究更多地集中在社会过程而不是个人能力……贯穿这个研究的一个主题思想是，关于个人的道德合理性，主导的哲学阐释是带有性别、阶级、种族和族群偏见的，只要它们是由现代的、西方的、资产阶级的男人来反思并将这些文化上特殊的价值理性化。然而，没有几个女权主义者相信，对于现存偏见的治疗方法就是用另一个更典型地具有女性特征的单一模式，来取代这个隐秘地把道德合理性当作是资产阶级的和男子汉的单一模式；不存在一个一般的人或一个有代表性的男人，也不存在一个有代表性或一般的女人。相反，很多女权主义者争辩说，治疗方法就是把道德合理性重新领会为主要是社会过程的一个特征……

有相当数量的女权主义者，包括我自己，大体上赞同悠长的西方哲学传统，从柏拉图经过洛克、康德一直延伸到罗尔斯、哈贝马斯，该传统主张道德的结论要在理性上是正当的，只有当它们是由理性的人们通过散乱的、开放的、范围广泛的、平等主义的过程而达到的才是。然而即便这个传统中的哲学家注意到真实的人们并不全都是相同的，他们也忽略了由体系的差异和不平等所造成的实践的和理论的问题何以是一种平等主义的话语。相反，女权主义者深深地被这些问题困扰着；为了回应，她们就散乱的沟通发展出大量的文献，包括它的伦理和政治方面……

占支配地位的自由话语的主流阐释要求每一个参与者都平等地有发言和被倾听的机会；然而，他们忽视了去检查这样一些机会要成为真实所必需的条件，而不是仅仅是形式的。言说需要一种语言，但是占支配地位的语汇可能缺乏必要的资源来表达从属地位的群体的观点;比如说,作为一个年轻的女人,我不能够清楚表达很多模糊的和含混的情感和知觉,因为这样做的必备语言还没有被发明出来。我所需要的语汇包括如下这些:"性别"(超越语法应用于社会规范和身份方面)"性别地位""性别歧视""性骚扰""双日""性玩偶""异性恋主义""男性凝视""婚姻的、熟人之间的不想要的性行为""情绪工作""跟踪罪""敌对的环境""被取代的家庭主妇""老龄化的双重标准"。因为语言本质上是公共的,创造新的语汇必然就是一个集体的而不是个人的项目。为了使替代占统治地位的道德语汇的语词能够发展出来,最近我一直在争辩说,如果话语对于某些人来说是开放的、范围广泛的,那么它们必然对于其他人来说就是封闭的、排斥的……

女权主义的道德话语模型除了她们对于平等、开放和包容作出重新解释之外,还包括大量其他典型的特征。在这些特征中有两个,一个是承认对于参与者情绪的集体道德评价,另一个是道德话语的概念是作为一个辅助性的实践而不是敌对性的实践。对于女权主义者而言,道德话语并不是中立的程序,即在其中人们从真实的世界撤离出来而争论各种道德关切;相反,这些道德话语就是世界中的行为,而且它们自身就对道德和政治的评价负责。处理得好,道德话语就具有内在的价值,而不仅仅是工具性的……

西方哲学家们经常把道德辩护领会为"道德观点"的获得、一个华而不实的表达——该表达大量地暗示着一个超验的道德实在。在 20 世纪,他们通过这样一些隐喻来解释这个表达,如一个上帝之眼的观点,一个理想观察者或最高天使的视角,一个阿基米德点,一个从不知名处而来的观点或一个从所有各处而来的观点。这些隐喻的目的就是要标明一个想象的观点,不是一个特殊的观点,它可以被称为所有观点之父,当代的女权主义者典型地把这些隐喻视作是误导人的。对于大多数女权主义者来说,道德辩护不能由一个个人援引超验的理想或绝对的原则就可获得;相反,它在于个人行动和社会实践的继续评价,由话语的实际共同体中的人们集体地构建起历史上具体的理想、规范和价值。基于这种理解,道德辩护是伴随着社会发展的并且处于偶发的状况中;"这种"道德观点丧失了它超验的地位,并且成为不是单一的而是多样的,它植根于社会世界之中而不是漂浮于社会世界之上或之外。

拒绝道德实在论——它被领会为一个独立于心灵的道德实在的悬设——并不承诺女权主义者就拥抱相对主义了,相对主义被解释成这样的主张,即所有的道德观点都同等地有效。确实,相对主义与女权主义反对男性统治这个无法改变的道德承诺是相矛盾的。这里所考查的工作引导我们用散乱的、开放的、范围广泛的、平等主义的过程来理解道德辩护。既然开放、广泛和平等是道德的和认识的理想——这些理想在较大或较小的程度上曾仅仅不完美地被满足——那么接受具体的道德断言的正当理由,将根据这些理想所实现的程度而较强或较弱。道德对话的结果因而就总是暂时的与可错的,而不是最终的或绝对的,并且总是依赖于一个散乱的社会语境,正是由这个语境决定什么是好的理由……

贾格尔的研究有几个特点值得仔细注意:第一,她指出现代道德哲学中自由主义传统的观点,是出自一个西方男性户主,上层或中层阶级,因此很可能是白人。从这个视角看来,其他人的观点和道德感受能力——包括女人和从属群体的男性——似乎是有缺陷的或次等的。第二,她质疑普遍性、个特性和无私性——这些都构成现代自由传统中的理论理想——的价值。第三,她拒绝道德哲学家在他的研究中把自己当作唯一的沉思者这个模型(还记得康德吗?),相反她举荐的是各个道德行动者从事着公共的道德话语这个模型。第四,她避开这种观点,即认为道德辩护是获得"道德的观点",一个理想观察者的观点,或一个阿基米德点。所有这些反对意见都指向现代自由传统的基本缺点。

尽管如此,贾格尔还是同意西方哲学传统从柏拉图的时代到 20 世纪的某些特点。她同意道德的结论"在理性上是正当的,只有当它们是由理性的人们通过散乱的、开放的、范围广泛的、平等主义的过程而达到的才是"。而且她同意——甚至是柏拉图——拒绝相对主义(尽管她也拒绝与相对主义相应的柏拉图的绝对主义版本)。

贾格尔的工作,富有挑战性,它是理论的和有计划的。一个女权主义者是如何通达一个实践的道德议题的呢? 在接下来的选文《色情文艺、公民权利和演说》(Pornography, Civil Rights, and Speech)中,法学教授凯瑟琳·麦金农(Catharine Mackinnon)基于女人的状况用特殊的女权主义的视角提供了一个关于色情文学的批判。①

凯瑟琳·麦金农

《色情文艺、公民权利与演说》

……一旦权力构成社会实在(social reality),正如我将表明色情文艺构成社会的性别实在,性别歧视背后的强力,性别平等中的从属地位,就看不见了:不同意它成为听不见的以及罕见的。一个女人是什么,是用色情文艺的术语来界定的;这就是色情文艺所做的。如果法律保持中立地审视如此被产生的性别实在,那么它所造成的危害将不被感知为危害。这就变成了事情的方式。

……从实质上来思考,女人的状况并不真的像其他事情那样。它的具体性并不是仅仅由于我们人数——我们是人类的一般——还有我们的多样性,有时它掩盖了我们是一个毕竟有着自身利益的群体。这部分是:作为一个相对于男人的群体,我们的地位几乎从未,如果有的话,改变过它过去的所是。女人的角色确实足以多样化,以致于性别,性别所采取的社会形式,不能够说是由生物学上决定的。不同的事

① 凯瑟琳·麦金农:《色情文艺、公民权利与演说》,载《哈佛公民权利与公民自由法学评论》,第 20 卷第 1 号,1985 年冬季刊,第 1-70 页。版权归哈佛大学出版社与《哈佛公民权利与公民自由法学评论》。

情是在不同的文化中被评价的，但是不管什么事情被评价，女人都不是那样。

……有一种信念认为这是一个男人与女人已基本上平等的社会。微不足道的修改空间是允许的，我们知道缺点存在着，从性别平等的基本状况出发，各种尝试已经被作出来纠正那些被认作是偶然失误的事情。性别歧视法把它大部分的焦点集中在这些偶然的失误上。很难高估这个程度，即这种对平等的信念是一个为了大多数人的信条，包括大多数女人，她们希望在一个内在的宇宙中生活得有自尊，即使（也许特别地）不是在世界中。这部分地也是自然法思想的一个表达：如果我们是不可剥夺地平等的，那么我们就不能“真的”被降级。

这是一个值得尝试的世界。在这个根据推定的平等的世界中，人们是基于训练、能力、勤奋、资格证明来赚钱的。根据他们的价值，他们被雇佣并升职。在这个公正荒漠的世界中，如果某人被虐待了，那么就被认为是违反了共同体的基本规则。如果不是这样，那么似乎就是受害者做了某些事情而他（她）们本可以通过意志的练习或更好的判断来选择不同的做法。也许这些人把自己置于一个容易受到身体虐待的状况中。也许他（她）们做了某些气人的事情。或者也许是他（她）们刚好非常地不走运。在这样一个世界中，如果这样一个人有点经验，那么总是可以给它找到很多词语的。当他们把它说出来的时候，他们会听从。如果他们把它写出来，他们就会出版。如果某些经验从未被说过，如果某些人或主题很少听说过，那么它就被假定要选择沉默了。法律，包括很多性别歧视的法律和（美国宪法）第一次修正案，大部分是在这些信念的王国中运作的。

女权主义是这样一种发现，即发现女人并不生活在这个世界中，占领着这个王国的是男人，如果他是一个白人并且富有就更可能是他了。潜在的信誉、权威、保障、公正的奖赏、一个人身份与能力的确认等，这个世界一些人一出生就占据着了，他们之间也有一些差异。在这个社会中这不是人性授予的基本状况，而是一种地位的优先权、在其他事情中一种性别的特权。

我把这称为一种发现是因为它还没有成为一种假定。女权主义的第一理论、第一实践、第一运动就是从所有女人的观点来严肃地对待所有女人的状况（既把我们的状况也把社会生活作为一个整体）。这个发现因此就使得人文主义固有的社会内容，以及法律方法被设计出来和伤害被确定的那个立场，并不是女人的立场。用作为女人观点的政治关联到权力的认识论这种方法来界定女权主义，这种发现就能够被总结说，女人生活在另一个世界：特别地，一个没有平等的世界，一个不平等的世界。

用这个观点观看世界，先前不可见的无声的虐待在整个阴影世界就被辨明了。强奸、殴打、性骚扰、被迫卖淫以及儿童的性虐待平常而系统地发生……

……在色情文艺中，情况就是这样，在一个地方，所有的虐待女人必须挣扎如此之久，甚至开始清楚地说出所有无法形容的虐待：强奸、殴打、性骚扰、卖淫以及儿童的性虐待。只有在色情文艺中它被称为其他某些东西:分别地叫作性、性、性、性和性。色情文艺使得强奸、殴打、性骚扰、卖淫以及儿童的性虐待具有性别;因此它庆祝、推销、准许并宣布它们是合法的。更一般地,它使得统治与屈从更为色情,以致于这些对于他们全部来说是动态的平常。它使得等级制度成为色情的,并把这称为“关于性的真理”或就是实在的一面镜子。通过这个过程,色情文艺建构起这样一种看法,即一个女人是什么就是作为男人想从性中所得到的。这就是色情文艺所意味的。

色情文艺建构起这样一种看法,即一个女人是什么就是男人想从性中所得到的,例如强奸、殴打、性骚扰、卖淫以及儿童的性虐待等这些行为就成为性平等的行为:色情文艺中的平等世界是一个和谐的、平衡的地方。男人与女人完美地互补、完美的两极……

……这里,女人实质上欲求剥夺与残酷。我们极度渴望被束缚、猛击、折磨、羞辱和杀死。或者,公平点对待这些色情书刊,我们只不过渴望被占有与被使用。从男人的观点看,这就是色情文艺。屈从本身——狂喜地放弃其自主——就是女人性欲望与欲望能力的内容:女人在那里被强暴和占有,男人去强暴和占有我们,或者是在荧屏上,或者是通过摄像机,或者是代表消费者而写。从一个简单的描述的层面来说,等级制度的不平等——其中性别是主要的一个——似乎对于工作中性别的觉醒是必要的。其他附加的不平等区分各种各样的色情类型或次主题,尽管它们总是通过性别来附加的:年龄、残疾、同性恋、动物、对象、种族(包括反犹太主义),诸如此类。性别绝不是不相干的。

色情文艺所做的超出了它的内容:它使得等级制度更为色情,它使得不平等性别化,它使得统治和屈从变成性。不平等是它的中心动态;自由的幻象与强迫的现实结合在一起就是它运作的中心。也许因为这是一个资产阶级的文化,受害者必须看起来是自由的,表现得是自由地行动。选择是她如何到达这里的。自愿的正是她所是,当她是平等的时。这似乎也同等地重要,即当时当地她实际上是被迫的,而且这种迫使在某种层面上被交流,即便仅仅以感受性与接近的姿态通过她的静态的图片,也可以获得洞察力。色情文艺以这种观点来看就是一种强迫的性的形式,一种性政治的实践,一种性别不平等的制度。

从这个视角看,色情文艺既不是无害的幻想,也不是对另一个自然的、健康的性状况的堕落的、混乱的歪曲。它使得男性至上的性行为制度化,使得男性与女性的社会构成跟统治和屈从的色情化融合在一起。以性别是两性的为限,色情文艺部分地构成了性行为的意义:男人对待女人就像某些人把女人看作存在物。色情文艺构建起谁是这些人。男人的权力超过女人意味着男人看待女人的方式界定了女人能够是谁。色情文艺是这种方式:它并不是想象的与在别处建立的现实有某些关系。它不是一种歪曲、反思、投射、表达、幻象、表现或象征。它是一个两性的现实。

……色情文艺通过创造一个可以达到的性对象而参与了它的观众的性冲动，对性对象的占有和消耗就是男性的性行为，正如社会上所构成的；被消耗和被占有就是女性的性行为，正如社会上所构成的；色情文艺就是以这种方式构成它的一个过程。

对象世界是根据它怎样看起来和它的可能使用有关而被建构起来的。色情文艺通过我们看起来怎样并根据我们如何在性爱上被使用而来界定女人。色情文艺如何观看女人编码，当你看到一个女人时，你就知道怎样对待她。性别是由视觉上指派的一项任务，既是原初就有的，也在日常生活中。一个性对象是基于她的外表，根据她对性快乐的可用性来定义的，这些观看——凝视的特性，包括它的观点——与根据使用的定义使得色情文艺成为性本身的一部分。这就是女权主义的概念"性对象"的含义所指。在这个意义上，性在生活中和它在艺术中一样是居中调停的。男人和一个女人的形象发生性关系。这并不是生活与艺术在互相仿效；在这种性行为中，他们互相就是对方。

去给予一套粗糙的认识论翻译，去捍卫色情文艺和性平等是一致的，就是去捍卫作为性平等的女人对男人的从属地位。在色情文艺的视角中是爱和浪漫的东西，在女权主义者看来更像是恨与折磨。快乐与性冲动变成侵害。欲望表现为为了统治和屈从的淫欲。女人预计的性可用的脆弱——这种行动我们是被允许的（也就是遵照要求行事）——就是牺牲。游戏是遵照使用稿子的角色的。幻象表达着意识形态，这并不能从它免除。对自然的身体美的羡慕变成对象化。无害变成伤害。色情文艺是男性至上的一个危害，但这点很难被看到，因为它的弥漫性和效力，而且主要地是因为它成功地使得这个世界成为一个色情场。特别地，如果它被中立地来看待和处理，它的危害就不能被识别，也不能对它进行演说，因为它是如此之多的"什么是"。换句话说，在色情文艺成功地构建起社会的实在这个程度上，它作为危害已经看不见了。如果我们生活在一个色情文艺通过男性来统治的状况中，男人的权力所创造的世界中，那么议题就不是色情文艺的危害是什么，而是这个危害怎样才能成为可见的。

淫秽法对色情文艺的问题提供了一个非常不同的分析和看法。在 1973 年，淫秽的法律定义是，一般人，使用同一时代共同体的标准，会发现作品在整体的观察下激起好色的意图；作品以公然令人厌恶的方式，描述或描摹州法律已经明确定义的性行为——你感觉你像一个警察在宣读某人的"米兰达权利"（Miranda rights）[①]；作品从整体上看缺乏严肃的文学、艺术、政治或者科学价值。女权主义质疑是否有性

① 米兰达权利，也称"米兰达警告"，即警察向嫌疑犯人常说的第一句话就是："你有权保持沉默。如果你不保持沉默，那么你所说的一切都能够用来在法庭作为控告你的证据。你有权在受审时请律师在一旁咨询。如果你付不起律师费的话，法庭会为你免费提供律师。你是否完全了解你的上述权利？"——译者注

别中立的一般人存在；它比这些共同体的标准之间的偏差更要怀疑用来界定什么是共同体的标准的内容和过程；女权主义想知道为什么好色就是淫秽而无权就不是，为什么鉴赏力免遭侵害比女人免遭利用要受到更好的保护；为什么定义性行为，并因此对它的违反与侵犯，比州法律所定义的还要宽泛；质疑为什么大量的法律不能够在实践中把性交与强奸区别开来，没有进一步的指引，为什么就不能把色情文艺与任何其他事情区别开来。把作品“作为整体”来观察忽略色情文艺中的受害者长期以来所知道的：把他们的轻视和对象化放在语境中来理解，合法的设置削减了伤害对于那些人的知觉。此外，这是最重的一个，如果一个女人屈从了，为什么它还起作用，即这个作品还有其他价值？也许任何偿还作品的价值就增加了它对女人的伤害，更不要提及现存文学、艺术、科学和政治的标准，在女权主义的审查之下，都明显地符合色情文艺的模式、意思和信息。而最后——实际上是首要的——尽管这些事情的主体压倒一切地都是女人，它们的内容几乎完全地是由女人的肉体组成的，但是我们对此视而不见，将它等于一种色情，乃至于淫秽法甚至从来没有考虑过色情文艺中女人的议题。

淫秽，在这种看法之下，就是一种道德的思想，一种关于好与坏的判断的思想。相反，色情文艺是一种政治实践，一种权力与无权的实践。淫秽是观念性的、抽象的；色情文艺则是具体的、实在的。这两个概念反映了两个完全不同的事情。当性行为被描写或描绘时，裸露、坦诚过度、觉醒或兴奋、激起淫欲、描写违法行为、造作或堕落全都是烦扰淫秽法的特征。性驱迫着真实的女人能够卖钱获利，并且驱迫着其他真实的女人；女人的身体被捆绑、伤残、强奸，变成可以伤害、获得、占有的东西，而这些被反映为女人的本性，以某种方式一遍又一遍地按其行事并表演出来；强迫是可见的和强迫已成为不可见的——这个以及其他困扰着女权主义者对于色情文艺的思考。淫秽就其本身而论可能危害甚小。色情文艺是构成暴力和歧视的态度和行为不可或缺的，而它界定了对人口中一半的人的对待和地位……

现代伦理理论中自由传统的捍卫者们会说些什么来应对女权主义者的批判呢？当女权主义理论家们说，这个传统（家长制的思想、忘却女人的经验和洞察）是有缺陷的，她们是对的吗？女权主义哲学家们的伦理著作引入了特别新的主题以及西方伦理理论化传统——我们在本章的前些部分已经讨论过了——的真正替代品吗？

显然这不是一个事实的问题，如“南达科他（South Dakota）州的首府是哪儿？”对于这个问题我可以直接地提供一个答案。这是一个判断和解释的问题，对于它，不同的哲学家会给出不同的答案。但是让我给出我自己对于这个问题的看法，并且在你的课堂讨论当中，你也可以提出其他各种答案。

首先，对我而言似乎是这样，即女权主义伦理理论家们的主要目标就是康德主义的传统——一种规则、合理性、自律、义务与个人主义的伦理理论。在过去两个世纪左右里,该传统在西方伦理著述中无疑是一个占支配地位的主题,但是在作为一个整体的西方伦理理论中,它绝不是一个占支配地位的主题。如果你把柏拉图的著作从头到尾读一遍,那么你会发现几乎没有或没有关于义务、责任、规范和普遍理性的阐述——尽管你会在一个范围更普泛的意义上发现大量有关理性的阐述。女权主义强调情感与思想的综合,强调具体行动语境的重要性,强调人们之间各种关系的特殊重要性——所有这些都相当容易地符合古希腊人通达生活的道德维度,即便希腊社会严格地限制女人的生活,并以各种各样的方式把她们当作低等物来对待。

甚至在最近的哲学历史中,当康德的观点已经被如此广泛地接受时,我们还是发现很多作家在如此思考并写作个人的关系与情感在好的生活中的地位。卡尔·马克思是这样写作的,尽管在他的个人生活中,他剥削最接近他的女人(以及男人,正如它所发生的)。伟大的俄国小说家托尔斯泰(Tolstoy)①、美国哲学家约翰·杜威、美国社会科学家与哲学家乔治·赫尔伯特·米德、法国作家与哲学家让-保罗·萨特也都是这样。

在我的判断中,女权主义者的这种看法是对的,即认为伦理理论的实践,以及在西方传统中一般哲学的实践,反映了一个对于女人根深蒂固的且通常是未经审视的偏见。这同样的批判也可以公正地应用于哲学对人类种族的非白人部分的处理上。仍然必须作出决定的是,要纠正这些偏见是否需要在哲学的基本概念以及它的实践中来一个变革。

我在这里一方面思考诸伦理原则,另一方面思考这些伦理原则的应用。康德的原则——即道德要求我们永远把人类当作目的本身来对待,而绝不仅仅当作一个目的的手段——根本上是某种有缺陷的东西吗?或者问题在于,康德的原则没有被恰当地应用,由于在西方文化中,女人和从属群体中的男人并没有被认为是完全的人,即目的本身,而是被作为为有特权的白人利益服务这个目的的手段?

回想一下功利主义原则:“最大多数人的最大幸福,在这里每一个人的价值为1,也只有1。”从女权主义批判观点看来,是这个原则自身的问题吗?或者并不是,在西方文化中,女人和从属群体中的男人并不值1——她(他)们对于幸福的分享并没有被包括进痛苦和快乐的计算之中——然而有特权的白人每一个人都比1多值多少?同样的问题也在德性伦理学的原则上,即我们在道德上应该努力成为有德性的吗?或者相反是这样的问题,即传统上认为是男性的德性被高估了,而女人和从属群体中的男人的德性却被低估或甚至被诋毁了吗?

---

① 托尔斯泰(1828—1910),19世纪末20世纪初俄国最伟大的文学家,也是世界文学史上最杰出的作家之一,他的文学作品在世界文学中占有重要的地位。代表作有长篇小说:《战争与和平》《安娜·卡列尼娜》与《复活》等。——译者注

如果可以的话,让我在这里加上一个个人的注释。当我几乎半个世纪以前开始研究哲学时,我从没有想到过要去质疑这个未经审视的假定,即哲学的故事能够完全地由男人们的声音来讲述,他们的著作主导了这种或者任何其他哲学文本。我从没有想到过要去追问这个世界中大部分非白人的洞察和看法是否被稳固地忽略。如果某人这样问我,那么我想我会这样说:"当然,我们必须倾听每个人的声音。"但是,这就是关键点:没有人曾经这样问我,而且长期以来我从没有想到过去问我自己!确实,直到我的妻子,一个大有前途的文学学者,被解雇了她的教职,因为她怀上了我们的第一个孩子,这样我就变得积极致力于女性权利的追问。现在,我们听到在第一章中苏格拉底教导我们说,未经审视的人生是不值得过的。那么,我肯定他也会同意,这也是对的:未经审视是假定不值得坚持。你所看到的本书的第10版是我继续努力去审视我自己先前的未经审视的诸假定,因此,也许就是为了更靠近真理一点点。如果我能活到100岁,本书就会出到第20版,我肯定会仍然有我还没追问到的各种问题,以及我还没有经过批判的各种未经审视的假定。我们的哲学理解必须永远是一项在进展中的工作。除此之外,如果你没学到任何其他东西,那么本书也是成功的。

第五章第一部分要点

1. 18世纪的普鲁士哲学家伊曼努尔·康德试图去找到一种方法来使得牛顿的科学与他接受的基督教新教所培育的严格道德信念相包容,并且给道德的诸基础原则提供一项严密的逻辑证明。
2. 当哲学家们在谈论伦理学时,他们实际上提出了三个非常不同的问题,即:
   a. 我如何能确定我的道德信念是正确的?
   b. 我如何能够决断道德困难事件?
   c. 我如何能够过上一个美好的人生?
3. 康德提出了一个道德原则叫作"定言命令",它对于所有人在任何情况下都是绝对地正确的原则。伦理相对主义者与伦理怀疑主义者否认有任何这样普遍有效的原则存在。
4. 为了决断困难事件,功利主义的捍卫者们,例如杰勒米·边沁和约翰·斯图亚特·密尔,提供了一个"最大多数人的最大幸福"原则。功利主义是当今哲学中受到最广泛争议的道德理论。
5. 主要从亚里士多德的伦理著作中受到启发,最近一些哲学家使用德性,而不是义务或幸福,来作为他们理论的基础,从而发展伦理理论。
6. 西方伦理理论传统的女权主义批评家们争辩说,各种各样的主流理论全都体现了男性的或家长制的观点,而未能表达女人的经验与洞见。

问题讨论与复习

1. 回想一下你过去的生活并挑出你曾经最艰难作出的抉择。它是一个道德选择吗？它包含一个关于什么是对和错的决断吗？如果回答是肯定的话，那么问下你自己，它是否会帮助你去进行一个对于你自己与其他人来说关于快乐和痛苦的功利主义式的计算。康德的规则——定言命令——到底对你有帮助吗？你是怎样作出决断的？
2. 德性伦理学的一个中心主题是，德性是生活得好所需要的性格特征。一般说来，人们生活得满足，值得做的生活就是诚实、人道、正义，如此等等，这都很可能是真的，但是一个人生活得好自己却不诚实、或不人道、或不公正，这可能吗？当你想到一个有德性的人时，你会想到谁？你认为那个人生活得好吗？当你想到一个生活得好的人时，你会想到谁？你会认为那个人是有德性之人吗？
3. 堕胎是道德的还是不道德的，你认为康德的伦理理论告诉了我们什么呢？功利主义所告诉我们的清楚明白吗？一些议题，像堕胎，你已经有了一些固定的看法，而你又挑出你的道德理论，根据它对于这些议题所告诉你的，这是否适当？为什么？为什么不？如果你抛开任何宗教的考虑，那么关于堕胎的道德问题，你认为真理在哪里？
4. 男人与女人道德经验方式的不同，会影响她（他）们对于选择和行动的解释和评价吗？如果你在心理学课程中研究过儿童的发展，那么你能利用从那里所学到的来帮助澄清传统的道德理论家和女权主义理论家如贾格尔之间的争论吗？你如何基于种族的各种差异来发展一个类似的批判？

第七节　当代应用：同性婚姻

有些主题似乎让人们十分生气，而这与它们在事情的全部结构中所显示的更大的重要性并不相称。近 50 年以前，当披头士（the Beatles）[①]在文化舞台上崭露头角时，人们对他们长发披肩这一事实感到愤怒，即便他们也打着领带、穿着夹克、衣着

---

① 披头士，一支英国乐队，又译甲壳虫乐队，它是世界流行音乐史上最伟大、最具影响力、最成功的乐队，该乐队的存在时间为 1960 年代，乐队中四名伟大的音乐家，特别是约翰・列侬（John Lennon）和保罗・麦卡特尼（Paul McCartney），对于世界各个角落的后辈摇滚歌手及音乐创作者们的影响持续至今。——译者注

整齐。2004 年,珍妮·杰克逊(Janet Jackson)[①]在美国国家电视台转播的美式橄榄球超级半决赛中场休息表演期间裸露了一个乳房,而美国联邦传播协会为此举行了听证会。贫穷、家庭暴力、种族压迫甚至战争,也比不上人们对待四位流行音乐家的头发长度或一位流行歌星短暂的裸露那样生气。似乎那些被贴上"文化价值"和"家庭价值"标签的东西,带着一股不容易被解释的力量,冲击着我们某些人。

绝对没有任何事情(甚至是伊拉克战争),能像这样一种观念——即两个同性恋男人或女人可以举行结婚仪式并且被国家认可为合法的婚姻——更煽动人们。由于这种事情,有人信誓旦旦地预言这是西方文明(或者所有文明,在这个事情上)的没落。同性婚姻(same-sex marriage),这类事件的一个缩写代码,无疑触发了成千上万美国人最强有力的情感。

不难理解为什么美国的男同性恋和女同性恋想要进入合法婚姻的权利。除了这些仪式有情感的、道德的和精神的重要意义外,还存在有关婚姻的大量法律、经济利益,目前对同性恋伴侣来说是被剥夺的。例如:在大多数健康保险计划中,雇员能够为他或她的配偶索取医疗福利,但是那些没有合法婚姻关系的人就不行。儿童监护权、房屋所有权、信贷权、免税权、审判中的诸合法权,以及其他数不清的极其重要的权利、利益和特权都是与婚姻紧密联系的,因此男同性恋或女同性恋伴侣无法获得,因为他(她)们未被准许进入正式的婚姻。一个最痛苦、最酸楚的问题是,弥留之际的艾滋病患者其伴侣尝试在最后的时刻陪伴在他(她)们床前,这个权利是自动地授予丈夫或妻子的,但是一个男同性恋或女同性恋艾滋病病人的生活伴侣却经常地被剥夺了这个权利。

当我 9 年前写下这些语句时,夏威夷(Hawaiis)的一位州法官已准备好裁决以支持一起法律诉讼,这起诉讼是由男女同性恋者发起的,旨在索回被剥夺的婚姻权,因为这种剥夺违反了州宪法。最后,法院并没有作出支持这起诉讼的裁决,但是第二年,马萨诸塞州最高司法院(Supreme Judicial Court)事实上作出了这样的裁决,即州宪法规定:本州的男女同性恋居民有权结婚。经过数月的等待,在此期间立法院激烈地争论州宪法的修正案,同性情侣终于被批准获得结婚证,而只有在这一时刻,男女同性恋情侣在马萨诸塞州结婚才确实是合法的。美国众议院(U. S. House of Representatives)很多议员正忙于精心制作联邦宪法的修正案,旨在致使同性婚姻违背宪法——如果这成功的话,那么当然它会击败马萨诸塞州的裁决并宣布美国所有地方的同性婚姻是不合法的。再者,我们发现此项议题出现在政治竞选活动当中,总统职位的候选人为此而争辩。

非常明显,这项议题提出了各种各样的伦理问题,这些问题的解决要求我们深

① 珍妮·杰克逊(1966—),美国流行乐坛著名黑人女歌星,流行音乐之王迈克尔·杰克逊的妹妹。——译者注

入地思考我们在本章第一部分已经讨论过的很多理论主题。什么是一个人？所有的人都应该享有同等的权利、义务、特权和责任吗？什么是我们道德的来源或基础——是男人和女人的协议，是一位神圣的立法者给的，还是自然法赋予的宇宙的结构？为了就同性婚姻的斗争试图得出某种解决，我们是否应该权衡由替代性的政策所可能产生的幸福与不幸福，或者我们是否应该追问什么样的普遍原则符合理性自身的规定？或者，也许我们是否应该追问同性婚姻（或任何一种婚姻，都是一样的）能成为一个好的生活的构成要素吗？

为了完全的开诚布公，我得说一条我个人的信息。关于这个议题，我完全不是中立的。我的小儿子托拜西（Tobias）就是一个同性恋者——实际上，他是男同性恋法律权益专家的一位领导人，而且，此时他还是贝拉克·奥巴马（Barack Obama）①总统大选有关此类议题的首席顾问。我非常期待参加他与他所选择的那位男士的婚礼，就像我过去参加他的大哥与其选择的那位女士的婚礼一样。我必须承认我非常气愤一些政治家试图剥夺我作为父亲的快乐。

2004 年 4 月 28 日，佩尤论坛（Pew Forum）就同性婚姻议题主办了一场辩论，辩论一方是安德鲁·苏利文（Andrew Sullivan），一位著名的男同性恋政治评论员，专栏作家，《新共和》（The New Republic）的前任编辑，另一方是杰拉德·布拉德里（Gerard Bradley），圣母大学（University of Notre Dame）法学教授。发言者由 E. J. 迪昂（E. J. Dionne）引介。

佩尤论坛同性婚姻辩论

安德鲁·苏利文与杰拉德·布拉德里

路易斯·卢格（Luis Lugo）：早上好，感谢你们的到来。我叫路易斯·卢格，是宗教与公共生活佩尤论坛的负责人。本论坛是一个非党派组织，而且我们并不采取政治辩论的立场。

我们在这里准备围绕着同性婚姻问题讨论各个重要的宗教和政治议题。正如我肯定你们已经意识到的，除非在 5 月 17 号有始料未及的变故，从今天算起已经不够三个星期了，马萨诸塞州将成为联邦中第一个州正式给同性情侣准发结婚证。

马萨诸塞州最高司法法院的裁决规定本州在去年 11 月起提供这种证书，正如我确信你们将会记得这点，这激发了一场全国性的辩论大爆发。这包括就联邦宪法修正案把婚姻定义为一个男人与一个女人之间的结合而展开的国会讨论和总统竞选讨论。

① 奥巴马（1961— ），2008 年参加美国总统大选，2009 年当选美国总统，其父亲是肯尼亚的留学生，因此他是美国历史上首位非洲裔的美国总统。——译者注

我们非常荣幸请到两位发言人,他们就这些问题有着广泛的思考和写作,并且他们热切地同意为我们开启这场谈话。

所以不需要再啰嗦了,我马上把一切交给我的好同事 E. J. 迪昂,他会介绍两位发言人并主持今早的讨论。正如你们很多人已经知道的,E. J. 是布鲁金斯研究所(Brookings Institution)的高级研究员、华盛顿邮报(The Washington Post)的专栏作家、乔治城大学(Georgetown University)教授以及宗教与公共生活佩尤论坛的联席主席。

E. J. ,都交给你了。

E. J. 迪昂:安德鲁是我所知道的一位在神学上非常精通的人,而这可能是有关这个话题唯一一次辩论双方都可能会提及圣·奥古斯丁、托马斯·阿奎那(Thomas Aquinas)①、约翰·考特尼·默里(John Courtney Murray)②、枢机主教拉辛格(Cardinal Ratzinger)③。我想在这次辩论过程当中这是非常可能发生的。

安德鲁(Andrew)是《新共和》的高级编辑,他 1991 至 1996 年为此杂志做编辑工作。他也是《时代》(*Time*)周刊的专栏作家,《伦敦星期日时报》(*Sunday Times of London*)华盛顿通讯记者以及博客 andrewsullivan. com 的政治博主。事实上,我想他是我们国家里非常早的一批博主中的一个。他的著作《实际正常》(*Virtually Normal*)出版于 1995 年,副标题为"为同性恋争辩"(*An Argument About Homosexuality*),此书是一部关于同性恋权利的畅销书,已被翻译成五种语言,而且它对于你们当中那些还没有读到的人来说确实是一部非常好的书。此书的某些部分展现了当我说到安德鲁的神学修养时我所意指的东西。

他也是《察觉不到的爱:关于友谊、性和生存的笔记》(*Love Undetectable:Notes on Friendship,Sex and Survival*)一书的作者,而且他也是刚出版的《同性婚姻:赞成与反对的读本》(*SameSex Marriage:Pro and Con:A Reader*)的编辑。他也为《纽约时报》(*New York Times*)、《华尔街日报》(*Wall Street Journal*)和《华盛顿邮报》撰稿,出席电台、电视谈话节目超过 100 场,现在他仍在这里进行讲述。

他出生于英国,在牛津大学获现代历史和现代语言的文学学士学位。他从哈佛大学获得政治学博士学位,现在他已经在哈佛教了几个学期的道德与政治理论了。他在国会 1996 年通过《婚姻保护法》(Defense of Marriage Act)之前就曾坦率地谈论同性恋者的权利。

今天我们也非常非常荣幸请到杰拉德·布拉德里(Gerard Bradley)。他是圣母

---

① 托马斯·阿奎那(1225—1274),中世纪经院哲学的集大成者与最重要的神学家。其最著名的著作是《神学大全》。——译者注

② 约翰·考特尼·默里(1904—1967),美国著名的神学家与政治思想家。——译者注

③ 拉辛格(1927—),出生于德国巴伐利亚,是现任天主教教宗,2005 年登基,为教宗本笃 16 世。他曾任德国枢机主教。——译者注

大学的法学教授,从1992年起在那任教。他是宪法学以及法律和宗教领域的著名学者,他在圣母大学教授的法庭辩护课,长期被认为是国家此类课程排行中的前十名。他出版的著作包括《天主教》(*Catholicism*)、《自由主义与社群主义》(*Liberalism and Communitarianism*)与《美国教会与国家之关系》(*Church-State Relations in America*),并在各种法学刊物与《国家评论》(*National Review*)上发表了诸多论文。

最近,他基于家庭与家庭研究理事会代表福克斯(Focus)在劳伦斯起诉德克萨斯(*Lawrence v. Texas*)鸡奸一案,写作了非当事人的意见陈述。他帮助草拟了所提出的界定婚姻的宪法修正案,也是《同性吸引力:家长指南》(*Same-Sex Attraction: A Parent's Guide*)一书的合作编辑。他担任圣母大学自然法研究所的所长和该所刊物《美国法学杂志》(*American Journal of Jurisprudence*)的合作编辑。他自1996年起在这里任职。他令人赞叹的成就列表中包括担任天主教学者联谊会(the Fellowship of Catholic Scholars)的前任主席,美国公共哲学研究所(the American Public Philosophy Institute)副主席,红衣主教纽曼会(the Cardinal Newman Society)董事会顾问成员,联邦主义者协会的宗教自由业务组(Federalist Society's Religious Liberties Practice Group)主席——我可以继续下去,但是你已经大概明白了。

这是优秀的一对。我们在这里将要做的就是让他们每个人谈15分钟,我将给他们每人提出几个恼人的问题,然后我们很快转向观众。我们非常希望你继续参与这里的讨论,当我们进行下去时我将保留继续提出一些恼人的问题的权利。

安德鲁,感谢你到这里来。非常感谢。

安德鲁·苏利文:不好意思,我两脚蹒跚。我通常把我的不一致和不连贯归因于一般的大脑糊涂和人类的不完善,但是今天我有另一个事故原因:维克丁(vicodin)①。我刚刚做了一个疝气(hernia)②"修补手术",这是我这辈子听到的最委婉的术语。(笑声)而且他们向我承诺说:"喔,你会好起来的,过几天你就会活蹦乱跳了。"而我还是来了。我甚至不能更新博客,更不用说活蹦乱跳了。你们当中知道我是怎样入迷于撰写博客的人将会明白一种牺牲有多么深刻。我想知道,格里(Gerry)你能把水递过来一点吗,以致于我能够得着——非常感谢。

今天我想在指定的这么短的时间内作几个简短的论证,接着希望能有一个对话。我认为,我将要进行讨论的大部分论证都可大体上被称为保守的论证。这场争论大约在去年就分化为两个阵营,它们被描述为保守阵营和自由阵营,我想这是一个比它所包含的东西更复杂更有趣的话题。我从各种各样的观点来思考这个话题,然而我的确从中借来的一个观点明确地是一个保守的观点,而且我认为,把同性恋市民与家庭成员融合进他们自己的社会与他们自己的家庭中去,这种能力对于这一

① 维克丁(vicodin),在美国是处方类药,属止痛药类,在中国被分在麻醉药品类里。——译者注

② 疝气,即人体组织或器官一部分离开了原来的部位,通过人体间隙、缺损或薄弱部位进入另一部位。——译者注

代人以及未来时代的人来说是一项绝对批判性的道德挑战。这基本上是这样一个论证,它允许所有市民进入世俗婚姻的风俗习惯之中。这根本上是一个非常拥护家庭的论证。

人们倾向于认为同性恋者都出生于旧金山(San Francisco)靠近卡斯特罗大街(Castro Street)的某个加斯里荒野地区(a Guthrie bush)。他们突然从子宫里冒出来就已经在摩托车的背上的皮衣吊带里了,或者他们突然从子宫里冒出来,在绝对地万无一失的意义上是被窗帘和墙纸包裹着的。然而实际情况当然是,同性恋者出生在任何地方。这是关于这些少数人的一个显著的事实,乃至于这绝对是社会难以摆脱的,而且事实上对于曾经存在过的每一个社会来说都是难以摆脱的。同性恋者来自于、生活于并且成长于异性恋家庭。不像任何其他少数派,从他们出生的那一分钟开始,同性恋者就绝对地被融合进一个更广阔的社会之中。

一种观念认为这些人应该在某个时候离开他们的家庭,走出去到一个更广阔的世界中,而其后他们就发现他们的父母实际上已经把锁换了并把钥匙给扔掉了,当他们想作为那些家庭的成熟成员、作为已经结婚的一对回到他们自己的家庭时,他们被拒绝进门。用这种方式使家庭分崩离析,告诉诸多兄弟姐妹中的一个说他或她不能按照同样的老规矩、同样的过程融合进他们自己的家庭中,这对于家庭的稳定、成熟和爱来说都是一个可怕的毁灭元素,而我相信所有家庭都应该支持家庭的稳定、成熟和爱。

和很多其他传统的保守论证一起,这也是一个为了融合的论证,而不是为了分割成敌对的诸小国。一些人并不认为人类应该被他们的身份封锁进某些范畴中,不管这些范畴是黑人、女性、拉丁美洲人、犹太人、同性恋或者任何其他我们已经成功地把其带到关于身份的这个复杂争论中的各种称谓,我就是这些人其中之一。我想,一般而言,尽我们所能,我们应该把人们当作个体来对待,而不管他们的特征与身份,而且在传统上我们的整个政治体系在我们把人们当作同性恋者来看待之前,都在坚持把他们当作个体来对待。

我曾经在一次谈话中把一种新现象称作"作为一个……"。这些人都是以"作为一个……"这些话语来开始每一个句子的,如"作为一个同性恋者我想说""作为一个黑人女同性恋残疾人,我想说""作为一个男性白人我想"——那么,作为一个人,我认为所有的人都是按照上帝的形象而创造的,并且作为公民,都肯定值得从他们的政府那里获得同样的对待,正如每一个其他的公民所要求的和设想的那样。我认为没有理由为什么每一个公民不应该被同等的方式对待,而且我看到非常多好的理由为什么一整群公民不仅不应该被否认这个,而且不应该被宪法所封锁并被告知说,他们没有也绝不能有与其他人同等的权利。

我也不相信建立各种制度从不同的人那里需要不同的标准。我不相信建立假的或委婉的制度,如各种公民联盟或家庭伴侣关系,以某种方式比传统的婚姻要求更少的责任和更少的权利。有一个短语说对于特殊的少数派要有更低的标准;这个短语是由美国总统杜撰出来的。它叫做"低期望的软偏执"(the soft bigotry of low expectations)。我不明白为什么我们社会中的任何一个群体应该屈从于软偏执。

有些人会争辩说唯有婚姻对于所有这些普遍原则来说是个例外,因为婚姻是有关生育的,而根据定义,同性恋或两个人的同性恋,不管他(她)们是两个男人还是女人,都不能生育,因此他(她)们被阻挡在婚姻的门外。但是,当然,既然每个法庭都不得不应对这样的事情,那么它就得承认,一旦你把这事在一个国家的语境中提出来,你就发现不管愿意不愿意,国家已经的确给那些不能生育、不希望生育、从来没有生育、对生育不感兴趣的人们颁发了结婚证。这个法律的漏洞是如此的大,以致于你可以开一辆巨型的女同性恋马克卡车穿过它。

关键点也在于这并不是例外的某些次要部分。如果你看一下美国的已婚家庭,你会发现大部分已婚家庭,微弱的大部分,都是没有孩子的家庭。而且,四分之一的同性伴侣已经有了孩子。在我看来,只要你认识到这对于公民的婚姻而言并不是一个支持异性恋的标准,那么生育论证在法律上就土崩瓦解了。它在社会上与文化上也失败了,因为在我们这个时代的文化中,生育并不被理解为将要结婚的本质部分。

我想也求助于保守的人具有的简单常识。同性恋者存在着。他(她)们就一直存在着。他(她)们将永远存在下去。他(她)们是人类社会、人类生活与人类本性的一个事实。它正是这样发生的,乃至于这一小部分人——被一个非常基本的事实排除在外——耗费了几千年的时间才成功地鼓起他(她)们的勇气去谈论他(她)们实际上是谁,为什么他(她)们不是畸形人,为什么他(她)们是人类,为什么同样需要爱、伴侣、友谊、支持以及适用于他(她)们作为人类的体制结构。

这些人就在周围。他(她)们存在着;他(她)们就在你的家庭中,他(她)们就在你的朋友中。他(她)们不再惭愧。他(她)们在过去几年中经历了庞大的各种审判。他(她)们经历了最令人恐惧的流行病之一,任何共同体都在很长一段时间里遭受了这种流行病,在一个小共同体里一百万人失去了高达三分之一。经历了所有这些之后,不是寻求进一步的激进化,不是屈服于痛苦与愤怒的各种可能之事,这群人说:"让我们把这个经历变成一个积极的事情,让我们重新加入到家庭中来,让我们成为我们社会完整的一部分。让我们作为平等的人为我们所有人都属于的国家与社会作贡献。"

这一群迅速增长的人,这些人是那些有保守倾向的人,相信小政府、自由、待人要平等有尊严的人的自然选民,他(她)们正是被这些人告知说:"对不起,走开。我们不想要你。我们不需要你。你让我们作呕。你让我们惊恐。你可能能够保证你自己相互爱并忠贞,这种观念对于我们来说是如此令人恶心和不道德,乃至于我们准备修订美国的宪法好确保你们绝不会处于你们是一个平等的人或平等的公民的虚幻之下。"

这作为我们现时社会的一大悲剧打击着我:有着如此多抱负、如此多潜力、如此多渴望成为这个家庭的一部分的一群人,应该当着他们的面把门呯地关上,在有些情况下是非常粗暴的。

我想在最后非常简短地处理一下联邦婚姻修正案。在我看来,在任何情况下,它都是绝对地不必要的。在这个国家里,各州在历史上一直都在处理着公民的婚姻。除了1996年的《婚姻保护法》这个臭名昭著的例子之外,没有其他制度曾经认为干涉每个州界定婚姻的权利是必要的。我过去认为保守主义是要捍卫各州的权利的。并不是今天的保守主义,今天的保守主义它把它所有旧的原则,例如关于有限政府的原则、关于各州权利的原则、关于为了抚慰一非常少数派的宗教人士而保护宪法的原则等,劫持为人质。

第二个打击着我的事情是:宪法应该仅仅在极端的情形下被修正。如果非常明显的宪法与程序上的问题处于危急关头,如谁有可能获得总统职权的事情,如我们怎样组织参议院的事情,如必须处理我们生活于其中的宪法结构的事情,那么宪法才应该被修正。通过试图把它们强迫进宪法自身之中来解决这些极端地情感的、分裂的与两极分化的社会问题,将不仅损害我们的社会结构,而且把宪法当作社会政策的一个工具,这对于宪法来说是一个可怕的损害。我们都知道关于这个议题的各种民意调查。在是否修订美国的宪法问题上,我们国家非常平衡、非常深刻地被分裂了。这本身就是一个不去做的证明,这本身就是不要用宪法来分裂一个国家的证明,因为在一个国家中宪法是被设想和要求为把国家结合在一起的。

再者,一个州的世俗婚礼违背他人的意志强迫在其他州的头上,这是没有危险的。在这个国家一直以来都存在着一条政策叫作"公共政策例外"(public policy exception),在其中,个别的州能说它们不承认其他州的婚礼,只要那些婚礼违背了第二个州的公共政策。这一直是这种情况。这就是为什么一百多年来全国关于混合人种的婚姻我们有的是拼凑的法律,一对混合人种的夫妻在穿越全国时,他们可能是已婚、未婚、已婚、未婚、已婚、未婚,依赖于他们所穿越的州界。我们允许这种情况发生已超过一百多年了,而社会却没有分崩离析。那些法律与理解依然存在。

如果你对这种理解不放心,那么有某个东西叫作《婚姻保护法》,在其中美国国会于1996年跺脚并且说不仅这个已经是这种情况,我们断然地在联邦法里强调这个。

第三,37个州已经通过它们自己的《婚姻保护法》来使得什么是它们的"公共政策例外"绝对地清楚。我们应该对联邦宪法提出一个修正案,当连通过各种法庭这个过程的开端已经发生了,当我们在这个国家里还没有一个世俗结婚证能适用于从一个州到另一个州的案例,当一个州不管怎样在这些世俗婚礼被转变成各种公民联盟两年之后仍然有某种潜能,这样一种改变不仅格外激进,而且它也格外地不必要。

因此,我这样说来作为结束:基于家庭的原则,基于平等的原则,基于宪法保护的原则,基于允许民主能开放地、充分地争论并且一个主要的、重要的社会变更其结果能在适当的时候出现的原则,这里的每一个理由去支持包括美国家庭的每一个人与每一个理由反对写进美国宪法——这个宪法主张所有公民都是平等的——这是一次谈话的文字记录——这就是他所说的。如果有一群公民被剥夺了各种主要的基本权利,想一想这对于任何人来说有多心寒。用宪法来挑出一群人来进行歧视,这对于美国的宪法真的是我们所看到过的最彻底的攻击,当然是在我们这一生中,而且这是一个,我想所有人,不管他们对同性婚姻问题作何感想,都需要用他们生存的所有力量站起来反对并战斗。

谢谢。(掌声)

E. J. 迪昂:非常感谢安德鲁。现在到杰拉德 · 布拉德里。

杰拉德 · V. 布拉德里:好吧,我得相当快地走近麦克风——为了不向你表明我没有做过疝气手术,至少不是最近,然而我最近没有做过这样的手术。但是,事实上,我想赶紧完成我的评论,因为坦白讲,我不能等着去听 E. J. 的一些恼人问题,而且也因为在这些问题期间谁知道会发生什么问题。也许他如此地渴望想象的争吵将实际上爆发。

但是我非常感谢佩尤论坛的邀请给我这个机会,因为它承诺给我一点暂时的喘息。就像安德鲁 · 苏利文,我从没有在公共论坛上像这样害羞地处理同性婚姻的问题,如迎面的问题:我们应该要它还是不要呢? 我甚至在各处批评过安德鲁 · 苏利文的各种观点,而他也友好地回应了我。在一篇文章中——《新共和》杂志他的某个专栏里,几个月前,也许是一年前——他把我与我的朋友兼合作者普林斯顿大学的罗伯特 · 乔治(Robert George)描画成——这是接近引文的——这个星球上两个最正统的天主教学者。现在,不管它是故意的——

E. J. 迪昂:这是安德鲁的恭维之辞。(笑声)

布拉德里:好吧,我们不详述这个,然而,不管它是不是故意的,我就把它当作恭维之辞。现在,最近安德鲁审视联邦婚姻法修正案的作者们,并把他们描画为"彻底的自然法法理学家"。我再次承认,我发现我自己被恭维了。

因此我前进到我评论的主体部分,但是要注意,今天的对话的确不只是一场关于同性婚姻辩论的对话,这场对话你可以把它称作关于某些论证,某些对于同性婚姻辩论的贡献的第二等级对话,而那些元素或第二等级的特征确实与宗教有关:神学的证明,关于这个议题人们所采取的各种立场背后隐藏着什么样的宗教信念,或者宗教多元主义应该在这场辩论中扮演什么角色。

因此我转向第二等级的对话,这个对话是用来分析关于同性婚姻的对话的。现在,这些问题在我被邀请时就已向我提出来了,它们都是些重要的问题。很可能它们的主旨自从二战之后一直是说英语地区的政治哲学中心。这些问题的主旨——

宗教、公众争论、民法——也是自从二战之后，这些事情已经处于或接近于宪法性法律(constitutional law)的中心。

现在，我的判断是，谈到同性婚姻问题，以及有关宗教、公共广场、市民法的第二等级对话限制或教义或规范，都与这个辩论没多大关联。我知道这些事情，这些第二等级的限制，经常被用来保护某些分裂的道德问题(从政治过程中的迎头对抗)所构想，而这就是去把全体人民从这些分裂的问题中隔离开来，有时候这些第二等级的限制会被呼吁产生。但我不认为它在这里也生效。我不认为用关于婚姻的实在的问题，婚姻到底是什么，有任何方法能够逃离对抗，如果婚姻毕竟是某种事情。

然而让我们回到手头之事。这些在背后深深地支撑着关于婚姻的观念的各种宗教信念，要总述性地回答这个问题，可能需要更多的时间以及关于美国宗教百科全书般的知识。我把这搁置一边。我想对这个问题——在邀请中向我提出的，这些在背后深深地支撑着关于婚姻的观念的各种信念——指出两点。

在我看来，我们能够有代表性地说说它——再次声明，是有代表性地，不是普世地——然而有代表性地，宗教信仰者，至少我们在我们的社会中看到的信仰者，认为宗教与婚姻是作为有附加价值的事情——附加有超越的价值；也就是说，他们关于婚姻所想到的一般理解的自然现象就是高贵，凭借着理性和经验，他们在他们的宗教信仰中发现一些额外的重要性、意义或要点。

现在，举天主教为例。天主教徒把婚姻理解为一种自然的道德现实，但也理解为一种反映耶稣对于他的教会的忠诚表达，这是基督新郎官的观念。但是再者，我想，有代表性地，信仰者给婚姻中自然地可知道的事情附加上某些东西，一些额外的意义，一些超越的东西或某些其他种类的意旨，这些都是从他们的信仰中产生的。现在，在我们的宪法秩序中，这些额外的意义作为附加的超越的价值，的确被立法者认为是看不见的。它超越了公共机构真正关注的权限。这就是说，即便处于自由活动的教义之下，具体地谈论一会法律，如果一件事情通常是被许可的，它就不会对那些给它附加上一些宗教的意义的人予以不同的对待，而如果一件事情通常是被禁止的，那么由于他们给它所附加上的宗教意义，人们就不被允许去做它。

好的，第二，我并不认为我用非常一般的术语所描述的婚姻的超越特性，是任何政治纲领或公共争论——由赞成维持传统婚姻的信仰者所作出——的一部分。至少在我能区别的范围内，那些公开地对传统的婚姻作出论证的人们在他们的自我理解中，他们并不明白自己就是在作神学的证明。他们把自己理解为是基于理性和经验的基础上而作出证明的。他们可能误会了理性和经验所呈现的东西，然而他们无疑确实把他们的证明作为理性和普通经验的事情而提供出来。

好吧，第二个问题：更一般来说，公共广场中的神学证明。在我看来，大约在过去20年中，在从1975至1985年之间这个非常令人兴奋的时代之后，在此期间存在着很多综合性的学说要使宗教不再进入公共广场，这在各种学术杂志甚至高级的新闻报刊都能找到,而这很可能是高潮——在1985年左右,这在美国最高法院(United States Supreme Court)中是私人化计划的高潮。重申一次,我认为1985年标志着高等法院试图使宗教不再进入公共生活的最高水平线,从而使得宗教成为私人的事情,在这意义上就可以有一个世俗的公共王国。

在过去20年左右,不仅在法院而且在政治哲学和高级的新闻报刊中,我们看到了从那种私人化的顶峰中的退却。我认为现在我们在公共广场关于神学的证明所能说的就是,我们只能谈一些粗俗的或清楚明白的案例,而我将为公共广场中的神学证明提供一些规范,这些规范或多或少忠诚地来自高等法院的学说,但是只有几条规范是关于神学证明的。

我已经提到过,人们在公共广场中作出的各种证明,他们都是基于理性和经验而提供出来的,但是他们也用这些证明来支持一些神学信念,我认为这些神学信念在公共广场中一点都运行不了。这或多或少是我们宗教"自由活动条款"(Free Exercise Clause)的意思。这仅仅是某些法律规范与甚至是更多的宗教信念的一致——甚至是一大部分人——这是风马牛不相及的。这仅仅是宗教与民法的一致——而这是无意义的。而且,一个法律应该被认为有一个世俗的基础——也就是有一个在宪法上许可的基础——除非它的基础完全是宗教的。这就是说——我认为这是对于高等法院的学说的忠实解释,正如它目前所处的——如果法律有一个世俗的基础,那么它就是在宪法上被许可的。只要它是完全以神学为根基的,那就是不容许的。

那么最后,作为行为的一个特殊范畴——你可能会说关于行为的各种规范本质上或完全地都是宗教的——这就是说,在法律中有一个特殊的范畴对祷告、礼拜等作出了规范,其他行为就没有世俗的或非宗教的相似性。但是我认为没有一个用于公共广场对话的规则,没有一个关于神学证明的规则,与关于同性婚姻的辩论有任何关涉。而且,在我看来,在就同性婚姻进行公共争论的过程中,传统婚姻的捍卫者们并没有依靠能被称作是严格的宗教资源或完全的宗教理由,只不过举例说明了一点点或通过举例说明的方法来进行解释。

我并不认为公共广场中的信仰者会求助于私人知识的权威,包括天启,或者是宗教文本的权威,又或者是一个具体的宗教人物的权威。现在,已到了这种程度你确实在公共广场中看到这些,我认为一个人在这种语境下想要表达的并不怎么是它违背了对话规则,而是这些一点都不是理由。换句话说,我们并不需要一条规范把这些理由从所谓的严肃思考中排除出去,因为这些求助没有强迫人们的心灵,这些人已经不再分享对权威的承诺:圣书,高级宗教人物。这就是说,这些对知识的私人来源或权威正好一点都不是理由。我想这是对公共广场中这些论争的一个适当的回应。

最后,我想被列在邀请函中的第三个问题大概是这样的:这是关于多元主义的问题,以及它如何影响我们对于变革的决定和婚姻法。我至少基本上是以这种方式来表达这第三个问题的:确实不断增加的宗教多元主义影响了——我假定我应该说,它应该有影响,而如果这样,它是怎样影响的——我们对于婚姻问题的解决(在议会对于同性婚姻问题的解决之前)。

再次重申,我认为第三个问题基本上是这样:“我们不断增长的宗教多元主义应该影响我们对于这类问题的解决吗,如果是这样,它是怎样影响的?”那么,回答就是,我想都不用想——没有一个,无,零。这是因为我怀疑我们的宗教多元主义是否在任何重要意义上不断增长,而且我几乎肯定在宗教多元主义中没有这样一种增长处于我们关于婚姻争论的基础上。

我如何能够这样说,或为什么我要这样说?要知道这场变革婚姻法以许可同性婚姻的运动至少有10年时间了。我想它肯定没有超过20年。大约10年前它大张旗鼓地突然出现在舞台上。为了讨论的缘故,让我们规定它回到20年以前。我看不到在那个时间段里宗教多元主义有任何有意义的增长,当然也没有一个处于这场运动的基础地位,不管这场运动是开始于1993年还是1983年。

现在,这场运动根本上是要在法律上承认同性婚姻,这不是宗教毋宁说是文化。说得更具体一点,我最严肃地采取的证明正是安德鲁今天在他的评论中所提出的。这个证明是任何捍卫传统婚姻的人都必须应付的。这是一个来自文化的证明,而且这也是一个来自法律的证明,但是这个证明大概是这样:如果有什么样的婚姻已经成为我们的法律,它已经进入我们的法律,而且它是活生生的,我们的婚姻也是活生生的,由我们社会中大量的已婚夫妻所具有、所实行,那么把同性伴侣从这个法律地位中排除出去这是不公平的。

这个证明并不建基于宗教甚至某些独特的同性恋意识形态之上,而是开始于你可能称其为对于婚姻的直接世界反叛。这种反叛很可能开始于1960年代中期,并且一直延续至今天。人们瞧着很多已婚夫妇的行为方式并似乎想想他们的婚姻,而那些人瞧瞧很多同性恋伴侣所能做的事情并可能想想他们之间的关系。你看到很多已婚的男女把他们的关系主要看作是一种情感的、财务的和性的同伴关系,同时涉及重要的个人利益的互相协商。同性婚姻的支持者们说,男女同性恋者都十分有能力并且证明他(她)们有能力踏入这种关系之中。这些同性婚姻的支持者得出结论认为,对同性婚姻的反对是一种把人排除在严肃的婚姻俱乐部之外的专制。

好的,经过邀请函中所提出的三个问题这段短短的行程,我打算接近并到达节目中的恼人部分。我在这点上要去质疑邀请函中对我们今天所遭遇到的东西所作的概括描述,这可能太过大胆。我脑海中所装的这个概括描述是:关于同性婚姻在宗教上各种有学问的证明的法律和政策涵义。再次重申,邀请函中所指的就是同性婚姻在宗教上各种有学问的证明的法律和政策涵义。

我认为把它颠倒过来作为结束可能更好。为什么不认为关于宗教上各种有学问的证明的诸规则都是乘客,而不是火车的牵引车头?我的意思是这样:如果一个人在政治或法律中寻找的结果——在一个有关干细胞研究或克隆或堕胎或反对非婚姻性行为的法律等争议中,或在一些包括公立学校的全部课程中关于人类起源的非达尔文主义解释的争议中,或在关于色情文艺或同性婚姻的争议中——在这样的争议中,一个人的地位能够在反对相反意见中被提升,这就能够貌似有理地被称呼为宗教的。一个人当然倾向于给宗教证明发展"边界约束"(side constraints)或第二等级的规范。这不需要成为等级机会主义,但是它不仅仅是这个。这也可能成为思索世俗的公共广场的整个思想发展的一种方式,不管是否回到二战及其直接余波。

那么这个思想是什么——我想这是我们的民主,我们生活的民主方式,实际上不仅仅指政治机构,而真正地是指政治文化,指生活于政治文化中并被其培育成长起来的那种人。一个人回过去可能会发现,民主理论在战后不久给予我们一个世俗的公共基地,因为那时人们认为民主预先假定了一种实用的精神,一种以科学的方式来理解世界、相对主义和道德的承诺。在那期间,很多人——我想在最高法院中的很多人把宗教,特别是罗马天主教,看作是与一种对不朽的或客观的道德规范的深刻的毫不动摇的承诺相联姻的专制人格。

因此,我向你呈递的意见是,回到战争,不久之后由民主的理论或关于民主的理论就接生了政教分离论,也许最近——这是我最后的评论——我们对如何辩护、支持与坚守自由的理解现在看来与对客观道德的深刻、永久承诺相矛盾,这种承诺很可能通常与传统的宗教根基有更多联系。回过来想一想 1992 年凯西堕胎案(Casey abortion case)的判决与所谓神秘的许可,在这里自由的核心是一个非常深的并且强烈的主观主义及其道德,这些思想组成你自己的道德宇宙——现在,那种自由理论将对公共生活中宗教的角色产生影响,在一个人做出附加评判的范围内,我认为这个附加评判是安全的,至少传统的宗教信众或多或少地承认一个客观的道德并且反对主观主义及其道德。

文章来源:《束缚的分裂:就同性恋婚姻与安德鲁·苏利文和杰拉德·布拉德里对话》,2004 年 4 月 28 日。经佩尤宗教与公共生活论坛授权重印,最先刊登在 http://pewforum.org/events/?EventID=56。

第二部分 医学的伦理维度

四位医生一起踏上了打野鸭之路:一位家庭全科医生,一位妇科医生,一位外科医生,一位病理学医生。当一只鸟从头顶上飞过时,家庭全科医生打算开枪但是又决定不这么做了,因为他没有绝对地肯定这是一只鸭子。妇科医生也打算开枪,但是当他意识到他并不知道这是一只公鸭还是一只母鸭时,他还是放下了他的枪。与此同时,外科医生一枪把这只鸟射下,然后转向病理学医生说:“走,去看看它是不是一只鸭子。”

第一节 医疗决策的伦理维度

正如你在报上读到的或在电视上看到的,学术世界中的工作机遇不足,特别是对于哲学领域中的学者而言。如今你不会看到很多招聘认识论学者或逻辑学家的广告。但是在最近这些年中,似乎有点奇怪的是,我们开始看到招聘伦理学家的广告,尤其是医疗伦理学家(medical ethicists)。请注意,这些广告并不是由失业的哲学博士希望在卫生界或商界抢到某种工作而刊登的。这些广告都是由各个严肃的医院或健康维护组织刊登的,上面说它们会给那些精通业务的男女伦理学专家丰厚的待遇——很多时候比你教哲学挣得还要多。立刻,我们就想试图弄清楚伦理学家可能具备什么样的专业技能以至于有人要给他们支付高薪。但是首先,让我们尝试弄明白为什么那些医院和健康维护组织如此渴望要把伦理学家放到自己的工资名单中来。

正如我们在本章第一部分所看到的,那些写作伦理理论的哲学家们相当抽象地谈论我们所面对的道德两难。当他们提到各种具体的道德抉择时,那些例子往往是匆忙编就的,离真实生活非常遥远——例如我编造的一位年轻人决定是否离开家的这个小故事。我猜,这是很多年轻人都必须作出的一个真正道德决断,然而无疑没有人所面对的抉择会是由一个快乐和痛苦的加减表所组成的,就像本书第209页的那个表一样。为了让你了解那些能够进入学术的伦理理论中的例子离生活有多遥远,让我告诉你一个现今在哲学期刊上十分流行的例子。

假设——这些作者问我们——你发现你自己处于这样一种境况之中,即你可以杀死一个人来拯救五个人的生命。你会这样做吗?例如,想像你正站在一个小山丘上,俯视着一条电车轨道,你看到一辆电车失去控制朝前猛冲,即将坠落悬崖。你知道让电车停下来并拯救那五个人生命的唯一办法就是在电车靠近悬崖之前丢某个东西到铁轨上使它脱离轨道。你环顾四周寻找能丢下去的足够大的东西,而你看到的唯一东西就是一个无辜的五岁小女孩。如果你挑选了她并把她丢到铁轨上,你将会杀死她而拯救了五个人的生命。如果你什么事都不做,那么她会活着,而五个人会死掉。你应该怎么做呢?

不是开玩笑。这真的是伦理学家们所谈论的那种事情!现在我们大多数人从来没有发现自己处于这种境况之中。我猜也许某人在某地实际上面临过这样的抉择,但这不是你日常一般所作的决定,如回家吃饭之类。因此我个人倾向于认为,那些写了一些像这样例子的伦理理论不能够被认真地对待。

然而奇怪的事情是,真的有像刚才那个例子一样怪诞、不可思议、惊心动魄的各种决断存在,而成千上万的人在他们的职业生涯中每天都会面对这样的决断。当然,我这是在说医生们。

让我们谈论一个真实的例子,不是怪癖的、编造的。想一想医院的委员会每天都要面对的问题:当肾透析的机会开放时,委员会就要负责决定哪一个病人将列入肾透析的名单之中。这不是课堂上所进行的假设性哲学练习,其目的是为了举例说明伦理理论中某些普遍原则。这是一个常规的委员会决定,它导致一个病人有机会生存,而其他病人则被迫等待,在某些情况下,他们会死去。这样一个委员会是如何作出它的各种决定的?它应该考虑什么,又应该忽略什么?

委员会应该关注病人的年龄吗?例如,一个14岁大的男孩,可能他的前面还有65年的生命,他会比一个在最好的情况下仅仅剩下10年时间左右的70岁女人有优先权吗?白人应该比非裔美国人有优先权,还是非裔美国人比白人有优先权?应该给有钱人提供这样一个机会好让他们买到排在队列前头的位置吗?也许是通过给排在他们前头的穷人贿赂的方式?如果有一个病人品行端正而另一个是坏人,那么好人具有优先权吗?委员会应该努力争取寻求一个性别、人种、宗教和种族的平衡吗?他们应该干脆说,先到先服务?对于洗肾能让病人存活有多大可能性这种纯粹的医学评估,应该给予多大比重的考虑呢?假设一位年轻的、品行端正并令人钦佩的候选人,即便洗肾,其存活的机会也渺茫,而另一个年老的,凶狠残暴的恶棍却有机会存活呢?病人们自己应该在委员会中表达意见吗?他们的家人呢?社会全体成员呢?

蕾妮·C. 福克斯(Renee C. Fox)、朱迪斯·P. 施瓦兹(Judith P. Swazey)与伊丽莎白·M. 卡梅伦(Elizabeth M. Cameron)

肾脏疾病病人治疗中的诸问题

整个1960年代,个人医生、病人筛选委员会和医院被迫去应对医疗上的道德两难,即筛选数量上有限的医疗合格候选人去接受洗肾,并且知道那些没有被选中的病人不久将会死去,除非有换肾的可能。这种反复地要作出的决断——很多牵涉其中的人可怜地称之为“扮演上帝”(playing God)——情况如下:这个月我们医院的肾透析单位有空床位多收一名新的洗肾病人,然而有四位医疗上合格的候选人。我们怎样筛选接受洗肾的人呢?那些负责分配洗肾机会的人使用种种筛选办法,这些办法都基于一个或多至六个社会正义原则,而这些原则被用来为配置稀缺资源提供一个道德基础。

1. 社会正义的功绩主义概念(meritarian)根据各个个人的功绩或过失来分配有

限的财产或资源。相应地,功绩和过失可以由分配人(例如,一个洗肾筛选委员会)用许多方法(例如一个人的行为、成就或对社会的贡献)来界定。

2. 需要原则(needs principle)根据各个个人的根本需要寻求公正地分配有限的资源。例如洗肾,余下的就是进一步界定什么东西构成"本质需要"这个问题。

3. 能力原则(ability principle)依据涉及个人能力的各种不同标准来分配稀有资源。例如,在一个有偿服务的体系中,支付能力就成为谁接受照料的决定性因素,筛选委员会因此能够通过排除那些不能支付治疗费用的人来缩小洗肾候选人的范围。

4. 补偿正义的原则(principle of compensatory justice)会给那些先前遭受社会的错误而被剥夺资源的人分配该资源,例如由于社会经济地位的低下而不能获得医疗服务。(这是一个隐含医疗补助计划保险在内的社会正义原则)

5. 功利主义"道德量表"原则(utilitarian "ethometrics" principle)寻求给最大多数人提供最大的利益或善。这是一种量化的成本效益分析原则,用来提供各种形式的卫生保健,但它在努力去界定什么样的变量应该构成"最大的善"——譬如经济的、个人的、社会的——以及努力去在数量上计算非经济的"货物"例如健康状况等方面常常失败。

6. 社会正义的平等主义原则(egalitarian pinciple),在美国社会中,通常被看作是分配稀有资源在道德上最可接受的方式。制定平等主义各原则有很多种方式,然而要恰当地详细说明这些原则是什么意思并且相应地一个人应该如何按照这些原则行事,这很少是容易的。例如在医疗服务的领域中,很多人主张我们应该"给类似的案例提供类似的治疗",接下来就导致一系列关于一个人如何界定"类似的治疗"与"类似的案例"等问题。1960 年代,大量的洗肾机构都是通过随机抽取的方式来选择病人的,当并不是所有人都能够活着的时候,他们认为这种平等主义的分配形式是最公平的、最中立的决定谁可能活着的方式。

文章来源:《晚期肾脏病病人治疗中的社会与伦理问题》,蕾妮·C. 福克斯博士、朱迪斯·P. 施瓦兹博士与伊丽莎白·M. 卡梅伦护士合著,摘自罗伯特·G. 南斯(Robert G. Nanns)主编的《肾脏学与高血压中的争论》,1984 年版,经爱思唯尔公司(Elsevier, Inc)授权翻印。

正如潜藏在 1960 年代洗肾机会的分配中有关社会正义的简短讨论所表明的,作出这些决定需要涉及大量复杂而痛苦的医疗的、道德的和社会的诸议题。在牵涉筛选洗肾病人的人中,没有人乐意接受他们的工作,也没有人对于他们所采用的筛选办法感到满意。所有的人都感觉到没有真正好的方法来作出这些决定;相反,他们寻找他们感觉"坏处最少"的筛选方法。

不用说,定量配给制的洗肾并不是唯一引起伦理问题的医疗难题。让我列举一些每天真实生活中的各种决定,在其中医生、护士、病人、家庭成员、医院管理者与其他人都需要想一想他们目前状况的道德维度。

- 定量配给所有各种稀有的医疗服务
- 当心脏、肾脏或肺可以得到时,决定哪一个病人进行移植
- 决定是否让一个晚期病人活着,即便当这个病人将再也不能恢复意识
- 决定是否告诉一个非常严重的病人他或她的病情真相
- 决定是否堕胎
- 决定是否要进行堕胎手术
- 决定是否要协助想死的病人
- 决定是否使用堕胎的胎儿进行医学研究,而这将会挽救其他病人的生命
- 决定是否检查病人的基因遗传疾病,并且是否告诉他们检查的结果
- 决定是否使用基因技术来影响胎儿的性别或其他特征
- 决定是否应该让病人在选择他们的治疗中也起作用

我想我能够自信地说,每一个读到本章的人在他或她生命中的某个时刻将会面对一个或更多这些状况,或者是个人的或者是与其家庭成员有关。伦理理论能够告诉我们什么从而将帮助我们和医疗专家作出更好的决定吗?

好吧,让我们马上弄清一个事情。那些专于伦理理论的哲学家们不能为我们作出这些决定中的任何一个。当你的水槽被堵住了,你可以打电话叫管子工来使它恢复畅通。如果你的汽车蓄电池在冬天停止运转,你可以打电话叫美国汽车协会(AAA)让他们给你用跨接引线启动。但是如果你是一位重症监护病房的外科医生,正试图决定是否通过各种不畏艰难的手段来让一位晚期病人活着,你不能打电话给当地的大学并让它派一位伦理学家过来处理这样的事情。

这不应该让我们感到吃惊。记住我们在第一章中从苏格拉底那里所学到的:未经审视的人生是不值得过的。这是下面说法的一个精炼表达:我们每个人必须根据我们能够聚集到的最清楚明白、最具反思性和批判性的思想,作出他或她自己的人生诸选择。没有一个哲学家、牧师、古鲁或政治统治者能替我们作人生的诸选择。而且在一般生活中是真的,对于在医疗中经常出现的生死攸关的诸选择而言也是真的。哲学家为我们所能做的——正如几乎2 500年前苏格拉底以伟大的智慧所认识到的——就是协助我们更好地思考我们必须作出的各选择。正如苏格拉底所言,哲学家能够作为一位助产婆,协助接生各种思想,但她自己实际上并不生产那些思想。在本章的余下内容中,我将尝试扮演的就是这个角色。在一些节选文章的帮助之下(这些节选文章来自那些对医疗的各伦理维度有着深入思考的人的著述),我将看看我能否帮助你更清楚地思考一些在医疗和生物科技领域中我们必须作出的很多关键性的决定。你在这里将不会找到任何确定无疑的答案。相反,如果我是成功的,那么你将开始发展出你自己的能力来看待医疗伦理学中的问题并且看到它的一些复杂之处。在以后的人生中,当你为你自己、你的父母、你的孩子或你的伙伴而面对这些抉择中的一个或另一个时,也许你将能够更清楚地思考它。这就是哲学能够为

你所做的最大贡献,但是如果它能告诉你真理,那么这就是一个很划算的买卖了。

在我们开始之前先来个简短的考察。哲学家们思考并写作伦理学已经有 2 500 多年了,但是致力于医疗伦理学的文献还没有超过半个世纪。对于这个奇怪的事实有一个很好的理由。因为大部分的人类历史,当严重的伤害或疾病侵袭时,男人和女人们所能做的不过是祷告和祝愿。这就是为什么从远古时代开始医生们就把不伤害作为他们的首要原则。如果你不能治愈病人——大部分人类历史中医生们都不能治愈病人——那么至少不要让病人更糟糕。

然而在本世纪,医学突然提升到这样一点上,即医生们能够非常确切地治愈病人,不管是用抗生素和其他奇药,还是用不同寻常的外科手术、放射疗法以及其他现代医学的特效药。这就是为什么在过去一个世纪中相对富裕的社会里人们的平均预期寿命几乎翻了一番。现在,一旦你能够做某件事情,那么就免不了有一个问题,即你是否应该做它。如果一个病人处于不可逆性昏迷中,他就快要死了,不管你做什么,接下来所能做不过是安排葬礼。但是如果医学能够让一位不可逆转性的无意识病人存活几年,正如它现在能够做到的,那么我们就被迫要追问是否应该这样做。立刻,关于费用、稀有的医疗资源、家人的感受以及所有其他的尖锐问题都出现了,而且不会消失。因此,以一种奇怪的方式,医疗伦理学成为医学巨大成功的一种副产品。

现在让我们转向某些案例研究。我选择了三个非常不同类型的问题来说明医疗伦理学主题的范围。它们是:对一位毫无希望的病人停止供应食物和水在道德上是否正当,这会提出应该指导看护者的道德原则的议题;我们应该允许为了器官移植而买卖人体器官吗?这会提出关于人体的神圣性与市场的限制等很多问题;医生应该告诉病人什么,这提出了病人的权利与医生的责任等议题。

第二节　停止供应食物和饮用水

医生、护士、护理人员与医院的管理人员都被训练成为照料者(caregivers)。当一位病人进入一家医院,这些照料者就被设想为把他们所有的知识、技能和精力都用来照料该病人——如果可能的话,把他或她治愈,但是至少要减轻疼痛和痛苦。毫无疑问医生和护士有时候未达到这个理想。任何一个曾经在医院里呆过的病人都有一些难熬的故事要告诉你:半夜按铃求助时无人应答,似乎过了几个小时才有人回应,或者就是漠不关心的护理人员对自己的病痛麻木不仁。不管怎样,我想我们都能同意,即医院、医生、护士与护理人员至少要努力去实践他们作为照料者的理想。毕竟,一般的医生或护士没有人会努力让病人的病情更糟糕。

在很多很多案例中，照料者对于晚期无望存活的患者决定停止照料，好让他能死去，那么我们对于这些案例作何感想呢？而且甚至更为重要的是，停止照料似乎是正当的事情，那么这些照料者他们自己是如何看待这些情况的呢？停止供应某些如食物和饮用水这些基本的东西时，这也能是正当的吗？是否存在这样的案例，在其中医生应该饿死病人？如果医学知道如何让一位病人存活，那么它不应该这样做吗？

首先，让我们绝对地弄清楚这些案例的本性。例如，我们谈论一个新生婴儿，它缺乏存活的必要器官，只有靠连续的冒险的救生措施才能活着。我们谈论一位晚期的脑瘤患者，他已经滑落到一个无法恢复的昏迷当中了。我们谈论一位她的身体大部分已被如此严重地烧伤的病人，乃至于医生不能进行皮肤移植手术或其他手术，甚至不能找到一种方法让病人活着而没有长期的可怕痛苦。我们非常肯定不是在谈论一位有意识的、有表达能力的、能独立生存的病人，他或她能够向我们表达想生存下去的愿望。

在这些案例中出现了哪种类型的伦理思考呢？让我简要地描述一下医生们和护士们在决定去做什么时，必然会问他（她）们自己的一些伦理问题。

首先，存在着信任（trust）的议题。医院是社会机构，它存在的目的就是为了照料病人。当你作为一位病人进入医院时，你希望——你有权希望——医院里每一个人将努力帮助你康复，或者至少他们将尽他们所能来让你少受些痛苦。即便你被送进医院时已经不省人事——譬如，在车祸之后——你有权预设医生们和护士们将是照料者，而不管事实上你已经不能和他们交谈并且告知他们说，你需要被照料。目前，在照料中没有什么比提供食物和饮用水更为基本的了。医生可能不知道如何去治疗你的任何毛病，但是至少他们能够给予你存活所需要的食物和饮用水。因此事情似乎就是这样，一个医院及其照料者不给病人提供食物与饮用水，他们就违背了基本的信任原则。

第二，存在着知识（knowledge）的议题。在我对于这些案例的描述中，我假设医生已经确定知道病人无法存活下去了。我谈到了处于“无法恢复的昏迷状态”中的“晚期绝症”病人。但是任何医生最多能够诚实地说：该病人很可能已经是晚期绝症，极不可能从昏迷中恢复过来。基于毕竟是不完善和不完全的知识，医生们就停止给病人供应食物和饮用水，这是否正当呢？

第三，存在着职业原则（professional principles）的议题。医生们和护士们作为照料者经受过长期的、严格的训练。为了给他们的病人提供照料，他们被教导得要作出真正英勇的个人奉献。医生们被教导在病人需要他们时，要长时间地工作。为了绝对地确保病人不会由于错误的剂量而受伤害，护士们被教导要一再核查用药。当他们在学习并且为照料者这个职业而准备时，他们就知道献身于他们病人的福祉这是一种个人的光荣。我们所有人不时抱怨我们的医生，但是当某人在公共场所晕倒时，有人喊："这儿有医生吗？"一位女士站出来平静地说："我是医生。"这时我们都感觉到在内心松了一口气。现在当这些以这种方式受过训练的男女被要求决绝给予照料而不是给予照料时，他们都感觉到一种深刻的内在冲突。如果社会告诉他们说，停止供应像食物和饮用水这些基本东西是没有问题的，我们会不会损害了我们如此钦佩医生和护士的那些职业原则？我们会不会破坏了当我们成为病人时我们所有人所依赖的训练？

因此有很多非常有力的道德理由来谴责停止供应食物和饮用水，即便是出现在晚期的、无法挽救的、没有希望的各种案例中。这些理由正好包括自律和对他人的尊重，我们曾经看到康德是如此强烈地强调这些。但是也有很多非常有力的道德思考是支持另外一个方面的，即赞同停止供应食物和饮用水。同样这里也有一些伦理理论的抽象议题，我们在本章的第一部分已经审视过了，现在开始产生作用。思考一下它们中的几点：

1. 我们必须再次面对分配各种稀有资源的问题。晚期绝症病人需要大量有技巧的照料来维持他们活着。他们占用的医院病床、他们所使用的医护照料、他们需要医生的时间——所有这些资源能够被用来治疗某个其他有机会康复的病人。只要我们仅仅集中关注晚期绝症病人，那么对还有几天或几个星期生命的他们停止供应其所需的食物和饮用水，这可能看起来就是无情的或者甚至是不道德的。但是健康照料专家们也非常清楚地知道，还有其他病人在等待治疗，而他们对这些人同样也负有责任。

2. 我们必须认识到医学的有限性与界限。过去一个世纪的伟大成就使得我们所有人都比较容易忘记：在面对不可避免的死亡时，我们真正能够做的是那样的小。所有人都要死，不管医生们和护士们有多英勇多努力。接受这个事实并寻找各种有尊严甚至有意义的死法不是更好吗？死活要让一个生下来就没有存活所需内脏的婴儿活着，这不是在给予照料。这是一种傲慢，拒绝承认人类的状况。如果医生们被教导要不惜一切代价让病人活着，而不管病人的存活前景，那么也许我们应该改变医学教育，包括对人类死亡的尊重与顺从般的承认。

3. 我们必须对亲人的需要给予更多的关注。所有的人类生命都是一个循环：童年，成年，老年与死亡。正如艾里克·艾里克森（Erik Erikson）①在他的经典著作《童年与社会》（*Childhood and Society*）所考察的：人的真正成熟就是承认，"一个个体的生命是一个生命循环与一个历史片段的意外巧合；而这对于我们而言，所有人类的完整性都与我们分担这种完整性的风格相一致或不一致"。在某些情况下，一个医生为病人家属和朋友所能做的最好事情，就是帮助他们接受死亡是生命中不可避免的一部分，

① 艾里克·艾里克森（1902—1994），美国心理学家，儿童精神分析医生，新精神分析派的代表人物。——译者注

如此他们才能从死亡中学到点什么,并让他们的生命过得更有尊严和完整性。

每次医疗专家们必须处理一个病人,而又束手无策时,他们都要面对所有正反双方这些有力的思考。像这样在一本教科书中把它们罗列出来,abc 几条在一边,另一边也有 abc 几条,它们可能看起来抽象而理论化。但是当你是一位医生或护士,正站在一个重症监护病房里低头看着一位处于昏迷中的妇女,或者一位无药可救的烧伤男子,或者一个戴着人工呼吸器的婴儿时,这些就绝不是抽象而理论化的。

接下来的是一篇被广泛阅读的延伸性文摘,关于停止供应事物和饮用水问题的处理,由达特茅斯医学院(Dartmouth Medical School)的一位教授与弗吉尼亚大学的一位宗教学教授合写。正如你会看到,尽管他们不担心在最后得出某些结论,但是他们痛苦地意识到就此议题双方的论证。

乔安妮·林恩(Joanne Lynn)与詹姆斯·F. 奇尔德雷斯(James F. Childress)

病人总是要被给予事物和饮用水吗?

很多人死于缺乏食物或饮用水。对于某些人来说,这种缺乏是贫穷或饥荒的结果,但是对于另外一些人来说,这却是疾病或慎重决定的结果。在过去,营养不良和脱水必然伴随几乎所有的死亡,死前有好几天的疾病。大部分垂死病人自己吃不了多少,而且为他们也做不了什么,直到大概 100 多年前可以把食物或其他液体灌输到胃中的伸缩软管被首次发明出来。即便在那时,这个手术也是如此稀有,需要耗费医生和护士如此多的时间,如此不舒适令人难以忍受,乃至于它仅仅用于那些明显地会从中受益的病人。在过去几十年中,随着各种更可靠、更有效的手术的出现,这些状况目前在每一个病人中都得到了改正或改善,否则他就可能变得营养不良或脱水。事实上,静脉注射与鼻胃管已经成为医院治疗中的常见景象。

提供足够的营养和液体对于大多数病人来说是一项高度优先的事情,这既是因为他们会由于营养不足而直接受苦,也是因为缺乏营养会阻碍他们战胜其他疾病的能力。然而,有这么一些病人他们不需要接受这些治疗吗?这个问题在最近的许多案件中已经成一个突出的公共政策议题。1981 年 5 月,伊利诺伊州(Illinois)的丹维尔市(Danville)新生一对连体双胞胎,他们有着共同的腹部器官,婴儿的父母与医生决定不给他们进食。虽然大陪审团拒绝起诉这对父母,但是经过法庭的干预,喂食和其他的治疗都被给予了。[①]同一年的稍后,洛杉矶的两位医生不再给一位病人进行静脉营养注射,这位病人是在一次常规手术之后有一段时间缺氧导致大脑严重受损的。这两位医生被以谋杀罪受到起诉,但是审讯法官在最初的审讯中驳回了该起

① 约翰·A. 鲁宾逊(John A. Robertson):《丹维尔的两难困境》,海斯汀中心报告 11(Hastings Center Report 11),1981 年 10 月,第 5-8 页。

诉。在上诉中,案件才被复原并发回重审。①

1982年4月,印第安纳州布鲁明顿市,一个患有气管食道瘘和唐氏综合症的婴儿没有被治疗或喂食,但是在法庭判决这个决定是恰当的之后,并在所有的上诉能够被审理之前,这名婴儿就死掉了。②当联邦政府接着保证这样的婴儿在未来会被得到喂养,③卫生局局长(Surgeon General)C. 埃弗里特·库普(C. Everett Koop)博士开始声明说:拒绝给一位新生婴儿营养和液体,这是绝对没有足够的理由的。

当这些案件被公之于众时,一位年迈的不能自理的女人克莱尔·康罗伊(Claire Conroy),患有几种严重的疾病,她的侄子向新泽西州(New Jersey)法院请求授权中止她的鼻胃管喂食。尽管中级上诉法院已经撤销了该裁决④,但是初审法院裁定他有权这么做,因为有证据表明病人不想要这种治疗,而且这种治疗对于她的价值也是令人怀疑的。

在所有这些令人吃惊的案件以及还有更多未被注意到的其他案件中,作出的裁决是故意停止供应事物或液体,人们都知道这些东西对于病人的生命来说是必需的。这些裁决是令人担忧的。现在存在着一种广泛的共识:有时候,一个病人最好不要进行或者继续某些能够维持生命的治疗,特别是如果这些治疗要担负巨大的痛苦。⑤但是食物和饮用水对于人们大量的情绪来说是如此重要,乃至于这几乎不可能把它们像对待一个人工呼吸器或一台洗肾机器那样以同样的冷漠情绪来考量。

不管怎样,问题仍然存在:停止供应或不再给予食物和营养,这应该被许可吗?在任何真实的案例中,回答都要承认:喂食与爱之间,营养满足与情感满足之间,都有一种心理毗连(psychological contiguity)。然而这种承认并没有解决核心问题。

一些人认为:不给病人喂食从本质上说是错误的。哲学家 G. E. M. 安斯康姆主张:"故意饿死别人,这是没有借口的。关于不能进行或采用某些治疗,我们同样不

---

① T. 罗尔利希(T. Rohrlich):《两名医生在病人的死亡中面临谋杀指控》,《洛杉矶时报》(*L. A. Times*),1982年8月19号,A-1版;乔纳森·基尔希(Jonathan Kirsch):《凯瑟医院的一个死亡案件》,加利福尼亚7(1982年),第79及以后各页;地方法官的判决,加利福尼亚V,巴伯与纳吉代尔,A925586号,洛杉矶,加利福尼亚地方法院(1983年3月9号);加利福尼亚最高法院,洛杉矶郡,加利福尼亚V,巴伯与纳吉代尔,AO25586号,1983年5月5号的暂时裁决。

② 关于婴儿多伊,GU 8204-00号(印第安纳州门罗郡圆形法庭,1982年4月12号),驳回下级法院的书面命令,州代号,婴儿多伊V巴伯482 S140号(印第安纳州最高法院,1982年5月27日)。

③ 卫生与公共服务部部长,"不要歧视残障婴儿",《联邦纪事文库》48(1983),9630-32。(暂时的最终法规修订45联邦法规总揽#84.61)。参看格哈德·格赛尔(Gerhard Gesell)法官的判决,美国儿科学会第五位质询者,83-0774号,美国哥伦比亚特区地方法院,1983年4月24;也可以参看乔治·J. 安纳斯(George J. Annas)的《切断婴儿多伊的热线电话》,海斯汀中心报告13(1983年6月),第14-16页。

④ 关于克莱尔·C. 康罗伊,新泽西州最高法院(埃塞克斯郡公共档案部门P-19083E号),1983年2月2日;关于克莱尔·C. 康罗伊,新泽西州最高法院(上诉部门4-2483-82T1号),1983年7月8日。

⑤ 在医学、生物医疗与行为研究中的伦理问题研究总统委员会,《决定放弃维持生命的治疗》(华盛顿特区:政府印刷局,1982年)。

能说是没有条件。"[①]但是道德的各种议题比安斯康姆的评论所表达的要更复杂。纠正营养不足总是能改善病人的健康吗？对于停止供应或不再给予营养，我们反思性的道德反应应该是什么样？什么样的道德原则与我们的反思有关？在提供营养的方式上，什么样的医疗事实是相关的呢？而且社会、医院、医学与其他健康照料职业人员应该采取什么样的政策呢？

为了尽我们的努力给这些问题找答案，我们将集中关注那些不能自己做选择的病人的照料上。

那些自己不能决定他们自身的治疗方法的病人，可以拒绝他人提出的任何干预，只要他们的拒绝并没有严重地给他人造成伤害或强加上不公平的负担。[②]关于是否接受由医疗手段例如导管喂食或静脉注射提供营养来供应食物和饮用水，一个有能力胜任的病人其决定不大可能对他人导致伤害或负担的问题。

那么那些必须为不能自我决定的病人决定有关营养供应的人，应该用什么来指导他们呢？首先，考虑一下其他医疗决定所提供的标准：当这是可能的时，一个人应该如失能病人那样来决定，如果他或她能够做到这样的话，当我们无法知道个人的偏好时，应该在更普遍的意义上来促进病人的利益……

我们的结论——病人或他们的代理人，在与他们的医生和其他照料者紧密合作之下，并仔细地评估相关信息，在某些情况下，就能正确地决定放弃原本计划纠正营养不良和脱水所提供的医学治疗——是十分受限制的。在集中关注失能病人(incompetent patients)中，我们争辩道：在大多数情况中，提供营养与液体就是对这些病人最好的服务。因此，应该有一个赞成提供营养和液体的假定，作为提供延长生命的各种方法的更广假定的一部分。但是这个假定在各个具体的情况中可能会遭到反驳。

我们并没有足够的信息能够清楚而明确地决定是否停止供应或不再提供营养和水合物，在造成公众关注的各种案例中被证明是正当的，尽管这似乎是可能的，即丹维尔市与布鲁明顿市的婴儿应该被喂养，而克莱尔·康罗伊则不应该。

从范畴上排除"饿死"这永远是不充分的。问题在于：以病人的最大利益来行动这个义务，是否是由停止或中止具体的医学治疗来履行的。我们都声称，通过医疗手段所提供的营养和水合物并不永远都是需要的。有时候，它们可能并不与病人意愿或利益相一致。在任何道德相关的方式上，医疗营养与水合物与其他偶尔可以停止或中止的维持生命的医学治疗表面上看起来没有区别。

---

① G. E. M. 安斯康姆：《某些严重残障儿童管理中的伦理问题：评论2》，《医疗伦理学杂志》7(1981年)，117-124，122卷。

② 参看，例如，在医学、生物医疗和行为研究中的伦理问题研究总统委员会的《做出健康照料决定》(华盛顿特区：政府印刷局，1982年)一文。

文章来源：乔安妮·琳和詹姆斯·F. 奇尔德雷斯：《病人总是要被给予食物和饮用水吗?》。选自第Ⅳ部分2：《对于晚期病人在生命选择上终止治疗：海斯汀中心生命伦理学导论》，第201-203页和第211页。由约瑟夫·H. 豪威尔(Joseph H. Howell)和威廉·F. 塞勒(William F. Sale)编辑。乔治城大学出版社。经出版商授权重印。

第三节 人体器官买卖

一直以来总是有各种弥补失去一条腿的方法：用拐杖，或者甚至用手，用虎克船长(Captain Hook)①所炫耀的金属钩。但是直到最近，一个人的身体维持生命所需的许多重要内部器官，医学还没能够提供某种替代品。如果肾脏、肺部、肝脏或心脏坏了，那么病人或者死亡，或者如果身体中这个器官有两个(如肾脏)，那么病人就只能用剩下的器官苟延残存。如果病人的两个肾脏都坏了，那么生命就只能永远依靠洗肾机器。

然而，在最近这些年，所有这一切都改变了。那些与我年纪相仿的人，都能记得曾经某时器官移植还是科幻小说或幻想中的事情，现在医生们实际上已经能够把一个鲜活的肾脏、心脏、肝脏或肺部从一个人体重移出来，并植入那个他自己的器官已经坏了的病人体内，这对于我们这般年纪的人而言似乎就是奇迹。在数不清的例子中，男人、女人，甚至小小的婴儿在接受器官移植之后，从而让他们过上了相当美满、正常的生活。这不再是唯有那个疯狂的弗兰肯斯坦博士(Dr. Frankenstein)在他的特兰西瓦尼亚城堡(Transylvanian castle)里所能做的事情——他从死尸身上偷取了各种身体器官，然后把它们组合成一个怪物。现在我们看到一些医疗技术人员冲进一架直升机，把一颗仍然温热的心脏运送到几百英里外的一家医院，然后将它放进一个垂死病人的胸膛并缝合好。

正如我们已经观察到的，一旦医生们知道如何做一些冒险的、在技术上异乎寻常的事情时，那么一些我们似乎并没有很好答案的问题就出现了。器官移植也不例外。下面正好是一些以前不可想象的问题，现在医生、护士、医院管理人员和立法者每天都必须面对和处理它们：

- 我们应该允许器官移植吗?
- 当有一个器官供应时，谁应该得到它呢?
- 个人应该被允许、鼓励甚至要求同意在他们死后捐献他们的器官吗?
- 人类的各种器官应该有一个市场价格吗?

---

① 虎克船长，是电影《小飞侠之虎克船长》中的反面人物，他的右手被鳄鱼吃掉后装上一个可怕的铁钩，成为他的重要武器。——译者注

• 个人应该被许可出售他们的各种器官给那些需要移植的人吗?

• 在没有先前同意的情况下,医生应该被许可从死者身上收获各种器官吗?[我真的讨厌使用“收获”(harvest)这个词,但是这就是人们谈论器官移植的方式]

所有这些问题都提出了深刻的伦理问题,但是那个困扰着我、引起我最多关注的是人体器官的买卖。存在着把肝脏拿到市场上贩卖或者打探心脏的当前价格这样的龌龊想法。一个男人或女人选择成为一个器官捐献者,并且拟定一份正式声明说,在他或她死后,其眼角膜、心脏、肝脏、肾脏和肺部能够被移植出来,并提供给有需要的病人(即便如此,在写本书时,我仍然没有实际上采取这一步:去领取一份器官捐献卡并签署),我认为这在道德上是让人敬重的。但是把我的身体器官拿来出售又如何呢?应该允许我约定我的孩子们在我被埋葬之前把我的器官都出售,从而可以留给他们一小笔私房钱吗?

如果这并不能困扰你,那么允许穷人出售他们多余的器官给那些需要移植的富人吗?允许一位非常贫穷的父亲,为了支撑他的家庭而出售他两个肾脏中的一个给一位非常富有但遭受肾功能衰竭痛苦的病人,这可以是正当的吗?相比之下,奴隶制看起来就是和善的!

可是,还没完呢。现在无家可归的男人为了维生,以每品脱20美元而把他们的血卖给血库。代孕妈妈把她们子宫的使用权卖给膝下仍无儿女的夫妇,而这些夫妇正在为他们的受精卵寻找一个培育场所。为什么应该不允许我或者在死前或者在死后出售我自己的器官呢。这是我自己的身体,不是吗?

这是一个我已经陈述过多次的论点的完美例证——现代医学,通过使先前不可想象的事情成为可能,给我们提出了一些还没有准备好的伦理两难问题。我们中大部分人——甚至伦理理论家们——依靠习惯的直觉或本能的情感(这是一回事)来指导我们穿越艰难的伦理地形。这些直觉是几千年人类历史累积的经验的产物,在此期间男女面对各种困难选择时,都为怎么做而挣扎、迷惑、祷告和论辩。我们对于丈夫和妻子、父母和子女、年轻人和老年人、病患者和健康者之间的关系有着非常强烈的直觉。这些直觉并不总是对的——确实,很多最重要的伦理理论就包含着对这些古代直觉的挑战。

然而,器官移植是如此地新颖和新近,乃至于我们对它们既没有经验也没有直觉。因此,我们被迫尝试去推导出决定的方法,尽管似乎产生了所有的不确定性和矛盾。思考一下浮现在脑海中的一些赞成或反对人体器官买卖的那些论证吧。

赞成允许人体器官出售的第一个论证就是:我的身体是我的,而我有权做我选择做的。我有权成为一个健美运动者,发展出夸张的肌肉,同时我也有权成为一个电视迷(couch potato)(如果我不能照看我自己,尽管我可能没有权利要求社会给予我医疗照顾)。我有权利染我自己的头发,剪我自己的手指甲(或者把它们留得很长),让我自己的健康在危险运动中冒险,而且甚至——大概有些人会说——自杀。

我有权利选择死后被进行药物防腐(只要这个过程没有对其他人造成健康危害),我也有权利选择在我死后被火化。现在,如果我有权利用我的身体去做所有这些事情,无论是生前还死后,那么当然我也就有权利出售我身体的某部分器官给那些愿意为此而给我报酬的人。除非它想援引一些宗教的理由来阻止我,否则国家有什么样的可能根据来否定我有权任意处置我身体的全部或部分器官呢?

如果我有权利选择我死后处置我身体的方式,那么当然我就有权利把我身体某一部分给予(即捐献)某人,而他的生命将因此而得到挽救。如果我有权利把我的肝脏、肺部或心脏给予一个有需要的病人,那么为什么我就不能在买卖中出售部分器官而赚点钱呢?毫无疑问,免费捐赠我身体的器官,对于我而言在道德上更可取,正如把我的大部分收入赠给那些需要的人,对于我而言在道德上是更令人敬重的。但是,不管这些免费赠予多值得人敬重,无疑道德上并不要求我要慷慨,不是吗?

允许人体器官买卖的第二个论证是:这样会增加移植器官可获得的数量。如果上百万的人都同意在死后捐献他们的器官,那么我可以肯定我们都会赞同这样更好,但是铁的事实是他们不会这样做。结果,数以万计的病人死去,如果有及时的器官移植,他们的生命就会得到挽救。为了看看是否会刺激器官捐献的增加,至少可以尝试一下市场买卖器官,这不是有意义吗?如果一想到打听心脏的价格行情你就仍然会推延,那么想象一下向一位生命垂危孩子的父母解释:如果允许出售器官,那么心脏就有了供应,而孩子的生命就能通过器官移植得到挽救,但是你将让你的孩子死去,因为你发现器官买卖这种想法是"令人忧虑的"。真的有比看着一个病人死去——而现代医学是能够挽救他的——更令人忧虑的吗?

然而,当然,论证并不全都只站在一边。如果是这样,那么这就是不需要花费脑筋的事情了。也许反对器官买卖最强有力的论证就是:器官买卖这种实践会有给穷人背负上难以承受的重负的危险。在一个每人都衣食无忧并且有足够住房居住的社会里,贫穷本身就是一种道德上的恶行——至少有一些人会这么说(而我就是其中一个)。然而铁的事实是:在这个社会中有千百万的穷人,而且事情还在以这种方式发展,随着年月的推移,我们会看到有更多的穷人。一旦人们面临着这种威胁,即他们及其孩子们将忍饥挨饿,那么他们的身体器官能够卖钱这就太有诱惑力了而无法拒绝,即便对于那些被这种观念深深冒犯过的人来说也一样。市场有很多好处,但是,它最糟糕的害处是,它把穷人推到任由富人摆布的位置上。当穷人在为生存奋力挣扎时,富人却能够吃喝无忧,宴乐欢娱,这就是够坏的了。难道富人也应该有权利贿赂穷人好让他们放弃他们自己身体的器官吗?

买卖器官所导致的第二个问题就是,它把一个医疗决断变成了一个经济决断。一个并不是很严重需要移植的富人患者将会跑到队列的前头,而一位没有这么富裕但紧急需要器官移植的患者将不得不等待。一位穷人器官捐献者,他的健康状况真的不允许放弃一个肾脏,但是在大笔金钱的诱惑下,他将会作出医疗上的不明智决定。如果器官能够出售,各种公司就会蜂拥出现,从这个贸易中牟取利益,那么由医生根据医学上的专业知识来控制这个冒险的治疗过程,就会丢失给行政主管,他所关心的是账本的底线。我们真的想让我们的各种报刊在其财经版块中罗列每天现行的心脏、肺和肝脏的市场价格吗?

显然,即便是从这个简短的讨论中也可以看出:只要我们开始思考人体器官的买卖,各种各样的法律、医疗和伦理问题就会涌现。法官们经常应用处理日常财产纠纷的法律来解决关于器官出售的纠纷,然而正如所看到的,它所解决的议题如同引起的一样多。在什么意义上,我的身体是我自己所有的呢,如果有的话?如果我拥有我自己的身体,那么我能够把它卖给某个人吗?这会使我成为一个奴隶吗?如果我能够出售我的肾脏,那么我也能够出售我的心脏吗,即便这将确实要杀死我才能完成交易?如果大脑移植一旦成为可能,那么我应该被允许出售自己的大脑吗?当我同意将我的大脑出售给一位买家,并且将其移植进他的身体,那么手术后苏醒过来的是买者还是我吗?

这科幻小说谈得够多的!当玛丽·雪莉在100多年前写下《弗兰肯斯坦》时,器官移植还只是虚构幻想的事情。直到本书也变得陈旧之时,大脑移植可能即将来临。

第四节 医生应该告诉病人什么?

我们一直讨论的各种问题,是由过去一个世纪来非凡的医疗进步所带来的,但是有一些医生、护士和病人面对的道德两难之境已经伴随我们数千年了。其中最困难的一个是:医生应该告诉病人什么?即便医生们事实上在能够治疗疾病上采取更多措施之前,他们就已经掌握了专门知识,从而使得他们能够比病人自身更好地得知一场疾病的可能结果是什么。一个不能治愈肺结核病、缓和脑中风或修复肾功能失常的医生,尽管如此还是会认识到病人的状况有多严重。到目前为止,只要有医生和病人存在,那么医生都要面临决定告诉病人以及围绕在病床周围的家人为什么而为此挣扎。

当医生能够看出病人的状况不会好转,即他或她已经生命垂危时,问题就更为紧迫了。当实验室的检测结果出来了,消息是晚期癌症时,医生应该告诉病人说:“你还可以活三个月。”医生有权利对病人及其家人保留重要信息吗?如果他确实有这个权利,那么他有实践这种权利的环境吗?还是当他们问“医生,情况有多糟糕?”时,病人对于一个诚实的回答有没有绝对的权利?

这是那些众多案例中的一个,在这里,一个致力于幸福最大化的功利主义者可能会给出一种说法,而一位承认实话实说和个人自律的康德主义者可能会给出另一种说法。但是向来这里就有很多复杂的事情。25 年前,我的医生在我的肺部 X 光照片上看到一个阴影,他作了一个暂时性的诊断,即我得了某种"肉状瘤病"(sarcoidosis)。他送我到纽约市做了一些异常复杂的检查,专家们非常确定地说,我得的是"无症状性肉瘤病"。这意味着我没有任何症状——无痛苦、无感冒,只有 X 光照片上的阴影。没有给出治疗。我的医生只是说,他每年会用胸部 X 光检查来跟踪调查,而很可能它会自己消失的。

不错,我的疑惑消除了,一下子停止了担忧。确实,几年之后阴影消失了,我丝毫没有感觉。一些年后,我坐在一间专科医生的办公室里在等我妻子,不经意挑起书架上一大本厚厚的书。这是一本有关疾病的医学百科全书。出于好奇,我查找到"肉瘤病"词条,让我感到震惊的是,我发现有 17% 的几率它是致命的! 我快要得回溯性心脏病了。

医生对我隐瞒了这项统计事实,即肉瘤病案例中有显著的比例是致命的,现在回想起来,他是做了正确的事情呢还是错误的事情? 他已经做了医疗上所能做的所有事情,送我给专家们看,并让他们决定是否需要治疗。假如我知道情况可能有多严重,我也做不了其他什么。假如他告诉我这项统计事实,我可能要承受这地狱般的痛苦折磨,无论如何不会有什么有用的后果。甚至可能有这样一些案例:直率地告知病人他们病情的真相,可能引发病人的心脏病或其他可怕的后果。

但是至少还有一些人——不管是不是哲学家——他们会争辩道:我有权知道真相,而我的医生有义务告诉我真相,不管结果如何。有趣的是,对这个议题作出评论的第一个哲学家是柏拉图,他主张医生们应该寻求以医学知识教育他们的病人来作为他们治疗的一部分,如此病人在面对医疗处方时就能够作出理性的抉择。

在下面的选文中,两位哲学家,汤姆·比彻姆(Tom Beauchamp)和劳伦斯·麦克洛夫(Lawrence McCullough),探讨了一些道德的、法律的和医学的议题,与伯纳德·柏基(Bernard Berkey)这个真实的案例紧密相关。

汤姆·比彻姆和劳伦斯·麦克洛夫

一个案例研究:椎间盘突出损伤

下面这个"知情同意"(informed consent)[①]的案件最终于 1970 年在洛杉矶法庭裁决。

1961 年,伯纳德·柏基颈部受伤,1962 年病情加重。弗兰克·M. 安德森(Frank M. Anderson)医生为他做过两次治疗,并且进行了一次神经学检查,该检查表明他的腿部或背部没有明显的问题。安德森医生认为问题可能出在颈部,于是建议他做一

① "知情同意"指医生有义务为病人提供其做医疗决定所必须的足够信息,好让病人自主决定。——译者注

个脊髓 X 光扫描(myelogram)[①],看看脊髓神经是否受损。他说:"我们必须找到这个病的病根。"柏基先生——根据他的誓言和无异议的证词——询问安德森医生说,脊髓 X 光扫描是否与他已经进行过的肌动电流图(electromyograms)[②]是类似的。安德森医生说,脊髓 X 光扫描是为了诊断和探究的目的而做的。他说,当病人被绑在冰冷的桌面上时,他会感觉到些微的不舒服,然后桌面会向不同的方向倾斜来决定脊髓系统的受损程度。在其他方面,安德森医生对于这个治疗程序非常放心;他说,柏基先生"不会有任何感觉",并且承诺会安排打镇痛针来消除任何可能的不舒服。在这次讨论中,病人与医生之间没有更多的交流。安德森医生并没有提及脊髓 X 光扫描是包括脊椎穿刺的,而在肌动电流图中就没有这项。

罗伯特·E. 里肯伯格(Robert E. Rickenberg)医生执行了这次的脊髓 X 光扫描程序,柏基先生后来作证说,下面这些事件在程序中发生了:他首先感觉到几根没有伤害的"棍子"。然后他突然感觉到极其剧烈的疼痛,就好像某人被用冰锥使劲挤入他的脊柱下方。柏基先生说,他从没经历过类似这样的痛苦,接着这种剧烈的疼痛蔓延至他的左半身和左腿。正如他后来所报告的,他"疼痛得叫了起来",然而他被告知说疼痛会过去的,并被送去休息了 24 个小时。当他初次站起来时,他发现他得了他所谓的"橡皮腿"(rubber leg):只要他把重物放在腿上,它就会变弯。在接下来的几个星期里,情况没有重大好转,而且他被诊断为得了"足下垂"(foot drop)[③]。

在此期间,他被几位医生检查过,包括安德森医生。一位医生费思(Faeth)注意到了神经的压迫,他判断这"很可能"是由于椎间盘突出[④]导致的。他后来证实,其他可能的原因还包括肿瘤,神经干周围的黏连,骨头边沿骨刺的形成。安德森医生在法庭上被问到这个椎间盘突出的损伤是否可能是由脊髓 X 光扫描导致的。他回答说,这有可能,但是只有在特殊的情况例如"使用大号钻孔针重复损伤"才有可能。里肯伯格作证说,他从来没有听说过有人因为脊髓 X 光扫描而导致足下垂。

柏基先生说,压根就没有人告诉他这种程度痛苦,损伤和后续功能丧失的可能性。安德森医生与里肯伯格医生都没有与柏基先生讨论可能出现的情况。两位医生没有一个否认柏基先生对这个结果的声称,除了注意到他们俩都曾经告知他这是一个非常重要的诊断步骤。柏基先生对他们两人都提起了诉讼——里肯伯格在脊髓 X 光扫描中犯了操作失误,而安德森医生在安排脊髓 X 光扫描之前没有让病人获得知情同意

---

① 脊髓 X 光扫描,字面的意思是指"脊髓的扫描图"。在脊髓 X 光扫描期间,一根大口径、2.5 英寸长的针会被插入脊椎的腰部区域(后背中部稍下),同时病人要俯卧并被束缚在一张透视桌上。当针管被插进蛛网膜下部位(正好在主覆盖膜下方),8 ~ 10 cm^3 的脊髓液被用来做实验分析。一种不透明物(碘化物的碘苯酯)通过针管被导入脊髓管中。倾斜透视桌,使得该物体在脊髓中流动,而这种流动就会被 X 射线捕捉到。

② 肌动电流图是一种用来研究肌肉中电流的活动情况从而诊断各种失调的程序。该程序涉及到把各种电极针插入肌肉组织中。这就有一点不舒服,但是只会引发轻微的风险。

③ 足下垂指由于踝关节麻痹而导致足垂悬。

④ 椎间盘突出,指腰椎间盘的中心柔软组织突出穿过四周的纤维软骨,形成一个小囊肿。

权。加利福尼亚法院听审了这起案件的申诉后注意到,在评估每位医生的行动时涉及不同的议题,但是在每一个案件中,法院的兴趣都专注于负有责任的医生的作为或不作为对柏基先生造成的可能伤害:“关于安德森医生,问题在于安排脊髓 X 光扫描之前他有没有让他的病人获得知情同意权,如果没有,那么会导致哪些最接近的伤害;至于里肯伯格,问题就在于他是否在脊髓 X 光扫描中存在操作失误,如果存在失误,那么病人所遭受的伤害是不是由这个失误直接导致的。”①

关于控告安德森医生的诉讼,法院注意到:充分地解释采用的手术及其可能的诸后果,并且获得病人的知情同意,这是“一个医生的职责”。如果病人丝毫都不同意进行脊髓 X 光扫描,那么这种疏忽“就构成一种技术上的伤害罪”(a technical battery)②。如果柏基先生已经同意了,但是基于不充分透露实情,那么安德森医生就犯有过失罪(negligence)。③

安德森医生认为:在这些情况下,其他执业医师也不会解释这种极少发生的脊椎损伤,而且会常规地安排诊疗程序。安德森医生和他的律师申辩道:其他医生常规地所透露的实情这个一般标准,就确立了什么应该被透露。相反,柏基先生和他的律师主张,是“一个合理的人”对于信息的需求确立标准,而不是医生共同体实际上所透露的实情。法院主要站在柏基先生这一边:“一个医生透露实情的职责并不是由医师共同体的常规做法支配的,而是由法律赋予的一项义务……在涉及重大公众利益的事情上,不同的主张将允许医学界决定自己对于病人的责任。再者,……费思医生出庭作证说,获得病人同意做脊髓 X 光扫描,但不告知他这包含脊椎穿刺,这并不是一个常规做法。”④

甚至他们的目标是帮助或治疗病人,也不能为这种对于病人自主权的不尊重而辩护……

告知实情的诸风险与好处

在现代医疗中,医患关系间沟通的本质和质量倾向于随着先前接触的持续时间,病人的状态,还有医生与他或她的病人及其亲属关系的良好程度而变化。病人获取信息的权利(“要知道真相”)与医生提供该信息的义务,在传统上一直被认为是大量地依赖于这些情境因素。当把这些抽象的、过分简单的诸原则如“不要撒谎”“不要欺骗”或“永远告知真相”作为决定恰当告知程度的指导时,大多数医生认为,时间的限制和其他急迫性的义务会证明背离这些原则是正当的……(一种)不告知或部分告知的策略在医疗伦理学史上享有显著的地位……

在这些关于告知的历史著述中所表达的主要担忧是:对于重症病人来说,信息

① 《柏基诉安德森》,加利福尼亚州第 82 部门微机 67,第 72 页。
② 伤害罪指未经同意,一个人施加于另一个人的身体暴力或约束。
③ 过失罪指疏忽了某事或做某事,而一个合乎情理的人在这些情况之下是会去做(或不去做)的。
④ 《柏基诉安德森》,第 78 页。

可能是有害的而不是有帮助。例如,作为全部告知的后果,病人可能变得焦躁不安,有时候导致更为复杂的康复过程。这个令人敬重的假设有它的当代信奉者,正如由伊丽莎白·F.洛芙特斯(Elizabeth F. Loftus)和詹姆斯·F.弗莱斯(James F. Fries)所写的下面这篇富有影响的报告所指出的:

> 有相当多的心理学证据表明,人类是高度地易受暗示的。信息被发现能够改变人们的态度,改变他们的情绪和情感,而且甚至让他们相信自己经历了某些实际上从没有发生过的事件。单单这个就会让人怀疑:在一场知情同意的讨论过程中所给予的信息会导致不良反应。
>
> 医疗证据的检验证明……暗示不仅能获得积极的治疗效果,然而同样也会造成各种负面的副作用和并发症。例如,参与一项药物研究的受试者,在经过了通常的告知同意程序之后,很多被注射了安慰剂(placebo)的人汇报了生理上不大可能有的症状,如眩晕、恶心、呕吐,甚至精神抑郁。一位被注射了安慰剂的受试者汇报说,这些作用是如此强烈,乃至于它们造成了一场交通事故。很多其他的研究提供类似的数据表明这些作用易变,但是常常达到了苛责的程度,对可能的不良反应的明白暗示会导致受试者经验到这些作用。最近的假说,即冠状动脉痉挛会引发心脏病,表明明白的暗示和由此而带来的心理负担会造成各种生理机制,这些机制被证明可能是致命的。因此,暗示的诸症状的可能后果范围包括从轻微的烦恼到极端的情况死亡。
>
> 如果对受试者的保护是获得知情同意的理由,那么对受试者造成医源性伤害(由医生的治疗导致的伤害)的可能性——作为同意仪式签署的直接后果——就必须被考虑。①

最近总统委员会调查过这些主张,并得出如下结论:“尽管所有的传闻都提到病人在被告知‘坏消息’之后自杀,心脏病发作,或者陷入长期的抑郁,然而并没有文献记录证明这些主张,即告知病人比不告知病人对于他们的健康来说更危险,是正确的,特别是当告知是以一种善解人意和圆通的方式来进行时……这更多地意味着医

---

① 伊丽莎白·F.洛芙特斯和詹姆斯·F.弗莱斯:《知情同意对于健康可能是有害的》,载《科学》204(1979年4月6日):11。洛芙特斯和弗莱斯的立场和论证都遭受了重要的批评。参看露丝·巴肯.马库斯(Ruth Barcan Marcus),布鲁斯·库克里科(Bruce Kuklick)萨克文·伯科维奇(Sacvan Bercovitch)的来信,载《科学》205(1979年8月17日):644。这些作者们已经证明了它的逻辑缺陷,同时露丝·芳邓(Ruth Faden)等人已经指出了它的各种重要的经验限制,《医疗照料中对于病人的信息告知》,载《医疗照料》19(1981年7月):718-733,尤其是第731页,还有露丝·芳邓等人的《告知的标准与知情同意》,载《健康政治学、政策和法律杂志》6(1981年):255-284。芳邓等人指出,事实上比芙特斯和弗莱斯所引证的证据还有更好的支持她们立场的证据存在,然而也存在着同等有力的反证。

疗特权被大量地滥用。”①

尽管这些主张存在着疑虑，但是医生们继续汇报说，很多他们的患者和受照料的病人常常被发现，对于潜在危害的广泛告知会使他们感到害怕和费解。例如，罗伯特·M. 索尔(Robert M. Soule)医生在回应西塞拉·博克(Sissela Bok)有关向病人撒谎的观点时，争辩如下：

> 她(西塞拉·博克)说没有证据表明完全坦白对病人造成任何伤害。不过临床经验就是不支持这个……完全坦白导致致死效应的事例，包括由于给予病人一种突然戒毒法式的诊断而使病人精神崩溃和自杀，这些年来我看得太多这样的例子了。
>
> 几年前，一份哈佛报告记录了健康的人由于惊骇而导致致命的心室性颤动(ventricular fibrillation)。1977 年 5 月 12 日，《新英格兰医学杂志》(New England Journal of Medicine)的一封读者来信中征引两例心脏病发作的案例——一例是致命的——这两位病人都没有心脏病史，在被完全告知的情况下同意进行非心脏的外科手术，结果引发心脏病。作者们说，病人经常抱怨他们“在手术之前由于忧心忡忡和顾虑而彻夜无法入眠”……
>
> 很多次与家属进行的会谈都建议不要让病人知道“整个真相”……
>
> 在病危期，很多人可能更倾向于同情，而不是能够产生一种毁灭性的情绪冲击的完全坦诚。②

这是一件具有压倒性重要地位的事情：任何有关医生的行为和病人的态度的普遍化，都反映了疾病的类型和发病的程度，也反映了告知实情的语境和病人涉及到的背景。如果一位健康的病人想知道一个处方药副作用相关信息或者父母要询问其小孩的儿科检查结果，那么我们不会希望有所保留，而且立即会谴责对于相关信息的不告知行为。在这些情况下，一位医生可以告知病人或父母，而没有情感依赖的程度问题，这不可避免地伴随的疾病状态。信息可以自由地发出，而没有不适当警告的害怕，更不必说恐惧了。

尽管如此，很多患有例如转移性癌症或晚期肾病的病人，面临着生命威胁的状况，可能本身就涉及各种替代性治疗程序的选择，而每一个选择都有诸种令人害怕的风险。在这里，任何一个医生都必须采用各种管理的技巧，考虑到病人对于信息的需求和应对它的能力——例如，当晚期癌症病人不能接受这个事实，即他或她的死亡已经临近，并因此拒绝保守治疗。告知病人说他或她只能活几个月了，这是医生的一个主要责任吗？或者这就是唯一的一种相当死板的履行法律责任的方式，而

① 在医学、生物医疗与行为研究中的伦理问题研究总统委员会，《作出健康照料决定：医患关系中知情同意的伦理与法律含义》(华盛顿特区：政府印刷局，1982 年)，第 1 卷，第 96 页。

② 罗伯特·M. 索尔：《反对完全坦白的案件》，载《医药世界新闻》20(1979 年 5 月 14 日)：94。

宁愿在更深层次的道德层面上有负于病人——例如,不能帮助病人掌握住他或她的死亡及其死亡对于家人和朋友的冲击?

经验的证据和哲学的论证都建议,对于告知的风险与好处的考虑,如通过善行的典范(beneficence model)来理解,在医生道德责任的决定中扮演着一个恰当的角色。医学的视角被引进来决定有害的完全告知对于某些病人的相对权重:他们可能拒绝所需要的诊断或治疗介入,遭受不必要的痛苦,或者要实行更为复杂的康复疗程。医生承担了这样一种责任,即要避开这些伤害同时提供医疗照顾的好处。在对柏基先生状况的诊疗中,安德森医生的行为就反映了这种方式,即便他的执行是有瑕疵的。

回顾一下双方的论证和证据……表明,医疗信息处理中的基本议题就是,医生应该如何平衡各种各样层次的告知的好处与坏处。正如安德森医生所援引的,处于专业共同体的标准之下,基本原理就是善行的典范:医疗的视角应该被用来决定告知的好坏的权重。相反,柏基的法院坚持认为,被告知病人的视角应该被用来决定恰当的权重——这种方式反映了自主权的典范(autonomy model)。由于两方视角都有优点,我们应该期待既不是法律也不是医疗伦理学将在一个单一的维度上最终解决。正如我们现在将看到的,在这个法律史上,柏基的案例是一个关键性部分,它并没有导致基于病人的视角超过了基于专业的视角而大获全胜。结果反而是,在法律中这两种视角存在着微妙的张力。

文章来源:《医疗伦理学》(*Medical Ethics*),比彻姆、麦克洛夫著,1984 年版,经普兰提斯·霍尔公司许可而改写,新泽西州,马鞍河上游。

第五章第二部分要点

1. 在上个世纪中,医学的巨大进步给医生们、护士们和保健专业人士提出了各种新的和困难的伦理问题。伦理理论能够帮助他们作出他们的决定,但是不能给他们目前必须面对的诸困难问题提供现成的答案。
2. 当试图决定是否给晚期的和无意识的病人停止供应食物和饮用水时,医生们和护士们必须权衡生命的神圣性和他们作为照料的给予者的职业承诺,即既反对病人亲属遭受痛苦,也反对稀有资源的需求被分配到其他可以治愈的病人。
3. 器官移植技术的发展迫使医学界和法学界的专业人士们追问这在道德上是不是正当的、合法的,或者专业上个人为了手术移植而出售和购买人体器官是否可以接受。个人的自主权与出售器官这种实践非直接的、无意的市场效应是相冲突的。

4. 医生们所面临的最古老的道德两难问题是告诉病人什么。个人的道德自主权似乎要求医生完全告知。但是医生照料病人和他或她的福祉的承诺可能会与这种自主权相冲突。

问题讨论与复习

1. 你或你的家人是否曾经面临过一个真正严重、困难而且引发伦理问题的医疗决定？你是怎样决定做什么的呢？你有考虑过其他后果的相关价值（功利主义的方法），或者你是否聚焦于不同的人所包含的诸权利（康德主义的方法）？
2. 当决定谁应该得到下一个可以用于移植的心脏或肾脏时，你认为医生和医院应该考虑病人是不是好人或坏人？他们应该考虑病人的年龄吗？或者他们能够对社会贡献多少？或者器官移植应该基于先到先得来分配？为什么？
3. 如果你患了不治之症并且不久于人世，那么你想被告知实情吗？你的朋友或亲属患有这种病你会告诉他吗？谁有权作出这样的决定？
4. 由于现代基因技术的进步，医生们变得越来越能够决定谁患有各种疾病的风险，如癌症、老年痴呆症（Alzheimer's）和多发性硬化症。如果医生能够预测谁将患病，但是不能治愈这些疾病或避免它们，那么他们有责任把该信息告知他们的病人吗？他们应该把这个信息给保险公司或雇主吗？
5. 在第五章这部分中，我们聚焦于医疗决定的伦理维度，但是在人类经验的其他领域中类似的伦理问题也会出现，例如商业、军事、政府和教育领域。看看你是否能够确认可能出现在那些领域中的各类伦理两难，并且试图找出你所学过的伦理理论怎样能够应用于它们之中。

主要来源：哲学读本与评论

亚里士多德：《尼各马可伦理学》《论灵魂》
露丝·本尼迪克特：《人类学与反常》
杰勒米·边沁：《道德与立法原理导论》
阿尔伯特·加缪（Camus，Albert）：《荒谬与自杀》（*Absurdity and Suicide*）、《西西弗的神话》（*The Myth of Sisyphus*）
本尼迪克特·德·斯宾诺莎：《伦理学》
爱比克泰德（Epictetus）：《手册》（*Enchiridion*）、《谈话集》（*Discourses*）

大卫·休谟:《道德原则研究》
威廉·詹姆斯:《信仰的意志》
伊曼努尔·康德:《道德形而上学基本原理》
索伦·克尔凯郭尔:《最后的非科学附言》(*Concluding Unscientific Postscript*)、《"那个孤身的个人"献词》(*On the Dedication of "That Single Individual"*)
小马丁·路德·金:《来自伯明翰监狱的信》
弗里德里希·尼采:《超越善与恶》
柏拉图:《理想国》
詹姆斯·雷切尔斯(Rachels,James):《道德哲学纲要》(*Elements of Moral Philosophy*)
艾茵·兰德:《自私的美德》《哲学:谁需要它?》
彼得·辛格(Singer,Peter):《动物解放》(*Animal Liberation*)

第五节　当代应用:类固醇与体育

当涉及足球或棒球运动中类固醇的使用这个话题时,伦理学与医学的交叉以一种方式抓住了每一个体育运动迷的注意。贝里·邦兹(Barry Bonds),创纪录的本垒打(home run)①之王,由于用类固醇壮实其身体而目前面临指控。创纪录的全明星投球手罗格尔·克莱门斯(Roger Clemens)现被控告使用药物。而且现在每个人都知道类固醇被广泛地使用于职业的足球赛中。

这些法律问题足够复杂。在职业体育运动现代史的大多数时间中,药物的使用并不违背体育的规则,即便它可能违背国家的法律。邦兹和其他职业运动员有时候发现他们惹上法律麻烦,实际上并不是由于使用了这些东西,而是由于在这些事情上撒谎。

伦理问题甚至更为复杂。使用兴奋剂在道德上是错误的吗?这在某种意义上与体育道德行为的理想不相容吗?如果一个职业运动员雇佣一位全职教练来小心地塑造他的身体,从而使得这位运动员在所选择的任何体育比赛中都能产生最佳性能的表现,而这是许可的,那么对于这同一位运动员,他使用类固醇就是错的吗?马拉松运动员在赛前一个晚上会用碳水化合物来壮实身体。抛开合法性的议题不说,为什么服用一片药丸要比吃一盘意大利面条更错误呢?

---

①　本垒打,指在棒球运动中,击球员将对方来球击出后依次跑过一、二、三垒并安全回到本垒的进攻方法,这是棒球比赛中非常精彩的高潮瞬间。——译者注

下面是两篇关于这个主题的讨论，作者们的主要关注是体育运动而不是伦理理论。第二篇是由提姆·怀斯(Tim Wise)所写，它迫使我们追问是否整个讨论受到了未被意识到的种族偏见的影响。

清理击球手：类固醇战争与什么是“自然的”的本质

史蒂文·夏平(Steven Shapin)

一个年轻人领着另一个到一洗手间，他小心地环顾四周以确保他们没有被监视。然后他把另一个的裤子扒下一点以便能够触及他的屁股。接下来发生了什么，这是广大公众感兴趣的问题。几年之后，乔治·W. 布什总统做了一个演讲来谴责它。几场国会听证会被举行来调查它来拟定公共政策。

这是1988年的一个夏天。洗手间都在奥克兰运动家(Oakland Athletics)棒球队的主场更衣室里。何塞·坎塞科(Jose Canseco)正在给马克·麦克格威尔(Mark McGwire)注射合成代谢类固醇。大概坎塞科在《药补：狂野时代，猖獗的类固醇，流行精选，棒球如何做大》(*Juiced: Wild Times, Rampant' Roids, Smash Hits, and How Baseball Got Big*)一书中回忆道：“这在过去真的是没有什么了不得的，我们只是带上注射器和小药瓶悄悄溜开，然后走进俱乐部会所的洗手间区域互相注射。”根据坎塞科的叙述，在1990年代后期，队友们一对对地在洗手间里都以这种规则来拖延时间，以至于这成为俱乐部会所开玩笑的对象：“伙计们，你是什么，同性恋吗？”

合成代谢类固醇是这些自然分泌的荷尔蒙如睾丸酮的人工合成变种。它们被称作合成代谢，因为它们起着“建设性的新陈代谢”作用，在此期间，简单物质会被提供给肠道或血液，然后组合成复合的活组织。在这些主要的效果中，运动员们想要的就是增强骨骼肌肉的质量，而合成代谢类固醇能够帮助你更快地变得强壮。坎塞科说，他在1985年开始注射合成代谢类固醇和生长荷尔蒙——他声称说，他是第一个“以一种严肃的方式”来使用类固醇的棒球运动员——而仅仅几个月后，他就增加了25磅的坚实肌肉。接下来增加得更多。麦克格威尔也长得非常结实，而他与坎塞科成为“重击兄弟”为人所知。

坎塞科解释说，油基合成代谢类固醇需要大规格的面条，因此你必须小心你是在哪里注射的。如果你是一位棒球运动员，那么你不想使用你的四肌肉或小腿肌肉，因为这可能妨碍你的奔跑，因为你要进行很多的投掷和接球。那样的话就剩下屁股了。这需要做很多练习才能够自己搞定。当你刚开始时，你需要你朋友的一点小帮忙。一旦你变得熟练，你就能够自己给自己注射了，而且接着你将想成为“一名双手通用的注射者”，他说，“因为你确实想注射你臀部的两边”。(如果你持续注射同一个点，他警告说，“那会变得污秽”)类固醇的使用，正如坎塞科所告知的,本身就是一种体育活动。不同的类固醇有不同的用途:如果你只想着让你的肌肉壮实,一种类固醇就够了;如果你想跑得更快,就有好几种类固醇能提升你的快速抽动肌肉纤维。健身物质的堆积,坎塞科声称使用过的有,长效多乐宝灵(Deca-Durabolin)、康力龙(Winstrol)、平衡素(Equipoise)、氧雄龙(Anavar)以及人类的生长荷尔蒙。他高兴地回想起,在他的加强类固醇的生涯早期,他被叫做"自然的"。

坎塞科写道,类固醇的使用并不是什么大事,然而他错了。布什总统作出了一个引人注目的决定,即在他的2004年国情咨文演说中谴责了它的各种危害("兴奋剂药物的使用,如在棒球、足球和其他体育运动中使用的类固醇,是危险的,而且它传递了一种错误的信息,即有各种各样的成功捷径,成绩比品质更重要")。美国的反兴奋剂机构把这看作是对体育精神的一种威胁("制止体育运动中药物的使用对于保护美国体育的诚信是必要的")。美国国家药物滥用研究所警告使用类固醇健身的年轻人,它们会产生一系列无法挽回的各种副作用。不少球迷现在想知道,是否应该在贝里·邦兹的本垒打记录上打上星号。当然,没有有效的处方就获得合成代谢类固醇,这是一个刑事犯罪。

在明令禁止这些物质的辩护之中都是它们的副作用。对于男性而言,这些副作用可能包括乳腺的发育、睾丸萎缩、精子数量减少、还有秃顶、严重的痤疮、黄疸病、颤抖、前列腺肥大、肝功能和肾功能的各种问题(可能形成肿瘤)、高血压、高风险的心脏病,以及情绪波动——阳刚气的增强通常被称作"罗立德的愤怒"。当对年轻人身体的管理仍然处于发展之中,类固醇可能导致永久性的生长萎缩;它们的使用已经牵涉到一些十几岁的少年自杀。反对类固醇使用的观点也来自一种广泛意义的公平竞赛和公正。公平竞争的环境这个理想被广泛地转变成这样一种信念,即所有的竞赛者应该用正常的身体来竞技,正常地发挥身体的功能。

因此这可能让你吃惊:《药补》庆祝类固醇的使用作为棒球运动中"生活严谨"的新纪元的一部分,它消除了酒精、可卡因、大麻以及甚至苯丙胺——"绿色环保主义者"吉姆·布顿(Jim Bouton)在1970年出版的《四个球》(Ball Four)中写道。坎塞科坚持声称:"随着类固醇的使用朝着更合适的趋势发展,你看到了块头更大,更强壮,更快和更健康的运动员,而不是先前时代的那些破破烂烂、疲惫不堪、大腹便便的球员。"类固醇的使用已经很明显地唤醒了全国的激情,但是激情的唤醒并不是心灵用来进行理性的争论的理想模式。在竞争性的体育运动中类固醇的医疗与道德罪恶真的是如此确定无疑吗?

在《药补》一书中并没有表明坎塞科是在医生的照料下或甚至在医生的建议下使用类固醇。他似乎已经让他自己周期性地通过了医生的检查,然而仅此而已。相反,他过去也是伟大的公民传统的一份子,这个传统被简缩为一句旧格言:"每一个人都是他自己的医生。"坎塞科通过注意他自己的身体对这些化学品的有怎样的反应,并且相应地调整剂量和组合,从而学会了不少类固醇使用的技巧。然而类固醇的使用也属于主流现代医学的历史,约翰·霍伯曼(John Hoberman)的杰作《睾丸素美梦:返老还童,阿芙罗狄西亚与毒品》(*Testosterone Dreams*:*Rejuvenation*,*Aphrodisia*,*Doping*)告知了更多关于类固醇是如何与为什么来到药房的架子上的故事。

文章来源:《清理击球手:类固醇战争与什么是"自然的"的本质》,史蒂文·夏平著,载《纽约客》(*The New Yorker*),2005 年 4 月 18 日。经授权后重印。

本垒打、英雄和伪善:体能增强中的黑人与白人

提姆·怀斯

大约在几个星期之内,事实上可以肯定:贝里·邦兹将成为全美职业棒球大联盟(Major League Baseball)创纪录的本垒打之王。当此刻到来时,调查数据表明,大部分白人棒球迷会对他们的电视大吼大叫,并咒骂巨人队(Giants)的种子选手说——几乎是定论,没有任何怀疑——邦兹在 21 世纪的头些年里至少有几个赛季使用了类固醇,以便帮助他获得该纪录。

在另一边,大多数的黑人或者怀疑邦兹曾使用类固醇,或者至少感觉到好像这些指控还没有被证实。因此当大多数的美国黑人向贝里欢呼时,极多数的白人正盼望(常常是十分公开地)这位老化明星受伤,或者盼望投球手们故意与他疏远,从现在直到退休,就是为了剥夺他的荣誉,即便这会意味着在一个重要的比赛中让胜利溜走。

就我而言,我不知道贝里·邦兹是否使用了合成代谢类固醇,也不知道他是蓄意或无心使用。旁证表明他确实使用了,然而无论什么样的证据都显然太弱而不能抵消关于此事向大陪审团撒谎的控告。然而就此得出结论说邦兹是有罪的,尽管证据不足,白人棒球迷压倒性地要求要在纪录簿上给邦兹的名字打上星号。是的,他可以拥有该纪录,他们会断言,但仅仅是因为兴奋剂补给品。就此而言,他不应被与汉克·阿伦(Hank Aaron)(目前纪录的保持者)或巴布·鲁斯(Babe Ruth)同等看待或等量齐观。

眼下,让我们把邦兹是否因为使用类固醇而获罪这个议题放在一边。让我们把是不是他被指控使用的类固醇能够真的帮助他击出了每小时 95 英里的快球这个问题放在一边(这个球可能是由一个也进行了药补的投球手投出的,考虑到在 1990 年代和 21 世纪的早些年里类固醇在比赛中普遍存在,所有的球队老板都知道)。让我们也把这个议题放在一边,即有多少邦兹击出的另外的本垒打,他本来是怎样都做不到的,但是由于类固醇而做到了。[①]当所有都是重要的事情时,在我们谈到邦兹在历史书中将被如何评价时,有一个更基本的议题要说出来。因为美国白人如何能够要求邦兹用星号来标明他的记录是有污点的,而与此同时继续尊崇过往年代他们的白人棒球英雄的记录和表现——大伙的名字有狄马乔(DiMaggio)、威廉姆斯(Williams)、鲁斯和科布(Cobb)——这些人更多地从“兴奋剂”中大大获益,比那些类固醇所能提供的东西多得多:也就是说,种族主义者把黑人运动员排除在职业棒球大联盟之外?

类固醇对隔离措施:哪一个提供更多的不劳而获的好处?

没有人否认各种合成代谢类固醇能够增强运动员的体能,它们主要是让运动员快速地恢复受损的肌肉质量,并且迅速地从损伤中痊愈。它们是否能够使得击球手们击球击得更远,这是一个悬而未决的问题,对于这个问题还没有人提供一个答案。尽管在没有规范类固醇使用的年代里,美国职业棒球大联盟本垒打的数目在增加(自从严厉打击类固醇使用以来,从历史标准上看,本垒打数目依然保持很高),有几个因素可能导致这个结果,即便没有一个击球手进行过药补。正如体育专栏作家戴夫·齐林(Dave Zirin)在他的令人惊异的新书《欢迎来到托罗登:痛苦、政治和体育诺言》(*Welcome to the Terrordome*:*The Pain*,*Politics and Promise of Sports*)指出,这些替代性的解释包括在此期间更短的栅栏在十几个左右的新棒球场中被树立;很多专家相信的击球比过去看得更紧;更好的训练装备(包括计算机技术,能让击球手形象地分析它们的运动弧线并且迅速地作出修正),还有更小的好球区。这最后一个——当类固醇迅猛激增时,大概在同一时间,由球队老板强加给裁判员的——逼迫着投球手投向主要的击球区,这就保证了那些好的击球手(而每个人都同意邦兹就是一个,不管他有没有服用药物),将会击中更多的本垒打。

换句话说,从1999年到2003年这些年邦兹的本垒打狂欢是否是由于类固醇的使用,又或者即便他没有使用类固醇也能击出同样的数目,这就不得而知了。然而我们肯定地知道一件事:从1887年,当黑人被赶出由白人统治的职业棒球联盟,直到1947年,当杰克·罗宾逊(Jackie Robinson)第一次为布鲁克林·道奇队(Brooklyn

① 邦兹的批评者们声称,只有类固醇能够让棒球强击者在2001年赛季产生了73个本垒打,因为在此之前他的最高总纪录全年为49个。然而,他们便利地所忽略的是如何白人球员常常有战绩辉煌的几年,这是他们的职业生涯无法再重来的。因此,例如,罗杰·马里斯(Roger Maris)[他保持了单赛季本垒打的纪录,61个,从1961年到1998年,在这点上马克·麦克格威尔与萨米·索沙(Sammy Sosa)都超越了他]在他创造纪录的前一年只击出了39个本垒打。次年,马里斯仅击出了33个,而其后从1963年开始到1967年赛季为止,这5年期间里仅击出了70个本垒打。的确,马里斯职业生涯中大约有四分之一的本垒打都出现在那个神奇的单赛季,而他的全部职业生涯持续了12年之久。

Dodgers)踏上赛场时,每一个白人棒球运动员有60年没有让黑人参与比赛。禁赛是想象得到的最深远形式的人造兴奋剂。

正是乔伊·狄马乔他说——他曾在表演赛中遇到黑人大联盟(Negro League great)的撒切尔·佩奇(Satchel Paige)——佩奇是他曾经遇到的最伟大的投球手。然而,当然,在狄马乔的1941年赛季,在此期间他为洋基队(Yankees)击出了56个连胜球(依然是一个纪录),他不可能面对佩奇,或者任何其他黑人投球传奇人物。尽管佩奇会继续在职业棒球大联盟中比赛,但是这会仅仅是在他过完他42岁的生日之后的事,并且是1934年他传奇般的31∶4的纪录之后整整14年,在这些赛季期间他投出了64场连续无分的局数并接连赢得了21场比赛。

黑人运动员与他们的白人运动员是完全地平等的,这是很难否认的。贯穿几场表演赛,包括每个联盟的全明星队,这两支联盟队伍把比赛大致扯成50∶50。想一想黑人大联盟的各支队伍在发展运动员上的资源要少一些,而且特别是持有较小的队员名单(场边的运动员休息区更少),这就不那么简单了。假如有一些运动员被允许进入全美大联盟赛,那么毫无疑问,当我们来记录他们的业绩时,白人的记录保持者,无论是那时还是现在,就会面临更长久的逆境。投球手如斯莫基·乔伊·威廉姆斯(他就无缘1915年国家联盟冠军杯费城的费城人队的表演赛),或者佩奇(他将能够以60岁在大联盟赛中投出三球完封,在特殊的1965年现身堪萨斯城A级球队),就会给白人运动员的击球造成浩劫,如果他们被给予机会的话。

同样地,强击球手如乔什·吉布森(Josh Gibson)、巴克·里奥纳多(Buck Leonard)和奥斯卡·查尔斯顿(Oscar Charleston)[在53场对抗白人大联盟对的表演赛中,他击出了318球,有11个本垒打,而且他被棒球史家比尔·詹姆斯(Bill James)称为史上最优秀的四球员之一]会轻松地争得由白人球员所创立的很多纪录,其中有一些纪录仍然保持到今天。如果他们能够在洋基体育场打出友好的本垒打——原先洋基体育场的左右边线都有不少本垒打栅栏,离本垒板少于300英尺,就是为了给巴布·鲁斯这类人提供便利——这就会是特别的真实。(作为一个旁注,这是有意思的,即怎么会没有人曾经表明鲁斯的成就应该被怀疑地审查,因为他曾经朝栅栏打去,而这栅栏我过去在15岁时就能够常常到达)

而快跑者如酷爸爸贝尔(Cool Papa Bell),如果给他机会的话,他一定会挑战泰·科布(Ty Cobb)的盗垒纪录,不久前卢·布洛克(Lou Brock)最终在1978年覆盖了该纪录[自从瑞基·汉德森(Rickey Henderson)让其相形见绌以来]。更不要提如果让这些运动员如蒙特·尔文(Monte Irvin)、拉里·多比(Larry Doby)、罗伊·坎帕内拉(Roy Campanella)或者唐·纽康(Don Newcombe)——他们最终参加了大联盟赛,但是他们是在黑人联盟赛中开始的——能够更早地开始他们的大联盟赛生涯,那么谁知道他们会创下什么样的纪录呢?

有一件事是肯定的:1947 年以前白人运动员创下的所有纪录都被突破了。任何时候某人被免于竞争(成为这样的一个运动员或社团),这个人就是在被保护之下而出类拔萃的,而没有向全领域的可能天才证明他们自己。贝里·邦兹,从另一方面来说,即便用类固醇进行了药补,而必须与最优秀者竞争(他们很多人无疑也使用了这类药物兴奋剂),而就这点而言,他就在他的职业生涯中比白人运动员在 20 世纪将近一半的时间里所做的享受到了远远稀少的相对帮助。[①]

不,这没有不同:"隔离措施是合法的"这个借口的荒谬

如果他们被要求与黑人运动员比赛的话,也许威廉姆斯、狄马乔特别是——巴布·鲁斯就不会那样出色了,面对着这样的争辩,大多数白人会转而依靠他们所认为的绝招,这个绝招对于他们而言似乎是区分了类固醇的兴奋剂与白人特权和制度化偏袒的兴奋剂。也就是说,他们认为,贝里·邦兹破坏了规则,而鲁斯及其同伴都只是在规则的边界内竞赛,正如他们在那时存在的状况那样。几乎每一个人都承认棒球中的种族主义是这个竞赛的可耻污点,你会经常听到它说隔离政策"就是它过去所是的样子"。这里隐含的论证是,由于隔离政策我们不应该降低我们对于白人运动员的评价,因为并不是他们强行规定了肤色障碍,而只是按照它所建立的规则竞赛。

但是关于这个论证这里有几点是错误的、不合逻辑的或在伦理上是站不住脚的。因此实际上,邦兹——假设他过去使用过类固醇——并没有破坏比赛的规则。是的,使用这些药物而没有处方是不合法的,但是我们并不因为违犯了法律而就从运动员那里把纪录夺走。如果我们这样做,那么我们就必须删除投球手多克·埃利斯(Doc Ellis)1970 年的完美比赛,他声称在这次比赛中服用了"酸"(acid)[②]之后都有些摇晃了。这样,我们就必须不理会凯斯·埃尔南德斯(Keith Hernandez)的成绩,他承认他在赛场上的这些年中使用了可卡因,而且他曾经表明,所有运动员有超过百分之五十都在使用"开花"(blow)[③]。或者威利·梅斯(Willie Mays)和威利·斯塔尔格尔(Willie Stargell)(两位竞赛中创纪录的伟大人物)被指控在 80 年代中期(尽管像邦兹从来没有尝试过或被定罪)为运动员提供苯丙胺。这又怎样呢?我们

---

① 应该被指出,类固醇很可能给投球手比给击球手带来更多直接的好处——要记住的是,因为邦兹在被指称使用了类固醇的这些年里,他很可能面对众多增强类固醇的投球手。毕竟,类固醇使得运动员在受伤的情况下有更短的"停机时间",而这点对于投球手来说特别重要,按规定当他们上场每一场比赛他们都得到。一场比赛要向前猛扭你的手臂 100 多次,或者抛出完全不自然的曲线球会给投球手造成损伤,而这种损伤能够通过合成代谢类固醇得到急剧的减轻。这全都是要说明,邦兹使用类固醇(假设这真的如声称的那样发生了)可能只是让他顺顺当当地遭遇众多的投球手。当平民的使用几乎不能让使用类固醇成为可接受的,这表明邦兹可能从类固醇中获得的相对优势可能是十分小的。

② 迷幻药即"麦角酸二乙胺"的行话。——译者注

③ 可卡因的行话。——译者注

也应该删除他们的纪录吗？又或者鲁斯，他曾经尝试给自己注射羊的激素以便在竞赛中获得优势，即便在禁酒期的年代里狂饮是违法的，他也照样豪饮，又怎样了呢？

甚至更糟糕，这个主张隔离政策“就是它过去所是的样子”隐含着：我们没有任何职责去挑战不公正，除非是我们自己制造了这种不公正，而且如果我们与它合作，那么我们对于它的永存不承担道德责任。然而那是什么样的道德标准？按照那样逻辑，在种族歧视（Jim Crow）、民众私刑、欧洲犹太人的大屠杀或美国土著居民的大屠杀期间，那些袖手旁观并保持沉默的大众没有做错什么。按照那样的逻辑，我们应该教导我们的孩子们说，无论何时他们看到一件不公正的事情，只要此事对他们有利，他们就应该继续与它融洽相处。然而任何父母教给他们的孩子这样的东西，就逃避了他们作为一位道德向导的责任。

真相是，如果甚至少数的顶级白人运动员拒绝比赛直到棒球职业大联盟被整合为一体——特别是在19世纪二三十年代或40年代早期，此时体育运动已经成为“美国的消遣活动”——那么这几乎可以肯定：肤色障碍会更快地坍塌。毕竟，这在很大程度上是因为19世纪伟大的卡普·安森（Cap Anson）——球员兼领队——的要求，即要求黑人一开始就被逐出比赛。球员的确有能力。他们是来观看比赛的某队球迷，并且他们为此付了好价钱。例如，如果巴布·鲁斯或卢·盖里格（Lou Gehrig）曾说他们将静坐罢工直到黑人被允许比赛，那么棒球能仍然保持清一色的白人这就决不可能。如果盖里格由于反对种族主义而终结了他连续比赛所保持的长期纪录，那么这就会成为有史以来最重要的体育故事之一。而他没有这样做，没有白人运动员有勇气迈出这绝不是微不足道的一步，这就引发了对他们品质的怀疑，白人球迷是否准备好了倾听这个不舒服的真相。

换句话说，白人心照不宣地保护他们自己而不与一些比赛的最伟大的运动员遭遇，“欺骗”和邦兹拥有的一样多，通过使用合成代谢类药物。用于欺骗的方法被制度化了，因此规范本身就相当于骗子，而种族欺骗却被赋予了法律的正式认可，这几乎不能给实践的伦理弱点提供道德掩饰，而谁又利用了这些弱点呢。

啊，不客气地说，但是在这个国家的部分地区（包括东北部的大部分地区），地方社区的法律实际上禁止种族的隔离政策。当然，北方各城市都忽略了这些法律，而黑人都屈从于那里尖锐的种族主义，正如南方一样。但是如果我们的关注点是法律，那么法律是如何支持隔离政策（因此运动员如何能不被指控破坏了规则），我们应该记得，各支球队如洋基队不让黑人参加他们的运动队实质上都破坏了地方和国家的法律。如此也许我们应该抹掉洋基队的纪录，抹掉巴布，抹掉泰德·威廉姆斯的1941年赛季，在该赛季他为红袜子对击出了406球：北部城市的另一支队伍，虽然有各种法律反对隔离政策，但是它不管怎样依然实施隔离政策（而在波士顿的事例中，由于他们老板的传奇般的种族主义，他们是黑人运动员最长久的抵抗者）。

然而这是种族主义吗？白人想象中的风度与双重标准

当然，这里仍然有一个问题，即那些根本反对邦兹的白人或那些想看到邦兹的名字被打上星号的人，是否感觉到了他们做事的方式是由于种族主义。在这点上，诚实的人们能够真实地不同意。毕竟，很多贬低邦兹的白人球迷也爱其他黑人运动员，包括邦兹准备要超过的人。艾伦(Aaron)创下755个本垒打的得分，而没有使用任何兴奋剂，没有短栅栏，没有药补球，而且尽管在他的全盛期敌意常常施予黑人运动员，这就向很多人(包括我自己)表明艾伦的各种成就在许多方面更令人印象深刻。

当然，这里有很多理由不喜欢邦兹，与他的种族无关。其中最常被引证的是：他通常粗鲁无礼，甚至用公开的敌对态度对待记者和普通公众。然而这里种族的议题变得特别地有趣，当它与白人大众对于邦兹的评价相关联时。

事实是，正是因为白人喜爱某些黑人运动员，当他们显然感觉到其他东西时，这并不意味着种族仇恨或种族主义偶尔不是相等的。当白人对于黑人的"态度"消极地反应时，如果当黑人遭遇到来自白人的同样态度时，他们就不能这样做，种族主义的确就能够运行。研究发现：当黑人以各种方式行动触发了白人心灵中否定的群组联想时，那些白人常常以一种比一个白人表现出同样的态度或行为更加严酷得多的方式反应。傲慢或脾气糟糕的白人运动员是被透过个人的镜片观看的，而同样的黑人运动员则被看作代表了一个更大的族群，因此被视为有危险的，愤怒的，可能甚至是粗暴的。

因此罗格尔·克莱门斯能够蓄意地投向击球手的头部，或者让他们认输，或者为他队上的一名运动员被投球击中而报复，似乎没有人关心这个，更不用说指控他用一种致命的武器(这里一个每小时97英里的快球当然就是一种致命的武器)重伤害。投球手兰迪·约翰逊(Randy Johnson)也能像一头蠢驴行动，甚至几年前在他到了洋基队时就推到了一位纽约的摄影师，然而没有几个球迷攻击他。只要他出场，他的态度就会被视而不见，正如篮球教练鲍比·奈特(Bobby Knight)，棒球教练厄尔·威弗(Earl Weaver)与里奥·杜罗切(Leo Durocher)，或者，因为这些事情鲁斯、泰德·科布和米基·曼托(Michey Mantle)——根据很多知道他们的人们——都是彻底的混蛋。因此如果这里有一种种族上的区别方法，用这种方法来解释邦兹的鲁蛮，如同反对任何数量的白人运动员[想想约翰·麦肯罗(John McEnroe)作为最后一个例子]，那么除了作为一个种族的事件之外就没有几种方法能够解释这种区别。

此外，如果白人消极地回应了那些行为举止被看作是有敌意的或傲慢的黑人，而很好地回应了那些看起来没有那么粗暴的黑人，那么这很可能是：这里的首要之事就是必然与这种方法相联系，而用此方法某种行为就激起了白人脑海中消极的老套成见。一旦激起，白人的种族敌意在这种情况下就可能被触发，即便这不会被利用来反对那些黑人,他们的行为与白人们事先形成的各种偏见背道而驰。

远远不是仅仅的猜测,正是这种白人对于某些黑人相对于其他人看法的不同,这就触发了布兰奇·瑞基(Branch Rickey)去选择杰克·罗宾逊来作为棒球中不同肤色融合的工具,超过了其他同等地或更有天赋的黑人球员。尽管罗宾逊没有被出卖,如常常被声称的那样,但是他显然在他的行为风格上更适应这种种族的嘲讽,人们担心他会从白人球迷那里受到这种嘲讽(而常常确实是的)。瑞基意识到,某些黑人运动员会无意中触怒白人,由于种族主义,但是罗宾逊会投射出这样一种形象,而这种形象不太可能触动部分白人球迷潜藏的各种偏见。

自从奴隶制时代以来,白人长期对合群的和微笑的黑人表露出一种偏爱,当这样的品质加强了白人关于社会公平的假设时。如果黑人大众按照白人创作的剧本表演——不要生气,不要质疑权威,不要傲慢(自负),不要关心政治[如约翰·卡洛斯(John Carlos)和托米·史密斯(Tommie Smith)[①]在 1968 年的奥林匹克运动会上,或者穆罕默德·阿里(Muhammad Ali)[②],他由很多白人给予的声誉被他的反越战评论给玷污了],也不要蓄意地去寻求扯扭白人大众的种族恐惧[就如拳击手杰克·约翰逊(Jack Johnson)[③]他经常用他的白人女性伴侣来嘲讽白人]——那么一切将很好。但是如果黑人违背这一点,或者带着"你见鬼去吧"的态度,那么白人常常把这看作是一种种族挑战(在很多方式中他们不会,尽管另一个白人这样做了),并且会愤怒地作出反应。

因此白人喜爱迈克尔·乔丹(Michael Jordan)和魔术师约翰逊(Magic Johnson)(考虑到他们的天赋,当然可以理解),但是憎恶今天的很多年轻一辈的,有令人惊讶的才能,然而常常盛气凌人的黑人球员——不仅是那些身陷法律泥潭的人。就此而言,白人从来不太关心卡里姆·阿卜杜-贾巴尔(Kareem Abdul-Jabbar),在他变成一位穆斯林并且把他原来的名字卢·阿尔金德(Lew Alcindor)也更改了之后。卡里姆过去(今天仍然是)被很多人看作是不友好的、险恶的和傲慢的,而这种看法伤害了他的能力去登上在全美篮球协会中的任何地方一艘更加值得的(也渴望得到的)训练快艇,而不管他显露出来的篮球天赋。

结论:放弃棒球辉煌岁月的神话

作为最后的想法,这很难避免这样的结论,即至少部分美国白人对邦兹的愤怒,

① 托米·史密斯是 1968 年墨西哥城奥运会 200 m 赛跑奥运金牌得主,约翰·卡洛斯为铜牌得主,因为这两位非裔美国人在颁奖台上提倡改善黑人处境,就被取消奖牌并终身禁赛。——译者注

② 穆罕默德·阿里(1942—),美国黑人拳王,声誉卓著。60 年代中期,越南战争爆发,阿里面临着服兵役的问题,而他在媒体上公开发表反战宣言,震惊了全美国。1966 年,伊利诺伊州运动员委员会召开记者会,要求阿里对自己的反战言行公开道歉。——译者注

③ 杰克·约翰逊(1878—1946),第一位黑人世界重量级拳王,先后与几位白人女性结婚。——译者注

是与白人对于一个被神化的昔日的逝去的普遍焦虑相一致的:每一个人被一个据说是更纯真的、更合宜的社会所影响,人们在规则之下活动,而且一切都与世界相融洽。然而黑人大众知道这个世界从来都不存在,至少对于他们而言不存在,白人大众偶像化的历史倾向于掩饰过去时代的种族不公正,更喜欢选择妈妈,苹果馅饼,《我爱露西》与无线电航空器从白雪覆盖的山头往下直冲等作为他们"往昔美好岁月"的榜样。

这种有关我们国家往昔浪漫的观念,当它谈及棒球时就特别地强烈。白人渴望赞扬1927年洋基队的成绩,即便就纯粹的力量和天赋而言,当前赛季甚至有500名洋基替补队员——主要是由于现在有更好的常规条件——他们就会清理他们的怀旧。巴布·鲁斯过去就是一位大胖子,喝得身体走了样,他的本垒打都不相称地打在了运动场上的栅栏上,而这些栅栏设置的距离对于高中生来更合适。我们对于这些褪色偶像的吹捧更多地说明了白人的怀旧倾向,在一种文化中漂泊,尽管这种文化仍然由像我们这样的大众来统治,但是已经不再是由像我们这样的人来定义了。当社会变了,那些总是大部分从传统的安排中获益的人自然要抵制国家意识中的这些地震般的变动,更不用说人口统计数据了。如果你认为球迷支持棒球大联盟的下降与最高水平的体育比赛不断增加的拉丁化没有关系,换句话说,那么也许你想要购买我在密苏里的海滨房产。

在这最后的分析中,并不是贝里·邦兹有问题,而是白人体育运动迷有问题,他们向往那些旧日岁月,而不顾及定义他们的不公正。问题在于白人大众想并且显然需要黑人运动员来迎合我们的口味,拍我们的马屁,并告诉我们说我们生活于其中的制度和社会所有的一切是多么美妙呀。但是对于我们而言太糟糕了。基本论点是:贝里·邦兹是一位击球手,比任何一位曾经活着的白人球手都要好。时代,故事的终结。他可能与艾伦和梅斯相当,甚至总体来说并没有更好。如果你不喜欢这个,那么拿起球板并试着成为更好。该死的好运气。

文章来源:《本垒打、英雄和伪善:体能增强中的黑人与白人》,提姆·怀斯著。最初刊登在2007年6月13日的《黑人议事报道》(*Black Agenda Report*)。经许可后重印。

约翰·斯图亚特·密尔

约翰·斯图亚特·密尔(1806—1873)是从1776年大卫·休谟去世到20世纪开始这125年间最重要的英国哲学家。从他的少年时代伊始,他就被他的父亲詹姆斯·密尔训练成杰勒米·边沁的功利主义学说和哲学激进派的一个捍卫者,密尔早年毫无疑问地支持他父亲的各种原则。二十几岁时在经历了一场严重的情感危机之后,密尔放弃了边沁的狭隘学说,反而成为了如法国乌托邦社会主义者和德国浪漫派等这些不同学派观点的折中综合者。

密尔活跃在英国的公共生活中,一开始作为东印度公司——在19世纪期间,这是英国经济扩张的一个主要工具——的一名官员(并最后成为主管),后来成了议会的一员。密尔关于道德和政治话题的著作使他成为自由主义最重要的倡导者之一,他还写了大量很有影响力的关于逻辑和知识论方面的著作,包括《逻辑学体系》(*A System of Logic*)和《对威廉·汉密尔顿爵士哲学的审查》(*An Examination of Sir William Hamilton's Philosophy*)。

年轻时,密尔与哈里特·泰勒(Harriet Taylor)夫人交友,他们两人保持了一种密切的关系,直到她丈夫去世之后,他们在1851年结为夫妻。密尔认为泰勒夫人是一位极其有天分的思想家,他确信,假如不是那时对于女性的强有力的偏见(就像现在一样),她可能已经扬名英国文坛了。他与泰勒夫人的关系使得密尔对于女性受歧视十分敏感,结果他成为少数几个大胆地说出此问题的哲学家之一。他关于这个问题的讨论出现在一本晚期著作《女人的屈从地位》中,出版于他死前四年。

第六章 社会与政治哲学

17 世纪和 18 世纪伟大的社会和政治哲学的中心分析手段之一就是"自然状态"(state of nature),在其中人类的情况或状况是,没有国家,没有政府,没有法律。一些哲学家,如托马斯·霍布斯,把这种前社会和前政治的情况描绘为纷争和危险不断的一个丑陋的、危险的时代。其他一些人,如瑞士哲学家让·雅克·卢梭,把自然状态设想为一个理想时代,在这里人类能够发展他们的真正本性,不受文明腐化。即便是今天,我们发现一些人喜欢城市生活,认为乡村是一个荒凉、乏味的地方,而其他人则讨厌城市生活,并渴望乡村的简朴和美丽。当然,真理更为复杂,正如卡斯卡特与克莱恩所认知到的。

一只野兔被逮住了,并被带到国家卫生研究院(National Institutes of Health)的实验室。当他到达后,一只在实验室中出生并养大的兔子与他交朋友。

一个晚上,这只野兔发现他的笼子没有妥当地关好,于是决定为了自由而试图逃跑。他邀请这只实验兔一起逃跑。实验兔犹豫不定,因为他从来都没有到过实验室之外,但是这只野兔最终还是说服了他去尝试一下。

当他们自由了,野兔就说:"我将带你去看看第三号最好的田野。"于是他带着实验兔到了一块长满莴苣的田野。

在他们吃饱之后,野兔就说:"现在我将带你去看看第二号最好的田野。"于是他带着实验兔到了一块长满胡萝卜的田野。

在他们都吃饱之后,野兔就说:“现在我将带你去看看第一号最好的田野。”于是他带着实验兔到了一块满是雌性兔子的繁殖区。这里是天堂——整夜不停地交媾。

当黎明正要破晓之时,实验兔宣布说他必须回到实验室里去。

“为什么?”野兔说。“我已经向你展示了长满莴苣的第三号最好田野,长满胡萝卜的第二号最好田野,还有满是女士的第一号最好田野。为什么你想回到实验室里去呢?”

实验兔回答说:“我没有办法呀。我太想要一根烟了!”

正如卡斯卡特和克莱恩评论的:“这就是一个有组织的社会的好处。”

第一节　密尔与古典放任自由主义

据说有些人生来就是伟大的，有些人凭努力获得伟大，而有些人的伟大是被别人强加的。关于这种说法，我们还可以加上——有些人生下来就是要被训练成伟大的。在所有跻身伟大哲学家行列的人当中，没有人比19世纪英国的经验主义者和功利主义思想家约翰·斯图亚特·密尔受到更细心的栽培、教育、督促，而被推进入伟大行列。从来没有一个小孩被给予比他还少的“去做他自己的事情”的机会，也从来没有一个男人比他用更多的滔滔雄辩来为每一个男人和女人免遭善意的父母、朋友和政府的侵扰这一权利而辩护。把密尔成熟时期的哲学观点化约为他童年经验的单纯心理反应水平，尽管这会是一种错误，但是这种诱惑不可抵抗地把他成年的生涯看作是他年轻时受到各种压力的一种反弹。

密尔生于1806年，这时一股改革英国政治生活的强烈运动正在发展。这个运动的知识分子领导人就是杰勒米·边沁，你已经在第五章碰到过他的功利主义学说了。我们一开始从表现形式上把功利主义看作是一种道德哲学，它计划要为个人面临选择时制定一条原则，用来计算什么样的行动是正确的。但是边沁的最初兴趣是在社会议题上，而不是私人的道德。他把功利主义原则设想为一种攻击英国上流社会的各种传统、法律和特权的武器。只要法庭和政府能够藏身于先例或者远古的习俗背后，那么要迫使他们承认社会制度的不正义和不合理就极其困难。然而一旦把那些古老的习俗放在功利主义原则的检测之中，那么我们马上就清楚他们有多糟糕，因为他们不能造就最大多数人的最大幸福。

在这场改革运动中，边沁的一位密友兼伙伴是哲学家詹姆斯·密尔。尽管他长期以来被他更著名的儿子所掩盖，老密尔仍然是一位相当杰出的思想家。在边沁学派的基础上，他关于经济学和道德哲学的著述树立了一个体系，该体系作为一个堡垒，哲学激进派——正如他们过去所被称呼的——正是从这里冲出去与贵族领主们的最后残余进行战斗。在他的儿子约翰·斯图亚特出生后不久，詹姆斯·密尔遇到了边沁，并且加盟于他。密尔决定把他的儿子训练成这场改革运动中的一名战士，即便是中世纪的骑士侍从也没有受到比他更严格的战斗准备。小约翰·斯图亚特3岁就开始学习希腊文。他的父亲让能说拉丁语的仆人陪伴在他四周，乃至于在他8岁时，他就能够探寻其他古代语言了。12岁时，逻辑学是小约翰·斯图尔特的日常功课，接着不久就学习政治经济学这门新科学。正式的宗教信仰被刻意地从全部课程中省略掉了，但是这个可怜的小男孩形成了这样的观念即他是被一名正统的功利主义者培养大的，这是可以谅解的。

詹姆斯·密尔

詹姆斯·密尔(1773—1836)是功利主义学说的奠基者杰勒米·边沁的一位密友和同事。密尔领导了一群英国的政治改革者,他们认为社会的正义和英明的政府需要放宽公民的选举权从而包括英国的工业中产阶级,并且彻底检修过时的法律和政府体制,而在密尔的时代,这些法律和体制都强烈地偏袒英国地主的利益。密尔和哲学激进派——正如他的支持者圈子被称为的那样——成功地引发足够的支持从而完成许多主要的改革,并以1832年影响广泛的改革法案达到顶点。密尔的儿子,伟大的约翰·斯图亚特·密尔,在《约翰·斯图亚特·密尔自传》中这样谈及他父亲的立场:

> 我的父亲是如此完全地依赖理性对于人类心灵的影响——无论何时它被许可到达人类的心灵——乃至于他感觉到好像一切都会被获得,如果全体族群都被教导得能阅读,如果所有种类的意见都被许可用语词和书写来向他们表达,并且如果通过投票权,他们能够任命一个立法机构来实行他们已经采纳的意见。

在他成年后,约翰·斯图亚特·密尔在他父亲政治战斗的兵工厂中是一个耀眼夺目、精雕细琢的逻辑武器。他写文章攻击英国过时的司法和政治制度,直接用功利主义的信条来为他的观点辩护。

不足为奇,密尔最终在这种死板的教条主义训练重负之下崩溃了。在20岁时,他遭受了一场内在的情感危机,并开始对他父亲以及父亲盟友们的边沁主义作了所谓的一次终身的再评价。尽管用一个简单的短语来概括一个伟大哲学家的著作总是一个错误,但是我们还是可以这样说,密尔终其一生都在努力扩大、深化并精细化他作为一个孩童时所秉受的那些极其简单的哲学理论,从而对他后来的知识发展获得一些一般性的概览。

改革者的学说是清晰的、前后一致的,并且以一种富有吸引力的方式摆脱了那些笼罩在旧秩序的保守主义捍卫者著作中的神秘色彩。正如边沁所认定的,这个世界中的唯一善就是快乐,唯一的恶就是痛苦。人类的行动都是朝向目标的、有目的的行动。我们的欲望决定我们选择什么样的对象或经验来作为我们的目标,而理性则协助我们发现到达那些目标最有效的途径。“我应该做什么”这个问题或者是一个目标的问题——“我应该欲求什么?”——又或者是一个手段的问题——“我如何才能够最轻松地达到我的目标?”然而关于欲望是没有什么好争辩的。我们或者想要某物或者不想要,无论我们经验到什么样的快乐,都是来自于某种欲望满足的结果。所有唯一值得争辩的问题就是实际手段的问题:“这是满足我欲望的最好方法吗,或者这种方法能更快捷、更便宜、更容易吗?”

如果有关自然权利和绝对善的深奥问题要被提出来争辩,那么普通男女将很难跟上训练有素的哲学家、律师或者神学家。然而如果边沁是对的,那么基本的道德问题就简单了:“这样感觉好吗?”“这个经验快乐吗?”现在我们每个人都是他或她自己是否感觉到快乐或痛苦的最佳裁判,因此功利主义就有这样一种效果,即它排除了专家,并在道德的争辩中把所有的男女都置于一个平等的立足点上。此外,边沁主张,快乐和痛苦之间唯一道德上有意义的区分就是一种多和少的数量的区分。正如边沁所提出的,彩头图钉(一种儿童游戏)和诗一样好,只要它给予你同等数量的快乐。这种学说也有这样一种效果,即让出生高低之间的社会区分得以平等,因为有教养的上层阶级很容易坚持认为他们私下知情的快乐和悲伤对于下层阶级的人们来说太精炼了,他们甚至无法想象。用这些方式——通过使得每一个人都是他或她自己幸福的裁判,并且通过使得数量是唯一有意义的变量——功利主义就给一个民主的社会方案提供了哲学辩护。

所有的人基本上都是明智的,理性上自私的行为者。这就是说,我们以最广泛和最快乐的方式来满足我们的各种欲望,而且我们使用我们可以得到的诸种资源——金钱、天赋、权力——以可能最有效率的途径来满足欲望。但是对于完全理性的自私行动,存在着两大障碍。第一个障碍就是,迷信,也是18世纪启蒙运动的标靶。只要人们错误地相信他们没有权利满足他们的欲望;只要宗教、古代的习俗或者阶级区分禁止一般男女使用他们所拥有的各种资源来获得他们自己的幸福;简言之,只要心灵的推理能力被恐惧、敬畏和错误的信念所遮蔽,那么,社会的不正义和不平等就会继续。第二个障碍是无知,即便是开明的男女也会遭受对科学和公共事务的无知,对追求合法满足的最有效方法无知。

教育是功利主义者针对这对孪生敌人迷信和无知所使用的武器。教育要履行两个任务:第一,要把被奴役的心灵从过去迷信的宗教和政治教条中解放出来;第二,将被解放的心灵引导到科学和社会的诸事实之中。那么,受过教育的人就能被指望来支持英明的公共政策,因为这种政策以最大多数人的最大幸福为目的,而作为普通公民这也就是意味着他们自己的幸福。因此,功利主义结合了个人动机的心理学理论、有关善的道德理论和启蒙的教育理论,从而产生了我们今天称之为自由民主的政治理论(a political theory of liberal democracy)。

亚当·斯密

亚当·斯密(1723—1790)出生于苏格兰,当时这个小国家是欧洲最活跃的学术中心之一。就像他的同乡大卫·休谟一样,斯密就非常广泛的问题而写作,我们现在会把它们称为社会科学。他的代表作是一部关于在一个自由市场资本主义的经济体中经济行为的各种基础的研究,该书冗长、难读,但却是革命性的,书名为《国民财富的性质与原因研究》(*Inquiry into the Nature and Causes of the Wealth of Nations*)①。斯密以此书开创了经济学这个领域,并为自由放任主义学说奠定了理论基础,这个学说在两百年后依然拥有广泛的支持。《国富论》(*The Wealth of Nations*)出版于1776年,就在此时美洲诸殖民地宣布它们独立于英国政府;历史应该把这两件事联系起来,这是合适的,因为美国的制宪元勋们都深深地受到个人自由、最小政府(Minimal government)和理性的自利追求等放任自由主义精神的熏陶。

我们还有提到功利主义体系的最后一个要素,这个要素可能是最为重要的,也就是自由放任主义(laissez-faire)②经济理论,由亚当·斯密和大卫·李嘉图(David Ricardo)所创立,经由詹姆斯·密尔和他的儿子在关于公共政策的大争辩中加以发展。本书不是一本经济学教科书,哲学本身就够难的了,但是为了充实密尔的立场,并且为好多年之后卡尔·马克思对它发起的猛烈攻击的论述做好准备,关于自由放任主义理论至少还必须说几句。

当然,18世纪末与19世纪初的主要事实是商业和工业资本主义的成长。这种新资本主义的关键就在于对积累的财富或“资本”进行系统的投资,目的是生产出能够在市场中出售并获利的商品。让经济活动运转起来的个体过去被称作“企业家”(entrepreneur),这是个法语词,英文的对应词是“承办人”(undertaker),指承办某事

① 国内一般简译为《国富论》。——译者注

② 自由放任主义,字面意思就是,“允许去做”。自由放任主义是一种自由市场交易的体系,它受到政府控制绝对地小,19世纪自由主义者认为这会使得各种资源得到最有效率的利用,并且为社会创造出最多的物质财富。自由放任的资本主义是指资本主义发展的早期,这时的公司规模小,所有者自己经营,并且由市场压力来调控他们的购买与销售。

的人，而不是指送葬人（尽管资本主义的批评者们可能会争辩说这种意思之间的确有一种联系）。资本家承租土地，雇佣劳力，购买原材料，并且在一个制造出成品的过程中将这些生产要素结合在一起。这种成品被拿到市场上来销售，但是市场并没有法律规定商品必须被支付的价格或它能够赚到多少利润。亚当·斯密在他著名的论著《国富论》中论证道：如果每一个人都被允许为了自己而尽其所能地做得最好——工人、资本家、商人和消费者——那么最终的结果就会是由于用来满足人类欲望的商品的生产，而国家资源得到最有效的利用。消费者在市场中花费钱财的方式就是为了物超所值从而获得最大的快乐。如果一种产品在价格上飙升得太快，那么消费者就会转向其他产品，因为花光你所有的钱你能买到鱼、蛋、鞋子和一件外套，而用同样的钱你才能买到一块肉，这就太愚蠢了。资本家们会从生产过剩的领域中抽回他们的资本，因为当供过于求时，为了将他们的库存脱手，他们就被迫要降低他们的价格，而利润就会暴跌。同样，如果消费者们吵闹着要一种还没有被生产出来的商品，那么他们就会在市场中哄抬价格，抬高了该商业分支的利润，这就吸引了追逐利润的资本家们开建新的工厂来从这未被满足的需求中获得更多的利润。

既然幸福就是快乐，而快乐来自于欲望的满足，消费者购买商品就是为了满足欲望，那么就会推出，资本家们在试图获取利润的同时实际上也在为消费者创造幸福。当然，资本家并没有试图要为消费者创造幸福！资本家们，像所有的男女一样，都是理性上自私的快乐的最大化者。但是这种新资本主义自由市场体系的本领准确来说在于：每一个人，只追求他或她自己的好处，这就不自觉地增进了其他人的好处。因此，我们能够依靠自私来理性地并且有效率地做到利他主义所从没成功做到的事情——即，为最大多数人创造最大多数的可能幸福。亚当·斯密这个思想被放进了下面这篇常被人们援引并传颂的短文中。实际上，斯密正在讨论进口的限制问题，但是他阐明的论点却拥有十分普遍的应用：

亚当·斯密

《国富论》

但是每一个社会的年收益总是正好等同于它的整个工业年产量的交换价值，或者确切地说是与这种交换价值相同的物品。因此，每个个体都尽其所能地努力既利用他的资本来支持国内的工业，又因而去引导该工业的产品能够创造最大的价值；每个个体必然努力尽其所能多地贡献社会的年收益。的确，通常他既不打算促进公共的利益，也不知道他促进了多少公共利益。与国外的工业相比，他更喜欢支持国内的，这样做他的意图仅仅是为了他自己的安全；以这样一种方式引导该工业以便让它的产品能够获得最大的价值，这样做他的意图仅仅是为了他自己的收益，而且就像很多其他情况一样，在这里他被一只看不见的手（an invisible hand）牵引着去促进一个不是他意图一部分的目的。对于不属于他意图一部分的社会而言，这也不总是一件更糟糕的事。通过追求他自己的利益，他常常促进了社会的利益，而且要比他真的有心去促进社会的利益时更有效。我从来没有听说过那些炫耀着要为公共福祉牟利的人最终做出了多少好事。的确，这是一种装模作样，这在商人之中并不十分常见，而且不需要耗费多少唇舌就可以劝他们不这样做。

密尔广泛地阅读与边沁及其父亲詹姆斯·密尔观点相去甚远的作家作品。正好在他试图要反驳他们的论证时，他向批评改革运动的浪漫主义批评家学习。他研究像阿历克西·德·托克维尔(Alexis de Tocqueville)①这样敏锐的保守主义观察家的著作，甚至吸收法国社会主义者的教训，尽管似乎他并没有读过或欣赏过伟大的德国社会主义者卡尔·马克思所展开的更猛烈的理论攻击著作。他学识的广度与他个人对于他父亲的狭隘教条的不满，使得密尔怀疑或者甚至否定功利主义哲学与社会政策的某些中心原则。不管怎样，终其一生，他的心灵依然束缚在他年轻时受教导的原则限制之中。

密尔至少以三种重要的方式来质疑正统改革学说的论题。第一，他否定了边沁平等主义的主张，即边沁认为任何快乐，就其自身或出于自身而言，都与任何其他的快乐一样的好(正如我们已看到的，这是以一种迂回的方式在说，任何人都与其他人一样的好)。早在柏拉图的时代，哲学家就已经论证有些快乐要比其他快乐更精致、更高级，道德上更高尚。通常，正如我们所期待的，他们主张心灵的快乐要优越于身体的快乐。边沁愿意承认，有些快乐比其他快乐来说更强烈，或者持续更长久，或者有更多快乐的特效。一夸脱的烈酒可能产生的快乐就少于一口高级的白兰地。一个晚上的酗酒，可能随之而来的就是一个非常不舒服的早晨，在这之后的整体经验加起来可能是一个负值而不是正值。有些快乐，如一些食物，可能是后天的口味，在它们被恰当地欣赏之前，需要知识和长期的实践。但是毕竟这已经被考虑过了——边沁确实小心地考虑过了——功利主义仍然坚持认为：起作用的仅仅是快乐的数量而不是快乐的品质。密尔不能接受这种教导，尽管这在哲学上是根本的，而且他曾经被训练来为它辩护。功利主义的批评家们认为功利主义是一种残忍的、堕落的或欲望低下的哲学，这刺痛了密尔。为了回应他们的指控，密尔区分了高尚的快乐与低级的快乐，这就从根本上改变了功利主义的意义和逻辑力量。下面这篇短文选自一篇名为《功利主义》的文章，密尔最先发表在一本杂志上，后来作为一本小书出版。

① 托克维尔(1805—1859)，法国历史学家、社会学家，代表作有《论美国的民主》。——译者注

《金酒小巷》威廉·霍加斯(William Hogarth,1697—1765)

霍加斯著名的版画相当有力地展示了通宵达旦喝酒的各种负面后果!来源:威廉·霍加斯(1697—1765),《金酒小巷》,版画。大都会艺术博物馆[(The Metropolitan Museum of Art),哈里斯·布莱班·迪克基金会(Harris Bribane Dick Fund),1932。32.35(124)]图片版权归大都会艺术博物馆所有。

约翰·斯图亚特·密尔

《功利主义》①

高尚的快乐与低级的快乐

但是,这样一种人生理论在很多人的心灵中引发根深蒂固的厌恶,而且其中一些人还怀着最令人敬佩的情感和目的。以为生活没有比快乐更高尚的目标(正如他们所表达的)——没有更好与更高贵的对象可以欲求和追求——他们指出这完全是刻薄卑鄙的,是一种仅仅配得上猪的学说,很早以前,伊壁鸠鲁的追随者们就被轻蔑地比作猪;现代该学说的主张者们有时候也被它的德国、法国和英国攻击者加以同样有礼貌的比喻。

① 参阅《功利主义》,徐大建译,上海世纪出版集团,2008年,第7-9页。——译者注

当受到这样的攻击时，伊壁鸠鲁派总是回答说，这不是他们而是他们的指控者，把人性描绘得堕落不堪，因为他们的指控假设了人类除了那些猪能享有的快乐外不能有其他快乐了。如果这种假设是真的，那么这个指控就无法反驳，然而，这也因此不再是一种非难了；因为如果人与猪的快乐的各个来源是完全一样的，那么对于一个来说是足够好的生活规则对于另一个来说也就足够好啰。人们觉得，把伊壁鸠鲁派的生活比作野兽的生活是一种侮辱，这是因为野兽的快乐并不能满足人类的幸福概念。人类有些官能比动物的欲望要更高尚，一旦这些官能被意识到了，那么人们就不会把不包括满足这些官能的任何东西视为幸福。

承认这个事实，即有一些快乐要比其他快乐更值得的欲求、更有价值，这与功利原则是很能兼容的。当评估所有其他东西时品质（quality）和数量（quantity）都要被考虑，而对于快乐的评估应该只根据数量，这就会是荒谬的。

如果我被问道，我所谓快乐中的品质差异是什么意思，或者说，仅仅作为一种快乐，除了它在数量上更大之外，是什么东西使得这种快乐比另一种快乐更有价值，这里只有一个可能的答案。就两种快乐而言，如果一个人对全部或几乎所有这两种快乐都经历过并给出一个坚决的偏爱，而不管任何道德义务的情感对于它的偏好，那么这就是一种更值得欲求的快乐。如果两种快乐中的一种快乐，被那些非常熟悉这种两者的人高高地置于另一种之上，即便知道它会带来更多的不满足，人们依然偏爱它，不会为了任何数量合乎他们本性的其他快乐而放弃它，那么我们就能公正地认为这种被人偏爱的愉快在品质上优越，相比之下，快乐的数量就不那么重要了。

然而，一个无可置疑的事实是，那些同样地熟悉、并且能够同样地欣赏和享受这两种快乐的人，的确都明显地偏好那种能够运用他们高级官能的生存方式。没有几个人会因为一个尽情地享受野兽的快乐的承诺而同意变成低等动物；没有一个聪明的人会同意变成傻子，没有一个受过教育的人会同意变成无知的人，没有一个有情感和良知的人会愿意变得自私和卑鄙，即便他们被劝说傻子、蠢材或无赖比起他们自己而言更能满足自身。他们不会为了最大程度地满足自己与傻子共同具有的所有欲望而舍弃只有他们自己拥有的东西。如果他们竟然幻想自己会愿意，那么这仅仅是在极端不幸的情况下，乃至于为了避免这种不幸，他们会用自己的命运与几乎任何其他东西交换，尽管在他们自己的眼中这些东西是怎样的不值得欲求。与一个低等存在物相比，一个具有高级官能的存在者需要更多东西才能使他幸福，可能有更多严重的苦难，而且在更多地方会遭遇到这些苦难；然而即便有这些麻烦之事，他也从没真正希望沉沦到他感觉到是一种低等的生存中去。

这里密尔为之辩护的立场有很多棘手的逻辑问题，要对这些问题进行彻底的分析将会把我们带进功利理论的一些相当枯燥而且技术化的领域之中。但是，在他的书中有一个问题马上向我们涌现出来。如果在品质上并不是所有的快乐都是同等的，如果一些有更精致鉴赏力的人能更好地判断各种快乐的品质，那么基本民主的一人一票制这个功利主义的要旨就丢失了。在社会政策目标的选择上，不是给予每一个人——不管社会地位有多低下或在教育上有多缺乏——同等的声音，而是根据有教养的少数人——他们已经体验过心灵各种高尚的快乐，这些人从他们文化的顶点声称，巴赫(Bach)比摇滚乐好，第一流名厨要比芝士汉堡好——的意见来赋予特殊的影响力。事实是，密尔确实在他的政治著作中表现出这种贵族式的偏见，既在对待英国上流社会的特权地位上，又在面对英国殖民地那些还没有提升到英国文化水平的"臣服的民族"时表现出英国的特权地位。密尔的文化帝国主义(the cultural imperialism)——我们可以这样称呼它——作为关于其人与他的时代的一个事实，这当然是有趣的。对于一个专门观点所作的显然是琐碎的哲学论证，给最为实际的政治问题造成非常大的后果，然而这也是关于这种方式的第一流的例子。

密尔对其父亲信仰的第二个修改，与在市场中相互作用的劳动者、资本家和消费者的合理性以及可预测性有关。正如我们已经看到的，自由放任主义学说——它强调在市场中实行有限的政府干预，并且在贸易和商业中消除所有管制——基于两项假说之上。第一个假说是，经济的行动者能够被指望以一种理性而自私的方式行动，尽可能便宜地购物，拿最高的薪水，总是寻找好处；奠基于第一个假说的真实性之上，第二个假说是，一个沿着放任自由主义路线运行、并由理性而自私的人构成的经济体，将使得发展与生产达至最大化，因此在自然资源和技术的限制之下，为最大多数的人创造出最大的可能幸福。在他的一部主要著作《政治经济学原理》(*Principles of Political Economy*)一书中，密尔否定了第一个假说，因此为反驳第二个假说奠定了理论基础。

首先让我们来看看密尔的论证。然后我们将思考它的意义。

约翰·斯图亚特·密尔

《政治经济学原理》

在个人所有制的规则之下，产品的分配是由两项决定性的因素造成的：竞争(competition)和习俗(custom)。确定属于这两项因素中的每一项的影响数量，以及以什么样的方式使其中一项因素的运作被另一项所修正，这是很重要的。

通常政治经济学家们，尤其是英国的经济学家们，已经习惯于给予这两项因素中的第一项以几乎独占的强调；夸大竞争的效果，很少考虑另一项因素与之相冲突的原理。他们动辄就表达自身(好像他们是这么想的)说：只要竞争实际上发挥了作用,那么在所有情况下,不管什么都能被看作是竞争的趋势的表现。如果我们认为,只有通过竞争的原则才能使政治经济学标榜为具有科学的特征,那么上述才是部分地可以理解的。只要租金、利润、工资和价格都是由竞争来决定的,那么法律就可以为它们提供保障。假设竞争是他们独有的监管者,那么根据那些它们将被监管的事情,具有广阔的普遍性和科学的精确性的各种原则就可以被制定出来。政治经济学家正当地认为这是他们的正事:作为一门抽象的或假设性的科学,政治经济学不能被要求做更多的事情,确实也不能做。但是要认为竞争事实上具有无限制的支配力,这会是对人类事务实际过程的一个很大的误解。我这里所说的并不是垄断,不管是自然的还是人为的,也不是说政府对于生产的自由或交换的自由的任何干涉。这些引起麻烦原因一直总是被政治经济学家们所许可。我所说的是根本没有限制竞争的案例;不管是在案例的本质上还是在人为的障碍中,都没有妨碍竞争;然而,这些案例的结果并不是由竞争来决定的,而是由习俗或用法来决定的;竞争或者根本就没有发生,或者以一种一般被认为是自然的十分不同的方式来发挥它的影响。

由于习俗坚守它的立场而反对竞争达到相当大的程度,即便在有众多的竞争者和追求利益的普遍动能的地方,竞争的精神是最强烈的,但是我们还是可以肯定这些更符合实际情况,即人们满足于较小的利益,并且当权衡他们的实情或他们的快乐时把他们的金钱利益评估为一个更低的比率。我相信这种情况将会在欧洲大陆经常被发现,即某些商品或所有商品的价格和收费,在某些地方要比不远处的其他地方要高出许多,除了它一直以来都是这样的之外,不可能有任何其他的原因:消费者习惯它了,也就默认它了。一个雄心勃勃的竞争者,拥有充足的资本,可能会迫使费用降下来,并且在这个过程中大赚一笔;但是这里没有雄心勃勃的竞争者;那些拥有资本的人更喜欢把它放在那动都不动,或者以一种更加不动声息方式赚点小钱。

密尔说,尽管市场中男人和女人的行为是可预测的(predictable),但是却是不可计算的(calculable)。这个差别是根本的,因此我们也许应该花一会时间来更清楚地解释它。假设我想开一家小吃店,并正在决定是否把它设在市中心还是设在郊区的一个正在建设中的新购物广场。我知道这个购物广场将会有大量的打折专卖店,以非常低的价格销售著名的品牌。如果我能够设想,仅仅是靠欲求最低限度地减少他们所购买商品的支出这一点,就能打动消费者,那么我就能够计算出(对于这一地区的购物习惯一无所知)这个购物广场将会挤满特价商品的专猎者。由于我想把我的小吃店开在有顾客的地方,那么我将选择这个购物广场。

但是如果密尔是对的(事实上他是对的),那么有固定一部分顾客将继续在市中心购物,不管是出于习惯,还是因为他们更关心诸如对商店的熟悉度这些非金钱的因素。世上没有什么办法能让我正确地预见到有多少顾客将受这些因素影响而去市中心购物，而不是去购物广场。我可以考察其他城镇的购物行为并推知这里的情况，或者做一个顾客意见调查，又或者以其他方式来让我的预测以经验为基础。有了充足的数据，我也许能够预测顾客们将要做什么，如此一来我就能决定在哪里设置我的小吃店。但是我没有办法计算他们的行为。

只要市场中经济的行动者以一种理性而自私的方式行动，那么我就能够计算他们的各种行动而不需要对他们的个人性格拥有任何在先的知识，也不需要搜集有关他们过往行为的详尽信息。所有我需要知道的就是：(1)他们力图使利润或愉悦最大化；(2)他们将利用可获得的信息以一种理性的方式尝试去完成这种最大化。然后我就能够用我自己的脑子实现他们将要实现的同样的计算，如此我就能够计算他们的行动。但是如果他们受到密尔所谓的“习俗”的影响，也就是说受到非理性的趣味、习惯和偏好的影响而背离利益最大化的严格合理性，那么我仅仅在基于对他们的过往行为有大量的系统信息收集基础上才能够预测他们的行为。我不能够依赖市场这只“看不见的手”来把他们的经济行为指引到最富效益的领域。资本家们，出于非理性的习惯或反感，可能会避免把他们的资本转移到那些市场需求未被满足的行业中去。消费者们可能继续在一家更昂贵的商店购物，而同样的商品在隔壁商店卖得更便宜些。工人们可能不会辞掉低报酬的工作而转到劳工短缺但报酬更好的工作中。

结果将会是市场的自动机制的失败，而需要有一个既掌握信息又有权力执行它的决策的中央政府，来对经济进行科学的监控管理。简言之，密尔对放任自由主义的古典理论作出的轻微修正直接导致了——尽管不是马上地——现代福利国家资本主义的管制经济(managed economy)。

密尔对于其父亲詹姆斯·密尔的激进哲学的第三个修正直接源自第一个修正，并且关注政府干涉它的公民私生活的权利。在他著名的论著《论自由》中，密尔主张绝对禁止所有国家或社会干预思想和情感的内心生活。但是在《政治经济学原理》一书的最后一章，他采取一条稍微有点不同的路线。可以肯定，他说，“自由放任主义……应该成为普遍的实践：每一个对它的背离都是某种恶，除非有某些伟大的善需要这种背离。”但是在考虑可容许的背离时，密尔确实让步了很多。听听下面他这篇暗示性的话：

约翰·斯图亚特·密尔

《政治经济学原理》

我们已经观察到，作为一个普遍的规则，当那些与人生的事业有直接利益关系的人被任其发展，不受法律的命令或任何公职人员的监控时，人生的事业就能得到更好地实现。从事该项工作的人们或某些人，在达到他们所追求的特殊目标的方法上,比政府有着更好的判断。如果让我们假设这不太可能发生的事情,即政府掌握了自身最好的知识,而这个知识在一个给定的时间里是由行业里最有技艺的人获得的;即便如此,个别行动者对于结果有着如此更为强烈、更为直接的利益关系,乃至于如果让他们不受监控地加以抉择,那么达到目标的方法很可能得到大大的改进和完善。但是如果工人一般来说是方法的最佳选择者,那么我们是否可以用同样的普遍性来断定:消费者,或被服务者,是目标的最能胜任的审判官吗?买家永远都有资格评判商品吗?如果没有,那么支持市场竞争的假定就不能应用于这里;如果一种商品有让社会陷入更大危险之中的性质,那么国家集体利益的授权代表就会出于利益的平衡而支持某种样式和程度的干预。

现在,认为消费者是商品最能胜任的审判官,这个主张只有在添加上很多扣减和例外时才能被承认。他通常是为了他的使用而被生产出来的物质商品的最佳审判官(尽管这并不是真的普遍如此)。这些都是注定要供应某些身体的需求,或满足某些趣味或嗜好,至于是哪些需求或嗜好,那些对此有感受的人没有申诉;或者它们是某个行业的手段或用具,是供从事该行业的人们使用的,这些人可能被假定为这些商品的审判官,而这在他们自己的惯常职业中是需要的。但是有一些其他的东西,其价值决不是由市场的需求来测验的;这些东西的功用并不在于伺候各种嗜好,也不在于为日常生活的使用服务,而且这些东西的缺乏很难被感觉得到,但是需求却是最大的。这对于那些主要是用来提升人类的品格的东西尤其真实。没有教养的人不能成为教养的最胜任的审判官。

我们一直以来都把边沁、詹姆斯・密尔和约翰・斯图亚特・密尔当作“自由主义者”(liberals)来谈论,确实这也是他们如何称呼他们自己的名号。但是正如其他领域一样,这在政治学领域中也经常发生,即随着时间的推移,语词会变换它们的意义。没有其他语词比“自由主义者”(liberal①)这个词更突出地展示这种趋势了。

“liberal”来自同样的拉丁词根“liberate”,意思是“解放或使自由”(to set free)。起初,18 世纪晚期到 19 世纪初期,自由主义者们批评旧秩序,因为它在政治和经济领域放弃了“自由”(liberty)。男男女女们在政治上并不能自由地言说他们所选择的,不能自由地以他们自己的方式来做礼拜、集会,不能自由地参与他们政府的选举,不能自由地协助制定用来统治他们的法律。而且他们也不能如他们所意愿地自由地买卖,不能在任何他们能找到工作的地方就业,不能创业,不能以任何他们认为是最好的价格销售商品。

---

① liberal,既可作名词“自由主义者”,又可作形容词,表示“自由的、开明的、慷慨的、充足的”等意思。——译者注

边沁和密尔都认为这两种不自由之间没有关系。借助于功利主义学说，他们争辩道，一个国家的公民应该既能自由地、开放地过他们所选择的私人生活，也能自由地、开放地在市场中作为雇主或雇员、买家或卖家、消费者或生产者而行动，如果他们认为合适。他们论证说，如果政府尽可能少地干涉这任一个领域，那么人们就会更幸福，社会作为一个整体就会更富裕。

尽管他对功利主义的信条作了限定和修正，但密尔仍然忠于它的精神。但是对于自由放任主义的自由主义和功利主义的各种猛烈的理智攻击正在逐步增加。在本章的下一节中，我们将听到一些异议的声音。工业资本主义及其自由主义的辩护者出现时，这种攻击就更激烈了。在19世纪的最初几十年里，对工业主义的浪漫保守主义批评家们和对这种工业主义的资本主义组织的社会主义批评家们，都在英国和欧洲大陆出现。但是我并不希望你认为这是一个古老的争论，并被埋葬在尘封已久的早已去世者的遗著中。这同样的争辩今天还在继续。

第二节　社会主义者对资本主义的抨击

在早期的工厂里工人们的悲惨状况，在贫民窟中他们及其家人所遭受的脏乱不堪，他们的贫困与企业主们的富裕之间的严重反差，这些都激起了对新的工业秩序洪水般的严厉谴责。有一些批评不过是内心的呼喊，然而特别是在法国，很多哲学家和经济学家努力去发掘由资本主义所产生的苦难隐藏的诸种原因。德国人卡尔·马克思对工业资本主义的制度、经济理论和哲学上的合理化展开了最持久、最彻底和学术上令人印象最为深刻的批判。

马克思批判的天赋在于他迎头痛击自由主义哲学的最强点，并把自由主义哲学自身的论证转过来反对它自身。自由主义和放任自由主义声称是理性的学说，除去了所有迷信的神秘化。保守主义者否认理性的至高无上，并试图把想象力和传统抬高到第一地位。马克思接受了自由主义的挑战。他坚持认为，工业资本主义不是理性的。相反，它完全是非理性的，而且表达在它的经济理论和哲学中的合理性主张，只不过是一种意识形态的合理化，是用来掩盖资本主义内在的不合逻辑的，并由此来保护这样一种制度，即以牺牲众多人的生命为代价来偏袒少数人的利益。

马克思是以对资本主义的分析来开始对其批判的。资本主义是如何运作的呢？马克思对资本主义国家的社会与经济组织有什么样的看法呢？初步审视看来，任何一个时代的社会似乎都是一个多种活动的无组织蜂窝，没有任何系统、模式或基础理论。农业、艺术、科学、工业、政府、宗教、娱乐、市场、战争、赈济、犯罪——这些都是人们所做的事情——在数量和种类上是无穷无尽的。仅仅去列举某人或其他人所从事的工作的所有种类就会让人迷失在多样性的混乱状态中。但是马克思在混沌中看到了秩序。他论证说,为了使社会生活有意义,我们必须区分出一组活动,它对于人类的生存与繁衍来说是基本的。每天,人们都在工作,将自然转变成他们生活所需的食物、衣服和住所。这些经济活动构成了社会中所有其他活动奠基其上的基础或根基。为了把生产性的经济活动从他的德国唯心主义前辈们所作出的繁多的哲学理论说明中区分出来,马克思把社会的各种生产要素称为社会的物质基础(material base)。在把基础称为“物质的”这点上,他的意思并不是要表明它是由物质的东西而不是由人类的思想、目的和计划组成的,因为甚至各种生产活动都是涉及到“理念”的理智的有目的的活动。相反,马克思想强调经济生产的根基地位,从而与哲学、宗教或艺术相对立。

社会的物质基础由三个层次构成。第一个层次是生产资料(means of production)——人们用以工作的原材料、土地和能源资源。第二个层次——生产力(forces of production)——包括工厂、机器、技术、行业知识,以及那些人用他们的劳动改造生产资料所积累下来的技巧。物质基础的第三个层次,也是最为重要的层次,被马克思称为社会的生产关系(social relationships of production)。由于在马克思的理论中所有事物都依赖这个最后的因素,因此我们必须花费一些篇幅来详细地解释一下它。

可以肯定,人类是生产性的被造物。但是根据马克思的说法,人类是社会的生产性被造物。人们在他们之中划分劳动,把生产过程区分成一系列的子工作或专业,然后把整个生产过程中的各个部分分配给不同的工人。有些人种植谷物,有些人从地下挖出铁矿。而另一些人把谷物烘烤成面包,还有一些人把铁矿制造成工具和武器。这种劳动分工(division of labor)也需要一个交换系统,因为没有一个人能够单单以他或她自己的劳动产品过活。农夫需要木匠的产品,木匠需要铁匠的产品,而铁匠又需要农夫种植出来的谷物。市场就是这样一个系统,通过这个系统一个永远不会终止的贸易或买卖链条在社会的各成员之间分配劳动产品。

尽管在功能划分和产品交换这个意义上,生产活动是合作式的,但是它绝不是和谐的、公平的,或者普遍受益的。根据马克思的说法,在人类历史的早期,一些人通过武力成功地掌控了重要的生产资料。他们占据着土地、河川、矿山和森林,并阻止其他人使用它们。一旦这些人成功地声称对于这些生产资料的所有权,那么他们就处于向社会中的其他人索取赎金的地位上。地主对农民说:把你全部种植收获的一半缴纳给我,否则我将不让你耕种这土地。农民没得选择,因为如果他不耕种,他就会饿死。这样,根据社会状况人们就确立了两个阶级:统治阶级,他们控制生产资料;下层阶级,他们为了生存被迫放弃其劳动的一部分产品。

当然,最初剥夺下层阶级权利的赤裸裸暴力对于所有人都是显而易见的。但是随着时间的消逝以及代代更替,强大的习俗和惯性给原初仅仅是强权的东西赋予了合法性。统治者把其对生产资料的控制权传给他们的儿女,而这些儿女生来就认为这些东西在法律上是他们的。统治者所拥有的空闲时间——因为他们吃喝穿的都不必自己生产——允许他们发展出一种文化与生活方式，它们与劳动大众的十分不同。难怪甚至那些下层阶级的人很快就相信，统治者是“与众不同的”。刚开始时统治者不是这样的，但是他们的后代肯定会变得如此。当工作、交换、土地所有权以及个人的从属关系等惯常模式发展出来时，统治者召开定期的法庭来解决这些模式的法规中可能出现的争端。这些法庭的各种判决成为这个国家的法律。不用说，这些判决很少威胁到统治者的利益，因为这是他们召开的法庭，是他们坐在审判席上，是他们用其士兵来强制执行法庭的命令。这也不奇怪，这个社会的宗教人士会为统治者与他们的统治祈福。教会在经济上是不从事生产的机构，而它们能够生存，这仅仅是通过分享了统治者从劳动者那里获得的部分产品。

马克思的社会结构理论①

图片来源：普兰提斯·霍尔出版社为罗伯特·保罗·沃尔夫而画

联结那些控制着生产资料的人与那些没有生产资料的人的这种关系体系，马克思称为社会的生产关系。这是一个社会的基本事实，从这里衍生出其他第二等级的事实，诸如法律的结构，占统治地位的宗教的教义，艺术与文学的基本主题。马克思把一个社会的这些从属的或第二等级的特征称为社会的“上层建筑”（superstructure），他通过这个比喻来传达这样一个思想，即一个社会奠基于，或者建筑在，社会的“基础”部

① 插图中四层金字塔建筑的底层是“生产力与生产资料”，第二层是“社会的生产关系”，第三层是“国家与法律”，第四层是“艺术、哲学与宗教”。——译者注

分。可以用更现代的方式来陈述这同样的思想,即生产资料、生产力、社会的生产关系是一个社会中的“自变量”(independent variables),而法律、政治、艺术、宗教与哲学都是“因变量”(dependent variables)。

在上层建筑中,国家占据着中心位置,因为它是统治阶级用来维持它对社会其他人统治的工具。当社会的生产关系的特征改变时,国家的特征也跟着改变。在封建制度下——这是一种基于土地所有制的生产制度——国家控制在土地贵族(landed aristocracy)的手里,他们利用国家来维持对农业工人(或“农奴”)的控制,并规范大地主(或“领主”)与他们的下属佃农(或“家臣”)之间的关系。这同样的土地所有制度也形成了社会军事组织的基础,因此结合着对生产资料的控制和武力的供应来维持这种控制。在一个工业的生产制度中,是资本而不是土地成为生产过程的中心,拥有资本的阶级(“资本家”)也控制着国家。正如马克思和他的终生合作者弗里德里希·恩格斯在他们最著名的作品《共产党宣言》中所说的:“现代国家的行政部门只不过是用来管理整个资产阶级普通事务的一个委员会。”

根据马克思的看法,社会是怎样随着时间而变迁的呢?在任何一个给定的时刻,我们都会谈及统治阶级和下层阶级。在我们的社会,他们就是资产阶级(bourgeoisie)和无产阶级(proletariat)①。但是随着新技术的发展,劳动分工越分越细,在物质基础中发生了缓慢的转变。在封建秩序内部,资本主义开始成长。新的生产与交换方式产生了新的关系制度。刚开始时,与经济活动中压倒性的优势相比较,这些改变似乎微不足道。但是一点一点地,越来越多的人们被吸引到经济活动的新模式中来。在经济上进步的群体或阶级一开始处于不利地位,因为规则全都是用来支持统治阶级的。然而,随着进步阶级真正经济实力的增长,它开始要求在社会的统治层中占有一席之地。它要求修订法律来帮助而不是阻碍其经济利益。它也要分享来自对生产资料控制的权力。

在此,马克思是一位乐观主义者,如果靠这样我们就可以说他认为人类在朝着更好的时代发展。但是他不是一个傻子。不管什么时候,一个正在成长中的阶级挑战统治阶级的统治,这里就将有暴力发生,这一点对于他而言是十分显然的。资本家绝不可能以他们的利益与土地贵族的旧秩序相妥协;他们中有一个将必须离开。根据马克思的说法,从英国内战开始,接着经过法国和美国革命,到以美国内战为终点,这两百年的内战和社会动乱,只不过是前资本主义秩序的土地贵族与掌控新工业生产资料的资产阶级之间延续的斗争。

---

① 资产阶级和无产阶级。资产阶级是中等阶级,他们由工厂主、店主、银行老板、投资者以及他们的伙伴组成。“bourgeoisie”这个词来自中世纪的术语“bourg”,意思是“有城墙的城市”。市民(burghers)或中产阶级(bourgeois),就指一个有城墙的城市中的居民——在外延上,是指构成社会经济精英的商人和工匠师傅,与贵族相对立,贵族的财富和权力是基于所拥有的土地。在马克思的著作中,无产阶级指靠出卖劳动力来赚取工资生存的城市人。“proletariat”这个词来自古老的拉丁词,指罗马中最下层的人。

这就是马克思以一种非常简略概括的方式对资本主义的分析——它如何从封建主义中出现,它如何运作,以及是什么东西使得它改变。这个事例就运用了为人所知的马克思主义(Marxism)[①]。现在,我们能够来看看他对资本主义的批判——他认为资本主义有什么问题。正如我早先所表明的,马克思对资本主义的基本抱怨在于它是非理性的。确实,马克思认为工业资本主义在两个不同的方面上是非理性的。首先,它在工具上是非理性的。也就是说,它系统地选择那些没有效率的手段来达到其声称为自己制定的目的。亚当·斯密以及其他资本主义辩护者一直以来都欢欣鼓舞地声称:一个自由市场的盈利体制在任何时候都会最大限度地、有效率地使用社会中能够获得的资源和技术,而且它会比任何政府管理或传统的体制都更迅速地产出新的经济产品。马克思同意资本主义在生产工作上是无与伦比的,但是正是这同样的资本主义,无法解决甚至更为重要的有关分配它的工厂产出的问题。在资本主义的体制中,产品是为了盈利的,而不是为了使用的。如果资本家在他的投资上没有好的回报,那么他就被迫关闭店铺,即便社会中有很多人渴望得到他生产的产品。出于同样的原因,只要他有好的盈利,那么他就会大量地生产该产品,而不管它们是否高出了社会的真正需求。市场就是分配机制,这意味着只有手里握有现金的消费者能够买到资本家已经生产出来的东西。但是资本家为了获得高额利润,就必须压低工人的工资,因为——马克思争辩道——利润来自工人生产出来的商品的价值与由他们的雇主支付给他们的工资之间的差额。因此,那些大量削减工人的工资的资本家,发现市场中没有人有钱来购买他的产品。

卡尔·马克思

卡尔·马克思(Karl Marx,1818—1883)是现代社会主义的创始人。他出生于普鲁士,研究哲学,并且在他二十几岁时加入了一个由年轻激进的社会批评家和哲学家组成的圈子,即人们所熟知的“青年黑格尔派”(the Young Hegelians)。作为一名小册子的撰稿人和知识分子鼓动家,马克思在德国和法国住了很多年,其后他移居伦敦以逃避政治迫害。在英国,他过着相当平静的学者生活,反思,著述,并参加政治组织。终其一生都与弗里德里希·恩格斯(1820—1895)合作,马克思对工业资本主义体制——这种体制最先在英国发展起来,后来遍布欧洲其他地方——展开了系统的、详尽的、全

① 马克思主义是一种经济、政治和哲学学说,最先由卡尔·马克思所创立,然后由他的弟子和追随者所发展。尽管马克思本人认为他的理论是科学的,但是他的追随者们常常把它们当作一种世俗宗教来对待。其主要学说有:第一,资本主义在内部是不稳定的,而且容易陷入经济危机;第二,资本主义企业的利润来自对工人的剥削,工人的工资少于他们的产出;第三,当资本主义发展了,工人们将倾向于对自身的状况更有自觉——因而更可能去用武力推翻资本主义;第四,资本主义被摧毁之后诞生的社会,在它的经济和政治组织中将会是社会主义的和民主的。

面的经济、政治、哲学、历史和道德批判。

作为一位年轻人,马克思为这种革命性的信念,即资本主义已经到了全面崩溃的边缘而激动不已。在1848年工人起义失败和大部分欧洲大陆政府开始反动转向之后,马克思对资本主义的内在弱点提出了一套更深刻、更长远的分析。尽管他的著作卷帙浩繁,但是无疑他一生的代表作就是这部被简单地称呼的《资本论》(*Capital*)。

不像很多他的追随者,马克思总是在面对新的证据时准备改变他的理论。尽管他在年轻时就确信,社会主义只有通过暴力革命推翻资本主义社会和政府才能实现,但是在他的生命后期他得出结论说,在例如英国和美国这样的国家,社会主义可以通过相对和平的政治鼓动和选举的手段来实现。

与其他资本家的竞争,促使每一个生产者降低价格并增加产量,以便占据更大的市场份额,结果就是一个循环:生产过剩,导致裁员、经济衰退、大萧条、普遍贫困,然后回升,又进入一个新的生产过程。然而,自从人类出现在地球上以来,自然灾难就在折磨他们,烈日使他们的作物枯萎,洪水淹没他们的家园,用疾病来摧垮他们。但是在19和20世纪由资本主义定期地导致的大萧条并不是自然灾害;他们是人为的灾害,是由于资本主义制度内部的非理性导致的。饥馑并不是由于作物收成不好导致的,而是由于市场体制无法分配所生产的东西导致的。这是富裕中的饥荒。在美国,1930年代大萧条期间,农夫们确实被迫用他们的拖拉机把小猪活埋,而成千上万的人徘徊在营养不良与事实上挨饿的边缘。资本主义的这些"内在矛盾"——正如马克思称呼它们的——是社会体制非理性的活证据,而功利主义者们却声称这是理性的王国。

然而,即便资本主义这种可怕的工具非理性,也只不过是实质上的非理性的一种手段(正如它过去那样),产业工人们实际上生活在资本主义贬抑的非人性状态下(正如它现在这样)。你们都听过"异化"(alienation)①这个词。如今它已经成为一个口号,并被应用于从心理障碍到纯粹无聊的一切事情上。这个术语最先由德国哲学家格奥尔格·F. W. 黑格尔所使用,马克思拿过来描述在资本主义体制下劳动的人们所发生的状况。马克思认为,人类在本性上是能够制造东西的动物,他们通过理智地、有目的地与他们的同伴合作,而把自然转变成可以满足他们需求和欲望的

① 异化,根据马克思的说法,指一个人与自身的本性、自己的劳动产品、自己的工友处于战争的状态。马克思论证说,资本主义逐渐削弱了人类进行创造性和生产性工作的能力,使得人们在工作中感到不幸福,无法满足他们的休闲要求,并且不能实现他们的人类潜能。马克思的异化概念源自19世纪早期的德国哲学家。

各种物品。在这个生产过程中，人们“外化”（externalize）他们自己——他们使得一开始只不过是他们心灵中的一个观念，以一个客体或事物的状态的形式来外化它们自身，而这个客体或事物的状态是由他们的劳动所创造出来的。这种自我外化的创造最重要的行为就是诞生自身，但是相同结构的创造性能够在农夫对一块田地谷物的计划、播种、照管和收割中看到，也可以在木匠对一件家具的构思、刨割、造型和完工中看到，还可以在一位艺术家对一个雕像的雕刻或一位诗人在创作一首十四行诗中看到。

马克思认为，人们需要生产性的、让人觉得有意义的劳动来成为真正幸福的人。他反对功利主义的这种看法，即认为幸福仅仅是由欲望的满足来构成的。但是“外化”这个过程——通过这个过程，人们将自身体现在他们的创造物中，体现在对自然的改造中，还体现在他们的相互影响中——能够被腐化和被误用。如果我们的劳动产品从我们的掌控中被拿走，如果正是这个劳动过程本身转变成一种对于强权势力的屈服，那么我们所生产的将对我们而言不是作为我们需求的满足，而是作为反对我们人性的压迫性敌人。已经外化出来的东西将变得疏远（alien，或译作“陌生”）。简言之，正常合理的外在化将变成毁灭性的异化（alienation）①。

根据马克思的看法，资本主义在体制上以各种可能的方式来阻挠我们满足劳动的需求。的确，存在着很多的劳动。但是这不是自主的劳动，不是导向满足真正的人类需求的劳动，也不是正常合理的满足劳动。这是一种竞争性的劳动，它使得工人反对工人，工人反对资本家，资本家反对资本家。正是资本主义的这种生产性使得劳动变成人间地狱，因为当我们在历史上最先掌握了技术从而使我们摆脱饥馑、疾病和灾难时，我们的财产制度的内在矛盾就让我们陷入痛苦的深渊，比中世纪为人所知的任何事情还要糟糕。

下面这一段有关马克思讨论异化劳动的短文选自马克思未出版、未完成的论文，也就是今天大家所熟知的《1844 年经济学哲学手稿》（*Economic-Philosophic Manuscripts of* 1844）。

卡尔·马克思

《1844 年经济学哲学手稿》

什么构成劳动的异化呢？首先，工作对于工人来说是外在的东西，它并不是工人本性的一部分；所以，在他的工作中，他不是在满足他自身而是在否定自身，他感到痛苦而不是幸福，他没有自由地发挥他的智力和体力，而是在体力上筋疲力尽、精神上受到贬抑。因此，工人只有在他的休息时间里才感觉到自在，反而在工作时感

① alienation 还有“疏远化”“陌生化”“不相容”等相近意思。——译者注

觉无家可归。他的工作不是自愿的,而是强制的、被迫的劳动。工作不是对需求的满足,而只是满足其他需求的一种手段。劳动的异化特征明显地表现在这样的事实中:只要没有身体上的或其他的强制,人们就像躲避瘟疫一样躲避劳动。外化劳动——在这种劳动中,人们异化他自身——是一种自我牺牲或屈辱的劳动。最后,对于工人来说,工作的外化特征可由这样的事实表现,即这不是他自己的工作,而是为了其他人而工作,在工作中,他不属于他自己,而是属于另外一个人。

对于资本主义的非理性和丧失人性,我们能做些什么呢?众所周知,马克思的回答就是革命,一场由工人发起的反对资本家的社会主义革命。马克思认为,革命能完成几件事情。首先,它会推翻这种生产资料所有权制度,处于资本主义之下,这种制度把由工人们的世代劳动集体生产出来的累积技术、工厂、原材料和机器交给少数人控制。第二,它会用满足人类需求的生产制度来取代为了在市场中盈利的生产制度。人们会集体地决定他们需要什么,并把他们的天赋投入到工作中从而将其生产出来。纯粹偶然的盈利将不再被允许去支配关于资本投资和经济增长的决策。例如,情况可能是这样:在美国兴建并不急需的豪华住宅能够获利丰厚,但是建造品质好、设计雅致、价格低廉的住房就很少利润或没有利润。没关系。如果价格低廉的住房有需求,那么它会首先召集可用的建筑物资和建筑工人。最后,通过市场调节的资本主义分配制度会被一种理性的、人道的、为了满足人类需求的分配制度所取代。在资本主义制度下,占支配地位的口号是:"你要尽可能地从每一个人那里多拿,而对每一个人你要尽可能少给。"但是在社会主义(socialism)①制度下,占支配地位的口号是:"各尽所能,按劳分配。"(From each according to his ability;to each according to his work)马克思说,当共产主义的最后阶段达到时,社会横幅上的标语就会是:"各尽所能,按需分配。"(From each according to his ability;to each according to his need)

生产资料集体所有,为了使用而生产而不是为了盈利而生产,因为需求而分配而不是因为支付能力而分配——有了这些改变,社会主义会克服资本主义工具的非理性和实质的非理性,并从他们的生产、劳动、他们自己的人性和他们的工友中把人类的异化消除掉。

马克思是在19世纪中期写作,离现在已经超过140多年了。上一次大萧条是在70多年前。在主要的工业国家中,尽管财富的不平等仍在继续,但是工人们所分

① 社会主义,是一种经济和社会制度,它以生产资料的集体所有,理性规划经济的投资和增长,大致平等地分配商品和服务,以及为了满足人类的需求却不是为了私人利益而生产等为基础。现代的社会主义可以追溯到19世纪早期法国社会主义者的学说,但是最重要的社会主义哲学家是德国人卡尔·马克思。

享到的生活标准已经远远地超出了马克思的所料。政府已经用预算管理和货币控制的积极政策来介入并削弱从繁荣到没落之间的摇摆，这种摇摆马克思视为资本主义内在本性上不稳定的证据。

然而，马克思对资本主义的批判看起来仍然有某些道理。在所有资本主义国家中最富有的国家——美国，成千上万无家可归的人们露宿街头，与此同时整栋整栋的大楼空无一人地在那里矗立着，因为它们没有付款的房客。政府支付给农民几十亿美元来让他们休耕，而孩子们上床睡觉时仍饥肠辘辘。每天新闻记者、政治家和经济学家都在告诉我们说：使我们国家经济增长的唯一方式就是，让我们所有人都到商店去用“信用卡挂账”的方式来购买我们支付不起的东西。与此同时，有一半的美国黑人年轻人无法找到工作，而且这一代的年轻人发现，他们将甚至不能像他们的父母一样生活得好。

在富裕的国家中像美国，贫富之间的差距，被作为一个整体的世界中的穷国与富国之间的甚至更大的差距所超越。如果我们把整个地球当作一个单一的社会——这种看待事物的方式，自然地来自我们那些已经看过从太空中拍到的地球照片的人——那么富裕与贫穷，饱足与饥饿，有望与无望之间的对比，就会像 1860 年代英国伦敦对于马克思而言同样的对比一样巨大、强烈、无法抵抗。

也许马克思所提出的问题仍然伴随着我们：人们如何才能一起努力来创造一个世界，其中所有人，而不是仅仅少数受宠幸的人，能过上体面的、有意义的生活？

第三节　卢梭与社会契约论

迄今为止，我们已经审视了哲学家们对这个普遍的问题“什么是好的社会？”所回答的几种方式。我们看到，财富公正分配的各种道德问题是这个主题的核心。在某种程度上，正如柏拉图很早以前所标明的，社会哲学就是扩大了的伦理学——它是一种社会背景而不是个人背景下的伦理学。但是有一套非常特殊的问题伴随着有关国家的研究，现在让我们来谈谈这些问题。在我们进行任何的进一步讨论之前，我们最好界定一下在用“国家”一词时究竟是什么意思，以及由国家所导致的哲学问题是什么。我们看到古往今来的世界各处，人们在确定的地域界限或边界里，都被组织进各种社会的群体之中。在这些地理单位中的每一个，都有更小的一群人在统治、发号施令，并且使用武力来使其他人服从——另一群人制定法律并执行法律。这个更小的群体就是我们所谓的国家。有时候这个进行统治的群体由一个人和他或她的个人追随者构成：一个国王或女王，一个将军或独裁者，一位祭司或教皇，加上一群忠实的下属。有时候这个群体由一个世袭的阶级组成，例如一个军事贵族阶级。这个群体可能是一个政治派系或政党，它已经领导了一场反对先前的统治者的成功革命。它可能甚至是一大群人，如在我们自己的国家里，这一大群人是由一个更大的公民群体在一场选举中而被挑选出来的。但是谁制定法律，下达命令，并实施到活在这个地域中的每一个人，谁就是国家。

"首先，我想向我令人赞叹的列祖列宗表达我的感激之情，是他们的庇佑使得今日的荣耀成为可能。"

图片来源：《纽约客合集》，1969 年，沃伦·米勒（Warren Miller）作，来自卡通库网站（Cartoonbank.com），版权所有。

国家可以为了众多目的中的任一个而存在：为了实现某个宗教信仰的教义，为了维护普遍的和平与安全，为了照管疆域内某些人或所有人的福祉，又或者为了确保正义与安宁。国家可能甚至仅仅为了中饱私囊并满足它自己的欲望而存在，全然不管其他人想要什么或需要什么。国家有如此之多的存在目的，乃至于去寻找所有国家，只要它们是国家，都要执行的某些基本的或隐含的功能，就没多大用处了。哲学家们用如下说法来表述这一事实：国家不能在目的论上（teleologically）被定义。这就是指：我们不能以它所力求达到的"目标"（telos 是希腊文，指"目的"或"目标"）这样的术语来解释什么是国家。但是所有的国家，不管它们由谁组成也不管它们追求什么目的，都有两个共同特征。一旦你理解了这两个特征，那么你将会知道什么是国家，也知道什么是政治哲学的基本问题。

第一个特征是，任何地方的国家总是使用武力来获得对它们命令的服从。有时候，武力采取武装部队、警察、监狱和死囚牢房等形式。而有时候仅仅是武力的威胁就足以使得不守规章的公民乖乖听话。经济的威胁也能如鞭子或棍棒一样有效地被使用,但是在法官的背后总是站着警察,他们站在那儿并不是仅仅为了礼仪。

然而,单单靠武力不能使得一群人组成一个国家,因为一伙强盗,一支入侵的军队,甚至单单一个持枪歹徒,在一条昏暗的街道上劫持了你,并全都使用武力逼你就范,但是没有人会把一伙强盗、一支军队或者一个拦路劫匪称为“国家”。第二个更为重要的国家标志是,当国家宣布它的命令并展示它的武力时,它也还声称自己有权利命令并有权利要求服从。但是一个拦路劫匪不会声称有权利掠夺你。他会说:“要钱还是要命?”他不会说:“拿钱来,因为我有权这么做。”但是当国家给你发来一张税单,或者命令你到军队入伍报到,或者要求你在红灯时停车并只有带有有效证件才能驾驶,它声称有权利要求你服从。用政治哲学的话语来说就是,国家声称自己是合法的(legitimate)。

在莎士比亚的戏剧《亨利四世》(*Henry Ⅳ*)第一幕中有一个非常精彩场景:一群阴谋家正在计划进攻国王的军队。其中一个是一名好炫耀的威尔士首领格兰道尔(Glendower),他声称除了一些可用的军队外,他还有某些魔力。为了让他的阴谋同党对他力量的神奇性留下深刻印象,他一度吹嘘说:“我可以从无尽深渊里召唤鬼魂。”叛党领袖豪斯伯(Hotspur)并不太在意,他回答说:“为什么我能够这样,并且任何人也能够这样;但是,当你真的召唤他们时,他们会来吗?”当然,这里的关键点在于:作一个声明是一回事,而让任何人相信它又是完全另一回事。

关于人类真正奇异的事情是,他们如此容易接受由国家所作出的合法性宣言,而这些国家正统治着他们所生活于其中的疆域。不时地有人反抗国家,而且有一些哲学家——他们被称作无政府主义者——反对国家有权施行统治的宣称。但是总体上说来,当国家制定法律并声称有权强制施行它们时,人们就相信了它们的宣称并加以服从,即便他们实际上并没有被强迫这样做。前面这句话的后半句是至关重要的,当然,我们大部分人都“服从”一个劫持你的拦路劫匪或一支入侵我们城市并用枪指着我们的军队。我们“服从”,因为我们不想被枪杀。犬儒主义者会说,这正是任何人服从法律的真正唯一理由,但是所有历史的和社会的证据都指向相反的方向。除了在某些非常不同寻常的情况外,人们比惩罚的威胁所要求的还要更忠诚地服从法律。可以肯定,他们服从是出于习惯,但是他们服从也可能是因为他们由衷地相信国家有权命令他们。他们认为,毕竟这是法律。我们每个人是否经常仅仅是因为法律说我们必须做某事或不做某事,我们就做这事或不做这事?除了利用对法律合法性的信仰之外,单单一位官员或警官如何能够控制一大群人的行为呢?美国国税局(Internal Revenue Service)几千名劳累过度的职员如何能够从两亿美国人那里收税呢?一位中尉如何能够领导一个排的惊慌失措的士兵冲向敌军的战火之中呢?一位年老体衰的国王确实如何才能使年轻的、精力充沛兼野心勃勃的公爵、亲王和将军们屈从他的意志呢?

《美国宪法的签署》[阿尔伯特·赫尔特(Albert Herter)]
美国实际上是第一个实现社会契约的国家。
图片来源:布朗兄弟(Brown Brothers)

对于国家合法权威(legitimate authority)[①]的信仰是使得一个政治社会团结在一起的粘合剂。这就是国家让它的法律被服从的手段,甚至不只是军队、警察或监狱。这样我们就可以用以下表述来总结一下国家的普遍特征:国家就是一群人,这群人声称在其疆域内有权利强制人们服从他们的命令,并且成功地让其疆域内的大部分人接受这个声称。一群作出了这种声称的人被说成是声称拥有政治权威(political authority)。因此国家就是一群声称拥有政治权威的人,并且让他们的声称被那些与作出声称的人不同的大多数人所接受。

国家声称拥有政治权威,而且他们让他们的主张被接受。但是让其他人接受你所说的某事是一码事;而你所说的某事是否是正当的又完全是另一码事了。我可以声称自己是一位医生,而如果有足够的人相信我,那么我就可以开一间诊所并开始开药方。但是这并不使我成为一名医生。我的"病人们"可能没有注意到我并不是在治疗他们,

① 合法权威,指一种颁布命令的权利,而其他人有一种道德的义务去服从。当国家说它们有权利通过法律,而公民或臣民应该服从,不管他们是否因为不服从而有被逮捕的危险,国家声称其有合法的权威。民主国家把它们对于合法权威的声称奠基在这样的事实上,即它们是由其所统治的人民选举出来的,因此它们表达的是人民的心声。

然而即便如此也不能使我成为一名医生。这也是如此:一群人可能声称有权利进行统治,并且人们接受了他们的声称,但是这并不能使他们的声称是真的。

所有政治哲学的根本问题显然就是这个:一群自称是国家的人什么时候真正地有权利颁布命令?或者,由于这种提问的方式似乎已经预设了国家有时候拥有这样一种权利,我们可以问:任何一群人有权利颁布命令吗?

同样的问题可以转过来把我们的注意力聚焦到服从的人,而不是颁布命令的人。作为一名公民,从我的观点看,国家就是一群向我颁布命令的人。如果我相信我有义务服从他们的命令,那么我就把他们看作是组成了一个合法国家。否则,我就把他们看作是暴君。对于公民而言,政治哲学的根本问题是:我是否有义务服从由某群自称是国家的人所颁布的命令?

在古代和中世纪,公民对于统治者的义务被认为要受到基于统治者公正地实行他或她的君主职责的限制与限定。但是到了 16 和 17 世纪,为了响应贵族、君主和新兴中产阶级之间相对权力的根本转换,统治者的权威是绝对的这种理论开始被提了出来。据说,国王是最终政治权威(即最高统治权,正如它过去被称呼的那样)的唯一持有者。社会中的所有其他人都无条件地有义务服从他的命令。通常一种宗教辩护被提出来为这种主张辩护——国王被认为是上帝在人间的代言人——但是有时候也诉诸于一种原初协议或契约的理论。

绝对的君主权威这种没有限制的主张对于启蒙运动的哲学家们来说是不可接受的。一个人向上帝俯首或向国王屈膝只会使他自己成为另一个人的奴隶。用伊曼努尔·康德的话来说,屈从于另外一个人的命令意味着自主性(autonomy)的丧失,是对自身理性的否定。

因此,对于 17 和 18 世纪的政治哲学家们而言,对国家应尽义务的问题就变成了一个崭新的且更为复杂的问题:是否存在什么方法,通过它我可以屈从一个合法国家的命令但同时又不放弃我的自由和自主性?

在西方哲学史上,比任何一个人更清楚地、更有力地提出这个问题的人,是 18 世纪法国思想家让·雅克·卢梭。不同的哲学家会有不同的判断,就像创纪录的棒球队或足球队不同的编撰者会有不同判断一样,但是在我个人的判断中,让·雅克·卢梭是史上最伟大的政治哲学家。他的不朽是基于一本小书,即《社会契约论》(*Of the Social Contract*),这是一篇几乎不超过 100 页的论文。在这部简短的、杰出的著作中,卢梭确切表达了国家哲学的根本问题,并为解决它而作出了一个果敢的、尽管最终是不成功的努力。你可能会问,如果他解决这个问题失败了,那么为什么还有如此的名声呢?在哲学里,就像在科学里一样,最重要的步骤常常是提出恰当的问题,尽管在卢梭之前哲学家们一直在分析国家的本质已经长达 2 000 多年了,但是他是第一个准确地看到是什么问题,并意识到要解决它有多困难的人。

教宗本笃十六世(Pope Benedict XVI)

罗马天主教会要求它的受领圣餐者服从,就像臣民对于他们的君主要绝对服从一样。18世纪社会契约论者的独特标志就是他们拒绝接受这种服从的要求。

图片来源:美联社环球图片(AP Wide World Photos)

对于17和18世纪与合法权威的问题作斗争的国家哲学家们而言,对于该问题的标准解决就是他们称为社会契约论(social contract)①的这种设计。它争辩说,国家的权威只能建基于被国家所统治的所有人的一致同意。当然,契约的理念来自法律,为了双方的共同利益而达成协约。在市场中买家与卖家相互订立了一个契约,根据该契约,卖家将提供如此这般数量以及如此这般质量的货物,而买家将在一个特定时间支付如此多的货款给他们。一份契约的核心与灵魂就是律师们所谓的"补偿物"(*quid pro quo*);为了使契约被遵守,每一方都必须从交易中获益。任何一方都有权利要求对方履行契约,这种权利来自两件事情:第一,每一方都是自由地承诺遵守契约的,并因此受他或她自己承诺的约束;第二,每一方都从契约中获益,因此都有义务根据已经商定的条款给对方回馈利益。

① 社会契约论指一个社会中的所有人都自愿地一致同意协约将他们组成一个统一的政治共同体,并服从由他们选举出来的政府所颁布的法律。在17和18世纪的政治理论中,国家的合法性主张被说成是建立在一种事实的或假设的社会契约之上。

社会契约论的理论家们,正如他们为人所知的那样,都抱有这样一种观念,即把政治的义务追溯到社会中所有成员之间的契约或社会协约。如果每一位公民都能被设想为实际上已经作出了这样一种协约,那么合法的国家权威之谜就会得到解决。首先,它就能够解释为什么以及在什么样的条件下,公民有责任去服从法律。非常简单,他之所以有责任去服从国家制订的法律,是因为国家本身就是他自由地协议或同意建立的。如果他向法官说:“你是谁呀,能命令我?你是谁呀,敢用惩罚来威胁我,如果我不服从法律?”法官会回答说:“我是国家的代言人,当你签署了社会契约时,你自己就已经承诺服从国家了。”如果这位公民仍然抵抗,并继续问道:“我从我的同胞那里得到了什么,乃至于我应该信守我与他们签署的协约?”这位法官可以回答:“你已经得到了和平、社会秩序、公平、正义,以及一个文明社会的诸种好处。”

让·雅克·卢梭

让·雅克·卢梭(Jean-Jacques Rousseau,1712—1778)是现代欧洲作家中最自相矛盾的人物之一。他出生在瑞士的日内瓦,早年时光是在一个接一个的家庭中度过的(他的母亲在她出生后几天就去世了)。在16岁时,他皈依了天主教,尽管他似乎并没有忠诚于任何正统仪式。在试图涉足像音乐教师和家庭教师这些工作之后,卢梭最后发现了他的真正职业,这就是去做一名作家,一个文人。

卢梭的著作可以分为两组,而这两组著作它们的教导似乎完全自相矛盾。他的自传《忏悔录》(*Confessions*)、他的小说《爱弥儿》(*Émile*)和《新爱洛伊斯》(*La Nouvelle Heloise*)以及他的《论科学与艺术》(*Discourse on the Sciences and the Arts*)等,全都在以最感人、最强有力的方式来阐明这种感性学说:我们的本性固有地是善的,而文明是个大腐蚀者;生活的恰当向导是情感而不是理性;要是文明生活的各种妨碍能够被清除掉就好了,人们将自然而然地就是道德的。但是在他最伟大的著作《社会契约论》中,卢梭以一种凝炼而严谨的逻辑方式来为这个命题辩护——“公正的国家与道德本身来自于我们诸理性能力的运用”。因此,卢梭既是感性(情感、泪水和同情)又是理性的门徒。

这是卢梭的特别天赋,即他比他之前的任何人都更清楚地看到了政治哲学的中心问题,并且他更准确、更有力地表述了它。下面这些话就是卢梭所拟定的问题,摘自《社会契约论》第六章：

> 我们应当在哪里找到这样一种联合的形式呢，即它会用全部的共同力量来捍卫和保护每一个联合者的人身和财产，并且通过这种联合，每一个人他自身就都与所有人统一在一起，因此他仅仅是服从他自己，而且仍然像以前一样自由？

但是，更为重要的是，如果这位公民问："我如何能够做到在服从我建立起来的国家时而没有丧失任何自主性并且也没有放弃我的自由呢？"这位法官可以回答："在这个国家中，而且只有在这个国家中，那些服从的人仍然是自由的。因为制订法律的这个国家并不是由生活在此国家里的某些人组成的，而是由所有人组成的。你所服从的各种命令，正好是身为公民的你在作为一位立法者这个角色时所颁布的命令。在这个国家里，法律的服从者与法律的制订者是同一的。通过社会契约论的这种设计，人民成为统治者。"确实，既然称呼统治者的传统语词是"君主"(sovereign)，那么社会契约论就是一种"人民主权论"(doctrine of people's sovereignty)，或者正如它通常为人所知的"主权在民说"(popular sovereignty)。[这并不意味着人民喜欢它；它只意味着人民就是君主。这就是当亚伯拉罕·林肯说我们生活在一个民治、民有、民享的政治国家体制(a government that is by the people, as well as of and for the people)之下所意指的东西]

下面就是卢梭对社会契约论的描述。

让·雅克·卢梭

《社会契约论》①

这一契约的各项条款是这样地由订约的性质所不可更改地决定的，乃至于最微小的修改都会使它们白费力气、毫无成效；因此尽管它们可能从来就没有被正式宣告过，但是它们到处都是一样的，并且到处都能被人心照不宣地理解和承认；直到社会公约(social compact)被破坏，每个个人就恢复了他原初的各种权利和天生的自由(native liberty)，与此同时他就失去了约定的自由(conventional liberty)，但是他曾经为了约定的自由而放弃天生的自由。

社会契约的各项条款——当它们被清楚地理解时——将可以被简化为这一点：每一个联合者及其所有的权利，都全部转让给整个共同体(community)；因为，首先，正如每个个人都把他自身完全地奉献出来，所以每个人的情况都是同等的；正因为如此，便没有人想要使这种情况成为别人的负担。

① 参阅卢梭：《社会契约论》，何兆武译，商务印书馆，2008 年，第 19-22 页。——译者注

而且，不仅如此，所作出的转让没有任何保留，统一体(the union)也尽可能地完善，这样每一个联合者就不会再有任何进一步的要求了：因为，如果有任何个人保留了某些不被所有人普遍分享的权利，既然他与公众之间这里没有共同的上级来裁决，而每个人在某些事情上都是他自己的法官，那么很快他就会自认为在所有事情上都是如此的；因此，自然状态(the state of nature)就会继续下去，而联合就必然变成专横的或无关紧要的东西。

最后，每一个人都把自身奉献给全体，因此不是奉献给任何一个个人；既然从任何一个联合者那里，人们都可以获得自己本身让渡给他的同等的权利，那么每一个人对于他所失去的东西就获得了一个等价物，并且发现他的力量被增大了从而好保全他的所有。

因此，如果我们排除掉社会契约中所有不是本质的东西，那么我们将发现它可以被简化为如下的语句：

我们每个人都把他自身及其全部力量共同置于公意(the general will)的最高指导之下，并且我们在一个共同体中接纳每一个成员为整体不可分割的一部分。

从那刻开始，这种订约的行为就产生了一个道德的和集体的共同体，以代替订约各方众多分散的个人；组成共同体成员的数目就等同于大会中投票的人数，而共同体就从这种行为中获得了它的统一性、它的公共自我、它的生命和它的意志。因此这种由所有人联合而组成的公共人格(public person)，以前叫做城邦，现在称为"共和国"或"政治共同体"。当它是消极的时候它就被它的成员称为"国家"(state)；当它是积极的时，它就被称为"主权者"(sovereign)；而当它与其他相似的政体相比较时，它又被称为"政权"(power)。至于联合者，他们集体地就称为"人民"(people)；分散地，作为主权权威的参与者，就称作"公民"(citizens)，作为国家法律的服从者，就称作"臣民"(subjects)。但是这些名词通常被互相混淆、彼此互用；一个人只要以完全的精确性来使用它们时懂得怎样区分它们，这就足够了。

马上就出现了两个问题。第一，当需要制订法律时，让每一个人都集合在一起这是困难的。如果人民不亲自制订法律，那么如何能够让他们仅仅服从他们自己呢？在政治理论和政治实践中，通常的解决方案是建立代议制度(system of elected representatives)。但是卢梭不这样做。如果国家没有保持得足够小以便每一个人都能参与法律制订，那么就他而言，专制就代替了自由。当然，这就意味着所有的公民，而不仅仅是少数专门人士，将必须关心公共事务。卢梭主张，然而这就是自由的代价。正如他在《社会契约论》后面所说的：

让·雅克·卢梭

《社会契约论》[①]

一旦人们停止把公共服务当作公民的主要职责,并且宁愿选择用他们的钱财而不是他们亲自来服务时,我们就可以宣布说,这个国家已经濒临毁灭了。公民们需要出征作战吗?他们出钱雇兵,而自己呆在家里。他们出席议会吗?他们指派代表参加,而自己呆在家里。因此,由于懒惰和金钱的缘故,他们有了奴役他们国家的军人和卖国的代表。

正是由于商业和工艺的繁忙,由于贪得无厌,由于柔弱和贪图享受,导致了用金钱来交换人身的服务。人们放弃了一部分他们所获得的利益,为的是能安逸地增加更多的利益。出钱吧,很快你就会得到枷锁。钱财这个字眼就是奴隶的语词;在真正的城邦中是没有听说过这个词的。在一个真正自由的国家里,公民们都是用他们自己的臂膀亲手来做事的,没有事情是要花钱的;不是花钱免除他们的义务,而是甚至花钱来履行他们的义务。关于这个主题我的看法确实与那些人通常所接受的非常不同,我甚至认为劳役(corvées,指筑路等的无偿劳动,革命前法国农民有这一义务)比赋税更不侵害自由。

国家构成得越良好,则在公民的精神里,公共事务就越重于私人事务。私人的事情甚至可能变得相当的少,因为每个个人如此大部分地分享了公共幸福,乃至于他就没有那么多理由来个别地寻求了。在一个管理完善的城市中,每一个成员都乐于奔向公民大会;而在一个糟糕的政府之下,就没有人愿意朝那里迈进一步,因为他预料到在那里公意将不会胜出,于是就没有对那里的过程感兴趣了,最后每个人就把他的注意力转向了他自己的家务事。良法产生更好的法律,恶法则几乎没有不导致更恶的法律的。当你一旦听到有人谈到国家大事时说:"这与我何干?"你就可以放弃这个国家,它已经完了。

爱国心的退却、私人利益的活跃、国家的辽阔、征战连连、政府的滥用职权等因素都表明,国家议会中人民的议员或代表不过是权宜之计。在某些国家里,他们竟敢称这些代表公共利益的为"第三等级"(the Third Estate),好像另外两个等级的私人利益值得被置于第一位和第二位,而公共利益应该仅仅被考虑为第三位。

正如主权是不能被转让的,同理,主权是不能被代表的;主权的本质就是公意,而公意将必须代表自己发言,否则它就不存在:它或者是公意或者不是公意,没有居间者这种可能性。因此,人民的议员就不是也不能是他们的代表;他们只能是人民的办事员,如此他们就不够格作出任何具体的决定。议会通过的法案不能成为法律,除非它已经过人民的亲自正式批准;而没有这个正式批准,没有什么能成为法律。

① 参阅卢梭:《社会契约论》,何兆武译,商务印书馆,2008年,第119-121页。——译者注

英国的人民当他们自以为是自由的时他们是在自欺欺人;事实上,他们只有在选举国会议员期间是自由的:因为,一旦新议员被选举出来,他们就再次处于枷锁之中,并且一无是处。如此,为了使得他们还有短暂的自由可供使用,他们失去长期的自由就值得了。

第二个问题是,当这里出现分歧时如何去作决断。涌现在我们脑海中的自然解决方案,就是进行投票并让多数人来统治。我们已经如此习惯于由大多数的选票来决断问题,乃至于有时候似乎小孩子们在学校里学会如何数选票之前就学会了投票。然而卢梭心里非常清楚地看到大多数人统治会对自由构成非常严重的障碍。在原初一致同意的契约中,我可能承诺遵守大多数人投票的决定。然而,这样做,我似乎就同意了一种自愿的奴隶制。如果我投票反对一项被提议的法律,因为我认为它是一项坏的法律,违背了国家的利益,那么当我被迫要屈服于它时,我如何能够被说成是“仅仅是服从我自己,而且仍然像以前一样自由”? 卢梭对此问题有一个极其精湛的回答。首先来阅读一下他说了什么,然后我们才能够对它稍加谈论。

让·雅克·卢梭

《社会契约论》[①]

唯有一种法律在其本性上是需要全体一致同意的;我指的就是社会公约:因为公民的联合是一切行为中最自愿的;每一个人生而是自由的,都是他自己的主人,没有人能够在任何借口下未经他同意就使他臣服。断言奴隶的儿子生来就是一个奴隶,就等于是在宣布他生来就不是人。

如果有人反对社会公约,那么他们的反对并不会使公约无效,而只是妨碍他们被包括在内:他们是公民中的外邦人。当国家被组建之后,居留就构成了同意;而居住在疆域之内就是臣服主权。

除了这个原初的契约外,投票的大多数人是足以约束所有其他人的。这是契约本身的一个结果。但是可能有人会问,一个人被迫遵从其他人的意志,他如何能够是自由的。当反对者们屈服于他们从来都没有同意过的法律时,他们如何是自由的呢?

我回答说,这个问题并没有提对。公民同意一切法律,包括那些尽管他反对仍然通过的法律,甚至包括那些如果他违犯了其中任何一条就要惩罚他的法律。国家

① 参阅卢梭:《社会契约论》,何兆武译,商务印书馆,2008 年,第 135—136 页。——译者注

所有成员的恒常意志就是就是公意;正是凭借着公意,他们才成为公民,并且是自由的。当任何法律在人民大会上被提了出来时,准确来说,问题并不在去询问他们是赞成还是反对它,而是去问它是否符合了公意,这才是他们的意志。每个公民在他投票时都说出了他的心里所想;而通过计算选票就能发现公意。因此,当我所反对的提议被通过时,这只是证明我错了,而我所认为的公意事实上并不是。如果我的特殊意见被接受了,那么我就做了我原本不愿意去做的事情,结果,我就不再处于自由的状态中了。

修道院中的革命裁判所

雅各宾派的集会,雅各宾派是法国大革命期间一度统治法国的激进团体。马克西米连·罗伯斯庇尔(Maximilien Robespierre),最著名的革命家,是雅各宾派从1791年到1792年的一位领袖。

图片来源:北风图片档案馆

在这篇短文中有某些点非常令人难以捉摸。当我并没有得到我所投票的结果时,我如何能够是自由的呢?在《社会契约论》的较前部分,卢梭甚至更为剧烈地提出了他的观点。他说，一个公民如果拒绝服从公意(the general will，或译“普遍意志”)[①]，那么他就必须被强迫服从。“这事实上只是迫使他自由。”卢梭到底是指什么意思呢？

完满的回答可能需要一整本书，但是我们能够说几件事来清除掉某些神秘之处。卢梭认为，只要人民真正地尝试以公共利益而不是以他们个人的和私人的利益来立法时，人民就有权利制订法律。现在如果大多数人能够被指望他们关于普遍的善总是正确的，那么少数派就没有人会要求他或她的观点成为法律。因为如果我想要的是为了普遍的善的东西，而如果大多数人关于普遍的善总是正确的，如果我是少数派，那么我错误地想要的东西就不是为了普遍的善，因此就不是我真的想要的。如果自由才是你真正想要的东西，那么唯有通过大多数人来强迫我遵从，我才真的是自由的！

当然，这个论证存在着瑕疵。大多数人可能总是以普遍的善为目的，但是它并不总是准确无误地瞄准目标。在更多的情况下，即便当每一个公民都在寻求对所有人都是最好的东西，真理也将只有一个人或几个人才看到。卢梭把瞄准目标与命中目标给混淆了。

尽管社会契约论有很多瑕疵，但是美国人还是从中获得了利益，因为我们是第一个实际上通过一个真实的、历史的和清楚的契约而建立为一个国家的。我们把这个契约称为我们的宪法(constitution)，但是制宪元勋们实际上所草拟的就是第一部可运作的社会契约。当它在1788年被正式批准生效时，这就在西方历史上首次实现了一个国家真正地建立在一个契约之上。

尽管自从17世纪以来，社会契约论就一直支配着自由主义的政治理论，但是它也遭受到了许多强有力的批判。最明显的反对是：除了美国这个特殊的例子外，没有一个实际的国家是通过公民之间这样一个清楚的契约同意而建立起来的。因此，该理论并没有给甚至最“民主的”政府的主张，提供任何辩护。

然而仅仅历史上缺乏契约国家，这还不是社会契约论所面临的最糟糕问题。即便在遥远的过去某个时代，一群男女确实一起订立了契约，使自己服从所有人的集体意志，但是我们现在这一代人仍然没有任何理由要服从国家的命令。毕竟，我并不受我远古的祖先们所订立的婚姻契约或商业契约的约束，为什么我应该受到他们可能已经订立的任何政治契约的约束呢？

关于这一点，社会契约论者们回答说，我们每个人，在达到法定的成人年龄后，只要仍留在这个国家，生活在它的法律之下，并积极地踏入它的法律约定之中，那么

---

① 公意，是让·雅克·卢梭所发明的术语，用来描述共和国的公民所作的决定，即把他们私人的和党派的利益抛在一边，转而集体地以普遍的善为目的。根据卢梭的观点，说社会“有一个公意”就是说社会的所有成员，在他们的政治活动和思虑中都有公共精神地以普遍的善为目的。卢梭对于是否能够达到一个公意非常悲观。

就隐含地在这个原始契约上签上了他或她自己的名字。我们宪法的精神之父约翰·洛克,在这篇选自他最著名的政治学著作《政府论第二篇》(*the Second Treatise of Government*)的短文中,特别强调财产的所有权。

约翰·洛克

《政府论第二篇》[①]

正如前文所述,既然每一个人天生地是自由的,除非他自己同意,没有什么东西能够使他屈从于任何世俗的权力,我们就在思考,究竟什么才算是一个人同意他屈从任何政府的法律的充分公告呢?通常的区别分为明示的同意(a express consent)和默认的同意(a tacit consent),这与我们目前的研究有关。没有人怀疑任何人的明示同意进入一个社会使得他成为该社会的一名正式成员、该政府的一位臣民。困难在于,什么应该被看作是一个默认的同意,以及它能约束多远,也就是说,当一个人根本未作出任何明示时,究竟怎样才可以被认为是已经同意了,因此顺从于任何政府。对于这个问题,我说每一个人拥有任何属地或享用任何政府领地的任何部分,因此都表示了他的默认同意,从而与他同处在该政府之下的任何人一样,在其享用期间,他被强迫要服从该政府的法律;不管他所占有的是永远属于他自己和他子嗣的土地,还是只有一个星期的租住处;或者不管他只是在公路上自由地旅行;事实上,只要任何一个人身处在该政府的领土之内,就构成了某种程度的默认。

为了更好地理解这一点,不妨认为每一个人当他最初加入任何一个国家时,通过使自己加入这个国家的行为,他也把已有的或将要获得的而不曾属于任何其他政府的财产并入并隶属于这个共同体;因为,任何人既然为了保障和规定财产权而和其他人一起加入社会,却又认为他的土地——它的财产权是由社会的法律来加以规定的——应该免除该政府的管辖,而他自己本人以及土地的财产权又都臣服于该政府,这是一种直接的自相矛盾。因此,通过同样的行为,任何一个人把他自身(它过去是自由的)加入到任何国家中,通过同样的行为,任何一个人也把他的财产(它过去是自由的)加入到任何国家中;那么只要这个国家存在,他的人身和财产就都臣属于该国家的管理与统治。所以任何人此后以继承、购买、许可或其他方法,享有了土地的任何部分(这归该国家所占有并处于它的管理之下),必须接受支配该土地的条件才能加以占有,也就是顺从对该土地有管辖权的那个国家的政府,如同他的任何臣民那样。

---

① 参阅洛克:《政府论》下篇,叶启芳、瞿菊农译,商务印书馆,2008 年,第 74-75 页。这里基本上采用该译文。——译者注

> 但是,既然政府只对土地拥有直接的管辖权,而且只是当它的占有人(在他事实上使自己加入这个社会以前)居住在这块土地上并享用它的时候,才及于他本人,那么任何人由于这种享用而承担的受制于政府的义务,就和这种享用共始终;因此,当只对政府表示这种默认同意的土地所有人,以赠予、出售或其他方法出脱上述土地时,就可以随意去加入其他任何国家或其他人协议,在“空的地方”,在他们能够找到的空旷和尚未被占有的世界的任何部分,创建一个新的国家。至于凡是以明确的同意和明白的声明表示他同意属于任何国家的人,他就永远地和必然地不得不成为、并且始终不可变更地成为它的臣民,永远不能再回到自然状态的自由中去,除非他所属的政府遭受任何灾难开始解体,或某些公共行为使他不能在继续成为国家的一个成员。

你也许想知道一个人如何能够通过“默认的同意”来进入到一个契约中。难道我必须实际上说,为了这样做我正打算订立一个契约?在这里,洛克依靠了古老的法律原则:当一个人以这种方式行动了一段时间之后,为了给其他人一个合理的期待,即他将继续如此行动,如果他从这个未被明言的理解中获益,那么他就订立了一个“准契约”(quasi-contract),而法律会强制执行它,正如法律对待一个清楚的、明言的契约那样。

但是洛克的论证依赖于这样的假设,即如果一个公民对他或她生活于其中的国家法律感到不满,那么可以选择收拾家当并离开。在洛克的时代(在 17 世纪的晚期),这仍然被认为是可能的。来到美洲的清教徒和之后跟随而来的数百万人,都认为他们正好在行使这种选择权。今天,不管你想去哪,移民都需要签证和护照。每一平方英尺适宜居住的土地都被某个国家或其他国家声称拥有,这样任何人所能够做的最多是从一个国家的统治到另一个国家的统治。在这种情况下,我们就越来越难看出隐含的或默认的契约理论中有什么真理存在。

第四节　多元主义的国家理论

社会契约论理所当然地认为,政治世界是由各个个人和国家组成的——再没有别的了。卢梭与古典自由主义的社会契约论者们认为,个人是首要的,正是由于很多个人的共同行动才通过他们的社会契约创造了国家。他们看到个人与国家之间有一种直接的关系——这类哲学家们把这种关系称为“直接的”或有时候称为“无中介的”。这两个词——“直接的”和“无中介的”——表达的是相同的意思,即个人与国家之间没有任何“中介”。

然而，在19世纪末和20世纪，关于个人与国家之间的关系有一种新观点被提了出来。根据这种新观点，我们所有人，孩子与成人、男人与女人、老年人与年轻人，都属于众多不同的团体，例如邻近街区、教会、工会、兄弟会、妇女团体、枪支爱好者团体、农会、商会、种族团体、业余爱好者团体，如此等等。没有人实际上是作为一个个人面对国家的，除非也许当他或她在法庭上被审判。各种团体的人们他们总是作为团体来起作用，如影响立法、说服法官、左右总统，并且一般而言让国家支持他们的需求、利益或欲望。

约翰·洛克

约翰·洛克(1632—1704)的哲学生涯，在某种意义与大卫·休谟的相反。洛克的伟大著作都是将近在他60岁时出版的，而且它们几乎立即就收到了热烈的称赞。英国内战后天主教君主复辟(1660年)，在英国多事之秋的这一段时期，洛克支持温和派，这一派寻求限制国王的权力并把王权置于国会的某种控制之下。在1689年，即被称为“光荣革命”(Glorious Revolution)——这在英国建立了一个受限制的君主政体的第二年，洛克就国家权威的基础这个主题发表了两篇长文。这两篇长文的第二篇，就是现在人们所知的《政府论第二篇》，这是宪政民主文献中最重要的单篇文件。当《政府论第二篇》出现时，它自然地被解读成是对威廉和玛丽新政权的一个辩护，因为它捍卫受限制的君主政体，君主的权力要受到国会的约束，这就是英国人民在1688年所采取的政府形式。事实上，现在我们知道《政府论两篇》[①]在1680年代初期就已经写成，比政府所发生的变革还要早几年。

第二年，即1690年，洛克发表了他关于人类知识基础的巨著《人类理解论》。这部著作是经验主义哲学流派的奠基之作。洛克的论证深刻地影响了贝克莱、休谟以及其他追随他的英国哲学家。这部著作很快被翻译成法文，并对欧洲大陆的思想产生了重要的影响。一个世纪之后，伊曼努尔·康德承认这部著作是影响他自己思想的最重要著作之一。

① 洛克《政府论两篇》的《第一篇》主要批判保皇派君权神授和王位世袭的学说，《第二篇》则正面阐述洛克本人的政治理论，一般公认《第二篇》更富理论价值，影响更大。——译者注

因此,从这种观点看来,社会真正地是由各种团体而不是各个个人组成的。甚至国家就是一个团体,像任何其他团体一样。的确,国家实际上是很多团体而不是仅仅一个团体。他们是州政府或华盛顿的职业公务员;他们是国会议员;他们是联邦法院、州法院或市级法院中服务的男男女女法官;他们是政党领袖和工人;他们是为国会议员服务的职员,只要他们的上司能够连任他们就能够保住饭碗。

要理解政治,这种关于国家的多元主义或团体理论认为,你必须研究这些团体组成的方式以及它们相互作用的方式。仅仅阅读社会契约论者的著作或宪法并不能帮助你理解这里所真正进行的事情——决策是如何作出的,权力是如何行使的,以及谁在真正统治。

多元主义理论最清楚的表述之一就是政治学教授易尔·拉萨姆(Earl Latham)的《政治学的团体基础》(*The Group Basis of Politics*)。下面就是他在此著作第一章中对这个理论的概述:

易尔·拉萨姆

《政治学的团体基础》

在现代社会中个人所珍视的主要社会价值是通过团体来实现的。这些社会团体的数目不计其数,其种类量大而且复杂。个人生活没有哪一个方面不受这些团体影响。现代人简直从摇篮到坟墓都受到团体的引导,因为他出生在一个家庭中,上学后进入被编排好的班级,去教堂做礼拜,或者与孩童时代的伙伴玩耍,加入兄弟会,为公司工作,隶属于各种各样文化的、公民的、职业的和社会的社团,并且在其企业老板为其举办的典礼中庄重地领过他的终生成就奖。

功利主义对政治共同体的本性作出了与对经济共同体的本性同样的假设。约翰·斯图亚特·密尔的自由主义哲学拒斥自然法和自然权利的学说,这种学说在18世纪非常常见,但是它保留有这样一种感觉,即主要的政治问题包含在一方面是单个个体和另一方面是“国家”之中。所有其他的中间的社团和团体都被消除、掩盖和模糊化——成为两座主峰堡垒之间的凹陷腹地。这种夸大的个人主义不仅仅把人从他的社会环境中抽象出来,而且,这也使得他对理性温和的但却是强迫的命令更有知觉,反应更热烈,对于他自己的事务比对公正的事实要更开明。

但是功利主义理论并不完全地统治政治沉思的领域。

至少在英国,对于哲学唯心主义者的政治沉思的主要攻击,是由一群主张多元主义学说的著作家们发起的……多元主义者认为,国家在事实上和权利上只不过是大量社团中的一个,它远远不能完全吸收掉个人的忠贞,它必须与相互冲突的团体竞逐忠诚,而有些团体的忠诚是不可战胜的。大多数人认为他们自己首先是作为他们俱乐部、地方支部、工会或教区的成员,而只是偶然地才作为国家的一份子。因此,国家不过是众多团体中的一个,并没有更高的权利来统治其他社团。

国家机关,通过它各种各样的办事处、地方议会、专门机构、部门、法院以及其他公共集会,来维系一套工具性的体制,其目的就是用来制定并执行正式的法规,而就是通过这些法规来统治社会的。但是所有这些工具它们本身都是团体,而且它们都拥有很强的团体归属感和认同感。这些国家机关团体在哪些方面不同于在数量上更为众多的政府组织外的团体呢?在政治的意义上,它们并没有不同,而是一样的。它们在国家机关之外多元形式的无限宇宙中,展示了所有团体形式的内在社会与政治特征。

立法机关裁决团体纷争,正式批准成功结盟胜利,记录投降一方的条件,并以成文法的形式达成妥协并克服困难。每一条成文法往往代表着妥协,因为包容团体利益的各种冲突这个过程是一种深思熟虑和同意的过程。对任何议题的立法投票往往代表力量的组合,即在投票时要在相互竞争的团体间作出某种权力的平衡。而所谓的公共政策就是在任何一个特定时间在这种争斗中所达成的均势,而且它代表了各种相互竞争的团体派系不断奋力支持自己的地位而所作的一种平衡。在此过程中,很显然各种利益集团能够被击败。事实上,它们能够被彻底击溃。这些团体并不掌握影响它们的各提案和法案的否决权。当它们被击败时,它们所掌握的就是作出新的力量组合的权利,如果它们能够这样做的话,这些组合将会支持它们重新努力去改写法规以有利于它们。这个过程完全符合美国的文化模式,它的特征如乐观、冒险、实验主义、变革、进取、求知欲,以及相信人的能力能够控制和迫使自然服从人的欲望这种巨大信仰等被评价甚高。这个过程是变化发展的,不是静止的;是流动的,而不是固定的。今天的失败者可能就是明天的赢家。

拉萨姆对政治的描述当然听起来比卢梭和洛克所言更接近美国今日的情况。然而这里仍然遗留一个非常重要的问题他没有提供答案:这可能是事情在这个国家中起作用的方式,然而它们应该以这种方式起作用吗?多元主义的政治体制是一件好事吗?

制宪元勋们——那些拟定我们宪法的人们——并不这么认为。事实上,詹姆斯·麦迪逊(James Madison),后来成为我们的第四任总统,在就宪法的批准问题而辩论期间,他发表了一篇著名的论文谴责"党派",即拉萨姆所谓的"利益团体"。麦迪逊实际上认为,新宪法的最大优点之一正是它会削弱派系的作用。他在《第十篇联邦论文》(*the Tenth Federalist Paper*)中写道:"在一个建构得很好的联邦其所承诺的众多优点中,没有什么比它倾向于打破并控制党派的暴力更值得准确无误地发展的了。"麦迪逊继续说道,所谓党派,"我理解为一些公民,不管是全体中的大多数还是少数,他们由于某些共同的冲动或激情或利益,而联合在一起或被激励,从而对其他公民的权利造成危害,或者危害到共同体的长远利益和总体利益"。这正是拉萨姆所谓利益团体所意指的东西。

什么使得麦迪逊反对党派？非常简单，他们只为了他们自己的特殊利益而不是为了作为一个整体的共同体的更大利益。农民希望法律能帮助农民，而不管还有谁必须受益。企业家、工人、持枪者、进口商、出口商、南方人、北方人、东部人和西部人，情况对于他们来说一样。只要公民们是作为利益团体的成员而不是作为整个共同体的成员而思考、行动和投票，那么在党派利益的争斗中，社会的真正利益就会被忽略。

现在拉萨姆完全很好地知道了麦迪逊对于党派的反对。《第十篇联邦论文》是美国政治理论中最为广泛阅读的一份文件。因此，他曾经描述了政府现在运作的方式了吗？或者是否有一个支持利益团体政治学的论证，它能够回应麦迪逊的担忧？

基于综合人民主权的传统契约信念和利益集团在美国政治中的地位的现代情况，让我推荐这样一个论证。

根据社会契约论者的说法，人民可以在每两年或四年一次的选举时间中发言。但是管理的事情每天、逐周、年复一年都在进行。数以千计的重要决策被作出，其中许多相关议题甚至从来没有在选举期间出现过。如果投票人只能在选举日表达他们的意愿，那么他们的代表们在平日里如何能够知道投票人的意愿是什么呢？而如果被选出来的代表不知道他们选民的意愿，那么他们如何能够真正地成为代表(representatives)呢？

利益集团的理论在这点上就踏进来填补两次选举之间的间隙。在一个民主国家，像我们这样，公民们每天在政治上都是活跃的，而不仅仅是在选举期间。通过他们写书信、游说、政治筹款以及其他活动，各种公民团体把它们的愿望传达给他们的代表，然后这些代表才能够真正地代表他们的选民。

电视专家可能瞧不起游说和写书信等竞选活动，但是根据多元主义的民主理论，这些都是人民的意志转换为国家法律的合法的和必不可少的方式。消灭“党派”——停止利益团体的政治——真正的民主就消亡了。所剩下的只是一个装点门面的、毫无意义的、每四年一次的投票。

支持利益团体理论的论证甚至更强。当我在选举中投票时，所有我能做的就是投“赞成”或“反对”票。然而有一些提案我并不十分关心，尽管出于均衡，我可能支持。其他一些议题对我事关重大，以至于我可能认为它们是生死攸关的议题。但是我不能通过一个投票来表达我偏爱的强烈，因为我的“赞成”票与你的“反对”票相比，不多也不少，即便对于你而言是生死攸关的议题，但对我来说却不是什么大事。

但是，有一种方法我可以表达关于一个议案我的情感的强烈程度，这就是通过我愿意在此议案上所付出的金钱数量或所耗费的时间数量。如果枪支管制是我政治生活的核心与灵魂，那么我就可以付出我所有的空闲时间来推动枪支管制的立法(或者反对该立法，正如情况也可能这样)。与此同时，如果我对环境只有那么一点点的关心，那么我就可以向当地环保俱乐部缴纳每年25美元的年费，然后将之抛诸脑后，直到来年要缴费时。

因此，利益团体的政治活动允许我有效地表达我利益的复杂性、独特性和强烈程度，这些是单单的选举政治活动永远无法办到的。

如果利益团体的政治活动有这么多好处，又有什么可以反对它呢？至少有一件事情是十分重要的。为了通过政治活动表达你利益的强烈程度，你必须拥有各种资源来让你的强烈程度为你的代表所知晓。你必须拥有金钱、时间和技巧来给议员或代表，市长或州长施加压力。然而众所周知，在我们的社会各种资源是分配得非常不均衡的。如果你拥有一家报社，或者你有一份工作能允许你花时间来游说；如果你有足够的资金来捐赠一个政治运动；简言之，如果你是社会上的富足成员，那么你的利益将被选举出来的代表更多地关注。而这将会扭曲利益表达的程序，给某些人一种优势，这种优势超过了与你相对的更贫穷的人的更大利益强烈程度。

因此，多元主义的民主理论并没有给所有人利益的公平表达腾出空间。你会记起，这正是功利主义者声称民主所要达到的。

不管怎样，多元主义理论清楚地考虑到了在现代世界中实际上起作用的美国民主的方式，而且它至少回答了某些，然而当然不是全部，詹姆斯·麦迪逊反对党派的问题。

第五节　对国家社会契约论的种族批判

自从 18 世纪开始，社会契约论就成为西方思想中关于国家的本质、起源以及正当性的最主要的哲学理论。我们自己的国家就是由制宪元勋们基于被治理者同意的原则而组织起来的——这意味着，那些想进行统治的人必须征得那些他们声称要对其进行统治的人的同意。社会契约就被假定为这种同意的体现。

在社会契约论的早期，一些哲学家们实际上在谈论说，似乎他们认为人们聚集在一起，并且相互之间订立一个正式的契约——也许是在林子里的一块空地上。但是在大部分情况下，社会契约被认为或者是一种理想——如果每一件事情都正好是它应该是的样子，情况又会是怎样——或者仅仅是作为表达中心原则的一种方式，这个原则是，统治者必须获得被统治者的同意，如果他们的统治要想是合法的话。正是这种信念隐藏在民主和自由选举这种现代强调的背后。似乎现在全世界都非常广泛地认同：如果国家要成为合法的，那么必须征得全体人民的认可与支持。

社会契约论真的非常简明易懂，大概它看起来是这样子。世界上某个地方生活在一起的一群人决定：对于他们而言，聚集在一起并建立一个政府，彼此都获利——也许可以保护整个共同体而反对外来攻击，也许可以提供共同的社会服务，如消防和警力保护，也许可以启动某些集体项目，而这些项目对于任何个人来说都太大了而无法承担，例如修建一个国家高速公路网，或者太空探索。他们同意集合他们的力量，并服从一个共同的政府。如果他们需要法律，那么他们，或者他们的代表，就会制订法律。定期地，人民会审查他们代表的表现，并且在选举中告诉他们是否能够继续为公众服务。如果人民中的大部分人认为他们的代表干得不错,那么就会给代表们另一轮服务的机会。如果人民不满意,那么人民就会让他们下台,代之以一批新的代表。

时常地,来自世界其他地方的人民可能会请求允许他们生活在这个共同体中。如果他们想永久地定居下来,那么他们就能够成为公民,这就意味着把他们加入到该契约中,和那些已经在契约中的人们一起。如果他们只是参观一下,那么在逗留期间,他们必须同意遵守该共同体已经制定的法律。

所有这些听起来都很美好——清楚、简明、有说服力。但是越来越多的批评家开始指出,这个美好的画面实际上根本不与真实世界中所发生的事情相符。我所知道的最有力的批判是由来自西印度群岛的哲学家查尔斯·米尔斯(Charles Mills),他目前是西北大学道德与心智哲学的约翰·埃文斯(John Evans)教授。米尔斯对社会契约论的批判采取了一种竞争理论的形式,他称作"种族契约"(racial contract)。他说,这种种族契约更加接近于描述世界真实运作的方式。根据米尔斯的说法,社会契约论实际上就有一点隐瞒,即这种隐瞒是设计来掩盖自从17世纪以来世界上一直在发生的真相。

米尔斯的理论简言之就是,社会契约论便利地忘记提及有色人种——奴隶、殖民地人民、土著居民——社会契约的参与者都是用强迫的控制加在他们身上。制宪元勋们相互订立契约,但是这不仅仅是一个关于他们如何相互行动的契约。这也是一个协议,即他们可以拥有奴隶,而这些奴隶是根本不允许参加这个"契约"的。此外,它还是这样一个协议,即他们可以联合起来把土著的美洲居民驱逐出其原来一直居住的土地,而制宪元勋们已经决定把这些土地归为他们所有。米尔斯写道:"种族契约显然不是一个人类的非白人群体能够真正参与其中的契约(尽管根据情况而定,有时候它会精明地假装情况真是这样)。相反,它是这样一个契约,即它把白人凌驾于非白人之上,因此非白人只是协议的客体而不是主体。"

有时候这种种族契约是公开的、光明正大的和完全清楚的。例如,美国宪法向所有人公然陈述,一个奴隶并不等值于一个自由人,相反,只值一个自由的男人或女人的五分之三。在南非,处于种族隔离制度(它最后被推翻了)之下,非白人在政治上被剥夺投票权、公民权、财产权,甚至在太阳下山后留在白人城市中的权利都没有。长期以来全世界,你都可以看到这样的牌子,上面写着:"土著人或狗不许入内。"

在另一些时候,种族契约一直为大部分白人所看不见(然而有色人种绝不会这样,因为他们十分清楚世界到底发生了什么)。不久前,我们自己的最高法院颁布裁决,宣布"赞助性措施"(affirmative action)①是非法的,理由是依据种族或肤色来作

① affirmative action,这个短语目前在国内还没有统一的译法,其意思是指一种政策,"鼓励雇用和录取少数民族、弱势民族、女性等,以防止种族与性别歧视。"——译者注

区别在美国社会是不允许的,似乎任何长眼睛的人都显然看不出美国是一个根据肤色来精心地隔离和分类的社会。米尔斯坚决认为,“把种族主义看作是对启蒙运动的欧洲人道主义的一种反常的、神秘的背离,这是一个根本错误。”相反,他说,“这需要认识到:欧洲的(还有美国的)人道主义通常只意指,只有欧洲人才是人。”

我们这些白人发现很难想象世界对于黑人、褐色人、红种人或黄种人来说是怎样的。(我用这些术语作为简略的表达方式,指称人们目前被划分成的各种不同范畴,但是当然把人们描划成黑人、褐色人、白种人、红种人或黄种人这是有点怪异的。只有在孩子的蜡笔画中那些简笔人物才真的有这些颜色。然而这不过是米尔斯所谈论的又一个例子罢了)这对于我们所有人来说,要变得自觉意识到由欧洲的或美国的白人所作出的关于世界的种族定义形成了我们的思想方式,这是很困难的。也许我可以通过谈论某些我们全都能分享的东西——电影——来帮助你明白这点。

你们有多少人看过某部令人惊叹的“到最神秘的非洲旅行”这类老电影,到处都是野生动物,深不可测的丛林,坚定沉着的英国人,在野蛮的黑人中间仍保持着上流社会的沉静?我一向最喜爱的就是《所罗门王的宝藏》(*King Solomon's Mines*),由斯图尔特·格兰杰(Stewart Granger)和狄波拉·科尔(Deborah Kerr)主演。[我实际上当该电影开始公映时我就看了,但是我现在希望你们有些人在有线电视的午夜节目上看过它。还有一部更精致的、上档次的、1984 年发行的电影,这就是现代重新制作的“人猿泰山(Tarzan)”系列电影,叫《泰山王子》(Greystoke)]

所有这些电影基本上都有相似的情节。一位安全的、稳妥的中产阶级男士或女士从安全的、稳妥的、完全可以处理的英国(处于某种理由总是英国)出发,然后朝着神秘非洲的心脏地带开始一段漫长的、困难的、危险的旅程。旅程的第一部分是坐船或乘飞机远抵非洲东海岸的某个城市,这是很容易的。然后这位探险家与一位专猎大猎物的白人猎人或向导搭档工作,这位搭档是个老非洲了,能说一些斯瓦西里语(Swahili)。他召集了一些挑夫,然后这些挑夫就一边唱着他们的土著歌曲,一边挑着各式各样的破烂杂物开始出发进入丛林。这位探险家,尽管看起来非常强健,但是除了一支来福枪外,其余什么都不带。他们越向丛林深入,路程就越加艰难,出于莫名的迷信理由,挑夫们临阵逃走,猛兽偶尔现身威吓着探险队,危险的土著人带着十分吓人的头饰,涂抹着战前的油彩,经常出没。最后,在经历了诸多考验和苦难(在此期间他们筋疲力尽,差点丧命)之后,他们到达他们的目的地,要不是发现了传说中的宝藏就是发现了探险家丈夫或兄弟的遗物。然后整个队伍踏上归途,重新回到文明世界。他们越是靠近他们出发的海岸城市,路程就越加容易走了,直到最后,每一个人都安全、稳妥地回到英国,接着影片结束。

现在当你停下来并思考一下时,你就会发现电影中的某些情景是非常奇怪的。土著人对于东非的适应程度比不上伦敦人对于伦敦的适应度。可以肯定,如果你生长在东非,那么你会发现很难适应伦敦的交通,而且认为伦敦的街道是完全混乱无序的。但是对于你而言,东非就不是令人迷惑的、黑暗的、不祥的或深不可测的地方。这是你的家乡。你可以在这里自由穿行,一如一位伦敦本地居民在伦敦的大街小巷行走那样容易。世界上的每一个人都是在某个地方出生并长大的,而对于我们每个人而言,这个地方就是我们的家乡——熟悉、便利、没有神秘感。然而影片把伦敦展现为一个安全、稳妥的地方,东非则是神秘之地,加强了种族契约奠基于其上的各种假设。影片在告诉你说:伦敦人是文明的,而马赛族人则是野蛮的。它还告诉你,伦敦这个地方是安全的、熟悉的,并且处于社会契约之下,而东非这个地方则是野蛮的、蒙昧的,没有契约约束。

如果你是一个白人,你会对所有这些感到完全震惊。确实,你也许会认为这肯定是夸大其辞,强调了某些100年前是重要的东西,但是现在再没有那么大差别了。如果你是黑人、褐色人、黄种人或红种人,那么对此就一点也不感到惊讶。唯一惊讶的就是有人竟然花费精力、时间把它写进大学的教科书里,似乎这是新闻。这种划分——把我们这些白人从世界中的其他人那里区分出来——正是查尔斯·米尔斯(他是黑人)将要谈论的一部分。

下面的节选来自米尔斯的著作《种族契约》(*The Racial Contract*)。也许这会在你的课堂上引发一场很好的争论。

查尔斯·米尔斯

《种族契约》

种族契约在白人抵制任何超过抽象的社会契约这些术语的正式延伸时显现了自身(通常如此)。鉴于以前否认非白人也同等是人,现在则假装非白人也是同等的抽象的人,仅仅通过把道德经营者的范围加以延展,他们就能够被充分地包括在政治组织之中,而不需要在安排上有任何根本的变化,而这些安排是由于明确的法律上的种族特权的前体制所产生的。有时候种族契约所采取的新形式显然都是剥削型的,例如"种族隔离"契约("jim crow" contract),它的"隔离却是平等的"主张毫无疑问是荒谬可笑的。但是其他契约——职业歧视契约、限制性的立约——就更难证明。

然后非白人发现,种族自相矛盾地既在所有地方又不在任何地方,它建构着我们的生活,但在政治或道德理论中又得不到正式承认。但是在一个按照种族建构起来的政治组织中,能够发现否认种族中心这在心理上是可能的唯一的人,就是那些在种族上享有特权的人,对于他们而言种族是看不见的,因为世界是围绕着他们而构建的,白人是背景,在此映衬之下其他种族的形象——这些人和我们不一样,是有色人种——就出现了。鱼儿是看不见水的,白人看不到一个白人政治组织的种族本性,因为这对于他们来说是很自然的,他们就生活在这样的环境中。

种族契约向我们表明,我们需要另一种替代,另一种关于国家的理论建构和批判的方式:种族国家或白人至上的国家,除了其他以外,它的功能就是保护这个政治组织作为一个白人的或白人统治的政治组织，通过适宜的手段来强制执行种族契约的条款，当必要时，促使它从一个形式改写为另一个形式。

古典契约论的自由民主国家遵守社会契约的条款，只在为了保护它的公民才使用武力，是公民授予了国家这种道德化的力量，因此国家能够保障这种安全不至于建立在自然状态中。（毕竟，这是当初脱离自然状态的整个要旨的一部分）相比之下，由种族契约所建立起来的国家是根据定义的而不是根据中立的，因为它的目的就是要让下等人遵守种族契约的条款，他们显然没有理由自愿接受这些条款，因为这个契约是一个剥削性的契约。

目前讨论种族问题相对沉寂，传统的道德理论会让没有任何世界经验的粗心学生——就如从银河系中心来访的人类学家——认为，对理想的偏离一直是偶然的，随机的、理论上费解的，或者不值得花费心思去理论化。这位访客会得出结论道：所有人一般而言都努力试图符合规范，但是鉴于不可避免的人类弱点，有时候达不到标准。然而事实上这个结论是错误的。种族主义和种族上结构性的歧视从没有偏离过规范；它们一直就是规范，不仅仅是在现存的统计分布模式这个意义上，而且是，正如我在刚开始时所强调的，在被正式地编成法典、明文规定下来并且像这样宣布出来的意义上。

一个下等人想在政治上维护他或她的权利，应要求什么呢？首先，说来简单，或者不那么简单，就是声称要求人格的道德地位。因此这就意味挑战由白人构建起来的本体论，它一直认为一个下等人就是一个“非政治体”(body impolitic)，这个个体一开始就并没有被授予维护人格的权利。在某种意义上，这个人在踏上外部战场之前，必须先打一场内心之战。这个人必须克服由种族契约描述的下等人所造成的内化，并且认识到自己的人性，坚决抵制被鄙视的土著居民、天生奴隶、殖民地的受监护人等这些官方范畴。这个人要学会基本的自尊，这个偶然地被康德主义者所假定的基本权利，通过种族契约这些人获得了特权，但是下等人被剥夺了这个基本权利。特别地对于黑人，以前是奴隶的人而言，发展自尊并要求从白人那里得到尊严这个重要性是关键的。弗雷德里克·道格拉斯(Frederick Douglass)讲述“一个人如何变成奴隶”，并且承诺“你将看到一个奴隶如何变成人”。[①] 然而100年之后，这种争斗仍在进行中。詹姆斯·鲍德温(James Baldwin)在1950年代写道：“黑人想被当人看，这是一个非常简单的声明，仅仅包含七个字。那些精通康德、黑格尔、莎士比亚、马克思、弗洛伊德和《圣经》的人，都发现这个声明是完全不可理解的。”[②]

---

① 弗雷德里克·道格拉斯：《一位美国奴隶弗雷德里克·道格拉斯的生平自述》，纽约：维京企鹅出版社，1982年，第107页。

② 詹姆斯·鲍德温：《没有人知道我的名字：一个土生子的更多札记》，1961年，纽约：复古国际出版社，1993年，重印，第67-68页。

第六章要点

1. 约翰·斯图尔特·密尔一生致力于把功利主义原理应用于社会问题上。在他的著述过程中,在三个方面修订了这条原理:
   a. 他区分了低级的快乐与高尚的快乐。
   b. 他认识到习惯或习俗在经济生活中的地位。
   c. 他否认国家有权利干涉人们的私生活。
2. 功利主义者捍卫自由市场或自由放任的原则,即消费者和生产者应该在市场中自由地交易,而没有政府的干预。
3. 社会主义者如卡尔·马克思批判资本主义剥削工人阶级,腐化了劳动过程,使得劳动成为痛苦、苦难而不是满足感的来源,并且把经济导向更大的商业危机。马克思主张,通过把社会的生产资料所有权和控制权交到工人阶级手里,社会主义革命就能够终结资本主义。
4. 美国民主的多元主义理论考虑到了两次大选之间利益集团的政治活动。它主张,通过这样的政治活动,公民利益的复杂性和强烈程度就得到了表达。
5. 古典的社会契约理论及其现代变体,完全忽视了白人对于非白人的宰制和剥削,这是过去四个世纪以来世界历史上的最重要事实。一个替代性的国家模型,被查尔斯·米尔斯称为"种族契约",他试图捕捉并理解这一事实。

问题讨论与复习

1. 根据密尔的看法,我们应该以公共政策是否倾向于为最大多数人产生最大的幸福为基础来评判它们。选择一个目前在美国正在讨论的议题——药品政策、堕胎政策或平衡预算——并试着根据相互竞争提案的倾向来分析该议题,从而促进最大的幸福。用这种方法来分析公共政策可能吗?有哪些问题?密尔的这个思考方法是否有助于你弄清楚此类议题?
2. 密尔声称,我们这些公众都是消费品的好评判者,但却是文化和知识商品的糟糕评判者,例如书籍、音乐和艺术。你认同吗?在你的经验中,让你来评判诸如一辆汽车、一部录像机或者一夸脱的牛奶等消费品的价值较容易,还是评判一本小说、一部电影或者一张 CD 唱片的价值较容易?在这样一个广告的时代,有数以百万计的消费品,我们需要政府的规范来保护我们吗?医疗和药品又如何呢?作为消费者,我们都是它们价值的好评判者吗?如果我们把评价商品的这个工作交给国家,那么我们如何能够保证国家将会保护我们?

3. 在当今的美国,几乎不到一半的有资格选民愿意在总统大选中投票。在不是总统选举的几年里,投票人数更少。卢梭或洛克对于这个事实会怎么说呢?这是否要对被选举出来的官员的合法性提出质疑?如果我不嫌麻烦愿意投票,那么我在道德上是否必定要服从由被选举出来的代表所通过的法律呢?
4. 隐藏在代议制民主正当性背后的是这样的假设,即个别选民有时候会得到他们所想要的,有时候则得不到。然而有些选民,例如黑人或拉丁裔选民,是永远的失败者。他们投票,但是他们的候选人绝不会被选上,因为每一个人都是依据种族的界线来投票的,而他们又是少数派。他们在道德上是否必定要服从由被选举出来的代表所通过的法律呢?如果你的回答是"不",那么,选举体制中什么样的改变会给一个社会的所有部分一个有代表的机会?
5. 查尔斯·米尔斯声称,白人之中存在着一种种族契约,是用来压迫和剥削非白人的。如果你的哲学课堂上既有白人又有非白人学生,那么进行一个讨论,让每一个学生描述他或她是如何经验美国社会的。米尔斯认为白人和非白人的印象是完全不一样的,看看他这种看法是否正确。你认为卢梭和洛克会怎样回应米尔斯的主题?

主要来源:哲学读本与评论

1. 亚里士多德:《政治学》
2. 约翰·杜威:《民主与教育》
3. W. E. B. 杜·波伊斯:《黑人之魂》
4. 格奥尔格·黑格尔:《历史哲学》(*The Philosophy of History*)
5. 托马斯·霍布斯:《利维坦》
6. 约翰·洛克:《政府论第二篇》
7. 卡尔·马克思:《共产党宣言》
8. 约翰·斯图亚特·密尔:《论自由》《功利主义》
9. 苏珊·莫勒·奥金:《正义、性别与家庭》
   Susan Moller Okin:*Justice, Gender, and the Family*
10. 柏拉图:《理想国》《法律篇》
11. 约翰·罗尔斯:《正义论》
12. 亚当·斯密:《国富论》
13. 玛丽·沃尔斯通克拉夫特:《为女人权利辩护》

第六节　当代应用:安全与个人权利的对决——酷刑案例

在整部美国史上,已经出现过个人权利与国家以国家安全的名义限制那些权利的尝试之间的斗争。早在1798年,约翰·亚当斯(John Adams)总统就劝说国会通过一系列旨在继续与法国不宣而战的法律。这些被称作《外侨法》和《惩治叛乱法》(*the Alien and Sedition Acts*)的法案非常鲜明地限制了10年前才写入《宪法》的权利。在内战期间,亚伯拉罕·林肯废除了英国习惯法传统(English common law tradition)的最基本的法律保护:在押犯人申请人身保护令(writ of habeas corpus)的权利,迫使各州将犯人带到法庭并公开解释他或她为什么被拘留。在二战期间,富兰克林·德拉诺·罗斯福(Franklin Delano Roosevelt)围捕日裔美籍人,仅仅因为他们的血统而在战争期间将他们一直关在集中营。

2001年9月11日,外国公民劫持民航客机对世界贸易中心(World Trade Center)和五角大楼(Pentagon)发动的袭击激起了美国强有力的反应,使其入侵阿富汗,将数百人关押在关塔那摩湾(Guantanamo Bay)、古巴(Cuba)和其他地方的美军基地。美国审判者用酷刑折磨被关押者,以获取有关未来的可能袭击以及其他事情的信息。这些酷刑违背了许多美国法律传统和国际法以及长期被宣称是美国民主之基础的道德原则。

乔治·布什(George Bush)政府的律师所写的法律文件认为使用酷刑(torture,尽管根本没有使用这样的字眼)是合法的。当虐囚事实公之于众时,那种实践的辩护者和反对者开始了强有力的论争。国家的特权再次与个人的权利发生冲突。使用酷刑的最著名的辩护者就是著名的哈佛大学法律教授艾伦·德肖微茨(Alan Dershowitz)。如果你们是深夜电影爱好者,那么,你们可能遇到过电影《命运的逆转》(*Reversal of Fortune*)。该电影取材于克劳斯·范·布罗(Claus Von Bulow)杀死妻子的真实案件。范·布罗的律师就是艾伦·德肖微茨,在电影中由著名演员朗·西佛(Ron Silver)扮演。

在接下来的三篇选文中,我们首先听听德肖微茨一方的论证,然后听听“长耳大野兔”(Jack Rabbit)发表在博客上的长篇反驳。长耳大野兔(他或她——没有人能说出其性别)自称是“加利福尼亚萨克拉曼多谷的半退休计算机程序员和作家”。

评使用酷刑

艾伦·德肖微茨

美国联邦调查局对无力让重要证人开口感到沮丧,这提出了一个在这个国家很少被讨论的令人不安的问题:如果真的要诉诸能使人吐露实情的麻醉药、轻微的身体压力和公开的酷刑这样的非常规手段,那么,什么时候使用它们是合理的?

《宪法》对这个问题的回答可能令不熟悉美国最高法院目前对宪法修正案第五条规定"不被强迫自证其罪的特权"(privilege against self-incrimination)所做出的解释的人感到惊奇。这种解释是:禁止使用包括使人吐露实情的麻醉药、甚至是酷刑在内的任何审问手段。要禁止的就是,在刑事审判中引入对某人使用这些手段而获取的证据来控告此人。但是在非刑事案件——例如递解出境听证(deportation hearing)——中可以使用这些证据来指控嫌疑犯或其他人。

如果嫌疑犯被给予了"证据使用豁免权"(use immunity)——一个审判法律,它预先宣布被告所说的一切(或其结果)都不能用于控告他的刑事案件——那么,他必须回答所有合适的问题。于是问题变成了依据《宪法》可以使用何种压力来施行那种压迫。我们知道可以把他监禁起来直到他开口说话。但是如果监禁并不足以迫使他去做他在法律上有责任去做的事情,那该怎么办呢?能够尝试其他压迫手段吗?

让我们从使人吐露实情的麻醉药开始。如果一个被豁免的嫌疑犯拒绝履行他在法律上如实回答问题的义务,必须给他注射此药,让他履行此义务,那么,要违反什么权利呢?并不违反他的不被强迫自证其罪的特权,因为既然他已经被给予了豁免权,所以他没有这样的特权。

是否违反了他的身体自主权(rights of bodily integrity)呢?违背意愿注射麻药本身并没有产生《宪法》上的障碍。一个公民自由论者和法官威廉·J. 布伦南(William J. Brennan)一样做出决定,允许对据说是酗酒驾驶的司机强制注射以提取血液进行酒精测试。当然,《宪法》并没有区分为提取液体而进行的注射和液体注射。

被注射的实体的本质呢?如果它是相对良性的,并没有造成任何严重的健康危险,那么,唯一的问题是,它迫使接受者做他不想做的事情。但是他在法律上有义务去做血清要求他做的事情:如实地回答所有问题。如果能使人吐露实情的麻醉药并没有效果,那该怎么办呢?法官能否发布"酷刑令",授权美国联邦调查局使用各种并不致命的身体压力形式以迫使被豁免的嫌疑犯开口说话?

在此,我们碰到了《宪法》的另一规定——正当程序条款(the due process clause),它可能包括了一个一般的"惊扰良心"(shock the conscience)测试。并且一般的酷刑肯定惊扰了绝大多数文明国家的良心。但是如果将它限于很少的“定时炸弹”案件——在这种处境下，被捕的恐怖分子知道迫在眉睫的巨大威胁，然而却拒绝交代它——那该怎么办？

为了防止1 000个无辜平民丧命，用酷刑折磨一个有罪的恐怖分子是否会惊扰所有高雅之士的良心呢？为了证明它不会，我们思考一个处境：一个遭绑架的小孩被关在一个氧气只够使用两个小时的盒子中，而绑架者拒绝交代盒子的地点。在那种处境下，我们难道不应该考虑使用酷刑吗？

所有这一切说明，一种观点主张酷刑是一种被允许的手段，哪怕在案件的非常狭窄的范围内，这种观点是令人感到非常苦恼的。依据经验，我们知道强制执行法律的人可能滥用被赋予的有限度的使用酷刑的权力。导致目前围绕酷刑所展开的论争的案件就揭示了这个问题。至于9·11袭击之后所进行的逮捕，并没有理由相信被拘留者知道未来的恐怖袭击的具体目标。然而却一直要求用酷刑折磨这些被拘留者。

如果出现了一个“定时炸弹”的真实场景，那么，我们执法机构会实施酷刑。对此，我并不怀疑。真正的争论是，这样的酷刑应该发生在我们的法律系统之外，还是之内。对此所作的回答显然是：如果我们要使用酷刑，那么，我们应该获得法律授权。在这样的每一个案件中，都必须有法官发布的“酷刑令”。因此，当公众谴责酷刑时，我们不能睁一只眼闭一只眼，默许酷刑。民主要求可解释性和透明性，特别是采取不寻常的步骤时。最重要的是，使用酷刑必须遵守法律。如果像酷刑这样的不寻常的手段在法律之外执行，那么，这样的遵守就是不可能的。

文章来源：艾伦·德肖微茨，《酷刑是否是通向正义之路？》(Is there a Torturous Road to Justice?)，载《洛杉矶时报》(*The Los Angeles Times*)，2001年11月8日，B版第19页。翻印已获许可。

采访肯·罗斯和艾伦·德肖微茨

华盛顿(美国有线电视新闻网，简称CNN)：随着哈立德·谢赫·穆罕默德(Khalid Shaikh Mohammed)的被捕，问题变成了这位基地组织高级领导人是否会透露恐怖主义组织的关键信息。如果他不透露，是否应该用酷刑来迫使他说出他知道的东西。

美国有线电视新闻网节目主持人沃尔·布利策(Wolf Blitzer)向著名作家、哈佛大学法律教授艾伦·德肖微茨和人权观察组织(Human Rights Watch)的执行董事肯·罗斯(Ken Roth)提出了这个问题。

布利策:艾伦·德肖微茨,我们的很多观众在听到您说有一些恰当时机可以使用酷刑时感到惊奇。现在是这样一个恰当的时机吗?

德肖微茨:我并不这样看。这不是恐怖主义定时炸弹案件,至少在我们看来不是。当然,这个难题是鸡和蛋的问题:我们不知道他是不是使用定时炸弹的恐怖主义者,除非他将信息提供给我们,然而除非我们使用某些极端措施,否则,他不可能提供任何信息。但是我的基本观点是,在任何情况下,我们都不应该允许低素质的人使用酷刑。如果酷刑作为定时炸弹案件的最后对策被施行,为了拯救无数生命,那么,应该在美国总统或最高法院的法官允许并且对使用酷刑做出合理解释的前提下公开施行酷刑。然而我认为在这个案件中我们并不处于那样的处境。

布利策:好的,你如何知道……

德肖微茨:这样,我们可能更近些。

布利策:艾伦,你如何知道他目前并没有那种有关定时炸弹的信息:有一个针对纽约或华盛顿的阴谋,他参与其中,并且时间很敏感?如果你知道那些信息,或者如果你怀疑存在那样的阴谋,你会说,让总统授权使用酷刑。

德肖微茨:好的,我们不知道,那是(我们能够使用)酷刑令的原因,这将使政府背上沉重的负担,用事实证据证明有必要使用这样的非常可怕的酷刑手段。我谈谈非致命性的酷刑,譬如用无菌的针扎指甲盖下面,这违反了《日内瓦协议》(*Geneva Accords*),但是,你知道,世界上的所有国家都违背了该协议。他们偷偷摸摸地做,法国在阿尔及利亚就是这样干的。如果我们要干这样的事,并且我们不知道这是不是那一种情况,那么,我认为我们应该这样做,并做出说明,公开地做,而不是采取虚伪的方式。

布利策:好的。肯,在那种稀少的、极端的情况下,德肖微茨教授是否做出了一个好决定?

罗斯:他没有。禁止酷刑是存在于国际法中的基本的、绝对的禁令之一。无论是在和平年代,还是在战争年代,它都存在。无论安全威胁多么严重,它都必须存在。我认为唯一可与之媲美的另一个禁令是禁止在战争年代或恐怖主义活动中袭击无辜平民。如果你要有酷刑令,那么,为什么不能创造恐怖行动令呢?既然恐怖主义被允许,为什么不参与恐怖主义,并允许恐怖分子前来作案呢?

德肖微茨:好的,事实上,我们已经那样做了。我们当然那样做了。在我们的每一场战争中,我们以平民为目标,用炸弹袭击他们。在德累斯顿(Dresden)我们这样干了。尽管有这些法则,我们在越南照样这样干。因此你应该知道,将法律写进书本但又有组织地破坏法律只会制造轻视……创造一些我们实际上能遵守的法则会更好。一般来说,绝对的禁令不是那种国家会遵守的法则。我要问您一个问题。不管您或我的观点怎么样,如果我们有定时炸弹案件,那么,难道您不认为中央情报局实际上要么亲自动用酷刑,要么将工作转包给约旦、菲律宾或埃及这些我们最喜欢的国家,让他们为我们动用酷刑?

罗斯:不错,亲自动用酷刑与将酷刑转包给他人在道德或法律上并没有区别。它们都同样被严厉禁止。

德肖微茨:但是我们在动用酷刑。

罗斯:在这种情况下,事实上,您有时违背法律并不意味着您要开始将这种违法合法化,迫使某个法官授权您那样干。设想一下,您总是在考虑美国最高法院,但是您应用在美国的任何法则不得不被应用到全世界。譬如说,您需要中国的法官授权对持不同政见的穆斯林实施酷刑吗?

德肖微茨:这没有任何区别。无论如何,他们都只是在动用酷刑。这没有任何区别。他们现在正在动用酷刑。

罗斯:一旦你打开了酷刑之门,无论如何,一旦你开始许可酷刑,你绝对破坏了禁忌。虽然布什总统描述了萨达姆·侯赛因(Saddam Hussein)的各种酷刑,并且说"如果这不是恶,那么恶就没有意义了",但是他却有权在他统治的美国动用酷刑。

布利策:好的,肯,请允许我打断一下。我要问您一个假设的案件。德肖微茨教授在他的一篇文章和一本书中谈到了它。有一个恐怖袭击。在纽约,许多人刚被杀害。他们抓住了一名恐怖分子,而他说:"猜猜会发生什么,那里将会有另一个炸弹袭击,它将杀死更多的人,但是我不告诉你们它将在哪里发生!"

罗斯:是的,那是定时炸弹的情节,每个人都喜欢拿它当例子来为酷刑找借口。以色列用过它。在同样的伪装下,不过可以看出来的细微差异是:在某处装有定时炸弹,学童乘坐的汽车将在某地爆炸,你们必须拯救那些可怜的学童。他们停止动用酷刑,因为在理论上,他可能不是恐怖分子,而是某个认识恐怖分子的人,或者是某个拥有与恐怖分子相关的信息的人。据说他们对被捕的90%巴勒斯坦安全部队成员用过酷刑,直到最后以色列最高法院不得不说这类罕见的例外不能再发生,他们才停止动用酷刑。它是一个破坏法则的例外。我们不得不认为美国为世界上的其他国家设立了一个模式。如果美国在任何意义上许可酷刑,那么,你可以想象,许多正濒临死亡且令人厌恶的政权会利用这个机会说:"既然美国在动用酷刑,我们也开始动用酷刑吧。"

德肖微茨:我认为我们最好明智地容忍我们正在做或根本没有做的事情。我同意你的观点,如果我们根本没有动用酷刑,那就更好。但是如果我们正要动用酷刑,并且要转包出去,发现规避它的方法,那么,最好像以色列那样做。他们是世界上唯一直接遭遇那个问题的国家,它导致了最高法院的决定,正如你所说的,宣布酷刑是非法的,然而以色列因为直接遭遇那个问题而被全世界批判。坦白和可解释性在民主中是非常重要的。虚伪没有用。

罗斯:所以,这样,让我们从以色列那里吸取教训,您一点也不能打开酷刑之门。如果您正在尝试使用酷刑,那么,您彻底停止使用它。除了将酷刑令合法化之外,另外一个选择就是禁止它,并起诉违反禁令的人。在我们的大街上每天都有杀人案。但是我们并不要求杀人令。

布利策:肯,请让我回到那个定时炸弹情节。任由您抓到的恐怖分子保持沉默,让数百人死去,您认为这在道德上合理吗?

罗斯:瞧,我们听过参议员情报委员会(Senate Intelligence Committee)主席的消息。沃尔夫,您在一期节目中采访过他,他说到了巴格拉姆(Bagram)空军基地的审讯者,说无论莫哈默德在哪里,他们都不需要酷刑。他们有其他获得真相的合法手段。他们通过各种窃听等手段收听到情报。不需要酷刑。如果你开始打开酷刑之门,在这里制造了一个例外,在那里制造了一个例外,那么,你基本上发出了一个信号:目的证明手段是合法的,那正是奥萨姆·本·拉登(Osama Bin Laden)所想的。他对公正的社会有自己的某些看法。他的目的证明袭击世界贸易中心这个手段是合理的。如果我们要同样违背基本的酷刑禁令,那么,我们是在重申恐怖主义的那种错误逻辑。我们最终将输掉战争。

文章来源:2003年3月3日,沃尔夫·布利策对艾伦·德微茨和肯·罗斯所做的采访,转录于美国有线电视新闻网的入口:http://edition.cnn.com/2003/LAW/03/cnna.Dershowwitz/Index.html。翻印已获许可。

为什么酷刑不能奏效:对艾伦·德肖微茨的酷刑案例的批评

长耳大野兔

自从9·11袭击以来,著名的法律学者和公民自由论者艾伦·德肖微茨公开谈论在美国批准酷刑的可能性,几乎掀起了一场轩然大波。德肖微茨觉得自己有责任引导一场有关选择的讨论,他认为这个选择并不令人愉快,但却是必须的。

进步的公民自由论者将酷刑视作每个文明都应该禁止的令人厌恶的行为。现代国际人道主义法绝对禁止使用它。《罗马规约》(*Rome Statute*)将酷刑界定为一种侵犯人权的罪行,《第三次日内瓦公约》(*Third Geneva Convention*,1949,第3、17、87和130条)禁止对战犯使用酷刑,《第四次日内瓦公约》(*Fourth Geneva Convention*,1949,第3、32和147条)禁止对在战争冲突处境中的平民使用酷刑。美国的《人权宣言》(*Declaration of Human Rights*,1948,第5条)明确规定:"任何人都不会遭受酷刑或者残忍、不人道或有辱人格的待遇或惩罚。"《禁止酷刑和其他残忍、不人道或有辱人格的待遇或惩罚的公约》(*Convention against Torture and Other Cruel*,*Inhuman or Degrading Treatment or Punishment*,1984)是这些有关酷刑的宣言的注脚。美国是公约缔约方之一。

《公约》这样界定"酷刑":"为了这个《公约》起见,'酷刑'这一专业术语是指为了向某人或者第三者获取信息或供状，为了他或第三者所作或涉嫌所作的行为对他加以处罚，或为了恐吓或威胁他或第三者，或为了基于任何一种歧视的理由，蓄意使某人在肉体上或精神上遭受剧烈疼痛或痛苦的任何行为，而这种疼痛或痛苦又是公职人员或以官方身份行使职权的其他人造成的或在其唆使、同意或默许下造成的。酷刑并不包括仅因法律制裁引起或法律制裁所固有或附带的疼痛或痛苦。”

德肖微茨被许多人看作进步的公民自由论者。在一件许多人认为可以界定进步主义的事情上，他与其他人有分歧，这已经引起了公愤。然而当像德肖微茨这样的人说我们应该将我们所珍惜的很多东西撇在一边时，我们或许应该听听他说什么。

如果不阅读德肖微茨的论证，那么人们很容易误解它。德肖微茨为《洛杉矶时报》所写的一篇意见书概述了他的立场：读者要更好地知道他的论题，只需阅读他的近作《为什么恐怖主义能够奏效：理解威胁，回应挑战》(*Why Terrorism Works: Understanding the threat, responding to the challenge*；耶鲁大学，2002 年，第 131-163 页，本文所标页码都是指该书的页码)的第四章。从一开始，我们就应该这样理解德肖微茨：他所说的只是非致命形式的酷刑，其目的是在涉及有计划的恐怖袭击之类的国家安全案件以及其他有可能导致人的生命损失的灾难性案件上提取情报。更重要的是，德肖微茨非常清楚地意识到了与使用酷刑有关的《宪法》问题；德肖微茨完全意识到并不能在任何刑事诉讼中动用酷刑从提供消息者那里获取信息。德肖微茨值得表扬，因为他所陈述的都是为了阻止犯罪、拯救生命、控告和惩罚罪犯而必须做出的非此即彼的选择，这使得人们只能选择他优先考虑的选项。

当然，那个选择是在一个假设的处境中被给予的。法律教授经常提出假设性的处境来帮助教学。他们提供简洁、清晰的案件，学生就会毫不费劲地发现如何将法律原则应用于这些给定的事实。为了发展他自己关于恰当使用酷刑的观点，德肖微茨使用了定时炸弹的情节。德肖微茨先生引用了另外一位学者迈克尔·沃尔泽(Michael Walzer)的观点来解释这个案件(第 140 页)：

> 一个被恐怖主义折磨的国家的正直的政治领导人被要求“授权对被捕的叛乱头目使用酷刑，该头目知道或可能知道一些炸弹被藏在城市公寓大楼的某个地方，这些炸弹被设定在 24 小时内爆炸。领导人命令对这个人动用酷刑，确信为了那些可能在爆炸中丧生的人们，他必须这样做，哪怕他相信酷刑是错的，的确是令人讨厌的，并不只是在某时，而是总是如此。”

德肖微茨声称，在这个假设性的处境中，那个假设的领导人表现正直。的确，给定的事实制造了一个支持动用酷刑的好案件。我们许多人认为酷刑是明显违反人道的罪行，鉴于这个案件，正急切地寻求坚持我们自己的观点。

因为德肖微茨并非没有意识到这个立场所固有的《宪法》问题，所以，他提供了控制和监督酷刑的法律补救措施。然而他并不像进步的公民自由论者那样禁止酷刑,相反,他在法律上支持酷刑,允许法官发布酷刑许可令。

一方面,进步的公民自由论者似乎不知所措。德肖微茨的案例主张在受到法律监督的情况下动用非致命性的酷刑,它似乎建立在一个可以从前提合理地推出结论的好逻辑之上。然而所获得的结论如此令人讨厌以至于人们仍然努力拒斥它。在全国性论争中,布什先生和阿什克罗夫特(Ashcroft)先生寻求广泛的权力,以废除公民的自由,甚至剥夺他们的美国国籍,并且每天在关塔那摩嘲弄《第三次日内瓦公约》。在此论争背景下,进步的公民自由论者试图维持现状。在他们看来,德肖微茨似乎已经走到了黑暗的一面。

另一方面,德肖微茨的许多辩护者没有像德肖微茨过去所做的那样,忠诚于进步原则和法律准则。他的辩护者声称9·11之后的世界改变了一切东西,9·11之前的有关至少文明地对待某一类犯罪嫌疑人的观念根本不切实际。

然而进步的公民自由论者并不需要承认德肖微茨的任何一个观点,更别说布什和阿什克罗夫特的支持者了。德肖微茨用来支持酷刑的案例至少有三个致命的问题。

德肖微茨的论证的一个问题是,它建立在一个假设的处境之上。即使它在现实生活中存在,它也不可能如此清晰。经过仔细考察,人们可以揭露定时炸弹案例是荒谬的,德肖微茨的案例的问题开始消失。

定时炸弹的情节假设了一个处境:当局知道一个密谋的犯罪活动,但是并不知道如何开始有效的调查。不知为什么,人们假设我们相信存在着那样的处境,在那里,当局已经确切地知道恐怖分子的罪行,却并不确切知道他犯了什么罪。在这个案件中,当局确切地知道谁犯了罪(他们已经抓住的恐怖组织头目),他们知道犯罪活动(一系列炸弹被设定在城市周围爆炸),但是他们不准确地知道爆炸将在哪里发生。他们知道犯罪活动、犯罪活动的参与者以及作案时间,但却不知道犯罪活动的地点,这是现实的吗?提供犯罪活动及其参与者和作案时间这些信息的人难道不知道安放炸弹的具体地点和某些可能的地方吗?一个人知道如此具体的细节,却不知道这个情节提供的信息之外的其他信息,这似乎是不可能的。

甚至在这个给定的情节中,我们被告知炸弹安置在城市的某个秘密的公寓大楼中。当局最好将如此少的时间花在努力疏散任何潜在的袭击目标上,以便拯救生命。对嫌疑犯动用酷刑并不能帮助人们逃出公寓大楼。

因此,定时炸弹案例并没有说明为了拯救生命有何必要对嫌疑犯动用酷刑。

德肖微茨也提出了扎卡里亚·穆萨维(Zacarias Moussaoui)的事情,他目前被关押着,等待着审判他参与9·11袭击的罪行。在这个案件中,德肖微茨提出了他的如下证明(第143-144页,强调是笔者添加的):

> 政府决定不寻求搜查他的电脑的许可令。现在设想他们已经发现和正在发现他参与了一个破坏占地面积很大的大楼的计划,但是并不知道任何更具体

> 的细节。他们审问他,免于起诉他,并为他提供大笔奖赏和新的身份。他们威胁他,试图哄骗他,并尝试了现有的各种合法手段。但是他仍然拒绝。他们甚至给他注射了硫贲妥钠(sodium pentothal)[①]和能使人吐露实情的其他麻醉药,但是都没有用。袭击似乎即将发生,但是联邦调查局并不知道袭击的目标或者袭击所用的手段。我们并不能疏散所有大楼中的人。联邦调查局的领导建议使用非致命的酷刑……

德肖微茨所做的是拿出一个实际的案例,将它装饰成一个假设性的案例。这个新情节有一个优点:引用被普遍相信参与了具体灾难的具体人物。要不然,它仍然是一个假设性案例,和定时炸弹案一样荒谬。它甚至帮助表述了前面一个情节的错误。我们再次被要求去假设当局在嫌疑犯的电脑中发现了阴谋的大致要点,但是没有其他任何有用的信息。他们没有办法知道穆萨维的联系人(尽管看了同一台电脑中的电子邮件,并且也可能在检查他的电话记录)或与他谈话的人(尽管也知道他住在哪里,并且可能联系上了雇主)。德肖微茨也假设我们相信他们并没有其他信息,除了知道他卷进了一个毁灭大楼的计划以及这个事件将要发生的准确时间。

所有这一切也是假设性的吗?是的,它是假设性的。

德肖微茨的情节以及穆萨维的案件去除了定时炸弹案件固有的紧急层次。当局能够寻找其他线索,可能在灾难发生之前发现阴谋的具体细节。并不需要浪费时间,用常规或非常规的手段去审问一个不合作的嫌疑犯。

第二个问题是从酷刑的受害者那里获得的信息必须被认为是不可信的。当局可能对嫌疑犯动用酷刑(德肖微茨指出用无菌的针扎指甲盖下面),他可能告诉他们一些事情,以便他们停止折磨他。因为形势紧迫,时间在恐怖分子那边。如果他决定杀人,他可以告诉他们任何事情,或者甚至什么也不告诉。当局不得不考察他所说的话,因为他们不能认为它是真的。当然,审查嫌疑犯的陈述需要时间,但是当局并没有时间。因此,在时间紧迫的情况下,对嫌疑犯动用酷刑,当局并没有得到什么。

德肖微茨断言,在一些案例中,酷刑已经提供了准确的信息,阻止对平民造成伤害。但是那并没有改变通过酷刑获得的信息仍然需要审查以便得到证实的事实。通常,警察不愿把嫌疑犯自愿供出的陈述当作是真的,除非他们有某些东西可以确证它。嫌疑犯在遭受酷刑时所做的陈述应该受到甚至更多的审查。德肖微茨说(第137页,强调是原文所有的):

> 否认虽然酷刑并非总是有效,但有时也是有效的这个经验事实,并不可能避免在诸种恶之间做出选择的道德困境。没有任何预防犯罪的手段总是有效的。

---

① 硫贲妥钠是一种全身麻醉剂。——译者注

换句话说,德肖微茨承认从酷刑受害者那里获得的信息并不是可靠的。这在德肖微茨的定时炸弹案件和他假设的穆萨维的案件中都是真的,无论在前一个案件中,时间是一个迫切的因素,还是在后一案件中,时间自始至终至少都不是迫切的因素。

德肖微茨的论证的最后一个问题是它在时间紧迫的情况下涉及到一个花费大量时间的过程。令人钦佩的是,德肖微茨试图平衡面临来自像奥萨姆这样的人的威胁的现代社会的需要与民主社会的法治要求,他不是简单地要求当局动用酷刑,从嫌疑犯那里获得信息,而是要求这个过程受到法律的许可和监督。德肖微茨复活了英国法律的一个古老的、长期被抛弃的观念:酷刑令。在 18 世纪之前,英国法律允许对不情愿的嫌疑犯和目击证人动用酷刑以获取信息。然而正如德肖微茨指出的那样(第 156 页),在那个时代,依据英国法律对犯罪的被告定罪的必要条件要么是被告的供词,要么是两个目击证人对罪行所做的证词。一个完全建立在有充分细节却无法证实的证据之上的案件是不充分的。然而这不再适用了。在今天,一个案件可能完全建立在有充分细节但却无法证实的证据之上,例如,查理·曼森(Charlie Manson)犯了许多谋杀案,在他谋杀肖蒂·谢伊(Shorty Shea)一案中,受害人的遗体直到审判多年之后才被发现。

然而德肖微茨并不寻求使用酷刑来定罪。他试图获取信息以阻止更大的灾难。不过,德肖微茨指出,在过去,依据英国的法律,授权动用酷刑的能力被枢密院(Privy Council)牢牢控制着,以阻止地方当局对被告滥用权力。他正是使用这个模式在现代社会中实行酷刑。德肖微茨相信,如果遵照他的建议,那么,酷刑只被用在最不寻常的案件中。正如德肖微茨所说的那样(第 158-159 页):

> 我相信,在允许如此不同寻常的违背我们的宪法标准的行为时,大部分法官会要求令人信服的证据,并且执行法律的官员会拒绝寻求酷刑令,除非他们有令人信服的证据证明嫌疑犯掌握了阻止一个近在眼前的恐怖袭击所必需的信息。

不过,德肖微茨并没有提出发布酷刑令的任何具体法律标准。如果我们考察他的假设性的案件,看看它们的共同点,那么,我们可能会获得一组可以使用的标准:手头的处境是有潜在的灾难,很多人都有可能丧生;有一个嫌疑犯,其罪行肯定符合高标准的证据;并且有一个时间紧迫的因素,袭击迫在眉睫,事实上并没有时间运用其他方法进行调查。

在定时炸弹案件中,这个标准是不切实际的。在那个情节中,当局只有 24 小时的时间来获得有关一系列炸弹被安放的地方的准确信息并且拆除它们。在这 24 小时之内,当局首先必须从法官那里获得许可,而法官在发布许可之前要求他们首先向他证明存在着一个迫在眉睫并将造成灾难性事故的威胁,然后证明他们抓获的嫌疑犯掌握了阻止威胁发生的信息,并且证明没有时间尝试做任何其他事情,其次,因为从受酷刑的嫌疑犯身上获得的信息必然被认为是不可靠的,所以还需要证实他提供的任何信息。可能在这一切都做完了之后，他们仍然有时间拆除炸弹。但是去疏散甚至很少被怀疑是袭击目标的任何大楼，如果必要，甚至整个城市中的人，可能更实际些。在定时炸弹的情节中动用酷刑以及其所有困境变成了归谬法（reductio ad absurdum）。获得酷刑令、从受酷刑的嫌疑犯身上获取信息以及证实这些信息是一个需要花费大量时间的过程，它完全不符合审讯嫌疑犯的目的。

德肖微茨的牵涉到扎卡里亚·穆萨维的假设性案件问题更多，这只是因为很难从德肖微茨设计它的方式来精确确定当局能够向法官求助什么。在此，也很难想到酷刑，除非威胁迫在眉睫；因而我们必须将定时炸弹案例不能解决的所有问题都应用到这个案件上。除此之外，除非当局掌握的信息比德肖微茨在此情节中提供的信息更多，更清楚什么正遭受威胁，否则，他们不能证明存在着一个迫在眉睫的威胁。法官可能要问他们，既然他们拥有的证据并不比德肖微茨在此所指出的证据多，那么，他们为什么拘留嫌疑犯呢？在此，当局似乎又不可能仅掌握了有关该阴谋的最模糊的信息，却不知道其他的细节。在这个情节中被指派处理此案件的联邦调查局官员愚蠢地浪费时间审讯穆萨维，他们本可以像真正的联邦调查局的官员喜欢干的那样，调查他进入美国之后的每个举动。

文章来源：长耳大野兔（Jack Rabbit）：《为什么酷刑不能奏效：对艾伦·德肖微茨的酷刑案例的批评》（*Why Torture Doesn't Work: A Critique of Alan Dershowtiz' Case For Torture*），2004 年 3 月 11 日，刊登在 www.democraticunderground.com。翻印已获许可。

柏拉图

阿里纳利博物馆/思佳/艺术资源，纽约

柏拉图(427—347 B.C.)是不朽的哲学天才之一。他出生在雅典一个富裕的、在政治上有影响力的贵族家庭，年轻时与苏格拉底交往紧密，当苏格拉底去世时，柏拉图还不到30岁。当民主制被恢复之后，柏拉图的家族失去了支持，他对民主政府的敌意在他的很多著作中都得到了反映。在苏格拉底去世后的某段时间，也许是长达15年或更久之后，柏拉图开始写作对话录，探讨道德、政治、宗教、宇宙论、逻辑以及其他的主题。在早期的对话录里，苏格拉底一直是主要的发言者，有理由假定：柏拉图对苏格拉底的人格和学说的描写与事实上的历史人物即他曾经的老师十分相似。然而后来，对话录越来越明显地反映了柏拉图自己的哲学探索，而且在他完成的最后的著作中，苏格拉底这个角色完全消失了。

从公众生活中退隐下来之后，柏拉图在他的家乡雅典创建了一所学校，他称之为“学园”(Academy)，从此之后这个词就一直意指学校或大学。当时许多最有天赋的哲学家都在这所学院工作或学习，包括古代思想中另一位伟大的天才亚里士多德。最后，该学园成为一个独立的机构，而且在它最终被罗马皇帝查士丁尼(Justinian)于公元529年关闭之前，它一直存在了几乎900年。

柏拉图最伟大的著作是《理想国》(*Republic*)，这是一篇关于正义的本质的对话，但是他晚年的大部分工作都致力于数学和宇宙论，而且学园中的不少成员对于形式逻辑和像立体几何这样的数学领域都做出了重大贡献。

第七章 艺术哲学

画家:我的画卖得怎样?

画廊老板:哦,既有好消息又有坏消息。今天来了一位男子,他问我你是否是一位画家,如果是,那么你的作品在你死后将更加值钱。当我告诉他说,我想你是一位画家时,他买下了画廊中你所有的作品。

画家:哇!这太好了!那么坏消息是什么?

画廊老板:他过去是你的医生。

第一节 柏拉图对诗人的抨击

这儿是一则短篇寓言：有一位歌唱家，他有着嘹亮、有力、优美的嗓音，他唱的歌是如此的迷人乃至于人们会从方圆几英里远的地方跑来听他歌唱。这个歌唱家是一位体贴的、富于同情心的人，他的心被他为之歌唱的人们的贫穷和苦难而烦扰。经过一番思索之后，他得出结论认为，人们应该奋发起来并改变他们的状况。而且他意识到，他的歌曲由于其迷人性，对于人们来说是一个分心之物，使得他们暂时忘记了他们苦难的真正原因。他决定告诉人们他的发现，可是，哎呀，他们只会在他歌唱时来前来聆听。因此，他写了一首关于人们的苦难和迷人歌曲的危险性的歌曲。但是因为他是一位伟大的歌唱家，他的歌还是一首迷人陶醉的歌，而人们听到它时，心情都得到了抚慰，也就忘记了他们的苦难，因而什么事都不想做了。

柏拉图就是这样一位哲学之歌的歌唱家，没有什么比他对自己创造出来的伟大艺术作品的态度更尖刻或自相矛盾的了。在本书中你已经几次碰到苏格拉底了，而且在柏拉图的对话录（他的“哲学之歌”）中他总是作为主要的角色。虽然在柏拉图的对话录中有时候会让剧中人物代表自己发言，但是我们不要把柏拉图即艺术家本人与剧中的角色相混淆了，更不应该把真实的历史中的苏格拉底与剧中的角色相混淆。正如柏拉图自己对苏格拉底的描述告知我们的，苏格拉底本人并不著述；然而柏拉图著作颇丰，因此正如每一位艺术家那样，他必须被迫问自己：艺术创作是善还是恶？把一生都花在艺术作品的创作上这一辈子值得吗？在人类的生活和社会中，艺术的实际功能是什么？在一个美好的社会中，艺术是否占有一席之地？

由于柏拉图的对话录，至少在我们今天来看，被划分为哲学作品而不是艺术作品，那么这就值得谈谈是什么使得这些对话录，与所有其他那些没有人想称之为“艺术的”哲学作品区别开来。如果你所关注的就是把论证在纸上写下来，那么一部哲学对话录就太容易写了。只要让你的理论从剧中一个角色之口说出来——称她为聪慧小姐——而将你能够想到的任何反驳借助第二个角色之口说出——也许此人被称为“蠢人”——然后好像是一个戏剧那样把整个对话写下来。结果并不一定漂亮，但是只要它有两个角色在其中，你就可以称它为一部对话录了。很多伟大的和不甚伟大的哲学家事实上都以大约这种方式来写作他们的某些哲学著作，包括17世纪荷兰形而上学家巴鲁赫·斯宾诺莎（Baruch Spinoza），他根本就不是一位艺术家，以及18世纪的爱尔兰主教乔治·贝克莱，他也不是艺术家。

但是柏拉图的对话录完全是另一码事。它们的艺术光彩源于柏拉图能够同时做到三件事情，而且全都做得极好。首先，他的对话录不是凭空瞎编或捏造出来的。

柏拉图构筑了真实的论辩,在这些论辩中,苏格拉底的对手们获胜得分,并且使得哲学论证往前推进,这些都是真正地令人信服的。第二,对话录中的各个角色并不是纸板人像,即附有名字标签的二维立体图像。他们完全是现实的人,有感觉、情绪,以及独特的说法方式。他们有些人长篇大论滔滔不绝;另一些人则顽固吝啬,在论证中没有任何建树,甚至还抵制他们自己的陈述中最明显地包含的东西。有些人是高贵庄重的长者,经验丰富,充满自信,意识到自己虽然将垂垂老死,但是自身名节依然白璧无瑕;另一些则是热切的、雄心勃勃的年轻人,试图快速击倒苏格拉底获胜,好博得自己的名声。在对话录当中,大部分角色都显然是以真实人物为原型的,原初的读者们想必能够判断柏拉图是怎样巧妙地在他的描述中把他们的性格捕捉到的。但是对于我们这些 2 000 年之后的读者们来说,重要的只是它们都是完全成功的艺术创作。

最后,柏拉图完成了所有艺术创作中最困难的创造性技艺——他使得他的各个角色的个性和话语事实上成为了典范,并因此为他试图阐述的哲学理论提供了证据。他的各个角色不仅仅是可信的;如果柏拉图自己的理论是真的,考虑到他们所表达的哲学,那么他们就是他们所应是的人。角色与信念之间的这种契合是由柏拉图设计出来的,作为他哲学中心论题的一种表达,这种学说认为:宇宙的形而上学秩序反映在灵魂内在的心灵秩序中。柏拉图把他的哲学奠基于现象(appearance)与实在(reality)的区分之上,这种区分以众多不同的表现形式一再出现并贯穿他的各部作品(的确,我们能够十分准确地说,尽管这种区分以众多不同的形式出现,但是它始终是同样的区分,而且,柏拉图会说,这只不过是现象与实在之间的区分的又一个例子而已)。例如,一根直棍当它的一半被放入水中时,它看上去是弯曲的(因为光线的折射)。糖果似乎对于一位糖尿病患者来说是好的,即便它真的会使他患病。一个狡诈的论证可能看起来是正确的,但实际上是无效的。一个魔鬼可能会装扮成上帝的天使的模样,但实际上它是撒旦的使者。在考试中作弊看似精明,但实际上却很蠢笨。流行意见可能听起来很智慧,但实际上很愚蠢。

在所有这些以及其他无数的例子中,有某个影像、信念、行动或感觉看起来是正确的、真的、善的、准确的、真实的或健康的,但实际上是错误的、假的、恶的、误导的、谬误的或有害的。根据柏拉图的看法,辨别这两者之间差异的能力总是取决于某种知识,而灵魂中其工作是作出这种区分的能力或部分正是理性(reason)。理性告诉我们这根棍子实际上是直的,即便它看起来是弯曲的;理性告诉我们糖尿病患者不要吃看起来是好的糖果;理性在看起来有效的论证中发现错误;而且理性向我们表明,当走捷径——作弊或随大流时,最终走上的是一条有害的毁灭之路。

正如这些例子所表明的,实在的知识和把实在与令人误导的现象区分开来的能力,不仅仅只是“书本知识”。你可以在课堂上学习视觉原理,但是你需要某种共通感和观察能力来告诉你什么时候把公式应用于真实水中的真实棍子。糖尿病患者能够仔细地写下医生让他不要吃糖果的嘱咐,但是当诱惑以丰盛的、美味的甜食这种表现形式出现时,他需要一种十分不同的知识和一种更坚强的理性能力来运用这些嘱咐。苏格拉底抵制住了从雅典人对他的惩罚中逃脱出来的机会,相反留了下来,平静和顺从地喝下了毒药,这需要的不仅仅是一种对于正义的"哲学"理解。

按照柏拉图的观点,一个女人拥有某些真实意见但不真正地理解是什么使得它们成为真的,只要她并不陷入道德上困难的或复杂的情况,她就会看起来是有智慧的,然而她并不是真的有智慧。我们可能把她的良好习惯以及她的真实意见与真正的知识混淆起来,直到我们看到她在一次困境中一败涂地。然后,我们就会意识到我们受骗了,而我们把她当作真正有智慧的只不过是她的表象。同样,一个没有经过他自己真正思考就夸夸其谈当前问题的人,听起来非常学识渊博,直到我们用某些困难的问题逼迫他。然后我们就发现他的学识仅仅是现象。依据柏拉图的看法,最糟糕的是,一个没有系统掌握人性的真善的人将不能辨别是什么让他真正幸福,因此将会做看起来是快乐的但最终是有害的事情。他会让自己被奉承得飘飘然乃至出卖了自己信赖的人,或者被哄骗得逃避能带来真正满足的艰苦工作,又或者被假想出来的灾祸恐吓得做出可耻的或卑鄙的行为来。

柏拉图在他的对话录中用他有关人类性格的心理学洞见把他关于现象和实在的哲学理论编织在一起,从而创造出一系列令人信服的和基本上真实的人物形象。(不用说,显然他故意想要的就是用他角色的戏剧说服力——他们的现象——来揭露,而不是掩盖他们灵魂的真相,即他们的实在)

举一个例子可能会使得所有这些更清楚一点。在对话录《高尔吉亚篇》(*Gorgias*)中,有三个角色与苏格拉底辩论。第一个就是标题中的人物,一位四方游历的公共演说家和教师,名字叫作高尔吉亚;第二个是一位年轻的信徒叫作波卢斯(Polus);第三位是急躁的、才华横溢的卡利克勒(Callicles)。现在柏拉图把高尔吉亚看作是一位正派之人,就其本人而言,他不会做任何可耻或缺德的事情,但是他对于正确的道德原则并不掌握真正的理性知识。事实上,尽管在他自己的生活中高尔吉亚是一位正直的人,但是他阐述的哲学却完全是错误的。柏拉图认为高尔吉亚是个危险人物,因为他的学生往往会按照他所说的而不是按照他所行的去做。他的学生们不是模仿高尔吉亚私人生活中的正派和高尚,而是听从他相对主义的道德论证,并且在雅典的法庭和公共生活中实践这些论证。柏拉图把高尔吉亚描写成一位古板自信,又很容易陷入逻辑矛盾的人,但是就他本人而言,他十分害怕有人会把他的哲学当作从事卑鄙行为的借口。柏拉图在对话录中相当轻松地放过了他,因为他尊重高尔吉亚作为一个人的个人正派,然而却谴责他思想的混乱。当年轻的弟子波卢斯在高尔吉亚的位置上加入到论辩当中时,气氛马上就改变了。波卢斯是那些易受影响的年轻人之一,他们已经被高尔吉亚的言论所误导,但是却对高尔吉亚的实际品格印象不深。波卢斯比高尔吉亚更善辩,因为他并不受在道德辩论中坚持什么才是合适或恰当的一种有教养的感觉的约束（如高尔吉亚那样）。高尔吉亚不会让自己说出明知是错误的事情来证明争辩中的一个论点，然而波卢斯就没有这种犹豫。然而，由于他只不过是重复他在当下对话中听来的东西，没有经过任何深思熟虑，因此他很容易被苏格拉底驳倒。但是柏拉图存心让苏格拉底嘲弄波卢斯，因此表达他对波卢斯的道德评价，并与高尔吉亚作对比。当卡利克勒跳入争辩中来取代波卢斯的位置时，一种真正的紧张格局就在他与苏格拉底之间出现了。卡利克勒真的相信——正如他所说的——强权即公理（might makes right），而且相信不存在把弱者与强者、平常人与卓越者束缚在单一的行为标准之下的普遍理性原则。这种完全的混淆（正如柏拉图所看到的）反映了卡利克勒灵魂的混乱。他口出狂言、大吼大叫、肆意谩骂，失去了他本该拥有的任何尊严。简言之，他的人格准确地展现了真实理性的崩溃，他的哲学也揭露了这一点。该对话录在同一时间变成了两种哲学之间的争论和两种人格之间的对比。苏格拉底立场的真理除了通过他论证的有力展露出来之外，还通过他的镇静、反讽式的自我贬低以及内心的平静显露出来。

现在让我把本章开头的寓言，和柏拉图关于现象与实在的理论以及这个来自《高尔吉亚篇》表现柏拉图艺术技巧的长长例证关联起来。尽管这似乎怪异和自相矛盾，但是柏拉图事实上认为——根据现象与实在之间的理论区分——艺术作品都是现象，它们同样会导致我们远离知识、远离灵魂的真正内在和谐。就像寓言中的歌唱家一样，柏拉图是在一系列如此优美的艺术作品中表达这种确信的，以致于他的读者的注意力从该信息中转移开了，而不是靠近它。

在本章中，我们的第一篇选文仍然来自《理想国》。它包含了柏拉图认为艺术是误导人的和有害的这种看法的诸种理由，因而不应该允许艺术在他所描绘的理想社会中占有一席之地。这篇选文有很多部分，柏拉图似乎是在谈论哲学家们所谓的“形而上学”，或者对存在（being）的形式和本质的研究，篇幅和谈论艺术的内容一样多。把哲学的不同分支互相关联在一起，这是伟大哲学家的著作的典型做法，而你不应该被此书的结构误导，从而以为哲学是由分锁在密不透水的隔间中的众多相互隔离的次级领域组成的。的确，现象与实在之间的区分也直接地与第六章中约翰·斯图亚特·密尔的主张——有些快乐比其他快乐更高尚、或更真实、或更美好——有关。柏拉图也持同样的观点，他通过宣称某些快乐比起其他来更真实从而明确为此观点辩护。

柏拉图反对艺术集中在两个不同但有联系的问题上：第一，艺术给予我们知识吗？或它是否在实在的本质上误导我们？第二，艺术能帮助我们获得一个高尚的和谐的内在心灵秩序吗？或者它只是煽动起我们的情感并摧毁人格中理性的统治？柏拉图在这两条罪状上都宣判艺术有罪。他声称，艺术导致我们远离实在而不是朝向它，而且它摧毁了我们心灵的和谐而不是加强我们心灵的和谐。艺术的真实性和艺术对观众的心理效果这两个一体两面的议题，贯穿所有我们将在本章中考察的艺术哲学。

柏拉图批评艺术歪曲了实在。下面三幅画分别出自法国人奥古斯特·雷诺阿(Auguste Renoir),美国人杰克逊·波洛克(Jackson Pollock)和西班牙人巴勃罗·毕加索(Pablo Picasso)。这三位都声称他们成功地捕捉到了实在的某些方面,而这是照片不能展现的。

左:法国人奥古斯特·雷诺阿(1841—1919),《夏图的划船手》(*Oarsmen at Chatou*)。油画,32×39 1/2(0.813×1.003),版权归华盛顿特区国家艺术展览馆董事会,由山姆·A. 列维森(Sam A. Lewisohn)于1951年5月2日捐赠(1062)。

上:杰克逊·波洛克,《回声》(*Echo*),1951年第25号。亮漆涂在没有底漆的画布上,7英尺7/8英寸×7英尺2英寸(233.4×218.4 cm)。现代艺术博物馆,由纽约思佳艺术资源许可使用,经由莉莉·P. 比利斯遗产(the Lillie P. Bliss Bequest)和大卫·洛克菲勒夫妇基金会授权。图片版权归纽约现代艺术博物馆,2000年。版权所有:波洛克-克拉斯纳基金会/纽约艺术家权益协会。

上:西班牙人巴勃罗·毕加索(1881—1973),《三位音乐家》(*The Three Musicians*),1921年夏天。直接把油彩涂在画布上。6英尺7英寸×7英尺3.75英寸(200.7×222.9)。现代艺术博物馆,由纽约思佳艺术资源许可使用。2008年版权归巴勃罗·毕加索遗产/纽约艺术家权益协会。

柏拉图

《理想国》[1]

柏拉图的艺术哲学[2]

苏:你能够告诉我“模仿”(representation)一般来说是什么意思吗?

……我们还是用往常的程序来开始讨论问题吧。凡是我们能够用同一名称来称呼的各种事物,我们都假设它们只存在一个单一的本质或形式(Form),是吗?

现在让我们举出你所选择的任何一类事物来谈谈吧。例如,存在着很多床或桌子,但是只有两个形式,一个是床的形式,一个是桌子的形式。

而且我们习惯说,当工匠制造出我们所使用的各种床或桌子或者任何其他东西时,他已经事先在他的心灵中有了这些家具的某个“形式”了。当然,这些形式本身并不是任何工匠的制成品。

现在有这么一位工匠,他能够制造各行各业工匠做出来的所有东西,你会给他一个什么样的名字呢?

格:他可能需要拥有非常不同寻常的力量!

苏:请稍等一下,你甚至将会有更好的理由这么说。因为,除了制造任何种类的人造物之外,这同一个工匠还能创造所有的植物、动物、包括他自身,还有大地、天空、诸神、天体以及地下冥府中的所有东西。

格:这听起来就像一位名家的神奇伟业。

苏:你不相信吗?告诉我,你是不是认为压根就不存在这样的工匠?或者认为在一种意义上可能存在能够创造所有这些东西的工匠,然而在另一种意义上又不存在?难道你看不出在某种意义上你自己也能够创造出所有这些东西吗?

格:在什么意义上呢,我很想知道。

苏:这并不难;事实上,有好几种方法可以让事情非常迅速地完成。最快捷的方法也许就是拿出一面镜子来,然后朝各个方向照去。在非常短的时间内,你就能够制造出太阳、星星、大地、你自己以及所有其他动物、植物、以及我们刚才提到的无生命的物体。

格:是的,但是这只是表象(appearance),不是实际存在的东西呀。

苏:正是;你正帮助我引出我的论证。我的观点是,一位画家正是这种工匠。你会说他所制作出来的东西不是真的;但是在某种意义上,他也制作了一张床。

格:是的,一张床的表象。

苏:那么木匠怎么样呢?你刚才不是说他只造具体的床,而不是我们所谓的床的形式或本质吗?

---

① 参阅柏拉图:《理想国》,郭斌和、张竹明译,商务印书馆,1997年,第387-404页。——译者注

② 在这段节选中,“苏”就是指苏格拉底,“格”就是指格老孔。——译者注

格:是的,我是这么说过。

苏:如果是这样,那么他所造的就不是实在(reality),而只是类似实在的某种东西。如果把一位木匠或任何一位其他的手工艺人造出来的东西称为完全真实的东西,那么这就错了。

如果与实在相比较,那么即便是一张实际的床也只是某种朦胧的东西,对于这种说法我们不会诧异。

格:确实如此。

苏:现在是不是让我们利用这个例子来帮助理解我们的问题,即这位模仿事物的艺术家其真正本质是什么?我们这里有三种床:一种存在于事物的本质之中,而且在我看来,我们只能把它描述为神的技艺之作;第二种是木匠造的床,第三种是画家画的床。因此,这三种床分别属于这三者的各自领域:画家、木匠和神。

格:是的。

苏:现在不管是因为出于选择还是因为出于某种必然性,神只造了一张理念的或本质的床,而没有造更多的床;神从未造过两张或两张以上的床,将来也不会有新的床出现。

格:为什么不会呢?

苏:因为,如果神只造了两张床,那么就会有一张单一的理念床出现,那两张床都会分有它的特点;这样第三张就是本质的床,而那两张却不是。神知道了这一点,他希望自己是一张真实的床的真正制造者,而不是一张特定的床的特定制造者,所以他只造了一张本质上独一无二的床。

格:看来是这样。

苏:那么我们是否可以把他称为床的真正本质的创造者,或者诸如此类的名称?

格:当然他配享此美名,因为所有他的作品都构成事物的真实本质。

苏:那么我们可以把木匠称为床的制造者吗?

格:可以。

苏:我们也可以同样称呼画家吗?

格:当然不可以。

苏:那么你说他是床的什么呢?

格:我想最公正的看法就是把他看作是模仿前两者所造的东西的艺术家。

苏:非常好。那么艺术家的作品就与事物的本质隔了两层?

格:正是。

苏:悲剧诗人也是一位模仿事物的艺术家;因此这也可以应用于他身上:他和所有其他艺术家,如同过去一样,现在也是真理王位的第三位继承人。

格:确是如此。

苏:那么在关于艺术家上我们达成了共识。但是关于我们的画家现在请告诉我:你认为他在模仿哪一个呢——是存在于事物的本质之中的实在,还是工匠的制品?

格:是工匠的制品。

苏:这是事物的实在还是事物的现象？你仍然需要作出这个区分。

格:你这是什么意思?

苏:我的意思是指:你可能从前面或者斜角或者任何其他角度注视一张床或任何其他物体。那么这张床本身是否有任何差异,或者它只是看起来不同而已?

格:它只是看起来不同。

苏:嗯,这就是关键所在。绘画的目的是再造任何实际事物的实在,还是再造它看上去如此的现象？换句话说,绘画是对真理的模仿还是对表象的模仿?

格:是对表象的模仿。

苏:那么模仿的艺术就与实在隔得很远了;显然,为什么没有什么东西模仿的艺术是不能再造的,其理由就在于它所把握的只是任何物体的一小部分,而这只是一个影像(image)而已。例如,你的画家可以给我们画出鞋匠、木匠或其他工匠,而无须了解他们的任何技艺;然而,如果他是一位优秀的画家,只要他把画在距离观众一定距离前展现,那么他就可以蒙骗小孩或单纯的人以为他画中的是一个真的木匠。

……这种诗人模仿的内容就是与实在隔离两层的东西,不是吗?

格:是的。

苏:那么,基于我们人性的中哪一部分,它会产生这种效果呢?

格:你指的是什么部分呀?

苏:让我用一个类比来作解释吧。当然,一个物体在远处看到的大小,与当它近在咫尺时看到的大小不会是一样;一根笔直小棍当它部分插在水里时看上去是弯曲的,而且这同样的事物对于已被色彩误导的眼睛而言,看起来可能是凹的或凸的。我们的心灵里也可以找到这样的种种混乱;像绘画和魔术正是利用了我们天性中的这种弱点,通过许多假象的把戏而产生了十分神奇的效果。

……不能相信仅仅从绘画中得出的相似性,让我们直接思考诗歌中戏剧要素所诉诸的心灵部分,并且看看它所宣称的有多少具有严肃的价值。我们用这种方式来探讨这个问题吧。我们说,戏剧模仿了人类的行为和命运。戏剧完全关注于他们所做的自愿或是被迫的事情,以及他们是如何遭遇他们所认为的幸福或不幸的结果,还有在所有这些经验中他们快乐和痛苦的情感。就这些了,不是吗?

格:是的。

苏:那么在所有这些经验中,一个人能有完整的心灵吗？难道这里没有一个内心的冲突,从而使得他在其行为中与自己相矛盾,正如我们过去说过的,视觉印象的冲突使得他做出自相矛盾的判断？然而,我不需要问这个问题;因为,现在我想起来了,我们已经一致同意:我们的心灵一直都在发生无数的这类冲突。但是现在要考察进一步的观点。我们已经说过,一个具有高尚品格的人将能承受命运的任何打击,例如丧失儿子或者任何别的心爱之物,他能够比大部分人更冷静。我们现在可能要问:他不感觉到痛苦吗,还是他不可能不感觉到痛苦？他会不会注意到用恰当的方式来处理他的悲痛呢?

格:是的,这样更接近实情。

苏:现在请告诉我:他在哪一种情况下更可能抗争和抵制他的悲痛——是当着他同伴的面还是在他独处的时候呢?

格:在别人前面时他更能克制自己的悲痛。

苏:是的;当他独处时,他就不会惭愧说了并做了很多他不愿意任何人看到或听到的事情。

格:正是这样。

苏:促使他克制悲痛的是理性的法定权威,而发泄的冲动则来自情感本身;而且,正如我们以前所说的,自相矛盾的冲突的出现证明,在他的本性中必定包含两种不同的要素。其中一个要素就是遵守法律,准备听从权威的声明:最好要尽可能平静地、没有愤恨地承受不幸,有几种理由——从来没有确定不幸不能成为一件幸事;对不幸愤怒不已将一无所得;人生在世也没有什么事太值得重视的;而且,最后,悲痛会妨碍我们寻求我们最紧急需要的帮助。通过这些,我的意识是指反省已经发生过的事情,让理性在骰子已经掷出去的这场人生游戏中决定最好的走法。我们不要像一个小孩那样在跌倒之后继续尖声哭叫并紧紧抱着伤口,我们应该让心灵习惯于从跌倒中马上站起来并治愈伤口,并用"治疗之触"来驱逐悲伤。

格:当然这是应对不幸的正确之途。

苏:而且如果像我们所想的,我们那个准备根据这些反省来行动的部分是最高级的,而另外那个迫使我们老是想着我们的痛苦并为它们没完没了地哀叹的部分,就是不理性的、怯懦的和胆小的。

格:是的。

苏:现在这种焦躁的脾气给大量不同的戏剧模仿提供了发挥的机会;反之,那种平静而理智的性格,几乎永远不变的,就不容易模仿了,即便模仿了也不容易被理解,尤其是不容易被那一大群涌到剧院中来的杂七杂八的人所理解,因为这种性格对于他们自己的心灵习惯而言是陌生的。那么,显然,这种坚定不移的性格自然不会吸引戏剧诗人,而且他的技巧也不是为了受其青睐的。如果他要获得大众的喜爱,那么他必须将自己投身于焦躁的性格类型,从而为模仿获得丰富多样的素材。

格:显然是这样。

苏:那么,我们就有一个公正的例子来反对诗人了,而且我们可以把他和画家并排放在一起,他跟画家有两个相似之处:从真理和实在的标准来看,诗人的创作都是些低劣的东西,而且他所诉诸的也不是灵魂的最高级部分,而是诉诸灵魂中同样地低级的部分。因此我们不允许诗人进入秩序良好的城邦就是正当的,因为他会刺激起并强化那个威胁要削弱理性的要素。这就像一个城邦的权力被交到它最坏的公民手中,而较好的公民都被毁灭了,因此我们会说,戏剧诗人在个人的心灵中树立了一个恶劣的政府形式:他满足于心灵中无法分辨大小的无意义部分,把同一个事物一会说成这个一会说成那个;而且他是一个影像的制造者,他的影像都是远离实在的幻象。

格:很对。

在我们进而讨论其他哲学家们的观点之前,我们再就歌唱家这个寓言的悖论最后说几句。柏拉图担心艺术会诱使我们离开实在而不是朝向它。考虑到柏拉图已经变得如此著名,他的作品在西方和东方都被如此广泛地阅读和研究,这就诱惑我们把他的担心当作愚蠢而打发掉。然而事实是:以某种奇怪的方式,柏拉图自己的成功就是他的看法是正确的明证。通过柏拉图艺术作品的强大力量,苏格拉底成为西方思想中的不朽人物。当我们今天读到这些对话录,我们所有人——学生和训练有素的哲学家一样——都本能地把苏格拉底视为剧中的英雄,而把他的对手视为反面人物。这就促使我们没有经过恰当的批判或评价,就接受苏格拉底(和柏拉图)的学说。换言之,我们对待苏格拉底的方式,正是古代雅典人对待高尔吉亚和其他流行的演说家的方式。我们被柏拉图的艺术所动摇,而不是被他的论证所说服。然而苏格拉底所持的是我们今天称之为保守主义的政治立场,而他的对手们——至少根据某些学者的看法——则是他们社会的"自由主义者"。看起来奇怪的是,很多现代哲学家,他们自己的政治观点是属于自由主义的,仍然把苏格拉底当好人对待,而把高尔吉亚、普罗泰戈拉(Protagoras)①、史拉西马库斯或卡利克勒当作坏人来对待。简言之,他们被柏拉图歌声的美妙所陶醉乃致于他们并不冷静地、理性地反思柏拉图的话了。这正是当柏拉图把艺术家逐出他的理想国时他所看到的并警告过的危险。

第二节　亚里士多德为诗人辩护

苏格拉底死时,柏拉图还不到30岁。在后来的生命中,柏拉图创立一所进行数学、宇宙论和哲学探究的学校或研究中心,被称为"学园"。无疑,如果我们可以说出所有学生的话,学园中最杰出的"学生",是一个名为亚里士多德的人。有很多哲学学者认为亚里士多德是最伟大的哲学家。在天主教学说的发展上做出重要贡献的

---

① 普罗泰戈拉(约490—420 B.C.),古希腊哲学家,智者运动的主要代表人物。——译者注

中世纪神学家圣托马斯·阿奎那,对亚里士多德有着极高的评价,乃致于他简单地用"哲学家"这个词来指称亚里士多德,好像世上没有其他哲学家似的。当你想一想,像苏格拉底、柏拉图和亚里士多德这样一种师承关系发生的概率基本是寥若晨星时,你一定会非常惊叹。

亚里士多德一点也没有柏拉图那样的艺术天赋,尽管在他年轻时他试着写作一些对话录。亚里士多德的气质更像是一位科学家,而且我们今天看到由他所写的著作,事实上都是他在学园中用来教学用的论文或讲课笔记。因为这些著作是为一些特别的听众而不是为普罗大众而写的,所以它们非常凝练,但相当枯涩,而且如果你不是已经很熟悉亚里士多德正在谈论的话题,有时候就显得很难理解。亚里士多德探究的范围简直惊人。除了他在逻辑上的伟大著作外,他还写作了系统的比较政治学、道德哲学、宇宙论、心理学、生物学、天文学和物理学等方面的著作,他甚至还阐述了几种关于"第一推动者"(prime mover)或上帝存在的证明。在那个时代的雅典,公共剧院是人们宗教生活、市民生活与文化生活的重要部分,而由伟大的希腊剧作家创作的各种悲剧每年都在上演,都是公众关注的焦点。亚里士多德就悲剧这个主题写了一篇简短的论文。我们知道这篇小小的作品就是今天的《诗学》(*Poetics*),尽管它简练,但是它却被广为阅读和征引,因为它对后来历代有关艺术的哲学理论产生了广泛而深远的影响。

对于我们的目的而言,亚里士多德的这篇论文是有趣的,因为它为艺术辩护,而反对他的老师柏拉图对艺术的双重抨击。让我们回忆一下柏拉图对于诗歌的指控:诗诱使我们远离真理,并且它扰乱我们的灵魂。亚里士多德对于这两项批评并没有谈论多少,但是他都提出了反驳。首先,让我们来想想这样的主张:艺术误导了我们,因为艺术给我们提供的只不过是感官世界的不完美摹本,而感官世界本身也不过是美、善、正义等柏拉图称之为形式或理念这些理想标准的不完美摹本或实现。如果我想知道一个圆的真正本质,那么我最好让我的眼睛远离物理对象,反而要反思数学形式的纯粹定义。糟糕的是,有时候我的智力不够聪明,需要轮子、硬币以及我在生活中遇见到的其他不是很圆的物体来帮助。如果我把眼睛紧紧盯着一张轮子的照片,那么我就离开真理更远了。对于人类灵魂的知识而言这也同样是真的。一位活着的男人或女人从来就没有获得过真正的或理想的正义,因此通过对甚至是最高尚的人们的生活的审视,关于正义的永恒标准我也知之甚少。除了让一个公认不完美的角色在其公认不完美的模仿中,为我在舞台上召唤神灵之外,一个悲剧作家还能做什么呢。我也感觉就像通过观看一张人造皮革的相片就能得到上等的母牛皮!

亚里士多德回答:事情不是这样的。柏拉图坚持认为我们应该寻找关于正义、美和善等不变的普遍形式(universal Forms)这样一种知识,这是对的;但是,他认为艺术只给我们提供这些普遍形式的具体实例的不完美摹本,这就错了。伟大的艺术

威廉·莎士比亚的《哈姆雷特》剧中一景

哈姆雷特与约里克(Yorick)的骷髅头说话。尽管剧中的事件有些恐怖,但是亚里士多德声称,随着观看剧情的展开,我们就能清除强大的潜在毁灭性情感。

图片来源:柯比斯/贝特曼

家有能力通过他们的艺术作品来抓住存在于具体之中的普遍,并把这种普遍以这样一种方式展现给我们,乃致于我们比其他方式获得了更多的知识。当莎士比亚为我们创造了哈姆雷特这个角色时(不用说,这是我的例子,不是亚里士多德的),他通过一位年轻王子的犹豫不决和内心冲突这些细节,向我们表明了关于父亲与儿子、儿子与母亲、理智与意志、思想与行动的某些普遍真理。尽管柏拉图的立场与此相反,但是我们观看一场《哈姆雷特》的演出,总比我们倒转时光去寻找剧中所依据的真人,要聪明些。

亚里士多德

亚里士多德(Aristotle,384—322 B. C.)是西方哲学史上最有影响的人物。他出生在爱琴海(Aegean Sea)沿岸的一个希腊殖民地斯塔吉拉(Stagira),非常年轻时就来到雅典跟随柏拉图学习,这个学校就是著名的学园。他作为该学园的学生和成员长达20年之久,直到公元前347年柏拉图去世这一年才离开。最后他创建他自己的学校,在这里他授课的主题范围是如此广泛,以致于他必定实际上是一个人在从事教学。除了他在逻辑学、形而上学、知识论等领域中的主要哲学贡献外,亚里士多德还就天文学、生物学、比较政治学和解剖学等领域中的各种问题做了大量经验工作。

今天亚里士多德是因其哲学而为人们所称道的,但是在他的中年时期,即在离开柏拉图的学园之后到他创建自己的学校之前,他有7年时间担任一位年轻王子的家庭教师,这位王子就是后来的亚历山大大帝(Alexander the Great)。亚历山大继承了马其顿(Macedonia)的王位,最后征服了整个希腊世界,并把他的军事战役推进到远在东方的印度。亚里士多德说服了亚历山大在他的征伐期间派人送回各种生物标本和其他资料。

尽管亚里士多德的研究有很多在他死后被后来2 000多年中的探究所超越,但是他的一些著作,特别是那些心理学和艺术理论领域的著作,就像它们在古代一样,在今天仍然很有启发性和有用处。

当然,柏拉图与亚里士多德之间的争辩部分是关于艺术的分歧,但是在更深的层次上是关于形而上学的分歧。柏拉图似乎主张:普遍的、永恒的和不变的形式实际上是独立于具体的、有时间限制的、流变的物体和事件(它们断断续续地、不充分地体现形式)而存在的。(我说的是"似乎主张",因为这个论题不同的学者有不同的看法)换言之,柏拉图认为:存在着一种实在,它超越了感官的现象和空间、时间以及物质的世界。因此,对于他而言,真正的知识就是对普遍形式(universal Forms)的超验王国(transcendent realm)的一种理性理解。另一方面,亚里士多德则主张:普遍形式完全体现在时空世界中的具体事物上。真正的知识的确是由对这些形式的掌握构成的,柏拉图当然是对的,即我们必须洞穿时间或事件的流变特殊性,以便获得普遍的真理。但是由于普遍是体现在特殊中的——真正的圆是在实际的圆形物体中发现的,真正的理性是在实际理性的创造物身上,真正的美是在实际的艺术作品之中，我们的注意力应该更专注地集中于那些具体的实例上，而不是完全撇开它们朝向一个永恒形式的独立王国。

亚里士多德对柏拉图第二个指控的回答是基于心理学的观点而不是形而上学的观点。柏拉图担心悲剧会激起观众不可控制的情绪，从而扰乱了灵魂的恰当和谐。它会削弱人格中理性力量的支配地位，并释放出情欲的和好斗的要素，而这些都是毁灭性的和欺骗性的。亚里士多德认为情况恰好相反。因为这些有害的情绪无论如何都是存在的，让它们在戏剧的可控场景中释放出来，比把它们完全封堵起来要好得多。在艺术中，通过我们与那些剧中人物的情感相通，我们感同身受地体验到了那些可怕的情感。当剧中人物痛苦、胜利、爱、恨、愤怒和哀痛时，作为观众的我们也有同样的感受。当戏剧结束时，我们经历了一种净化（catharsis）①，并清除了压抑的情感，而不会以剧作家所描绘的舞台上的可怕行为来将它们表达出来。我们离开剧场时是平静的，而不是激动的。

所有这些似乎太贫乏、太苍白、太“学术化”了，直到我们意识到现在美国激烈地进行的有关我们电影和电视节目中暴力和色情问题的争论正是同样的辩论时，我们就不会这么看了。对暴力的表演是使得我们的孩子更容易倾向于在他们的真实生活中暴力地行动，还是它给予暴力一个安全的、无害的发泄途径，从而让我们所有人心中都有的暴力倾向得以耗尽呢？性虐待的情色片是激起它的观众去实施性犯罪，还是它把会导致强奸或残害他人的各种冲动转移掉了呢？

下面这些选自亚里士多德《诗学》简短的摘录，将让你多少了解到他对于艺术的分析和辩护的方法，但是它们几乎不能解决如此大量困难的和有争议性的问题。在本章的余下部分，我们将看一看其他三种有关艺术的本质和基本原理的观点。也许在这个争论中的某个地方，你将找到你自己的对于柏拉图问题的回答：艺术在一个美好的社会中具有合法地位吗？

亚里士多德

《诗学》②

亚里士多德的艺术哲学

根据我们已经说过的，可以看出：诗人的职责不在于描述已经发生过的事情，而在于描述可能发生的事情，亦即按照可能性或必然性而可能发生的事情。历史学家

① 净化，从字面上来说，就是清洗或清除。亚里士多德用这个术语来描述有感染力的戏剧表演对我们所产生的效果。他认为，通过观看一场戏剧，它的剧情在我们心中引起了恐惧和怜悯，我们就净化了这些情感，因此我们离开剧院时就获得了一种解放或净化。相反的观点认为，这些戏剧（扩展开来也包括电影和电视节目）激起了我们身上原本没有、也不该有的情感，例如某些好斗的情绪和性欲。

② 参阅亚里士多德：《诗学》，罗念生译，人民文学出版社，2002 年，第 24、16、32、36 页。作者沃尔夫对原著加以了自己的编排。——译者注

和诗人之间的区别不在于一个用散文写作,而另一个用韵文——你可以把希罗多德(Herodotus)①的著作改写成韵文,但它仍然是一种历史;两者的真正区别在于,一个描述的是已经发生的事情,另一个描述的是可能发生的事情。因此,诗比历史更富于哲学意味,更被严肃对待,因为诗的陈述带有普遍性,而历史叙述的则是个别的事。

那么,悲剧就是对于一个严肃的、有一定长度的、自身是完整的行动的模仿;它的媒介是语言,具有各种悦耳之音,分别在剧中的各部分使用;模仿的方式是借人物的动作来表达,而不是采用叙述的方式;它的作用是借以引起怜悯与恐惧来使这种情感得到净化。

我们认为,最完美的悲剧形式其情节不应是简单的,而应是复杂的;再者,它应该模仿足以引起恐惧和怜悯的行动,因为这是这种模仿的独特功能。因此,我们就可以得出,有三种形式的情节应该加以避免:(1)不应写一个好人由幸福转入不幸,(2)也不应该写一个坏人由不幸转入幸福。因为第一种情况不能引发恐惧或怜悯之情,而只是使我们感到厌恶而已;第二种情况最没有悲剧性,它连一个悲剧要件都没有,它既不能打动我们的慈善之心,也不能引起我们的怜悯或恐惧之情。另一方面,(3)也不应该写一个极恶之人由幸福落入不幸。因为这样一种故事也许可以引发我们的慈善之心,但是它不能触动我们的怜悯或恐惧之情;怜悯是由一个人遭受了不应遭受的厄运引发的,而恐惧则是由于这个人与我们相似而引起的;所以这个情节既没有引发怜悯也没有引发恐惧。此外,还有一种介于中间的人,这样的人没有卓越的美德和公正,然而厄运降临他头上,但不是由于他为非作恶和道德败坏,而是由于某个错误的判断,这些人大都享有伟大的声望、生活富足,例如俄狄浦斯(Oedipus)、迪尔斯特斯(Thyestes),以及出身于这样类似家族的显赫人物。因此,完美的情节应该有一个单一的结局,而不是如某些人告诉我们的有一个双重的结局;英雄的命运应该不可以由不幸转为幸福,而是应该相反从幸福转为不幸;其不幸的原因应该不是由于道德败坏,而是由于他自身犯了某个重大过错;这个人应该具有我们已经描述过的品质,或者更好些,但不能更坏。

悲剧的恐惧与怜悯可以由场面引发;但是它们也可以由戏剧的结构和事件引发——这个方法更好,也能显示出诗人更高明。事实上情节应该这样被安排,以致于即便没有看到事情发生,只要他听到故事的描述,也能对事件充满恐惧和怜悯;任何一个人只要听到有人朗诵《俄狄浦斯》的故事,都会产生这样的效果。通过场面这个方法来产生这同样的效果是比较缺乏艺术天赋的,而且需要外来的帮助。然而,那些场景在我们面前所产生的仅仅是怪异而没有恐惧,这些借助场景的人完全不了解悲剧;我们不应该要求悲剧给我们各种快感,只应要求它给我们它自己的恰当快感。

悲剧的快感就是怜悯和恐惧所引起的,而诗人必须通过模仿的工作来产生这种快感;因此显然,各种动机应该包含在他故事的事件中。那么,让我们来看看什么样

① 希罗多德(约484—425 B. C.),著有《历史》一书,被誉为西方历史学之父。——译者注

的事件会激起一个人的恐惧或怜悯。在这种描述的行动中，剧中人一定或者是朋友或者是敌人或者不是朋友也不是敌人。现在如果是仇敌杀仇敌，除了就被杀者的实际痛苦而言我们略感怜悯外，那么这个行动的实行和筹划都不能让我们感到怜悯；剧中人不是朋友也不是敌人这种情况也是一样的。然而，只要悲剧行为发生在家族之内——当兄弟对兄弟、儿子对父亲、母亲对儿子或儿子对母亲实施或筹划谋杀等此类事情时——这些情况正是诗人应该寻找的。

第三节　马尔库塞与否定的使用

柏拉图说艺术是否定性的、分裂性的、反理性的，因此它应该被逐出美好的社会。亚里士多德说好的艺术是积极性的、建设性的，它应该在社会生活中起着重要作用。我们接下来的这种艺术理论以让人震惊的、显然矛盾的方式颠倒了这些观点。赫尔伯特·马尔库塞(Herbert Marcuse)认为，伟大的艺术是否定性的、破坏性的、非理性的，因此它是我们生活中一个有价值的要素。有些人因为艺术的某些特性而赞扬艺术，而其他哲学家则认为正是因为这些特性应该谴责艺术，这到底是为什么呢？以最悖论的形式来提问题就是，负面的价值中有什么肯定的价值吗？

马尔库塞以一个初看之下似乎与艺术没有任何关系的难题来开始他的论证。为什么最剧烈的、最粗暴的、最有影响力的话语和思想如此迅速地被今日的美国人所习惯和接受，与此同时而没有改变任何东西？20世纪60年代的激进分子称美国是帝国主义，而正派人士到处都遭人恐吓。几年之后，参议员詹姆斯·威廉·富布赖特(J. William Fulbright)在一次电视采访节目中谈到过去美国的帝国主义外交政策，而没有一个新闻评论人认为这值得评论。黑人好斗分子喊出："权力属于人民！"而"好人们"都畏缩在自己的床上。下一季，"权力属于人民！"就成为自由民主党竞选活动的口号，而此后不久，它又成为理查德·尼克松(Richard Nixon)[①]的一个竞选承诺。前卫艺术家违背了艺术鉴赏力的所有原则，拼死努力抵抗麦迪逊大街(Madison Avenue)资本主义的虚假文化，而麦迪逊大街则复制了他们最愤怒的作品来作为它们广告的装饰品。伍德斯托克音乐节(Woodstock)[②]以抗议美国中产阶级

---

① 理查德·尼克松(1913—1994)美国第37位总统，共和党人；1972年2月访华，打开了中美两国关系的大门，成为访问中国的第一位美国总统，后因1972年发生的水门事件被迫辞职。——译者注

② 伍德斯托克音乐节，全球重要的摇滚音乐节。1969年8月15日，该音乐节首届在美国纽约附近的贝塞尔开幕，为了顺应美国民众反战的情绪，它采用"和平与音乐"作为主题。最近导演李安拍了一部《制造伍德斯托克音乐节》的电影。——译者注

的呐喊开始，并以《花生漫画》(*Peanuts*)[①]中一只鸟的名字结束。这是怎么回事？没有什么是该遭天谴的吗？难道每一次抗议都会变成今年的一时风尚，明年就成为陈年往事了吗？

为了回答这些问题，马尔库塞依据弗洛伊德在《文明及其不满》(*Civilization and Its Discontents*)一书中提出的自我与文明起源的心理学理论，并在他的《爱欲与文明》(*Eros and Civilization*)一书中加以改造和发展。弗洛伊德主张，现实世界中客观的、不能克服的各种限制迫使每一位幼儿，如他所说的，用现实原则(reality principle)来代替快乐原则(pleasure principle)。因为现实世界不会总是满足我们的欲望，也因为我们所有人不可避免地陷入个人之间的冲突，特别是那些被性欲激起的冲突，我们被迫去规范或完全否定我们某些最强烈的欲望。弗洛伊德认为，用来规范的心理方法有压抑(repression)、升华(sublimation)[②]和幻想，其中压抑是最先开始和最为重要的方法。这就产生了"无意识"的王国，其中包括有在现实世界中不能表达和实现出来的愿望、冲动、欲望、爱和恨等。文明本身，即我们组织得良好的集体生活，是建立在压抑的基础之上的，因为即便是最不可思议的技术奇迹或最变通的社会安排，都不能满足每一个成年人意识表层底下的婴孩愿望。

赫尔伯特·马尔库塞

赫尔伯特·马尔库塞(1898—1979)出生于柏林。他是著名的法兰克福社会研究学派(Frankfurt School of Social Research)的原初成员之一，该学派在第二次世界大战爆发的前几年兴盛于德国。为了躲避纳粹，马尔库塞逃亡到美国，其后成为左派的主要发言人。在1960年代期间，他是被征引得最广泛的美国资本主义社会的激进批判家。他最著名的著作包括《爱欲与文明》和《单向度的人》(*One-Dimensional Man*)。

---

① 《花生漫画》是一部美国漫画，作者是查尔斯·舒尔茨(Charles M. Schulz)。这部漫画最初在1950年10月2日开始发行，在2000年2月13日时为止(亦是该作者病逝之时)。——译者注

② 压抑/升华是来自西格蒙·弗洛伊德心理学理论的两个概念，指人类心灵最原始的运作。压抑是指把心灵认为是坏的、危险的或其他不可接受的欲望、愿望、思想或情感从意识中强迫排除出去。根据弗洛伊德的观点，被压抑的东西并没有消失，而是连同其所有的情绪力量，仍然存在着于心灵中的无意识部分。升华指把性的或攻击性的能量重新导向社会上或道德上可接受的途径——例如，把攻击性的能量从身体暴力转向哲学论辩之中，或把性的能量从直接的性活动转移到打情骂俏上来。

无意识在内容和结构上的两项特征对于马尔库塞的分析来说至关重要。第一,无意识不受时间影响的。受到挫败的欲望和恐惧,即便穿越了几十年现实世界的时间,仍然存在在那里,保留着它们的力量,并且会一再地出现,而不管原初挫败它们的世界如何变化。一位失去孩子的母亲从悲伤、哀痛,到最后与这个丧子之痛和解。时间治愈了她的创伤,而诸种事件的客观流逝把这种丧子之痛越来越深地埋藏在她心底。一个孩子——其母亲在他或她能够应对悲痛之前就去世了——可能压抑着悲伤和愤怒,因此半个世纪之后,对母亲离弃的愤怒将强烈地重现,尽管是以各种变形的形式出现。特别是,我们所有人还保留着尚未舍弃的各种婴孩欲望,作为小小婴儿时我们就想象我们具有无尽的力量,我们可以赢得种种全部的、直接的、狂喜的满足。

第二,无意识的内容具有彻底矛盾的特征。在无意识当中,我们发现现实中的一切(不管是自然的还是社会的)都被裁定为坏的、无能的、无用的、肮脏的、丑陋的、敌意的与可耻的。尽管充斥着无意识当中的各种愿望和欲望不被满足,但是它们仍保留着自己的力量。自我的一部分——它认同社会、现实、成年和世界——对被压抑的东西憎恨、厌恶并感到羞耻。这就是自我这个部分不承认迷恋自己的排泄物,或在社会上被认为不合适的性欲对象,或懒惰、或混乱、或去遭受痛苦和苦难的这种驱使。但是自我的另一部分却暗自以被压抑的内容为乐。因此我们有些男女只是喜欢不正当的性爱关系;或者没有那么戏剧化,我们发现那些拒绝长大的终身小孩这些熟悉的民间角色——潘(Pan),蒂尔·欧伦斯皮格尔(Till Eulenspiegel)和彼得·潘(Peter Pan)。

马尔库塞接受了弗洛伊德的基本主张,即压抑对于文明而言是必要的。但是通过出色地发展马克思的一个重要概念,他引入了必要的压抑(necessary repression)和多余的压抑(surplus repression)这两者之间的区分,来修订弗洛伊德的压抑理论。必要的压抑仅仅是指为了继续生存而在社会发展的任何阶段所需要的压抑类型和数量。例如,它包括即便当我们很饥饿时,我们也要舍弃我们收成的一部分以便我们下一次耕种时有种子;它也包括强迫我们自己为痛苦的工作继续劳动,因为我们的理性认识认为,如果我们太早放松,那么就会导致饥饿、疾病、危险和死亡。但是马尔库塞认为,有一些压抑是现实的客观限制不需要的;相反,历史上某个特定时刻社会中的统治和顺从的特定体制才要求压抑。简言之,某些压抑仅仅是通过遏制臣民们起义并推翻他们的主人,从而保护统治者的优越地位。这种压抑就是“多余的压抑”,人类的进步就在于通过科技的进步消除多余的压抑与此同时减少必要压抑的数量。马尔库塞认为:的确,当通过缩短工作日、使工作变得愉快,通过放松工作纪律如此等等,科技应该能够允许我们相当地放松必要压抑的束缚,多余的压抑却增长得越来越大,乃至于在现代工业社会所遭受的压抑总负担,并没有明显地轻松于科技上没有这么先进的社会所遭受的负担。马尔库塞声称,越加增长的多余压抑这部分的目的,就是为了维持我们社会的统治部门始终显然是无充分理由的支配地位。

“多余的压抑”这个概念是那些巧妙的洞见之一,可是它却常常遭到那些顽固的社会科学家们的拒斥,因为他们证明这个概念难以定量化或具有可操作性。我们如何测量一个个体的心灵中"必要的压抑"和"多余的压抑"之间的相对比例呢?更确切地说,我们怎样才能够举出一个是"必要的压抑"的单独例子,并且举出另一个是"多余的压抑"的单独例子?我不知道这些问题的答案是什么,但是我仍然相信马尔库塞在这里触及了一个根本的事实,尽管在某种程度上它是模糊的或不精确的,但是我们应该努力去澄清它,而不是以不明晰来作为借口而拒斥它。

现在借助着"多余的压抑"这个概念和无意识理论,我们就能够概述马尔库塞否定性思想的功能理论,并因此进入他对艺术功能的分析。简要来说,他的立场是这样的:在我们所有人的无意识中被压抑的内容,都是作为反抗既定社会秩序的永恒的心灵深渊或根源。对于我们之中这些被压抑的内容,我们所有人都使用了诸如否定、投射、移情等熟悉的机制,来构筑起强有力的防御措施。当社会的一个叛逆成员,通过袒露身体的某个应当被遮盖的部位,或者在公共场合使用应当唯有在私下场合使用的语言,或者蔑视衣着、礼仪或应被遵从的规范从而触犯某些禁忌时,他或她就会引起一种不相称的夸张反应。我们其余的人会从暂时的并且也许是无足轻重的对压抑规则的违反中退缩,因为它会激发我们心中经常存在的从同样的规则中把我们解放出来的欲望,而且,我们只有通过强行压制违反者才可以控制这种欲望。对袒胸露乳、蓄长发或者甚至是傲慢的懒散的站姿等的斗争,变成了一种被压抑的内容与文明的强迫之间的斗争。

如果所有的实际压抑都是必要的压抑,那么这就是很清楚的:叛逆者应该受到控制,不管我们如何同情地承认他或她说出了我们每一个人的部分心声。然而,马尔库塞的主张正是:并不是所有的压抑都是必要的,即有些压抑是多余的、不必要的,为了人类的幸福,这种压抑是应该被去除的。但是——这也正是他全部理论的关键——为了在足够的人们中产生充足的情感能量来克服由我们的社会所施加的多余压抑,为了从所有的压抑中解放出来,把无所不在的、非理性的、婴儿般的欲望开发出来就是必要的。直接地说就是,为了让人们为消除仅仅是多余的压抑而奋斗,你必须向他们承诺一项不可能的解放,即从必要的压抑中解放出来。"全世界的工人们,联合起来!革命之后,你将仅仅忍受的是必要的压抑!"为了让我们克服障碍,这样说是不够的。相反,你必须说:"全世界的工人们,联合起来!革命之后,你将成为自由的!"每一个人都投射出他或她自己绝对自由的幻想,这是一场既不可避免又无法满足的白日梦。

艺术表达的否定性、对抗性的风格及其革命性的角色正在于把被压抑的欲望这个蓄水库开发出来,利用我们心中对必要压抑的永恒反对,因而给反抗多余压抑的斗争加油。艺术家的解放意象是必要的和虚幻的。反抗审美标准的既定秩序的具体内容并不是至关重要的。在一个社会背景中,咒骂语"该死的"和另一个社会背景中的全裸将具有同样多的效果。关键在于,不管什么是被许可的,仍然存在一种被否定的压抑内容和一种能够被开发出来的释放渴望。斗争表面上总是关于已经被打破的具体的艺术规则,但是实际上它总是关于压抑本身的存在。如果这种反抗是成功的,那么多余的压抑就会被减少,但是这种成功总是被参加者自己视为一种失败,因为他们必定迟早会放弃他们完全解放的幻想。

因此,艺术的社会功能就是保持马尔库塞所谓的"超越"(transcendence)的可能性的活动。马尔库塞用"超越"这个词并不是如柏拉图那样,指从这个空间、时间和物体的世界过渡到一个更高的永恒的形式或理念实体的王国。相反,他是指超出既定社会世界的富于想象力的跳跃,从而超出既定社会的压抑、压迫和现实取向的牺牲,到达可能的未来社会秩序这种设想,其中某些受到压抑的力比多[①]能量就得到了释放。马尔库塞主张,艺术能够帮助我们逃离现存社会的单向度性(one-dimensionality),因而给我们存在增添了"第二个"向度。但是为我们描绘未来的蓝图并不是艺术的任务。它必须让那些被压抑的解放和满足的梦想保持活跃,它们的能量受到阻碍但不会缩减,而将给减少多余的压抑这场革命加油,并且把我们带到更接近真正的人类幸福状况之中。

在下面的选文中,我们听听马尔库塞谈论伟大艺术的"否定"功能。尽管理解他的哲学语言会有困难,但是我想你将能够从这里看到前这几页中我所讨论的主题。

赫尔伯特·马尔库塞

《单向度的人》

艺术的否定功能

这个社会的各种成就与失败使得它的高等文化站不住脚。对自律人格、人道主义、悲剧和浪漫爱情的颂扬,似乎是落后的发展阶段的理想。现在所发生的不是高等文化降格为大众文化,而是这种文化被现实所驳斥。现实超越了它的文化。今天人们能够比文化中的英雄和半人半神做得更多,他已经解决了很多前人无法解决的问题。但是他也背叛了希望,并且摧毁了真理,而希望和真理过去都被保存在高等文化的各种升华物中。可以肯定,高等文化过去总是与社会现实相矛盾,而且唯有享有特权的一小部分人能够享受它的赐福并表现它的理想。社会中两个敌对的领域总是相互依存的:高等文化总是善于适应新的现实,而现实则很少被高等文化的理想和真理所干扰。

今天新颖的特征在于通过删除高等文化中对立的、疏异的和超越的诸要素,而把文化与社会现实之间的敌对夷平,然而正是凭借着高等文化它构成了现实的另一个向度(another dimension)。双向度文化的毁灭并不是通过对"文化价值"否定和拒

① 力比多(libido),弗洛伊德所提出的术语,指一种与性本能有关的潜在能量。——译者注

斥而发生的，而是通过它们全盘地加入到既定的秩序中去，通过它们大规模的再生产和展出而发生的。

对照马克思的异化概念——它意指在资本主义社会中人与他自身及其工作的关系——艺术的异化(artistic alienation)是指对异化的存在有意识的超越——一个“更高层面上的”或经过中介的异化。与进步世界的冲突，对商业秩序的否定，资产阶级的文学和艺术中反资产阶级的元素，这些都不是由于这种秩序审美上的低贱，也不是由于浪漫主义的复古——对正在消逝的阶段文明一种怀旧的神圣化。“浪漫主义的”是一个故意屈尊的诬蔑术语，它很容易被应用于轻蔑的前卫派立场，正如“颓废的”这个术语更多地常被用来指责一种垂死的文化中真正进步的特征，而不是指真正的衰败因素。艺术异化的传统形象的确是浪漫主义的，因为它们在审美上与正在发展中的社会不相容。这种不相容正是它们真理的标记。它们所召唤并在记忆中保存的东西与未来相配：满足感的各种意象会瓦解压制它的社会。

现实与可能之间的紧张被转变成一种无法解决的冲突，在其中是通过把作品作为形式来得到和解的：美作为“幸福的承诺”(promesse de bonheur)。在作品的形式中，现实的环境被放置在另一个向度之中，在其中既定的现实就像它所是的那样表现了自身。因而它说出了关于自身的真理；它的语言不再是欺骗、无知和屈从的语言。小说谩骂现实并瓦解现实的王国；小说颠覆日常经验，并表明日常经验是残缺不全和虚假的。但是艺术只有作为否定的力量时才具有这种神奇的力量。只有当艺术的意象在拒绝和批驳既定的秩序中鲜明活现时，艺术才说着它自己的语言。

不管程式化与否，艺术都包含着否定的合理性。在它高级的立场上，艺术就是大拒绝(Great Refusal)——对于现状的抗议。在其中人与事物的出现、歌唱、发音和说话的这些模式，都是批驳、突破和再造它们的事实存在的模式。但是否定的这些模式向与他们有联系的对抗社会表示敬意。从劳动的领域——社会再生产自身和它的苦难——中分离出来，否定的这些模式所创造的艺术世界以及所有的它的真理，仍然保留有一种特权和幻想。

尽管存在着所有的民主化和大众化的进程，艺术仍以这种形式从 19 世纪穿透到 20 世纪。庆祝异化的“高级文化”具有它自己的仪式和风格。沙龙、音乐会、歌剧和剧院，都被设计成能产生与激活现实的另一个向度。它们的出现要求节日般的准备：它们切断并超越了日常经验。

艺术与时代的秩序之间的这种根本鸿沟，过去在艺术的异化中保持开放，现在则逐渐地通过不断进步的技术社会而封闭起来。伴随着这种封闭，大拒绝反过来被拒绝；“其他向度”被吸收进事情的流行状况之中。异化的作品本身被吸收进这个社会中来，并且作为对事情的流行状况进行粉饰和精神分析疗法工具的重要部分而流传。因此，它们变成了广告——它们出售商品、给人安慰，或者令人兴奋。

文章来源：马尔库塞，《单向度的人》，1964 年版，经波士顿灯塔出版社(Beacon Press)许可后翻印。

第四节　阿瑟·丹托的艺术确认理论

柏拉图指责艺术家在效仿或模仿，并且引发了消极的情绪，而聪明的人最好对这些消极的情绪加以控制。亚里士多德同意艺术家是在效仿，但是他认为这些效仿能够揭示包含在对象之中的真实。他也同意艺术家引发了消极的情绪，但是他主张，在艺术世界的受控环境中，这种引发事实上能够具有驱散和减弱这些消极情绪的效果，而不是增强它们。马尔库塞同意艺术能够引发消极的情绪，但是他把这些情绪视为革命性和变革性的行动能量的来源。

似乎这三人不会不同意更多的了。然而，还有两件事情他们是都同意的。第一件是，艺术作品，特别是视觉艺术或造型艺术（绘画、雕塑，诸如此类），被认为是世界中诸物体的复制、模仿或再现；第二件是，我们始终不需多大困难就能辨别某件东西事实上是不是一个艺术作品，而不是一件工具、家具或衣服。

在20世纪的某些年代里，这两个令人欣慰的信念——具有最迥然不同观点的哲学家都会同意——开始遭受攻击，以致于现在，21世纪的开端，艺术作品甚至不假装看上去相似于、模仿、再现我们世界中的事物，而且甚至艺术爱好者们有时候也需要耗上很长时间才能辨别某件东西事实上是不是一件艺术作品。

第一个被挑战的信念是关于艺术作为模仿的信念。照相术的兴起对严格地再现的绘画的价值表示怀疑，因为照相机迅速地、没有任何困难就能做到至少一些绘画传统上所能达成的工作。现代早期的很多最美的绘画，的确都是些由统治者或富裕的平民委托完成的家庭肖像画。一位赚了很多钱的商人，他会雇佣一位艺术家来给自己画一幅画——他身穿长袍、挂着大奖章项链，也许还有他妻子在身旁，孩子们在膝前。一位王子即将步入一场已经安排好的与邻国国王女儿的政治婚姻，他会要一幅这位年轻女子的肖像画，这样他就能了解一些他将要迎娶的这位女子。一位打胜仗的将军会让人画着自己以英雄般的姿态跨在马上，全身穿着作战盔甲，以此来纪念一场著名的胜利。

这些过去的委托绘画的确与现在一对年轻的夫妇雇佣一位专业的摄影师来拍摄他们婚礼所得的照片集，没有太大的不同。但是当然，在一位伟大的画家手里，肖像画会包含更多的东西。它可能是一幅光与影的画作，要运用艺术家的精致技巧来捕捉一条有饰边的手帕上闪耀的光线或一件天鹅绒袍服上阴影的游戏。意大利文艺复兴时期的肖像画家们特别善于以某种方法来捕捉他们绘画对象的性格——包括某些不是那么令人赞扬的特点——而表面上不过是忠实地再现了顾客的面部和体态。

逐渐地，视觉艺术家们离开了仅仅是忠实的再现（或模仿，representation），直到

20世纪来了一个惊人的跳跃,艺术家们开始画图片——如果一个人可以这样称呼它们的话——他们不再标榜再现任何东西:颜料的漩涡和点彩,巨幅画布上以原色画出的各种方型和椭圆形,颜料的各种水滴和飞溅溅泼着整张画布。这些作品可能会带上某些标题来表明世界中物体的某种关系,但是没有人——不管有多精通艺术世界的奥妙——能够真正地看出任何关联来。

尽管说不出来这些绘画是关于什么的绘画,但是我们所有人仍然能够识别它们原本是打算作为艺术作品的。怎样识别呢?首先,它们能够在所谓的艺术画廊和艺术展览馆等这些地方中被发现,而且常常上面附着昂贵的价格标签。在私人的居室中,它们常常被放置在画框中并装帧在墙上,以同样方式这些物品很容易被认作是艺术品。

但是在最近几十年里,甚至连这些可靠的证据都消失了。一个男子在纽约的中央公园里展开几英里长的布料栅栏,然后把这个叫作艺术作品。一位女子在一个公共广场聚集了几千人,劝说他们全都脱掉自己的衣服并挤作一团,然后把这称为艺术品。两个人把自己弄得满身都是刺青,在百货大楼的橱窗里连续几个小时一动不动地展览,然后声称这就是一件艺术品。甚至,所有这些哥们都称自己为"艺术家",并且向各种私人基金和国家艺术基金会(National Endowment of the Arts)申请拨款来支持他们这些创造性的尝试。警察称这些年轻人把颜料喷涂在地铁车厢上破坏了公共财物,并试图要逮捕他们。哲学教授们自告奋勇为他们辩护,给学术刊物撰写学术化的文章来宣告他们是都市艺术家。

显然,如果我们只是为了能够弄清楚什么是和什么不是一件艺术品,那么我们就非常需要某种关于艺术本质的理论认识。为了帮助我们摆脱困境,我将邀请我的一位老朋友,我在哥伦比亚大学哲学系的岁月里有幸认识的一位同事(那是很久以前了,在1960年代)。

阿瑟·C.丹托(Arthui C. Danto)现在是哥伦比亚大学约翰逊荣休哲学教授,《国家》杂志(*The Nation*)的艺术批评家,也是最近关于艺术哲学的文献中最杰出的美国贡献者之一。《艺术世界》(*The Artworld*)此文刊登在1964年的《哲学杂志》(*The Journal of Philosophy*)上①。丹托在这篇论文中所提出的理论,在1960年代末和1970年代伴随着所谓"概念艺术"(conceptual art)运动的兴起,而非常有影响。

丹托在他的这篇论文中是以这样的论证开始的,即尽管柏拉图的作为模仿(mimesis)的艺术理论——丹托称之为"艺术的模仿理论"(Imitation Theory of Art)——已经不足以作为20世纪的艺术理论了,但是如果我们想把某件东西确认为艺术品,那么某种艺术理论就是必要的;他建议我们用一种"艺术的真实理论"(Reality Theory of Art)——在这种理论中我们认识到现代的艺术家"不是以虚幻而是以真实"为目的的——来取代模仿理论。丹托脑海中的"理论"可能不像达尔文

① 阿瑟·C.丹托:《艺术世界》,载《哲学杂志》(1964年,61),第517-584页。

的进化论或爱因斯坦的广义相对论那样表达得那么明确充分，尽管一位哲学家应该试图寻找这种明确充分性；相反，这只是一个粗糙的观念，它应该可以表达得清晰明确。的确，丹托在某处清楚地把艺术史上的某些事件与科学史上的某些事件相比较，这些事件库恩可能会称之为革命；而且你会看到丹托所谓的“理论”与库恩所谓的“范式”之间进一步的比较。（丹托的论文正好是库恩的著作《科学革命的结构》出版后两年发表的）库恩主张，随着范式的转变，什么东西算作科学事实也会有相应的转变；丹托也主张，随着理论的转变，什么东西算作艺术也会有相应的转变：“……这种情况的部分原因在于这样的事实，即该领域是依靠着各种艺术理论而被算作艺术的，因此一个人使用的各种理论，除了帮助我们把艺术与其他东西区别开来外，还在于使得艺术成为可能。”

你会发现丹托所提到的有些艺术家你不熟悉。当你阅读时请不要试图去确认所有这些艺术家，而要专注于丹托用这些例子来证明的道理。注意：丹托用缩略词“IT”来代替“艺术的模仿理论”，“RT”代替“艺术的真实理论”。还有，泰斯塔杜拉（Testadura）是一个虚构的角色（“Testadura”是意大利语，意思是“硬头”），他只是一个说话者，在艺术史或理论中并不存在。

阿瑟·C.丹托

《艺术世界》

> **哈姆雷特**：那儿你什么都看不到吗？
>
> **女王**：什么都没有；这就是我所看到的。
>
> 莎士比亚：《哈姆雷特》，ⅲ.ⅳ

哈姆雷特和苏格拉底，尽管一个颂扬艺术，一个贬低艺术，但是他们都把艺术说成是一面朝向自然的镜子。尽管在态度上有很多不同，但是这是一个事实基础。苏格拉底把镜子看作不过是对我们所能够看到的东西的反映；因此，艺术既然就像镜面似的，能产生关于事物现象的精确复本，而没有认识效用，诸如此类。哈姆雷特更敏锐地认识到反映外表的一个显著的特征，即它们向我们展现了我们除此之外就无法感知的东西——我们自己的面部和体形——因此，艺术既然就像镜面似的，向我们展示我们自己，而且尽管受到苏格拉底的批评，但是它毕竟还是具有某些认识功用的。然而，作为一个哲学家，我发现苏格拉底的讨论在另一方面是有缺陷的，也许比这些更少深邃的理由。如果字母a的镜中之像就是对字母a的模仿，那么如果艺术就是模仿的话，则镜中之像就是艺术了。但是事实上，镜像式反映物体不再是艺术，就像向疯子归还武器不再是正义一样；提到各种镜像，就如我们会期待苏格拉底提出狡猾的相反例子来反驳该理论，而他反倒用它来作证明。如果这种理论要求我们把这些镜像归为艺术，那么它就表明它的不足："是一个模仿"，将不能够作为"是艺术"的充分条件。然而，也许因为在苏格拉底的时代艺术家们都从事模仿，而后来理论上不充分也就没有被注意到，直到照相术的发明。一旦模仿作为充分条件遭到了驳斥，模仿就很快被抛弃了，即便它是作为必要的条件……

当然，这在苏格拉底的讨论中是不可或缺的，即所有的参与者都是进行概念分析的大师，因为他们的目的就是要给在使用上活跃的名称找到相称的真正定义式表达，而对于充分性检测很可能在于表明前者对于所有的分析和应用，但唯有这些分析和应用的后者是对的。尽管有流行的免责声明，但是苏格拉底的听众据称知道艺术是什么和它们是什么样子的；艺术理论——在这里就是作为"艺术"的真正定义——因此就不是为了在帮助人们认识它所应用的例子中发挥重要功用。他们先前这样做的能力正是理论的充分性所被检测的对象，唯一的问题在于明晰地表达他们已经知道的东西……由于这个缘故，诸种理论在苏格拉底的描述中就是类似于镜像的某种东西，它把我们所知道的公之于众，对我们擅长的实际语言实践进行冗长的反思。

然而把艺术品从其他东西中区别开来，即便对于那些母语的说话者而言，也并不是一件如此简单之事，而且现在一个人可能不会意识到他过去是在艺术的领域中而没有一种艺术理论来告诉他，因此……

……假设一个人把一完全崭新种类的艺术品的发现，视为某种类似于任何地方的完全崭新种类的艺术品的发现，即作为有待理论家们去解释的某种东西。在科学中，和其他地方一样，我们常常通过辅助的假设而把新事实容纳进旧理论当中……现在"艺术的模仿理论"——如果一个人把它彻底想清楚了——是一个非常有力量的理论，它解释了与艺术作品的起因和评价相关的大量现象，给复杂的领域带来了惊人的统一性。此外，通过这些辅助假设把它支撑起来反对很多传言的反例，这是一件简单的事情，以致违背模仿性的艺术家就是乖戾的、笨拙的或疯癫的……接着假设各种检测揭示这些假设维持失败，这种理论现在已经不能修复了，那么它必须被取代。而一种新理论成功地发展出来，掌握了旧理论所能够做的本领，把在这之前的顽抗的事实都包括在内。一个人可能会沿着这些路线思考，把艺术史上的某个事件看作与科学史上的某个事件是一样的，在这里概念革命得以实现并且拒绝支持某些事实，这部分是由于偏见、惰性和自私，也由于这样的事实，即一个根深蒂固的或至少具有广泛信誉的理论，以这样一种方式受到威胁乃致于所有的连贯性都失去了。

某些这样的事件随着后印象主义者(post-impressionist)绘画的到来而为人所知(在19世纪末期的年月里)。就盛行的艺术理论即"艺术的模仿理论"而言，在过去是不可能把这些后印象主义者的绘画接纳为艺术的，除非是笨拙的艺术：否则它们就被低估为恶作剧、自我标榜，或者是疯子胡言乱语的视觉对应物。因此为了让它们被接受为艺术……与其说需要一种趣味上的革命不如说需要一种相当规模的理论修正，不仅包括这些绘画对象的艺术解放，而且还包括强调这些可接受的艺术品崭新的重大特征，如此它们作为艺术品身份的十分不同的价值，现在就必须要给予……

可以肯定，只说一种理论，我就歪曲了事实：在历史上，存在着几种艺术理论，但是足够有趣的是，它们或多或少是根据“艺术的模仿理论”来定义的……（然而）我将声称过去似乎只存在着一种可以替代的理论，部分是因为通过选择一个过去事实上被清楚地阐明的理论来补偿历史的虚假。根据这种看法，有疑问的艺术家们就不被理解为不成功地模仿真正的形式，而是理解为成功地创造了新的形式……而后印象主义者就被解释成具有真正创造性的，其目的……“不在虚幻而在真实”。这种“艺术的真实理论”提供了观看绘画（不管是旧的还是新的）一种完全新颖的模式。的确，一个人可能几乎领会了梵高（Van Gogh）[①]和塞尚（Cézanne）[②]的粗糙绘画……有很多方式把注意力吸引到这样的事实上，即这些都不是“模仿之作”，特别不是故意去蒙骗。在逻辑上，这大约就像在一张巧妙地伪造的美元钞票上印着“不是法定货币”一样，这个合成的东西（伪造的刻印文字）使得它不能蒙骗任何人。这不是一张虚幻的美元钞票，不过，正是因为它不是虚幻的，它也就不会自动地变成一张真实的美元钞票。它毋宁在真实的物体与真实物体的真实摹本之间占据着新近的悬而未决的领域：它不是一个摹本，如果一个人需要一个诺言的话，那么它就是对这个世界的新贡献……通过这种“艺术的真实理论”，艺术作品重返事情最活跃的部分，其中苏格拉底的理论即“艺术的模仿理论”已经谋求把这些艺术作品驱逐出去了：如果它不能比木匠所做成的更真实，那么它们的真实性至少也不能比木匠所做的更少……

在谈到“艺术的真实理论”时我们必须理解今天我们周围的艺术作品。因此罗伊·利希滕斯坦（Roy Lichtenstein）[③]画了连环漫画，尽管它们有10或12英尺高。这都是些来自日常小报上的普通图画而将其按照巨型尺寸放大的合理的如实的反映物，然而正是这种巨型尺寸起了作用……一张利希滕斯坦的照片与《史蒂夫·坎永》（*Steve Canyon*）连环漫画上相应版块的照片难以区分清楚；但是照片未能捕捉到比例，因此是……一个不精确的复制品……那么，利希滕斯坦的作品就不是模仿之作而是新的实体……我希望这不要无心地成为柏拉图的注脚，我们的两位先驱者——罗伯特·劳森伯格（Robert Rauschenberg）和克拉斯·奥尔登伯格（Claes Oldenburg）[④]——都制作了真正的床。

劳森伯格的床挂在墙上，并在上面画上一些漫无目的的家用油漆条纹。奥尔登

① 梵高（1853—1890），荷兰人，后印象画派的巨匠。——译者注

② 塞尚（1839—1906），法国人，后印象画派的主将。——译者注

③ 利希滕斯坦（1923—1997），美国波普艺术大师。——译者注

④ 劳森伯格（1925—2008）与奥尔登伯格（1929—　）均为美国波普艺术代表人物。——译者注

伯格的床是一个长菱形,一端比另一端要窄些……作为床,它们都以格外高的价格在出售,但是一个人可以在其中一张床上睡觉……现在,想象某位泰斯塔杜拉——一位普通的说话者和著名的对艺术一窍不通之人——他并没有意识到这些就是艺术,并把它们看作是不折不扣的真实物。他把劳森伯格床上的油漆条纹归因为主人的邋遢,而把奥尔登伯格的床的偏斜看作是制作者的笨拙,或者也许是任何"订做"这张床的人的异想天开。这些都是错误的,但是那种相当奇怪的错误,而且与晕了头的鸟儿竟然啄食宙克西斯(Zeuxis,古希腊画家)画的假葡萄没有太大不同。它们把艺术品误以为是真实物,泰斯塔杜拉也是如此。但是根据"艺术的真实理论",艺术品原本就要成为真实的。一个人能够把真实误以为真实吗?毕竟,是什么阻止了把奥尔登伯格的创造物与一张畸形的床等同起来呢?这就相当于在问是什么使得它成为艺术品,带着这种疑问,我们进入了一个概念探索的领域,在这里说母语的人都是蹩脚的向导:他们已经迷失了自己。

文章来源:阿瑟·C.丹托,《艺术世界》,载《哲学杂志》(1964年10月15日),19,第517-584页。翻印已经《哲学杂志》许可。

丹托在两个相互关联的概念的帮助之下继续提出他的论证——"艺术世界"与"艺术确认的'是'"这两个概念。艺术世界是指一个参考框架,包括艺术史和艺术理论的知识,在其中我们领会了手工艺品的含义:"把某个东西看作艺术品需要眼睛看不出来的某种东西——一种艺术理论的氛围,一种艺术史的知识:一种艺术世界。"艺术确认的"是"(is)将区别于同一性的"是"("博伊西是爱达荷州的首府")和述谓结构的"是"("珍妮特·杰克逊是漂亮的"),但是"……正是根据这个'是'的含义,我们像一个孩子出示一个圆形和一个三角形,然后问他哪一个是他、哪一个是他姐姐,他会指着三角形说'那是我';……或者在画廊里,出于对我同伴的考虑,我指着我们面前画中的一个斑点说'这点白色的颜料是伊卡洛斯'。"艺术确认的"是"把一个对象确认为一件艺术品,"是"使得一个对象成为艺术世界。

丹托要求我们想象两位艺术家的油画呈同样的直角维度,每一幅都画成白色,用水平黑线穿过中间,事实上相互之间无法分别。这两位艺术家分别把他们的油画命名为"牛顿第一定律"和"牛顿第三定律"。第一位艺术家说明道:"一块物质,把它往下压,就会遇到一块物质往上顶;下面这块物质同等地并相反地反作用于上面这块物质。"第二位艺术家说明道:"通过空间的线是孤立粒子的路径。这条路径从边缘到边缘,给人一种它将超越的感觉。"或者我们——没有听过艺术家的说明的人——可能会确认"上面领域是明净无云的天空,倒映在下面平静的水面上,只有通过水平面这条不真实的边界才能把白与白区分开来。"接受一种确认而不是另一种,我们实际上"用一个世界交换了另一个世界"。但是接着这位可怜的泰斯塔杜拉,他——

抗议说他所看到的都只是颜料：白色涂成长方形，上面又涂有一条黑线穿过它。他是多么对呀：这就是他所看到的全部或任何人所能看到的，也包括我们这些美学家在内。因此，如果他要求我们向他展示这里进一步能看到什么，通过指点显示这就是一件艺术品（大海和天空），那么我们就遵从不了，因为他没有看漏什么东西（假设他看漏了，我们能够指出这里有某个微小的东西他没看到，而他靠近盯着看了一会，说“原来如此啊！毕竟是一件艺术品！”那么这就是荒谬的），所以我们帮不了他，直到他掌握了艺术确认的“是”并因此把它构成一件艺术作品。

我想提醒要特别注意上面最后一句话，因为这对于丹托的艺术确认理论至关重要。它所包含的意思是，我们不是找到一个东西，例如一个大理石碎片，然后发现它是一个艺术品，或者甚至把它解释成一个艺术品。相反，通过艺术确认的“是”，我们把它构成一件艺术品，我们使它成为一件艺术品。

丹托使用了波普艺术家安迪·沃霍尔（Andy Warhol）①的作品来作为例证，他展出了用布里洛盒子的复制品叠加起来的作品，这些东西就像是放在超市仓库里一样。它们是由胶合板做成的，而不是用硬纸板，但是为什么不能用呢？米开朗基罗（Michelangelo）②就用大理石复制了人体。无论如何，布里洛人可能会用胶合板来做他们的盒子，但是不会把它们做成艺术品，而沃霍尔用纸板来制作但它们不会不是艺术：

不要介意沃霍尔的布里洛盒子可能不太好，更不用说是伟大的艺术了。给人印象深刻的事情是它毕竟是艺术。但是如果它是艺术，那么为什么与仓库中的布里洛盒子无法区分开来呢？或者艺术与现实之间的整个区别倒塌了吗？

……最终在一个布里洛盒子和由一个布里洛盒子构成的艺术品之间作出区分的是某种艺术理论。是理论把它带进艺术的世界中，并防止它沦落成它所是的真实物体（在“是”的意义上，而不是艺术确认的意义上）。当然，没有理论，一个人是不可能把它看成艺术的，而且为了把它看成是艺术世界的一部分，一个人必须掌握大量的艺术理论和相当数量的当代纽约绘画史。如果在50年前，这就不会是艺术了。但是一切都是公平的，在中世纪不可能有飞行保险或者伊特鲁利亚打字机清除器。世界必须准备迎接某些东西，艺术世界和真实世界是一样的。正是理论的角色（如今总是如此），使得艺术世界和艺术成为可能……这只是一个选择的事情：艺术世界中布里洛盒子可能就是真实世界中的布里洛盒子，由艺术确认的“是”分离和统一起来……没有艺术世界的理论和历史，这些东西也就不会成为艺术作品。

回到哈姆雷特的观点上（我们是以这开始我们的讨论的），布里洛盒子可能

① 安迪·沃霍尔（1928—1987），被誉为美国波普艺术的教父级人物。——译者注

② 米开朗基罗（1475—1564）意大利文艺复兴三杰之一。——译者注

向我们揭示我们自己以及任何东西:作为一面朝向自然的镜子,它可能用来捕捉我们各位国王的良心。

第七章要点

1. 柏拉图抨击希腊传统的诗人,因为他们反映的仅仅是真实的摹本或复制本,这就使得他们的听众更加远离了真理。因此他提出了一个问题——关于艺术的价值或目的的问题——这个问题从此以后一直在被讨论。
2. 柏拉图的伟大信徒和学生亚里士多德为诗人辩护,他主张通过诗人创作的悲剧,我们能够经历愤怒和怜悯的强有力情感,并在我们的灵魂中净化它们。
3. 在争辩的历史中,对艺术最不同寻常的辩护来自20世纪的社会理论家如赫尔伯特·马尔库塞,他捍卫艺术在人格和社会中是作为一种否定性的和反抗性的表达。因此马尔库塞声称,艺术就是社会革命的中介。
4. 在应对关于什么东西算作艺术这种20世纪的概念转换上,美国哲学家阿瑟·C. 丹托主张,通过我们把它确认为艺术品,一件手工制品就成为艺术。

问题讨论与复习

1. 压倒性的证据证明,艺术以一种形式或另一种形式,在所有的人类社会中都发生,不管这个社会在技术上是原始的还是先进的。简言之,艺术对于人类而言是自然的。这就能通过自身而证明艺术是一种好事吗?有些东西是自然的、普遍的,但却是一种坏东西,它是被压抑或被镇压的结果,有这回事吗?
2. 这很容易看出在什么样的意义上一幅写实绘画是再现、图像,或者仅仅它所描绘对象的表现。但是音乐与世界是什么样的再现关系呢,如果有的话?我们习惯于把某些艺术行为分离出来,并从属于所谓的“精致艺术”(fine arts)。然而这种区分仅仅可以追溯到15、16世纪。一方面是芭蕾、歌剧、古典音乐、诗歌、雕塑和绘画,另一方面是童话故事、民歌、摇滚音乐、手工编织品、编织篮和皮革制品,这两者之间有什么重大的差别吗?
3. 反对色情作品的一个主要控诉是,色情作品的唯一目的就是在它的读者或观众中激起淫乱的欲望。为了捍卫色情者的公民权利,一些人回应说:色情作品具有一种政治的或社会的目的。但是激起淫乱的欲望有什么错误吗?
4. 在美国社会中,大部分的色情作品都以一种侮辱人格的方式来描绘女性,这一事实使得很多女权主义者主张色情作品侵犯了女人的权利,因此应该被禁止。现在,不管是什么样的色情作品,几乎没有例外,都是坏的艺术。但是假设我们面对一个伟大的艺术作品,它在道德上也是令人反感的,因为它反映了女性、或犹太人、或爱尔兰人、或工人,或者因为它攻击了宗教或民主。我们的道德反感应该优先于我们的审美判断吗?

5. 如果马尔库塞是正确的,那么艺术正是通过对正派人士否定性的、冒犯性的指责来实施一种有价值的社会功能。如果这是真的,那么我们不是通过容忍它而摧毁了艺术的积极功能了吗?

主要来源:哲学读本与评论

亚里士多德:《诗学》

柏拉图:《理想国》

第五节　当代应用:色情、艺术与审查制度

2 400 年前,柏拉图开启了有关艺术在一个美好的社会中扮演何种角色的论争,自从那时起,论争就没有停止过,十分流行。在美国,最近几十年的论争焦点已经是色情、淫秽与关于宪法上的权利的复杂法律问题,这些问题与关于艺术的正面和负面效果的更传统的论争牵连纠结在一起。当然,人们的注意力更多地集中在赤裸裸的性与暴力对青年人的影响上。有些心理学家证实,男孩和女孩在观看了电视、电影和报摊上的那些东西之后变得更暴力或在性关系上变得更混乱,然而还有另一批心理学家正准备去证明这样错乱的性体验或暴力体验实际上慢慢驱散了破坏性的激情,让孩子们更不易做出反社会的行为。这听起来非常像柏拉图与亚里士多德的论争的现代版重演。

通常,心理学的论争和法律论争完全主宰了讨论,以至于我们完全看不到最初的问题:艺术的恰当角色或功能。但是甚至在今天,论争有时也上升到给人留下深刻印象的哲学的一般性层次。

我们的第一篇读物处理了一个与政治和艺术关联的问题:国会是否应该继续资助国家艺术基金会(National Endowment for the Arts,简称 NEA)? 国家艺术基金会的保守的批评者多年以来一直抨击它,他们的根据是它选择资助批评家宣称是色情,而不是艺术的东西。一方面,有些人声称公共基金只应该用于支持一般公众允许的艺术活动。毕竟,这些钱来自于我们的税收,这样我们的价值应该是获得资助的标

准。另一方面,另外一些人声称伟大的艺术不能被“公众的标准”束缚,因为这种标准常常只体现最低级的审美趣味。国家艺术基金会的这些辩护者说,伟大的艺术总是冒犯当权派。伟大的艺术意味着冒犯。在当代的这场论争中,我们看到了将柏拉图与马尔库塞区分开来的同一个分歧。

不要向国家艺术基金会投降

杰夫·雅各比(Jeff Jacoby)

针对国家艺术基金会多年的混乱状况,国会采取了一项重要的改革:减少该机构分配补助金给独立艺术家的能力。在过去的几十年里,这些补助金被用于资助一些最粗糙的伪艺术作品。

有充足的例子,这里只举三个:

国家艺术基金会一直慷慨地资助摄影家乔尔-彼得·威肯(Joel-Peter Witkin),没有人会将他的作品与安塞尔·亚当(Ansel Adam)的作品混淆起来。威肯的一张被展出的照片展示了两块头盖骨上放着被割下来的生殖器。另一张照片描述了一个叫做“睾丸扩张与挤烂脸孔的可能性”的场景。其他照片也有直肠病学上的恶心内容,不适合在国内的报纸上刊登。

国家艺术基金会早期很喜欢的一位艺术家是朱迪·芝加哥(Judy Chicago),她因其雕塑《晚宴》(The Dinner Party)而获得非常慷慨的奖励。这副雕塑通过一个供39个人坐的三角桌来描述女人在历史上扮演的角色。在每个餐位上,餐盘都盛放着阴道,每个阴道纪念一位著名的女性。

彼得·奥尔洛夫斯基(Peter Orlovsky)因其诗歌而从国家艺术基金会那里获得了10 000美金的补助金。奥尔洛夫斯基的一些作品的标题甚至也不适合刊登出来。他的诗歌探索刺激性的主题,诸如人在家猫身上射精,一位母亲对她的小男婴进行口交。

取消对独立艺术家的绝大部分补助并不能纠正国家艺术基金会的一个根本错误,即国家一开始就不应该干预艺术。不过这样做肯定是一个进步。

但是国家艺术基金会主席威廉·艾维(William Ivey)现在站出来,要求我们退回到原地。

上个月他对芝加哥当代艺术博物馆(Chicago's Museum of Contemporary Art)的一群观众说:“独立艺术家是艺术的核心,我们要求恢复资助独立艺术家的业务。”

我们要恢复吗?用纳税人的钱资助独立艺术家极大地违背了社会中的所有公民都是平等的原则。数十万美国人自称是艺术家;政府官员如何能从其中挑选出一打左右配领取国库寄来的支票的人?任何有思想的纳税人如何能相信官员会做出正确的选择?

国家艺术基金会资助独立艺术家的历史充斥着偏袒徇私、裙带关系和利益共享。

在1990年,记者马克·拉斯韦尔(Mark Lasswell)报道说:“作家杰弗里·沃尔夫(Geoffrey Wolff)在1987年继续赢得国家艺术基金会的20 000美金的研究经费,他所服务的文学委员会1985年奖励他兄弟、作家托比亚斯·沃尔夫(Tobias Wolff)20 000美金的补助金……一位名叫阿曼达·法伯(Amanda Farber)的年轻艺术家因为她的继母帕特里夏·帕特森(Patricia Patterson)所在的委员会的推荐而获得了5 000美金的奖励……推荐卡伦·芬利(Karen Finley)和霍利·休斯(Holly Hughes)获得了受争议的补助金的艺术委员会的成员包括经常与芬利合作的音乐家杰瑞·亨特(Jerry Hunt)和与休斯共事的主任埃伦·塞瓦斯蒂安(Ellen Sebastian)。不过等一下,更有意思的事情是:该委员会也推荐亨特和塞瓦斯蒂安得奖。”

在这个业内人士将政府的资金分派给他们的朋友和盟友的艺术体制中,腐败必然猖獗。如果国会重新让国家艺术基金会将金钱分给独立艺术家,那么过去的所有不正之风会死灰复燃。

严肃的艺术家并不需要政府的补助金。那种认为艺术家必须受到保护以免于困苦和贫穷的观念来自于对有关画家、音乐家和作家的无数故事的误解。这些人的才能和激情是在多年对抗资金困扰的活动中磨炼出来的。

威廉·德·库宁(William de Kooning)搭上运牛船偷渡到美国,然后定居于此。在他的抽象的表现主义绘画还没有出名之前,他有很长一段时间从事招牌画工和木匠的工作。詹姆斯·鲍德温(James Baldwin)在哈莱姆(Harlem)黑人区的贫民窟中长大,但是如果他没有这样贫穷的出身,他就不能成为詹姆斯·鲍德温。埃德加·爱·伦坡(Edgar Allan Poe)的小说和诗歌出自一个被赶出大学、与家人断绝了关系并且饱受负债累累和酗酒之苦的人之手。欧文·柏林(Irving Berlin)是贫穷夫妻的孩子,曾靠在纽约波威里街(Bowery)当走场歌手谋生。

补助金制度不恰当地将艺术家从现实生活的风险和压力中解脱。没有一位真正的艺术家会停止创作,仅仅因为缺乏国家艺术基金会施舍的10 000美金。相反,国家艺术基金会的施舍却鼓励淫秽的假艺术家继续粗制滥造地弄出公众既不喜欢也绝不愿意支持的“艺术”。

无数年轻人反复训练他们的篮球技术,花去无数时间去做没有酬劳的训练,希望有朝一日能在美国职业篮球联赛上一显身手。有无数的默默无闻的摇滚乐团抓紧每一份空闲时间完善他们的声音和在简陋的演唱会上演出,完全受到对音乐的爱好和获得一大笔唱片合约的梦想的激励。谁会想象我们需要一个国家篮球基金会来保持这个国家的篮球界的品质?谁会相信如果没有一个国家摇滚音乐基金会,这些努力不懈的摇滚乐手就会绝望地放弃演奏?

艺术家——真正的艺术家——也是如此。他们并不是在为国家写作,绘画和跳舞。国家不是他们的艺术的靠山。公众——那些被他们所创作的作品吸引并且愿意支持他们的群众、赞助人、支援者和观众——才是。我们不会幻想让政府判断摇滚音乐或篮球。难道艺术不神圣吗?

文章来源:杰夫·雅各比,《不要向国家艺术基金会投降》(*Don't Cave in to the NEA*),载《波士顿全球报》(*The Boston Globe*),1999 年 3 月 4 日。版权归全球报业公司(Globe Newspaper Company)所有。

攻击国家艺术基金会就是淫秽

阿菲-奥德利亚·斯克鲁格斯

嘘,到这里来,我有事告诉你。

再走近点,我不能更大声地说。我正在赶路。

我从事地下行业,我是淫秽艺术供应商。

在克利夫兰(Cleveland)都会区有很多像我们这样的人。我们有的在俄亥俄室内管弦乐队协会(Ohio Chamber Orchestra Association)、坎顿交响管弦乐队协会(Canton Symphony Orchestra Association)和克利夫兰舞蹈团(DANCECleveland)。也有一些自由职业的艺术家,他们只想以自己的音乐、舞蹈、雕塑或书籍谋生。

这种生活非常艰难,有很多意外灾难。在保守政客的枪口下,艺术家和艺术家的组织正逐渐变成濒临灭绝的生物。

发生什么事了? 管弦乐队和作家怎么会对这个社会的道德造成这样的威胁呢?

我们都从国家艺术基金会那里获取了金钱。

组织直接从国家艺术基金会得到补助金。像我这样的独立艺术家从俄亥俄州艺术委员会(Ohio Arts Council)领取奖金。该委员会成立于 1965 年——与国家艺术基金会同年成立——受到了国家艺术基金会和州议会的资助。

我的罪行是领导了克利夫兰的一个城中教会的青年合唱团。俄亥俄州艺术委员会给我 875 美元进行一个为期 9 个月的学徒训练计划。我用这笔钱购买了福音光碟和鼓乐教材,并且至少带这些孩子去听两场音乐会。

我确信,如果国家艺术基金会的反对者知道了这一切,他们可能会大闹那个神圣的场所。这个财政年度,国会只拨给基金会 1 000 万美金。那笔钱足以让基金会关门。

在 1996 财年和 1997 财年,基金会获得了 9 900 万美金,那只是前几年基金被删减了 40% 的预算后的金额。

多年以来,基金会自生自灭,没有向国会山的议员争取过或抱怨过。

后来,一些受到国家艺术基金会资助的展览引起了论争,包括罗伯特·梅波索普(Robert Mapplethorpe)的 175 件摄影作品。

在辛辛那提当代艺术中心（Contemporary Arts Center in Cincinnati）举办的那场展览包括五张明显摆出性姿势的男人照片和两张批评者认为已经构成儿童色情的照片。在 1990 年 4 月 7 日展览开放的数小时内，警察清理了展览会场，并且拍摄了展出的照片作为证据。

后来进入摇滚乐名人堂（Rock and Roll Hall of Fame）及博物馆工作的艺术中心主任丹尼斯·巴里（Dennis Barrie）和美术馆都被控以传播色情罪。陪审团宣告二者都无罪。陪审员断定七张照片尽管令人讨厌，但仍是艺术。

不过那件案子发生在杰西·海尔姆斯（Jesse Helms）宣称基金会在用纳税人的钱资助淫秽艺术之前。

那件案子也发生在保守分子断定政府对艺术的任何资助都是在浪费金钱之前。

两年前，共和党同意削减基金会 1996 财年和 1997 财年预算，然后在这个财年（1998 财年）停止预算。

尽管如此，基金会去年仍然向全国发放了 6 700 万美金的补助金。其中，100 多万美金拨给了俄亥俄州的艺术组织和独立艺术家。

那是很大一批艺术品，还是很大一堆淫秽物，这取决于您的观点。

我认为教导孩子唱《向苍天呼吁》（*Go Tell It on the Mountain*）并不会让他们终生受到伤害。我不得不同意辛辛那提的陪审员的观点。一件艺术品不能因为其主题令我们不快而被谴责。至于纳税人的钱，我更喜欢用它资助梅波索普的照片，而不是一张 B-52 型轰炸机的照片，但是我也没有拒交用作国防费用的税金。

对基金会的反对者而言，我是他们的敌人。

我能闻到火药味。仇家似乎已找上门来。

因此，好好享受像俄亥俄州室内管弦乐队协会在凯恩公园（Cain Park）举行的音乐会之类的活动吧！你交纳给联邦的税金可能不再资助这样的淫秽活动了。

文章来源：阿菲-奥德利亚·斯克鲁格斯（Afi-Odelia E. Scruggs），《攻击国家艺术基金会就是淫秽》（*Attack on NEA is an Obscenity*），载《老实人报》（*The Plain Dealer*），1997 年 6 月 9 日。翻印获得《老实人报》许可。

国家艺术基金会有理由关注礼仪

《亚特兰大宪法报》社论

在我们最喜欢的漫画中，有一幅展示了一位艺术家要求一位官员给他另一笔政府补助金，以便他能完成一幅画。而正如我们所看到的，那幅画正好是这个官员的画像，附在其上的标签用不雅的诨名抨击他。

政府能否强迫受纳税人的税金资助的那些艺术计划遵循礼仪标准吗？对于这样的争论，美国最高法院尚未判决。漫画抓住了争论的两个基本部分：其一，许多在艺术群体中的人已经把这样的补助金当作一种应得的权利；其二，有些人认为艺术只是在高姿态地、无礼地嘲弄社会大众所持的诸种价值。

问题来自于1990年的一项法案，它要求国家艺术基金会在批准补助金时不能只考虑"艺术上的卓越和价值"。因此，国会说，基金会还必须"考虑一般的礼仪标准，尊重美国公众的多元信仰和价值"。有些艺术家提出诉讼，宣称法律剥夺了《宪法第一修正案》赋予他们的言论自由权。

尽管旧金山第九届巡回上诉法庭(the 9th Circuit Court of Appeals in San Francisco)以2∶1的结果判定原告胜诉，但是任何公正的人都清楚在这个案子中言论自由权并没有被剥夺。没有人曾告诉他们或其他任何艺术家什么内容可以画、雕刻或表演以及什么内容不能画、雕刻或表演。我们欢迎艺术家创作他们认为对我们来说非常重要的东西，欢迎他们尽其所能劝说其他人展示或购买它。

问题是，国家艺术基金会使用什么标准来决定少数几名幸运儿从数千名艺术家中脱颖而出并接受纳税人的钱，以帮助他们追求艺术灵感？众多因与"礼仪和尊重"不相关的原因而没有申请到补助金的艺术家怎么办？他们是否也被剥夺了宪法保障的权利呢？

如果获得艺术补助金是一种应得的权利，那么，就像社会福利或粮票一样，它会被自动给予每个"符合资格"的人，这样，精于惊悚、性爱、宗教偏执、儿童色情和奇异风光的艺术家可能就没事了。但是事实上，国家艺术基金会总是使用——只能使用——主观的判断来选择谁的艺术工作应该接受税钱的资助。

鉴于那样的现实情况，将礼仪因素增加进去，与其他因素一起作为判定依据，这几乎没有什么不对的。事实上，这样做显然是对的，因为政府官员实际上扮演着纳税公民的代理人的角色。

有些艺术家可能喜欢辱骂公民，在这个国家他们完全有权那样做。但是与漫画中的那个艺术家不同，他们必须自己去找钱购买颜料以完成画作。

文章来源：摘自1997年12月1日《亚特兰大宪法报》(*The Atlanta Journal and Constitution*)的社论部分《国家艺术基金会有理由关注礼仪》(Decency a Valid Concern for NEA)。版权归《亚特兰大宪法报》。

现在，让我们回到两位以谨慎的哲学方式讨论色情的思想家那里。我们首先从已故的诗人、小说家、社会批评家和哲学家保罗·古德曼(Paul Goodman)对审查制度的抨击开始。古德曼在芝加哥大学接受了柏拉图哲学和亚里士多德哲学的训练，这个事实体现在他后来撰写的所有著作中。面对有关色情的争议，古德曼挑战了一个人们通常没有审查的假定：激起强大的性欲激情是有害的。他也非常正确地指出，既说乔伊斯(Joyce)是伟大的作家，但又说他并不打算激起他的小说如此成功地、明显地激起的情欲，这是荒谬的、侮辱人的。这样的辩护有点像为了给一个伟大的魔术师辩护而说他并不打算愚弄我们。

色情、艺术和审查制度

保罗·古德曼

最近关于淫秽和色情的看法是错误的、有害的。为了保护关键的自由权，更高、更理智的法院常常站出来反对警方、邮局局长和流行的偏见；然而因为他们并没有给出正当的理由，所以并没有解决问题。更糟糕的是，法院在我们的这个历史时刻正鼓励某种性态度，而这种性态度制造了被人们反对的“赤裸裸地描写性行为”的色情作品。也就是说，法院腐化了，它助长了审查者的腐化。它本应该扮演照明灯和领导的角色，然而它反而成了进步的绊脚石。最后，最糟糕的是，法院误解了艺术与言论的本质，削弱和阻碍它们扮演不可或缺的社会角色……

伍尔西（Woolsey）法官审理《尤利西斯》（*Ulysses*）的方法如下：他将淫秽界定为色情，“倾向于激发性冲动或引起不纯洁的、好色的淫念”，他接着指出该书并不是淫秽的，而是“发明新文学方法以观察和描述人类的一种真诚而严肃的尝试”。让我们暂且不处理文学批评，将它推迟到下一节，我们先简要谈谈淫秽的定义。

那种认为性冲动或激发性冲动是坏事的观点来自于过去的一种情绪氛围，当时人们普遍认为性事不公然存在比较好，即使沐浴和睡觉也要着装整齐，bull（公牛）被叫做 hecow① 在公共场合与性有关的任何东西，譬如“用文字或图片具体描述性的出版物”，就违反了社会的自我形象，肯定是淫秽的。在我们的时代，这样的观念不能界定淫秽。色情事实上本身（ipso facto）不是淫秽。正如法官杰罗米·弗兰克（Jerome Frank）在 1949 年指出的那样，“正常人认为激起正常的性欲并不会对社会造成危害”。我们生活在这样一种文化中：所有思想高尚的人都要求美，要求性欲必须是纯洁的，然而很大一部分商业活动却忙于刺激人们的性欲。

让我们进入到这些抉择所提出的哲学问题：言论和艺术的本质是什么？在我看来，对于我们的社会而言，这个问题甚至比性问题更重要。为了保护他们“严肃”的著作，法院试图把交流观念、甚至是谈论某一主题的言论与言说者就某一主题对听者所做的言论区分开来。这是伍尔西当时对乔伊斯的“观察和描述人类的新方法”提出他的绝大部分看法时所采取的策略。

伍尔西的说法正在侮辱艺术家。他说那本书并“不倾向于激发性冲动或引起不纯洁的、好色的淫念，但是其净效果是做了悲剧性的、强有力的评论。”作者肯定要说的是：“书中还有许多有关情色的东西，因而它的净效果不是悲剧性的。”

---

① 因为公牛是要传种的，所以 19 世纪的清教徒将 bull 说成是 hecow，以避讳。——译者注

我们的文化期盼艺术家打动读者,期望他能让读者痛哭、大笑、产生同情,甚至仇恨;但是他不应该让读者勃起或让读者嘲弄公众人物,使后者洋相百出。为什么不行呢?这些限制使得我们注定成为一个缺乏激情且只会顺从的团体。我们不应该像英国法院所做的那样,将“经典作品”排除在外——的确,法律对经典作品的定义似乎是“不可控告的淫秽”(nonactionable obscenity)——相反我们应注意经典作品中的色情,我们将会看到,它并非像法院觉得有义务要证明的那样,尽管一部作品有引起性欲的效果,它仍然具有“纯粹”的社会用途,相反,被放在伟大的作品中并且由伟大的灵魂述说的色情仍然有社会用途。阿里斯托芬(Aristophanes)的喜剧仍然接近于一种激励叛逆和导致生殖的季节性仪式。拉伯雷(Rabelais)像一个巨婴那样丢脸,而这就是文艺复兴。卡图卢斯(Catullus)教导我们的出身名门、冷酷、单纯的年轻人不要胆怯和小气;汤姆·琼斯(Tom Jones)是相似的类型,不过带着英国的感伤气息。如果我们可以相信《一千零一夜》(*Arabian Nights*)和《十日谈》(*Decameron*)的序言,那么,它们都在描写生命面对死亡时所发出的呐喊;在我们的时代,让·惹内(Jean Genet)是少有的优秀作家之一,而他也是色情的和精神变态的,因为他告诉我们,只有如此,他才能感觉自己还存在于我们这个非人的世界中。但是除了这些崇高的用途外,还有一些有名的色情书籍只是为了让人高兴而写的,因为性本身就是一个让人快乐的主题。

文章来源:保罗·古德曼,《乌托邦式的论文和切实可行的建议》(*Utopian Essays and Practical Proposals*),1966年,版权归保罗·古德曼。翻印已获得兰登书屋(Random House)许可。

有一段时间,在这场论争中,反审查制度的那一方占了上风。很少人想为审查政治、宗教或道德观点的制度辩护,并且很难确切地说一本小说、一出戏剧或一部电影何时不再是“政治性的”,而只是一种性与暴力的商业剥削。然而在下面的选文中,我们将碰到一位为审查制度做出严肃的、深刻的辩护的思想家,他像柏拉图一样将政治体的道德健康看作是最高的善。瓦尔特·伯恩斯(Walter Berns)为审查制度辩护的关键是他的煽动性的问题:“如果与人们现在普遍认为的相反,人天生就具有羞耻之心,那该怎么办呢?”换句话说,如果被性和暴力激起是人的本性,并且因被它们激起而在道德上感到羞耻同样是人的本性,那该怎么办?如果社会的首要作用不是去释放我们的自然冲动,而是限制它们,不是让我们失去羞耻之心,而是为了人的美好的目的而强化、引导和利用我们的羞耻之心,那该怎么办呢?在那种情况下,我们将不能为色情书籍辩护,说人人都有阅读色情书籍的“自然”倾向。恰恰相反,那个事实只是让所有人更清楚社会必须帮助我们控制灵魂的丑陋的一面。

在此,我故意将更多的篇幅给予在这场论争中支持审查制度的那一方,因为我怀疑你们都会同情保罗·古德曼。正如约翰·斯图亚特·密尔所指出的,强迫自己面对与自己的观点相冲突的论证会使自己收获很多东西。

色情与民主的对立:以审查制度为例

瓦尔特·伯恩斯

反对审查制度的声音由来已久,大家耳熟能详。几乎任何人都可以毫无费劲地陈述它。人们只需要将德高望重的弥尔顿(Milton)的那本《论出版自由》(*Areopagitica*)的书写成现代散文,使用现代的拼写、标点符号和例子就可以了。这基本上是20世纪的公民自由论者在成功地与审查者抗争时所做的事情。那些拥有主教的出版许可权的蒙昧无知者,弥尔顿的绝不知道"写书之辛劳"的"无法无天的审查官"变成了无知的警察,对《华伦夫人的职业》(*Mrs. Warren's Profession*)感到不快的固执己见的学校董事,拒绝让《红字》(*The Scarlet Letter*)上架的无知的图书管理员,以莫名其妙的法律的名义扣留《尤利西斯》的麻木不仁的海关官员或者把自己能在书店中找到的每一本《永别了,武器》(*A Farewell to Arms*)粘起来的查禁伤风败俗文艺作品的女义警。勤奋博学的弥尔顿曾被要求"在出版时像一个未成年人一样,要监护人和审查者一起在书背上签名,充当他的保证人"而感到备受侮辱。紧随其后受到同样待遇的还有萧伯纳(Shaw)、霍桑(Hawthorne)、乔伊斯、海明威(Hemingway)以及在他们之后的作家。他们都是心胸狭隘、视野狭窄的官员的受害者,这些被指派或主动担当的官员判断其他人应该读什么书,或者至少不应该读什么书。据说真理在与谬误的斗争中占优势,然而在市场的自由竞争中,这变成了"永恒观念"不可避免地取得胜利。凭借那些更新了的古老而又耳熟能详的论证,公民自由论者已经取得了胜利。

他们胜利的部分原因是因为某些反对他们的观念是荒谬的,也因为他们的对手为自己设定的任务有内在的困难。审查者禁止淫秽事物,并且甚至像我们的法律那样,假设淫秽的言论不是受到《宪法第一修正案》保护的那部分言论,但是并不容易制定一条能区分淫秽与非淫秽的法规。以是否出现粗话脏话为法规吗?但是很多文学经典都包含这样的内容。以赤裸裸地描述性行为为法规吗?詹姆斯·乔伊斯提供了这样的东西。文字容易腐蚀那些阅读它们的人吗?但是,谁说有东西在进行腐蚀?或者就此而言,是否有任何东西在进行腐蚀?或者什么叫做腐蚀?指的是诉求"淫欲"的作品或"公然猥亵"的作品?如果那就是淫秽所意指的,那么,我们将会与许多"具有社会重要性"的书,许多"拯救社会价值"的书籍、戏剧或电影失之交臂。大学教授如是说,并且如果他们都不知道社会重要性,那么,谁能知道呢?也许他们成功地说服了最高法院,结果是"反对力量"彻底失败。因此,喜爱萧伯纳、霍桑、乔伊斯、海明威以及其他数量众多难以在此列举的作家的读者应该对大学教授、"勇敢的"出版商、"热衷公益"并且在法庭上无私地为案件辩护的律师致以谢意。出于同样的精神,人们可能说在这个国度里还从没有出现过这样繁荣的艺术景象。

制定一条能区分淫秽与非淫秽的法规已经不容易,而区分淫秽物品与具有真正文学价值的作品就更加困难。事实上不可能做到——我们没能理解这一点据说是造成我们目前的处境的一个条件,如果不是原因的话。我们的法律禁止淫秽以及带有淫秽名称的东西,而我们却不愿意承认伟大的文学和戏剧能够是,并且经常是淫秽的。把这两件事结合起来就可以解释为何我们现在在法律的允许下拥有历史上最下流的戏剧和文学。我们马上解释这个悖论。法律中的一些法规已经使淫秽成为罪行,而且我们的法官假设,如果某件艺术品是真正的艺术品,不是低级下流的垃圾,那么,它不能是淫秽的。因此,伍尔西法官在《尤利西斯》一案中所持的著名观点详细描述了他如何询问两位文学界的朋友,依据法律对淫秽所做的定义(他事先向他们解释了这个定义)那本书是否是淫秽的,以及他们如何赞同他的观点,认为它不是淫书。虽然《尤利西斯》没有像阿里斯托芬的《妇女大会》(*Assembly of Women*)那样公认的艺术杰作淫秽——如果将《妇女大会》中的淫秽的内容删除,那么,它根本不是杰作,甚至一文不值——但是它仍然是淫书。

这个棘手的问题源于《1930 年关税法》(*Tariff Act of1930*)要将国内的所有淫书清除出去这个事实,明智的伍尔西法官并不想这样的事情发生在《尤利西斯》身上。因此他制定一条法规保护它。但是这条法规同样保护了《北回归线》(*The Tropic of Cancer*)一书,因为依据这条法规的必不可免的粗陋归类,后者与《尤利西斯》一样不是淫秽的,尽管在其他方面和美学价值上,作家亨利·米勒(Henry Miller)和作家詹姆斯·乔伊斯是有区别的。最后,因为同样的原因,法律的保护范围也扩及到《休整》(*Trim*)、《男士手册》(*MANual*)以及与 1962 年最高法院审理的一个案件相关的同性恋杂志《希腊公会画报》(*Grecian Guild Pictorial*),然后是《臀山》(*Fanny Hill*)。

这个不幸发生的基础是人们众所周知的自由主义的进步观。良好的国家制度不会试图禁止艺术家和科学家,而是给予他们完全的言论自由和研究自由,从整体而言,这样做是非常有益的。对艺术和科学有益的事情对国家也是有益的:200 年来,人们对这个命题深信不疑。赞成审查制度的前提是否定这个命题,并且必须孤立地审查它的部分。什么东西对艺术家和科学家有益?什么对国家有益?审查制度的提出源于对第二个问题的思考。

赞成审查制度的主张与反对审查制度的主张一样古老,并且与人们今天通常所想的相反,赞成审查制度的主张由支持良好礼仪和民主的智者提出。然而就人们今天所知的而言,审查制度被认为是有害的,或者至少与 20 世纪的开明环境无关。审查制度始于如下前提:法律不能对人们自娱自乐的方式或者别人提供给他们的娱乐类型不闻不问。

我们现在反过来谈谈艺术——文学、电影、戏剧和平面艺术……看看由这些东西获得的快乐,以及快乐所拥有的塑造我们的趣味并且因而改变我们的生活的能力。快乐帮助我们确定我们会成为什么样的人,并且帮助塑造与我们一起生活的人。所以,人们可以正当地提问:人们从履行公民、父亲和丈夫的义务中获得的快乐与观看嘲讽他们的法律、习俗和制度的舞台表演所得到的快乐在政治上是否是同样无益的?被激起的情欲和拉近人与人之间距离的情感,哪个是高贵的,哪个是卑贱的?是否可以依据一种完全脱离了爱并且企图摧毁爱的能力以及建立在爱之上的家庭等机构的色欲来描述男女之间的关系?戏剧家是否使用快乐来让人依恋美的或丑的东西?我们可能不习惯以这样的方式思考这些事情,但是毫不奇怪的是,让我们今日的许多人获得快乐的这么多淫秽物有公然的政治目的。色情照摄影师凭借直觉知道自由主义者所遗忘的东西,即,确实"在文字或图像与人的行为之间存在着因果关系"。至少他们不必依赖行为科学就能发现这个事实。

这种目的有时直接是政治性的,而有时在它将引起政治后果(不管刻意与否)的意义上是政治性的。这后一种目的将使我们变得不知羞耻,它似乎正以惊人的速度获得成功。曾经被限制在私人场景(private scene)中的活动——用词源学的假设来说,淫秽(obscenity)就是隐蔽场景(ob-scene)中的活动——现在被展示在舞台中央,以便我们娱乐和效仿。在某一个地方得体的任何行为在任何其他地方也是得体的。我们推断出,没有任何行为、任何人类的可能性、任何可能的生理组合或结合是可耻的……没有什么可以阻止一条狗在市集上享受性交的快乐,剥夺人们享受相同的快乐都是不自然的,无论是积极的行动者,还是戏院里的窥淫癖者。羞耻本身是不自然的,是假道学发明出来用以阻止肉体快乐的一种习俗。我们必须摆脱"情感上的障碍"。

羞耻的重要性

但是如果与人们现在普遍认同的观念相反,就羞耻心是人类存在的原始特征而言,它是人的天性,那该如何呢?如果就无羞耻心必然是后天习得的而言,它不是天生的,那该如何?如果人们在共同的生活中能够知道和达到的美丽源于人天生是"会脸红的被造物",而且是唯一会脸红的被造物,那该如何呢?

用更明显的政治性方式来说,自我限制和羞耻存在着关联,因而羞耻和自治或民主就有了关联。因此,促进无耻以及最充分的自我表现或放纵是有政治危险的。共同生活需要法规和控制激情,那些没有羞耻心的人将是不守规矩的、难以统治的,他们失去了限制自己以遵守大家共同制定的法规的能力,他们必须受他人统治。对于那些滥用自由而不受任何自然的和传统的限制的无耻之徒和自我放纵者,专制便成了自然的且不可避免的管治模式。

20 世纪之前的政治哲学家的确提出了这样的论证。当时人们普遍认为民主比任何其他管治形式都需要自我限制,要通过道德教育向公众灌输自我限制,通过包括管理公众娱乐方式的法律在内的法规来迫使公民自我限制。这就是暴君通常会让人民自我放纵的原因。我们现在所目睹的各种放纵行为并不会威胁他的统治,因为他的统治并不依靠具有良好品质的公民。暴君可以统治任何人,并且他的统治对象的品质越恶劣,他的统治越安全。这样就有了一个例子,证明这些人中间的艺术是完全自由的,他们的快乐来自于与其劳动和其公民义务毫无关系的活动。

着手以艺术的名义为审查制度辩护的人不得不承认,当他已经完成了那个辩护时,他并没有完全说清楚他的主题。缺失的乃是为淫秽辩护。缺失的乃是为我们的最伟大诗人——阿里斯托芬、乔叟(Chaucer)、莎士比亚和斯威夫特(Swift)——所使用的淫秽辩护,因为不可能也没有理由相信他们所做的是无法辩护的;他们所做的只是写出一大堆淫秽作品。很不幸,需要一种我所缺乏的能力才能充分地说明这件事。

他们主要在喜剧中使用淫秽的东西,但是他们的目的并不是让我们发笑。依据亚里士多德的观点,喜剧使我们嘲笑丑陋中的荒谬,其目的是为了教导我们,正如悲剧通过使我们为高贵的东西的毁灭痛苦而教导我们一样。悲剧模仿崇高的东西,而喜剧模仿低级的东西,但是二者是同样严肃的:亚里士多德讨论了二者,以莎士比亚为例,他既是喜剧家,又是悲剧家。

那些使人之为人、使人与所有其他存在者——自然秩序中的高级事物和低级事物——区分开来的灵魂层面需要政治生活。没有任何一位伟大的诗人否认这一点。人的真正美德与作为其对应者的恶行要求人被管制和管制别人;美德引发了只能在政治生活中实现的要求——但是诗人和卢梭一样知道在政治生活中不能完全满足人的德性的要求,因为这些要求超越了政治生活。诗人知道超越政治的那种秩序之美;他提醒我们,习俗秩序之外还有另一种秩序——自然秩序,并且我们同时是这两个秩序的部分。莎士比亚和卢梭一样知道这种自然秩序和习俗秩序或法律秩序之间存在着紧张关系,他的目的就是至少为某些人在最高的层次上解决这对紧张关系。必须首先向这些人展示,这个习俗世界不是唯一的世界,在这里,淫秽可能发挥作用——在威尼斯之外还有波西亚的贝尔蒙特(Portia's Belmont),在这个乌托邦里并不存在困扰威尼斯的问题。淫秽可以被用来嘲笑习俗。但是它借着在习俗秩序之外的那种自然秩序的名义而被使用,依据那种自然秩序,习俗秩序可能会被批判,并且可能只在某种程度上被改革。在这样的诗人手中的淫秽能够鼓舞人们,使他们或他们中的少数人超越了我们所有人都不得不在其中过世俗生活的习俗秩序。淫秽的目的就是教授什么是真正的美——不是习俗所认为的美——并且通过快乐来教导,因为淫秽可以让人快乐。

要在一条法规中表述合理的使用淫秽与不合理的使用淫秽的区别不是一个简单的任务。我已经承认那一点并且愿意让步,但是我也坚决主张,依据现有法律的前提根本不能完成那个任务。最后,我试图指出不能在法律中维持那个区别的后果:我们将不仅不再能向人们传授适宜与不适宜的区别,而且我们也不再能向人们传授——我们并且因此开始遗忘——艺术与垃圾之间的区别。换言之,因为审查制度禁止自我放纵,并且支持适宜与不适宜的理想,所以,它保护了政治民主;悖论性的是,当审查制度面对淫秽的合理使用和不合理使用的问题时,它也有助于维持艺术与垃圾之间的区别,并因而保护了艺术,也因此增强了这种民主的品质。在过去,我们忘了这一点。我们一开始就非常不相信法官和陪审员有能力在其专业领域之外做出可靠的判断;但是由于最高法院的引导,我们接着得出不恰当的结论:因为不能判断它们,所以不应该做出判断,并且没有任何东西可以判断。毫无疑问,法律过去偶尔犯错;但是没有《华伦夫人的职业》,民主可以存在,如果需要,没有《臀山》照样可以——或者更准确地说,民主可以忍受将《华伦夫人的职业》以及《臀山》一起交给台下交易习俗的错误。真正的民主之友是否想要生活在一个没有台下交易习俗的世界、一个不知道《华伦夫人的职业》和《臀山》之间的区别的世界中,我们拭目以待。

文章来源:瓦尔特·伯恩斯:《色情与民主的对立:以审查制度为例》(*Pornography vs. Democracy: the case for censorship*),载《公共兴趣》(*The Public Interest*),1971 年冬季刊。翻印已获得作者以及凯尼恩学院公共事务会议中心(Public Affairs Conference Center, Kenyon College)许可。

最后,下面是两篇有关梅波索普的论争的短评:一篇是由站在《新闻周刊》(*Newsweek*)"自由派"这一边的梅格·格林菲尔德(Meg Greenfield)所写,另一篇是威廉·F. 巴克利(William F. Buckley)为其创立的杂志《国家评论》(*The National Review*)的"保守派"立场而写。你们可能有兴趣知道,举办了那场有争议的展出的辛辛那提艺术画廊主任在这两篇评论发表之后举行的审判上被判无罪。

夏日风暴

梅格·格林菲尔德

今年夏天备受争议的罗伯特·梅波索普摄影展——有些作品很美,有些则令人作呕——虽然之前被高贵的科克伦画廊(Corcoran Gallery)驱赶出去,但现在却为华盛顿的一所私人画廊引来了大量观众。这股预料之中的兴趣和流行风潮显示出古典戏剧中的所有部分,即艺术家、赞助者和大众正处于良好的运作秩序中。正如传统所要求的,艺术家因为压制而大发牢骚,赞助者——在此指政府——则破口大骂艺术家,而前所未有的众多观众则利用艺术作品被抨击的机会看好戏。

或许我们这个时代和文化的特有现象就是诚恳认真地论争梅波索普摄影作品以及其他目前令人不快的作品是否真的是艺术品。有时,在我们这个科学主义猖獗的时代,人们似乎相信专家委员会——譬如能决定政府补助送给哪些画家的专家委员会——已经有一些纯粹科学的方法来确定摆在他们面前的对象是否称得上是艺术品。这些委员会所做出的慎重考虑听起来像是很快将要发表在《新英格兰医学杂志》(*New England Journal of Medicine*)上的实验发现。在这一点上,他们很接近我们所说的那些欧洲“学院派”,这些人曾在裁决何为恰当的艺术表现时以冷酷无情著称。

在我们的时代,或许因为我们的全部艺术创作处于无政府状态,以及因此而导致那些有社会抱负的收藏家不知道他们是否应该收购面前的那团模糊的东西,并且同样重要的是,为了未来扣抵税款,他们也有必要知道这件作品是否是真实的艺术品,所以,社会迫切要求这类资格认证。但是我感兴趣的不是我们时代的独特特征,而是那些由来已久、广为人知和常见的紧张关系的本质,人们现在热烈讨论这些紧张关系,好像它们以前并没有存在过似地。这场论争的核心是艺术家与赞助人——特别是当赞助人是政府时——的关系。

我们对国家干涉艺术家选择主题、风格和主题思想所导致的危险异常敏感。并且我们也非常怀疑艺术家公然参与歌颂国家或宣扬国家的政治利益。我们这样做也是有很好的理由的。在艺术还没有普遍与公共资助、公共目的分离之前的那些时代,国家更可能鼓励超凡卓绝的作品——我这里要举的例子是《埃涅阿斯纪》(*Aeneid*,又译作《伊尼德》),该诗是一首献给皇帝奥古斯都(Emperor Augustus)的颂歌,也是虚构罗马历史的宣传形式的最高典范。但是在我们的时代并不寻常的是,当艺术长久以来已经走向了私人化的道路时,国家干预的结果就是非常愚蠢、可憎或压抑的——或者,在很稀罕的场合,这三种结果同时出现,例如意大利法西斯主义者的臭名昭著的建筑以及苏联的“社会主义现实主义”。

奇怪的事实是,尽管美国政府最终更多的通过教育、税收与建设政策(construction polity),而不是通过直接基金补助计划来对这个国家的艺术施加影响,但正是后面的计划挑起了战火。这是当然的,因为艺术家与政府官员之间的这些交易在此被更清晰地规定。并且尽管这些交易绝大部分都平顺地进行,但是正如我们今年夏天所看到的,双方的平静都是相当表面的——只不过——掩盖了一种潜在的、蓄势待发的歇斯底里的情绪。

因此,艺术世界中的一些人似乎恣意要求特许他们用纳税人的资助为所欲为,将所有拒绝这种要求的做法都描绘成警察-国家的野蛮行为。国会中的一些人,特别是参议员杰西·海尔姆斯,正在提出一个真正荒谬并且具有压制性的否决案,阻止将联邦艺术计划中的基金给予比《小波波》(*Little Bo-peep*)更具争议性的任何作品。对我而言似乎很明显的是,海尔姆斯的努力注定会失败。我的猜测是,如果这是对的,那么,每个人都应该会自我约束一些,并且停止特意挑战另一方的做法。但是我们当代艺术挑战社会的本质将不会改变,而大部分进入政府部门工作的人的保守的社会性格也不会改变,并且,最重要的是,艺术家和赞助者之间固有的不愉快关系也不会发生改变。

赞助者与天才

萨缪尔·约翰逊(Samuel Johnson)在其1775年出版的《英语大词典》(*Dictionary of the English Language*)的著名序言中责备他的吝啬的赞助人切斯特菲尔德(Chesterfield)伯爵:“主啊!从我在您房外的会客厅等待,或是在您门前被拒绝,到现在已经有7年了;在这段时间里,我克服困难推进我的工作……最终使它将要付梓,我没有获得过一份帮助、一句鼓励性的话或一个好意的微笑。”一切都在那里:一个艺术家的怨恨、鄙视和羞辱,他知道自己在智慧上高于他的赞助者,然而他不得不乞求比他拥有更高的社会地位的赞助者的帮助。

有时还有一种卑躬屈膝的病态交易——赞助者恭维一位他并不理解其作品的天才,而这个天才也奉承他所鄙视的这位赞助者。浪漫主义画家和诗人威廉·布莱克(William Blake)几年时间都依靠一位名叫威廉·哈利(William Hayley)的业余爱好者的赞助而生活,而哈利本人只会写一些叫做“感激的蛇”之类的令人恐惧的诗歌,当他不奉承布莱克时,他试图劝说布莱克改变他那丰富的、不守传统的天分。布莱克写信给他的朋友:“我决定不再忍受他的上流社会的无知与文雅的非难的烦扰。”但是我们很快发现布莱克对他讨厌的哈利这样说:“亲爱的先生,您是我特别感激的人,因为您引导我度过了只有死人才会遭受的最黑暗的三年时间……”

在这些情境中,谁会是幸福的,甚或理性的?如果你是艺术家,那么,你就会陷入困境,不得不依赖你认为是笨蛋的赞助者;而如果你是赞助者,那么,当你将礼物给予艺术家时,他们只会虚情假意地感谢你,屈尊俯就你,然而却鄙视你,并且无礼地要求你不要插嘴。为什么这样的不真实的爱的历程还要继续顺利进行下去呢?我认为我们应该一起努力,挫败参议员海尔姆斯的这项可怕的立法企图——然后不管闲事,放心休息,直到这种情形再次发生,它肯定会发生的。

文章来源:梅格·格林菲尔德,《夏日风暴》(*Summer Storm*),载《新闻周刊》,1989年9月4日。

快门鸡奸

威廉·巴克利

虽然这个因为收录了许多明显带有颠覆性题材的摄影作品而具有争议性的摄影展已经从原定的展出场地转到了一个完全由私人赞助的小画廊里,但是梅波索普所引起的骚乱仍然在继续咆哮。对于审查制度预料之中的呼吁撼动了国会大厦,从乔治·威尔(George Will)到《乡村之音》(*The Village Voice*),人人都在嘲弄杰西·海尔姆斯的迂腐,他居然要引入一项措施阻止联邦政府资助污秽艺术。

好笑的事情是,海尔姆斯是对的。来自北卡罗来纳州(North Carolina)的怪物似乎是唯一真正欣赏罗伯特·梅波索普的艺术的公众人物。轮到他指出皇帝不仅没有穿衣服,而且还表演不雅的动作。说这样的话不是要贬低梅波索普的艺术,而是要详细说明它。

无可否认,梅波索普(他3月份死于艾滋病)具有令人惊叹的天分。他的醒目的着装人物画及其隐约华丽的静物画即使不像许多头条新闻那样惹人注意,但也足以使他不需要那些鸡奸照片就可以获得名声。

但是梅波索普的艺术的本质就是试图美化淫秽。他有意选择那些震撼正常的礼仪感的主题,并且以其抽象的形式展现它们。他依靠且利用一种双重反应来使观看者产生张力感:那些不合礼仪、不道德的东西变成了令人晕眩的美丽。因此特别令人困惑。

但是要假装淫秽的东西不在那里——而只存在于杰西·海尔姆斯污秽的心中——是与否定这些照片的美一样都是错的。梅波索普艺术中的一些行为引起了美容师大会的评论。这只是在说,当有人试图震撼我们时,我们有权被震撼。

但这是艺术吗?是的,是的,它是艺术,可能还是伟大的艺术——但是这又如何呢?伟大的艺术技巧可能被不道德地使用,正如一位圣洁的艺术家可能会创作平庸之作一样。道德感和美感并没有严格意义上的关联,道德并不需要屈服于艺术的要求。任何想要资助梅波索普的摄影作品的人都有那样做的自由。但是公众也应该有不那样做的自由。

文章来源:《国家评论》编辑所写的《快门鸡奸》(*Shutterbuggery*),载《国家评论》,1989年9月1日。

索伦·克尔凯郭尔

索伦·克尔凯郭尔(Søren Kierkegaard,1813—1855)是著名的"存在主义"哲学思想风格的创始人和最出色的代言人。他一生致力于对人的存在以及每个人在面对他或她自己的死亡时所体验到的恐惧和不确定性做永无休止的内在反思。尽管克尔凯郭尔拒斥其祖国丹麦的肤浅的、自满的路德宗,但他仍有深邃的宗教情怀。在他的一系列著作中,有些与哲学话题有关,而其他的则直接关注宗教话题。他重新界定了信仰的本质,使它彻底主体化,与一般的系统推理过程格格不入。

克尔凯郭尔是一位机智、出色、极具煽动性的作家。他的著作充满了挑战读者的复杂的反讽。他似乎总是寻求扰乱他的读者,使我们失去平衡,从而迫使我们像他审视他自己的生命那样去审视我们自己的生活。他有诸多文学手段来达到此效果,其中一个手段就是用假名字发表他的著作。譬如,他发表的《哲学片段》(*Philosophical Fragments*)的作者署名是约翰尼斯·克利马克斯(Johannes Climacus)。而在书角下则出现了一行字:"出版责任人:索伦·克尔凯郭尔。"通过这样的和那样的手段,克尔凯郭尔希望阻止读者将其观点分类并将其束之高阁的任何尝试,因为他确信,系统化的专业哲学的这种技巧只是一种减少著作的危险并使其安全的方式。

正如克尔凯郭尔自己悲观地预见的那样,他已经落入教授和体系建构者的手中,甚至他对既有哲学的挑战本身已经只是被视作另一种哲学,即存在主义。当克尔凯郭尔看到他与死亡和永恒的斗争被还原为一种"主义"时,他可能会发笑,或者,可能流泪。

第八章 宗教哲学

一位上了年纪的女基督徒每天早晨迈出前廊，大声喊道："颂扬上主！"

每天早晨，隔壁的无神论者回喊道："上帝不存在！"

就这样持续了数周。"颂扬上主！"妇人大声喊道。"上帝不存在。"邻居回应说。

随着时间的流逝，妇人陷入了经济困难，购买食物都有困难。她迈出前廊，请求上帝用食物帮助她，接着说："颂扬上主！"

第二天当她迈出门廊时，发现那里放着她祈求的食物。当然，她大声喊道："颂扬上主！"

那个无神论者从后面的灌木丛中跳出来并且说，"哈哈！我买了那些食物。上帝并不存在！"

那个妇人看着他，笑了。她大声喊道："颂扬上主！上帝啊，你不仅为我提供这些食物，而且还使撒旦购买了它们！"

第一节　克尔凯郭尔遭遇宗教

索伦·克尔凯郭尔生于1813年,其时,他父亲56岁,母亲44岁。他幼年的生活和教育受到了其父的严密督导。父亲要求年轻的儿子既像学者一样精通古典语言,又能欣赏他所读的富于幻想的文学作品。年轻的索伦已经承受了新教的极端虔敬派通常施加给其信徒的罪恶的重负。尽管康德和克尔凯郭尔几乎拥有相同的宗教教育,然而克尔凯郭尔完全缺乏康德的沉着的内在信心和平和。他对宗教训练的折磨的最初反抗就是让自己沉溺于身体的自我放纵,过吃喝玩乐、花天酒地的生活。但是这样的放纵并不能将他从笼罩阴霾的心灵的沮丧中拯救出来,他最终决定重拾学业,成为一名牧师。

克尔凯郭尔私生活的一个戏剧性的转折点是他与年方17岁的雷姬娜·奥森(Regine Olson)订婚而后又解除婚约。克尔凯郭尔无休止地描写他对雷姬娜的感情以及婚姻、爱情和这样的生命承诺问题的哲学意义,但是人们不禁认为,对于克尔凯郭尔而言,雷姬娜的重要性更多地是一个沉思的主题,而不是一个真实的、活生生的女人。在创作了一系列论述美学、道德和宗教主题的论文和著作后,克尔凯郭尔英年早逝,年仅42岁。

克尔凯郭尔的内在情感生活,他终生与宗教信仰做斗争,以及他对在其时代占据主导地位的黑格尔哲学的回应都如此紧密地交织在一起,以至于不直接引入这三点而谈论其中的任何一点都是很困难的。在这样一类导论性教科书中几乎没有篇幅全面考察这一主题,但是一些系统的评论可能会对你们有所帮助。我特别希望你们发展对克尔凯郭尔的兴趣,因为在我看来,在我们西方传统的所有重要哲学家中,他是继不朽的柏拉图之后的最有艺术天分的哲学家。他的许多书都有普及本,很容易获取,只要你们拿起其中的一本,就会发现他是深刻的、忧心的、机敏的、动人的,以及最后,是很值得一读的。

克尔凯郭尔思想和生命激情的核心是面对存在忧惧一直在场的恐惧——我自身日益逼近死亡是挥之不去、不可避免的事实,宇宙是无限的,而与此相对,我自己的短暂人生是无意义的。所有人,无论男女老少都要面对人的这些可怕的、基本的真实境况。我们可能否认它们,逃离它们,压制它们,转移注意力以便逃避它们,但是它们总是在那儿,在意识的边缘,等待在黑暗的夜色中再度袭来。克尔凯郭尔的著作和生命教导我们的第一课就是我们必须面对和遭遇这样的死亡忧惧和无意义,而不是一再逃避。如果我可以从我个人的角度说——我们对克尔凯郭尔致以的最大敬意就是我们每个人真诚地面临死亡的恐惧——那么,我在少年时首次面对这样的忧惧。我被死亡的恐惧左右,我越想将它们驱离我的脑海,它们越强烈地返回来。就我的情况而言,这样的恐惧并不是因为痛苦,或者生老病死,而只是因为虚无。我的思绪越转向它,我自己的大限似乎越近,除非我最后抓住转移注意力的任何机会,不再关注过去不可避免并且现在仍然不可避免的命运。

对克尔凯郭尔而言,父亲的宗教传递给他的永生的希望使他对死亡的忧惧加剧和复杂化。你们所有人都听过这个表达:“信靠上帝。”但是你们有多少人真的扪心自问过“信靠上帝”是什么意思?“信奉”上帝、信仰(Faith)[①]他又是什么意思?

当然,它并不意指相信上帝存在。在我们的越来越不相信宗教的社会中,当一个人说他“信奉上帝”时,我们会自然假设他的意思是他相信存在着一个上帝。但是在犹太-基督宗教传统中,特别是在克尔凯郭尔所继承的极端个人主义的基督新教中,“信奉上帝”这一词组却有完全不同的意义。信奉上帝、信靠他、信仰他意味着相信他将会遵守他对人类的许诺;信任他将会遵守他与其创造的人类所订立的协议或盟约。那个盟约首先在我们所说的《旧约》(*Old Testament*)中得到证实,接着又在《新约》(*New Testament*)中以新形式再度得到证实。

当然,那个许诺是关于救赎、死后的生命、真正的幸福、富足以及灵魂与上帝统一的许诺。(不用说,可以写出很多鸿篇巨制的著作来论述犹太教徒、基督徒以及穆斯林对与上帝结盟的观念所做的不同解释。我在这里总结的观点与克尔凯郭尔本人可能学到和想到的一致)依据《旧约》,上帝向诺亚许诺,并且向亚伯拉罕再次许诺。虽然希伯来人没能恪守他的律法和遵循他的诫命,但是上帝仍然与人类一再续订新盟约。最后,上帝让律法(或神言或逻各斯)在耶稣基督身上具体化,这样他再次提供了救赎。随着耶稣的诞生、受难与死亡,上帝许下永生的无偿恩赐。作为那种恩典的代价,他要求我们的只是信仰,毫不吝惜的、无条件的、无限制的信仰,如此他就会信守许诺,将他的无偿恩赐给予我们。

基督教的其他教派强调正确的行为或者“善工”的作用,它们或者作为救赎的代价的一部分,或者作为一个人在尘世真正信仰的证据。但是新教的虔敬派非常强调纯粹拥有对上帝的无条件的信仰。对克尔凯郭尔而言亦是如此,宗教的核心问题很自然地成了信仰的问题。

初步反思一下,你们会认为,基督教的消息的确很受欢迎。毕竟人生短暂,受尽各种苦难,最终以不可逃避的死亡终结。《旧约》传递了非常好的消息:上帝将永生赐予那些遵守他的诫命的人。但是我们是脆弱的、不完善的被造物,很快就会清楚,遵守上帝的诫命对我们而言是一项非常艰难的任务,哪怕救赎的许诺引导我们。上帝毅然舍弃了他的独子,赦免了我们的罪,并提供给我们只要寻求就能获得的无价

① 信仰是指基督教相信上帝将会遵守他在《旧约》中向以色列人所作的许诺以及在《新约》中向全体人类重新做的许诺(因此,“信靠上帝”)。最初,许诺是让以色列人人丁兴旺、人口稠密。在《新约》中,许诺是在天堂中永生。依据一些基督徒的观点,没有上帝的神奇的帮助,男人和女人都不能拥有和维持这样的信靠。

的、珍贵的救赎。我们所需要做的只是去相信我们会接受它。还能有比那更好的消息吗？有点令人惊奇的是，这个消息被叫做福音（Gospel），它意指“好消息”。也有点令人惊奇的是，那些传递这些消息的人被叫做福音传道者（evangelists），它意指“带来好消息的人”。

亚伯拉罕、以撒以及天使

17世纪荷兰伟大艺术家伦勃朗（Rembrandt）所画，描绘亚伯拉罕听从上帝的命令，准备牺牲自己的独子以撒。在克尔凯郭尔的众多感人的著作中，《恐惧与战栗》（*Fear and Trembling*）一书将亚伯拉罕和以撒的故事解释成一个证明亚伯拉罕完全信仰上主的证据。（未标明日期的版画）

图片来源：柯比斯/贝特曼

但是说上帝的无偿恩赐这样的佳音给包括克尔凯郭尔在内的无数听者带来恐惧、忧惧、怀疑、折磨和痛苦的自省是令人奇怪的。这份恩赐如此之大，代价却又如此之小——付出信仰的代价必须是自愿的、毫不犹豫的、丝毫不怀疑和多虑的。然而那里藏着恐惧的种子。我真的相信吗？我的信仰是纯粹的吗？我能信靠上主吗？或者我的内心是否存在着一丝怀疑：像我这样的被造者配受如此大的恩赐吗？由于这样苦难的心路经历，克尔凯郭尔写出了那些令我们记起他的著作。他的怀疑和恐惧与他的本真存在是一个个体的、会死的受造物有关，这样的存在者渴望相信上帝的许诺，而不是空洞的形式或“本质”之间的抽象的、非人格的逻辑关系。因此，克尔凯郭尔的思考方式被称作“存在主义”(existentialism)①。的确,克尔凯郭尔被公认为第一位真正的存在主义哲学家。当然并不清楚他是否欣赏对他内心的折磨进行这样的分类和简化。

在与信仰问题终身斗争的过程中,克尔凯郭尔有三个敌人,他不仅运用他的非凡的哲学和神学天分,而且也运用他的才华横溢的、深邃的、反讽式的机智来对付它们。他的头号敌人是他那个时代已经确立的基督教,即19世纪丹麦稳固的、安逸的、主日讲道的路德宗。像他之前的许多激情洋溢的先知一样,克尔凯郭尔指责当时的教会所宣讲的只是空洞的套话,既不能被实践,也不能被理解。罪、赎罪、诅咒、救赎——这一切都是优雅的讲道和虔敬的态度的话题,根本不在任何时刻干预这个世界上的世俗的、日常的生活。克尔凯郭尔曾说,正如人跳到空中之后很难准确地落到当初的地方一样,一个人一旦生下来就是基督徒,那么就很难成为真正的基督徒。他的意思是那些出生在基督教家庭中、受洗、受坚信礼,并在基督教的空洞的教义和礼仪中成长的人事实上发现比异教徒更难严肃地对待基督教的信息,异教徒反而将神圣的许诺看作是神奇的、可怕的、令人震惊的消息。克尔凯郭尔在他的诸多著作中都不懈地将新的存在意义注入到人们所熟知的基督教神学用语和概念中。

他的第二个敌人是他那个社会的自满的中产阶级文化,富庶的商人和律师——他们是健全的、自信的人,非常蔑视任何像克尔凯郭尔那样古怪、激情洋溢、引起混乱的人——的“资产阶级”(bourgeois)文化。“资产阶级”一词沿用到今天已经是一个泛指我们美国人所说的“中产阶级”生活的词汇,但是在19世纪的欧洲,该词的含义更丰富,能让人联想起更多的词。从历史的角度看,“资产阶级”或“市民”(burgher)只是指中世纪晚期被围墙包围着的“城”(bourg)或“堡”(burg)中的居民。从外延上看,该词意指城市商人阶级中的一份子以及由国王而不是封建贵族规定其宪章的城市的“自由人”或市民。欧洲城市的市民是非常有财力和实力的人,他们在商业活动上一诺千金,在家庭关系上极端保守,嫉妒他们的城市的领导人的权力,寻求商机,并且通常总是拥护强大的君主政体,反对当地旧贵族的残存势力。对哥本哈根的市民而言,宗教首先是一件体面和受人尊敬的事情,然后才是良心或救赎的事情。在礼拜天,每个人都穿上自己最好的衣服,与家人一起去教堂;有人坐在花大价钱才获得的前排座位上,这样他的邻居就可以看见他。有人虔诚地听着讲道,尽管有关诅咒的讲道令人心情沉重,然而讲道也提到了社会责任,这样听众就如释重负,接着回到自己舒适的别墅中享受一顿丰盛的周日大餐。

正如你们能想到的那样,丹麦富裕市民的未经考虑的虚伪信仰以及自我满足的

---

① 存在主义是最初与索伦·克尔凯郭尔联系在一起的哲学理论,依据该理论,我们的存在作为主体性的个体(我们的实存)要比我们与所有其他人客观上共同拥有的东西(我们的本质)更重要。克尔凯郭尔主要关注的是他与上帝的关系。后来的存在主义者强调个体通过个体的自由选择而创造他或她自身。

骄傲令克尔凯郭尔愤怒。他的许多最精彩的文学手法和策略,特别是他的极端严厉的反讽都旨在削弱那样的自满,接近掩藏在那些面具之后的真实的人类。

最后一个敌人是克尔凯郭尔那个时代的官方哲学,由伟大的德国哲学家格奥尔格·黑格尔(Georg Hegel)的信徒和追随者构造的庞大的、华而不实的、精心制作的哲学体系。正如欧洲的教授所阐释的那样,黑格尔派的哲学将自身作为关于一切东西的客观的、非私人的、纯理性的、完全体系化的、绝对的终极真理。这种哲学很夸张,充满了佶屈聱牙的专业术语,极其自大。它宣称将空间、时间、永恒、存在、历史、人、国家和历史都囊括在一个庞大的形而上学体系中,这个体系能回答我们关于宇宙的所有问题并且同时也——相当方便地——证明主宰欧洲社会的社会制度和宗教制度的优越性。

总之,克尔凯郭尔的三个敌人实际上是同一个敌人,使用了不同的伪装而已。他那个时代的基督教是资产阶级的基督教,而官方的哲学体系支持它并使其合理化。虽然那些信仰国家基督教的市民对哲学知之甚少,但正是那个哲学使他们的信仰合理化和理性化。尽管哲学宣称是理性的最纯粹的产物,但是它为市民的统治地位及其宗教的优越性辩护。

同样面对这个宗教、哲学以及占据优势的资产阶级的结合体,卡尔·马克思将攻击转向社会和经济后果。因为马克思是世俗之人,所以他关注尘世的正义、贫穷和工作问题。而对克尔凯郭尔而言,他首先是上帝的子民,他也从宗教的角度出发攻击这些力量的结合体。但是他根本不关心尘世的幸福或痛苦。相反,他漠视所有世俗的顾虑,并且要求丹麦的所有基督徒好像他们平常关注自己的日常利益那样开始关注永生。

克尔凯郭尔的猛烈攻击是复杂的、微妙的,因而寥寥几段不可能概括。然而他的宗教哲学有两大核心观念,我们至少可以先理解它们。这些观念是真理的内在性或主体性以及非理性的、不可争辩的"信仰的跳跃"(leap of faith)。现在那听起来像是出自黑格尔之口,没有一点嘲讽的机智。还是让我们分别考察这两大观念吧!

黑格尔派的哲学家将他们的理论作为理性的、客观的东西提出来。他们在某种方式上像今天的科学家。我想,你们所有人都已经注意到了科学教授与文学教授或哲学教授在教学风格和方法上的巨大差异。在文学课堂上,教授鼓励你们表达自己对狄更斯(Dickens)、梅勒(Mailer)或者莎士比亚的"解释"。在哲学课上——我希望——教授激励你们想出自己的立场,发展自己的观点,为你们认为最接近真理的观点辩护。但是没有人用那样的方式教授微积分或物理。你能想象物理测试会提出这样的问题:"用十分钟写一篇短文论述你对波义耳定律的看法"或"对相对论采取赞成或反对的立场,并做出辩护——在作答时,请引用参考文献。"不可能!科学家非常自信地认为他们的知识是客观的,他们教导的既不是"意见",也不是个人的好恶。同样,黑格尔派的哲学家自我标榜为真理的客观的、理性的发现者。他们认为他们私人的害怕、希望、恐惧和快乐并不是他们的哲学的一部分,正如现代生化学家的精神官能症并非他的 DNA 理论中的一部分一样。当然,在闲聊时,读者可能对伟大哲学家的私生活好奇,正如我们今天喜欢读阿尔伯特·爱因斯坦(Albert Einstein)的故事一样。但是没有人会立刻认为,科学家私生活中的那些欢乐或沮丧与其理论的科学真理之间有任何重要的科学关联。

画家图卢兹-洛特雷克眼中的19世纪的资产阶级绅士淑女。

作品来源:法国亨利·雷蒙德·德·图卢兹-洛特雷克(Henri Raymond de Toulouse-Lautrec,1864—1901)。《红磨坊的英国人(威廉·汤姆·沃伦,1861—1934)》[*The Englishmen*(*William Tom Warrener*, 1861—1934)*at the Moulin Rouge*],纸板油画,长 33.75 英寸,宽 26 英寸(85.7×66 厘米)。左下方签名:T-Lautrec。现藏于美国纽约大都市艺术博物馆(The Metropolitan Museum of Art),1967 年由阿德莱德·弥尔顿·德·格罗特小姐(Adelaide Milton de Groot,1876—1967)捐赠(编号:67.187.108)。拍照:马尔科姆·瓦伦(Malcolm Varon)。图像版权归美国纽约大都市艺术博物馆。

克尔凯郭尔完全颠倒了他那个时代所接受的哲学—科学观,他坚决主张真理就是主体性。换句话说,他否定真理的客观的非私人性,相反坚持所有真理是内在的、依赖于主体的,是特殊的而不是普遍的,是私人的而不是人与人之间的或非私人性的。

当克尔凯郭尔说真理是主体性时,他是在否认古代哲学的理论,即一个观念或陈述的真理性在于它与一个独立的对象相符。当我说“吉姆的那张照片非常好”,我的意思是照片像他,惟妙惟肖地再现了吉姆身体的客观属性,或者复制它,或与之相符。当我说“萨克拉曼多(Sacramento)是加利福尼亚州的首府”,我的意思是真实的世界——在这个例子中指加利福尼亚州——确实具有我的论述对于它所说的那个特征。换句话说,真理就是与世界上的事物的客观状态相符。或者,真理是客观性。如果这种耳熟能详的真理观是正确的,那么,一个陈述或信念的真理性只依赖于陈述或信念与世界的关系,而不是陈述或信念与陈述者或相信者的关系。如果真理是客观性,那么,就真理而言,我是热烈地,还是冷静地,是暂时地,还是全身心地相信萨克拉曼多是加利福尼亚州的首府,或者只是因为一个朋友这样对我说我才相信萨克拉曼多是加利福尼亚州的首府,这些都无关紧要。

“蒂莫西(Timothy)修士,你似乎很忧虑。有什么事令你烦恼呢?我是说,除了世间的罪、人的虚荣之类的事情之外的事。”

图片来源:版权归纽约收藏馆(the New York Collection,1960,James Stevenson from cartoonbank. com.)版权所有,不得翻印。

当然,克尔凯郭尔并不关心州府或首都。他关注救赎、基督教的信息。在他看来,当涉及到救赎问题时,信仰的方式与信仰的内容同等重要。黑格尔体系的构造者把基督教的信息处理得好像它只是他们的客观知识的庞大结构的一个子部分一样。因此,他们一视同仁地对待“耶稣为我的罪而死”和“空间是三维的和同质的”。如果每个陈述正确地与事物的客观状态相符,那么,它就是真的;否则,就是假的。但是克尔凯郭尔坚持认为把救赎当作“客观的”来处理肯定是错的。真理并不取决于信念与对象之间的适当关系,相反,它取决于信念与坚持那个信念的个体主体之间的适当关系。他或她如何坚持那个信念才是那个信念的真理性的标准。为了使那种信念为真,相信它的人内心必须毫无保留或怀疑,绝对地、无条件地、热情地坚持它。

但是——在这里,我们开始进入到克尔凯郭尔的第二个伟大观念:“信仰的跳跃”——相信上帝许诺永生是没有合理的理由、证据和证明的。自亚里士多德的时代以来,神学家都企图证明上帝存在,证明这个或那个宗教教义的真理性。有时他们使用了他们感官的证据——他们看得到、听得见和摸得着的东西。而在其他时候,他们利用纯逻辑的抽象论证推出基督教(或伊斯兰教或犹太教)的绝对的、客观的真理。但是克尔凯郭尔相信这些寻求理性证明的尝试都注定彻底失败。有限的人与无限的上帝之间的鸿沟使得人试图在二者之间架起任何理性的桥梁的努力都徒劳无用。上帝可以降临到人间,然而他如何能够做到却超出了我们的理解能力。人不能凭借理性推算出上帝的在场,就像数学家不能固执地凭借理性用一加一的方式推算出无限一样。

克尔凯郭尔说,因为理性不足以支持我们对上帝的许诺的信念,我们唯一的希望是绝对的、无条件的信仰的跳跃。我必须冒险尝试,发自肺腑地说:Credo(我信仰)!

难道我们不会从理性那里寻找到一丁点支持?难道理性根本不会展示上帝的许诺是可能的?证据的力量是否会使我们相信上帝的许诺?理性的人会不会倾向于相信上帝的许诺?

肯定会!那正是自满的商人和妄自尊大的教授的回答。你可以想象在账房里忙活了一天的市民和做了一天严肃的、重要的讲座的教授这两个人坐在火炉前面。商人靠在舒适的椅子上,抽着烟斗(谈论这类事情不能太快——要不然可能显示不够严肃),然后问:“你的观点是,如果客观公正地思考,证据的力量使我们认为上帝已经向我们许诺了永生,而不是永恒的死亡?”哲学教授喝了一口啤酒,若有所思地捻了捻胡须,回答说:“好的,一方面,黑格尔在《精神现象学》中似乎认为上帝确实做了这样的许诺;但是另一方面,康德在《纯粹理性批判》中坚持主张我们不能确切地知道上帝已经做过这样的许诺。依据我对柏林最近出版的一期《形而上学杂志》(*Journal of Metaphysics*)上报道的最新研究的理解,我从专业的角度断定,回答是有所保留的肯定。”

真理的主体性和信仰的跳跃是克尔凯郭尔著作的两大核心。《〈哲学片段〉的非科学的总结性后记》(*Concluding Unscientific Postscript to the Philosophical Fragments*)是克尔凯郭尔系统陈述其哲学神学的主要著作。这个标题典型地体现了克尔凯郭尔的风格,是一个精致的笑话。《哲学片段》很短,不到100页,然而《〈哲学片段〉的非科学的总结性后记》却超过了500页。克尔凯郭尔说他的最重要的著作只是《哲学片段》的“后记”、一封简短书信的冗长的附记,他这样说是在嘲笑他那个时代的妄自尊大的哲学家。“非科学”一词当然是讥讽黑格尔派的体系构建者,他们总是标榜他们所做的一切都是“科学的”。

《哲学片段》处理了世俗真理与宗教真理、客观性与主体性、理性与信仰、智慧和救赎之间的对立。克尔凯郭尔认为这些对立集中在苏格拉底和耶稣这两个人身上。前者是所有老师中最伟大的,而后者并非理性意义上的老师,而是救世主。克尔凯郭尔的论证如下(是的,克尔凯郭尔的确用论证向我们证明宗教问题不能使用论证):世俗的道德知识可以通过理性的自我反思获得。像苏格拉底那样的老师通过提出问题迫使我们证实我们的信念的合理性来帮助我们意识到道德知识。但是因为这样的道德知识在某种意义上已经存在于我们每个人之中,所以,老师——即使像苏格拉底那样伟大的老师——只是提供帮助;如果我们必须获得知识,那么,即使没有老师,我们自己也行。正如哲学家所说的,老师是“无关紧要的”,并不是“非要不可”。但是救赎是关乎灵魂的命运的事情。它是关乎我的存在的事情,并不只是关于我的知识的状况。如果我不得不获得救赎,那么救赎也不是靠我自己就能获得的。救赎需要上帝降临,将我提升到他的王国中。必须以某种方式跨越我自己与上帝之间的鸿沟。因此,救赎完全不同于获取智慧,因为在寻求智慧的道路上并没有鸿沟需要跨越。我只需要以非常仔细和批判的态度审察我的内心即可。

耶稣是上帝用来跨越他与我之间的鸿沟的工具。耶稣是救世主。因为救赎关注我的存在,耶稣的实际的、历史上的真实性是最重要的。你们看到了,对我而言,苏格拉底是否存在过无关紧要。一旦我从柏拉图的《对话录》中学会了苏格拉底的问答法,那么,即使我发现《对话录》是假的,根本就不存在任何叫做苏格拉底的人,这也没关系。但是如果上帝实际上未曾以耶稣基督的形象降生为人,如果基督并没有因我的罪而死,那么,我不会被拯救,相反会被诅咒。光有救世主的观念还不够。我需要绝对确信上帝过去确实成为人,真的为了我的罪而死,确实通过他的独子而将这份白白的恩典赐给我。

但是,正因为我如此迫切需要知道耶稣曾真实地存在,所以,当我得不到充分的证据或论证满足我的需要时,我绝望、沮丧。我相信我被应许了永生,当证明我的这个信念的证据只是可能的,只是历史学家或哲学家能够提供的那种证据时,我还能够心安理得地拥有这个信念吗?不,太冒险了:救赎就是一切;它是永生,而非永恒的死亡。恐惧和需要使得我无限关注某种抗拒理性基础的东西。总之,我不得不做绝对的信仰的跳跃。

当克尔凯郭尔说我必须做信仰的跳跃时,他根本不是说这样的跳跃是轻浮的,或者随意的,或者是急匆匆地进入我的脑海的某个想法。恰恰相反,克尔凯郭尔相信我必须为此一跳做准备,就像芭蕾舞演员为了舞台上优雅的一跳而准备半辈子一样。我必须舍弃日常生活的所有快乐和关注,因为它们将世俗男女束缚在尘世中,使他们不可能做信仰的跳跃。我必须培育一种与生命、宇宙和上帝的特殊关系以便尝试跳跃。因此,跳跃不是愚蠢或无知意义上的非理性,而是一个不能建立在论证、证明或者逐步证实之上的行为。克尔凯郭尔认为根本没有只拥有一丁点信仰之类的事情。

以下段落选自《〈哲学片段〉的非科学的总结性后记》,克尔凯郭尔试图帮助我们理解信仰所牵涉的东西。选自"主体性思想家"(The Subjective Thinker)一节的下文将重点对比两类关系:我与苏格拉底之类的其他人的关系以及我与神圣的救世主耶稣之间的独特关系。

索伦·克尔凯郭尔

《哲学片段》的非科学的总结性后记

信仰以及人与人、人与上帝之间的关系

理解真理的模式就是真理。因为问题并不会在一个中介中产生,所以用这个中介去回答问题就是非真理的。譬如,在可能性的中介中解释现实性,或者在可能性的范围中区分可能性和现实性也是这样的。不从审美或理智的角度提出现实性的问题,而只从伦理的角度提出问题,并且在此每个个体又仅仅关注自身的现实,那么,他将会是孤立的,被迫为自身而存在。反讽和讽刺是对立的形式,但是二者都表现了矛盾:内在的不是外在的,看似坏的反讽和看似好的讽刺强调了有关伦理内在性的沉思性考察的原则,现实和欺骗是同样可能的,欺骗能够伪装得像现实一样。询问他人的内在伦理性也是不道德的,只要这样的考察只是为了转移注意力。但是如果仍然提问,那么困难在于我只能通过知觉他人的现实并且因此将它转换成一种可能性才能理解它,在这个领域中,一个欺骗的可能性同样是可以设想的。这是一种生存的伦理模式的有益的初步训练:知道个体孤独地站着。

从审美或理智的角度关注现实是一种误解,从伦理的角度关注他者的现实也是一种误解,因为与伦理相关的现实性的唯一问题是自己的现实的问题。在此我们可以清楚地指出存在于最严格意义上(sensu strictissimo)的信仰(指的是历史的、审美的和理智的区域)与伦理之间的差异。一个人怀着无限的兴趣询问并不属于他自身的现实就是信仰,这构成了与一个悖论性的东西的悖论性关系。从审美的角度看,除非在无意识状态下,否则不可能提出这样的问题,因为从审美的角度看可能性高于现实性。也不可能从伦理学的角度提出这样的问题,因为伦理学的唯一兴趣是对人自身的现实的兴趣。可以在无限的兴趣中发现信仰与伦理的类比,这足以将信徒与美学家或思想家区分开来。但是在对他者的现实(譬如,上帝在时间中存在这个事实)有无限的兴趣上,信徒与伦理学家不同。

当我对一个思想家了解到一定程度时,我对他的现实漠不关心;即,对他作为一个特殊的个体存在、对他对于这或那的真实理解、对他实际上施行过的教导等等漠不关心。美学思想和思辨思想在坚持这一点上是非常有道理的,不忽视它是非常重要的。但是这并不足以为纯粹思想是人与人之间交流的中介辩护。作为学生的我对老师的现实漠不关心,而老师同样不关心我的现实,但是绝对不能由此推出老师对他自己的现实漠不关心是有道理的。他与人沟通应该会留下这种意识的印记,但不是直接的,因为一个个体的伦理实在并不是直接可交流的(这样的直接关系具体显现在一个信徒与其信仰的对象的悖论性关系中),不能被直接理解,而必须通过间接的符号才能被间接地理解。

当不同的区域彼此之间没有关键的区分时,混淆就会到处出现。当人们对思想家的现实感到好奇并发现知道关于它的一些东西是非常有趣时,这种有趣在理智上是应受指责的。理智领域中的最高境界是对思想家的现实变得完全不关心。但是如果一个人在理智领域中昏头昏脑,那么,他就在某种程度上与信徒相似。信徒就是对他者的存在有无限兴趣的人。这是信仰的关键标准,这里所说的兴趣根本不是一点好奇,而是对信仰的对象的绝对依赖。

信仰的对象是他者的现实,关系是一种无限的兴趣的关系。信仰的对象不是一种学说,否则这种关系就是理智的关系,重要的是不去修补它,而是去充分实现理智关系。信仰的对象不是拥有学说的老师;因为当老师有一套学说时,学说理所当然(eo ipso)比老师重要,关系又变成理智的关系,同样重要的是不去修补它,而是充分实现理智关系。信仰的对象是老师的现实,老师真实地存在着。因此,信仰的回答是无条件的是或否。因为它并不关注学说是真还是假;信仰只回答有关一个事实的问题:“你是设想他真实地存在着,还是不这样设想?”必须注意的是,这个答案是具有无限激情的。就一个人而言,过分地、无限地强调他是否存在的问题是欠考虑的。如果信仰的对象是人,那么,整个计划是一个甚至没有理解理智和审美的现实的蠢人的奇想。因此,信仰的对象在其存在的意义上是上帝—人的现实。但是存在首先牵涉到特殊性,这是为什么必须从存在中抽象思想的原因,因为特殊的东西不能被思考,只有普遍的东西才能被思考。因此,信仰的对象是作为一个特殊个体的上帝的现实存在。

基督教信仰不是关于神人统一或者主客同一的学说;它也不是对基督教所做的任何逻辑转述。如果基督教信仰是一种学说,那么,我们与它的关系就不是信仰的关系,因为只有理智型的关系才与学说相符。因此,基督教信仰不是一种学说,而是上帝已经存在这个事实。

因此,信仰的领域不是理智领域中的傻瓜聚集的地方,也不是心灵脆弱者的避难所。信仰构成了一个独立自足的领域,当人们将基督教信仰转换成一种学说,将它转到理智领域中时,人们就会立刻发现对基督教的所有误解。理智领域中的最高境界即是对老师的现实完全冷漠,但是在信仰的领域中则完全相反。信仰领域中的最高境界是对老师的现实变得有无限的兴趣。

第二节 我们能证明上帝存在吗?

在向学生介绍哲学研究时,一个标准的行动步骤就是详细考察通常被叫做“上帝存在的证明”的内容。在过去的 2 400 多年里,众多不同的哲学家发展了诸多论证,旨在证明有或者存在一个创造了宇宙的存在者,他是无限的、全能的、全知的、仁慈的,并被称作上帝。当我教授哲学概论课时,我试图刚好在秋季学期的圣诞节前以及春季学期的复活节前悄然进入上帝存在的证明。这似乎比较合适。

你可能会问,是否有任何人被证明说服?我通常先询问班上有多少同学相信上帝,然后开始陈述那些证明。当然,我的意思是问有多少人相信上帝存在,而不是问有多少人相信他将信守他所许下的永生的承诺。我数了数,然后陈述一个证明。通常我尝试被叫做“宇宙论证明”的证明,有时我直接进入到真正的第一号证明,即被叫做“本体论证明”的证明。(不要失望,我们将会很快处理它们)在讲解了这些证明后,我询问是否有任何反驳或批判。通常没有任何反驳或批判。(有多少学生将会对他们的教授说,他们认为他是疯子?)于是我要求相信上帝存在的学生举起手。最特别的事情是,尽管没有人反对我的证明或者提出任何怀疑,但是现在并没有一个人因为证明而改信。我认为这么多年以来,我证明上帝存在,却没有说服任何一位非信徒。接着我讲解了那些证明的经典反驳。(在哲学领域,任何东西都有反驳它的论证,正如它有支持它的论证一样)同样的结果。我并没有使任何信徒转变成不可知论者,正如我没有使任何不可知论者转变成信徒一样。

当你停下来思考这件事时,你真的会对有限的、会死的男人或女人着手证明上帝存在感到惊奇和不解。那就好像某位哲学家信心十足地说:“上帝!你可能就在那里,你可能存在,但是除非你符合我的三段论,除非可以从前提中推导出你,除非你是我的体系中的定律,否则,我不会承认你存在!”但是一旦变得过分狂妄,变成了希腊人所说的“骄傲”(hubris)和犹太人所说的“无耻”(chutzpah)时,就根本找不到神了。

鲜有人认为哲学家是谦卑的,还有众多哲学家试图证明上帝的存在。亚里士多德尝试过,圣・托马斯・阿奎那也这样做过。奥康(Occam)提出过一个证明,笛卡尔提出过几个证明,斯宾诺莎想出了某些证明,甚至美国的实用主义者威廉・詹姆斯(William James)也提出了他自己的相当古怪的理论,给出了相信上帝存在的理由。在这一部分,我们将严肃考察三个最著名的证明。虽然它们并不是全部证明,但是它们将会让你们非常清楚过去的哲学家所使用的一些不同的策略。这三个证明被叫做“设计论证明”(Argument from Design)、“宇宙论证明”(Cosmological Argument)和“本体论证明”(Ontological Argument)。我们将考察18世纪英国哲学家威廉·佩利所提出的设计论证明、中世纪伟大的神学家圣·托马斯·阿奎那所提出的宇宙论证明以及11世纪逻辑学家圣·安瑟伦经过精心思考而最先提出的本体论证明。因为大卫·休谟和伊曼努尔·康德是历史上出现的两个最好地驳斥上帝存在的证明的哲学家,所以我们在考察上述证明时也一起考察他们的反驳。如果你们听到克尔凯郭尔一路上嘲笑我们,请别惊奇。

第三节　威廉·佩利:设计论证明

我们考察的上帝存在的第一个证明是最显而易见、最自然、最古老、最有说服力、最容易理解,然而——哎!——在哲学论证上最薄弱的证明。设计论证明①相当简单。我们看到某些人造的对象显示了内在的合乎目的的组织,诸部分符合整体的功能。佩利本人以钟表为例,制造钟表的各种弹簧、针栓、指针都是为了准确计时和报时这一目的。钟表的合理的、合目的的秩序直接是他的创造者,即钟表匠——不管我们是否认识他——的有意识的、合理的、合目的的活动的结果。如果你们向我展示一块表(或者一把椅子,或者一幅画,或者甚至是一把石斧)并且说,“它如此古老以至于没有人能记得谁制造了它”,那么,我绝不会痴人说梦地说:“可能并没有人制造它。”一块表的内部组织蕴藏着创造的技巧。如果你们允许我用一个不太好的双关语,那么,从表面上看(或者表面上),表的制造是有技巧的。这样,佩利(以及过去的无数神学家和哲学家)声称,大自然比人类的最精致的发明更神奇。人眼在再现的敏感性和真实性上远超过照相机;最精密的电脑也不能模仿人脑;即使用显微镜才能看到的单细胞有机体也显示了生物化学方面的复杂性与适应性,所有科学的分析力量都需要费尽心力才能解释它们。谁能片刻怀疑自然没有一个这样的创造者:他是理智的、有目的的、全能的制造者,他穿越时空,利用其无限的智慧调节手段、部分和机质,使之与目的、整体和有机体相符?

这个证明的专业术语叫类比论证(Argument from analogy)。你们可能在高中碰到过比率或比例之类的数学问题,如,“8比4等于6比x求x。”当我还在上学时,数

---

① 设计论证明是一种试图证明上帝存在的方式,该论证指出宇宙具有高度的组织性和合目的的秩序,声称这样的设计必须是一个智慧的、强有力的、有目的的创造者的产物。该证明非常古老,盛行于18世纪。

学陈述的方式或者像这样:8∶4 = 6∶x,要不然就像这样:8/4 = 6/x。当然,答案是 x = 3。相同的"类比"也出现在智力测试中。"消防车与消防队的关系正如什么与警察局的关系?"答案是"警车"。要点是,如果我们已经知道一对事物(譬如数字 8 和 4,或者消防车和消防队)的关系,那么,当我们知道另一对事物中的一个成员,我们就可能知道这对事物中的另一个成员(数学例子中的 3,或者另外一个例子中的警车)。现在这一切在你们看来可能都是小儿科,但是哲学家经常在那些看似非常简单的东西之上建构起强有力的证明。

威廉·佩利

威廉·佩利(1743—1805)是英国教会牧师,其为基督教辩护的著作被广泛阅读,在 18 和 19 世纪备受推崇。佩利在道德哲学上为功利主义辩护,在神学上为启示真理辩护[这种立场被叫做有神论(theism)]。他的《自然神学》(*Natural Theology*)一书系统陈述了所谓的上帝存在的设计论证明,尽管大卫·休谟已经在其《自然宗教对话录》(*Dialogues Concerning Natural Religion*)中严厉批判了该论证。

图片来源:国会图书馆(Library of Congress)

佩利和其他设计论证明者草拟了两种类比。第一种是人造物与其制造者的关系以及一个特殊有机体或自然组织与其神圣创造者的关系。这样,我们得到如下类比:

钟表之于钟表匠正如人眼之于 x。答案:x = 上帝。

另一种类比是人造物与其制造者的关系以及整个宇宙与其神圣创造者的关系。这时我们就得到如下类比:

钟表之于钟表匠正如宇宙之于 x。答案:x = 上帝。

下面是佩利对其证明的陈述。因为他长篇累牍,所以我做了些编辑,以展现其核心思想。

威廉·佩利

自然神学

假设我经过树丛，踢到了一块石头，如果有人问石头怎么在那里，那么我可能回答说，恰恰相反，据我所知，它始终在那儿。可能并不容易指出这个回答的荒谬。但是假设我在地上发现了一块表，并且应该考察那块表为何在那个地方，那么，我几乎不能想出我此前给出的回答，即据我所知，那块表可能总是在那儿。然而为什么可以这样回答石头，而不能这样回答那块表呢？为什么在第一种情况可以这样回答而在第二种情况下不允许这样回答呢？我想唯一的原因是，当我们观察那块表时，我们察觉到——我们不能在石头中发现的东西——它的很多零件为了一个目的而组织和结合起来，譬如，它们非常有组织性和协调性以便能运动，那个运动如此有规律以至于可以报时；如果不同零件的形状与它们现在的不同，或者用不同的方式或顺序安放，那么，这个机器要么根本不会运动，要么根本没有它现在的用途。

当观察这种装置时，这的确需要考察仪器，可能还需要事先具备有关考察对象的知识，以便能发现它和理解它；但是正如我们已经说过、察觉到和理解的一样，我们所想的推导是必然的，即那块表必然有一个制造者——在某个时候和这个地方或那个地方，必然存在着一个或多个技工，他或他们制造了它，为了我们实际上发现它所具有的目的，并且他或他们理解它的构造，设计了其用途。

如果除了眼睛的例子，世界上再没有发明的例子，那么，它就足以支持我们从它那里推出的结论，即必然存在着一个理智的创造者。它不能被取消掉，因为它不能被其他与我们所拥有的所有知识的原则——依据这个原则，只要事物能够接受经验的考验，那么它们通常被证明为真或假——不相冲突的任何假设解释。

如果我们无法考察大自然的其他部分，或者即使当我们考察时，它们只呈现出无序和混乱，那么，这个例子同样保持着有效性。如果在世界上只有一块表，那么，同样确定的是，它有一个制造者。如果我们平生只见过一种抽水机，而没有见过任何其他种抽水机，那么只要我们理解了那种机器的原理和用途，那么，我们同样确信，它们是一个工匠的思想、技能和劳作的结果，好像我们参观一个工艺品博物馆，看到那里收集的20种不同的抽水机或为了其他目的而设计的一千种不同的机器。每台机器并不依赖所有其他机器，独自证明了这一点。因此，它是一种神圣力量存在的证据。这个证明并不是一个处于推理链结尾的结论，在这个链子上，每个发明的例子只是一个连接，如果一个连接失败了，整个链子就碎裂了；相反，它是一个由每个独立的例子独自提供的证明。错误地陈述一个例子只影响那个例子。在广义上，这个证明是累加的。然而眼睛没有耳朵也能证明它，耳朵没有眼睛同样能证明它。在每个例子中，证明是完善的，因为当展示了部分的目的及其结构适应那个目的时，心灵可能处于宁静状态；未来的任何思考都不会减少这个例子的力量。

上帝存在的证明

设计论证明

前提:人造物的合目的的组织是其制造者具有理智和目的的证据。

前提:世界包含着许多自然事物(动物、植物、人眼等等),它们的组织显然是有目的的,世界本身是有目的地组织起来的。

结论:依据类比,必然存在着一个制造宇宙的存在者,他依据计划制造了它。那个世界的制造者或者创造者就是上帝。

宇宙论证明

前提:根据我们感官的证据,我们知道世界上某些东西是被推动的。

前提:一切被推动的东西必须由其他东西推动。

论证:如果每个运动的东西反过来被本身在运动的东西推动,而后者反过来需要一个使它运动的动力因,那么将不会存在第一推动者,因而也就根本没有任何运动。但是存在着运动。

结论:因此,必然存在着第一推动者,它自身不能被推动。那个第一推动者就是我们所说的上帝。

本体论证明

前提:我拥有可设想的最伟大的存在者(a being than which no greater can be conceived)的观念。那个观念自身包含着必然属于这个存在者的一切东西。

前提:实际存在比仅仅可能存在更伟大。

论证:可设想的最伟大的存在者的观念必然包含着它存在的观念,后者必然属于前者。

结论:因此,那个可设想的最伟大的存在者确实存在,他就是我们所说的上帝。

当然,这个证明有些老掉牙,毕竟它问世于 200 年前。但是我们今天在进行星际探索时仍然使用潜藏在它背后的原则。当宇航员第一次在月球上漫步时,他们寻找智能生命的证据,然而他们并不真正期待会在一个没有大气层的星球上找到那样的证据。现在他们如何能说出地球上(或其他星球上)智能生命的证据是什么呢?如果事先不知道可能居住在宇宙的其他部分的各种各样的受造物,宇航员凭借何种标志判断他们存在和在场?答案很显然。展示了某些合目的的内在组织并且似乎不是在那种环境下自然生长出来的任何装置、工具或机器会使得他们依据类比推断出(大概)存在某个非人的智能制造者。

任何因自然的奇迹而感到狂喜、快乐或敬畏的人都会欣赏设计论证明在心理上的力量。难道行星、恒星和星系的秩序,自然力量背后的单纯性和规则性,活生生的东西的各个部分的非常精巧的协调只是巧合?难道不存在某个创造、引导和组织了这样巨大的、相互关联的宇宙的理智存在者?

好的,可能是这样的,但是设计论证明不能证明它。设计论证明有两个根本性的错误。首先,即使它是正确的,它也不能证明佩利以及其他基督教神学家、犹太教

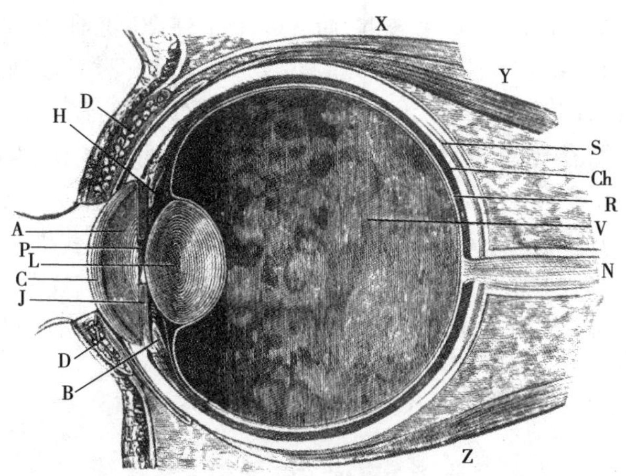

FIG,48.—VERTIOAL SECTION OF THE EYE.（Enlarged.）

C—角膜
A—房水
I—虹膜
P—瞳孔
L—晶体
H—晶体韧带
B—睫状突
V—含有玻璃状液的腔
S—巩膜
CH—脉络
R—视网膜
N—视神经
DD—眼睑
X—提上睑肌
Y—眼睛上直肌
Z—下直肌

眼睛的垂直截面图

人眼很复杂，其结构极其合乎观看这一目的，很多从科学角度思考的神学家将这看作是上帝的存在及其仁慈的证据。（未注明日期的图画）

图片来源：柯比斯/贝特曼

神学家或穆斯林教神学家要求它证明的东西。其次，它并没有真正证明任何东西。我们容易忽略第一点，因为我们如此痴迷“上帝”一词。在伟大的西方宗教中，上帝被设想成无限、永恒、全能（具有无穷力量）、全知（知道一切）的宇宙创造者。但是即使设计论证明是可靠的，它至多能证明存在着一个非常长寿（并非永恒）、非常强大（并非全能）、非常聪明（并非全知）的组织世界者，他加工时间、空间和物质这些原材料，使之构成一个合理的、融为一体的、类似机器的宇宙。毕竟钟表匠并不创造他的材料，他只是依据他的目的加工它们而已。人眼并不是无限复杂的，它只是比相机复杂许多而已。因此，如果严格实行类比，那么，我们最多能证明存在着有意识、有目的、有力量、有知识、非常古老的世界创造者。但是如果将“上帝”的标签贴到那个世界创造者上，那么我们就错误地将他或她等同于《旧约》和《新约》中的上帝，西方伟大宗教中的上帝，制定律法、惩罚坏人、白白提供永生的恩赐的上帝。类比绝对不能证实这样的任何结论合理。

但是正如休谟在他的最出色的著作之一《自然宗教对话录》中所指出的那样，设计论证明并不可靠。休谟1776年去世,而实际上早在20年前,即在1750年代他就写了《自然宗教对话录》。但是他的朋友(包括哲学家和经济学家亚当·斯密)劝他不要出版这些对话,因为它们对人们普遍接受的宗教观念的强有力抨击会使休谟成为众矢之的。最后,在休谟去世之后的1799年,休谟的侄子将它出版。在该著作中,三个人讨论上帝存在的所有证明,先后发表了各自的观点。《自然宗教对话录》中的对话进展灵巧,步调精妙,很有巴洛克三重奏的味道,在我看来,可以公正地说休谟是继柏拉图之后的唯一一个使用对话形式并充分发挥其文学效果的伟大哲学家。该著作有12节,下文选自第二节。说话者是怀疑论者斐洛(Philo)。

大卫·休谟

《自然宗教对话录》

他接着说,克里安西斯(Cleanthes),为了达到这个决定,实际上并不需要诉诸令你不快的那种矫饰的怀疑论。我们的观念超不出我们的经验:我们没有经验过任何神性和神迹;我不必对我的这个三段论下结论:你自己能推出结论。令我愉快(我希望你也如此)的是,在这里,正确的推理与正当的虔诚会合在同一个结论中,二者都确立了最高存在者的令人崇拜的神秘而不可理解的性质。

斐洛说,在这一主题上,我所顾虑的不是所有宗教证明被克里安西斯归结为经验,而是这些证明即使是在那种较低级的证明中也不是最确定的和无可辩驳的。石头会下落、火会燃烧、土壤是固体,对此类现象我们已经观察过数千次;当此类现象的任何新例子出现时,我们就会毫不犹豫地做出习惯性的推论。这类事例确实相似,这使得我们完全确信相似的事情,我们不再渴求或寻找更有力的证据。但是只要你们稍微偏离这类事例的类似性,那么你们就相应地削弱了证据,并且最终可能使这样的类比成为一种相当无力、容易出错和导致不确定性的类比。当我们有了人类体内血液循环的经验之后,我们无疑确信这种循环也发生在泰特斯(Titius)和迈韦斯(Maevius)体内:但是如果我们由蛙和鱼体内存在着血液循环推论这种循环也发生在人以及其他动物体内,那么,尽管这是一个由类比而来的有力假设,但只是一个假设而已。当我们从我们所经验到的动物体内的血液循环而类推出在植物内也存在着液汁循环时,这种类推的有效性就更弱;更为精确的实验将会指出那些轻率地遵循那种不完美的类比的人是错的。

克里安西斯,如果我们看见一座房子,我们就可以极其确定地得出结论,说它有一个建筑师或建造者,因为它是我们所经验到的那类原因造成的相应结果。但是你的确不能断言宇宙与房屋如此类似,以至于我们能够同样确定地推论出相似的原因,或者断言这里的类比是完全的和完美的。两者之间的差异如此明显,以至于你在这里所能宣称的充其量只是对一个相似原因的猜想、揣测和假设;至于这种宣称将如何被世人接受,我留给你考虑。

如果一个人从他所知道或曾见过的一切事物出发进行抽象，那么，他就完全不能仅仅根据他自己的观念来确定宇宙必然是什么样，或者完全不能偏好事物的某种状态或情形而不喜欢另一种状态或情形。因为他清楚地设想出的任何事物都不是不可能的或隐含着矛盾的，因此他所幻想的每一个荒诞离奇的东西的地位是相同的；他也不能提供任何恰当的理由，解释他为什么坚持一种观念或系统而拒斥同样具有可能性的其他观念或系统。

再者，当他睁开眼睛并思考了这个现实世界之后，他一开始就不能指出任何一个事件的原因，更别说所有事物或宇宙的原因。他可能使他自己的幻想任意驰骋；这种幻想可能给他带来无数各种各样的报告和表象。它们都是可能的；但是因为它们具有同等的可能性，所以他自己不可能找到一个令人满意的理由来解释他为何偏好其中的一种可能性而不喜欢其他可能性。唯有经验才能给他指出任何现象的真实原因。

尽管休谟的驳斥是非常有力的、站得住脚的，然而它凭借的是休谟发展的对所有因果推理的更根本的批判。

第四节　圣托马斯·阿奎那：宇宙论证明

基督教神学家从两个来源获得他们关于上帝的信念。第一个来源是启示（revelation），上帝通过《旧约》和《新约》中的神圣作品或者通过他神奇地出现在特殊的个体面前来向我们启示真理。当然启示必须被解释，这样就导致了许多学术论争和流血的战争。但是每个人都同意，启示事实只是因为信仰而被认作奇迹。第二个来源是理性，我们做出分析、进行论证、从事观察和进行推导的自然能力。我们只能等待启示，我们不能使它发生，我们不能预测上帝何时何地启示我们。但是理性是我们自己的工具，我们能任意运用它去寻求宇宙的起源和一个创造者的存在和本质。在所有理性神学家中，人们公认13世纪的基督教哲学家圣托马斯·阿奎那是最伟大的。他对基督教神学的理性的、形而上学的基础所作的阐释和整理直到今天仍然在思想上对罗马天主教会发挥着决定性的影响。被叫做托马斯主义的哲学是中世纪思想建筑的永恒丰碑，像巴黎圣母院大教堂一样给人留下了深刻的印象。

在他的最重要著作《神学大全》（*Summa Theologica*）中，阿奎那提出了上帝存在的五个独立的证明。前面三个证明是同一个证明的不同形式,因此我们将把它们放在一起考察。在每个证明中,阿奎那都从关于世界的某个事实出发:第一个证明从我们周围世界中的事物是运动的出发;第二个证明从我们观察到的每个事件都是由于它之前的其他事件而被迫发生的或被造成的这个事实出发;第三个证明从如下事实出发:在世界中,至少有些东西的存在不是必然的,用形而上学的语言说就是,它们是“可能的”。

接着,阿奎那进行推理:人们所观察到的运动、事件或可能的东西是运动链、因果链或可能的东西组成的链条中的最后一环,他断言这样的链条不能无穷尽地向在先的运动、更前面的原因和这个东西的存在所依赖的其他可能的东西上追溯。链条必须终止在某个地方,或终止在本身不可能被其他东西推动的推动者那里,或终止在本身不能被另一个原因造成的原因上,或终止在一个其存在绝非可能,而是必然的存在者上。那个第一推动者、第一因或必然存在者就是上帝。

如果证明上帝存在的任务并非那么严肃的事情,那么,我们可能说,宇宙论证明①是对 4 岁小孩提出的问题“妈妈,我是从哪儿来的呀?”的一个非常复杂的回答。现在,一个直接的回答是,“你来自妈妈的子宫” 。在增加了一些细节之后,那个回答通常都能让 4 岁的孩子满意。最终,6 岁或 7 岁的小孩显然会接着问题,即,“妈妈,你是从哪儿来的?”关于祖父祖母的有点冗长的故事应该能回答那个问题。但是一个聪明的孩子迟早会开始思考这个实在的问题。我从爸爸妈妈那里来,而他们各自来自他们的爸爸妈妈;最早的人类父亲和母亲可能来自于人类之前的哺乳动物,经过结合、变异和自然选择进化而成,而哺乳动物又从爬行动物进化而成,诸如此类;或许生命本身由于氨基酸类化合物的偶然重组而突然自发地产生,而那些化合物反过来又从地球上形成的材料中产生,但是天啊,这样的说法总要有个尽头啊!如果不存在最先的东西,那么其他任何事物如何存在呢?如果我们只能通过说每个具体的东西来自它前面的某个东西而解释它的存在,那么,我们根本没有做出解释。我们只是拥有一个链条,这个链条不断地回溯,最终将我们引到过去的迷雾中以至于我们最终厌倦了提问,错误地将我们的困乏当作答案。总之,“无穷后退”根本不是答案。我们可以通过说“闭嘴,不要提愚蠢的问题!”而回答最初的问题。

这样,我们可以总结阿奎那的证明:如果宇宙是有意义的,如果它始终是合乎理性的,那么,必须存在着一个必然的存在者、第一推动者、第一因。下面是阿奎那对

---

① 宇宙论证明是证明上帝存在的一种尝试,它首先从宇宙中的事物的运动、变化或存在出发,然后论证它们必然起源于一个不运动、不变化或并非偶然发生而存在的存在者。该论证的最早形式可见于亚里士多德的著作。

这三个证明所做的陈述。请注意他没有废话连篇。他三次证明上帝存在所花费的篇幅只够柏拉图介绍对话中的一个人物。

圣托马斯·阿奎那

《神学大全》

可以用五种方式证明上帝存在。

第一种和较为明显的方式是从运动出发的证明。对我们的感官而言,确定而明显的是,世界上的某些事物处于运动之中。而处于运动中的任何事物总是受他物推动,因为除非一个事物有被他物推动的潜能,否则,它不会运动。而一个事物的潜能只要被激发,它就会运动。因为引起运动只不过是使事物由潜能转变为现实。但是除非有某种现实事物影响,否则,一个事物不可能由潜能转变为现实。因此,像火一样的现实的热能够使具有潜在的热的木材成为现实的热,并且由此令木材运动和变化。现在,一个事物不可能在某一个方面同时既是现实又是潜能,而只可能在某一方面处于潜能状态,在另外一方面处于现实状态。因为现实的热不可能同时又是潜在的热;但是它可以同时是潜在的冷。因此,一个事物不可能在同样的方式下和在同一个方面既是推动者又是被推动者,譬如一个自我推动者。因此,任何运动的事物必然被另一事物推动。如果引起某一事物运动的那个事物本身又是被推动的,那么,这个事物也被他物推动,依此类推。但是我们不可能无限地追溯下去,因为那样就不会有第一推动者,因此也不会有其他推动者,这是因为没有第一推动者的推动,其他的推动者就不可能运动,如同没有手的推动,手杖不会运动一样。因此,追溯必然停止在一个不受任何他物推动的第一推动者上,众所周知,这个第一推动者就是上帝。

第二种方式从动力因的本质出发。我们发现在感性事物的世界中存在着一种动力因的秩序。我们并不知道(其实也不可能存在)一种情况,在其中,我们发现一个事物是自身的动力因;因为那样一来,它就会在它自身之先,而这是不可能的。现在,我们不可能无限地追溯动力因,因为动力因都是有顺序的,第一动力因是中间动力因的原因,而中间动力因则是最终动力因的原因,不管这种中间动力因有许多个还是只有一个。现在排除原因就会排除结果。因此,如果在诸多动力因中没有第一动力因,那么,也不会有最终动力因和中间动力因。但是如果我们无限地追溯动力因,那么,就不会有第一动力因,不会有最终的结果,也不会有任何中间动力因;这显然是错的。因此,我们必须承认第一动力因,每个人都称它为上帝。

第三种方式依据偶然性和可能性而展开。我们发现自然中的事物既可能存在也可能不存在,因为我们发现它们生成,然后毁灭,所以它们既可能存在也可能不存在。但是这些事物不可能永远存在,因为能够在某时不存在的事物会不存在。因此,如果所有事物能够不存在,那么,在某时无物存在。如果这是真的,那么,现在就不会存在任何事物,因为不存在的事物只有凭借已存在的事物才能开始存在。因此,如果在某时无物存在,那么,任何事物都不可能开始存在;这样,现在就会无物存在——这是荒谬的。因此,并非所有存在者都只是可能的存在者,必然存在着某物,它的存在是必然的。但是每个必然的事物的必然性要么来自他物,要么并非来自他物。现在,正如我们在动力因上所证明的那样,不可能无限地追溯造成必然的事物必然存在的事物。因此,我们必须承认某个存在者必然存在,它的必然性来自它自身,它不是从他物那里获得必然性,相反,它使其他事物获得必然性。所有人都称这个存在者为上帝。

圣托马斯·阿奎那

圣托马斯·阿奎那(1225—1274)是兴盛于13世纪欧洲的中世纪鼎盛时期文化的最伟大的思想家。阿奎那是意大利神学家和哲学家,他终生在多米尼克修会(Dominican Order)从事教学和著述。他的卷帙浩繁的著作以极其系统的方式全面陈述了上帝论、人论和宇宙论。阿奎那将由启示和对《圣经》的解释所确立的教会的官方教义与亚里士多德及其之后的希腊哲学家和罗马哲学家的世俗的形而上学理论结合起来。

阿奎那对哲学和神学所作的哲学综合在过去成为罗马天主教接受的教义。它在今天被称作托马斯主义,继续以不同的形式在思想上对教会教义以及天主教和非天主教的思想家的哲学著作发挥深远的影响。

休谟回应了这些论证以及设计论证明。在《自然宗教对话录》中,他考察了那个由因果关系推出第一因存在且因此必然存在的证明。该证明综合了阿奎那的第二个和第三个证明。这一次,休谟借名叫克里安西斯的人物之口进行反驳,第一段也驳斥了第三个伟大证明,即本体论证明,稍后将更多的谈论它。

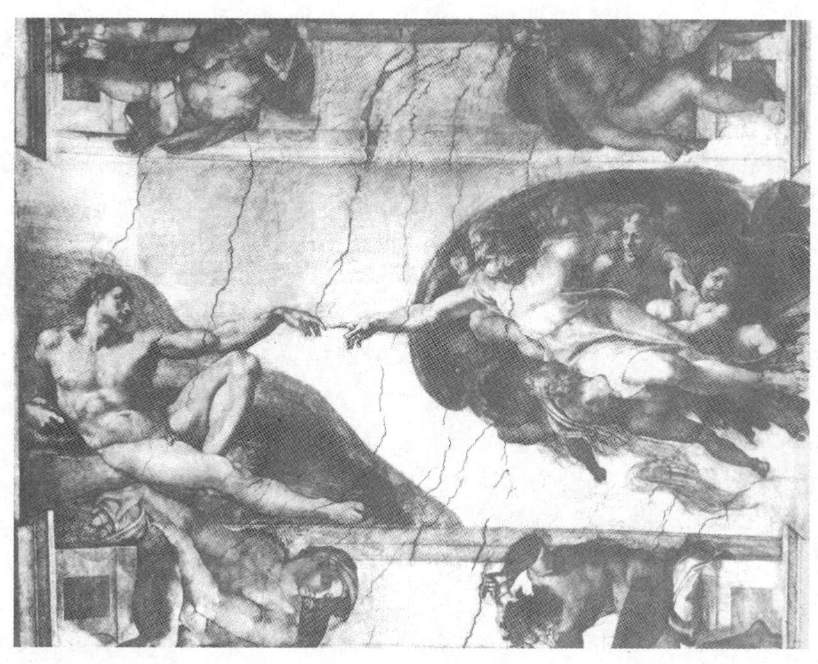

《上帝创造亚当》(*La Creazione dell' uomo/ God' s Creation of Adam*)
《上帝创造亚当》这幅画出自意大利伟大画家米开朗基罗(Michelangelo)之手。

大卫·休谟
《自然宗教对话录》

我首先要指出,妄想用理性证明一个事实或用先验(a priori)证明来证明它是明显荒谬的。除非一个事物的反面隐含着矛盾,否则,不能用理证来证明它。凡可以被清晰地设想的事物都不会隐含矛盾。凡是我们能够设想为存在的事物,我们也能设想它不存在。所以,并没有任何存在者,其不存在隐含着矛盾。因此,并不存在可以用理性证明其存在的存在者。我认为这个证明是完全决定性的,并且愿意将全部的争论建立在它之上。

人们宣称神是一个必然存在的存在者;而他们又试图以如下说法解释他的存在的必然性,即,如果我们知道他的全部本质或本性,那么,我们会看到,他的不存在就与说二乘二不等于四一样是不可能的。但是只要我们的能力仍然保持在现在的水平,那么,这显然是绝不会发生的。在任何时候我们都可能设想我们以前设想为存在的东西如今不存在;我们的心灵绝没有必要像我们必然设想二乘二永远等于四那样假设任何物体永远存在。因此,“必然的存在”这样的词是没有意义的;或者,换句话说,它是一个矛盾的词。

但是更进一步说,依据对于必然性的这个假设性解释,物质宇宙为什么不是必然存在的存在者?我们不敢断言我们知道物质的所有性质;就我们所能断定的而言,物质可能包含某些性质,如果我们知道这些性质,那么,它们会使物质的不存在显得像二乘二等于五一样是一个大矛盾。我只知道一种证明可以用来证明物质世界不是必然存在的存在者;这个证明根据世界的质料和形式这两方面的偶然性。该证明认为:“可以设想任何物质粒子都会消灭;也可以设想任何形式都会改变。因此,这样的消灭或改变不是不可能的。”但是就我们对于神的观念而言,我们看不到这同一个证明可以同样应用到神身上,看不到心灵至少能够设想神不存在或者其属性可以改变,这似乎太不公允了。必须有某些未知的、不可设想的性质,它们能够使他的不存在显得不可能,或者使他的属性显得不可改变。但是不可能有理由解释这些性质为什么不可以属于物质。既然这些性质是全然未知的和不可设想的,那么就绝对不能证明它们与物质是不相容的。

此外,在追溯物体的永恒连续时,探索一个总因或第一个造物主似乎太荒谬。既然因果关系隐含着原因在时间上在先,并且是存在的开端,那么永恒存在的事物怎么会有一个原因呢?

在物体的这样的锁链或连续之中,每一部分由在它之前的部分造成,并且它又造成了它之后的那个部分。那么,困难在哪里呢?你说,但是整体需要一个原因。我回答说,把这些部分统一为整体,就像把许多不相关的州郡统一为一个王国,或者把许多不相关的成员统一为一个团体一样,完全是心灵的主观活动的产物,对于事物的本性并没有什么影响。在由20颗物质粒子组成的集合中,如果我已经把每一颗物质粒子的原因告诉你了,而你还问我,这个集合体的原因是什么,那么,我会认为这个问题不合理。因为在解释各个部分的原因时我就已经充分地解释了整体的原因。

第五节 圣安瑟伦:本体论证明

圣安瑟伦

圣安瑟伦(Saint Anselm,1033—1109)生于意大利,并在那里接受神职训练。1093年,他被英国诺曼王朝的国王威廉·鲁弗斯(William Rufus)任命为坎特伯雷大主教(Archbishop of Canterbury)。他的最重要的哲学著作是《宣讲》(*Proslogion*),在那里，他陈述了上帝存在的一个令人震惊的全新证明。该证明现在被叫做本体论证明。在过去的9个世纪，一方面，笛卡尔、斯宾诺莎和其他哲学家为该证明辩护。另一方面，圣托马斯·阿奎那宣称它不是一个有效的证明并且拒绝它。

上图展示了国王任命安瑟伦（他站着，并举着手）为坎特伯雷大主教的仪式。

下文是自古以来最著名、最神秘、最蛮横、最刺激人的哲学论证！仔细阅读它，看看有何想法。

圣安瑟伦
《宣讲》

上主啊，你将理解赋予信仰，只要你认为有益，请你让我知道你就像我们所信仰的那样，你就是我们所信仰的对象。的确，我们相信你就是可设想的最伟大的存在者。因为愚人心里说没有上帝（《诗篇》13∶1），所以上帝就不存在吗？但是即使是这个愚人，当他听到我所说的这个存在者——一个可设想的最伟大的存在者——时，他也理解他所听到的，理解他所理解的就在他的心中；尽管他认为它并不存在。

理解一个对象是一回事，而理解那个对象存在是另一回事。当一个画家最初构思他随后将绘制的画时，他心中已有这幅画，但是他尚不会把它理解为实际的存在，因为他尚未把它画出来。但是在完成此画后，他便不仅在心中有了这幅画，而且也理解它实际存在着，因为他已经绘制了它。

因此，甚至愚人也确信，至少某个可设想的最伟大的存在者存在于心中。因为当他听说这个东西时，他理解它。而凡是被理解的东西都存在于心中。并且可设想的最伟大的存在者确实不能仅存在于心中。因为设想它只存在于心中:那么它还可被设想为也存在于现实之中;这样它就更伟大些。

所以,如果那个可设想的最伟大的存在者只存在于心中,那么,还是可以设想比它更伟大的东西。但是这显然是不可能的。因此,毫无疑问,可设想的最伟大的存在者存在,它既存在于心中,也存在于现实之中。

上帝如此真实地存在着,以至于不能设想它不存在。因为既然可以设想一个不可能设想为不存在的存在物,这个存在者就比那种可以设想为不存在的东西更伟大。所以,如果那个可设想的最伟大的东西能被设想为不存在,那么它就不是可设想的最伟大的东西。然而这是一个不可调和的矛盾。因此,可设想的最伟大的存在者是如此真实地存在着,以至于不能将它设想为不存在,这个存在者就是你,上主啊,我们的上帝。

所以,上主啊,我的上帝,你如此真实地存在着,以至于你不能被设想为不存在;确实如此。因为如果一个人能设想一个比你更好的存在者,那么被造物就会居于创造者之上,这是极其荒谬的。实际上,除了你之外,其他任何存在者都可被设想为不存在。因此,只有你的存在较其他所有的存在者更真实,而且具有最高程度的存在性。任何其他存在者的存在都没有如此真实,所以其存在的程度较低。既然对一个理性的人来说,你的存在具有最大程度的真实性这一点是如此显而易见的,那么,为什么愚人心里说上帝不存在呢?(《诗篇》13:1)除了因为他是愚钝之人外还能有什么原因呢?

当我阅读本体论证明时,我感觉自己在看魔术师的精彩表演:这个袖子是空的,另一只袖子也是空的,帽子里也没有什么东西,但是说变就变!变出了一只又大又肥的兔子。安瑟伦如何从一个观念变出上帝呢?设计论证明和宇宙论证明至少从关于世界的某个真实的事实——不管是生物的表面上合乎目的的组织,还是在空间中运动的物体,或者是其他什么东西——出发。但是本体论证明纯粹从哲学家头脑中的观念出发,并仅仅由那个观念证明事实上必然存在着与观念相符的存在者。该证明根本没有使用通过观察或分析而搜集到的事实。哲学家称这一类证明为先验(a priori)证明。不需要考察事实性的佐证,仅对判断所涉及的概念进行分析就能认识的命题叫做先验可知的命题,或者就是"先验命题"。

在很长一段时间,哲学家认为存在着先验命题或者仅通过思考其意义就能知道其真实性的命题。譬如,让我们考察命题"如果土豚是哺乳动物,那么它就是胎生的"那是真的吗?你们的第一反应可能是,要么问自己:我们是否知道土豚是什么,要么去百科全书查询它。但是让我们停下来思考片刻。哺乳动物是胎生动物,而不是孪生动物。那就是我们说某物是哺乳动物时所意指的东西。这是"哺乳动物"一词的定义的一部分。因此，如果任何东西属于哺乳类动物，那么它就是胎生动物，反之我们不会说它是哺乳动物，我们会用其他的名字称呼它，或者甚至说我们不知道用什么词称呼它。如果你们思考过它，那么，你们会意识到你们在决定我的这个命题的真实性时并没有关于土豚的任何知识，的确，在此之前你们甚至可能没有听过“土豚”这个词。不管土豚是什么，“如果土豚是哺乳动物，那么它就是胎生的”。总之，你们先验地知道命题的真实性，或者更简短地说，它是先验命题。

但是是否存在任何土豚呢？哈哈，那是另一个问题。我的先验命题只告诉我，如果存在着任何东西，如果它们是土豚，那么它们是胎生的。它并没有告诉我是否存在着任何土豚。的确，它甚至没有告诉我土豚是否是哺乳动物。然而它确实说，如果有土豚并且它们是哺乳动物，那么，它们是胎生的。仅仅凭借其中使用的词的意义就能被人认识的命题叫做同义反复，你们每天都能够制造同义反复，除了知道语言之外并不需要更多的材料。

本体论证明①看似也依赖同义反复。首先，安瑟伦将“上帝”一词的意义界定为“可设想的最伟大的存在者”。接着，他论证说，这个最伟大的存在者的观念必须包括着这样的观念：不能设想这个存在者不存在。换句话说，他论证说，当我们说“上帝”的定义是“可设想的最伟大的存在者”时，我们将会发现那个定义包括“必然存在”这个特性，正如当我们说出“哺乳动物”的定义时会发现它包含着观念“胎生”。

好了，“哺乳动物是胎生的”是同义反复；依据定义它是真的；只要我们理解了那个命题所使用的词，我们就会知道它是真的。它从定义中推出来。这样，安瑟伦宣称“上帝必然存在”也是同义反复；依据定义它也是真的；只要理解该命题中的词也能知道它。但是存在着一个巨大的区别。关于哺乳动物的命题以及日常思考的其他所有的同义反复都没有说某个东西是否存在。日常的同义反复只告诉我们，如果存在着符合某个定义的事物，那么，该事物必然具有相应的特性。如果存在哺乳动物，那么它们是胎生的；如果存在任何单身汉，那么他们是单身的（因为“单身汉”意指“没有结婚的男人”）；如果存在任何三角形，那么，它们有三个角；诸如此类。本体论证明是唯一运用同义反复来证明某个东西即上帝存在的案例。

当然，现在运用本体论证明的哲学家充分意识到该证明是一种相当特殊的同义反复。如果他们能够运用这样方式证明上帝存在，那么，我为什么不能用同样的技巧证明存在着完善的马、必然存在的牛或者不能设想其他任何蚊子比其更伟大的蚊子？他们的回答是，上帝与宇宙中或宇宙之外所有其他存在者不同，上帝的存在与每个被造物的存在不同。上帝是无限的，其他所有东西都是有限的；上帝的存在是必然的，每个其他东西的存在纯粹是偶然的；上帝是完善的，所有其他东西是不完善的；上帝的存在是从其定义中可以先验地推出来，而因为每个其他东西绝对依赖上

① 本体论证明是仅从最完善的存在者的纯粹概念出发来证明上帝存在的一种尝试。该证明饱受争议，包括宇宙论证明的主要支持者、中世纪哲学家托马斯·阿奎那在内的众多宗教哲学家将该证明看作是无效的而加以拒绝。

帝,而不是仅依靠它自身,所以它们的存在并不能从定义中推导出来,而只是来自上帝的创造行为。

直到今天,本体论证明仍然是所有哲学中最有争议的证明之一。包括圣托马斯·阿奎那在内的一些非常虔诚的神学家相信它是错的、无效的、混乱的。17 世纪的一些最伟大的哲学家如笛卡尔、斯宾诺莎认为它是有效的并且发展了他们自己的本体论证明。在其伟大的《纯粹理性批判》中,伊曼努尔·康德提出了对本体论证明的详细驳斥,在他之后的 100 多年里,人们认为该证明寿终正寝了。然而在 20 世纪,人们重新对本体论证明产生了哲学兴趣,像我这样的哲学家过去认为康德一劳永逸地驳倒了它,后来开始发现专业期刊上发表了举不胜举的新版本体论证明,它们运用符号逻辑的最新工具来赋予这匹老战马某种新生命。

让我们用康德对本体论证明的驳斥来结束对上帝存在的证明的讨论。康德对本体论证明的驳斥很艰涩,甚至比本体论证明还难理解。不要期待能理解康德所说的一切观点。我研究康德已经 55 年了,但是有时我仍然不能确定他的意思。请在你们的教授的帮助下阅读两三次下面的选文。康德总是值得下苦功夫学习的,他对本体论证明的处理是他的最辉煌的成就之一。

在你们开始阅读之前,请允许我稍微做些解释。康德问命题"上帝存在"是分析命题(analytic proposition)还是综合命题(synthetic proposition)。依据康德的观点,分析命题是仅分析或说出命题的主词所包含的内容。譬如,"三角形有三个角"并没有告诉我们有关三角形的任何新知识。它所做的一切都是在复述三角形的观念所包含的内容。另一方面,综合命题则将一些东西添加到命题的主词的观念所包含的内容中。"单身汉是不幸福的"是综合的(不管它是否为真!),因为不幸福不是我们所理解的单身汉的含义的一部分。但是"单身汉是未婚的"是分析的,因为未婚是我们所理解的单身汉的含义的一部分。正如你们将看到的,康德断言:任何宣称某个东西存在的命题都是综合命题。他认为这个断言成功地削弱了本体论证明。

伊曼努尔·康德

《纯粹理性批判》

尽管有每个人都必然同意的这一切一般的想法,我们仍可能面临一个实例的挑战,人们把它当作一个经由事实的证明提出来,即:有一个而且只有一个概念,对于此概念,其对象不存在或否定其对象本身是矛盾的,这个概念就是最实在的存在者(ens realissimum)概念。有人宣称,它拥有全部实在,并且我们有理由假定这样一个存在者是可能的(一个概念并不自相矛盾这一事实绝不能证明其对象的可能性:然而我愿意暂且承认这个相反的主张)。现在"一切实在"包括存在;因此存在被包含在一个可能的事物的概念中。于是,如果否定这个事物,那么,也就否定了这个事物的内在可能性——这是自相矛盾的。

我的回答如下。把存在概念——不管这个概念以何面目进行伪装——引入一个我们声明仅仅就其可能性来思考的事物的概念中已经是一个矛盾。如果认为这是合法的,那么,它表面上似乎胜利了:但是实际上那个陈述言之无物:它是一种同义反复。我们必须问:这个事物或那个事物(无论它是什么,都被承认是可能的)存在这个命题是一个分析命题,还是一个综合命题?如果它是一个分析命题,那么,断言此事物存在并没有为关于该物的思想增加任何内容;但是在那种情况下,要么我们的思想就是事物本身,要么我们已经预设了一个属于可能性王国的存在,然后以那为幌子从其内在的可能性推出其存在,——这只不过是可怜的同义反复。在事物的概念中的"实在性"(reality)一词听起来与谓词概念中的"存在"(existence)一词不同,但是它并没有帮助我们面对这样的反驳。因为如果所有假定(无论什么可能被设定)都被称为实在,事物及其所有谓词都被设定在主词概念中,并且被设定是实在的;谓词只是重复这一点。但是另一方面,如果我们像每个有理性的人所做的那样承认所有关于存在的命题都是综合命题,那么,我们如何能够公然主张否定存在这一谓词不可能不矛盾?这是一个只能在分析命题中发现的特征,并且实际上恰恰构成了其分析性的特征。

如果我不曾发现由混淆逻辑谓词和实在谓词(即规定事物的谓词)而导致的幻相几乎是无法更正的,那么,我本应该希望通过准确规定存在概念以一种直接的方式来结束这些无聊且无益的争辩。只要我们高兴,任何东西都可以充当逻辑谓词;甚至主词也可能是它自身的谓词;因为逻辑是从所有内容中抽象出来的。但是一个规定性的谓词是一个增加并扩展主词概念的谓词。因此,它必然不能被包含在这个概念中。

"是"(Being)显然不是一个实在谓词,就是说,它不是某个东西的概念,能够被加到一个事物的概念上。它仅仅是对一物或某些规定本身的设定。从逻辑上看,它只是判断的系词。"上帝是全能的"(God is omnipotent)这一命题包含两个概念,它们各有自己的对象——上帝和全能。"是"(is)一词并没有增加新谓词,只是用来设定谓词与其主词的关系。现在,如果我将主词(上帝)及其所有谓词(其中之一是全能)连接起来,并且说"上帝存在"(God is)或"存在着一个上帝"(There is a God),那么,我们并没有给上帝概念增加新谓词,而只是设定主词及其所有谓词,实际上把它确定为一个与我的概念相关的对象。二者的内容必须是同一的;通过把只表达何为可能的概念的对象思想为绝对被给予的[通过"它存在"(it is)这个表达],并不能给这个概念增加任何内容。换句话说,实在所包含的并不比可能所包含的多。100个实在的塔勒(thaler)①并不比100个可能的塔勒多出丝毫。因为后者表示概念,前者则表示对象及对象的设定,如果前者所包含的大于后者所包含的,那么,在这种情况

① 塔勒,德国15—19世纪流通的银币。——译者注

下,我的概念就没有表达整个对象,因而就不是一个和对象相契合的概念。然而100个实在的塔勒对我的财产状况的影响与100个塔勒的纯粹概念(即它们的可能性的概念)对它的影响是大不相同的。因为实际存在的对象并不是分析地包含在我的概念之中,而是综合地加到我的概念上(它是我的状况的一个规定);设想的100个塔勒本身并没有通过我的概念之外的这种存在而得到丝毫的增加。

第六节 恶的难题

我们在这一章中看到了两种研究宗教的方法:主体的、以信仰为基础的方法和客观的、理性的方法。它们在恶的难题上——或者我可能应该说在恶的“诸多难题”上——面临着最大的挑战,因为当我们沉思世界中存在的恶时,我们可以将我们面临的问题区分为三个尽管不同然而相关的问题:存在问题、逻辑问题和证据问题。这三个问题全都从对上帝的本质的基本信念中产生。

依据犹太-基督宗教和伊斯兰教的教义,上帝是全能的(无所不能)、全知的(无所不知)、全善的(正义、慈爱、仁慈):上帝能做一切事,知道一切事,善良是他的真正本质。但是世界充满了苦难、天灾、人祸以及死亡。每天都有数千人死于饥饿。地震摧毁了整个社区,所到之处生灵涂炭。成年人绑架、性侵害和残忍屠杀小孩。每家大医院的病房区几乎都有儿童死于不可治愈的癌症或其他疾病。全能、全知并且无限善良的上帝如何能制造——甚至允许——这样的恶呢?难道全能的上帝不能不这样安排吗?

我们似乎并不期待慈爱、仁慈的上帝免除我们的一切危险。上帝通常被描述为慈爱的父亲,而我们自己的父亲不会阻止我们尝试做可能伤害我们自己的事情。他们知道,为了让我们学会与我们周围的世界打交道,并且为有创意的生活做准备,我们不得不学会应对危险。他们不会因为我们可能摔倒和摔断胳膊——我们有些人确实如此——而阻止我们爬树。

我们也理解有时候人们自作自受。譬如,一个人酗酒,引起了交通事故,丢掉了性命。一个经验丰富的旅行者不小心饮用了不纯净的水,感染了霍乱。一个探险者在悬崖的边沿或活火山缝隙边上走,掉下去,死了。

有时不幸似乎是活该的,譬如,当我们自私地对待弟弟妹妹,对父母撒谎,或考试作弊时,我们应受惩罚。

但是一位年轻母亲的婴儿因为癌症而濒临死亡,那个婴儿的疾病当然不是他自己造成的，他也没做某些愚蠢的冒险事情，对这位母亲，我们能说什么？一位年轻女孩在自己的卧室中，然而却遭绑架，被强暴，饱受折磨，最后被残忍杀害，对她的父母，我们能说什么？那个女孩从那样的经验中能获得什么重要的生活教训，以帮助她为幸福的、有创意的生活做准备？在第二次世界大战时，纳粹屠杀了数百万他们讨厌的犹太人和其他人，对于这样的大屠杀，我们能说什么？据报道，一些观察了大屠杀的人问："上帝在哪里？"［我们可能不应该从字面上理解这个问题，因为据说上帝也是无处不在的（在一切地方）］"数百万人被屠杀，上帝为什么毫无作为？""上帝能有什么可能的理由允许这样的恶存在呢？"

在面对这样艰难的问题时，许多真信徒只是服从他们认为必然是上帝之意志的东西："我们不应该问这样的问题"，他们说，"这样的事情超出了我们的理解范围。'上帝以神秘的方式运行，去实行他的奇迹。'"这是他们处理恶的难题的方式。

然而，其他有更强批判倾向的人想要理解一个全能、全知、全善的上帝如何能让小孩饱受不治之症折磨，或者徒劳地站在一边，看着数百万犹太人被放进灭绝箱中烧成灰烬，或者对洪灾、地震或龙卷风毫无作为。

在个人内心层面上，我们如何与我们所看到的世间的罪恶达成妥协？它如何影响我们对上帝的信仰，或我们关于生命意义的思考？我们如何能帮助其他人解决恐惧性的失落？这是恶的存在性问题，该问题的经典表述在《旧约·约伯记》（*Old Testament Book of Job*）中。

约伯是一个富裕的义人，虽然苦难纷至沓来，然而他仍然保持着他的信仰，信靠上帝。在这个故事中，敌对部落偷走了约伯的牲畜，杀死了他的一些仆人。天火吞噬了他的羊群和更多的仆人。其他敌人偷走了他的骆驼，杀死了他的更多仆人。当约伯的一些孩子坐在家里吃饭喝酒时，一阵可怕的风刮倒了房子，杀死了他们。接着约伯从头顶到脚掌长毒疮，饱受痛苦。他的妻子甚至建议他："你弃掉上帝，死了吧！"尽管有这一切苦难的经历，但是他的信仰仍然坚定不移。尽管他的信仰被考验，然而约伯并没有得出结论说上帝不存在。他找到了处理恶的存在性问题的方法。

《约伯记》有一个幸福的结尾：上主奖励约伯，他余生拥有的牛羊、骆驼和孩子比此前拥有的还多。当然并非所有人都经历了约伯所受的那些苦难，但是他们的一些故事却并没有这样幸福的结局。

现在你们可能已经注意到恶的存在问题对信徒和无神论者而言都是问题。非信徒和信徒类似，他们必须各自寻找处理周围世界中的恶的难题的方法，尽管信徒可能更敏锐地经验到这个问题，因为他们必须调和恶与他们的上帝观。

恶的逻辑问题和证据问题为反对上帝存在的最重要的证明，即来自恶的证明，提供了基础。（接下来，我将交替使用"恶的难题"和"来自恶的证明"）在一个重要的方式上，这些证明与我们已经考察的证明不同。我们已经看到阿奎那、安瑟伦、佩利和其他人提出了证明上帝存在的证明。而康德、休谟以及其他人指出了他们所看到的这些证明的缺陷:结果他们声称这些证明没有证明上帝存在。但是揭示一个证明没有证明一个命题是真的与证明该命题是假的不是一回事。区别类似于我们在高中几何中学习到的区别:我们没能证明一个定律——譬如,斜边的平方等于其他两边的平方之和——是真的,但这并没有证明毕达哥拉斯定律是假的,它当然不是假的。

来自恶的证明的目的是证明上帝不存在——或者至少证明信仰上帝是非理性的——因为上帝的存在与恶出现在世界中是不相容的。由恶的逻辑问题产生的证明的主要内容是:关于上帝的本质的某些断言与关于恶的断言在逻辑上似乎不一致。在你们已经在本章中读到的《自然宗教对话录》中,休谟以这样的方式提出了问题。克里安西斯和斐洛谈到了人类所面临的各种苦难和折磨。接着斐洛提出了这个问题。下段选自第十个对话:

> 我们承认(上帝的)力量是无限的,凡是他想要的都实现了;但是人类及其他动物都是不幸福的,因此他并不想让他们幸福。他的智慧是无限的:他绝不会选择错误的手段来达到目的;但是,自然的历程并不倾向于让人或动物幸福,因此它并非为了那个目的而确立。在人的全部知识领域中,再没有推论比这些推论更确定、更无误了……
>
> 伊壁鸠鲁的老问题仍然没有得到回答。他愿意制止恶,而不能制止吗?那么他就是无能的。他能够制止,而不愿意制止吗?那么他就是恶毒的。他既能制止又愿意制止吗?那么恶是从哪里来的?

恶就在那里。正如伊壁鸠鲁所说的,如果上帝愿意阻止恶但却不能阻止,那么他就不是全能的。如果他能够阻止(全能的)但却不愿阻止,那么他不是仁慈的。(尽管伊壁鸠鲁并没有补充这一点:如果上帝能阻止恶,并且也愿意阻止,那么他必然不知道如何阻止恶,在此情况下,上帝不是全知的)

牛津哲学家麦基(J. L. Mackie)在他的文章《恶与全能》(*Evil and Omnipotence*)中以如下方式陈述该问题:

> 该问题的最简单形式就是:上帝是全能的;上帝是全善的;然而恶存在。这三个命题之间似乎存在着一些矛盾,以至于如果它们中的任何两个命题是真的,那么第三个命题是假的。但是这三个命题同时是大多数神学观点中的必需部分,这样,神学家似乎必然坚持这三个命题,然而却不能一致地坚持它们。[①]

请注意,来自恶的逻辑证明没有证明无神论,即那种认为不存在超自然的神(小写的 god)的观点。(它没有排除所有可能性,譬如,可能存在着一个拥有任何两种传统属性的神)但是它确实开始证明,至少犹太-基督宗教和伊斯兰教的教义所描述

---

① 麦基:《恶与全能》,载《心灵》(*Mind*),64 卷,254 期。版权归牛津大学出版社。翻印获得授权。

的上帝不存在。此外,它试图证明被如此描述的上帝不能存在——对被如此描述的上帝的断言与对恶的断言在逻辑上不一致。

其他思想家相信,尽管关于上帝的本质的断言与关于世间的恶的断言在逻辑上并非不一致,但是恶出现在世界中毕竟提供了证明全能、全知、全善的上帝并不存在的强有力证据。

对某些人而言,恶的难题并不导致人们相信上帝不存在,而是导致不可知论、"我不知道"的立场。我们在第六章就已经碰到的约翰·斯图尔特·密尔在其《自传》(*Autobiography*)中雄辩地谈论他父亲詹姆斯·密尔在面对恶的难题时所经验到的信仰危机:

> 我的父亲受到了苏格兰长老派的信经的教育,他自己的研究和反思使得他很早就不仅拒绝相信启示,而且拒绝人们通常所说的自然宗教的基础……毫无疑问,经过许多斗争之后,他不禁相信,对于事物的起源,我们根本不能知道什么。这是他的观点的唯一正确的陈述;因为他认为独断的无神论是荒谬的……(但是)他发现不可能相信这样一个充满了恶的世界是一个集无限力量、绝对善良和正义于一身的创造者的作品。①

在回应恶的难题时,有些思想家说恶是虚假的,或者只是善的缺乏,甚至根本不存在!鉴于大屠杀的滔天罪行或天花流行病过去所造成的苦难,我完全难以相信这种说法,我发现我的许多学生有同样的感受。其他人已经指出,上帝可能并不是全能的,因而在我们所陈述的恶的难题中显现的不一致问题不会出现;依据摩尼教的宗教教义,宇宙被分成两个互相争斗的领域,一个是上帝主宰的善的领域,一个是撒旦主宰的恶的领域。但是大多数有信仰的基督徒、犹太教徒和穆斯林发现这些建议即使不是完全异端的,也不能令人满意。

因此,虔诚的基督徒、犹太教徒或穆斯林在回应恶的难题所提出的挑战时能说些什么呢?神正论(Theodicy)在面对世间的恶时试图为善良和全能的上帝辩护——用约翰·弥尔顿(John Milton)的话说就是——"(去)证实上帝对待人的方式是合理的"[《失乐园》(*Paradise Lost*),I.26]②,或者,用亚历山大·蒲伯(Alexander Pope)的话说就是,"(去)为上帝对待人的方式辩护"[《人论》(*An Essay on Man*),I.16]③。

一种辩护,即"自由意志的辩护"依赖于道德恶与自然恶的区分。道德恶是人的

---

① 密尔:《自传》(Jack Stillinger ed.,Riverside Editions,Houghton Mifflin Company,Boston,1969),1969年版权归杰克·斯林格(Jack Stillinger),第25-26页。

② 弥尔顿:《失乐园》(Modern Library College Editions,New York,Distributed by McGraw Hill,Inc.)。1969年版权归兰登书屋(Random House,Inc.)。原版发表于1667年。

③ 蒲伯:《人论》(The Library of Liberal Arts,published by the Bobbs-Merrill Company,Inc.,Indianapolis,New York,Kansas City)。1965年版权归玻白斯·麦瑞尔股份有限公司(Bobbs-Merrill Company,Inc.)。原版发表于1733—1734年。

邪恶的行为所包含或造成的恶,譬如大屠杀、强奸、谋杀和折磨无辜者。据说道德恶是与上帝的无限善良是兼容的,因为它们并不直接来自上帝,而是来自上帝赋予给人类的自由意志。正如我们在第三章中看到的,自由意志的观念本身是有问题的,在此使用它来驳斥恶的难题的方式是有问题的:上帝是全能的,他本可以按照他认为合适的方式创造人类。一种方式就是创造不能选择去强奸、谋杀或折磨无辜者,甚至不能有不纯洁的想法——总之,没有自由意志——的人类。这样的被造物决不会选择恶,因为他们不能选择恶。但是他们完全是自动装置,不是道德主体,完全不是人类。有人认为,一个充满了人,甚至拥有那些犯了道德恶的人的世界比只拥有自动装置的世界好得多。

相反,自然恶是由自然力量造成的那些恶,譬如,公元 71 年,维苏威火山(Mt. Vesuvius)爆发,毁灭了庞培城(Pompeii)和海格立斯城(Herculaneum),在 14 世纪,黑死病杀死了无数西欧人,1755 年的里斯本大地震(Lisbon Earthquake)杀死了 6 万人。在这里,信徒们有什么可用的辩护呢?

采取最有希望的行动方针的可能是 17 世纪德国杰出逻辑学家、数学家和哲学家戈特弗里德·莱布尼茨(Gottfried Leibniz)。他承认世界上有恶,但是接着论证说这个世界仍然是上帝所能创造的所有可能世界中的最好的世界。是的,上帝是全能的、全知的、全善的,然而世界上存在着恶。是不是极其荒谬?下面是莱布尼茨建立他的论证的方式。

莱布尼茨从如下前提出发:因为这个世界是无限的、仁慈的上帝创造的,所以这个世界必然是可能创造的最好的世界。事实上,他设想在创造之前上帝的神圣头脑中反复思考着他可能创造的所有可能世界。显然,如果上帝认为最好不创造世界,那么,他本可以阻止创造一个世界。在他能够创造的所有在逻辑上是可能的世界中,他显然选择了最好的世界,因为他是无限善良的。更重要的是,因为他是无限智慧的,所以他所思想的任何东西必须是真的。因此,这个世界是所有可能世界中最好的世界,哪怕其中存在着恶:

> 必须承认,在上帝已经创造的这个世界中存在着恶,并且可能创造一个没有恶的世界,或者甚至根本不创造世界,因为世界的创造依赖上帝的自由意志;但是我否认……事物——在其中包含着恶,要创造这个事物,那么,恶就不可避免,否则,就只能避免创造它——的创造者不会选择最好的事物……最好的计划并非总是寻求避免恶,因为情况可能是恶伴随着更大的善。譬如,军队的将军更喜欢负轻伤但却获得巨大胜利,而不是没有负伤但也没有胜利的状况。(《神正论》,简化的证明)①

① 莱布尼茨:《莱布尼茨:选集》(*Leibniz:Selections*;Philip P. Wiener, ed. ,Scribner, New York),1951 年版权归查尔斯·斯克里布纳之子(Charles Scribner's Sons)。

其他更寻常的例子浮现在人们的脑海中。什么时候喝凉爽、清澈的水感觉味道最好？当我们口渴时。什么时候我们听到某人说“我爱你”时最激动？当我们受到伤害，希望听到某人说它时。在这些例子中，快乐和愉悦实际上都因为它们之前的痛苦（恶）而强化。

但是大屠杀呢？年轻母亲的即将因癌症而死去的孩子呢？有什么善可能补偿这些恶呢？莱布尼茨宣称，从我们有限的视角看，我们不能看到恶与整体图景融为一体的方式。

> 全能者的无限智慧与其无限的善良结合在一起，这使得我们在思考了一切东西之后会认为再不能创造任何比上帝已经创造的东西更好的东西。因此，所有事物都处于完美和谐之中，协力促成了最美好的方式……因此，无论何时，当上帝的工作的某个细节在我们看来应受谴责时，我们应该断定我们并没有充分地认识它，而依据理解了它的智者的观点，它甚至是我们所能渴望的最好的东西。（同上）

设想一幅伟大的画被分割成了拼图玩具。每个个体部分看起来可能只是一些难看的污点；但是一旦完成了拼图，我们会将这幅画看作一个整体，发现它是美丽的，个体部分共同组成了一个和谐的统一体。用亚历山大·蒲伯的话说就是：

> 一切不和谐乃是未被理解的和谐；
> 一切局部的恶乃是全体的善。（《人论》，I. 291-292）

总之，尽管有恶存在，“这个世界仍然是所有可能世界中最好的世界”。来自恶的证明的错误在于这个事实：当我们做出恰当的理解时，上帝的存在与恶在世界中存在是相容的。

伏尔泰（Voltaire）在《老实人》（*Candide*）中辛辣地讽刺这个世界是所有可能世界中最好的世界的理论，其他人不相信莱布尼茨和蒲伯的证明。争论持续着。但是这个理论可能是宗教思想中的理性主义传统处理恶的难题的最佳方式。尽管如此，正如尼尔森·派克（Nelson Pike）所说的：

> 在大多数神学观点中，上帝的存在被看作是信仰的信条或者在先验证明的基础上被欣然接纳。在没有东西有资格充当能够拥有肯定的或者否定的“证据”的“假说”的情况下，世界上的恶的事实并没有向神学提出特殊的问题……当人们在对世间的恶的状态做理性思考之前就已经接受了上帝的存在时，传统的恶的难题就简化为一个相对来说并不重要、并不关键的困惑。”①

---

① 派克：《休谟论恶》（*Hume on Evil*），载《哲学评论》（*Philosophical Review*），72 卷，第 2 期。1963 年版权归康奈尔大学（Cornell University）。翻印获得授权。

这样,我们可能返回到我们开始的地方,回到克尔凯郭尔那里,他相信上帝的许诺并不能拥有理性的辩护、证据和证明,我们唯一的希望是进行那种"信仰的跳跃"。

处理恶的难题的方法清楚地反映了我们在本章中看到的两种研究宗教的方法:主体的、以信仰为基础的方法和客观的、理性的方法。对于那些喜欢客观的、理性的方法的人而言,该问题仍然是一个难处理的问题。对于那些喜欢主体的、以信仰为基础的方法的人而言,该问题不算什么,只是"一个相对来说并不重要、并不关键的困惑"。

第八章要点

1. 19 世纪丹麦哲学家索伦·克尔凯郭尔终生挣扎着与北欧基督新教达成妥协,以复杂的方式重点关注信仰、救世主、罪和忧惧等宗教概念。他的许多著作考察了宗教信仰体验,并且同时批判了他所处的中产阶级社会。
2. 克尔凯郭尔拒斥当时在哲学领域中发挥主导影响的黑格尔的学说,他宣称真理在于主体的、内在的、直接的东西,而不是客观的、普遍的东西。克尔凯郭尔处理人的存在的这些核心问题的路径被称为存在主义。
3. 数千年来,哲学家争论是否可能真的证明一个神圣的、无限的存在者——上帝——存在。旨在证明上帝存在的传统证明被划分为三类:
   a)设计论证明。它首先指出本质上合乎目的或设计的证据,然后推论它们必然是一个理智的、有目的的设计者即上帝的产物,以此证明上帝存在。18 世纪晚期的威廉·佩利给出了这个证明的最精巧的版本,然而这种形式或那种形式的证明都可以追溯到古代。
   b)圣托马斯·阿奎那的宇宙论证明。该证明首先从世界中的运动事实或者事物的生成和毁灭的事实出发,然后推论必然存在着运动的第一因或存在的第一个不可改变的原因,这个原因本身没有更高的原因,不能生成,也不能毁灭。
   c)圣安瑟伦的本体论证明。该证明首先从一个无限存在者的纯粹概念出发,接着宣称,对这个概念进行逻辑分析,我们就能得出结论说,与这个概念相应的某个东西,——一个无限的存在者或上帝——必然存在。本体论证明始于中世纪,在过去的七个世纪里引起哲学家的激烈论争。
4. 恶的难题提出了一个问题:一个全能、全知且全善的上帝如何允许世间有如此多的烦恼、苦难和恶?

问题讨论与复习

1. 你是否曾有过这样的体验,你能够真正将它描述为宗教性体验?我头脑中不仅有像异象和改宗一样的戏剧性体验,而且也有更普通的、建立在社会之中的体验,譬如接受圣餐,受诫礼(bar mitzvah),充当一位年轻亲戚的教父,或者甚至参与宗教服务。思考那种经验,并自问:我是否认为它使我触及到一个在日常世界之外或与日常世界不同的领域?这样的体验对我有何意义?它是否改变了我的人生?为什么?为什么不?什么改变了我的人生?
2. 细阅读上帝存在的证明,思考它们。你是否确信其中的任何证明?如果回答是否定的(通常如此),那么,你认为那些证明为了什么目的?如果这些证明被加强,变得更好,那么,你是否会做出不同的回答?对这些证明上帝存在的尝试,耶稣将作何回应?
3. 让我们假设你拒斥上帝存在的证明,甚至拒斥"存在着一个上帝"这个断言。那么,你如何解释"存在着一个宇宙"这个事实?你是否需要解释"我们存在"这个事实?为什么通常存在着东西,而不是虚无呢?
4. 假设我们与遥远星球上的其他种族取得了联系,并且发现他们像我们一样崇拜一个通过一系列的神圣作品将自身启示给他们的神圣存在者。假设我们最终学会了将他们的语言翻译成我们的语言,结果是,他们的神圣作品与《旧约》《新约》所说的几乎是相同的事情。那是否证明了存在着一个上帝?另一方面,假设他们没有一丁点像宗教的文化实践,那是否削弱了我们宗教的断言呢?为什么?

主要来源:哲学读本与评论

1. 圣·安瑟伦:《宣讲》
2. 托马斯·阿奎那:《神学大全》
3. 奥古斯丁:《上帝之城》
4. 马可·奥勒留:《沉思集》
5. 薄伽梵歌(Bhagavad Gita):《瑜伽道论》(*Path of Yoga*)
6. 波爱修(Boethius):《哲学的慰藉》(*The Consolation of Philosophy*)
7. 佛陀(Buddha):《火诫:金刚经,心经》(*The Fire Sermon*:*The Vagrakkhedika*, *Heart Sutra*)
8. 孔子(Confucius):《论语》(*Analects*)

9. 约翰·希克(John Hick):《宗教哲学》(*Philosophy of Religion*)
10. 大卫·休谟 :《自然宗教对话录》
11. 威廉·詹姆斯:《宗教经验种种》(*The Varieties of Religious Experience*)
12. 卡尔·雅斯贝尔斯(Karl Jaspers):《轴心时代》(*The Axial Period*)
13. 伊曼努尔·康德:《实践理性批判》(*Critique of Practical Reason*)
《纯粹理性批判》(*Critique of Pure Reason*)
14. 索伦·克尔凯郭尔:《哲学片段》《〈哲学片段〉的非科学的总结性后记》
15. 老子(Lao Tzu):《道德经》(*Tao Te Ching*)
16. 威廉·佩利:《自然神学》(*Natural Theology*)
17. 普罗提诺:《九章集》(*Enneads*)
18. 伯特兰·罗素:《我为什么不是基督徒》(*Why I am Not a Christian*)
19.《奥义书》(*Upanishads*)

第七节　当代应用:"伊斯兰教"与"西方"的文明冲突

2001 年 9 月 11 日世界贸易中心和五角大楼被袭击,此后的 7 年,美国人越来越被这样的观念困扰,即两大敌人,通常被称之为"西方"的第一方与或被简单地称作"伊斯兰教"或被称作"伊斯兰-纳粹主义"的第二方的全球性大战已经爆发。这样鲜明而异常简单的世界观似乎被筹划和实施那些袭击的人以及他们在其他国家的支持者分享。由美国发起的反对阿富汗塔利班统治者的战争以及稍后的反对伊拉克萨达姆·侯赛因统治的战争已经鲜明地强化了一位学者在其《文明的冲突》(*Clash of Civilizations*)中所研究的世界观。

如果那真的是一场斗争,那么,尽管那种斗争主要是军事冲突,但是它基本上还是被看作是犹太-基督宗教的西方与穆斯林的中东之间的宗教冲突,因为美国人看到自己在与伊斯兰宗教斗争,而不是与伊拉克、伊朗、印度尼西亚和叙利亚的艺术、文学或家庭结构斗争。乔治·布什(George W. Bush)总统在"9·11"袭击之后的最早的公开评论中甚至挑起了长期属于中世纪历史的十字军东征的观念。

对于像我这样的哲学家来说,有关西方和伊斯兰教之间的绝对的、不可调和的鸿沟的戏剧性故事听起来的确奇怪。很久以前,当我还是刚学习哲学的本科生时,我知道了犹太教、基督教和穆斯林神学传统和哲学传统之间的紧密关联。我知道了犹太教和基督教的哲学家在耶稣诞生之后的第一个世纪里寻求将柏拉图和亚里士多德的世俗哲学理论与《旧约》和《新约》中的启示性宗教教义结合起来。我知道了 1 000 年之后,当伊斯兰教的哲学、科学、艺术和神学获得巨大繁荣时,当时的欧洲正处于历史学家所说的黑暗时代，社会秩序和政治秩序衰退，出色的穆斯林学者采纳并发展了这些思想传统，拯救了它们，使得它们没有湮没不闻。我知道了我们关于柏拉图和亚里士多德的知识实际上要归功于那些穆斯林学者，因为原典已经在欧洲丢失了。我知道了犹太教、基督教和伊斯兰教都认为他们自己植根于《旧约》的亚伯拉罕传统。当我阅读关于实体的哲学讨论，或上帝存在的证明，或对自由意志与神圣的全知之间的冲突的分析时，我没法仅从被翻译成英文的那些证明的本质而说出我所读的文本是犹太哲学家迈蒙尼德(Maimonides)所写，还是基督教神学家托马斯·阿奎那所写，或者是穆斯林理论家阿维洛伊(Averroes)所写。这三个如此相似且在历史上如此紧密相连的传统如何会为了控制世界而忙于生死决斗呢?

在本节中，你们将会读到处理《文明的冲突》的论题的两篇长长的选文。第一篇选文是萨缪尔·亨廷顿(Samuel P. Huntington)对该论题所作的陈述和辩护，他是哈佛大学著名教授，几十年来一直在撰写有关国际事务的论著。回应来自于芝加哥大学(University of Chicago)教授斯蒂芬·沃特(Stephen Walt)。因其著作批判了美国外交政策的导向，他最近声名鹊起。

在我选择用作当代应用的所有议题和问题中，这个问题可能在未来的二三十年对你们的生活产生最深远的影响。

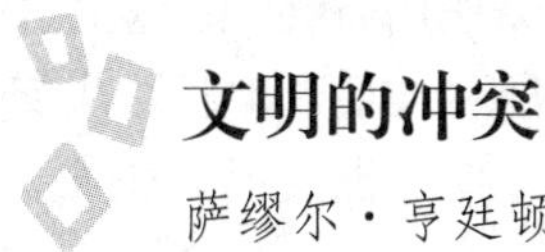

文明的冲突

萨缪尔·亨廷顿

下一种冲突模式

世界政治正进入到一个新阶段，知识分子毫不犹豫地宣传着他们关于它的未来的愿景——历史终结、民族国家之间的传统的敌对关系重新出现、部族主义和全球主义相互拉扯导致民族国家衰落，等等。每个愿景都抓住了显现的现实的一些方面。但是它们都没有抓住未来一些年可能出现的全球政治的关键，甚至是核心的一面。我的假设是，这个新世界的冲突的根源将不再主要是意识形态上的或经济上的。人类的大分化和冲突的主要根源将会是文化上的。民族国家仍将是世界事务中的最有力量的行动者，但是全球政治的基本冲突将会发生在属于不同文明的国家和团体之间。文明之间的断层线将成为未来的交战线。

我们所说的文明是什么意思呢? 一种文明是一个文化实体。村镇、区域、种群、民族、教派都有处在不同的、多样的文化层次之上的独特文化。意大利南部的一个村镇的文化可能与意大利北部的一个村镇的文化不同，但是二者共享使它们与德国村镇相区别的意大利文化。反过来，欧洲社群共享使他们与阿拉伯社群或中国社群相区别的文化特征。然而阿拉伯人、中国人和西方人并不是任何更广泛的文化实体的部分。他们构成了诸种文明。因此,除了将人与其他物种区别开来之外,文明是在文化上对人所作的最高分类和文化认同的最广泛的层次。它既被诸如语言、历史、宗教、习俗、制度之类的客观共有的要素界定,也被人们的主观的自我认同界定。人们有同一的层次:一个罗马居民可能用各种各样的尺度来界定自己:罗马人、意大利人、天主教徒、基督徒、欧洲人、西方人。他所属的文明是他的认同不断上升所能达到的最广层次。人们能够并且确实重新界定他们的认同,结果,文明的构成和界限发生了变化。

文明可能包括很多人,譬如中国[正如白鲁恂(Lucian Pye)所说的,"一个自称是国家的文明"],或者包括很少人,如母语是英语的加勒比海人(Anglophone Caribbean)。一个文明可能包括数个民族国家,西方文明、拉美文明和阿拉伯文明就是这种情况,或者只包括一个,日本就是这样。文明显然混杂着和部分重叠着,可能包括亚文明。西方文明有欧洲文明和北美文明这两个主要变体,伊斯兰文明有阿拉伯、土耳其和马来分支。虽然如此,文明是有意义的实体,它们之间的界线尽管不是很鲜明,但还是真实的。文明是动态的;它们兴起之后又衰亡;分裂之后又合并。正如学习历史的任何学生所知道的,文明会消失,被掩埋在时间的流沙之中。

文明的认同在未来将越来越重要,七八个文明之间的相互作用将在很大程度上塑造世界。这些文明包括西方文明、儒家文明、日本文明、伊斯兰文明、印度文明、斯拉夫-东正教(Slavic-Orthodox)文明和拉丁美洲文明,还可能包括非洲文明。未来的最重要的冲突将会发生在使这些文明彼此区分的文明断层线上。为什么会出现这种情况呢?

第一,文明之间的差异不仅确实存在,而且是根本性的。历史、语言、传统,尤其是宗教使得文明之间互相区分。来自不同文明的人在上帝与人、个体与团体、公民与国家、父母与子女、丈夫与妻子之间的关系,以及权利与义务、自由与权威、平等与阶级哪方相对重要上都有不同的看法。

这些差异是漫长岁月的产物。它们不会迅速消失。相对于政治意识形态或政治制度上的差异而言,这些差异根深蒂固。差异并不必然意味着冲突,冲突也并不必然意味着暴力。然而在过去的时代里,文明之间的差异已经导致了最漫长、最野蛮的冲突。

第二,世界正变得越来越小。来自不同文明的人与人之间的相互影响在增多。这种日益增加的互动增强了人们对文明之间的差异与文明内部的共性的意识和认识。法国人对北非移民抱有敌意,但同时越来越接受"善良"的、信奉欧洲天主教的波兰移民。相比于来自加拿大和欧洲国家的大宗投资,美国人对日本的投资的反应消极得多。

第三,世界范围内的经济现代化和社会变迁的过程正使人们摆脱长期存在的本土认同。它们也削弱了民族国家作为认同的根源的地位。在世界上的很多地区，宗教已经以通常被贴上了“原教旨主义”标签的运动形式插手，填补由此导致的空白。人们可以在西方的基督教、犹太教、佛教、印度教以及伊斯兰教中发现这样的运动。在大多数国家和宗教中，积极参与原教旨主义运动的主要是年青的、受过高等教育的中产阶级技术人员，专业人士和商人。乔治·韦格(George Weigel)评论道：“世界的去世俗化是20世纪末社会生活的主要事实之一。”宗教的复兴——吉勒斯·凯佩尔(Gilles Kepel)将之贴上“上帝的报复”(la revanche de Dieu)的标签——为超越国家界限和连接文明的认同和信奉提供了基础。

第四，西方文明的双重角色增强了人们对文明的意识。一方面，西方文明处于权力的巅峰。然而同时，并且可能因此，非西方文明的回归根源现象正在出现。人们越来越多地听到日本的内转倾向和“亚洲化”、尼赫鲁(Nehru)传统的终结和印度的印度教化、西方的社会主义和民族主义观念破产以及因此而导致的中东“重新伊斯兰化”。

第五，文化上的特征和差异比政治、经济上的特征和差异更少变动，并因此更不易和解和被解决。在苏联，共产党员可以变成民主党员，富人可以变成穷人，穷人也可以变成富人，但是俄罗斯人不能变成爱沙尼亚人，阿塞拜疆人不能变成亚美尼亚人。在阶级和意识形态冲突中，关键问题是“你站在哪一边？”人们可以并且过去确实选择了立场，而且改变自己的立场。但是正如我们都知道的，从波斯尼亚到高加索到苏丹，错误地回答那个问题意味着脑袋挨子弹。宗教甚至比种族更能造成人与人之间的鲜明的、绝无仅有的差异。一个人可以拥有法国和阿拉伯血统，甚至同时是两国的公民。但他不能既是天主教徒又是穆斯林。

西方世界和伊斯兰世界之间数百年的军事对抗不可能减少。相反，它会变得更加危险。在海湾战争中，萨达姆·侯赛因攻击以色列，与西方对抗的举动让一些阿拉伯人感到骄傲。但是许多人也因为西方军队存在于波斯湾，西方拥有压倒性的军事优势，以及他们看似不能塑造自己的命运而感到羞愧和怨恨。石油输出国以及其他一些阿拉伯国家的经济和社会发展已经达到一定的层次，专制的管理形式变得不适应，引进民主的努力变得更加强烈。阿拉伯政治体制中的一些缺口已经出现。这些缺口的主要受益者是伊斯兰主义运动。总之，在阿拉伯世界中，西方民主增强了反西方政治力量。这可能是一个短暂的现象，但是它肯定会使伊斯兰国家和西方的关系复杂化。那些关系也被人口统计学弄得复杂化。在阿拉伯国家，特别是在北非，人口的惊人增长使得越来越多的人移民到西欧。西欧国家撤简内部疆界的运动已经使人们对于这种发展的政治敏感加重。从1990年以来，在意大利、法国和德国，种族主义越来越公开，针对阿拉伯和土耳其移民的政治反应和暴力愈演愈烈，不断蔓延。印度穆斯林作家阿克巴(M. J. Akbar)评论道：西方的“下一次对峙一定来自穆斯林世界。为新世界秩序而展开的斗争将会从马格里布(Maghreb)一直绵延到

巴基斯坦的伊斯兰国家开始。”柏纳·刘易斯(Bernard Lewis)做出了类似的结论:

> 我们正面对着一种情绪和运动,它远远超出了政府及其追求的议题和政策的层面。这就是文明的冲突——一个古老的对手针对我们犹太-基督宗教传统、我们目前的世俗化以及二者在全世界的广泛扩展而做出的也许是非理性的,但肯定是历史性的反应。①

文明之间的关系变化很大,这取决于这种关系的特征在多大程度上是暴力的。经济竞争明显主宰着作为西方亚文明的美国和欧洲之间的关系以及二者与日本之间的关系。然而在欧亚大陆,以极端的“种族清洗”的形式出现的种族冲突迅速扩散,这完全不是任意的。分属不同文明的团体之间的种族冲突已经变得司空见惯和极具暴力性。在欧亚大陆,文明之间的巨大历史断层线再次燃烧。在从非洲之角到中亚所形成的半月形伊斯兰国家集团的边界上,这一点尤为真实。穆斯林与巴尔干半岛的信奉东正教的塞尔维亚人、以色列的犹太人、印度的印度教徒、缅甸的佛教徒和菲律宾的天主教徒之间也发生暴力冲突。伊斯兰世界的边界流淌着鲜血。

西方与东方的对立

与其他文明相比,西方文明现在处于权力的巅峰。它的超强的对手已经从地图上消失了。西方国家之间的军事冲突是不可想象的,西方国家的军事力量是无可匹敌的。除了日本,西方国家不会面临经济上的挑战者。它支配着国际政治和安全组织,并且与日本一起支配着国际经济组织。全球政治和安全问题被美国、英国和法国组成的理事会有效地解决,而世界经济问题则由美国、德国和日本组成的理事会解决。所有这些国家彼此之间都保持着不同寻常的紧密关系,而把大大小小的非西方国家排除在外。联合国安理会(U. N. Security Council)或国际货币基金组织(International Monetary Fund)所做出的决定反映着了西方国家的利益,然而却以世界整体的愿望的面目出现。“世界共同体”(the world community)这个词已经成了委婉的集合名词(取代“自由世界”),赋予反映美国以及其他西方势力的行动以普遍合法性。通过国际货币基金组织和其他国际经济组织,西方国家推进他们的经济利益,并且将他们认为合适的经济政策强加给其他国家。在任何非西方国家的民意测验中,国际货币基金组织无疑将赢得经济部长和其他一些人的支持,但是其他人则会一致给出负面的评定结果,他们会赞同格奥尔基·阿尔巴托夫(Georgy Arbatov)将国际货币基金组织的官员描述为“喜欢剥夺他人的金钱、将不民主和格格不入的经济和政治行动法则强加于人、抑制经济自由的新布尔什维克”。

---

① 路易斯:《穆斯林愤怒的根源》(*The Roots of Muslim Rage*),载《大西洋月刊》(*The Atlantic Monthly*),266卷,1990年9月,第60页;《时代》(*Time*),1992年6月15日,第24-48页。

西方主导着联合国安理会及其决定，只是偶尔因中国投弃权票才有所收敛，这导致联合国授权西方国家使用武力将伊拉克驱逐出科威特，消除伊拉克的精良武器和制造这些武器的能力。它也导致美国、英国和法国采取前所未有的行动，迫使安理会要求利比亚交出美国泛美航空公司103航班爆炸案的嫌疑犯，当利比亚拒绝之后，对利比亚实施惩罚。在打赢了最强大的阿拉伯军队后，西方国家毫不犹豫地向阿拉伯世界施加压力。西方国家有效地利用国际组织、军事力量和经济资源来使世界按照保持西方国家的主宰地位、保护西方国家的政治和经济价值的方式运转。

那至少是非西方国家看新世界的方式，并且在他们的观念中存在着有意义的真理要素。力量上的差异与军事、经济和制度力量上的斗争是西方文明和其他文明冲突的一个根源。文化上的差异，即基本价值和信仰上的差异，是冲突的第二个根源。奈保尔（V. S. Naipaul）坚决主张西方文明是“适合所有人”的“普世文明”。表面上看，西方文明的很多方面确实已经渗透到世界的其他地区。但是从更基本的层面看，西方的观念与其他文明的观念有着根本的区别。西方的个人主义、自由主义、立宪制、人权、平等、自由、法治、民主、自由市场、政教分离等观念通常很少得到伊斯兰、儒家、日本、印度、佛教或东正教文化的回应。相反，西方宣传这些观念的努力导致非西方国家反抗“人权帝国主义”以及重新肯定本土价值，可以从生活在非西方文化中的年轻一代支持宗教原教旨主义看出来这一点。可能存在着一种“普世文明”这种观念是西方的观念，直接与大多数亚洲社会的特殊主义及其所强调的各个民族之间的区别不符。一篇对不同社会的价值观进行了100项比较研究的评论的作者确实得出结论：“西方的最重要价值是世界范围内最不重要的价值。”①当然，在政治领域，这些差异最明显地表现在美国和其他西方势力努力诱导其他国家采纳西方的民主观和人权观。现代民主政府发源于西方。当它在非西方社会中发展时，它通常是西方殖民主义或强迫接受的产物。

用纪梭·马布巴尼（Kishore Mahbubani）话说，未来世界的政治轴心可能是“西方与非西方”之间的冲突以及非西方文明对西方力量和价值的回应②。那些回应通常以三种形式之一或三种形式结合的方式出现。一种极端的方式是，像缅甸和朝鲜这样的非西方国家试图追求孤立路线，使他们的社会与西方的渗透和“腐化”隔离，他们事实上选择不参与西方主导的国际社会。但是走这条道路的代价是高昂的，很少国家能够一直贯彻这条路线。第二种选择相当于国际关系理论中的“跟随强者”理论，就是试图融入西方，接受它的价值和制度。第三种选择是试图在保存本土价

---

① 特利安第斯（Horny C. Triandis）：《纽约时报》（*The New York Times*），1990年12月25日，第41页，以及《个人主义和集体主义的跨文化研究》（*Cross-Cultural Studies of Individualism and Collectivism*），载内布拉斯加动机研讨会（Nebraska Symposium on Motivation），1989年，第37卷，第41-133页。

② 马布巴尼：《西方与非西方》（*The West and the Rest*），载《国家利益》（*The National Interest*），1992年夏，第3-13页。

值和制度的同时发展经济和军事力量,并与其他非西方社会合作抵制西方,达到与西方"势均力敌";总之就是要现代化而不是西化。

对西方的意义

这篇文章并不是要证明:文明的认同将取代所有认同,民族国家将消失,每一个文明将成为单一的、一致的政治实体,一个文明内部的集团将不会相互冲突乃至不会彼此争斗。这篇论文确实陈述了如下假设:文明之间的差异是真实的、重要的;对文明的意识正在增加;文明的冲突将取代意识形态和其他形式的冲突,成为全球性冲突的主要形式;在历史上是西方文明内部玩弄的游戏的国际关系将逐渐去西方化,并变成一个非西方国家是主角而不再是被玩弄的对象的游戏;成功的国际政治、安全和经济组织更可能在同一文明内部发展,而不是文明之间发展;分属不同文明的团体之间的冲突将会比同一文明中的团体之间的冲突更频繁、更持久和更暴力;分属不同文明的团体之间的冲突是导致全球性战争增多的最有可能的、最危险的根源;世界政治的最重要轴心将会是"西方和非西方"之间的关系;某些分裂的非西方国家的精英们正试图使他们的国家成为西方的一部分,但是在大多数情况下,他们在实现这个企图时会遭遇巨大的阻碍;在可见的将来,冲突的焦点在西方和几个伊斯兰-儒教国家之间。

这不是鼓吹文明之间的冲突是可取的。它只是在陈述有关将来会是什么样的描述性假设。但是如果这些假设是可信的,那么,就有必要考虑它们对西方政策的意义。应该从短期利益和长期适应的角度看待这些意义。从短期看,为了西方的利益,显然要促进西方文明内部,特别是欧洲和北美子文明的更大的合作和联合;让文化与西方接近的东欧和拉美国家融入到西方社会;促进和维持与俄罗斯和日本的合作关系;阻止地区性的文明间的冲突升级为文明间的大战;限制儒教国家和伊斯兰教国家扩充军事实力;延缓削减西方军事实力并保持在东亚和西南亚的军事优势;利用儒教国家和伊斯兰教国家之间的分歧和冲突;支持其他文明的团体同情西方的价值和利益;加强反映西方利益和价值并使之合法化的国际组织,推动非西方国家加入这些组织。

从长远看,则要求采用其他措施。西方文明既是西方的又是现代的。非西方文明已经试图变得现代化,但又不西化。迄今只有日本在这个追求上完全成功。非西方文明将继续试图获得实现现代化所必需的财富、技术、技能、机器和武器。他们也试图协调这种现代化与其传统文化和价值之间的关系。他们相对于西方的经济和军事能力将增强。因此,西方将不得不越来越适应这些非西方的现代文明,它们的价值和利益与西方的迥然不同。这要求西方在经济和军事力量上对这些文明保持优势,以保护西方的利益。然而它也要求西方更深入地理解构成其他文明之基础的宗教和哲学学说以及这些文明中的人们看待他们的利益的方式。这要求努力识别西方文明和其他文明之间的共同要素。在可见的将来,没有普世文明,相反只有一个由不同文明组成的世界,其中的每种文明都不得不学习与其他文明共存。

文章来源:萨缪尔·亨廷顿,《文明的冲突》(*The Clash of Civilizations*),载《外交事务》(*Foreign Affairs*)杂志,1993年,第72卷,第3期,第22-49页。翻印获得授权。

在发表了上面节选的这篇文章之后,亨廷顿继续将它扩展为一本书。芝加哥政治科学家斯蒂芬·沃特评论了这本书,并且对其核心论题发动了持续抨击。下面是他不得不说的一些话。

评萨缪尔·亨廷顿的《文明的冲突和世界秩序的重构》

斯蒂芬·沃特

萨缪尔·亨廷顿的《文明的冲突和世界秩序的重构》(*The Clash of Civilizations and the Remaking of World Order*)雄心勃勃地试图规划一个能够帮助公民和决策者理解冷战之后的世界的概念框架。亨廷顿的范式没有像我们在冷战期间所做的那样将重心放在权力和意识形态上,而是强调文化上的竞争。亨廷顿的核心论题简单易懂。他写道:"在冷战之后的世界中,诸民族间的最重要的区别不是意识形态的、政治的或者经济的区别,而是文化的区别。"认同和忠诚由对国家转向对更广泛的"文明"实体。他坚持说:"在历史上,全球政治第一次成为多极化和多文明的。"结果,文明之间的冲突将会比文明内部的冲突更加频繁,"无处不在、最重要和最危险的冲突将……是属于不同文明实体的民族之间的冲突。"

该书的核心论题经受不了严密的审察。亨廷顿并没有解释忠诚为何从民族-国家的层次转到"文明"的层次,他没有解释这种所谓的转变为何将导致文明之间的更大的冲突。最重要的是,他的一些关键性的断言与历史上的和当今的证据冲突。最后,将重点放在宽泛的文明概念上使得亨廷顿忽视或混淆民族主义的更强大得多的力量。因此,《文明的冲突》是正在出现的世界秩序的不可靠的指南和具有潜在危险性的政策蓝图。

细心研究论题

亨廷顿将冷战结束看作是文化竞争的新时代的起点,那么,在冷战结束之前,世界是什么样呢?在过去的200多年,国家——尤其是列强——是世界事务的主要行动者。过去人们普遍承认,在这些国家中,有些属于不同的文明,但是没有人宣称这些差异与理解国际政治有非常大的关联。文化上的差异确实有关联,但是它们的主要政治表达采取了民族主义的形式。不同的文化群体——或者民族——应该有他们自己的国家。这种信念过去被证明是一个极其强有力的政治意识形态,它强化了自从17世纪中叶以来就已经存在的国家体系。

在这一时期,列强的冲突是寻常的事情。战争偶尔可能由于真正的"文化"(譬如民族主义)的原因而兴起,最著名的是意大利统一战争(1859年)和德国统一战争(1864年、1866年和1870年)。然而列强之间的绝大多数冲突源自于恐惧、贪婪和愚蠢的结合,这是国际政治处于无政府状态的世界的生活特征。

依据亨廷顿的观点,在1900年之前,列强之间的冲突即使不是完全发生在文明之间,那也是在很大程度上如此的。用他的话说,"在400多年里,西方的民族-国家——英国、法国、西班牙、澳大利亚、普鲁士、德国、美国等——构成了西方文明内部的多极国际体系,相互影响、互相竞争和打仗。"然而这个描述是错的,因为它忽略了两个非西方国家(日本和俄罗斯)在这四个世纪里与西方(以及其他国家)"相互影响、互相竞争和打仗"。

如果将日本和俄罗斯包括进去,那么历史记录展示了什么呢?1800年以来的四次争夺霸权的冲突(拿破仑战争、第一次世界大战、第二次世界大战和冷战)都涉及分属两三种文明的国家。更重要的是,列强卷入的其他战争(包括他们的殖民地战争)大多数也发生在文明之间。因此,亨廷顿是错误地宣称"在冷战之后的世界中,全球政治第一次在历史上成为多极化和多文明的"。

即使不考虑其他事情,这样的错误也使人们怀疑亨廷顿的断言,即冷战的结束构成了历史的一个截然的分水岭。这也意味着他不能使用过去的文明之间的战争来支持他自己的论题,因为这些不同的冲突不是从亨廷顿现在看作对世界政治非常关键的文化或"文明"差异中产生的。

在这一点上,人们开始怀疑亨廷顿只是给如下旧现象贴上新标签:有时具有不同文化背景的国家互相争斗。这样的观点从亨廷顿本人那里获得了支持,当他写道:"属于不同文明的国家和群体之间的冲突的根源在很大程度就是那些总是造成群体之间的冲突的东西:对人民、领土、财富和资源以及相对的权力的控制。"然而他显然相信在今天情况不一样了,要不然为什么要费心规划一个新的范式呢?

新的特征是个人认同上的转移。他仍然将国家看作是世界政治的主要行动者,但是声称,随着冷战的终结,政治忠诚的核心发生了深刻的转移。他直接挑战民族主义观念,断言精英和大众将越来越认同那些属于他们的特殊文化群体的其他国家,并且这种认同上的转向将极大地铲除每个文明内部的冲突,同时使文明之间的冲突加剧。

重要的是承认这个断言如何重要和影响深远。在过去的2 000多年里,各种各样的帝国、城邦国家、部落和民族-国家为了追求具体的私利总是一再忽视文化的密切关系。这些政治团体总是愿意去攻打与他们同属一个文明的其他团体,并且同样愿意与不属于同一文明的其他团体结盟,只要这样做似乎有利可图就行。然而亨廷顿现在却断言国家表现得不同于以往,将文化价值看得高于其他东西。

然而亨廷顿并没有解释忠诚为何以他描述的方式转移。他断言全球化和不同文化之间日益增长的接触使得宽泛的文明认同更加有力,但是他没有提供任何理论解释为何是这样的。为什么对“文明”的忠诚现在战胜了民族主义?为什么国家不再将重心放在文化或种族上,而是放在更宽泛的“文明”观上?亨廷顿并没有回答这些问题。

文化差异本身并不导致战争,正如文化的相似性并不保证和谐一样。的确,人们可以声称,如果不同的团体可以自由地确立他们自己的政治和文化秩序,那么,文化的多样性使得冲突越来越不可能。正如亨廷顿自己对“分裂的国家”的分析所揭示的那样,当不同文化的成员被迫生活在同一个团体之中时,而不是当不同的团体取得联系时,文化冲突最可能发生。

在这里,什么出错了?正如现在表面上看起来的那样,亨廷顿的主要错误是他相信个人的忠诚越来越集中在“文明”上,而不是在民族-国家上。但是如果在今天的世界中存在着一个主流趋势,那么,这个趋势不是将六个左右的多民族的文明联合起来。相反,主流趋势是将现存的政治团体分解成主要依据种族或民族而组织起来的更小的团体。成为某个更大的“文明”的一部分并不能使阿布哈兹人(Abkhaz)、亚美尼亚人(Armenians)、阿塞拜疆人(Azeris)、车臣人(Chechens)、克罗地亚人(Croats)、厄立特里亚(Eritreans)、格鲁吉亚人(Georgians)、库尔德人(Kurds)、奥塞梯人(Ossetians)、魁北克人(Quebecois)、塞尔维亚人(Serbs)或斯洛伐克人(Slovaks)信服,让他们放弃独立建国的诉求,正如成为西方的一部分并没有使德国重新统一的步伐放慢一样。因此,在冷战之后的世界中繁荣兴盛的不是文明,而是民族主义。

忽视民族主义是文明范式的阿喀琉斯之踵。正如亨廷顿自己指出的,“文明”并不做出决定;它们是抽象的文化范畴,而不是一个具体的政治机构。另一方面,国家划定了边界,指定了领导人,确立了决策程序,直接控制政治资源。国家能调动其公民,征税,公布威胁,奖励友人,发动战争;换句话说,国家能够行动。民族主义是相当有权力的力量,因为它与个体对一个机构——国家——的文化亲密性结合在一起,能够做实际的事情。将来和过去一样,世界上的基本冲突仍将是国家之间的——不是文明之间的——和现存的国家与其中的寻求独立建国的团体之间的冲突。在这些冲突中,有些可能在文化界限上——正如在亨廷顿正确地强调的“断层线”区域中——发生,但是文化差异充其量只是造成冲突的次要原因。

呼唤新敌人?

总之,《文明的冲突和世界秩序的重构》是一本充斥着反讽的书。具有反讽意味的是,一位学者在其以前的著作中对国家的作用提供了精彩的分析,然而现在却提供了一个范式,在那里,国家是散漫的文化团体的婢女。同样具有反讽意味的是,实际上挑战保罗·肯尼迪(Paul Kennedy)和其他人所做的"衰落"论证的学者现在甚至比他们有过之而无不及:美国不仅在衰落,而且其他西方文明国家也在衰落。绝对具有反讽意味的是,四年前还对日本敲警钟的学者现在迷恋中国和伊斯兰,要求积极努力维持日本与西方的纽带。

然而这些反讽可能有一个共同的主题。亨廷顿总是忠实地为整个西方文明以及美国辩护,他显然关注到西方的享受主义、个人主义的文化不再能应付它所面临的挑战。因此,通过将当代世界描述成一个冷酷无情的文化竞争的世界,他试图为我们提供具有超人力量的恶巫,我们需要他来维持自己的家园的秩序。

他可能是对的,重新肯定某些"西方"价值可能是完全值得追求的。但是即使西方确实需要新的敌人以便能使西方人团结起来,亨廷顿所提供的文明范式并没有为制定外交政策提供一个好的基础。依赖像"文明"这样的过分宽泛的范畴会使我们无视宽泛的文化团体中的区别,限制我们,使我们不能追求"分裂和征服"策略。因此,采纳亨廷顿的范式可能不经意地剥夺了决策者的灵活性,而这种灵活性总是基本的外交价值。如果世界像他所想的那样危险,那么,为什么以这样的方式限制我们的选择呢?

更为重要的是,如果我们把属于其他"文明"的所有国家当作天敌,那么,我们可能创造了敌人,而他们本可以是中立的或友好的。事实上,外交政策上的文明路径可能是最有把握让不同的外国文化协调其行动,乃至使几个文明聚到一起反对我们的方式。西方文明仍然是最强的文明,在未来的一段时间仍然如此。因此,文明策略能够激励两个或更多的文明仅仅为了自保而联合起来对付我们。在这种意义上,《文明的冲突》提供了一个危险的、终将应验的预言:我们越相信它,使它成为行动的基础,它越可能变成现实。这样,亨廷顿无疑觉得自己的观点被证实为合理的,但是我们其他人将会因这样的结果而过得不幸福。

文章来源:来自斯蒂芬·沃特:《树立新的具有超人力量的恶巫》(*Building up New Bogeymen*),载《外交政策》(*Foreign Policy*),第106期,第176-189页。翻印获得许可。

附录　如何撰写哲学论文

导　言

修习哲学课程的大部分学生将被要求提交一篇或多篇论文，作为书面作业的一部分，这项要求可能难倒了你们。即使你们目前为止已经阅读了本书的一些章节，上过数次课，但是你们可能仍然不知道如何撰写哲学论文。毫无疑问，你们在高中学习英语课或社会研究课，甚至科学课程时写过论文。但是哲学论文是完全不同的。你们从何处开始？如果图书馆有资料，那么，你们应该如何在那里找资料呢？你们是否应该把你们自己的观点、你们的教授的观点和你们在课堂阅读中发现的观点写进去呢？你们是否被期望想出你们自己的哲学呢？

这个附录旨在回答这些问题。我将提供一种撰写令人满意的哲学论文的简单、清楚、几乎完全可靠的方法；我也将给予你们一些秘诀、暗示和警告，帮助你们在撰写哲学论文时避免最常犯的错误；我将带领你们仔细批判和分析我在马萨诸塞州立大学的一个学生（当然会隐去其名字）所写的课程论文；接着我将改写学生的这篇论文，以便你们能够看到作者可以如何完善论文。

如果你们仔细阅读了这个附录并且在撰写哲学论文时遵循它的指导方针，那么，我绝对确信你们会写出好论文，从中学到许多有关哲学的知识。

撰写哲学论文的一种简单可靠的方法

一篇哲学论文是对一个论题所做的辩护，其中要解释和分析论题，给出支持论题的证明，陈述和考察该论题可能面临的反驳，并对它们做出回应。因此，一篇哲学论文有五个部分：

(一)陈述论题
(二)分析和解释论题
(三)用证明支持论题
(四)考察反驳该论题的证明
(五)回应反驳

撰写哲学论文的最简单可靠的方法就是按如下顺序布局谋篇：论题、分析论题、证明论题、驳斥论题和回应驳斥。当然并不必固守这个顺序，当你擅长撰写哲学论文时，你可能需要尝试其他的布局谋篇方法。但是如果你们此前还没有写过哲学论文，并且你们真的不确定该做什么，那么，坚持这个结构是一个好主意。不会错的！

下面让我们逐一细察这五个要素。

(一)论题

一篇哲学论文是对一个论题所做的辩护，所以第一步是弄清论题是什么。一个论题是一个陈述，对讨论的对象做出清楚的、明确的断言。譬如，如果你们的论文要讨论的话题和对象是堕胎的道德性，在此你们可能选择为下面这些论题中的某一个辩护：

- 在任何情况下，堕胎在道德上都是错的。
- 女人有绝对的权力决定是否去堕胎。
- 只有为了挽救母亲的生命时，堕胎才在道德上是正确的。

上述论题都是清楚明确的陈述，在堕胎的道德性上都采取了某一立场，而论文的其余部分试图为此立场辩护。

让我们尝试另一个例子。假设讨论的对象是一个最高存在者的存在。那么，在众多论题中，你选择辩护的论题可能是：

- 只有阿拉(Allah)这一个神。
- 存在着一个最高的存在者在逻辑上是不可能的。
- 人类不能够确定是否存在着一个最高的存在者。

现在，让我们看看一些好像是论题，实质上并不是的例子：

- 占星术的科学地位
- 堕胎，赞成意见和反对意见
- 为什么我相信上帝

这些不是论题，因为它们并没有断言任何东西。我们只能说这三个论题是话题

(topics)。你当然可以写一篇有关其中的一个话题的哲学论文,但是你必须首先围绕话题选择一个你的论文将要辩护的论题(thesis)。顺便要说的是,要特别提防像第三个话题("为什么我相信上帝")那样的假论题。哲学论文并不是表达你的感受或信仰的私人报告。它是对一个论题的证明。

你们中的那些参加过高中正式辩论赛的人可能认为所有这一切非常像辩论。你们绝对是对的。哲学非常像辩论。

对于你们论文的论题,我还要多说几句。学习做哲学研究非常像学习打篮球或网球。如果你们只是站在场外看别人玩,那么,你们是学不会的。因此,撰写哲学论文是获得一些哲学训练的一种方式。当你们选定你们论文的论题时,不要认为你们必须选定你们非常相信的东西,你们可以为之献出生命的东西。只需选择这样一个命题:它是清楚、简单、明确的,你认为你能够为之做出很好的辩护。如果一周之后你为问题的另一面辩护,那么,没有人会生你的气。

但是无论你做什么,你千万不要选择一个让你脚踏两只船的空洞无聊的论题,如"对堕胎问题的两个方面都有很多要说的",或者"有一些很好的证明支持和反对上帝存在"。表明立场,站稳脚跟,尽你所能为你的论题辩护。

因为我们已经使用了堕胎的道德性的例子,所以让我们继续使用它。在这个附录的其余部分,我们的论题将会是:

- 在任何情况下,堕胎在道德上都是错的。

(二)分析和解释论题

为论题做辩护的第一步是解释你的论题的意义。既然我们用论题"在任何情况下,堕胎在道德上都是错的"作例子,我们必须准确陈述术语"堕胎"、短语"在道德上是错的"以及限定性从句"在任何情况下"的含义。你可能认为这样的练习似乎微不足道,但是请注意——在哲学中,不清晰的定义将会带来很大的麻烦。

例如,我们想要弄清我们所理解的"在道德上是错的"与"违反法律"或"在法律上是错的"非常不同。声称被恰当定义的堕胎违反了美国或其他地方的某些州的法律或联邦法律是一回事。而声称堕胎违反所有人都应该遵守的某条原则,因而在道德上是错的是另外一回事。如果我们辩论法律问题,那么,我们将不得不引用刑法、司法判决、最高法院的意见或者法律书籍。但是如果我们辩论对错问题,那么,我们将不得不诉诸其他考量——除非我们想宣称"在道德上是错的"和"在法律上是错的"完全是一回事,但是这个宣称本身是非常有力的、非常有争议的。

我们如何理解"在任何情况下"?我们是否宣称堕胎都是错的,哪怕在因乱伦或强暴而导致怀孕的情况下?我们是否认为堕胎是错的,哪怕胎儿不可能存活且孕妇不堕胎就会死亡?我们是否宣称堕胎是错的,哪怕产前检查显示胎儿患有先天性不治之症,出生数小时之后就会死去?

请注意,在这个阶段我们不是在论证,我们只是在解释我们的论题的含义。因为它是我们的论题,我们可以按照我们的意愿解释它。但是我们解释论题的方式将会影响论文的其余部分,因为它将规定我们给予何种证明以及我们必须思考何种反驳。譬如,如果我们将“在任何情况下”解释为“哪怕因强暴导致的怀孕”,那么,我们将不得不思考如下反驳:不应该要求妇女违背自己的意愿去冒生命危险。但是如果我们排除了因强暴导致怀孕的情况,那么,那就不是对我们立场的反驳,这样我们就不必在这篇论文中思考它。

你们开始理解我们解释我们的论题的方式如何影响和规定论文。那就是解释和分析论题是如此重要的一个步骤的原因,我们在开始证明之前必须采取这一步骤。

为了我们接下来的讨论,让我们一致同意以如下方式解释我们的论题(请记住,这只是无数种可能解释中的一种——并不一定是正确的解释,我们选择此种解释只是为了撰写这篇论文):

> “在任何情况下,堕胎在道德上都是错的”的意思是,只要胎儿还活着,那么在胎儿出生之前的任何阶段终止人的怀孕状态都违背了犹太-基督宗教道德的普遍客观的原则,因而绝对是错的,哪怕因强暴或乱伦而怀孕,或者怀孕危及孕妇的生命,甚至在堕胎能拯救其他许多无辜者的情况下。

要注意的是,我将“在道德是错的”解释为“违背犹太-基督宗教道德的普遍客观的原则”。当然那不是解释“在道德上是错的”的唯一方式。我们也可能将它解释为“与功利主义的原则相冲突”,或者“与定言命令不相容”。我们要重申:你们根据自己的意愿选择任何论题,以你们认为合理的任何方式解释它,只要你们能让你们的读者清楚你们在干什么就行。

在开始处理你们论文的主体,即证明论题之前,评论一下你们已经写下来的东西。要确保的是,你们已经陈述了一个真论题(不只是话题),并且你们已经清楚地解释了那个论题的含义。像读者阅读你自己所写的东西那样阅读它是所有写作中最难的部分。你们可能认为你们知道自己心中所想的东西,但是除非你们在纸上清晰、简洁、准确地写出来,否则,你们的读者可能理不清头绪。一种自查的方法是将你所写的东西交给一位朋友(选择一个聪明的朋友),让他或她告诉你他或她对你所写的东西的看法。不要给出任何暗示,也不要争辩。如果你们的朋友不能像你理解你所写的东西那样理解它,那么你所写的东西可能有问题。

(三)用证明支持论题

我们已经进入到论文的核心:证明论题。这是你们展示你们的材料的地方。你们必须提出证明以便说服你们的读者,使他们相信你们的论题是真的。什么是证明呢? 简而言之,证明一个论题就是给出相信这个命题是真的理由。你们可以给出许多种理由支持你们的论题。在接下来的几段中,我们将简要地看看一些最重要的证明。不过要记住:当你们提出一个证明支持你们的论题时,你们要自问:"如果我尚未相信我的论题,这个理由能使我确信这个论题是真的吗? 它是否至少能使我更加倾向于相信它是真的? 它是否能让一个理智的读者在心态足够开放时愿意倾听这些理由?"如果回答是肯定的,那么,你们手中拿的是一个真正的证明;反之,将它从你们的论文剔除,寻找一个更好的证明。

让我们看看一些非常简单的例子。哲学给你们的印象可能是非常难的,但是像许多艰难的东西一样,它由一些简单的部分构成。不要好高骛远。只需要寻找能支持你们的论题的简单证明。

如果你们试图证明堕胎在道德上是错的,那么,你们可以首先证明堕胎杀害了一个无辜的生命,而杀害无辜的生命在道德上是错的。这是我们最普遍使用的一种证明形式——我们称之为例示(instantiation)——的例子。"例示"的意思是"给出例子"。在这种情况下,我们已经诉诸一般的法则:

- 杀害一个无辜的生命在道德上是错的。

接着,我们证明堕胎是这条一般法则的一个例子——它杀害了一个无辜的生命。如果我们完整地说出我们的证明,那么,它看起来就是这样的:

- 杀害无辜的生命在道德上是错的。
- 堕胎就是杀害无辜的生命。
- 因此,堕胎在道德上是错的。

反过来,这个证明是一个非常一般的证明形式的一个例子,这个证明形式如下:

- 所有 A 都是 B(在那里,A = 杀害无辜生命的行为,而 B = 道德上的错误行为)
- C 是 A(在那里,C = 堕胎,而 A 还 = 杀害无辜生命的行为)
- C 是 B(譬如,堕胎在道德上是一个错误的行为)

要点在于,如果 C 是 A,并且如果所有 A 都是 B,那么 C 必然是 B。这类证明有时被叫做三段论推理。在中世纪,哲学家花费大量时间分析这样的证明以便弄清哪类证明是好的,哪类是不好的。

例示或展示所讨论的事情是一个普遍法则的例子是一种证明技巧,它能够应用于各种场合。请注意,如果你们要令你们的读者信服,那么你们必须说服你们的读者,让他们相信杀害无辜的生命在道德上是错的。要不然,即使你们的读者同意堕胎是杀害无辜的生命,他或她也不会得出"堕胎在道德上是错的"的结论。

第二种证明形式是一般化(generalization),它在某种意义上与例示相反。假设你们试图说服你们的读者,使他们相信杀害无辜的生命在道德上是错的,以此作为说出上述证明的第一步,接着证明堕胎在道德上是错的。你们可能以如下方式进行(想象你们自己真的对你们的读者说):

- 你们是否同意枪杀街上的行人在道德上是错的?是的。
- 你们是否同意炸死生活在交战区附近的平民在道德上是错的?是的。
- 你们是否同意将摇篮中的婴儿闷死在道德上是错的?是的。
- 你们能否看出所有这些事例的共有属性以及使它们在道德上都是错的原因是如下事实:它们都是杀害无辜生命的例子?(这是关键一步,你必须让你们的读者同意这一点)
- 好的(现在你们紧紧地抓住了你们的读者),如果使这三个行为在道德上是错的原因就是这个事实,即它们都是杀害无辜生命的例子,如果那是使它们错误的原因,那么,只需由此类推,我们就可以得出结论,杀害无辜生命的任何行为必然也是错误的。换句话说,杀害无辜生命在道德上是错的。

这里的技巧就是弄清这三个例子共有的性质,正是因为它,它们在道德上都是错的。如果你们强调其他一些属性,也就是与在道德上犯错不相关的属性,那么,你们将不会找到一条可辩护的"一般化"。譬如,在街上被枪杀的行人、交战区附近的平民和摇篮中的婴儿可能都是美国人,或者是男性,或者是白种人,或者是富人,或者他们属于同样的星座。但是这些共同点都不会使屠杀他们在道德上是错的。屠杀他们在道德上是错的是因为如下事实:他们是无辜的——也就是,他们并没有做任何使他们被杀是合理的事情,他们只是碰巧在那里。如果在街上被枪杀的人不是无辜的,如果她是一个连环凶杀案的凶手,正准备继续作案,那么,杀死她可能并不是错的,因为杀死她并不是杀害无辜的生命。

所以,我们现在有两种证明:例示和一般化,你们可以只用一种或二者并用,来尝试着使你们的读者相信你们的论题是真的。

第三种证明形式是举反例(counterexample),当你们回应反对者的驳斥时,它特别适用。反例是特殊的案例——一个例示——旨在展示对手的一般化是错的。例如,假设你们的对手试图证明堕胎是道德的,宣称孕妇有权堕胎,因为堕胎只是选择处理自己的身体(在这里,一般化就出现了),而人们绝对有权利选择处理自己的身体,无论他们做出何种选择。你们可以尝试着找出这个一般化的反例,展示这个一般化事实上不是一个真的普遍性的原则。

例如,你们可能指出用手去掐死自己不喜欢的人是处理自己的身体(手)的一个例子,不管你选择什么,然而你们的对手肯定不会同意你们绝对有权去掐死你们不喜欢的人。当然你们的对手现在可能只是一本正经地说:"当然,你们有权去掐死你们不喜欢的人。"但那是不可能的。

更可能的事情是,你们的对手会指出这个例子(掐死别人)除了牵涉到选择处理你们自己的身体之外,还涉及侵害他人,这个例子与堕胎是不同的。在这种情况下,你们的对手诉诸一个稍微有点不同的原则,即人们绝对有权利选择处理自己的身体,无论他们做出何种选择,只要他们不伤害他人。

现在你们能够做出回应,指出堕胎确实涉及到伤害他人,即胎儿。这是第四个证明技巧的例子,我们可以将这种技巧叫做反-例示(counterinstantiation)——展示案例并不是你们的对手所引用的一般化的例子,而事实上是另一个一般化的例子。你们的对手现在可以回应说,胎儿并非人,因而堕胎并不适用于你们刚才援引的一般化。

注意这最后一步——宣称胎儿不是人——牵涉到在哲学论争中发挥作用的两类证明:引用事实(citing facts)和做出概念区分(drawing conceptual distinctions)。当你们的对手说胎儿不是人时,他或她可能呼吁注意事实(胎儿在生理上尚未发展完全,它不能离开母体而生活,等等),这个事实将展示胎儿事实上与我们通常所说的人不同。这是一个引用事实的例子。除此之外,你们的对手可能会指出在你所援引的一般化中发挥关键作用的概念"人"不能恰当地被运用到胎儿身上。这是一个做出概念区分的例子。

好了,你们开始明白了。在你们的论文的这个核心部分,你们的工作就是提出证明支持你们的论题,你们可以运用你们所发现的例示、一般化、反例、反-例示、引用事实、做出概念区分以及其他任何证明形式。你们的论文的成功在很大程度上取决于你们想出了多好的证明支持你们的论题。

要提出好的证明无规可循。这是你们必须通过训练才能获得的技巧。只是心中要清楚地记住如下观念:要提出一个好证明就是要能够让那些并不赞同你们的论题的理智的、理性的读者或听者最终相信它。如果你们依据此标准衡量证明,那么你们将能够判断它们是否是好证明。

(四)考察反驳该论题的证明

在你们的论文的这个部分,你们要设身处地地站在反对者的立场,尝试弄清他或她对你们的论题可能提出的反驳。在这样的训练中,你们使用的技巧准确地说与我们在前一部分刚刚看过的相同:例示、一般化、反例、反-例示等等。这个技巧——非常难的技巧——就是尽你们所能想出最强有力反驳你们的论题的证明。

这个部分很难,因为当你们已经写出了论文的第三部分——证明论题——时,你们自己可能确信你们是对的。要试图将论文的这个部分看作是控制灾害、建立防护墙或者办理保险。如果你们能够想出一些确实强有力地反驳你们的论题的证明,但是仍然成功地为论题做出辩护,那么,你们可能会说服读者,因为你们已经想出了读者在阅读你们的文章时可能想出的反驳。如果作者想出了读者正在想的东西,对他们说:"你们现在可能这样想,但是这样想会怎么样呢?"接着给出自己真实可靠的回应,那么,作者就能彻底说服读者。

因此,要扮演一下反方的支持者,尽你们所能地想出反驳你们自己的论题的最好证明。

(五)回应反驳

最后,在想出了一些非常好的反驳之后,你们要做出回应。你们又要使用我们前面讨论的证明技巧(请注意,你们论文中的绝大部分——第三、四、五部分——都是由证明构成的;那就是哲学的全部工作)。

现在,你们已经完成了论文!你们陈述了论题,分析和解释了该论题,证明了它,想出了反驳它的证明,并且回应了反驳。那就是哲学论文。并非那么难,是不是?

顺便要说的是,你们要注意,这样的方法告诉你们哪些材料可以放进论文、哪些要舍弃、下一步该干什么以及何时才算完工。你们是否应该引用事实呢?是的,只要它能增强你们的论题,或者削弱反驳;否则就不要引用它。论文是否应该有脚注呢?如果你们引用了事实,你们当然要用脚注陈述你获知那个事实的来源(除非那个事实如此闻名,以至于可以预料任何读者都知道它,譬如提到美国首都华盛顿,就不需要加脚注了)。

你如何能知道你的论文的篇幅呢?简单的回答是,只要足以陈述论题,解释它,为它辩护和回应反驳它的证明就行了。譬如,如果你们的老师给你们布置了篇幅限3页的论文,那么你们必须选择一个用3页纸就能做出充分解释和辩护的论题。如果指定的篇幅是10页纸,那么,选择一个需要做出更多解释和辩护的论题。不要塞进一些无关的内容增加你们的论文的篇幅,那会使它们显得臃肿不堪。就像有人问亚伯拉罕·林肯他的腿有多长时,他回答说:"足以够到地就行。"

但是如果指定的作业是讨论或批判他人的观点,那该怎么办呢?譬如,假设你们的任务是撰写一篇批判地分析精神与物质的关系的文章,或者写一篇有关康德的定言命令的文章。这些话题看起来与我们已经谈论过的非常不同。我们刚才规划的方法是否也能用来完成这些任务呢?

绝对可以。假设你们的任务是撰写一篇有关康德的定言命令的文章。你们必须做的第一件事就是决定你们试图对定言命令发表何种看法。换句话说,你们选择你们的论题。譬如(并且我应该警告你们,这是一个相当怪异的例子),你们可能决定为如下论题辩护:

- 康德的定言命令与功利主义的原则是相同的。

(我认为并非世界上的任何人都认为这个论题是真的。——我已经警告过你们这个论题是非常怪异的）既然你们现在已经有了自己的论题，那么，下一步就是分析和解释它。那意味着去解释你们对定言命令的理解，陈述你们所理解的功利主义的原则，然后解释当你们说二者是“相同的”时你们的意思。

现在你们要提出一些证明支持你们的论题。你们的一些证明将会引用康德的著作（引用事实）以展示你们对他的定言命令所做的解释是正确的。你们的另外一些证明将进行概念分析，以便澄清这两个显然不同的原则的关系。诸如此类。

当你们考察反驳时，你们所面临的第一个反驳当然是，康德自己相信他的定言命令是与功利主义的原则绝对对立的。实际上，你们在回应反驳时不得不反驳康德。

你们已经抓住要点了。甚至当你们被要求撰写一篇讨论、分析或批判某位哲学家的观点的论文时，你们同样能使用上面制定的五步法。

如果你们遵循这个方法，我不能保证你们将得到 A。那取决于你们在遵循它时是否表现出色。但是我确信，如果你们认真学习了这个附录，并且理智地遵循五步法，那么，你们绝不会失败。我保证它将帮助你们澄清观点，强化证明，并因此改善你们研究哲学的能力。

一些秘诀、暗示和警告

你们已经掌握了撰写一篇好哲学论文的基本要求，但是我愿意帮助你们，给你们提供一些秘诀、暗示和警告，以帮助你们避免一些最常见的错误和问题。

（一）让我首先给出一条建议，这条建议与其说是一个秘诀或暗示，还不如说（正如他们在《星际旅行》中说的那样）是第一指令。

书写清晰，合乎语法，拼写正确，风格得体（即使你们用西班牙语、希伯来语、柬埔寨语、德语或其他一些语言撰写论文，你们也要遵循这些要求）。

你们要确保在使用语言时符合语法规范，这是非常重要。原因有二。首先，正确书写就像抓准音调演奏乐器，或学习一项运动的规则。如果你们甚至不能准确地弹出音符，那么你们不会诠释一首乐曲；如果你们甚至不知道击球员有三次击球的机会，那么，你们不会玩棒球。就像音乐或棒球一样书面语言也有规则，学会它是学好写作的第一步。

在撰写哲学论文时正确书写非常重要的第二个原因是，除非你们能合乎语法地写作，否则，你们不能陈述将要辩护的论题或组织证明支持你们的论题。正如我们在下一节实际分析学生的论文时将要看到的，语法错误掩盖了作者的意思。的确，如果你们粗心大意，写作不够清晰，那么，你们既愚弄了自己，也愚弄了读者。你们可能不知道你们自己的论题或证明的意思,在这种情况下,你们根本不能说你们是否为自己的论题提出了充分的理由。

(二)在撰写论文时,不要脱离基本框架,不要将属于论文的不同部分的材料混在一起。

一旦你们已经陈述了论题,就要开始解释和分析它。忽略与此无关的东西。因为你们有非常好的想法,想尝试一下,所以你们可能迫不及待地要开始证明。但是稍安勿躁!一旦你们进入证明阶段,你们就不能偏离主题,讲述一些丝毫不能推进证明的意见或故事。要确保你们和读者在每个阶段都知道要干的事情、下一步怎么办以及你们所说的如何与你们为自己的论题辩护这个主要任务联系起来。

(三)力图尽可能准确地使用语言。

像"材料"或"东西"之类的模糊名词反映了内心的草率马虎。你们的论文应该与主题相符,自然,不造作,你们的哲学论文不要充斥与哲学无关的词,要仔细选择。设想一下,如果一个电视新闻主播在开始播报晚间新闻时说粗俗的俚语:"嗨,你们知道一群家伙在华盛顿干了什么事,今天发生了一些怪异的事情吗?"那是多么不合适啊!

(四)只提问题而不回答不是一种陈述证明的合适方式。

例如,"如果每个想堕胎的女人都能如愿,那会发生什么事情呢?"不是一个证明。"如果每个想堕胎的女人都能如愿,那么,数百万无辜生命将被牺牲掉"是一个证明,或者更准确地说,是一个证明的一个部分。完整的证明可能如此:

- 造成数百万无辜生命牺牲是不对的。
- 如果每个想堕胎的女人都能如愿,那么,数百万无辜生命被牺牲掉。
- 因此,每个想堕胎的女人去堕胎是不对的。

同样,"国家有什么权力禁止妇女堕胎?"不是一个证明。但是"国家没有权力禁止妇女堕胎"是一个证明。诸如此类的例子还有很多。

(五)引用你们听过的讲座或读过的书中的证明是完全正当的。

证明有点像数学公式。虽然我不知道谁最先说"二加二等于四",但是每个人都可以使用这个公式。然而当你们采用了一个证明时,你们就要对它负责。如果你们将它放在论文中,那么这就是说你们相信它是一个好证明。即使你们在脚注中标明了你们最初碰到它的出处,它仍然缠着你们!因此,你可以使用你喜欢的任何证明,只要你准备为它辩护就行了。请记住:一个证明要么成立,要么不成立。你们不能通过在脚注中指出一个著名哲学家使用过一个证明而使这个不好的证明变成好的。

一篇学生论文

现在到了给出实例的时候了。1990 年秋季，在我开设的哲学导论课上，一个学生提交了这篇论文。我选择它是因为它有许多严重的问题，并且其中也有一些有趣的观念，值得我们清楚、有力地陈述它。

我们将分三个阶段审视这篇论文。首先，我们将按原样呈现学生所提交的论文，包括其中的错误拼写、语法错误和印刷错误。我将用斜体标出每个误拼或印错的单词，你们应该检查每个单词，确保你们知道它是如何拼写的或它为什么是一个印刷错误。

接着，我将找出一些有语法错误或结构松散的句子或段落，并分析它们，向你们展示它们的错误以及修改方法。请不要认为其余的部分都是对的！在阅读了我的分析以及重构的实例段落之后，你们应该看看你们是否能这样处理其他有问题的段落。

最后，我提供了依据上面提出的线索改写过的全文。我的目的并非是要将这篇论文改写成完美的论文，而是要向你们展示一个学生如果遵循这个附录的指南，他如何能将一篇已撰写的论文改得更好，使其论题更加清晰，证明更有说服力，阐释更加清晰。

我们将要审察的这篇论文是一位已经阅读了“艺术哲学”那一章的学生所写，他还看过泰德·科佩尔(Ted Koppel)的那期关注围绕罗伯特·梅波索普的摄影作品而展开的论争的“夜线”(*Nightline*)节目。这位学生的论文所回应的具体话题如下：

关于梅波索普的摄影作品是否可以在公立美术馆展出的论争只是情绪化的，鲜有合乎理性的论证。应该选择论争的一方并直接诉诸某个有关艺术的本质和社会价值的理论来为它辩护。不要只是说你同意还是不同意这样的展出。通过谈论艺术的本质以及艺术在社会中所起的作用来为你们的立场辩护。

学生的论文

在公立美术馆展示裸照将会伤害我们社会的可信性(应为 credibility，该生误拼为 credability)，因为拍摄这些照片的艺术家试图凭借争议，而不是他自己的特长来吸引人们的注意力。

我们美国人(应为 Americans，该生用小写 americans)已经确立了我们自己的宗教。我们中的大多数人说我们绝没有去过教堂,但是事实上我们去了。这些教堂并没有传统礼拜堂的特征。这些崭新的教堂有出纳员、有免下车服务窗口以及24小时邮递服务机。现在这一切充当了现时代的传教士,帮助我们崇拜新神:金钱。

什么时候一切都和金钱有关呢?为什么像我们这样成熟的社会让这种情况变得无法控制呢?为了金钱我们出卖一切:我们的身体、我们的国家和自然资源以及我们的绝大多数价值。如果价格合理,我们甚至会把我们的孩子像奴隶一样卖掉。什么东西会阻止我们这样干呢?

我们(应为We,该生用小写的we)必须阻止为了金钱而出卖我们道德的行为。我们必须保存那些有价值和真正美丽的东西。

如果你们查字典,那么你们会读到对艺术所作的如下定义:创造美的事物的活动,艺术家通过他的评价表现他的真正价值。如果我们为了很多东西而妥协,放弃了艺术的目的,那么,我们是在出卖美。如果我们允许我们社会中的某些人制造艺术赝品,那么,我们就会背负摧毁有史以来就已经存在的传统的罪名。

梅波索普的摄影作品是艺术史上的污点。它们损害(deface)了与艺术相关的美的观念。这些照片不是艺术,并不美,只是伪装的色情照片。我们竟然允许这样的艺术家毁坏艺术理想。这个人利用我们以及我们的社会价值来获取名声,不是利用他自己的特长,而是利用争议。如果我们被他的摄影作品吸引,那么,我们就掉入了他预设的陷阱中,并且因此背负摧毁传统的罪名。真正的艺术赢得金钱价值凭借的是它使购买者拥有(应为possesses,该生写作processes)美,而不是因为有人寻求出名。

这个展览在一个展示合法艺术的美术馆进行。我们(应为We,该生用小写的we)难道我们不能被指望(expected在这里被重复打了两次)向我们的孩子区分二者吗?我们不能指望我们的孩子(应为children,该生误拼为chindren)在受到了这样的摄影作品是艺术品的观点的教育之后还会尊重那些有意义的艺术作品。如果你们进入商店,那么,你们习惯(应为accustomed,该生误拼为accostomed)了将有可比较(应为comparable,该生误用为comparative)价值的商品放在一起的事实。你们如何解释将两件并不具有相同"价值"(我所说的价值并不是金钱,而是社会价值)的艺术品放在一起的事实呢?

我们必须教导我们的孩子区分真艺术和色情照片。如果我们不这样做,那么,我们不能指望他们会分辨像安瑟·亚当斯(Ansel Adams,该生将Ansel误拼为Anstel)那样的天才的摄影作品与《阁楼杂志》(*Penthouse Magazine*)的裸照插图的区别,它们都只是照片,对不对?

如果我们试图证明这些摄影作品是合理的,说这类行为现在被我们的社会接受(应为accepted,该生写作excepted),那么,我们是(应为being,该生写作beong)太自私了。并没有理由说对现在的社会来说是好的东西对将来的社会来说也是好的。将来的那些社会可以用与我们一样的方式观看过去的艺术作品,因为美是无争议的。历史学家说艺术既反映了社会,也反映了它的创作时代。因此,这些摄影作品将会向世人宣告一个消息:我们已经放弃了我们的道德。

正如我们现在对世界的认识那样,自私将导致这个世界毁灭。我们已经允许它毁灭我们对教会的信仰(这要感谢在电视上传福音的人)、对警局……等等的信任。我们不能允许它继续干预我们剩下的唯一信仰了。

即使在拼写错误和打印错误被纠正之后,这篇论文也不是一篇好论文,但是它里面确实有一些有趣的想法,如果能进行一些澄清和重构,那么,它们可能构成一个好的、可靠的哲学证明的核心。让我们尝试指出这篇论文目前的一些主要缺陷,然后我们将试着去完善它。

该论文的第一个大问题是,读者很难弄清它的论题是什么。作业就是要在梅波索普的摄影作品是否应该在公立美术馆展出这个论争上选择一个立场,所以,我们可能自然地假设论文的论题是:

- 不应该在公立美术馆展出梅波索普的摄影作品

但是如果你们仔细阅读论文,你们会发现其中没有一个证明涉及到引起这样的争议的辛辛那提市(Cincinnati)用公款资助美术馆的问题。这篇论文的证明应用到受私人资助的美术馆的摄影展出上也具有同样的效力。因此,论文的作者并没有讨论这场论争中的一个核心议题,即,所有公民依法交纳的税金是否应该用于资助违反了一些纳税人的道德感、美感或宗教感的展览。

第二个问题是论文没有非常清晰的结构或中心。这篇论文共有十段。仔细阅读后,我们会发现只有六段——第一、五、六、七、八、九段——关注艺术和梅波索普的展出。而其他四段——第二、三、四、十段——关注的是完全不同的东西,即在美国确立的一种新宗教:拜金教。作者显然认为这两个论题存在着联系。简而言之,这个联系似乎是,公立美术馆展出了梅波索普的摄影作品,这些美术馆的馆长加剧了美国价值的腐败,将金钱置于艺术或美之上就是腐败的表现。最后一段似乎宣称,既然自私已经毁灭了宗教,对艺术的信仰现在是我们剩下的唯一信仰,所以我们不应该允许展出梅波索普的摄影作品,因为如果展出和欣赏它们,那么,我们就掉入了自私的艺术家设定的陷阱。

这篇论文的第三个问题是,各个证明并不清晰、一贯,没有有力的陈述,它们也没有被恰当地排列在一起,以至于读者并不能得出作者试图要确立的结论。例如,看看第七段的相当有趣且富于想象的证明。该段中的这个证明的隐含前提是梅波索普的摄影作品并不是真正的艺术品。顺便提一句,作者认为该段之前的一段已经确立了这个前提,还是他自己假设了这个前提,这并不是很清楚。无论如何,从那个出发点出发,第七段的证明是这样进行的:

- 教导我们的孩子欣赏和尊重真正的艺术之美是很重要的,让他们在接触它时能够体会真正的艺术价值。

- 就像我们的孩子在购物时知道了同一家商店摆出的商品价格相仿(他们不会期望在一般的超市里发现昂贵的项链,或者在一家高级画廊里发现廉价的复制品),他们也只能期望在同一家美术馆发现审美价值相仿的艺术品。如果将梅波索普的根本没有审美价值的摄影作品与有真正的艺术价值的绘画或摄影作品放在一起展出,那么,我们的孩子将会感到困惑,而我们向他们传授审美价值的正确标准的努力也就白费了。
- 因此,不应该在公立美术馆展出梅波索普的摄影作品。

不管你们是否认为这个证明有说服力,我想你们将会同意它是有趣的、富于想象的,它迫使读者更深入地思考这个问题。但是第七段的原话并没有清楚而又有条理地陈述它。

这篇论文的最长的一段——第六段还有更为严重的问题。让我们首先澄清一个事实。讨论的这场展览实际上是遗作展。罗伯特·梅波索普在搜集展品和正式展览之前就已经去世了,因此,作者宣称梅波索普"利用我们"来获得名声是错误的。但是至少组织展览的人可能会有这样的打算,然而给学生发放的材料并没包含证明这种阴谋的任何证据。

这段的关键问题是其证明线索不清晰。作者开始说摄影作品摧毁了艺术理想,因为它们是假艺术,是色情。接着他或她又做出了一个完全不同的断言:梅波索普为我们设置了一个陷阱,他要制造争议,吸引观众去美术馆参观,接着摧毁伟大艺术的真正传统。最后,在一个结构合理的段落中,最后一句话会总结该段的证明,但是在这一段的最后一句话中,作者提出了一个全新的观点,也就是真正的艺术变得有金钱价值,因为它吸引了审美者,使他购买它(并因此赋予它金钱价值)。

这段真是一团糟啊!至少有三个不同的证明被混在一起,没有迹象显示它们有任何联系。显然,作者拯救这一段的唯一方法是:第一,准确地决定这一段要提出的证明;第二,将那些不能帮助发展此证明的东西从这一段中清除;最后,改写其余的内容,这样就能清楚而又合乎逻辑地安排单个证明。

为了使这篇论文的证明清晰、有力和具有说服力,作者应该如何重组和改写它呢?第一步是决定论文的论题。因为作者并没有真正陈述这个问题:是否应该用公家的资金支持梅波索普的摄影作品展,让我们将那个事情放到一边,相反去陈述一个论题,使论文的所有证明尽可能围绕它进行。显然,这篇论文的论题自然是这样的:

- 不应该在美术馆展出罗伯特·梅波索普的摄影作品。

现在利用这篇论文的材料构造证明,为那个论题辩护。在我辩护时,我将指出我在使用哪一段来重构证明。请记住,这样训练的目的并非撰写一篇全新的论文。相反,它是为了重新组织学生的论文中已有的材料,使它们更清晰,更有条理,前后一贯，并因此更有说服力。结果不会是一篇完美的论文。它甚至不是一篇会得到A的论文。但是如果我们成功了，那么，它将是依据作者对于这个主题的看法而创作出的最好论文。

重构的学生论文

在这篇论文中，我将为如下论题辩护：不应该在公立美术馆展出罗伯特·梅波索普的摄影作品。[你们实际上不必以这样正式的方式宣告你们的论题的开篇，但是这样做并没有害处，它可以使你们始终重点关注你们的论题，这样你们就不至于跑题，去关注那些不重要的细枝末节]当我说艺术时，我所意指的是艺术家所从事的创造美的事物的活动，或者是那种活动所产生的美丽而又具有审美价值的作品。[这是第二步，解释和分析论题。请参考原文第五段]我们的社会有珍惜和收藏真正的艺术作品的悠久传统。[这似乎是这篇论文的一个没有陈述的前提——至于例子，请参考第五段]展出梅波索普的摄影作品是在嘲弄那个传统，破坏那个传统。

梅波索普的摄影作品是艺术展览史上的污点。它们在美术馆中出现损害了那里展出的真正艺术品。[第六段。就这篇论文的主题而言，损害(defacing)意象是一个好意象，但是严格地讲，用在这里不合适。不过我们只是在尝试改写这篇论文，而不是写一篇新论文。请注意，我们必须将“艺术史”改成“艺术展览史”，因为作者认为摄影作品不是艺术]这些照片不是艺术，并不美，只是伪装的色情照片。如果这些摄影作品在美术馆展出，好像它们是艺术似地，那么，我们是在允许梅波索普和举办展览的人破坏艺术理想。他们利用我们以及我们对艺术的尊重来为摄影作品赢得名声，不是凭借作品本身的价值，而只是依靠围绕它们所产生的争论。我们已经陷入了那些推动展出的人为我们设置的陷阱中，也因此我们和他们一样背负了毁灭我们社会的真艺术的传统的罪名。

我们有责任保持传统的生命力，教导我们的孩子区分真艺术和色情照片。如果我们不这样做，我们就不能指望他们会分辨像伟大的摄影家安瑟·亚当斯所拍摄的真正的艺术摄影作品与像《阁楼杂志》的裸照插图那样的廉价色情照片的区别。我们的孩子可能认为它们都是艺术，因为它们都是照片。[第八段。请注意，我改变了这段话的语言，以便显示它的证明与我们在第一段的末尾所指定的前提的关联]

梅波索普的作品与其他合法的艺术作品一起挂在美术馆中。这样，我们如何能期望我们的孩子会区分二者呢？毕竟，当他们进入商店时，他们已经习惯认为价格相仿的商品会被放在一起。他们不会期望一条很昂贵的项链会与廉价的仿制品放在一起展示。我们怎么能向他们解释这个事实：廉价的色情照片与具有非常高的审美价值的艺术品挂在一起？如果我们的孩子受到了教唆，认为这样的摄影作品是艺术品，那么，我们不能期望他们会尊重那些显然有意义的艺术作品。[第七段。这可能是这篇论文中最有趣、最有原创性的证明。值得清晰地说明它，以便读者能欣赏其力量]

为什么允许梅波索普的摄影作品在原本要保持美学价值传统的美术馆中展出呢？我认为答案是金钱的腐化力量。[这篇论文需要一些段落像这样介绍金钱和艺术。要不然，很难看到它们与论述教育孩子的那些材料的关联]我们美国人已经确立了我们自己的宗教。我们中的大多数人说我们从不上教堂，但是我们去过。这些教堂并没有传统礼拜堂的特色。这些崭新的教堂有出纳员、有免下车服务窗口以及24小时邮递服务机。现在这一切充当了现时代的传教士，帮助我们崇拜新神：金钱(money)。[第三段]

什么时候一切都跟金钱扯上了关系？为什么像我们这样的成熟社会也让情况变得无法控制呢？为了金钱，我们可以出卖一切：我们的身体、我们的国家和自然资源以及我们的大部分价值。如果价格合理，我们甚至会把我们的孩子像奴隶一样卖掉。现在我们似乎允许我们的自私引导我们出卖我们最后剩下的有价值的事物：我们的艺术。[第三段和第十段。我保留了出卖孩子的恐惧景象。它是非常夸张做作的，以至于在修辞上没有效果，但是正如我已经指出的，我们试图改写这篇论文，而不是撰写一篇新论文。请注意，最后一句是原文中的一些段落隐含着然而作者实际上并没有清晰地陈述的内容]真正的艺术作品之所以获得金钱价值是因为它对于购买者而言是美的，而不是因为它的知名度。[第六段，最后一句。当然这不是真的。我猜作者的真实意思是，艺术作品拥有金钱价值并不只是因为知名度，但是实际上确实如此。在像这样的论文中，始终清楚地区分实然的东西和应然的东西是非常重要的]

有些人试图证明梅波索普的摄影作品是合理的，他们说，我们的社会接受这些作品所拍摄到的行为，因此展示这些摄影作品是完全正确的。[第九段。在论文的这一处，作者试图陈述并驳斥对论题可能提出的反对意见。我根本不确信我对第九段第一句话所做的解释是正确的。原文的语言是不清晰的，我不得不选择一种可能与作者的意图不同的解释。在这样的地方，你们要自问：读者是否能准确地理解你们心中的想法，这是非常重要的]但是我相信，如果我们采取了那种态度，那么，我们表现得太自私了，忽略了子孙后代的利益。前人将美术馆交给我们是要我们依据真艺术品的美丽，而不是因为它们会引起争议而展示它们。[这好像是作者心里的想法。它当然是错的！前人也像我们这一代人一样会被争议左右。不管怎样，让我们继续吧！]子孙后代有权利要求我们将同样受到美学价值的关怀管制的美术馆交给他们。历史学家说艺术反映了社会及其创作时代。如果我们允许梅波索普的摄影作品在我们的美术馆展出，那么我们就向世界发出了一个信息：我们已经放弃了我们的美学原则。[第九段的其余部分。我已经将最后一句话的结尾“道德”改为“美学原则”，因为到目前为止，作者实际上并没有谈论道德原则，只是在谈论美学原则

或艺术原则]

总之,展示梅波索普的摄影作品的人为了金钱出卖了他们的原则。我们必须保存那些具有审美价值和真正美丽的事物,并且将它们与像梅波索普的摄影作品那样没有审美价值的东西分隔开来。[第四段,已作修改]

好了,这就是修改过的论文。如果你们仔细考察它和原文,那么,你们会看到修改过的版本几乎吸收了原文的所有材料,并且做了一些澄清和补充。二者的最大差异在于,新版本条理清楚,陈述更为连贯,因而读者能够理解证明。它从论题开始,然后简要地分析和解释了论题,接着将大部分时间花在证明论题上,还陈述了可能的反驳(或者至少陈述了一个可能的反驳——这是该论文最薄弱的部分),并且回应了反驳,最后做出了简要的总结。

如果你们想让自己的初稿接受同样的细致分析和批判,那么,请遵循这个附录详尽解释的程序,你们会很快发现自己在撰写好的、可靠的哲学论文。祝你们好运!

术语表

异化(Alienation)　根据马克思的说法,指一个人与自身的本性、自己的劳动产品、自己的工友处于战争的状态。马克思论证说,资本主义逐渐削弱了人类进行创造性和生产性工作的能力,使得人们在工作中感到不幸福,无法满足他们的休闲要求,并且不能实现他们的人类潜能。马克思的异化概念源自19世纪早期的德国哲学家。

分析命题(Analytic Proposition)　仅分析或说出命题的主词所包含的内容的陈述。

无政府主义者(Anarchist)　指那些认为国家没有任何权利来统治,政府的权威是不合法和不可欲的人。

后验(A posteriori)　作为对事物经验的结果——这个副词被用来修饰认知的动词,如"后验地知道"或"后验地理解"。当我们说命题只有作为对它们所断定的事物经验的结果时才是可认识的,那么命题就被说成是后验地认识到的。

先验(A priori)　指先于或独立于经验——这个副词被用来修饰认知的动词,如"先验地认知"。当我们说命题是先于或独立于它们所断定的事物的任何经验而被认识时,那么命题就被说成是先验地认识到的。

设计论证明(Argument from Design)　一种试图证明上帝存在的方式,该论证指出宇宙具有高度的组织性和合目的的秩序,声称这样的设计必须是一个智慧的、强有力的、有目的的创造者的产物。该证明非常古老,盛行于18世纪。

资产阶级(Bourgeoisie)　参看无产阶级条目。

资本主义(Capitalism)　是一种经济制度,它把生产资料私人所有并集中在相对少数人手中,大规模的无产工人为工资而工作,为了销售和利润而不是为了使用而生产。有产者用来投资获利的钱叫作"资本",因此这个制度就叫作"资本主义"。

定言命令(Categorical Imperative)　这是伊曼努尔·康德发明的一个术语,指要求我们无条件地去做某事的一个命令——也就是,不管我们想要什么或者我们的目标和目的是什么。根据康德的观点,我们把这些道德原则是作为定言命令来经验的。这个术语被康德和那些追随他的人,也用来指一项具体的道德原则,康德称之为"最高的道德法则"。

净化(Catharsis) 从字面上来说,就是清洗或清除。亚里士多德用这个术语来描述有感染力的戏剧表演对我们所产生的效果。他认为,通过观看一场戏剧,它的剧情在我们心中引起了恐惧和怜悯,我们就净化了这些情感,因此我们离开剧院时就获得了一种解放或净化。相反的观点认为,这些戏剧(扩展开来也包括电影和电视节目)激起了我们身上原本没有、也不该有的情感,例如某些好斗的情绪和性欲。

"我思,故我在"(Cogito,ergo sum) 这是笛卡尔用来证明自身存在的短语。

观念的复制理论(Copy Theory of Ideas) 该理论认为所有我们的观念都或者是感觉印象的直接复制品,或者是感觉印象复制品的组合与重组。

宇宙论证明(Cosmological Argument) 证明上帝存在的一种尝试,它首先从宇宙中的事物的运动、变化或存在出发,然后论证它们必然起源于一个不运动、不变化或并非偶然发生而存在的存在者。该论证的最早形式可见于亚里士多德的著作。

宇宙论(Cosmology) 字面意思就是,关于世界的秩序的研究。现在用来指天文学的一个分支,考察整个物理宇宙的组织和结构,包括它的起源。在哲学上,宇宙论是形而上学或者第一原理研究的一个次级领域。

决定论(Determinism) 有时候其最极端形式被称作"宿命论",这一观点常在小说中遇到,但很少有哲学家或一般人真正持有这一观点。它主张未来始终是固定不可改变的,因此任何人都无法用任何方式来改变事情的进程。然而,决定论者通常更喜欢说,人类的各种行动和选择都联结成一个因果链条。每一个事件都是有原因的,但其原因可能极其复杂。

对话(Dialogue) 两个人之间的问答过称。

双重意识(Double Consciousness) 杜·波伊斯确认这是非裔美国人理解自身的方式。由于白人不断重复的负面判断,黑人发展出一种双重的自我感——一方面从白人的角度看待自己,另一方面也从他或她自身的角度看待自己。杜·波伊斯认为这既是美国社会本质的一个重负,又是透视它的一种特殊资源。

二元论(Dualism) 这是一种心物关系理论,它认为宇宙中有两种不同的基本物质——心与物——二者不能被相互化约或分析成对方。

经验论与唯理论(Empiricism/Rationalism) 是过去400年里两派最重要的认识论理论。经验论认为:所有的人类知识都来自我们五种感官(senses)的明证性(evidence),因此我们不能比诸感官所允许的范围知道得更多或使认识具有更多的确定性。唯理论认为:至少有一些人类知识来自理性(reason),而且独立于诸感官,因此我们能够认识诸感官没有向我们揭示的东西,并且能够超越诸感官所允许的范围获得更多认识上的确定性。

认识论的怀疑主义(Epistemological Skepticism) 该学说认为我们不能给任何关于世界的信念提供充足的辩护(justification),甚至也不能给这些明显地绝对可靠的信念提供充足的辩护,如存在着一个物理世界,我有一个身体,太阳明天会照常升起,或者火会生热等。认识论的怀疑主义的目的是让我们的注意力聚焦到我们的信念与对它们的辩护两者的关系上,并不是事实上要我们停止相信。

认识论转向(Epistemological Turn) 从强调形而上学到强调认识论的哲学转变。

认识论(Epistemology) 就字面而言,就是对知识的研究。认识论研究我们怎样认识事物,我们知识的界限是什么,我们的知识具有什么类型的确定性或不确定性。心理学也同样研究我们怎样认识,但是认识论较少关注认识的机械学,而是关注我们认为已知事物的辩护、证明或证明其合理的可能性。从17世纪早期开始,认识论就成为哲学最重要的分支。

伦理相对主义(Ethical Relativism) 这种理论认为一个行为对错与否取决于——相对于——这个人所生活的社会。有时候伦理相对主义者们仅仅声称,我们必须把社会环境和规范一起考虑到,但是有时候他们又断言,同样一个行为,对于一个社会中的男女来说是对的,而对于另一个社会中的男女而言却是错的。人们经常把伦理相对主义与伦理怀疑主义、伦理虚无主义相混淆,伦理怀疑主义怀疑任何行为是对的或错的,伦理虚无主义则否认任何行为的对错。

伦理学(Ethics) 在哲学中,是指关于我们对自己和他人应该如何行动的一个系统研究;也研究哪些事物、性格特征或者人物类型是善的、值得敬重的、令人赞赏的,以及哪些种类是坏的、不道德的、应受谴责的。伦理学既探究普遍的规则或原则,也探讨具体的事件。

存在主义(Existentialism) 最初与索伦·克尔凯郭尔联系在一起的哲学理论,依据该理论,我们的存在作为主体性的个体(我们的实存)要比我们与所有其他人客观上共同拥有的东西(我们的本质)更重要。克尔凯郭尔主要关注的是他与上帝的关系。后来的存在主义者强调个体通过个体的自由选择而创造他或她自身。

实验(Experiment) 一种与自然的受控互动,它被设计出来的目的就是为了产生能够帮助证实或否证某些关于世界存在方式的假说的观察。尽管有些实验只不过使用了日常能够获得的东西,但是实验通常都通过特殊设备即“仪器”的帮助来进行。

信仰(Faith) 基督教相信上帝将会遵守他在《旧约》中向以色列人所作的许诺以及在《新约》中向全体人类重新做的许诺(因此世人“信靠上帝”)。最初,许诺是让以色列人人丁兴旺、人口稠密。在《新约》中,许诺是在天堂中永生。依据一些基督徒的观点,没有上帝的神奇的帮助,男人和女人都不能拥有和维持这样的信靠。

自由意志(Free Will) 人类的自由在某种意义上被假定为:我们并不是完全受到不可避免与预先决定的命运的约束。我们能够在限制中决定自己的命运。

公意(General Will) 这是让·雅克·卢梭所发明的术语,用来描述共和国的公民所作的决定,即把他们私人的和党派的利益抛在一边,转而集体地以普遍的善为目的。根据卢梭的观点,说社会“有一个公意”就是说社会的所有成员在他们的政治活动和思虑中都对公共精神以普遍的善为目的。卢梭对于是否能够达到一个公意非常悲观。

历史唯物主义(Historical Materialism)　这是马克思主义的理论,认为观念和社会制度只是作为物质经济基础的反映。

唯心主义(Idealism)　这是一种心物理论,它认为宇宙中的万物要么是心灵,要么是心灵中的观念(因此是唯心主义)。根据唯心主义者的主张,物体不过是观念的特殊集合。因此,一个桌子只不过是一套相互关联的所有观念——概念、图像、感觉、视觉、声音等等——这些就是我认为作为一个桌子的各种观念。

认同危机(Identity Crisis)　这是精神分析学家埃里克森发明的术语,指我们社会中的青少年经历过的不稳定、不确定和人格形成的阶段。埃里克森用这个术语来说明这个阶段是一个真正变动的不确定的时期,其结果——一个健康的、一贯的成熟人格——则在于保持平衡状态。

内在价值/工具价值(Intrinsic Value/Instrumental Value)　说某物具有内在价值就是在说纯粹就它自身而言,而不管它会产生或导致什么样的结果,它都是有价值的、好的、值得的。有人说快乐具有某种内在价值,另外一些人则说是美,还有一些人则说是道德上的善。工具价值是某物作为手段或工具,用来产生或获得其他东西的价值。为了某种目的的手段或工具就被说成是具有工具价值。

反讽(Irony)　一种话语模式,说话者通过这种模式与真正的听众交谈,而传达给肤浅的或表面的听众的则是相反的意思。

自由放任主义(Laissez-Faire)　字面意思就是,"允许去做"。自由放任主义是一种自由市场交易的体系,它受到政府控制绝对地小,19 世纪自由主义者认为这会使得各种资源得到最有效率的利用,并且为社会创造出最多的物质财富。自由放任的资本主义是指资本主义发展的早期,这时的公司规模小,所有者自己经营,并且由市场压力来调控他们的购买与销售。

矛盾律与排中律(Law of Contradiction/Law of the Excluded Middle)　形式逻辑的两项基本定律。矛盾律说,一个陈述和它的反面陈述不能都为真。例如,"火是热的",这个陈述可能为真,也可能为假。它的反面陈述,"事实上不是火是热的",可能为真,也可能为假。排中律说,对于任何陈述句,或者该陈述句是真的,或者它的否定句是真的。因此,或者火是热的,或者事实上不是火是热的。

合法权威(Legitimate Authority)　指一种颁布命令的权利,而其他人有一种道德的义务去服从。当国家说它们有权利通过法律,而公民或臣民应该服从,不管他们是否因为不服从而有被逮捕的危险,国家声称其有合法的权威。民主国家把它们对于合法权威的声称奠基在这样的事实上,即它们是由其所统治的人民选举出来的,因此它们表达的是人民的心声。

逻辑(Logic)　探究形式推理的正确原则的一门学科——有时候被描述为思维规律的科学。

马克思主义(Marxism) 是指一种经济、政治和哲学学说,最先由卡尔·马克思所创立,然后由他的弟子和追随者所发展。尽管马克思本人认为他的理论是科学的,但是他的追随者们常常把它们当作一种世俗宗教来对待。其主要学说有:第一,资本主义在内部是不稳定的,而且容易陷入经济危机;第二,资本主义企业的利润来自对工人的剥削,工人的工资少于他们的产出;第三,当资本主义发展了,工人们将倾向于对自身的状况更有自觉——因而更可能去用武力推翻资本主义;第四,资本主义被摧毁之后诞生的社会,在它的经济与政治组织中将会是社会主义的和民主的。

唯物主义(Materialism) 这是一种心物理论,它认为宇宙中的万物都是物质(因此是"唯物主义者")。根据唯物主义者的主张,心灵不过是由各种非常细微的物体,或物体的结构和组织(例如大脑中的各种神经细胞)组成的集合。对于唯物主义者来说,各种知觉就是诸物体之间特殊种类的相互作用,这些相互作用就是思想、情绪、快乐和痛苦的感觉。

形而上学(Metaphysics) 在现代哲学中,就是研究事物本质的各种最基础原理的学问。这个术语源自于对亚里士多德写的一系列文章的早先描述,他称作"第一哲学",在亚里士多德著作的版本中位于物理学的后面(ta meta ta physika,即"物理学之后")。

怀疑的方法(Method of Doubt) 在对待知识断言时悬搁判断,直到它们被证明为或者是真的或者是假的。

身心关系问题(Mind-Body Problem) 是指准确地解释我们的心灵与空间中的身体之间是什么关系的问题。在这个标题下的确有三个问题纠集在一起:第一,心灵与身体是因果地相互作用的吗?如果是这样,怎样相互作用呢?第二,如果真的能相互作用,那么我(例如我的心灵)如何能够获得关于身体的知识呢——确实,心灵真的能认识有关身体的任何东西吗?或者心灵仅仅能认识它们自身?第三,我的心灵与我的身体之间是一种什么样的特殊关系呢?在20世纪,身心关系问题把哲学家们引导到一个相关的问题,即"他人心灵的问题"(the problem of other minds):如果他人的心灵真的存在,那么我如何能够知道不是我自己的心灵的存在和内容呢?那儿有人吗,或者我是否是孤零零地在一个只有身体的世界中?

单子(Monad) 一个没有部分的单一实体——这是莱布尼茨形而上学理论中的基本要素。

自然法(Natural Law) 一种秩序或规范的理性原则,宇宙是根据这种原则而被创造或组织的。一个主要的哲学传统认为,物质宇宙和人类社会的道德秩序都受到自然法的指引。

本体论证明(Ontological Argument) 仅从最完善的存在者的纯粹概念出发来证明上帝存在的一种尝试。该证明饱受争议,包括宇宙论证明的主要支持者、中世纪哲学家托马斯·阿奎那在内的众多宗教哲学家将该证明看作是无效的而加以拒绝。

哲学(Philosophy) 根据字面意思,就是爱智慧(love of wisdom),它是对我们的判断、评价和行为进行系统的、批判性的审视方式,其目的在于使我们更有智慧、更能自我反省,因而能够成为更好的人。

主权在民说(Popular Sovereignty) 这个学说主张最高的政治权威(主权)属于它所统治的人民。

前定和谐(Pre-established Harmony) 莱布尼茨声称上帝以这样一种方式把事物已经安排好了,即我们心灵中的观念正好与世界中的事物相对应,即便世界与我们的心灵之间没有实际上的相互作用。莱布尼茨需要这种令人难以置信的假说,因为根据他的形而上学理论,实体之间真的不能有相互作用。

充足理由律(principle of sufficient reason) 莱布尼茨所提出一个原则,根据它,没有任何事实是真实的,也没有任何陈述是真的,除非它有一个充足的理由说明它为什么应该如此。

无产阶级与资产阶级(Proletariat/Bourgeoisie) 资产阶级是中等阶级,他们由工厂主、店主、银行老板、投资者以及他们的伙伴组成。"bourgeoisie"这个词来自中世纪的术语"bourg",意思是"有城墙的城市"。市民(burghers)或中产阶级(bourgeois),就指一个有城墙的城市中的居民——在外延上,是指构成社会经济精英的商人和工匠师傅,与贵族相对立,贵族的财富与权力是基于所拥有的土地。在马克思的著作中,无产阶级指靠出卖劳动力来赚取工资生存的城市人。"proletariat"这个词来自古老的拉丁词,指罗马中最下层的人。

心物二元论(Psycho-Physical Dualism) 这种心物理论认为,心灵是一种实体,身体又是另一种实体。根据二元论者的主张,心灵的决定性特征就是意识或思想。身体的决定性特征就是空间的广延[有时还有力(force)或不可入性(impenetrability)]。对于二元论者来说,最主要的问题就是解释心灵与物质如何相互作用和相互影响。

唯理论 参看经验论。

压抑/升华(Repression/Sublimation) 这是来自西格蒙·弗洛伊德心理学理论的两个概念,指人类心灵最原始的运作。压抑是指把心灵认为是坏的、危险的或其他不可接受的欲望、愿望、思想或情感从意识中强迫排除出去。根据弗洛伊德的观点,被压抑的东西并没有消失,而是连同其所有的情绪力量,仍然存在着于心灵中的无意识部分。升华指把性的或攻击性的能量重新导向社会上或道德上可接受的途径——例如,把攻击性的能量从身体暴力转向哲学论辩之中,或把性的能量从直接的性活动转移到打情骂俏上来。

先见之明(Second Sight) 正如杜·波伊斯所说的,这是伴随着"双重意识"成长起来的结果;有可能穿透"帘幕"并看到真实的世界。

社会契约论(Social Contract) 指一个社会中的所有人都自愿地一致同意协约将他们组成一个统一的政治共同体,并服从由他们选举出来的政府所颁布的法律。在17

和18世纪的政治理论中,国家的合法性主张被说成是建立在一种事实的或假设的社会契约之上。

社会生产关系(Social Relationships of Production) 这是人们通过自己产品的物质生产和在社会服务里所扮演的角色而进入的关系体系。

社会主义(Socialism) 是一种经济与社会制度,它以生产资料的集体社会所有,理性规划经济的投资与增长,大致平等地分配商品与服务,以及为了满足人类的需求却不是为了私人利益而生产等为基础。现代的社会主义可以追溯到19世纪早期法国社会主义者的学说,但是最重要的社会主义哲学家是德国人卡尔·马克思。

苏格拉底的方法(Socratic Method) 一种探究问题的技巧,由苏格拉底发扬光大,其目的是激励、敦促、鼓舞那些未经反思的人们意识到,他们对自身思想和行动的诸原则缺乏理性的理解,这样他们就能够踏上哲学智慧的道路。正是经过苏格拉底的使用,这种方法成为戳穿虚夸的自我的一个有力武器。

唯我论(Solipsism) 就字面说来就是,认为我是宇宙中唯一的人。更一般说来,唯我论是认识论的怀疑主义的一种极端形式,除了我自己的心灵之外,它拒绝承认任何事物的存在。一些哲学家甚至争辩说,除了我此刻的心灵之外,我不能肯定任何东西,因为我的记忆也可能出错。

主权(Sovereignty) 指最高的政治权威,一种优于其他一切的统治权利。

国家(the State) 指一群人在明确界定的领土范围内或边界内,进行统治、下达命令、掌管事务,并执行社会团体所制定的法规。

升华 参看压抑条目。

白板说(Tabula Rasa) 字面意思就是白色的板子。约翰·洛克用这个术语来概括他的主张:在初生时人的心灵是空白的(blank)或虚空的(empty),它需要通过经验(experience)来刻画,就好像一块粘土或蜡做的板子在等待一支书写用的尖笔在上面作标记一样。洛克反对这样一种被普遍接受的观点,该观点认为心灵在开始经验之前就已经内置有各种观念了[或者"硬件化"(hardwired),正如计算机方面喜欢说的]。

目的论(Teleology) 对于自然事物目的或终点的一种研究——也可以说它认为自然有一个它趋向的目的或目标。

理论中立(Theory Neutral) 说科学数据或观察是理论中立的,就是在说对它们的描述并没有预先假设一种科学理论的真理于其上。如果科学观察,或科学数据的描述,确实包含有或预设有某种理论,那么它们就可以被说成是负荷着理论的。

超越(Transcendence) 一种对既定自然的或社会的现实的超出——在马尔库塞看来,超出既定社会世界的富于想象力的跳跃,从而超出既定社会的压抑、压迫和现实取向的牺牲,到达可能的未来社会秩序这种设想,其中某些受到压抑的力比多能量就得到了释放。

事实真理(Truth of Fact)　只能诉诸经验证据来证明的真理。

意识的统一性(Unity of Consciousness)　一个伊曼努尔·康德发明的术语,用来描述这样的事实,即任何一个给定的心灵中的思想与知觉,通过所有都包含在一个意识之中,而联结在一起成为一个统一体。康德主张,这个事实——个体意识的统一性——仅仅通过假定一个联结或“综合”这些思想与知觉的基本精神活动才能得到解释。

功利主义(Utilitariansim)　这是一种道德理论,它主张每一个人——私下的个人或立法的政府——应该始终寻求为最大多数人创造最大的幸福。行为功利主义宣称,我们中每一个人都应该使用这条规则来选择我们实行的所有单一行为,不管我们是个人的公民还是为整个社会制定普遍法律的立法者。规则功利主义说,政府应该使用这条规则来选择他们所颁布的普遍法律,但是接下来就应该仅仅根据现存的规则来公平地对待各个个体,用类似的方式来处理类似的案件。

进一步阅读建议

第一章

1. 约翰·奥斯汀(John L. Austin):《感觉与所感觉的事物》(*Sense and Sensibilia*)

2. 阿尔弗雷德·艾耶尔(Alfred J. Ayer):《语言、真理与逻辑》(*Language, Truth, and Logic*)

3. 勒内·笛卡尔:《方法谈》

4. 厄内斯特·盖尔纳(Ernest Gellner):《语词与事物》(*Words and Things*)

5. 黑格尔:《历史哲学》导论部分

6. 马丁·海德格尔:《什么是形而上学》

7. 大卫·休谟:《论说文集》中的诸篇"伊壁鸠鲁派"、"斯多葛派"、"柏拉图主义者"和"怀疑派"

8. 理查德·罗蒂:《哲学与自然之镜》

9. 让·保罗·萨特:《存在主义是一种人道主义》

10. 威尔弗雷德·塞拉斯(Wilfred Sellars):《哲学与人的科学形象》,载《科学与哲学前沿》,克劳德尼编。

第二章

1. 奥斯汀:《感觉与所感觉的事物》

2. 艾耶尔:《经验知识的基础》(*The Foundations of Empirical Knowledge*)

3. 贝克莱:《希勒斯和菲洛诺斯的三篇对话》(*Three Dialogues Between Hylas and*

Philonus)

4. 查佩尔(V. C. Chappell)编:《休谟批判论说文集》(*Hume: A Collection of Critical Essays*)

5. 克里斯姆(R. M. Chrisholm):《知觉——一种哲学研究》(*Perceiving—A Philosophical Study*)

6. 丹尼特:《大脑风暴》

7. 法兰克福(H. G. Frankfurt):《魔鬼、梦想家与疯子》(*Demons, Dreamers, and Madmen*)

8. 弗里茨(C. A. Fritz):《罗素对外部世界的建构》(*Bertrand Russell's Contrruction of the External World*)

9. 道格拉斯·霍夫斯塔特(Douglas Hofstadter):《哥德尔、艾瑟尔、巴赫》(*Godel, Escher, Bach*)

10. 肯尼(A. Kenny):《笛卡尔哲学研究》(*Descartes: A Study of His Philosophy*)

11. 列维斯(C. I. Lewis):《知识与估价的分析》(*An Analysis of Knowledge and Valuation*)

12. 摩尔(G. E. Moore):《驳斥唯心主义》(*The Refutation of Idealism*),在艾文编的《从贝克莱到布兰夏德的唯心主义传统》(*The Idealist Tradition from Berkeley to Blanshard*)

13. 普莱士(H. H. Price):《知觉》(*Perception*)

14. 罗素:《人类的知识》(*Human Knowledge*)

15. 彼得·斯特劳森(Peter Strawson):《感觉的界限》(*The Bounds of Sense*)

16. 施瓦茨(R. J. Swartz)编:《知觉、感觉和认识》(*Perceiving, Sensing, and Knowing*)

17. 罗伯特·保罗·沃尔夫:《康德的精神行为理论》(*Kant's Theory of Mental Activity*)

第三章

1. 布鲁斯·昂(Bruce Aune):《形而上学:诸要素》(*Metaphysics: The Elements*)
2. 林恩·鲁德·贝克(Lynn Ruder Baker):《拯救信念》(*Saving Belief*)
3. 霍布斯:《利维坦》
4. 列维斯:《心灵与世界秩序》(*Mind and the World Order*)
5. 赖尔:《心的概念》

6. 希尼·休梅克(Sidney Shoemaker):《自我认识与自我认同》(*Self-Knowledge and Self-Identity*)

7. 斯特劳森:《个体》(*Individuals*)

第四章

1. 罗伯特·阿克曼(Robert Ackermann):《数据、仪器和理论》(*Data, Instruments, and Theory*)

2. 赫尔伯特·费格尔与梅·布罗德贝克(Herbert Feigl and May Brodbeck):《科学哲学读本》(*Readings in The Philosophy of Science*)

3. 诺伍德·汉森(Norwood Hanson):《发现的模式》(*Patterns of Discovery*)

4. 库恩:《科学革命的结构》

5. 布鲁诺·拉图尔(Bruno Latour):《行动中的科学》(*Science in Action*)

6. 波普尔:《科学发现的逻辑》

7. 杰罗姆·拉维茨(Jerome Ravetz):《科学知识及其社会问题》(*Scientific Knowledge and Its Social Problems*)

第五章

1. 亚里士多德:《尼各马可伦理学》

2. 库尔特·拜尔(Kurt Baier):《道德的观点》(*The Moral Point of View*)

3. 迈克尔·贝勒斯(Michael D. Bayles)编:《当代功利主义》(*Contemporary Utilitarianism*)

4. 杜威:《人性与行为》(*Human Nature and Conduct*)

5. 艾里克森:《童年与社会》

6. 弗兰克纳(W. K. Frankena):《伦理学》

7. 吉利根:《不同的声音》

8. 霍格隆德(S. Hoaglund):《女同性恋伦理学》(*Lesbian Ethics*)

9. 荷斯特豪斯:《论德性伦理学》

10. 康德:《道德形而上学基础》;《论从利他的动机出发的一种假设的撒谎权利》

11. 列维斯:《价值与规则》(*Values and Imperatives*)
12. 密尔:《功利主义》
13. 摩尔:《伦理学原理》
14. 罗斯(W. D. Ross):《权利与善》(*The Right and the Good*)
15. 罗素:《我相信什么》,载《为什么我不是一名基督徒及其他论文》
16. 辛格(M. G. Singer):《伦理学中的普遍化》(*Generalization in Ethics*)
17. 爱德华·韦斯特马克(Edward Westermarck):《伦理的相对性》(*Ethical Relativity*)

第六章

1. 卡尔·科恩(Carl Cohen)编:《共产主义、法西斯主义和民主》(*Communism, Fascism, and Democracy*)
2. 弥尔顿·弗里德曼(Milton Friedman):《资本主义与自由》(*Capitalism and Freedom*)
3. 加尔布雷恩(John Kenneth Galbraith):《经济学与公共目的》(*Economics and the Public Purpose*)
4. 黑格尔:《法哲学》(*The Philosophy of Right*)
5. 霍布斯:《利维坦》
6. 霍布豪斯(L. T. Hobhouse):《形而上学的国家理论》(*The Metaphysical Theory of the State*)
7. 列宁:《国家与革命》(*State and Revolution*)
8. 李普曼(Walter Lippman):《公共哲学》(*The Public Philosophy*)
9. 马尔库塞:《论解放》(*An Essay on Liberation*);《爱欲与文明》(*Eros and Civilization*)
10. 马克思:《资本论》第一卷;与恩格斯合著的《共产党宣言》;《黑格尔法哲学批判导言》
11. 麦克弗森(C. B. McPherson):《占有欲个人主义的政治理论》(*The Political Theory of Possessive Individualism*)
12. 密尔:《论自由》;《功利主义》;《论代议制政府》
13. 肯尼斯·米诺格(Kenneth Minogue):《自由的心灵》(*The Liberal Mind*)
14. 诺伊斯塔特(Richard E. Neustadt):《总统的权力》(*Presidential Power*)
15. 罗伯特·诺齐克(Robert Nozick):《无政府主义、国家与乌托邦》(*Anarchy,*

State, and Utopia)

16. 迈克尔·奥克肖特(Michael Oakeshott):《政治中的理性主义》(*Rationalism in Politics*)

17. 彭诺克和查普曼(J. Roland Pennock and John Chapman)编:《无政府主义》

18. 柏拉图:《克力同》(*Crito*)

19. 罗尔斯:《正义论》

20. 乔治·李迪(George F. Reedy):《总统职权的黄昏》(*The Twilight of the Presidency*)

21. 尤金·罗斯托(Eugene V. Rostow)编:《法律死亡了吗?》(*Is Law Dead?*)

22. 萧伯纳(George Bernard Shaw):《理智女人对社会主义和资本主义的指引》(*The Intelligent Woman's Guide to Socialism and Capitalism*)

23. 亨利·大卫·梭罗(Henry David Thoreau):《论非暴力反抗》(*On Civil Disobedience*)

24. 哈耶克(Friedrich Von Hayek):《奴役之路》(*The Road to Serfdom*)

25. 罗伯特·保罗·沃尔夫:《为无政府主义辩护》(*In Defense of Anarchism*)

第七章

1. 门罗·比尔兹利(Monroe Beardsley):《美学》

2. 克莱夫·贝尔(Clive Bell):《艺术》

3. 哈里·克罗尔(Harry M. Clor):《淫秽与公共道德》(*Obscenity and Public Morality*)

4. 柯林伍德(R. G. Collingwood):《艺术原理》(*The Principles of Art*)

5. 帕特里克·德弗林(Patrick Devlin):《道德的强制》(*The Enforcement of Morals*)

6. 杜威:《作为经验的艺术》(*Art as Experience*)

7. 黑格尔:《艺术哲学》导论部分

8. 约翰·霍斯伯斯(John Hospers):《艺术中的意义与真理》(*Meaning and Truth in the Arts*)

9. 康德:《判断力批判》

10. 苏珊·朗格(Susanne Langer):《哲学新解》(*Philosophy in a New Key*)

11. 马克思:《1844 年经济学哲学手稿》

12. 柏拉图:《会饮篇》(*Symposium*)

13. 普列汉诺夫(G. Plekhanov):《艺术与社会生活》(*Art and Social Life*)

14. 理查兹(I. A. Richards):《文艺批评的原则》(*The Principles of Literary Criticism*)

15. 莫里斯·维茨(Morris Weitz):《艺术哲学》(*Philosophy of the Arts*)

16. 理查德·沃尔海姆(Richard Wollheim):《艺术及其对象》(*Art and Its Objects*)

第八章

1. 艾耶尔:《语言、真理与逻辑》第六章

2. 贝利(J. Baillie):《上帝存在的本质》(*The Essence of the Presence of God*)

3. 路德维希·费尔巴哈(Ludwig Feuerbach):《基督教的本质》(*The Essence of Christianity*)

4. 盖尔利克(H. M. Garelick):《克尔凯郭尔的反基督教》(*The Anti-Christianity of Kierkegaard*)

5. 查尔斯·哈特肖恩(Charles Hartshorne):《完善逻辑》(*The Logic of Perfection*)

6. 希克(J. Hick)编:《上帝的存在》

7. 威廉·詹姆斯:《信仰的意志》

8. 肯尼(A. Kenny):《阿奎那批判论说文集》(*Aquinas: A Collection of Critical Essays*)

9. 克尔凯郭尔:《恐惧与颤栗》(*Fear and Trembling*)

10. 麦金太尔(A. C. Macintyre):《基督教信仰的难题》(*Difficulties in Christian Belief*)

11. 阿什利·蒙塔古(Ashley Montagu):《科学与创世论》(*Science and Creationism*)

12. 普兰丁格(A. Plantinga):《本体论证明》《上帝与其他心灵》

13. 罗素:《为什么我不是一名基督徒及其他论文》

索 引*

* 此索引为英文原著索引。——译者注

B

C

D

E

F

I

J

K

N

O

P

Q

R

S

T

U

V

译者后记

“人类一思索,上帝就发笑。”

1985 年 5 月,捷克籍法国作家米兰・昆德拉在以色列耶路撒冷国际文学奖的获奖讲演词中征引了上面这句犹太谚语。作为人类的创造者,上帝是有理由发笑的,因为人类竟然用上帝赋予人的理性思索能力来追问:“上帝是否存在?”但是,正是凭借着这点微弱的理性思索能力,西方人在 400 多年前就开始动摇禁锢他们长达上千年的基督教正统思想,并最终在 18 世纪的法国启蒙运动中把上帝赶下圣坛;也正是这种理性思索能力,才真正是西方近 400 多年来现代化文明的不竭动力。罗伯特・保罗・沃尔夫的《哲学是什么》一书正好是引导我们进行理性思索的绝佳向导。总结起来,《哲学是什么》一书有如下几方面优点:

一、不断修订,精磨细锤。

国人自己写的哲学入门书,修订个两三次就了不起了,其后就再也提不起兴趣来,而且所谓的修订也不过是小修小补,又或是把一锅汤药浓缩成几个药丸而已。然而现在读者们所看到的沃尔夫这部《哲学是什么》已经是第 10 版修订,距离初版至今已有 30 年了。就目前中国人的学问标准看来,哲学通识教材学术含金量是很低的,不太能充当个人的学术成果,于是中国的学问大家几乎没有空闲来为大学生们以及广大的哲学爱好者精心撰写一部哲学入门书。

沃尔夫却不是这样。他不仅是美国当代著名的政治哲学家,而且还是美国的康德研究专家,对马克思也有深入的研究。我们常听国人说做学术要“十年磨一剑”,但是沃尔夫却花了 30 年来磨一剑,而且这把剑是有些人不屑一顾的哲学通识入门书,足见其严肃的执着劲儿!格外值得注意的是,沃尔夫在进行第 10 版修订时,已经是 70 多岁的高龄了。难怪沃尔夫在第 8 版的序言中就开玩笑说,《哲学是什么》一书比起出版社几位责任编辑的年龄都要大。不仅如此,沃尔夫还表示,只要他还活着,那么此书有可能修订到第 20 版。

沃尔夫的不断修订不是小修小补,也不是稀汤浓缩,而是精磨细锤。他常常根据采用本书为教材的教授和学生们的提议来作出重大的修订。例如把知识论、形而上学等哲学的核心领域放在伦理学、社会政治哲学、美学以及宗教哲学之前先介绍给读者,就是沃尔夫根据反馈建议精心琢磨的结果。还有每章最后"当代应用"那一节,沃尔夫都会顺应时代关注问题的变化而变更所选的材料。细心的读者还可以看出更多例子来,此处就不一一列举了。

二、内容丰富,精心安排。

之所以说沃尔夫的《哲学是什么》是一部绝佳的哲学入门书,很大程度上是因为它的内容厚实有料,精心安排。国人写哲学教科书,劈头盖脸第一章就是"坚持从客观实际出发,脚踏实地走好人生路"。这种夫子式的规训,教条刻板,高高在上,拒人千里,难怪我们的广大青年学子一上这样的哲学课时就昏昏欲睡,一打开这样的哲学教科书时就反胃。我们的哲学教科书长期以来充斥着这种道德的说教,久而久之就败坏了我们的口味,也使得我们的哲学趣味变得偏狭,以致于大众一听说哲学,不是认为吹牛皮(耍嘴皮子)、道德说教,就认为是为人处世之学,最好是为官之学乃至"厚黑学",一句话,哲学就是用来"修身齐家治国平天下"的。

沃尔夫的《哲学是什么》一书所展现的丰富内容,大概可以帮助我们洗刷洗刷肠道,改善改善饮食结构,从而让我们知道什么是真正的哲学。沃尔夫在本书第一章就开宗明义追问"什么是哲学",然而他并不是像通常那样对"哲学"(philosophy)这个概念进行一番词源学的分析考究,而是把这个问题转换为"哲学家在做什么",通过回答这个问题来间接地回答前一问题。沃尔夫给出的向导是"哲学是研究人性和宇宙的学问",实际上,哲学就是无所不包之学。

接下来两章分别是知识论、形而上学与心灵哲学,这是哲学的核心部分,所以沃尔夫要首先介绍。尽管作者在篇幅上相比较而言给得少了一些,但是读者决不能忽视,这是理解后面各章的基础。第四章是科学哲学,这可以看作是知识论的进一步延伸探究,西方人有着区别于中国人的"科学精神",这点读者可以进行一番比较。第五章是伦理学,篇幅相当于两章,关于这点国人可以略感安慰,原来西方人在讨论哲学时也谈谈为人处世之道,然而他们的谈法却与我们的迥异,读者不得不察。第六章是社会与政治哲学,这让我们感觉到哲学有了非常熟悉的生活气息。第七章是艺术哲学,又开始探究比较玄虚的问题。第八章宗教哲学则又上升到永恒的问题上来。全书在结构上就像一段椭圆曲线,先探究哲学比较抽象的硬核部分(这是曲线的高处),接着慢慢下降到比较现实的论题(这是椭圆曲线的下降轨迹),最后又慢慢地上升玄奥的永恒问题上来(这是曲线上升到高处的轨迹)。这种论述结构与内容,作者沃尔夫是花了很长时间琢磨的。

三、语言清晰,细选插图。

人们常常怪罪哲学语言晦涩难懂,长篇累牍,毫无趣味。于是国内出版的一些哲学入门书籍便开始大胆翻新:有人刻意尝试引入散文式的语言叙述风格,让读者如同画中仙游一般,从而一扫哲学往日的沉闷呆板;有人把哲学变成哲学家的故事会,古今中外的哲学名家被串起来一锅煮,这样就够通俗易懂了;有人则给现代都市里整日疲于奔命的人准备了一杯哲学好茶，好让人们忙里偷闲，从哲学里品味人生百态；有人则把哲学当作慰藉现代人心灵的一碗鸡汤；有人把哲学干脆弄成一本漫画集，美名其曰“儿童益智类读物”；有人甚至把哲学里的名言警句汇编在一起就当做哲学，这的确很符合中国人的胃口……

读者们在沃尔夫的《哲学是什么》里大概找不到上面这些误导人的花样，尽管它们对于某些人来说是合适的。总的来说，沃尔夫的语言表述是清晰流畅的，他绝不想故作高深，他甚至在每一章的开头时引入了一个与本章内容密切联系的幽默小对话，但仅此而已，《哲学是什么》毕竟没有优美到你可以把它当做一首长诗或一部散文来读的程度。书中所配的插图也是经过精挑细选恰到好处的，毕竟直观是一种很好的教育方式，但哲学又不能沉迷于直观里，否则人类的思维就无法往上飞跃。因此，沃尔夫并没有把《哲学是什么》弄成一本漫画集。在某种意义上，《哲学是什么》是令人难懂的，这主要表现在沃尔夫整页整页地摘录史上著名哲学家的原文，这些原文是不大好懂的，除非读者认真花功夫。无论如何，哲学的门槛从来没有被人轻松地进入过，沃尔夫并没有拿些花里胡哨的假东西来诓骗读者，他总是力图明晰地引导读者接近真正的哲学。

四、注重原典，强调对话。

注重原典，强调对话，这是沃尔夫《哲学是什么》的一大特色。沃尔夫十分明白：离开了历史上一个个哲学家的一部部著作，要想进入哲学世界，那是妄想。牛顿定理不管是在牛顿本人口中说出来，还是在现代中学物理老师的课堂上，其含义不会有多少差别。自然科学往往可以这样，但是用到哲学身上就行不通了。哲学乃至整个人文科学都具有这种回顾性与亲临性的特点，即它总是要求读者回过头去亲身阅读、察看、感受原作者的作品，任何的转述都可能导致意义的流失。就像一位聪明的爱走捷径的人，他总是想通过阅读故事梗概来理解文学名著一样，这就聪明反被聪明误了。那寥寥千把字的故事梗概能把一部上百万字的《红楼梦》表露无遗吗？肯定不能！

阅读哲学原典，与哲学家进行“面对面”的对话，这是进入哲学世界的必经之途。所以沃尔夫在书中大量摘引柏拉图、亚里士多德、安瑟伦、阿奎那、培根、笛卡尔、休谟、卢梭、康德、密尔等人的原文，当然这些选文不是漫无目的，它从属于书中每一章所要论述的主题，而且在篇幅上也是剪裁得当的。沃尔夫让读者多多少少领略到了哲学的真正原貌，给读者指明了道路的艰苦，从而使他们有了心理准备，不至于像那些花哨的哲学入门书那样，挑拨起读者的阅读激情，可等到他真正找来《纯粹理性批判》翻开一看，顿时如坠冰窟，就感觉到自己的感情被那些花哨读物给欺骗了。总之，《哲学是什么》是沟通普通读者与哲学原典的一种有益的尝试，而不是像某些入门书那样只讲一家之言。

五、理性批判，反思现实。

哲学是理性批判的事业，深刻反思现实是哲学家的使命之一。沃尔夫的《哲学是什么》全书都透露着这种精神特质。哲学从不只是一种智力游戏，它要有现实感。康德总结说，启蒙的基本口号就是："要有勇气运用你自己的理智！"沃尔夫在《哲学是什么》每一章中都设计了"当代应用"来作为最后一节，从而讨论与本章主题相关的极具现实感的问题。例如第一章"当代应用"这一节就讨论德国著名哲学家海德格尔与纳粹的事件，沃尔夫并没有一边倒，而是尽可能展现正反双方的观点，让读者有勇气充分运用自己的理性批判能力。

沃尔夫所讨论的现实问题还有：西方文明中的种族主义问题、虚拟实在问题、人工智能问题、全球变暖问题、同性婚姻问题、人体器官买卖问题、体育竞赛中的兴奋剂使用问题、色情艺术与审查制度问题、酷刑问题、文明冲突问题。这些现实问题背后都涉及都很多重要的哲学问题，例如全球变暖问题涉及人类对科学的重新认识和重新定位问题。作为当今实力最强的国家美国的一名公民，沃尔夫在书中并没有盲目自大，而是勇于运用自己的理智展开理性的批判事业。不像我们有些人，早早就在叫喊着"21 世纪是中国的世纪"。我们很少有人像沃尔夫这样在一本哲学入门书中讨论如此之多的重大现实问题，应该说他做了一个很好的榜样。沃尔夫实际上告诉我们，不管上帝怎样发笑，我们还是要进行思索的。

总的来说，沃尔夫的《哲学是什么》是一部不可多得的哲学入门书。从它前后被修订 10 次，发行 30 多年的历程来看，它受到了广大哲学教授和学生们的普遍欢迎。然而，读者们仍要注意，这只是一个导引、一个向导，并不能代替对哲学名著的真正阅读，更不能把它当做哲学的现成答案，犹如一些哲学概论或通论所做的那样。学问无捷径，《哲学是什么》仅仅是一个开端而已。

行文至此，我终于感到松了一口气——这部长达 50 多万字的译稿终于完成了。首先要非常感谢邓晓芒教授把这项翻译工作推荐给我，让我在翻译上有了实战的机会，而且我个人思想上的成长也离不开邓老师思想的指引。在本书的翻译过程中，我时常感觉到自己母语的不足，遇到一些外文词，意思明白，但就是一时找不到合适的现代汉语表达。诚如邓老师所言，如果此时冒然启用没有经过重新阐发的古汉语词，就很容易张冠李戴，例如我就不采用把柏拉图的 *Republic* 用汉代的术语翻译成《王制》这一做法。感谢张云涛博士欣然加盟本书的翻译，他翻译本书的内容有：第六章的第六节、第七章的第五节、第八章以及"附录：如何撰写哲学论文"这部分。其余内容由本人翻译。感谢策划编辑陈进先生，他给予我充足的翻译时间。感谢我的家人对我学术事业的支持。也感谢沃尔夫《哲学是什么》第 8 版（广西师范大学出版社，其译名为《哲学概论》）的诸位译者，他们的译本是我们的重要参考。

最后说明一下读者手头上这部沃尔夫的《哲学是什么》第 10 版与广西师范大学出版社出版的第 8 版有哪些区别：（1）在第一章中，第 10 版去掉了第 8 版"合理性、普遍性、客观性”这一节，补充进另一节“当代应用：马丁·海德格尔与纳粹主义”；(2)在第二章第六节，第10版用“认识论的新转向”替换了第8版的“主体性的挑战”；(3)在第四章，第10版增加了一节——“卡尔·波普尔与可否证性”，并在当代应用部分用“全球变暖”这个话题代替了原先的“传统医学是否合乎科学?”；(4)第五章第一部分，原先第五节的“健康人格论”换成了“德性伦理学”，而第二部分则用“类固醇与体育”这一节代替了原先的“复制人的伦理”；(5)第六章第六节由原先的“肯认行动”换成“安全与个人权利的对决：酷刑案例”；(6)第七章，新版删除了旧版中“托尔斯泰对艺术所作的宗教辩护”这一节，而补充进另一节“阿瑟·丹托的艺术确认理论”；(7)第八章当代应用这一节，新版为“‘伊斯兰教’和‘西方’的文明冲突”，而旧版则是“新兴教派：是宗教，还是狂热?”；(8)新版中每一章开头都有一小幽默笑话，这是旧版没有的；(9)新版每一章后面都附有相关的阅读文献，我们都译成了中文，书末还有一个索引表，方便读者检索，这两个也是原来所没有的；(10)译者在这个新版中加进了适当的“译者注”，以求能帮助读者理解，毕竟沃尔夫谈论的基本上是西方人的思想和事情，中国的一般读者还是很陌生的。与此同时，我们在翻译哲学原典摘录的过程中，尽量参考了已有的权威汉译本，这也加了注释说明，希望读者能以此为线索进一步阅读这些经典原著。

由于译者的水平所限，本译本不免有疏漏、不当甚至错误之处，我们恳切希望得到专家和读者们的批评指正。我的邮箱是：hxzh81@126.com。

黄小洲
2010年8月31日

图书在版编目(CIP)数据

哲学是什么/(美)沃尔夫(Wolff,R.P.)著;黄小洲,张云涛译.—重庆:重庆大学出版社,2011.5(2015.12 重印)

(哲学与生活丛书)

书名原文:About Philosophy

ISBN 978-7-5624-6012-1

Ⅰ.①哲… Ⅱ.①沃…②黄…③张… Ⅲ.①哲学—通俗读物 Ⅳ.①B-49

中国版本图书馆 CIP 数据核字(2011)第 032283 号

哲学是什么

ZheXue Shi ShenMe

(美)罗伯特·保罗·沃尔夫(Robert Paul Wolff) 著

黄小洲 张云涛 译

责任编辑:李金正 版式设计:陈 进

责任校对:谢 芳 责任印制:赵 晟

*

重庆大学出版社出版发行

出版人:易树平

社址:重庆市沙坪坝区大学城西路 21 号

邮编:401331

电话:(023) 88617190 88617185(中小学)

传真:(023) 88617186 88617166

网址:http://www.cqup.com.cn

邮箱:fxk@cqup.com.cn (营销中心)

全国新华书店经销

自贡兴华印务有限公司印刷

*

开本:787×1092 1/16 印张:31.75 字数:622 千 插页:16 开 2 页

2011 年 5 月第 1 版 2015 年 12 月第 4 次印刷

ISBN 978-7-5624-6012-1 定价:68.00 元

Wolff, Robert Paul.
About philosophy/Robert Paul Wolff. —10th ed.
p. cm.
Includes index.
ISBN-13:978-0-205-64518-3

版贸核渝字(2009)第 148 号